AF546268

Bernd Greiner

HENRY KISSINGER

BERND GREINER

HENRY KISSINGER

Wächter des Imperiums

EINE BIOGRAPHIE

C.H.BECK

Mit 30 Abbildungen

www.chbeck.de
Satz: Janß GmbH, Pfungstadt
Druck und Bindung: GGP Media GmbH, Pößneck
Gedruckt auf säurefreiem, alterungsbeständigem Papier
(hergestellt aus chlorfrei gebleichtem Zellstoff)
Printed in Germany
ISBN 978 3 406 75566 8

myclimate

klimaneutral
www.chbeck.de

Für
Bettina Greiner

INHALT

VORWORT

«Wenn Kissinger seine eigenen Memoiren nochmals lesen würde, wäre er vermutlich wütend, dass er darin nicht gut genug wegkommt.» (Walter Isaacson)[1]

Der Riese taumelte. Was verhieß der Verlust von Macht und Einfluss? Wo war Amerikas Platz in einer multipolaren Welt? Welche Rolle sollten Militär und Rüstung künftig spielen? Musste Diplomatie anders gewichtet, die Vorstellung von Sicherheit korrigiert werden? War es ratsam, sich dem Wandel entgegenzustellen, ihn gar aufhalten zu wollen? Das waren die Fragen, die Ende der 1960er Jahre auf die politische Tagesordnung drängten. Dass sie heute wieder aktuell sind, hat auch mit früheren Versäumnissen zu tun. Und mit der Kurzsichtigkeit jener, die sie damals zu beantworten hatten.

Der Blick des Wächters reicht nur bis zum Horizont. Er soll beobachten, abwägen und frühzeitig Meldung machen. Alles Weitere ist Sache der Auftraggeber und Vorgesetzten, an ihnen liegt es, welcher Weg beschritten, welche Optionen ausgeschlagen und welche Risiken eingegangen werden. Ist er ehrgeizig und beflissen, wird ein Wächter zur Beratung hinzugezogen. Aber das letzte Wort hat er nie, auch wenn er es gerne hätte und mitunter so tut, als hätte er es gehabt.

Die Rede ist tatsächlich von Henry Kissinger. Von jenem Mann also, der als Nationaler Sicherheitsberater und amerikanischer Außenminister weit mehr als eine Wächterrolle für sich in Anspruch nahm. Als Gestalter des Wandels, ja als Weltenlenker wollte er gesehen werden, als Visionär und Stratege und im Grunde als letzte Instanz. Dass diese Attitüde von unzähligen Zeitgenossen beglaubigt wurde, trug zur Pflege des Mythos bei: Aus Deutschland vertrieben, schafft ein Hochbegabter in den USA den Weg ins Zentrum der Macht und läutet ein neues Zeitalter der Weltpolitik ein. Türöffner nach China, Friedensstifter in Vietnam und Nahost, Wegbereiter der Rüstungskontrolle, «Henry the Kraut» als «Superkraut» und Wiedergänger von «Superman» alias Castlereagh alias Metternich alias Bismarck.

Sein und Schein auseinanderzuhalten, ist bekanntlich eine Herausforderung. Bei Henry Kissinger kommt erschwerend hinzu, dass er in unterschiedlichen Aggregatzuständen auftritt. Überschwängliches Lob oder zumindest großen Respekt zollen ihm jene, denen er wohlwollend begegnete – in der Regel Zeitgenossen, die seiner Karriere nützlich oder aus anderen Gründen unumgänglich waren. Charme, Witz und Zugewandtheit zählen dann zu den geläufigen Attributen, in loser Kombination mit Virtuosität, Brillanz und Kreativität. Andere schildern ihn mit gleichem Nachdruck als herablassend, unnahbar, kleinmütig, misstrauisch, unsicher, hinterhältig, ehr- und habsüchtig, als Chamäleon, Kriecher, schleimigen Höfling und Mann, «der lügt, wie andere Leute atmen»[2] – notiert von Konkurrenten und Gegnern oder von Weggefährten, die ihm unterstellt und deshalb gleichgültig waren.

Einigkeit besteht offenbar nur darin, dass Kissinger Allerlei im Überfluss besitzt: Wille, Zähigkeit, Energie, Ausdauer, Zielstrebigkeit, Intelligenz, Arbeitskraft, Beharrlichkeit. Nicht zu vergessen die Faszination für Macht und das brennende Bedürfnis, über sich hinauszuwachsen und selbst Macht auszuüben. Wächter zu sein, war ihm nie genug. Er wollte in die Geschichte eingehen, mit allen Mitteln und um fast jeden Preis. Er führte ein Leben für die Macht.

«Na, Henry, wie fühlt man sich so als Kriegsverbrecher?»[3] Dass Peter Jennings, Anchorman des Fernsehsenders «ABC», im Jahr 2003 mit dieser Frage in eine Abendgesellschaft bei der Journalistin Barbara Walters platzte und mit dem Stargast Kissinger auch noch diskutieren wollte, war ungewöhnlich, aber naheliegend. Denn der Vorwurf steht seit den 1970er Jahren im Raum: wegen Vietnam, Kambodscha und Laos, wegen Bangladesch und Ost-Timor. Wenn sich Kissinger überhaupt dazu äußerte, dann mit einem apodiktischen

Dementi: Die Welt ist immer komplizierter, als Kritiker wahrhaben wollen und begreifen können; um Henry Kissinger zu verstehen, bedarf es eines Genies wie Henry Kissinger.

Geheime Tonbandaufzeichnungen aus dem Weißen Haus helfen auf die Sprünge. Präsident Nixon hatte die Abhöranlage in Auftrag gegeben, weil er Kissingers Selbststilisierung zum außenpolitischen Vordenker überdrüssig war und der Nachwelt ein ungeschöntes Zeugnis über die tatsächliche Rollenverteilung hinterlassen wollte. Der Plan ging auf. Gut 3500 Gesprächsstunden sind in diversen Archiven zugänglich, ein erklecklicher Anteil liegt Wort für Wort als Abschrift vor – Dokumente über Banalitäten des Alltags im Weißen Haus, über Rivalitäten und Eifersüchteleien, mehrheitlich aber über Kernfragen politischer Strategie.

Henry Kissingers Vermessung der Welt sowie die Agenda seiner Vorgesetzten sind auf diesen Tonbändern protokolliert. Welche Ziele verfolgte man gegenüber der UdSSR und China? Wozu diente die Eskalation des Bombenkrieges in Vietnam und Kambodscha? Warum wurde ein Waffenstillstand in Südostasien auf die lange Bank geschoben? Wie stellte man sich Amerikas Rolle in der Dritten Welt vor? Woran krankten die Beziehungen zu Verbündeten? Und nicht zuletzt: Welche Rolle spielten Drohung, Erpressung und militärischer Zwang auf der einen Seite, Recht, Diplomatie und politische Konfliktmoderation auf der anderen Seite? Anhand dieser Fragen lässt sich zeigen, wie Washington seine Rolle als Ordnungsmacht verstand. Aber auch, wie anpassungsfähig die Architektur der Macht war, wer Zugang zu den elementaren Debatten hatte und wer sich mit der Rolle des Zaungastes begnügen musste oder gänzlich ausgeschlossen wurde. Deshalb nehmen die Mitschnitte der Gespräche im Oval Office bei der Analyse von Kissingers Regierungsjahren einen prominenten Raum ein.

Seine Karriere verdankt Henry Kissinger einer unwahrscheinlichen Kombination von Gönnern und Förderern. Über die Rolle von Nelson Rockefeller und Richard Nixon ist das meiste gesagt, der erratische Fritz Krämer, Mentor während des Wehrdienstes und Türöffner zum Geheimdienst der Armee, steht wie ein Schattenmann im Hintergrund, den meisten Historikern gleichgültig und manchen sogar unbekannt. Merkwürdigerweise gilt Letzteres auch für William Yandell Elliott, eine Schlüsselfigur in Kissingers Leben. Ihm verdankt er seine akademische Blitzkarriere in Harvard und erst recht den frühen Zugang zu einem ausladenden Netzwerk aus Intellektuellen, Politikern, Militärs und Journalisten. Dadurch erst rückte Kissinger ins Blickfeld politischer Eliten. Wie er werden konnte, was er am Ende war – darüber gibt Elliotts Nachlass Auskunft. Ihn systematisch auszuwerten, war naheliegend und überfällig. Andernorts erfährt man darüber nämlich wenig bis nichts.

Der Abschied aus dem Außenministerium im Januar 1977 war für Henry Kissinger ein Abschied für immer. Obwohl er sich nach Kräften um eine neuerliche Berufung bemühte, scheiterte er in einem fort, als gäbe es in Washington eine ungeschriebene Regel: nie wieder Kissinger. Republikanische Präsidenten von Ronald Reagan bis Donald Trump suchten ab und zu seinen Rat oder beauftragten ihn mit Sondermissionen. Zu mehr reichte es nicht. Stattdessen kamen ehemalige Untergebene und Weggefährten wie Alexander Haig, Brent Scowcroft, George Shultz, James Baker, Donald Rumsfeld, Richard Cheney, Lawrence Eagleburger, Caspar Weinberger, Robert McFarlane und Anthony Lake zum Zuge, als Sicherheitsberater oder Stabschef die einen, als Außen- oder Verteidigungsminister die anderen.

Trotzdem scheint Kissinger den Weltruhm allein gepachtet zu haben. Denn im Unterschied zu vielen anderen hatte er Winston Churchill nicht nur gelesen, sondern beherzigt: «Die Geschichte wird es gut mit mir meinen, weil ich vorhabe, sie selbst zu schreiben.»[4] Kaum jemand publizierte als Pensionär dermaßen viel und andauernd in eigener Sache. Der Weltendeuter als medialer Dauergast – diese Rolle ist Henry Kissinger auf den Leib geschneidert. Sie verdient, neben den Anfängen und dem Höhepunkt seiner Karriere, abschließend eine eingehende Betrachtung.

LEHRLING

Bei einer von der Zeitschrift «Life» veranstalteten Diskussion, Mai 1963.

«Wer sich nicht mit monomaner Energie um die Nominierung [zur Präsidentschaft] bemüht, wer sich fürchtet oder solch ein Verhalten verächtlich findet, läuft einer Fata Morgana nach, so hervorragend seine sonstigen Fähigkeiten auch sein mögen.» (Henry Kissinger, 1979)[1]

«Wer seine Entschlossenheit unter Beweis stellen will, hat meines Erachtens nur eine Möglichkeit, nämlich eine Politik zu betreiben, mit der man eine ausgesprochene Fähigkeit zur Irrationalität erkennen lässt. Man muss unter Beweis stellen, dass man in bestimmten Situationen wahrscheinlich außer Kontrolle gerät und dass der Schuss jederzeit losgehen kann, weil man schlicht so nervös ist, völlig unabhängig von einer nüchternen Beurteilung der Lage. Ein Irrer mit einer Handgranate in der Hand hat eine deutlich überlegene Verhandlungsposition.» (Henry Kissinger, 2.2.1962)[2]

Sein Bewerbungsschreiben war 455 Seiten lang. Es handelte von Macht, Zwang und Gewalt, von der Frage, wie man im Frieden anderen den eigenen Willen aufnötigt und im Krieg die Oberhand behält. Darüber hatten sich ungezählte Zeitgenossen bereits den Kopf zerbrochen, aber für sie hatte Henry Kissinger nur beißenden Spott übrig. Fehlende Weitsicht und unterentwickelte Phantasie attestierte er ihnen, einen Mangel an Mut, Ausdauer und Härte ohnehin. Verrenten wollte er sie alle oder auf untergeordnete Posten in der Bürokratie abschieben, wo sie ihre mausgrauen Karrieren standesgemäß hätten zu Ende bringen können: risikoscheu und blutleer. «Weder Erziehung noch äußere Umstände gaben unseren führenden Schichten Veranlassung, sich in politischen oder strategischen Gedankengängen zu bewegen.»[3] Wer ein derart großes Wort führt, muss noch Größeres anzubieten haben. In diesem Fall eine Antwort auf die Frage, ob Atomwaffen geeignet sind, einen Gegner politisch gefügig zu machen oder gar militärisch in die Knie zu zwingen, ohne das eigene Überleben aufs Spiel zu setzen. In Kissingers Worten: «Ist es möglich, sich eine Anwendung von Gewalt vorzustellen, die weniger katastrophal ist als ein thermonuklearer Krieg?» Wenn die Kosten eines totalen Krieges zu hoch sind, wie muss dann «die Lehre und Fähigkeit des abgestuften Gebrauchs der Gewalt» aussehen, um «unser Ziel mit geringeren Opfern zu erreichen»?[4] Sein Vorschlag: Sich von der gängigen Vorstellung lösen, dass der Krieg der Zukunft wegen der Zerstörungskraft atomarer Waffen nicht mehr gebändigt werden könne. «Das Nuklearwaffenarsenal der USA ist nur dann etwas wert, wenn wir bereit sind, es zu benutzen. […] Wenn wir uns in dem atomaren Patt oder Beinahe-Patt, das sich abzeichnet, nicht selbst zur Ohnmacht verdammen wollen, sind wir gut beraten, eine andere Politik zu entwickeln.»[5]

Begrenzte Atomkriege sind militärisch machbar; sie zu führen, kann durchaus im nationalen Interesse liegen; politisch hellsichtig ist es, in Krisen damit zu drohen. In anderen Worten: Wer den vermeintlich «kleinen Krieg» scheut, begeht Selbstmord aus Furcht vor dem Tod. Mit dieser Botschaft sorgte Henry Kissinger 1957, gerade 34 Jahre alt und Dozent in Harvard, für Furore. Sein Buch «Kernwaffen und Auswärtige Politik», eine zur richtigen Zeit platzierte Streitschrift, sollte ihn für höhere Aufgaben in der Politik empfehlen. Harvard war ihm zu eng geworden, Studenten in Regierungslehre und «Internationalen Beziehungen» zu unterrichten, entsprach nicht seinem Karriereplan. Dass eine vom Start des ersten sowjetischen Satelliten geschockte Nation nach frischen, unkonventionellen Ideen in der Außen- und Sicherheitspolitik verlangte, kam ihm entgegen. Je mehr Krise und Drama, desto hochtouriger bewegte sich Kissinger. Sein entschiedenes, von keinem Selbstzweifel getrübtes Auftreten tat ein Übriges. Nicht genug damit, dass er abweichende Meinungen hochmütig belächelte; er überlegte sogar, den Großmeister unter den Sicherheitsexperten, Paul Nitze, wegen einer naserümpfenden Rezension seiner Studie zu verklagen.[6] Welcher Lehrling außer Henry A. Kissinger wäre je auf einen derartigen Gedanken gekommen?

Es ging auch ohne Anwälte. Kritiker, die ihm strategisches Dilettantentum, Realitätsverweigerung oder gar eine Entsorgung ethisch-moralischer Maßstäbe vorwarfen, fanden ohnehin kein Gehör.[7] «Kernwaffen und Auswärtige Politik» avancierte im Handumdrehen zu einem nationalen Bestseller, über den grünen Klee gelobt von führenden Intellektuellen, Geistes- und Naturwissenschaftlern, darunter der Theologe Reinhold Niebuhr, der Politikwissenschaftler Hans Morgenthau oder der «Vater der Atombombe», Robert Oppenheimer. «Es ist […] ein meisterhafter und unter Umständen sehr wichtiger Anfang», meinte Oppenheimer, «ich hoffe, dass [das Buch] weite Verbreitung findet und gründlich gelesen wird.»[8] Ob es – schwergängig im Klang, Stil und Inhalt – gründlich gelesen wurde, sei dahingestellt. Fest steht allerdings, dass die politische Prominenz das Ihre zu einer raschen Verbreitung beitrug. Senator John F. Kennedy zitierte Kissinger in öffentlichen Reden, Vizepräsident Richard Nixon ließ sich mit einem Exemplar von «Kernwaffen und Auswärtige Politik» fotografieren, für Robert McNamara war es angeblich das erste und einzige Buch über Nuklearstrategie, das er vor seiner

Ernennung zum Verteidigungsminister gelesen hatte.[9] Die üblichen Radio- und Fernsehauftritte sorgten dafür, dass Kissinger zu einem «household name» wurde, landesweit allen geläufig, die sich für Außenpolitik oder Militärstrategie interessierten. Eine Karriere, wie sie wahrscheinlich nur das 20. Jahrhundert schreiben konnte, nahm Fahrt auf.

Vertreibung

Als Heinz Alfred Kissinger am 27. Mai 1923 in Fürth geboren wurde, drohte die Weimarer Republik an sich selbst zu scheitern. Eine Hyperinflation trieb das Land an den Rand des wirtschaftlichen Ruins, Millionen Arbeitslose bangten um ihre Existenz, Hitler und Ludendorff heckten Putschpläne aus, die extreme Linke polterte gegen die ungebrochene Macht alter Eliten, Verteidiger der Demokratie rieben sich im alltäglichen Abwehrkampf auf. Aber niemand hätte sich die Brüche im zukünftigen Lebensweg der Kissingers vorstellen können, nicht die schmerzlichen Verluste und eine Weltkarriere des Sohnes noch weniger. Seine Eltern rechneten sich stolz zum deutschen Mittelstand. Vater Louis unterrichtete seit 1921 in Fürth an der Städtischen Höheren Mädchenschule Mathematik und Deutsche Literatur, Mutter Paula durfte als Tochter aus gutem Hause das Mädchenlyzeum abschließen und trug mit ihrer Mitgift dazu bei, dass die Familie bereits kurz nach der Hochzeit im Jahr 1922 eine Fünfzimmerwohnung beziehen und sich eine Haushaltshilfe leisten konnte. Heinz und sein im Frühsommer 1924 geborener Bruder Walter wuchsen in einer behüteten bürgerlichen Welt auf, mit Klavierunterricht, Theaterbesuchen, Sommeraufenthalten bei den Großeltern in Leutershausen und vielen Feiern im Familien- und Freundeskreis. Konservativ und patriotisch waren die Kissingers, der Vater machte aus seiner Verehrung des längst abgedankten Kaisers keinen Hehl und stand dennoch loyal zur jungen Republik. Das Bekenntnis zum orthodoxen Judentum war ihnen wichtig, in der dreitausend Seelen starken jüdischen Gemeinde spielten Paula und Louis freilich keine

Mit seinem jüngeren Bruder Walter (vorne), Januar 1930.

nennenswerte Rolle – eine zurückhaltende, bildungsbürgerliche Familie wie ungezählte andere, die über ein solides Auskommen verfügten und ihren Teil zur Stabilisierung der politischen Mitte beitragen wollten.[10]

Dass ihnen eine Zukunft in Deutschland verbaut sein würde, stand zehn Jahre später so gut wie fest. Im Frühjahr 1933 gewann der Antisemitismus überall die Oberhand. Juden sollten sich bei allen möglichen Anlässen und an unterschiedlichsten Orten nicht mehr sehen lassen, auch nicht bei Spielen der Spielvereinigung Fürth, die zusammen mit dem 1. FC Nürnberg das erste Nachkriegsjahrzehnt fußballerisch dominiert und 1926 und 1929 die deutsche Meisterschaft errungen hatte. Der kleine Heinz ließ sich nicht abschrecken und fand immer einen Weg in den bereits damals legendären «Ronhof», ein auf 25 000 Besucher ausgelegtes Stadion für die Heimspiele der «Kleeblätter». Prügeleien mit Jugendlichen, die ihm und seinem Bruder Walter auflauerten? Nicht der Rede wert, solange er seine Helden in Aktion sehen konnte, die sich mit dem «Fürther Flachpass» einen exzellenten Ruf erworben hatten, die Hälfte der deutschen Nationalmannschaft stellten und jederzeit für Sensationen gut waren – etwa am 5. Dezember 1926, als sie mit einem 1:0 als erste deutsche Mannschaft in Barcelona siegten. Wie viele in seinem Alter wollte Kissinger den Idolen nacheifern, und wie die meisten kam er über das Gekicke auf Hinterhöfen oder in zusammengewürfelten Mannschaften nicht hinaus. In seinem Fall stand auch nie etwas anderes zu erwarten, denn «Kissus» – ein vom Vater «vererbter» Spitzname – war introvertiert, scheu, oft auch misstrauisch gegenüber anderen, kurz: alles andere als ein Teamplayer. Bücher waren seine Welt, stundenlanges Schmökern in Geschichtswälzern, historischen Romanen und Werken der deutschen Klassik seine Abenteuerreisen. Doch jüdische Kinder konnten so intelligent und belesen sein, wie sie wollten: Nach dem Machtantritt der Nationalsozialisten wurde ihnen die Aufnahme ins Gymnasium von Jahr zu Jahr schwerer gemacht. Auch der junge Kissinger musste deshalb mit der Israelitischen Realschule und im Anschluss mit einem jüdischen Weiterbildungsseminar in Würzburg Vorlieb nehmen.

«Dieser Teil meiner Kindheit erklärt rein gar nichts», betont Henry Kissinger bei jeder sich bietenden Gelegenheit mit irritierendem Nachdruck. «Mein Leben in Fürth scheint ohne nachhaltige Eindrücke vorbeigegangen zu sein. […] Ich war nicht unglücklich, jedenfalls nicht bewusst. Ich hatte kein geschärftes Bewusstsein davon, was sich um mich herum abspielte. Für Kinder sind diese Dinge einfach nicht so wichtig.»[11] Psychologen würden ihm diese Behauptung wohl kaum durchgehen lassen, Historiker sind überfordert, weil sie außer Spekulativem wenig anzubieten haben. Wie dem auch sei: Nachdem sein Vater im Mai 1933 aus dem staatlichen Schuldienst entlassen worden war, verdichteten sich düstere Gedanken zur Gewissheit: In Nazi-Deutschland ging es fortan nur noch ums Überleben. Dass zwei Brüder von Louis bereits emigriert waren, forcierte möglicherweise die Entscheidung – in jedem Fall überredete Paula Kissinger ihren Mann zur Ausreise. Ende August 1938, gut zwei Monate vor der Terrornacht des 9. November, brachen sie mit ein paar Habseligkeiten auf, von Verwandten in den USA mit eidesstattlichen Erklärungen über finanzielle Notfallhilfen versorgt. Die Trennung von Freunden, vor allem den Abschiedsschmerz der Eltern und die Hilflosigkeit ihres Vaters sollten Heinz und Walter nie wieder vergessen. Über ihre Jugend wollen die Brüder nur widerwillig sprechen. Wenn überhaupt, erinnern sie stets an die Demütigung der Eltern.[12] Auf Manhattans Upper West Side, den Washington Heights, fand die Familie eine neue Bleibe, in unmittelbarer Nähe zu einer Cousine von Paula und in einem Viertel, das wegen der vielen Flüchtlinge aus Deutschland «das Vierte Reich» genannt wurde. Wer es dorthin geschafft hatte, war physisch dem Terror entkommen und lebte dennoch in dessen Schatten. Schätzungsweise 30 Männer, Frauen und Kinder aus dem familiären Umfeld der Kissingers wurden ins Gas geschickt, unter ihnen auch die drei Schwestern von Louis Kissinger.[13]

In den USA nannte sich Heinz Alfred fortan Henry. Getrieben von der Ungeduld des frühreifen Jugendlichen und vom Ehrgeiz eines Einwanderers, wollte er eines und das möglichst schnell: sich anpassen und akzeptiert werden, Erfolg haben, Eindruck machen und anderen gefallen, auch um des kränkelnden Vaters willen, der keine Arbeit fand und der Mutter den Broterwerb überließ. Von zwanghaftem Strebertum sprachen viele, die mit Henry zu tun hatten. Und von linkischem, unsicherem Benehmen, das er auch im Umgang mit seinesgleichen an den Tag legte und oft mit einer gehörigen Prise Arroganz zu kaschieren suchte.

Wie viele Neuankömmlinge war er ins kalte Wasser gestoßen worden und musste sich in einer fremden, nicht immer einladenden Umwelt behaupten. Neugierde und scharfer Verstand zahlten sich von Anfang an aus. Ob an der George Washington High School oder später am City College in New York, Kissinger schrieb Bestnoten in schlicht allen Fächern, auch dann noch, als er zur Aufbesserung des kargen Familieneinkommens tagsüber in einer Fabrik jobbte und die Schule nur noch abends besuchen konnte.[14]

Aber schulischer Erfolg macht noch lange keinen Außenminister oder Staatsmann; bekanntlich ist eher das Gegenteil der Fall. Was und wer sonst half Henry also auf die Sprünge? Die Antwort ist einfach und kompliziert zugleich. Er konnte seine außergewöhnliche Begabung voll zur Entfaltung bringen, weil ihm an entscheidenden Wegmarken wohlmeinende Mentoren unter die Arme griffen und weil sich Planung und Zufall, Kalkül und Aberwitz trefflich fügten. Sein Fingerspitzengefühl für passende Gelegenheiten und richtige Ansprechpartner nicht zu vergessen, gepaart mit schier unerschöpflicher Energie und einem unbeugsamen Willen, sich von Rückschlägen nicht entmutigen zu lassen, sondern stets nach neuen Möglichkeiten Ausschau zu halten. So gesehen, konnte die Kissinger oft nachgesagte Unersättlichkeit auch eine Tugend sein. In jungen Jahren überlebenswichtig, trug sie später erheblich zu seinen unwahrscheinlichen Erfolgen bei.

Gefreiter Kissinger

Für Abertausende Einwanderer wiederholte sich nach Amerikas Kriegseintritt im Dezember 1941 eine Geschichte aus der Zeit des Ersten Weltkrieges: Die Streitkräfte waren eine riesige Assimilationsmaschine, sie zwangen junge Männer zwar, ihr Leben aufs Spiel zu setzen, eröffneten ihnen aber zugleich Chancen, die der normale Alltag nicht oder nur spärlich geboten hätte. Kaum verpflichtet, wurde Kissinger im März 1943 mit den anderen Immigranten seiner Einheit offiziell eingebürgert. Obendrein gab es das Angebot, von der Truppe freigestellt zu werden und auf Staatskosten studieren zu dürfen. Den erforderlichen Eignungstest bestand Kissinger wie gehabt mit Bravour. Zur Belohnung durfte er ein Jahr lang alle möglichen Kurse am Lafayette College in Easton, Pennsylvania belegen. Erst kurz vor der Landung der Alliierten in der Normandie kam der Stellungsbefehl zur 84. Infanteriedivision, einer Einheit, die sich ihrer rücksichtslosen Grundausbildung rühmte. «Mutter, ich möchte am liebsten auf allen Vieren nach Hause kriechen», schrieb er damals in einem Brief.[15] Zumindest in dieser Hinsicht unterschied er sich nicht von seinen Kameraden.

Kurz vor der Verschiffung nach Europa machte Kissinger die erste jener Zufallsbekanntschaften, die sein Leben zur rechten Zeit in neue Bahnen lenken sollten. Im Mai 1944 deutete zunächst nichts auf eine schicksalhafte Fügung hin; eher hätte man an eine komödiantische Ablenkung der Truppe denken können. Gemeint ist der Auftritt eines extravaganten Bewunderers Friedrichs des Großen in amerikanischer Uniform, der in Deutschland, England und Italien diverse akademische Grade gesammelt hatte, 1939 in die USA emigriert und freiwillig in die Armee eingetreten war und fortan Rekruten über den Sinn des Krieges oder das Wesen des Nazismus aufklärte. Vor Kissingers Einheit präsentierte sich dieser 35-jährige Fritz Gustav Anton Krämer so, wie es ihm am liebsten war: in maßgeschneiderter Uniform vom Heck eines Jeeps herab dozierend, mit Monokel, Gehstock und einer Arroganz, die seine Zuhörer merkwürdigerweise eher in den Bann zog als verstörte. Kissinger war von dem Paradiesvogel geradezu hingerissen. Und entdeckte an sich selbst eine Begabung, die ganz und gar nicht zum Bild des verstockten Sonderlings passte: Wenn er wollte, konnte er den charmanten Schmeichler geben. «Lieber Private Krämer», ließ er schriftlich übermitteln, «ich habe gestern Ihre Rede gehört. Genau so muss es gemacht werden. Kann ich Ihnen in irgendeiner Weise behilflich sein? Pvt. [Private] Kissinger.»[16]

«Er quetschte mich wie einen Schwamm nach Ideen aus», erinnerte sich Fritz Krämer Jahre später. «Er dürstete geradezu nach Wissen, nach der Wahrheit. Er wollte schlicht alles wissen.»[17] Instinktiv erkannte Kissinger den künftigen Förderer, gut vernetzt, hilfsbereit und in der Lage, Türen zu öffnen. Am Ende wurden die diffusen Hoffnungen weit übertroffen. Krämer setzte sich dafür ein, dass der Gefreite Kissinger dem Divisionskommandeur als Übersetzer zugewiesen wurde, dass man ihn an das «Counter Intelligence Corps» (CIC), die Spionageabwehr der Armee, überstellte und nach Kriegsende in Krefeld, Hannover und an der Bergstraße bei der Entnazifizierung verwendete. Die anfänglich skeptischen Vorgesetzten wurden bald eines Besseren belehrt. Fritz Krämer hatte für seinen «Ziehsohn» genau die richtigen Jobs gefunden, intellektuell anspruchsvoll und operativ herausfordernd. Nie ein Freund übermäßiger Bescheidenheit, rühmte sich Krämer rückblickend auch der tiefenpsychologischen Seite seiner Patronage: «Meine Rolle bestand nicht darin, Kissinger zu entdecken! Meine Funktion war, Kissinger dazu zu bringen, sich selbst zu entdecken.»[18]

Eine militärische Blitzkarriere war zu dieser Zeit alles andere als ungewöhnlich. Mit der Befriedung eines unbekannten Landes waren viele Einheiten überfordert, es mangelte hinten und vorne an sprachkundigem Personal und Verwaltungsexperten, die das alltägliche Chaos hätten bändigen können – von der Versorgung mit Lebensmitteln über die Reparatur der Infrastruktur bis hin zur Besetzung politischer Ämter mit frischen, vom Nationalsozialismus möglichst wenig oder gar nicht belasteten Kräften. Davon abgesehen, waren Armee und Militärregierung anfänglich auch noch einem umfangreichen Reformprogramm verpflichtet. Politisch sollten in Deutschland die Grundlagen für eine stabile Demokratie gelegt werden, in der Wirtschaft und im Bankenwesen wollte man die großen, auf unheilvolle Weise mit dem Staat verquickten Kartelle entflechten, und nicht zuletzt stand die «Re-Education» auf der Agenda, also die Befreiung des kulturellen und geistigen Lebens aus der Umklammerung totalitären Gedankenguts und die Wiederbelebung demokratischer Traditionen. Weil einschlägige Erfahrungen fehlten und die Direktiven von oben alles andere als eindeutig waren, kamen Improvisateure zum Zug. Unerfahrenheit und jugendliches Alter spielten keine Rolle, Weitblick, Unbekümmertheit und Tatkraft waren gefragt – und altgediente Nazis staunten nicht schlecht, wenn sie von Gefreiten oder Unteroffizieren in akzentfreiem Deutsch ins Verhör genommen wurden.[19] Dann hatten sie es in der Regel mit jungen Männern zu tun, die zehn Jahre zuvor noch in ihrer Mitte gelebt hatten – wie das bebrillte «greenhorn» aus Fürth, das sich jetzt als «Mr. Henry» vorstellte.

«Mr. Henry»

Der Kissinger in Uniform war in vielem kaum wiederzuerkennen. Ob beim Vormarsch durch Belgien oder als Sergeant des Militärgeheimdienstes: Von einem wortkargen, zugeknöpften Einzelgänger oder risikoscheuen Bücherwurm konnte keine Rede mehr sein. Auffällig war stattdessen, wie pragmatisch, effizient und geräuschlos er seine Aufgaben löste. Und wie pfiffig er bei der Entnazifizierung zu Werk ging – etwa in Hannover, wo er mit Aushängen nach Experten mit «Polizeierfahrung» suchte und ehemalige Gestapomitarbeiter in die Falle lockte. Im KZ-Außenlager Ahlem nahe Hannover wurde er mit Bildern konfrontiert, die sich ein Leben lang einprägten: ausgemergelte Gestalten, die selbst zur Nahrungsaufnahme zu schwach waren, und daneben SS-Wärter, die allen Ernstes auf eine Weiterverwendung durch die Sieger hofften. Wie seine privaten Notizen zeigen, hatte der 22-jährige Kissinger einen frappierend klaren Blick für die physischen und psychischen Verheerungen des nationalsozialistischen Lagersystems. Von Hass und Rache ließ er sich dennoch nicht leiten, auch nicht nach einem Besuch in Fürth und Nürnberg, wo ihm ein Freund und Überlebender von Buchenwald über das Schicksal der Juden in seiner fremd gewordenen Heimat berichtete; ohne viel Aufhebens ermöglichte Kissinger ihm ein neues Leben auf Long Island.[20]

Je mehr Verantwortung und Macht ihm übertragen wurden, desto mehr gewann «Mr. Henry» an Statur. An der hessischen Bergstraße, wo er als Leiter des CIC-Teams 970/59 die Reorganisation des öffentlichen Lebens überwachen musste, blühte er geradezu auf. Wer hätte gedacht, ihn als Gastgeber ausgelassener Partys zu erleben, die er in einer beschlagnahmten Dienstvilla und an der Seite einer attraktiven Blondine feierte? Noch mehr hatte es ihm die psychologische Kriegsführung angetan, die Kunst des Verschleierns, Täuschens, Einschüchterns und Bedrohens. Seine Vorgesetzten waren derart beeindruckt, dass sie ihm mehrfach hohe Posten bei der Spionageabwehr anboten – eine ungewöhnliche Anerkennung für einen Mitarbeiter seines Alters. Trotzdem quittierte Kissinger im Sommer 1946 den Dienst in der Armee und wechselte als Dozent an die «European Theater Intelligence School» nach Oberammergau, wieder einmal auf Empfehlung von Fritz Krämer. Weil er sich darauf verstand, gestandene Offiziere mit der Aura, Autorität und Arroganz eines altgedienten Professors zu unterrichten, folgten Vortragseinladungen nach Berlin, Baden-Baden und Wiesbaden. Dass statt Entnazifizierung alsbald der Kampf gegen kommunistische Unterwanderung im Curriculum obenan stand, störte Kissinger nicht. Im Gegenteil. Seine Rezepte für die Spaltung kommunistischer Gruppen durch gezielte Manipulation «schwacher, feiger und unentschiedener» Mitglieder waren gefragt.[21]

Henry Kissinger als «Kalten Krieger» der ersten Stunde zu bezeichnen, wäre dennoch übertrieben. In erster Linie war er ein glühender Patriot und als solcher der Maxime «Recht oder Unrecht, ich stehe zu meinem Land» verpflichtet. Dennoch hatte er frühzeitig erkannt, in welche Richtung der Wind sich drehte. Und übte schon einmal das Heulen mit den Wölfen. Wer mehr über Kissingers geheimdienstliche Verbundenheit wissen will, muss in trüben Wassern fischen und mit kargem Fang rechnen. Fest steht, dass nach seiner Rückkehr in die USA im Sommer 1947 die Kontakte auf Jahre hinaus weiter florierten. Er blieb Reserveoffizier des «Counter Intelligence Corps», absolvierte mehrmonatige Weiterbildungen, verfasste eine Abhandlung über die psychologischen Auswirkungen der amerikanischen Besatzung in Korea und beriet in den frühen 1950er Jahren das «Operations Research Office» der Armee sowie das «Psychological Strategy Board» der Vereinten Stabschefs. Geschadet hat es der Karriere offensichtlich nicht. Welchen Nutzen er daraus zog, gehört zu den kaum durchleuchteten Kapiteln seines Lebens.[22]

Die Jahre zwischen 1944 und 1947 waren für Kissinger der letzte und entscheidende Schritt, um sich von der deutschen Vergangenheit zu lösen und in Amerika heimisch zu werden. Die notorische Unsicherheit wurde seither durch ein wohl genährtes, bisweilen überbordendes Ego in Schach gehalten – Rückschläge inbegriffen, erst recht Ausreißer in die andere Richtung, wenn Selbstbewusstsein in Überheblichkeit umschlug und er keinen Hehl daraus machte, alles besser zu können, weil er angeblich alles besser wusste. Mit einer solchen Grundausstattung kann man weit kommen. Oder grandios scheitern.

Harvard

In Harvard wurden die Weichen für Henry Kissingers Aufstieg gestellt. Dort konnte er aus nächster Nähe beobachten, dass Akademikern seiner Generation die Türen zur Macht offenstanden – und wie man es anstellen musste, über die Schwelle zu kommen. Dass Kissinger an dieser Kaderschmiede für politische Eliten angenommen wurde, hatte nicht allein mit seinen überragenden Zeugnissen oder den diversen Empfehlungsschreiben von Fritz Krämer zu tun. Sondern auch mit dem 1944 verabschiedeten «GI Bill of Rights», das zurückkehrenden Veteranen mit Stipendien und großzügigen Krediten eine universitäre Weiterbildung ermöglichte. Zusätzlich kam Kissinger in den Genuss eines Stipendiums seines Heimatstaates New York. Im Unterschied zu einer Handvoll anderer Spitzenuniversitäten, bei denen er sich ebenfalls beworben hatte, wegen Fristüberschreitung aber abgelehnt worden war, nahm es Harvard mit der Abgabe der Bewerbung nicht allzu genau. Andernfalls wäre ihm vermutlich eine akademische Karriere von der Sorte beschieden gewesen, für die er in späteren Jahren nur noch Hohn und Spott übrighatte. Dass auch Harvard kleinkariert sein konnte und dennoch anders war, vor allem politischer, wusste Kissinger im Spätsommer 1947 allerdings nicht. Im Grunde war es ihm auch einerlei. Er wollte nur so schnell wie möglich mit einem Studium beginnen, Verlauf und Ende offen. Und weil zu diesem Zeitpunkt einzig Harvard seinem Drängen nachgab, landete Kissinger in Massachusetts – mit der Entschlossenheit einer Bulldogge, wie wohlgesinnte Kommentatoren anmerken.[23]

Seither lebte Henry Kissinger in einer Parallelwelt. Geographisch bewegte er sich lange Zeit nur im Großraum Boston, New York und Washington, D. C. – in «Boswash», wie das Gravitationszentrum der politisch-militärischen, wirtschaftlichen und intellektuellen Eliten der USA genannt wurde. Bis in die frühen 1960er Jahre lernte er von den 50 amerikanischen Bundesstaaten höchstens zehn kennen, von Kurzbesuchen in Europa abgesehen unternahm er nur drei Auslandsreisen nach Japan und Korea.[24] Vom Rest der Welt malte er sich Kopfbilder. Sozial verbrachte Kissinger sein Leben in einem Kokon mit strengen Rekrutierungs- und Aufnahmeregeln für die

Wächter des Imperiums. Manchen ist der Zugang zu diesem exklusiven Club in die Wiege gelegt; andere müssen ihn sich durch harte Arbeit, Zähigkeit und die Bereitschaft zu geschmeidigen Wendemanövern erwirtschaften. Der Lohn ist ein Tanz auf allen Hochzeiten, der Preis die Gesellschaft von Immergleichen.

«Cold War University»

Harvard entwickelte sich seit den späten 1940er Jahren zu einem Leistungszentrum des Kalten Krieges. Je mehr sich die Vorstellung verfestigte, für den Abwehrkampf gegen den Kommunismus möglichst viele Ressourcen mobilisieren zu müssen, desto höher wurden die Erwartungen an die Spitzenuniversitäten des Landes. Dass sie wertvolle Dienste leisten konnten, hatten die Physiker, Chemiker und Ökonomen aus Chicago, New Haven, Princeton, Philadelphia und Cambridge bereits während des Zweiten Weltkrieges unter Beweis gestellt. Die damals eingegangene Liaison zwischen Politik und Wissenschaft, Macht und Geist wurde nach 1945 institutionalisiert. Es entwickelte sich eine Zweckgemeinschaft zu beiderseitigem Nutzen: Akademische Spezialisten schufen politisch, geheimdienstlich und militärisch verwertbares Wissen, Universitäten wurden mit staatlichen Zuschüssen in nie gekannter Höhe gefördert. Harvard konzentrierte sich auf die besonders nachgefragten Themenfelder Sowjetologie, internationale Politik, Propaganda und Kommunikationstechnologie, Regierungslehre, Modernisierung von Entwicklungsländern, nicht zu vergessen psychologische Kriegsführung und Militärstrategie. Dass Auftragsforschung nicht zum Ideal unabhängiger Wissenschaft passte, wurde in Kauf genommen. Denn die institutionelle Aufwertung war ebenso verlockend wie die Beschleunigung persönlicher Karrieren. Wer keine «Cold War University» wollte, verbaute sich die Zukunft. Und schadete dem Land, wie es allenthalben hieß.[25]

In diesem Milieu wuchs ein neuer Typus des Intellektuellen heran – geistige Sherpas für Amerikas Aufstieg zur Weltmacht, auch «Defense Intellectuals» genannt. Ihr Aufgabenfeld war wie gemalt für alle, die unbekanntes Terrain erkunden und sich einen Namen als Entdecker machen wollten. Vorweg hatten sie es mit der jüngst entfesselten Atomenergie und Massenvernichtungswaffen zu tun, für deren Handhabung es kein historisches Vorbild gab. Das Unvorstellbare eines Atomkriegs vorstellbar und beherrschbar zu machen, lautete der Auftrag an die «Zauberlehrlinge von Armageddon» oder «Nuklearpriester». Wie es scheint, wurden derlei Etiketten weniger als Kritik denn als Auszeichnung verstanden.[26] Gleichermaßen herausfordernd war die Frage, wie mit den Mitteln der Soziologie, Ökonomie, Verhaltensforschung und Psychologie das rätselhafte Wesen hinter dem «Eisernen Vorhang» analysiert und manipuliert werden konnte. Spieltheoretiker um Thomas Schelling oder Kremldeuter wie Richard Pipes und James Burnham brachten es bereits in jungen Jahren mit einschlägigen Handreichungen an die Politik zu Ruhm und Ehre. Nicht zuletzt waren Konzepte zur Steuerung der öffentlichen Meinung gefragt, weil die Widerlager gegen eine aktivistische Weltpolitik sich noch längst nicht erschöpft hatten und jederzeit mit antimilitaristischen oder isolationistischen Reflexen zu rechnen war. In anderen Worten: Der Bedarf an intellektuellen Wächtern des Imperiums war groß, die zu erwartende Gratifikation ebenfalls. Vier akademische Politikberater wurden als Nationale Sicherheitsberater gar in den innersten Kreis der Macht berufen: McGeorge Bundy unter John F. Kennedy, Walt Whitman Rostow unter Lyndon B. Johnson, Zbigniew Brzezinski unter Jimmy Carter – schließlich der bekannteste von allen, Henry Kissinger unter Richard Nixon.

Zu den Prototypen und Wegbereitern der «Defense Intellectuals» gehörte der langjährige Präsident von Harvard, James B. Conant. Von Haus aus Chemiker, engagierte er sich bereits im Zweiten Weltkrieg für außen- und sicherheitspolitische Belange. Als Privatmann warb er im «Committee to Defend America by Aiding the Allies» für einen baldigen Kriegseintritt der USA, als wissenschaftlicher Berater war er an zahlreichen Rüstungsvorhaben beteiligt, nicht zuletzt an der Entwicklung der Atombombe im Rahmen des «Manhattan Project». Ob, wann und zu welchem Zweck die neue Waffe im Krieg gegen Japan eingesetzt werden sollte, diskutierte Conant im Sommer 1945 an der Seite von sieben weiteren Vertrauten des Präsidenten in einem eigens dafür einberufenen «Interim Committee». Und nach 1945 forcierte Conant, neben seiner Tätigkeit in der «Atomic Energy Commission» und diversen Stiftungen, wie kein zweiter den Um- und Ausbau Harvards zum Flaggschiff unter den «Cold War Universities». Im Grunde unterstützte er alle einschlägigen Initiativen, hauptsächlich aber die Akquise von Mitteln und Personal für das Studium des neuen Feindes, der UdSSR. Das 1948 mit Geldern der «Carnegie-Stiftung», des Außenministeriums und der CIA gegründete und in Harvard ansässige «Russian Research Center» lieferte zweierlei Ratschläge an seine Finanziers: wie es um die Gesellschaft der UdSSR bestellt war und wie die USA dort Unruhe stiften könnten. Um sich ein Bild sowjetischer Verwundbarkeit zu machen, befragte man Tausende von Flüchtlingen, die über die Bundesrepublik Deutschland in den Westen gekommen waren, oder experimentierte mit speziell auf nationale Minderheiten zugeschnittenen Radioprogrammen. Die schnelle und punktuelle Verwertbarkeit des Wissens stand dabei höher im Kurs als methodische Zuverlässigkeit, im Zweifel setzte sich Aktionismus gegen wissenschaftliche Skrupel durch.[27]

Obendrein investierte James B. Conant sein persönliches Renommee und das Prestige von Harvard für eine geistig-moralische Mobilisierung der amerikanischen Öffentlichkeit. «Committee on the Present Danger» hieß die Lobbygruppe, die er Mitte Dezember 1950 der Presse vorstellte – zusammen mit Tracey S. Voorhees, einem ehemaligen Staatssekretär im Armeeministerium, und dem Atomphysiker Vannevar Bush, der Präsident Roosevelt als Wissenschaftsberater zur Seite gestanden hatte. Unter dem Eindruck des Tests einer sowjetischen Atombombe, der Machtübernahme Maos in China und des nordkoreanischen Überfalls auf Südkorea schlug sich das Komitee – unterstützt von gut 100 Multiplikatoren aus Wissenschaft, Politik, Wirtschaft, Militär, Medien und Kultur – auf die Seite der weltpolitischen Globalisten. Demnach mussten die USA ihre strategischen Interessen hauptsächlich in Europa verteidigen, aber zugleich in Asien für eine Zurückdrängung des kommunistischen Einflusses sorgen. Ebenso sollten Parteien und Wähler ihre fiskalkonservative Skepsis gegenüber hohen Rüstungsausgaben ablegen und sich in das Unvermeidliche fügen: Investitionen für eine nachhaltige militärische Überlegenheit der USA, dauerhafte Stationierung amerikanischer Truppen in Europa und Einführung einer zweijährigen Wehrpflicht für alle Männer ab 18 Jahren.[28] Letzteres gelang nicht, aber die globalistische Wende war spätestens mit der Wahl von Dwight D. Eisenhower zum Präsidenten vollzogen. Ende 1953 stellten Conant und seine Mistreiter ihre Kampagne ein.

«Die Vereinigten Staaten sind in Gefahr. Die Gefahr ist ganz eindeutig militärischer Natur. [...] Wir haben keine Zeit zu verlieren.»[29] In diesem Sinne polemisierte das «Committee on the Present Danger» gegen die damals noch weit verbreitete Annahme, dass der Kalte Krieg mit Propaganda und wirtschaftlicher Vitalität des Westens gewonnen werden könnte, weil Moskau die materiellen, ideellen und politischen Ressourcen zur dauerhaften Stabilisierung, erst recht aber zur Expansion seines Machtbereichs fehlten. Stattdessen sahen Conant und seine Mitstreiter die jüngste Vergangenheit als Menetekel der unmittelbaren Zukunft oder die Sowjetunion als Wiedergänger des nationalsozialistischen Deutschlands. Die daraus abgeleitete Maxime klang ebenso einfach wie schlüssig: Wer Gefahren überschätzt, sitzt vielleicht einem korrigierbaren Irrtum auf; wer sie unterschätzt, macht zweifellos einen tödlichen Fehler – siehe Chamberlain, Münchner Abkommen, «Appeasement» oder kurz «München». Offensichtlich tilgten die sowjetische Atombewaffnung und die Horrorvorstellung eines nuklearen Pearl Harbor alle Restzweifel. Dass Moskau sein Atomwaffenarsenal ausbaute, weil man sich bedroht fühlte, galt als kommunistenfreundliche Beschwichtigung. Also lautete die Antwort: weil der Kreml die westliche Verwundbarkeit erkannt hatte und auf die beste Gelegenheit zum Losschlagen wartete. «Vielleicht wird uns ein weltumspannender Krieg heimgesucht haben, bevor diese Versammlung ein nächstes Mal zusammentritt», redete Conant den Harvard-Absolventen des Jahrgangs 1951 ins Gewissen.[30]

Mit vermehrten Rüstungsanstrengungen der USA und ihrer Verbündeten war es allerdings nicht getan. Militärische Macht, so die Pointe des «Committee on the Present Danger», erfüllt nur dann ihren Zweck, wenn man tatsächlich auch zum Krieg bereit ist und Freund wie Feind von dieser Bereitschaft überzeugt sind. Was darunter konkret zu verstehen war, blieb unklar. Umso deutlicher war die grundsätzliche Botschaft: Der Kalte Krieg ist im Kern eine militärische Auseinandersetzung, allein mit der Macht des Militärs können kommunistische Aggressoren gebändigt und Amerikas weltweite Interessen auf Dauer verteidigt werden – im Idealfall ohne, notfalls mit Krieg. Dass die USA für die nächsten Jahrzehnte in diesem Weltbild befangen blieben, geht nicht allein, aber doch auch auf das Konto politisierter Professoren aus Harvard.

Zur Panik vor dem unkontrollierbaren Totalitarismus gesellte sich die Angst vor einer Immunschwäche der eigenen Gesellschaft. Auch an dieser Stelle führten die Gespenster der Vergangenheit das Wort, genauer gesagt die Erinnerungen an das Auftreten von Isolationisten und Pazifisten seit Mitte der 1930er Jahre. Wobei schwer zu beurteilen ist, woran man sich mehr störte – an der Verniedlichung der von Nazi-Deutschland ausgehenden Gefahr oder am basisdemokratischen Politikverständnis vieler Rüstungskritiker. Vor profitgierigen Rüstungsunternehmen war am Vorabend des Zweiten Weltkrieges gewarnt worden, vor einer kriegsbedingten Aufwertung der Exekutive, vor einer Schwächung demokratischer Kontrollorgane und vor dem allmählichen Abgleiten in einen freiheitsberaubenden Sicherheitsstaat. Wie auch immer: Aus der Perspektive des «Committee on the Present Danger» betrieb die damalige Opposition keinen politischen Meinungsstreit, sondern eine intellektuelle und moralische Selbstentwaffnung der Gesellschaft. Und für James B. Conant war das politische Urteilsvermögen seiner Landsleute noch immer oder schon wieder lädiert: «Wenn man mich nötigte, die größte Gefährdung unserer nationalen Sicherheit beim Namen zu nennen, so würde ich auf den Unwillen des amerikanischen Volkes verweisen, die im internationalen Umfeld lauernden Gefahren zur Kenntnis zu nehmen, auf unser Versagen, sich der Schwere und Dauer des Kampfes mit dem russischen Kommunismus zu stellen.»[31]

In anderen Worten: Gefragt war eine Erziehungskampagne oder die Herstellung überparteilicher Loyalität in außenpolitischen Grundsatzfragen. Dass Wissenschaftlern und Intellektuellen dabei eine Schlüsselrolle zufiel, stand für Conant außer Frage; ebenso, dass die Dramatisierung von Gefahren und das Spiel mit Ängsten legitime Mittel zur Politisierung der Ignoranten, Fehlgeleiteten und Lethargischen waren.[32] Eben darauf war die Öffentlichkeitsarbeit des «Committee on the Present Danger» zugeschnitten, dokumentiert in hunderttausenden Broschüren, ungezählten Podiumsdebatten und Radiovorträgen, die im Winter 1951 an dreizehn aufeinanderfolgenden Samstagen landesweit ausgestrahlt wurden. Durchweg präsentierten sich die Redner in einer Doppelrolle als Diagnostiker und Dompteure des Bedrohlichen – als Experten, die mit kühlem Kopf, ruhigen Nerven und Selbstdisziplin die Nation durch die gefährlichste Krise ihrer Geschichte lenken konnten. Auf ihren Rat zu verzichten, so Conant, wäre nicht allein fahrlässig, sondern selbstmörderisch. Deutlicher hätte man Wählern, Parteien und Kongress nicht das Misstrauen aussprechen können. Und nie zuvor war einer politischen Aufwertung von «Defense Intellectuals» derart offen das Wort geredet worden.[33]

Unter dem Eindruck dieser Debatten verbrachte Henry Kissinger seine akademischen Lehr- und Wanderjahre. Als er im Wintersemester 1947 das Studium in Harvard aufnahm, machte er allerdings nicht den Eindruck eines weltläufigen «Defense Intellectual» im Wartestand. Eher fiel er erneut als Eigenbrötler oder frühreifer Streber auf. Zu behaupten, dass der Student Kissinger leidenschaftlich gerne Bücher las, ist untertrieben; vielmehr verschlang er sie, fast noch gieriger als die Unmengen an Junkfood und Coca Cola, die ihn bis tief in die Nacht wachhielten. Heutzutage würde man ihn einen Nerd nennen, damals galt er als weltfremder Kauz, der in Gesellschaft von Büchern alles um sich herum vergessen konnte, gerne laut mit ihnen Zwiesprache hielt und Wutanfälle bekam, wenn er glaubte, Autoren bei Schlampereien oder Irrtümern ertappt zu haben. Die blutig gekauten Fingernägel waren ihm ebenso egal wie seine von Stubenhockerei definierte Figur, die er in abgetragenen Schlabberklamotten versteckte. Der Kontrast zur Soldatenzeit hätte größer nicht sein können, fast schien es, als hätte er mit der Uniform auch die mühsam erkämpfte Unbekümmertheit abgelegt. Andererseits trieb er auf die Spitze, was ihm in späteren Jahren noch nützlich sein sollte: Ausdauer, Konzentration und Disziplin.

Kommilitonen ließ Kissinger links liegen, Kommilitoninnen

schien er überhaupt nicht wahrzunehmen. Wo er herkam, was seine Familie machte, ob er Hobbys hatte, noch nicht einmal die Zimmergenossen wussten etwas darüber. Andere erst recht nicht, denn Kissinger besuchte keine Partys, keine Sportveranstaltungen oder Theateraufführungen. Er schloss sich noch nicht einmal einer Studentenvereinigung an, als hätte ihm niemand gesagt, wo man lebenslange Kontakte knüpfte und Karrieren vorbereitete und dass Hörsäle oder Zensuren in der «Ivy League» nur als Zugabe zu betrachten waren. Aber trotz selbstgewählter Isolation war er Altersgenossen ein ständiges Ärgernis. Denn Kissinger wusste, dass er den meisten intellektuell überlegen war, und ließ andere spüren, dass er es wusste – und gerierte sich bereits im Grundstudium wie jemand, der nur Professoren als Gesprächspartner schätzte. Dazu passte die Imitation professoraler Schrullen: Verabredungen vergessen oder notorisch zu spät kommen und ewig von wichtigeren Dingen abgelenkt sein. «Alle hielten ihn für eine außergewöhnlich begabte Person», meinte ein Studienkollege, «aber was für ein Hurensohn! Eine Primadonna, nur auf Eigennutz bedacht, egozentrisch.»[34] Das mittlere Namensinitial musste schon bald als Ventil herhalten: Aus Henry A. wurde «Henry Ass Kissinger».[35]

Darin schwang auch eine gehörige Portion Neid und Missgunst mit. Denn Henry Kissinger verfügte über frappierende Talente. Was immer er las oder hörte, er saugte es auf wie ein trockener Schwamm, konnte Wesentliches von Unwesentlichem unterscheiden und schier uferlose Synthesen am Ende zu griffigen Argumenten zuspitzen. Sein Auftreten im Seminar war dementsprechend. Ideen anderer Autoren so lange virtuos hin- und herzudrehen, bis sie wie eigene Einfälle daherkamen – auch so etwas will gelernt sein, Chuzpe hin oder Schaumschlägerei her. Viele kauften ihm ab, dass er mit einem besonders Wissenden im Bunde war, nämlich mit sich selbst. Weil Kissingers Fleiß und Ehrgeiz konkurrenzlos blieben, schloss er im ersten Semester alle Kurse mit Bestnoten ab und durfte sich einen Professor seiner Wahl zum Tutor nehmen. Kissinger wählte den «grand seigneur» für Politikwissenschaft und Regierungslehre, William Yandell Elliott. Er hätte auch bei Carl J. Friedrich, Barrington Moore, Wassily Leontief, Alexander Gerschenkron oder Robert

R. Bowie in die Lehre gehen können. Es ist müßig, darüber zu spekulieren, welchen Einfluss der eine oder andere von ihnen genommen hätte. In Elliotts Fall kann es keinen Zweifel geben. Er veränderte das Leben des umtriebigen Studenten, wie Kissinger selbst einräumte, auf «fundamentale Art und Weise».[36] In erster Linie lebte er ihm vor, dass Wissensdurst und Machthunger keine Gegensätze sein müssen.

Der akademische Lehrer

William Y. Elliott, ein Geistesverwandter und guter Freund von Kissingers ehemaligem Mentor Fritz Krämer,[37] liebte die Pose und pflegte mit Hingabe seinen Spitznamen «Wild Bill» aus Tennessee. Ob er tatsächlich im Hinterhof seines Hauses Hähne gegeneinander kämpfen ließ, sei dahingestellt. Es würde aber zur Wahrnehmung vieler Kollegen passen, die teils amüsiert, teils pikiert über Elliotts exaltiertes Temperament und seine hochtönenden Auftritte sprachen. Alles an ihm schien eine Nummer größer, wenn nicht überdimensioniert: Persönlichkeit, Ego, Körpermaß. Nur das Schreibpensum des ehemaligen Boxers blieb unter Par. Wegen einer sehr überschaubaren Publikationsliste wären andere vermutlich als ausgebrannter Vulkan gescholten worden; Elliott galt hinter vorgehaltener Hand als «glorreiche Ruine», mit besonderer Betonung des Adjektivs.[38] Aber auch diese Metapher war schräg, denn Elliott versprühte noch als Mittfünfziger mehr Energie und Leidenschaft als viele Jüngere. Kraftvoll, bisweilen deftig im Auftreten, traktierte er seine Studenten mit manischer Arbeitswut – John F. Kennedy, Dean Rusk, McGeorge Bundy, Pierre Trudeau, Louis Hartz und Samuel Huntington, um nur die Berühmtheiten aus diesem Kreis zu nennen, dankten es ihm noch Jahre später. Und über Herzensangelegenheiten dozierte Elliott mit religiöser Inbrunst: Philosophie, Regieren im Ausnahmezustand und immer wieder China, die Sowjetunion, Kommunismus, Kalter Krieg. Felsenfest davon überzeugt, dass Faschismus und Nationalsozialismus eine Reaktion auf den Triumph der Bolschewiki in Russland waren, widmete er sein poli-

William Yandell Elliott, August 1960.

tisches und akademisches Leben dem Kampf gegen die rote Gefahr. «Himmeldonnerwetter, lasst uns innerlich so stark werden wie Lincoln, nachdem er sich mit der Lektüre von Shakespeare und der Bibel gefestigt hatte.»[39]

Seine Rolle als Hochschullehrer war Elliott nie genug, es drängte ihn schon in jungen Jahren auf größere Bühnen, vorzugsweise auf die größte von allen in der Hauptstadt. Seit 1937 pendelte er fast wöchentlich zwischen Cambridge und Washington, D. C., wo er alle möglichen Ministerien und Ämter beriet oder Lobbyarbeiten nachging. Als Generalist bewirtschaftete Elliott jedes Feld, auf dem Not am Mann war – schulische Bildung, Auslandshilfe, Rüstungsproduktion, Abbau strategischer Rohstoffe durch dosierte Nuklearexplosionen, Personalpolitik, Behördenreform und Umbau des Nationalen Sicherheitsrats, Systemkonkurrenz mit der UdSSR in der Dritten Welt. Anfragen der CIA zu psychologischer Kriegsführung schlug er auch nicht aus, nach Auftragsarbeiten zur Stärkung der Exekutive gegenüber Kongress und Ministerien riss er sich geradezu – ein von Politik Besessener, ein Getriebener und Missionar.

Nachdem er im Juli 1959 auch noch Vizepräsident Richard Nixon nach Moskau und Polen begleitet und ihm im anschließenden Präsidentschaftswahlkampf zur Seite gestanden hatte, schrieb die «Washington Post»: «Wenn es auf der politischen Bühne in Washington eine nicht versenkbare Figur gibt, dann ist es Elliott.»[40]

Wie es sich für einen intellektuellen Fußsoldaten im Kalten Krieg gehörte, trat er als unermüdlicher Netzwerker und leidenschaftlicher Strippenzieher auf. Für High Schools setzte Elliott Lehrprogramme über das wahre Wesen des Kommunismus durch, er unterstützte die Forderungen russischer Exilgruppen nach einem Putsch in der UdSSR und beriet private Stiftungen, darunter auch die «Ford Foundation», bei der Vergabe von Auslands- und Forschungsstipendien.[41] Seine besondere Leidenschaft aber galt der Rekrutierung begabter Studenten für den Staatsdienst. Gerade im Kalten Krieg waren Regierung, Militär und Geheimdienste auf die besten Köpfe des Landes angewiesen, nach ihnen wollte er Ausschau halten, sie galt es von der Notwendigkeit eines professionellen Doppellebens in Wissenschaft und Politik zu überzeugen.[42] In Einzelgesprächen und vor großem Publikum zog Elliott alle Register. «Ich flehe Sie an», so seine Rede vor Harvard-Studenten im Sommer 1958, «lassen Sie sich in schlechten Zeiten nicht entmutigen, geben Sie niemals diesen letztgültigen Glauben an Amerika und seine Bestimmung auf. Denn alles liegt letzten Endes in Ihren Händen. Es gibt nur einen einzigen Ort, an dem die psychologische Kriegsführung gegen Sie gestoppt werden kann – in Ihren Herzen, in Ihren Taten, in der Art, wie Sie reagieren. […] Lassen Sie uns angesichts der Schwere der Herausforderung nicht verzagen. Denn vor solchen Herausforderungen beweist sich eine Nation. Sie muss es tun.»[43] Ob gefragt oder ungefragt, Elliott meldete sich immer wieder zu Wort, um Stellen im Regierungsapparat, in «Denkfabriken», bei Zeitschriften und Stiftungen mit Personen zu besetzen, die seinen Gewissenstest als überzeugte Kalte Krieger bestanden hatten.

William Elliott war zwar als Wähler der Demokraten registriert, beriet in den 1950er Jahren außer Senator John F. Kennedy aber auch republikanische Granden wie Nelson Rockefeller und Richard Nixon. Insbesondere zu Nixon fühlte er sich hingezogen, seit beide im «Komitee für Un-Amerikanische Umtriebe» des Repräsentantenhauses den Spionagefall Alger Hiss untersucht und die kommunistische Bedrohung der USA in düstersten Farben gemalt hatten. Er schrieb Redevorlagen für den Vizepräsidenten, suchte auch privat dessen Nähe und schmeichelte dem «lieben Dick» in der barocken Tonlage des Südstaatlers. «Ich nehme für mich [...] das Privileg [...] eines alten Freundes in Anspruch, der Deine Talente bereits in der Minute unseres ersten Zusammentreffens erkannt und nicht darauf gewartet hat, bis der Rest der Welt sie entdeckte.»[44] Auch in Briefen an Dritte lobte er Intellekt, Integrität, Weitsicht, Bescheidenheit, Lernfähigkeit und Führungsqualitäten Nixons über den grünen Klee und pries ihn als kommenden Präsidenten – stets mit einer Kopie an die Adresse des Gehuldigten.[45] Nixon zeigte sich erkenntlich und berief Elliott im Präsidentschaftswahlkampf 1960 in seinen engsten Beraterkreis. Und wieder wurde er mit Memoranden zu allen erdenklichen Themen eingedeckt, nicht minder mit den zur Gewohnheit gewordenen Lobhudeleien und zu guter Letzt mit Ratschlägen für die persönliche Auseinandersetzung mit John F. Kennedy. «Sieh es einem alten Boxer nach, aber der Kerl [John F. Kennedy] braucht ein oder zwei linke Geraden, einen Haken als Vorbereitung für den Cross mit der Rechten, den Du ja immer drauf hast und nach Belieben austeilen kannst.»[46] Kurz darauf war es mit der politischen Männerfreundschaft vorbei. Weil seine Ratschläge angeblich nicht hinreichend gewürdigt wurden, teilte Elliott in einem larmoyanten Brief der gekränkten Eitelkeit mit, dass er als Berater ins Lager des neuen Außenministers Dean Rusk gewechselt war. Was Nixon freilich nicht daran hinderte, den Kontakt auf Jahre hinaus weiter zu pflegen.[47]

Musterschüler

In Harvard war William Elliott berüchtigt für überlange Literaturlisten, die er seinen Schülern als Hausaufgabe aufbrummte. Nur wer alles aus sich herausholte, war nach seinem Geschmack. Kissinger nahm es sportlich – nicht als Zumutung, sondern als Herausforderung und Ansporn. Und lieferte zum Erstaunen des Lehrers in kürzester Zeit schier endlose Synopsen. Elliott war vom Arbeitseifer, Wissendurst und Auffassungsvermögen dieses Sonderlings hingerissen. «Er ähnelt mehr einem reifen Kollegen als einem Studenten.»[48] So wurde aus dem Musterschüler alsbald der Lieblingsschüler, einer der wenigen, die Elliott als intellektuelle Sparringspartner würdigte.

Die beiden sahen sich regelmäßig, im Seminar, bei Spaziergängen auf dem Campus, bisweilen nahm Kissinger auch Einladungen zu privaten Abendgesellschaften in Elliotts Haus an. Anfang der 1920er Jahre in Oxford promoviert, hatte William Elliott das dort übliche Tutorengespräch im kleinsten Kreis mit nach Harvard gebracht und im Laufe der Jahre etabliert. Wort für Wort niedergeschriebene Protokolle dieser Debatten konturieren die Protagonisten besser als manches von ihnen verfasste Thesenpapier oder Buch. Über weite Strecken fühlt man sich an die Gockelei erinnert, die zur akademischen Bühne gehört wie die Tinte zum Papier. Wer kann am schnellsten zwischen Plato, Kant und Spinoza hin- und herhüpfen, wer erkennt als Erster die untergründigen Beziehungen von Hume, Freud und Marx, wer kann sich mit Prunkzitaten oder pompösem Eigengewächs am besten in Szene setzen? Selbstverständlich behauptete Elliott seine Führungsrolle mit ebenso eitlen wie endlosen Monologen. Die meisten Teilnehmer schwankten zwischen Bewunderung und Ehrfurcht, fügten sich also in die ihnen zugedachte Rolle der andächtigen, auf wenige Zwischenrufe reduzierten Zuhörer. Nicht so Henry Kissinger. Ob Metaphysik oder Regierungslehre, er wollte bei jedem Stichwort mithalten – und nach Möglichkeit seinen Lehrmeister übertreffen, indem er ihn auch noch in Duktus wie Habitus perfekt kopierte. Angestrengt und verbissen ging es zu, humorlos selbst beim Austausch von Banalitäten.[49]

Ständig unter Starkstrom, machte sich Kissinger an die Niederschrift seiner wissenschaftlichen Qualifikationsleistungen. Sage und schreibe 388 Seiten stark war die 1951 vorgelegte Bachelorarbeit «The Meaning of History», womit er eine bis dato gültige Selbstbeschränkung der Examenskandidaten um mehr als das Doppelte überschritt und die Universitätsleitung nötigte, 150 Seiten als die künftig gültige Obergrenze formal festzulegen. Nichts weniger als Wesen und Bedeutung der Geschichte wollte Kissinger entschlüsseln – im philosophischen Zwiegespräch mit Immanuel Kant, Oswald Spengler und Arnold Toynbee. Warum er diese Protagonisten auswählte, erschließt sich ebenso wenig wie der Text selbst. Über weite Strecken unlesbar, weil raunend im Duktus und schwerfällig in der Diktion, geht es in erster Linie um die Demonstration lückenloser Belesenheit. Tatsächlich hatte sich der Autor überlesen, also mehr Texte konsumiert, als er verdauen konnte. Dass ein Student in jugendlichem Überschwang über das Ziel hinausschießt, ist eher normal als irritierend. In Kissingers Fall indes stört die Überheblichkeit, mit der er Philosophen von Rang – neben den genannten auch Sokrates, Hegel und viele andere – zu Sparringspartnern degradiert. Selbst Bewunderer sprechen von «akademischem Exhibitionismus»; weniger Wohlmeinenden kommt Thomas Manns Diktum vom «parfümierten Qualm» in den Sinn.[50]

Auf den zweiten Blick jedoch tritt der politische Kissinger hervor, der Intellektuelle im Streit mit Herausforderungen seiner Zeit. Wer gestaltet gesellschaftlichen Wandel? Wer kann bedrohlichen Herausforderungen begegnen, das Unvorhersehbare meistern und einem politischen Niedergang Einhalt gebieten? Wer verhindert, dass die USA den Weg von Karthago, Rom oder Byzanz gehen und sich in die Bedeutungslosigkeit verabschieden? Die Bachelorarbeit liefert erstmals eine bündige, in den kommenden Jahren und Jahrzehnten vielfach modellierte Antwort: Es sind risikobereite Eliten, die sich über die Ängstlichen, Verzagten und Wankelmütigen – sprich über machtvergessene Liberale – erheben. Ihnen sang Kissinger sein Loblied, den willensstarken, durchsetzungsfähigen Führern, jenen, die sich nicht mit der vorgefundenen Welt zufriedengeben, sondern eine neue Welt nach ihrem Willen und ihrer Vorstellung erschaffen.

Jahre später hatte er die endgültige Formel gefunden: «Es gibt zwei Sorten von Realisten: diejenigen, die sich mit Fakten abmühen und sie manipulieren, und diejenigen, die neue Fakten schaffen. Der Westen braucht nichts mehr als Männer, die in der Lage sind, ihre eigene Realität zu erschaffen.»[51]

Diese «Realisten» adelte der gerade examinierte Henry Kissinger zu visionären, heroischen und tragischen Figuren. Visionär, weil sie früher und deutlicher als andere die Zeichen ihrer Zeit erkennen; heroisch, weil sie sich über Zwänge und Widerstände hinwegsetzen und im Zweifel ohne Ansehen der Person anderen ihren Willen aufnötigen; und tragisch, weil sie handeln, ohne die Ergebnisse ihres Handelns planen oder absehen zu können, also die Risiken des Scheiterns selbstlos auf sich nehmen. «Take a leap into conjecture», den Sprung in das Ungewisse wagen, wurde zu einem seiner beliebtesten Satzbausteine, ebenso häufig bemüht wie das Bild des einsamen Entscheiders, dem im Moment der Entscheidung niemand zur Seite steht.[52] Aus der politischen Botschaft machte er keinen Hehl: Wenn Demokratien diesen Sinnstiftern keinen Freiraum geben, schaufeln sie sich ihr eigenes Grab. Entweder man gewährt den Weitsichtigen politische Immunität oder scheitert im Blindflug, entweder man vertraut auf den großen Wurf der Wenigen oder lähmt sich im ewig kleinkarierten Meinungsstreit der Vielen. Von «Propheten» sprach Kissinger fortan und bei allen möglichen Gelegenheiten. Oder von Intellektuellen, die sich zum Wohle aller über die Launen ihrer Zeit und die Verfahrensregeln von Parteien, Institutionen und Bürokratien hinwegsetzen müssen. «Ein Volk lernt oft nur aus Erfahrung; es hat erst dann etwas gelernt, wenn es zum Handeln zu spät ist. Aber ein Anführer muss so handeln, als wären seine Ansprüche bereits Realität.»[53] Man könnte es auch einfacher ausdrücken: Das Verlangen nach den Besten und Klügsten war ein Plädoyer für eine machtprivilegierte Elite innerhalb der Elite, erhaben, souverän, unantastbar.

Angeblich las William Elliott nur das erste Drittel von Kissingers Bachelorarbeit. Eine lässliche Schludrigkeit, sollte es stimmen – denn er wusste ja ohnehin, woher die auf knapp 400 Seiten ausgebreiteten Gedanken stammten. Nämlich von ihm selbst.[54] Elliott zeichnete seinen Zögling mit «summa cum laude» aus, der Höchstnote, mit der nur ein Prozent von Kissingers Jahrgang bedacht wurde.[55]

Deutlich kritischer wurde Kissingers 1954 fertiggestellte Dissertation über Fürst Metternich, Viscount Castlereagh und den Aufbau einer europäischen Friedensordnung nach den napoleonischen Kriegen aufgenommen.[56] Die spätere Rede von einer brillanten Analyse internationaler Diplomatie geht auf das Konto von Rezensenten, die nach Bausteinen für Kissingers politische Karriere Ausschau hielten und den unaufhaltsamen Aufstieg eines Genies illustrieren wollten. Seine damaligen Kollegen in Harvard hingegen monierten den konventionellen Zuschnitt der Arbeit. Ausschließlich auf Sekundärquellen gestützt, hatte der Kandidat einen konzisen Literaturbericht, aber keinen innovativen Forschungsbeitrag vorgelegt. Die Pointe war freilich eine andere: Kissinger ging es gar nicht um Wissenschaft, sondern um Politik. Genauer gesagt um die Frage, ob und inwieweit sich seine Protagonisten als Stichwortgeber für Amerikas Außenpolitik vereinnahmen ließen. «A World Restored» verstand den Wiener Kongress als fernen Spiegel der eigenen Zeit: Konnte man die Restauration des Jahres 1812 mit den 1950er Jahren in Bezug setzen? Was ließ sich aus der Neutralisierung des revolutionären Frankreichs für den Umgang mit der UdSSR und der VR China lernen?

Mit seinen Antworten bediente Henry Kissinger den neuen Zeitgeist in Washington. Erstens: Revolutionäre Großmächte, die eine geerdete internationale Ordnung mittels neuer Spielregeln aus den Angeln heben wollen, stürzen die Welt in ihren anarchischen Urzustand zurück. Umso mehr bedarf es eines stabilisierenden Zentrums – einer Macht, die sich den schwer kontrollierbaren Fliehkräften nicht nur widersetzen kann, sondern auch moralisch dazu legitimiert ist. Dass einzig die USA die Rolle dieser unverzichtbaren Nation ausfüllen konnten, verstand sich von selbst. Ebenso, dass ihre wirtschaftliche und militärische Übermacht ein für alle überlebenswichtiges Gut war. In anderen Worten: Nur mittels amerikanischer Dominanz bleibt die Welt im Gleichgewicht. Zweitens: Weil die Illegitimen jeder legitimen Ordnung prinzipiell die Anerkennung verweigern, greift Diplomatie ins Leere. Dialog, Verhandlungen, Kompromissbildung – das klassische Repertoire des Interessenausgleichs taugt allenfalls zur Aufführung nutzloser Spektakel und zur Beruhigung einer schwachnervigen Öffentlichkeit. Drittens: Die Verhinderung von Kriegen darf nicht das übergeordnete Ziel von Außenpolitik sein. Solange die Energie revolutionärer Mächte nicht verschlissen ist, muss man das Risiko des Krieges eingehen, andernfalls haben die Aggressiven und Rücksichtslosen leichtes Spiel. Insofern ist Diplomatie gleichbedeutend mit dem Kalibrieren von Gewaltmitteln zwecks politischer und militärischer Erpressung.[57] Es waren drei Axiome im Rang von Glaubenssätzen, die keiner weiteren Begründung bedurften. Henry Kissinger machte daraus über Jahre einen Steckkasten für Bücher, Aufsätze und Reden.

«Wichtigere Dinge als das Leben»

William Elliott hatte diesen Katechismus längst in den Lehrplan seiner Studenten aufgenommen. In ihm spiegelt sich die Sorge, dass die USA eine einmalige Chance zum Auf- und Ausbau einer weltpolitischen Führungsrolle verspielen könnten. Geradezu dramatisiert wurde sein Unbehagen durch Erfahrungen aus der Zwischenkriegszeit – vorweg durch Erinnerungen an die «große Depression» in Westeuropa und an den «Geist von Rapallo». Ein wirtschaftlich darniederliegender Kontinent würde in Moskau unweigerlich als Einladung zur politischen, wenn nicht gar militärischen Expansion begriffen; und eine Fortsetzung der Schaukelpolitik zwischen Ost und West, dokumentiert im deutsch-sowjetischen Vertrag von Rapallo aus dem Jahr 1922, könnte einen neutralistischen Dominoeffekt in den Nachbarstaaten auslösen und auch deren politisches Immunsystem schädigen. Vor diesem Hintergrund ist Elliotts inflationierte Rede vom Überlebenskampf des Westens und der Entscheidungsschlacht für die Freiheit zu sehen. Er selbst machte keinen Hehl aus den Alternativen: Entweder setzen sich die USA als hegemonialer Akteur durch oder der Welt droht ein unberechenbarer Kampf um Interessensphären, entweder machen die Vereinigten Staaten vom

Recht des Stärkeren Gebrauch oder sie verabschieden sich freiwillig von der weltpolitischen Bühne. Dazwischen gab es für ihn nichts. Zu den Modalitäten einer wirtschaftlichen Stabilisierung Europas oder über Wege zur politischen Konsolidierung von Bündnisbeziehungen schwieg Elliott. Umso mehr widmete er sich dem Umgang mit den «illegitimen Mächten» in Moskau und Peking.

Wie ein evangelikaler Schriftgläubiger wühlte sich William Elliott durch Verlautbarungen kommunistischer Autoren, auf der Suche nach ihrem wahren Wesen und dem alles erhellenden Schlüsselzitat. Und seine Eindrücke erklärte er zum Gesetz: Der rote Totalitarismus ist bei weitem gefährlicher als der braune; die Herrscher der UdSSR fühlen sich erst sicher, wenn sie sich die gesamte Welt einverleibt haben; weltweit stehen kommunistische Parteien, auch die chinesische, unter der Fuchtel der sowjetischen Zentrale; sobald Moskau über ein nennenswertes Arsenal an Atomwaffen verfügt und der Westen Schwäche zeigt, wird es von dieser Vernichtungsmacht Gebrauch machen; wer auf eine freiwillige Selbstkorrektur kommunistischer Potentaten hofft, betrügt sich selbst. «Wenn wir nicht gewinnen, wird die Freiheit mit Sicherheit untergehen.»[58] Will heißen: Der Kreml bedroht nicht die Interessen, sondern die Existenz der USA. Und deshalb forderte Elliott einen von außen inspirierten oder gar erzwungenen Regimewechsel. Nicht über das Ziel, allein über die adäquaten Mittel wollte er diskutieren. Wieder einmal blieb die Grenze zwischen Paranoia und vorsätzlichem Spiel mit der Angst verschwommen. Nicht so das Fazit: «Wir dürfen uns vor Opfern nicht drücken. Wenn wir nicht bereit sind, den Preis zu zahlen, wird ein noch höherer Preis von uns verlangt werden, vielleicht sogar das Leben einer freien Zivilisation auf dieser Erde. […] Es muss für Amerikaner wichtigere Dinge geben als das Leben.»[59]

«Wichtigere Dinge als das Leben»: Elliott buchstabierte die Logik hinter dieser Formel in aller Radikalität aus. Wenn die USA, so sein Mantra, in der Auseinandersetzung mit dem Kommunismus bestehen wollen, müssen sie hohe Risiken eingehen, in unkalkulierbare Grauzonen vorstoßen und ihre Feinde in Furcht und Schrecken versetzen. Seine Ratschläge hätten auch ins Drehbuch eines Western gepasst: Durchsetzungsfähig ist, wer den Colt offen trägt, seine

Hand nicht vom Halfter nimmt und den Ruf skrupelloser Entschlossenheit pflegt. In diesem Sinne lebt Außenpolitik von Nervenstärke. Sobald die USA Zweifel an ihrer Bereitschaft zum Krieg aufkommen lassen, setzen sie Glaubwürdigkeit und Macht aufs Spiel. «Wer wird gewinnen? Der Westen muss unbedingt verstehen, dass die Propaganda der Tat wichtiger ist als jede andere Propaganda. [...] Sobald man in den Verdacht kommt, nur zu bluffen, befindet man sich in der gefährlichsten Situation von allen, weil man dann von der anderen Seite ständig auf die Probe gestellt wird.»[60] Im Grunde polemisierte Elliott gegen ein passives Verständnis von Abschreckung, gegen alle, die auf das stumme Wirken überlegener Streitkräfte setzten. Stattdessen bevorzugte er den entwaffnenden Auftritt. Nicht Krieg war für ihn das Problem, sondern die Angst vor dem Krieg – weil Angst lähmen kann und feindliche Übergriffe erst recht provoziert. So wollte er seinen Appell an eine «tiefere Moral», an den «deeper purpose» verantwortlicher Politik, verstanden wissen: Tödliche Risiken auf sich zu nehmen, ist moralischer als die Kapitulation vor einem unmoralischen Feind. Und verglichen mit den Opfern kommunistischer Vorherrschaft sah er andere Opfer als kleineres Übel. Die erzieherische Aufgabe des Intellektuellen bestand also in der Erläuterung einer «Psychologie des Terrors» – dass der Mut zum Risiko eigentlich ein Zwang zum Risiko ist, dass gespielte Unberechenbarkeit und inszenierter Wahnsinn zum psychologischen Abnutzungskampf gehören und dass Kriege mehr denn je eine Frage des nationalen Überlebens sind, «begrenzte Atomkriege» eingeschlossen.[61]

Während des Koreakrieges übersetzte William Elliott diese Überlegungen in einen politischen Notfallplan. In einem langen Brief wandte er sich an Paul Nitze, Leiter der politischen Planungsabteilung im Außenministerium und «Hardliner» wie er. Bereits im April 1950, gut zwei Monate vor dem nordkoreanischen Überfall auf den Süden des Landes, hatte Nitze im Auftrag des Nationalen Sicherheitsrates ein umfangreiches Memorandum zu Papier gebracht und Richtlinien für eine Revision amerikanischer Sicherheitspolitik formuliert.[62] Was immer in «NSC 68» einfloss, das Dokument belegte auch, dass Elliott längst kein verschrobener Außenseiter mehr war.

Im Gegenteil. Eine Mehrheit der außen- und sicherheitspolitischen Elite teilte mittlerweile seine Ideen – vorab die Forderung, den politisch-militärischen Einsatz selbst um den Preis eines erhöhten Kriegsrisikos zu steigern. Stellenweise konnte man gar den Eindruck haben, als hätte Elliott bei der Niederschrift von «NSC 68» die Feder geführt. Nämlich immer dann, wenn der Kalte Krieg als Angriff der UdSSR auf Amerikas Existenz und mithin als realer Krieg bezeichnet wurde. Oder wenn die nationale Sicherheit an allen Fronten bedroht schien, in der Wirtschaft wie in der Wissenschaft, in der Politik wie in der Kunst, im Materiellen wie im Immateriellen. Oder wenn – fast in der Diktion von Folterern – Zwang, Erpressung und Nötigung als Mittel legitimer Gegenwehr zur Sprache kamen. Kurz: Paul Nitze war der ideale Ansprechpartner und ein Türöffner obendrein. Wer bei internen Debatten gehört werden wollte, kam um ihn nicht herum. Den Beweis lieferte Präsident Truman persönlich, als er im Herbst 1950 «NSC 68» billigte und der Forderung des Autors nachgab, den Rüstungshaushalt auf unbestimmte Zeit um das Dreifache zu erhöhen.

Bei Paul Nitze also hinterlegte William Elliott am 11. Dezember 1950 einen neunseitigen Vorschlag zur Beendigung des Koreakrieges. Zu dieser Zeit war der Krieg in seine kritischste Phase getreten. Chinesische Verbände hatten zu Hunderttausenden die Grenze überschritten und wollten mit Hilfe ihrer nordkoreanischen «Waffenbrüder» die USA aus Nordkorea verdrängen, Douglas MacArthur, Oberbefehlshaber der unter UNO-Mandat kämpfenden Truppen, plädierte für Angriffe gegen Stellungen und Nachschublager auf chinesischem Territorium. Elliotts Plan sah einen beiderseitigen Truppenabzug aus Nordkorea und eine entmilitarisierte Pufferzone im Norden vor. Sollte Peking dieses Angebot innerhalb von zwei Wochen nicht annehmen, müssten die USA ihre Drohung wahrmachen und der VR China den Krieg erklären. «Wir können sie nur aufhalten, wenn wir bereit sind, jede weitere Aggression effektiv zu bestrafen […] – mit jeder Unze Energie und Entschlossenheit, die uns in dieser späten Stunde zur Verfügung steht, und *bevor es zu spät ist.*»[63]

Mit «effektiver Bestrafung» waren Luftangriffe auf Industrie- und Kommunikationszentren sowie Transportwege gemeint. Ob mit konventionellen oder atomaren Waffen, ließ Elliott offen. Ein Zusammenbruch des Versorgungssystems würde das kommunistische Regime schwächen und unter Umständen einen Machtwechsel einleiten. «Vermutlich ist kein Land der Welt verwundbarer gegenüber punktuellen Angriffen als China unter seiner jetzigen Regierung.» Den psychologischen Zugewinn betonte Elliott nicht minder. Gerade Großbritannien und Premierminister Clement Attlee, der in Washington nachdrücklich vor einer Ausweitung des Krieges gewarnt hatte, wollte er eine Lektion mit auf den Weg geben: «Es hat sich tatsächlich der gefährliche Eindruck festgesetzt, dass wir uns von den kraftlosen Briten manipulieren lassen. Wir können nicht Führungsstärke beweisen, wenn wir unserer Gefolgschaft folgen müssen.» München, immer wieder München: Elliott war von der vermeintlichen Analogie zur westlichen Beschwichtigung Hitlers geradezu besessen. Davon abgesehen hatte es ihm die Einschüchterung von Staaten angetan, die sich aus kolonialen Abhängigkeiten befreiten und mit Hilfe sozialistischer Staaten ihre Wirtschaft ankurbelten. «Zumindest können wir im Fernen Osten unter Beweis stellen, wohin es führt, wenn ein System den Kommunisten in die Hände fällt und von Moskau als Werkzeug benutzt wird. Es muss mit derart lähmenden Strafaktionen gegen seine Wirtschaft rechnen, dass künftigen Abenteuern im restlichen Asien ein Riegel vorgeschoben wird.»[64]

Nicht zuletzt jonglierte William Elliott mit der Idee eines Präventivkrieges gegen die UdSSR. Für den Fall, dass Moskau weiterhin Waffen und Material nach Nordkorea lieferte, müsste man in Washington ernsthaft über eine Zerstörung der sowjetischen Rüstungsindustrie und ausgewählter Militärstützpunkte nachdenken – und selbstverständlich auch über den Einsatz von Atomwaffen. «Totale Mobilmachung und entschiedenste Anstrengungen zur Bereitstellung der Luftwaffe und die Vorbereitung auf einen Krieg nach den für uns besten Bedingungen sind zweifellos das Gebot der Stunde.»[65] In diesem Sinne hatten sich bereits führende Militärs, Kongressabgeordnete und Regierungsbeamte – unter ihnen auch Paul Nitze – zu Wort gemeldet. Falls Warnungen und Drohungen nicht fruchten, so ihr Rat, bleibt nur der vorbeugende Schlag. Denn wie würde sich Moskau wohl gebärden, wenn die Sowjetunion in nicht allzu ferner Zukunft mit Vergeltung drohen und neben Westeuropa auch die USA attackieren könnte?[66] Spätestens mit der Entlassung von Douglas MacArthur am 11. April 1951 spielten derlei Ideen auf höchster Ebene keine Rolle mehr. Was William Elliott nicht daran hinderte, vielleicht sogar ermunterte, seinen Vorschlag gut vier Wochen später in einer öffentlichen Diskussion mit einem Harvard-Kollegen, dem Sinologen John K. Fairbank, noch einmal aufzuwärmen. «Generale können für derartige Fragen gefeuert werden», meinte er im Gestus des akademischen Freigeistes, «und tatsächlich wurden sie gefeuert. Auch Admirale hat man deshalb ausrangiert. Ich hoffe, dass ich mich als Professor weiterhin so äußern kann, ohne meinen Kopf auf das Schafott zu legen.»[67]

Geostratege in spe

Henry Kissinger war von den Auftritten seines Mentors hingerissen. Elliott hatte ihm, noch ehe seine Unterschrift auf dem Brief an Paul Nitze getrocknet war, einen Durchschlag zukommen lassen. Und Kissinger antwortete innerhalb von 24 Stunden. «Ich stimme Ihrem Memorandum in allen Punkten zu, insbesondere mit Blick auf die Bewertung der harten Machtfaktoren und der psychologischen Reaktion auf unsere Unentschlossenheit, sei es in Asien oder zu Hause.» Hinter buchstäblich jedes Argument von Elliott setzte er noch einmal ein Ausrufezeichen, versehen mit einer rüden Verurteilung der Truman'schen Eindämmungspolitik als knieweich, konfliktscheu und naiv. Mitunter übernahm er auch Elliotts Diktion Wort für Wort: «Wir müssen doch der Tatsache ins Auge sehen, dass der sowjetische Expansionismus *sich gegen unsere Existenz richtet, nicht gegen unsere Politik*. Jedes Zugeständnis würde doch nur ein Sprungbrett für neuerliche Ausfälle sein.» Die Unterstreichung war vermutlich für den unwahrscheinlichen Fall gedacht, dass Elliott seine eigenen Worte nicht wiedererkennen sollte.[68]

Wer die UdSSR langfristig neutralisieren will, so die Konsequenz dieses Räsonnements, darf keinen Zweifel an seiner Fähigkeit und dem Willen zu einem großen Krieg aufkommen lassen. «Der sicherste Weg ins Desaster ist die fortwährende Unterschätzung der Hartnäckigkeit eines Gegners.» Vor allem sollte man sich nicht in Kleinkriegen an der Peripherie aufreiben und durch eine Vergeudung eigener Ressourcen Moskau ungewollt in die Hände spielen. Deshalb plädierte auch Kissinger für eine Politik der «roten Linie», wie sie Elliott seit 1946 bei jeder Gelegenheit angemahnt hatte. «Es sollte eine klare Grenze gezogen werden», so Kissinger, «deren Überschreitung einen großen Krieg auslösen würde, *aber nicht notwendigerweise am Ort des sowjetischen Übergriffs*. [...] Im Falle eines Krieges sollten die USA versuchen, [...] Russland in Gegenden zu Schlachten zu zwingen, wo sich der Einsatz großer Armeen nicht lohnt und wo technologische Fertigkeiten den Ausschlag geben (zum Beispiel im Nahen Osten).»[69]

Ein 27-jähriger Doktorand, der sich wie ein geopolitischer Chefstratege und Prokurist des Imperiums in die Brust wirft – so etwas ließ selbst in Harvard aufhorchen. Fragte sich nur, worüber man mehr den Kopf schütteln sollte: über die Anmaßung, mit der Weltregionen und ihre Bewohner nach Kriegstauglichkeit sortiert wurden, über den Eifer, mit dem Kissinger die Thesen seines Ziehvaters auf die Spitze trieb, oder über die Wehleidigkeit des angeblich verkannten Genies. «Seit letzten August komme ich mir wie Kassandra vor.» Andererseits stellte Kissinger unter Beweis, dass er eine Grundregel im politikberatenden Verdrängungswettbewerb besser als manch anderer verstanden hatte: Pose ist Trumpf. Und mit geschmeidiger Anpassung hatte er ohnehin kein Problem. So gesehen, war seine Replik auf William Elliott eine aufschlussreiche Fingerübung im Prozess karriereorientierter Selbstfindung.

Mehr noch: Henry Kissinger hatte sein politisches Lebensthema entdeckt. Dass Macht auf der Angst der anderen beruht, dass Diplomatie nur zum Ziel führt, wenn man das Handwerk der Nötigung beherrscht, und dass sich Glaubwürdigkeit aus der Demonstration militärischer Entschlossenheit ableitet – auf diesen Fundamenten baute er sein Welt- und Politikbild. Und damit glaubte er die Rezeptur wider den vermeintlich drohenden Untergang des Westens gefunden zu haben. Schwäche zu zeigen oder zaghaft aufzutreten, galt als politischer Selbstmord aus Angst vor dem Tod. Wie umgekehrt zur Abwehr absoluter Gefahren absolut alles erlaubt schien, auch die Aufkündigung ethischer Standards.

Hinter einer Diktion des illusionslosen Realisten oder in der gefälligen Rede über stabile Ordnungen kamen immer wieder Gewaltphantasien zum Vorschein. Und der Faszination für einen effektiven Einsatz von Zwangsmitteln entsprach die obsessive Beschäftigung mit Menschen und Mächten, die sich weder fügen wollten noch unterwerfen ließen. Aber auch das Kontern von Nachfragen und Einwänden hatte er mittlerweile gelernt. «Wir reden hier doch über weiträumiges Denken, und die Lösung hängt von einer tiefgründigen Konzeption ab.»[70] Diesen Spruch bekamen Kritiker fortan in allen denkbaren Variationen zu hören – und zwar so lange, bis sie tatsächlich von Kissingers Genialität und der eigenen Unbedarftheit überzeugt waren. William Elliott wusste es zu schätzen und öffnete dem Musterschüler die Tür von der Wissenschaft zur Politik.

Blitzkarriere

Demokratische Gesellschaften tun sich mit der Rekrutierung politischer Eliten grundsätzlich schwer: kaum ein Vortrag, in dem William Elliott nicht mit dieser Klage aufwartete. Mal machte er einen Hang zum Hedonismus und übertriebenes Sicherheitsdenken als Ursache aus, mal einen fehlgeleiteten Individualismus oder die liberale Bequemlichkeit, allenfalls in Ausnahmesituationen zum Dienst an der Gemeinschaft verpflichtet zu sein. Auch das Wahlsystem bezog er in die Kritik ein, prämiert es doch angeblich Kandidaten, die nur im Zeithorizont von Wahlen denken und ihre Klientel nicht mit schlechten Nachrichten oder Appellen an Opferbereitschaft irritieren wollen. «Demokratien, um es kurz zu machen, haben keine epischen Führungsfiguren außer in Zeiten der unmittelbaren Krise. […] Sie scheinen nicht in der Lage, aus vergangenen Erfahrungen zu lernen und Eliten auszuwählen und zu unterstützen, die bereit sind, auf Grundlage dieser Erfahrung zu handeln.»[71] Statt ihrer sah er überall machtvergessene und konfliktscheue Liberale am Werk. Sie, die «leibhaftige Verkörperung der geistigen Malaise unserer Zeit» und die «Marionetten des kommunistischen Lagers», bekämpfte er mit der Inbrunst eines Inquisitors – allen voran Bertrand Russell, Albert Einstein, die Pugwash-Bewegung und den Weltkirchenrat. «Wir sollten einige unserer Wissenschaftler wie die Kinder behandeln, die sie im Geschäft der Politik sind. [...] Einstein mag in der Physik ein alles überragendes Genie sein, aber in politischen Fragen ist er offenkundig ein Kind.»[72]

Den «Pseudointellektuellen» wollte Elliott mit wehrhaften Meinungsführern begegnen. Dabei schwebte ihm das «Institute of World Affairs» als nachahmenswertes Beispiel vor: 1924 in der Schweiz gegründet und seit 1941 an den «Twin Lakes» in Salisbury, Connecticut angesiedelt, hatte sich dieses Institut als Begegnungsstätte für Studenten aus aller Welt einen Namen gemacht.[73] Die Finanzierung einer derartigen Einrichtung stellte Elliott allerdings vor Probleme. Selbst der riesige Etat, über den er wie andere Lehrstuhlinhaber in Harvard nach Art eines absoluten Kleinfürsten verfügen konnte, hätte für ein Vorhaben dieser Art nicht ausgereicht. Stiftungen, Unternehmen und andere private Geldgeber für Spenden an das ohnehin reiche Harvard zu gewinnen, war ebenfalls nicht einfach; von der «Ford-Foundation» abgesehen, zeigten in der Anfangsphase alle die kalte Schulter.

Nachdem Harvard eine Anschubfinanzierung sowie die Nutzung von Seminarräumen und Unterkünften zugesagt hatte, aktivierte Elliott seine Kontakte zur CIA. Mit Erfolg. In bewährter Weise ließ die «Firma» über unverdächtige Tarnorganisationen wie die «Farfield Foundation» oder die «Friends of the Middle East» Geld nach Cambridge, Massachusetts fließen – vermutlich im sechsstelligen Bereich. So kam das im Nachhinein legendäre «Harvard International Seminar» auf die Beine.[74]

Henry Kissinger im Herbst 1950 mit der Koordination des «International Seminar» zu beauftragen, lag nahe. Zwar hatte er gerade die Bachelorarbeit eingereicht und trug sich mit dem Gedanken an eine Dissertation. Aber Elliott wusste aus Erfahrung, dass Kissinger Herausforderungen auf allen Gebieten suchte. Zudem teilte sein Schüler die Sorge vor intellektueller Verweichlichung, Verharmlosung kommunistischer Propaganda und negativen Amerikabildern. «Der Kontakt mit engagierten jungen Amerikanern», hieß es im Bericht einer Vorbereitungsgruppe, «kann den ausländischen Studenten vielleicht vor Augen führen, dass die Europäer nicht die einzigen sind, die sich für abstrakte Probleme interessieren, und dass sich der Ehrgeiz der Vereinigten Staaten nicht in materiellem Wohlstand erschöpft.» Dass Henry Kissinger für diese Gruppenarbeit allein verantwortlich zeichnete, war in Elliotts Augen weniger eine Anmaßung als eine Empfehlung[75]: Kissinger meinte es ernst und wollte die Zügel in die Hand nehmen. Nachdem Elliott die anfängliche Finanzierung gesichert und die ersten Teilnehmer ausgewählt hatte, ließ er ihm tatsächlich fast freie Hand.

Das Programm war anspruchsvoll. Bis 1968 reisten an die 700 Teilnehmer aus 20 Ländern nach Harvard, im Schnitt 40 pro Jahr – junge Politiker, Wissenschaftler, Journalisten, Künstler, Schriftsteller, ein ausgewählter Kreis, dem man künftige Führungsaufgaben in den jeweiligen Heimatländern zutraute. Nach einer anfänglichen Konzentration auf die Bundesrepublik Deutschland, Österreich, Frankreich, Italien, Finnland und Jugoslawien wurden alsbald auch Bewerber aus anderen Kontinenten berücksichtigt. Mitunter reiste Kissinger nach Übersee, um Interviews mit Interessenten zu führen und für das Programm zu werben. Weil junge Menschen zwischen 21 und 24 Jahren noch form- und beeinflussbar sind, richtete man ein besonderes Augenmerk auf diese Altersgruppe. Bei einschlägig bekannten Talenten und Multiplikatoren wurden aber Ausnahmen gemacht, oft auf Drängen von Geldgebern oder Professoren aus Harvard. Alle Stipendiaten verbrachten zwei Monate in der ungezwungenen Atmosphäre am Charles River mit

Diskussionen über amerikanische Geschichte und Gegenwart. Und sie lernten hochkarätige Gastredner kennen, die bereitwillig Kissingers Einladung folgten – unter ihnen Eleanor Roosevelt, Thornton Wilder, Noam Chomsky und John Updike. Einzig Richard Nixon, den Elliott persönlich mit Bettelbriefen bedrängte, zierte sich. Am Ende des Aufenthaltes standen Überlandreisen und Schnupperkurse im alltäglichen Amerika auf dem Programm. Unliebsame Begegnungen sollten aber tunlichst vermieden werden. Als Henry Kissinger im Juli 1953 Flugblätter von Abrüstungsaktivisten in den Postfächern der Stipendiaten entdeckte, informierte er umgehend das FBI – es war der Beginn einer unregelmäßigen Kooperation.[76]

Angestrebt wurde in erster Linie eine Stärkung ideologischer Abwehrkräfte für die Ideenschlachten des Kalten Krieges. «In Übersee ist Amerikas Kapital im geistigen Bereich besonders niedrig», schrieb Kissinger in einem Konzeptpapier für das «International Seminar». «Wegen der Vermischung nationalsozialistischer und kommunistischer Propaganda entstand ein Bild von den USA als aufgedunsene, materialistische und unzivilisierte Gesellschaft.»[77] Mit einem positiveren Amerikabild allein war es jedoch längst nicht getan. Gleichermaßen wichtig war die Thematisierung angeblich defätistischer Strömungen, vom Nihilismus über den Pazifismus bis hin zum Neutralismus. Gerade neutralistische Tendenzen oder die Bereitschaft vieler Europäer, sich mit der UdSSR auf Kosten der USA zu verständigen, sah Kissinger als spezielle Herausforderung – harmloser auf den ersten Blick, aber am Ende noch bedrohlicher als eine kommunistische Machtbeteiligung außerhalb des Ostblocks. Deshalb beriet er, parallel zum Aufbau des «International Seminar», auch den «Psychological Strategy Board» der Regierung Truman mit Expertisen zur politisch-psychologischen Gegenwehr.[78] Davon abgesehen gehörten Debatten über eine Effektivierung außenpolitischer Entscheidungsprozesse, die Rekrutierung von Eliten und die besondere Verantwortung von Intellektuellen im Kalten Krieg zum Unterrichtsangebot – zugeschnitten auf das Diktum von William Elliott: «Wir befinden uns in einem Kalten Krieg, der gefährlicher ist als die beiden Weltkriege oder der Krieg in Korea, weil er weniger verstanden wird.»[79]

Viele Teilnehmer schrieben überschwängliche Dankesbriefe. Ein Japaner bezeichnete sich selbst als neuen, zuverlässigen Freund der USA und prophezeite eine gedeihliche Partnerschaft seines Landes mit dem ehemaligen Kriegsgegner.[80] Hans Egon Holthusen, ein deutscher Lyriker, der als Mitglied der NSDAP und Angehöriger der SS den Überfall auf Polen mit seinen Reimen verziert hatte und sich in der Bundesrepublik über das politische Engagement von Heinrich Böll und Günter Grass echauffierte, drückte instinktsicher die richtigen Knöpfe. «Sie haben versucht, aus einer weitgespannten Perspektive etwas Unsichtbares zu schaffen, nach dem Vorbild eines klugen Geschäftsmanns, der weiß, dass Vertrauen das stärkste Kapital ist. Das ist selbstverständlich die einzig sinnvolle Form der Kreativität. Seriöse und bleibende Resultate – die sie natürlich anstreben – können sich nur im Stillen und unbeobachtet einstellen, nämlich im tiefsten Inneren unseres Wesens.»[81] Warum er überhaupt eingeladen worden war und wie sein Brief wahrgenommen wurde, ist nicht bekannt. Vielleicht konnte Kissinger dem Schreiben sogar etwas abgewinnen, touchierte er doch ein wesentliches Anliegen: Hegemonie lebt von freiwilligem Einverständnis oder von der Effektivität unsichtbarer Operationen. In Kissingers eigenen Worten: «Wenn der Sommer in Harvard zu einem Erlebnis wird und sich nicht nur auf das Studieren beschränkt, dann können wir davon ausgehen, dass der Kontakt zwischen den ehemaligen Stipendiaten bestehen bleibt. […] Ernsthaftes Interesse an den Persönlichkeiten der ausländischen Studenten zu zeigen, wird sehr zum Aufbau einer engen Beziehung beitragen.»[82] Ein Schelm, wer an Kissingers frühere Unterweisung in psychologischer Kriegsführung denkt.

Henry Kissinger zeigte sich in den Sommern des «International Seminar» von seiner besten Seite. Er begleitete die Gäste zu Kino- und Theaterbesuchen oder zu Strandausflügen, lud regelmäßig zu sich nach Hause ein und bot Hilfe bei allen möglichen Problemen an. Kurz: In dieser Umgebung blühte er auf, er hatte ein Auge für vielversprechende Kontakte und konnte Menschen, die ihm nützlich schienen, auf einnehmende Weise hofieren. Seine Kommilitonen waren verblüfft, die Gäste begeistert. Bruno Dechamps, in späteren Jahren Mitherausgeber der «Frankfurter Allgemeinen Zeitung», erinnerte ihn als liebenswürdigen, charmanten Gastgeber: «Er war immer gut gelaunt, und man profitierte enorm von den Gesprächen mit ihm.» Und die Fernsehjournalistin Marianne Feuersenger zeigte sich von Kissinger beeindruckt, weil er Frauen wie sie ohne Herablassung behandelte: «Ich weiß noch, dass er zwei Dinge mit Begeisterung tat – essen und diskutieren.» Ähnlich angetan war der Suhrkamp-Cheflektor Walter Boehlich, wenngleich er Kissingers Position zum Einfluss von Konzernen auf die amerikanische Politik als schlicht «reaktionär» empfand. Erhard Eppler, im Sommer 1962 Stipendiat, konnte auf Einladung Kissingers nicht allein den Wahlkampf um den Senatssitz zwischen Edward Kennedy und George Cabot Lodge aus der Nähe beobachten, sondern wurde auch zu einer Audienz mit John F. Kennedy ins Weiße Haus gebeten. «Henry Kissinger musste hier schließlich zugeben, dass, wann immer er von Gleichgewicht sprach, er eine ‹leichte› Überlegenheit der USA meinte.» Der positive Gesamteindruck blieb davon unberührt. Wären sie gefragt worden, Uwe Johnson, Ilse Aichinger, Ingeborg Bachmann, Nicolaus Sombart und vorweg Siegfried Unseld hätten sich ohne Umschweife Martin Walser angeschlossen: «Für meine Generation war die Amerikareise wie früher die Italienreise.»[83] Auch dank der Auftritte ihres warmherzigen Impresarios Henry Kissinger.[84]

Zur Überraschung vieler Kollegen aus Harvard war Kissinger den Stipendiatinnen gegenüber alles andere als verkrampft. Insbesondere Ingeborg Bachmann hatte es ihm angetan: «Mich hat sie extrem fasziniert». Mehrmals traf er sich während ihrer Harvard-Wochen mit der Schriftstellerin aus Wien. «Ihre politischen Einstellungen habe ich nicht ernst genommen. Ihre Persönlichkeit umso mehr.» Schön fand er sie wohl nicht. «Jedenfalls nicht im Sinne eines Mannequins.» Über Mannequins und andere Schönheiten wird noch zu reden sein. Bachmann jedenfalls besuchte er auch mehrmals in Europa. Und bis Mitte der 1960er Jahre ist ein intensiver, wenngleich einseitiger Flirt per Luftpost dokumentiert – maschinenschriftlich und auf Durchschlägen, die umgehend in Kissingers Privatarchiv landeten. «Ich brauche dringend die Gesellschaft einer exzentrischen Dichterin. […] Ich kann mir nicht vorstellen, durch Europa zu reisen, ohne Dich gesehen zu haben.» Bachmann nahm's mit dem ihr eigenen Humor und blieb ihrerseits beim «Sie».[85]

Umso zufriedener konnte Henry Kissinger mit dem eigentlichen Anliegen seines Engagements sein. Das «International Seminar», konzeptionell präzise durchdacht und kompetent organisiert, übertraf die Erwartungen. Mit zahlreichen Stipendiaten blieb Kissinger jahrzehntelang in Kontakt, hauptsächlich mit jenen, die in Spitzenpositionen aufgerückt waren: Yasuhiro Nakasone aus Japan, Valéry Giscard d'Estaing aus Frankreich, Bülent Ecevit aus der Türkei, Leo Tindemans aus Belgien oder Siegfried Unseld aus Deutschland. Im Knüpfen und Pflegen weltumspannender Netzwerke ließ er sich von niemandem übertrumpfen, vermutlich war er gar der Einzige, der schon in jungen Jahren derart zielgerichtet in eine spätere Karriere investierte. Nicht zuletzt dieser Umtriebigkeit war es zu verdanken, dass die Spendengelder in der zweiten Hälfte der 1950er Jahre üppiger flossen. Die Zuwendungen der Stiftungen von Rockefeller und Ford, der «Brookings-Institution» und des «Council on Foreign Relations» summierten sich nebst Überweisungen weniger bekannter Einrichtungen wie der «Asia Society» oder der «United States Steel Foundation» auf eine Summe im sechsstelligen Bereich. Präzise Daten sind nicht aktenkundig. Aber die Zukunft des «International Seminar» war auf Jahre hinaus gesichert.[86]

Ruhe- und rastlos auf der Suche nach neuen Zielen und vermehrter Anerkennung, machte sich Kissinger mit der «Rockefeller-Stiftung» als Sponsor auch noch an den Aufbau einer Zeitschrift. Ein Intellektueller in seiner Zeit, so hatte es ihm William Elliott gepredigt, musste ein «public intellectual» sein, durch publizistische Dauerpräsenz weithin sichtbar und idealerweise mit einer Hausmacht zur Verbreitung seiner Ideen ausgestattet. «Confluence» hieß die 1952 erstmals mit 5000 Exemplaren aufgelegte Vierteljahresschrift. Ihr Name war Programm: Von den «Grundlagen der Zivilisation», diskutiert im ersten Heft, bis hin zu tagespolitischen Debatten sollten möglichst viele Themen «zusammenfließen» und von einer vielfältigen Autorenschaft vorgestellt werden. Viele Beiträger sind heute vergessen, andere gehören zum Who's Who des

20. Jahrhunderts: John Kenneth Galbraith, Raymond Aron, Reinhold Niebuhr, Hans Morgenthau, Hannah Arendt, Seymour Martin Lipset, nicht zu vergessen Ernst Jünger und Ernst von Salomon. Trotz dieser Prominenz kam das Unternehmen nicht recht vom Fleck, vermutlich, weil Kissinger sich mit seinen vielfältigen Aufgaben schlicht übernommen hatte. Da half es auch nicht, dass er von jeder Ausgabe einen großen Teil an handverlesene Empfänger kostenlos verteilte. Nach sechs Jahren musste «Confluence» eingestellt werden. Einen Zweck aber hatte das Projekt erfüllt: Der junge Kissinger lernte, wie der Spieltheoretiker Thomas Schelling leicht säuerlich anmerkte, zahlreiche Prominente aus aller Herren Länder kennen und baute sein ohnehin imposantes Netzwerk weiter aus.[87]

Nelson Rockefeller

Derweil hatte William Elliott eine neue Tür für Kissinger aufgestoßen. Und von den vielen Kontakten, die er seinem Lieblingsschüler im Laufe der Jahre vermittelte, war dieser zweifellos der wichtigste und folgenreichste – zu Nelson Rockefeller nämlich.[88] Der Enkel des legendären Ölmagnaten John D. Rockefeller war seit Mitte der 1940er Jahre in der Republikanischen Partei und in unterschiedlichen Funktionen auch für die Exekutive in Washington aktiv. Als Mitglied eines Sonderausschusses des Nationalen Sicherheitsrats hielt er Präsident Eisenhower über verdeckte Auslandseinsätze der CIA auf dem Laufenden, ehe er 1954 zum Sonderberater des Weißen Hauses für Fragen der psychologischen Kriegsführung ernannt wurde. In dieser Funktion finanzierte Rockefeller mit eigenen Mitteln eine Studie über die «Psychologischen Aspekte einer Zukunftsstrategie der USA». Zahlreiche Geheimdienstmitarbeiter wurden für das knapp dreimonatige Projekt rekrutiert. Ob für Kissingers Berufung im August 1955 allein Elliotts Empfehlungsschreiben den Ausschlag gab, ist unklar. Mindestens zwei weitere Bekannte und Freunde aus gemeinsamen Geheimdiensttagen hatten sich ebenfalls für ihn verwendet.[89] Wie auch immer: Kissinger wurde angenommen und verfasste ein Memorandum zu Fragen der deutschen Einheit und ein

Nelson Rockefeller, Januar 1958.

weiteres über die Rolle von Druck- und Zwangsmitteln in den Beziehungen zur UdSSR. Zum Umgang mit «revolutionären Mächten» hatte er sich bereits in seiner im Jahr zuvor eingereichten Dissertation lang und breit geäußert, weshalb ihn die Diskussionen zum hauptsächlichen Thema der Arbeitsgruppe viel mehr interessierten. Es ging um den Nutzen und die Anwendbarkeit taktischer Atomwaffen in «kleinen Kriegen». Dass die einschlägigen Empfehlungen der Rockefeller-Studie nur für den internen Gebrauch bestimmt waren, frustrierte Kissinger und spornte ihn zugleich an. Er war nämlich von der Idee fasziniert, eine Debatte über «begrenzte Atomkriege» öffentlich zu führen – mit sich selbst in der Hauptrolle.

Deshalb kam ein zweites, deutlich größeres Vorhaben Rockefellers wie gerufen. Im «Special Studies Project» lud der Milliardär im Frühjahr 1956 über 100 Mitarbeiter und ebenso viele externe Berater zur Analyse außenpolitischer Herausforderungen in der zweiten

Hälfte des 20. Jahrhunderts ein – für die Dauer von 18 Monaten und zwecks intellektueller Unterfütterung einer ins Auge gefassten Kandidatur für das Präsidentenamt. Auf einer Vollzeitstelle koordinierte Kissinger das Unternehmen. Obendrein durfte er den Einzelbericht zu seinem Lieblingsthema verfassen: Sinn und Zweck taktischer Atomwaffen. Kissinger empfahl eine forcierte Produktion dieser kleinkalibrigen Sprengkörper mit geringer Reichweite, riet dem Militär zur Ausarbeitung entsprechender Einsatzpläne und der Regierung zum Ausbau des Zivilschutzes. Sobald jedes Haus über einen Schutzraum verfügte, könnten selbst großkalibrige Atomwaffen der Bevölkerung kaum etwas anhaben – meinte Kissinger unter Missachtung gegenteiliger Expertisen aus der Hand von Physikern und Medizinern. Die Autoren des Abschlussberichts formulierten seine Behauptung noch drastischer: «Die Bereitschaft, falls nötig einen Nuklearkrieg zu führen, ist ein Teil des Preises unserer Freiheit.»[90] Nachdem der Radio- und Fernsehsender «NBC» im Januar 1958 den Rockefeller-Bericht lobend besprochen hatte, übertraf die Nachfrage alle Erwartungen. 600 000 Exemplare wurden innerhalb von drei Jahren verkauft – in diesem Metier ein beispielloser Bestseller, der offenbar als amerikanische Antwort auf Moskaus Durchbruch in der Raketentechnologie galt und einer vom «Sputnik-Schock» verunsicherten Nation aus der Seele sprach.

Von Henry Kissinger als Kollegen war das Team des «Special Studies Project» alles andere als begeistert. Was aus diesem Umfeld kolportiert wurde, hatte mit den Erfahrungen von Teilnehmern des «International Seminar» nichts gemein. Wie ein herablassender, empathieloser Tyrann soll Kissinger Mitarbeiter und Untergebene geschurigelt haben, leichte Reizbarkeit und Unbeherrschtheit wurden ihm ebenso nachgesagt wie ein stattliches Reservoir an Flüchen und Schimpfworten. Auch Vorgesetzte, denen er beflissen, wenn nicht devot begegnete, zeigten sich irritiert. Unbedachte Kleinigkeiten konnten Kissinger zu cholerischen Ausfällen reizen – wenn beispielsweise Memoranden zuerst an einen Assistenten gingen oder man ihn nicht im Cadillac, sondern in normalen Dienstwagen chauffierte. So entstand der Eindruck eines ehrpusseligen, intriganten und überaus kränkbaren Mitarbeiters. Oder eines Machtmenschen, der andere erniedrigte, um sich selbst zu überhöhen – zumal, wenn er Konkurrenz witterte.[91] Was viele zur Weißglut trieb, war Rockefeller offensichtlich egal. Er engagierte Kissinger weiterhin als Berater und stellte ihm wiederholt sogar seine Privatwohnung in Manhattan als Rückzugs- und Arbeitsraum zur Verfügung. Der Grund war ebenso einfach wie einleuchtend: «Er [Kissinger] wusste, wie man dafür sorgt, dass Arbeitspapiere geschrieben werden, wer die geeigneten Personen waren, und wenn er sie nicht persönlich kannte, dann wusste er, wen man als Vermittler ansprechen musste und wer die besten Leute für welches Thema im Land waren.»[92] In Briefen an seine Mutter lästerte Kissinger über den großspurigen Mäzen.[93]

Zurück in Harvard

Harvard war mittlerweile als intellektuelles Zentrum des Kalten Krieges weiter ausgebaut worden. Anfang 1955 brachte der Dekan der Juristischen Fakultät, W. Barton Leach, ein «Defense Studies Program» auf den Weg. «Eine massive Militärmacht der USA», hieß es im Gründungsaufruf, «ist eine nationale Notwendigkeit und eine internationale Verpflichtung auf unabsehbare Zeit. Große Teile des Wirtschaftslebens sind von der Verteidigungspolitik unmittelbar berührt. Gleiches gilt für die wirtschaftliche Entwicklung. [...] Die Nachfrage nach sachkundigen, aber auch speziell ausgebildeten Zivilisten im militärischen Bereich wird zunehmen. [...] Im Moment sind einflussreiche Positionen mit Leuten besetzt, die in Verteidigungsfragen keine universitäre Ausbildung hatten; aber auch ihre Nachfolger bekommen sie nicht.» Dabei ging es Leach und den anderen Mitinitiatoren, unter ihnen William Elliott, nicht allein um ein Crash-Programm zum Ausgleich der beklagten Defizite. In erster Linie zielte man auf den Idealtypus des «Defense Intellectual». Gefragt waren Eliten für Fragen der Verteidigungspolitik und Militärstrategie, die je nach Bedarf für die Regierung oder eine Universität arbeiteten und ohne bürokratischen Aufwand zwischen beiden Welten wechselten. «Die ganze Anstrengung wird ihren Zweck verfehlt haben, wenn Spitzenkräfte am Ende nicht mit gewisser Regelmäßigkeit von der Regierung angefordert werden. […] Folglich muss dafür gesorgt werden, dass im Vergleich zu den üblichen akademischen Standards wesentlich mehr Personal eingestellt wird. […] Normale akademische Qualifikationen dürfen dabei keine Rolle spielen.»[94] Die Universität als Drehtür zwischen Wissenschaft und beratungsbedürftiger Politik, als Ausbildungszentrum für Intellektuelle, die sich nicht mit der Rolle kritischer Kommentatoren bescheiden, sondern politisch gestalten und Macht ausüben wollten – die Dekane der wichtigsten Fakultäten waren von der Idee ebenfalls angetan. 1957 gab die Universitätsleitung ihren Segen, ein Jahr später wurde das «Defense Studies Program» aufs Gleis gesetzt.[95]

Nach Abschluss der Rockefeller-Studien im Herbst 1957 zurückgekehrt, hegte Henry Kissinger klare Vorstellungen über seine Zukunft in Harvard. Eine rein akademische Laufbahn, so viel hatte er dem Dekan McGeorge Bundy und vielen anderen bereits nach Abgabe der Doktorarbeit zu verstehen gegeben, kam für ihn nicht in Frage. Warum? Weil er Harvard für einen öden Ort hielt, an dem außer Konformismus, Mittelmäßigkeit und Schablonendenken kaum etwas prämiert wurde. Kreative Geister wie er sollten sich aber nie unter Wert verkaufen.[96] Das Verdikt galt auch für andere Universitäten, ansonsten hätte er 1956 ein Stellenangebot der University of Chicago wohl kaum ausgeschlagen. Nicht im akademischen Regelbetrieb, sondern in Harvard als «Cold War University» sah Kissinger seinen Platz – im Zwischenraum von Macht und Geist also. Er bekam, was er wollte und hielt im Rahmen des «Defense Studies Program» fortan Seminare und Vorlesungen, die sich großer Beliebtheit erfreuten – teils, weil er den Hörsaal als Bühne grandioser Selbstinszenierungen nutzte, teils, weil er die Berühmtheiten, mit denen er kokettierte, tatsächlich als Referenten und Diskussionspartner gewinnen konnte. Minister, Spitzenmanager und hochrangige Militärs diskutierten unter Kissingers Oberaufsicht fortan mit den Studenten, wobei der Gastgeber selten auf das letzte Wort oder eine Demonstration überlegenen Wissens verzichtete.[97]

1959 übernahm er das «Defense Studies Program» als Direktor und bekam fast gleichzeitig eine Festanstellung.

Über Kissingers Privatleben drang damals ebenso wenig nach außen wie in den folgenden Jahrzehnten. Hobbys und Freunde? Scheint es keine gegeben zu haben. Sein Bruder Walter, der als junger Unternehmer auf dem Sprung zu einem riesigen Privatvermögen stand? Tauchte allenfalls am Rande auf, selbst Weggefährten wie Helmut Schmidt erfuhren erst anlässlich der Recherchen zu einem Fernsehfilm über die Kissingers im Jahr 2003 von der Existenz des Bruders.[98] Dass Kissinger verheiratet war, konnte freilich nicht lange unter dem Deckel gehalten werden. Im Februar 1949 hatte er Anneliese Fleischer, eine Freundin aus den frühen Tagen in New York, geheiratet. Ann, wie sie sich künftig nannte, hatte wegen der Pflege des kranken Vaters ihr Studium abbrechen müssen. Nach der Hochzeit verdiente sie als Buchhalterin und mit einer Reihe anderer Jobs das karge Haushaltseinkommen. Behauptet wird, dass Kissingers Eltern der Verbindung skeptisch gegenüberstanden und es deshalb zu langjährigen Spannungen mit dem Sohn kam. Jedenfalls unterstützte Ann die Karriere ihres Mannes nach Kräften. Sie erledigte den täglichen Kleinkram, tippte Manuskripte ab und lud seine Kollegen regelmäßig zum Dinner. Was insofern unvermeidlich war, als Kissinger, hatte er sich in ein Thema verbissen, gerne alles und jeden in seiner Umgebung vergaß – nicht aus bösem Willen, sondern weil er schlicht an nichts anderes mehr dachte. Gut möglich, dass er in solchen Situationen seine Frau wie eine Bedienstete behandelte oder schlicht übersah. Sollte es so gewesen sein, Ann Kissinger verlor auch nach der Trennung Ende 1962 nie ein Wort darüber, noch machte sie ihrem Mann irgendwelche Vorwürfe. Gegen Ende der 1950er Jahre stabilisierte der berufliche Erfolg die Ehe vorübergehend. Ausgestattet mit regelmäßigen Bezügen von Harvard und soliden, wenn auch nicht übermäßigen Einkünften aus der Beratertätigkeit bei Rockefeller, entschieden sich die Kissingers für Nachwuchs. Ihr erstes Kind, Elizabeth, wurde im März 1959 geboren, Sohn David zwei Jahre später. Zu beiden hielt er einen engen und liebevollen Kontakt.[99]

Weniger erfreulich verliefen die drei Jahre als stellvertretender

Direktor des «Harvard Center for International Affairs». 1958 von William Elliott und McGeorge Bundy zwecks Vertiefung der Kontakte zu Politik und Militär ins Leben gerufen, stieß Kissinger dort erstmals an berufliche Grenzen. Genauer gesagt: Die Arbeit des Zentrums dümpelte lange Zeit vor sich hin, weil er sich nach kürzester Zeit mit seinem Chef, Robert R. Bowie, heillos überwarf. Gewiss pflegte auch Bowie Allüren und Eitelkeiten; und als ehemaliger Leiter des Planungsstabs im Außenministerium ließ er sich von einem Novizen nicht die Welt erklären. Aber in Kissinger hatte er diesbezüglich seinen Meister gefunden, einen, der sich nicht nur wie eine Primadonna benahm, sondern dieses Benehmen auch für angemessen hielt. Wenn jemand Sonderwünsche äußern durfte und eine Sonderbehandlung verdient hatte, dann seine Hoheit Henry I. – dieser Ruf haftete Kissinger wie Klebstoff an.

Was trieb ihn? Futterneid? Gier nach Ruhm, Ehre und Rampenlicht? Egomanie gepaart mit Überempfindlichkeit? Das unstillbare Verlangen des Einwanderers nach Anerkennung? Vermutlich von allem etwas, sozial unverträglich dosiert war es in jedem Fall. Kissinger zu seinem Stellvertreter gemacht zu haben, bezeichnete Bowie als «schlimmsten Fehler, der mir je unterlaufen ist».[100] Die Mesalliance fand 1960 mit Kissingers Ausscheiden ihr absehbares Ende.

Bewerber

Dass der Karriereknick glimpflich ausging, verdankte Henry Kissinger dem fulminanten Erfolg seines Buches über «Kernwaffen und Auswärtige Politik». Zustande gekommen war es durch eine Verkettung glücklicher Umstände. Den Anfang machte ein Freundschaftsdienst des Harvard-Historikers Arthur Schlesinger Jr., der nach einer Diskussion über alternative Militärstrategien Kissinger zur Verschriftlichung seiner Ideen ermunterte. Es ging, wie nicht anders zu erwarten, um die Vorteile eines «begrenzten Krieges» gegenüber der angeblich unglaubwürdigen Drohung mit «massiver

Vergeltung» in einem totalen Krieg. Nach einigem Hin und Her landete der Text schließlich bei «Foreign Affairs». Wie ihre Finanziers aus Wirtschaft und Politik suchten auch die Redakteure dieser diskursbestimmenden Zeitschrift nach Anregungen für eine effiziente Übersetzung militärischer Macht in politische Führungsstärke. Kissingers Aufsatz «Military Policy and Defense of the ‹Grey Areas›» kam deshalb gerade recht. Zwar offerierte er keine neuen Ideen. Sein provokanter, kraftmeierischer Ton aber versprach eine kontroverse Debatte. Der Autor attestierte der Regierung Eisenhower die gedankliche Faulheit und Risikoscheu von Berufsbeamten und las dem Helden des Zweiten Weltkrieges nebenbei auch noch militärtaktisch die Leviten. Mit vier zusätzlichen Divisionen und ein paar taktischen Atombomben, dozierte der Theoretiker aus Harvard, hätte man den Krieg in Korea gewinnen können. Womit im Grunde gemeint war, dass Amerikas Zukunft von Stichwortgebern wie ihm abhing. Die Ausbilder an den Kriegsakademien der Luftwaffe und Armee waren begeistert und erklärten den im April 1955 publizierten Text zur Pflichtlektüre ihrer Kadetten.[101]

Ein Aufsatz zur richtigen Zeit, am richtigen Ort und eine Koinzidenz, die niemand hätte planen können. Auf Betreiben des «Council on Foreign Relations» – wichtigste «Denkfabrik» und Agentur zur Vermittlung außenpolitischer Karrieren in einem – war kurz zuvor eine Arbeitsgruppe zur wechselseitigen Beziehung von Kernwaffen und Außenpolitik eingerichtet worden. Die 34 Mitglieder kamen aus dem informellen Direktorium des Nationalen Sicherheitsrates: Generäle, hochrangige Mitarbeiter des Pentagon und des Außenministeriums, Wirtschaftsmagnaten, Banker, nach außen repräsentiert durch Paul Nitze, Autor der richtungsweisenden Studie «NSC 68» aus dem Jahr 1950. Henry Kissinger war ihnen durch den vorab zirkulierenden Text für «Foreign Affairs» bereits aufgefallen; noch mehr verdankte er die Einladung zum Vorstellungsgespräch der Empfehlung seiner Kollegen Arthur Schlesinger Jr. und McGeorge Bundy und bestimmt auch einem wie gehabt überschwänglichen Schreiben von William Elliott. Dennoch hätte der Versuch scheitern können. Kissinger präsentierte sich dem Direktor des «Council on Foreign Relations» nämlich in der ihm mittlerweile eigenen Art: «Nun, sollte ich das Angebot annehmen, dann müssen Sie mich exakt so arbeiten lassen, wie ich mir das vorstelle.»[102] Wertschätzung durch Selbstüberschätzung einzufordern, war in dieser auf Talente erpichten und vom Geniekult umgetriebenen Zeit aber nichts Ungewöhnliches. So bekam Kissinger den Zuschlag als Sekretär, Protokollant und Berichterstatter der Arbeitsgruppe. Die bis Ende 1956 bewilligte Beurlaubung von Harvard bürdete anderen die Arbeit beim «International Seminar» auf. Und bot ihm die Gelegenheit, noch weitaus bessere Kontakte zu knüpfen.

Die Aufgabe der Arbeitsgruppe war klar umrissen: Es ging um eine kritische Prüfung der Ideen zum berechenbaren Einsatz von Atomwaffen. James B. Conant vom «Committee on the Present Danger» hatte sich in Radiodiskussionen und Vorträgen dazu geäußert, diverse «Defense Intellectuals» wie Bernard Brodie, Richard Leghorn, William Kaufman, Edward Teller oder Albert Wohlstetter sowieso, Paul Nitze bereitete einen größeren Aufsatz für «Foreign Affairs» vor.[103] Nitzes Pointe: Militärische Drohpolitik, die im Ernstfall auf beiderseitige Zerstörung hinausläuft, ist ein Bluff und verfehlt deshalb ihren politischen Zweck; wer hingegen nicht nur für Armageddon, sondern zugleich für einen begrenzten Atomkrieg gerüstet ist, kann einen Gegner auf überschaubarem Terrain in die Knie zwingen und die Eskalation zum Äußersten unterbinden. So klang die Selbstvergewisserung der Verunsicherten, das Hohelied auf den flexiblen, rationalen Akteur als Dompteur des angeblich Unvorstellbaren.

Detailversessen und wie immer auf pointierte Synthesen bedacht, führte Kissinger Protokoll. Seine eigenen Kommentare stießen jedoch auf ein geteiltes Echo. Paul Nitze im Rückblick: «Henry schaffte es, den Eindruck zu vermitteln, dass niemand auf intelligente Art und Weise über Kernwaffen und auswärtige Politik nachgedacht hatte, ehe er auf die Bildfläche trat und es selber machte.»[104] Warum die Gruppe dennoch dem Drängen ihres Sekretärs nachgab, die kollektive Arbeit für sich zu vereinnahmen und als alleiniger Autor der anstehenden Publikation zu firmieren, blieb vielen ein Rätsel. Bernard Brodie schimpfte im Nachhinein gar über geistigen Diebstahl.[105] Vielleicht konnte Kissinger diesen Coup aber nur landen, weil ein Versuchsballon abgesetzt werden sollte – und im Fall eines Absturzes der unbedarfte Emporkömmling die Verantwortung getragen hätte.

Ein Bestseller über «begrenzbare Atomkriege»

Was Henry Kissinger 1957 in seinem Buch «Kernwaffen und Auswärtige Politik» zum Besten gab, hatte es jedenfalls in sich. Erstens: «Begrenzte Atomkriege» sind machbar. Mochten Politiker und Feldherren seit der Antike schmerzlich erfahren haben, dass Kriege einer eigenen Logik folgen und jeder Plan mit der ersten Feindberührung passé ist, so erhob sich Kissinger nonchalant über diese Lektion. Irrtümer, Missverständnisse und Fehlwahrnehmungen kamen in seinem Szenario schlicht nicht vor, Eigendynamiken erst recht nicht. Vielmehr baute sich Kissinger seine Welt nach dem Plan eines Schweizer Uhrwerks. In ihr ist alles dem Kalkül des menschlichen Geistes unterworfen, Kriegsherren kommunizieren und moderieren störungsfrei, sie verlangsamen oder beschleunigen das Geschehen je nach Bedarf, legen Pausen ein, entscheiden mit kühlem Kopf, wann die nächste Kampfphase beginnt und wie lange sie dauert, ehe dem Feind eine für ihn ungünstige Risikorechnung aufgemacht wird. Deshalb war die Pointe keineswegs ironisch gemeint: «Vielleicht wird es zu den größten Widersprüchen des Atomzeitalters gehören, […] dass in einer Periode fortgeschrittenster Technik Schlachten sich den formvollendeten Wettkämpfen des Mittelalters annähern werden.»[106]

Als ginge es um kontrollierte Experimente im Reagenzglas, formulierte Henry Kissinger seine Prognosen zum Verhalten der UdSSR vor und während eines «begrenzten Atomkrieges». Vergeben und vergessen, was er ansonsten über das sowjetische Führungspersonal zum Besten gegeben hatte. Von Paranoikern war durchweg die Rede gewesen, von einer gegen Einflüsse der Außenwelt abgeschotteten Elite, von politischen Autisten durch und durch. Ausgerechnet ihnen traute er zu, dass sie von einem Tag auf den anderen ihr notorisches Misstrauen hinter sich lassen und amerikanischen Beteuerungen über begrenzte Kriegsziele Glauben schenken. Oder dass sie aufgrund einer kühlen Kosten-Nutzen-Abwägung beschließen, in die «eigene militärische Planung gleichfalls eine Begrenzung des Krieges einzubeziehen».[107] Man kann an dieser Stelle mit gutem Grund von einer Fiktionalisierung des Historischen oder gleich von «science fiction» reden.[108] Wichtiger aber ist die Einsicht, dass der Autor seinem Modell fein austarierter Angstkulissen bis zur Selbstverblendung erlegen war.

Zweitens: Je furchterregender die Drohkulisse, desto einträglicher ist der politische Gewinn. «Wir müssen imstande sein, den Gegner in eine Lage zu bringen, aus der er sich nur durch den totalen Krieg herausziehen kann, während wir ihn gleichzeitig durch die Überlegenheit unserer Vergeltungsfähigkeit davon abhalten, diesen Schritt zu tun. [...] Dies ist fast ebenso wichtig wie die Einschränkung des sowjetischen Machtbereichs, denn die Entschlossenheit der freien Welt, die jetzt ein Gefühl ihrer Machtlosigkeit lähmt, wird sich in dem Maße heben, als sie erkennt, dass auch der Sowjetblock hinter seiner Fassade monolithischer Macht vor gewissen Folgen zurückschreckt.»[109] Man musste nicht zwischen den Zeilen lesen, um die Botschaft zu verstehen: Ein Staat, der zum «begrenzten Atomkrieg» fähig und willens ist, kann es sich leisten, in die Offensive zu gehen, er agiert, statt nur zu reagieren. Der Verweis auf Bündnispartner und die Dritte Welt durfte nicht fehlen. Erstere würden sich am amerikanischen Widerstandswillen gegen den internationalen Kommunismus aufrichten, Letztere könnte man von einem Wechsel ins falsche Lager abschrecken. Folglich waren «begrenzte Kriege», konventionell wie atomar, eine auf den Kalten Krieg zugeschnittene und unverzichtbare «Propaganda der Tat» oder eine Machtdemonstration für Dritte «ad oculos».[110]

Drittens: Mut zum Krieg ist nicht alles, aber ohne den Mut zum Krieg ist alles nichts. Ins Ungewisse springen, Gefahren auf sich nehmen, Unwägbarkeiten manipulieren und zum eigenen Vorteil wenden, von alledem konnte Kissinger gar nicht genug bekommen. Zumindest in der Theorie: Wer hinter dem Steuer seines Wagens mit verbundenen Augen auf ein anderes Auto zurast und obendrein das Lenkrad aus dem Fenster wirft, wird sich am Ende durchsetzen.

«Diejenige Seite, die eher willens ist, einen totalen Krieg zu riskieren, oder die den Gegner von ihrer stärkeren Bereitwilligkeit überzeugen kann, dieses Risiko zu übernehmen, befindet sich in der stärkeren Lage. [...] Der begrenzte Krieg würde damit die Entschlossenheit der Streitenden auf die Probe stellen.»[111] Und so weiter und so fort, in schier endloser Variation und im Modus des ewigen Ausrufezeichens. «Im Atomzeitalter kommt das Warten auf Gewissheit der Verurteilung zur Tatenlosigkeit gleich. [...] [Wenn man wartet,] bis die sowjetische Drohung völlig eindeutig und die Gefahr offensichtlich geworden ist, [...] kann es sehr wohl zu spät sein.»[112] Will heißen: Bei der Verteidigung der eigenen Werte ist eine Bereitschaft zum Krieg die letzte Instanz. «Obwohl wir niemals unsere Prinzipien aufgeben sollten, müssen wir auch anerkennen, dass wir unsere Prinzipien nicht behaupten können, wenn wir nicht überleben.»[113] So wollte Kissinger seine Rede über einen «tieferen moralischen Sinn» oder «a deeper moral purpose» verstanden wissen: Wer die Risiken eines Atomkrieges meidet, setzt die Freiheit aufs Spiel und handelt folglich unmoralisch. Die nukleare Zerstörungswucht war für ihn kein Einwand, umso weniger, als er den Kreml bezichtigte, die potentiellen Schäden eines Atomkriegs zwecks Manipulation der Friedliebenden und Naiven maßlos zu übertreiben. Dermaßen entschieden hatte Kissinger sein wiederkehrendes Raunen vom «leap into conjuncture», von der Faszination des Unvorhersehbaren, noch nie vorgetragen.[114]

Viertens: Diplomaten müssen am Katzentisch Platz nehmen. Warum? Weil in der Wolle gefärbte Revolutionäre wie die Machthaber in Moskau und Peking kein Interesse an belastbaren Kompromissen haben, sondern die Spielregeln ändern und Verträge brechen, sobald es opportun erscheint; davon abgesehen, wiegen Verhandlungen die Öffentlichkeit in falscher Sicherheit – sie betäuben das Bewusstsein für Art und Umfang der Bedrohung und setzen die eigene Seite unter unrealistischen Erwartungsdruck. Fazit: Nur wenn der andere verliert, was man selbst gewinnt, kann von sinnvoller Diplomatie gesprochen werden, andernfalls verschwenden Unterhändler ihre Zeit und tragen eher zur Vervielfältigung als zur Lösung von Problemen bei. Im Normalfall «werden Diplomatenkonferenzen zu sorgfältig vorbereiteten Theaterstücken, welche die öffentliche Meinung anderer Nationen beeinflussen und überzeugen wollen […]. Sie sind weniger ein Forum von Verhandlungen als eine Plattform für Propaganda.»[115] Gespräche über Rüstungskontrolle und Abrüstung schloss Kissinger noch aus einem weiteren Grund kategorisch aus: Die militärische Überlegenheit der USA war nicht verhandelbar. «Die Seite, die sich in einem totalen Krieg in der Verteidigung befindet, benötigt deshalb eine weiter fortgeschrittene Raketentechnik und gesichertere Anlagen als der Aggressor. […] Diejenige Seite, die sich in der Verteidigung befindet, kann sich nicht damit begnügen, sich auf dem gleichen Stand mit dem Feind zu halten. Wir müssen eine größere Anstrengung unternehmen, um die Reaktionszeit unserer Vergeltungsstreitmacht zu verkürzen und sie durch Zerstreuung, durch den Schutz ihrer Einrichtungen und hohe Beweglichkeit so unempfindlich wie möglich zu machen.»[116]

Der Eklektiker in seinem Element: Bei den Machbarkeits- und Rationalitätsphantasien stand die Arbeitsgruppe des «Council on Foreign Relations» Pate, allen voran Paul Nitze. Über die «Propaganda der Tat» und den Dreiklang aus «roten Linien», Ultimaten und Gewalt dozierte William Elliott seit Jahren[117], wie man sich Mut zum Krieg macht und dabei eine höhere Moral reklamiert, gehörte ebenfalls zu Elliots Standardthemen.[118] Einzig die Einlassungen zur Rolle der Diplomatie stammten nicht aus fremder Hand, sondern aus Kissingers Doktorarbeit. Der Rest war Kosmetik aus verstiegenen Vokabeln, verschwurbelt schwerfälligen Sätzen und simulierter Bedeutungsschwere.

Schwer lesbar oder nicht, Henry Kissinger stand mit einem Schlag im Rampenlicht. Ausgerechnet Moskau kam ihm dabei zu Hilfe. Denn kaum hatte der erste Satellit «Sputnik» im Oktober 1957 seine Signale aus dem Weltraum gefunkt, verlangte eine hysterisierte Öffentlichkeit in den USA nach Antworten auf die Bedrohung ihrer nationalen Sicherheit. Der Theologe Reinhold Niebuhr empfahl Kissinger als Wegweiser: «Wir müssen bereit sein, für unsere Ziele begrenzte Kriege zu führen und sie mit den geeigneten Waffen zu gewinnen. [Kissingers] umsichtige und kluge Analyse der Möglichkeiten und Wahrscheinlichkeiten leuchtet mehr ein als alles, was uns in letzter Zeit vorgelegt worden ist.»[119] Vor dem «Sputnik-Schock» war Kissinger zu einer einzigen Buchpräsentation eingeladen worden; danach konnte er sich vor den Anfragen aller Medien kaum noch retten. Die «New York Times» schaltete eine Rezension auf der Titelseite, allein von der gebundenen Ausgabe wurden 70 000 Exemplare verkauft, wochenlang stand das Buch auf den Bestsellerlisten. Wie üblich verstand der Politikwissenschaftler Hans Morgenthau als einer der ersten die Tragweite der ganzen Aufregung. Kissinger, so meinte er, hatte sich über Nacht an die Spitze einer neuen Sorte «politisch-militärischer Denker» geschrieben. Gemeint war die Geburtsstunde des «celebrity intellectual», des Starintellektuellen in der Arena der Politik.[120]

Die Botschaft kam in Harvard an. Bis dato hatten sich die Verhandlungen über Kissingers Festanstellung hingezogen – einerseits wegen eines Überangebots an geeigneten Bewerbern, andererseits wegen offenkundig politischer Ambitionen des Kandidaten. Dass er seine ganze Arbeitskraft der Universität widmen würde, glaubte niemand so recht. Ein Fakultätsangehöriger: «Er [Kissinger] würde nicht Harvard dienen. Er würde Harvard benutzen.»[121] Mit dem Erfolg von «Kernwaffen und Auswärtige Politik» hatten sich diese Bedenken erledigt, konnte die Universität doch einen Teil des Renommees für sich beanspruchen.

Wie gesagt: Kissinger war nicht der Einzige und schon gar nicht der Erste, der sich in der Öffentlichkeit für einen Einsatz taktischer Atomwaffen aussprach oder über «begrenzte Nuklearkriege» räsonierte. Die Präsidenten Truman und Eisenhower hatten es getan, Journalisten und Politiker publizierten über das unerträgliche Dilemma, im Ernstfall zwischen Kapitulation und «großem Krieg» wählen zu müssen, und kein Geringerer als Nikita Chruschtschow hatte sie angestachelt, als er in Kissingers Manier erklärte: «Ich glaube, dass gewinnen wird, wer die stärksten Nerven hat. Darauf kommt es im Machtkampf unserer Zeit in erster Linie an. Wer schwache Nerven hat, wird an die Wand gedrückt.»[122] Und dennoch hing diesem Gerede seit Ende 1952 etwas Unwirkliches an. Der damalige Test der ersten Wasserstoffbombe hatte den Quantensprung menschenmöglicher Zerstörung dokumentiert, eine Vernichtung der Zivilisation oder der «Selbstmord der Rasse» lagen seither im Bereich des Möglichen. Und deshalb machte ein saloppier Spruch politische Karriere: Wer als Erster schießt, stirbt als Zweiter. Mochten Strategen des Pentagon noch so sehr an nuklearen Kriegsplänen feilen, die populäre Redewendung setzte sich fest. Sie spiegelte eine Entwertung des Krieges als Mittel der Politik – oder ein nukleares Tabu.[123]

Henry Kissinger zog offen gegen dieses Tabu zu Felde. In seinem Buch «Kernwaffen und Auswärtige Politik» sprach er wie selbstverständlich über Europa und die Dritte Welt als Schauplätze eines Schlagabtauschs mit taktischen Atombomben, über Waffen mit einer Sprengkraft von 500 Kilotonnen – dem 38fachen der Hiroshimabombe – und darüber, dass «begrenzte Atomkriege» nicht allein eine Alternative zur Weltvernichtung, sondern auch zum herkömmlichen Krieg mit konventioneller Ausrüstung sein könnten. Frieden als normatives Postulat in zwischenstaatlichen Beziehungen? «Es gibt keinen Gedanken von größerer Gefährlichkeit.»[124] Derart offensiv hatte seit Jahren niemand mehr gegen die Entwertung des Krieges polemisiert. Und derart massiv war kaum jemand Präsident Eisenhower wegen dessen Diktum von der «Alternativlosigkeit des Friedens» in die Parade gefahren. Kissinger wollte nicht so sehr auf die internen Debatten des Pentagon oder der Regierung Einfluss nehmen. Ihm war in erster Linie an der öffentlichen Debatte gelegen, an einer Verschiebung der Grenzen des Denk- und Sagbaren. Es ging um ein positiveres Image von Atomwaffen und um die Akzeptanz des Atomkrieges als Mittel der Politik. Tatsächlich wurde sein Buch in diesem Sinne verstanden: als Rezeptur zur Schärfung des stumpfen Atomschwerts oder als Antwort auf die Frage, wie man aus militärisch wertlosen Waffen zumindest politischen Mehrwert schlagen kann. In Kurzform hatte er dieses Anliegen bereits in einem Aufsatz für «Foreign Affairs» vorgetragen und mit den Worten geschlossen: «Solche Maßnahmen erfordern starke Nerven. [...] Die Wirksamkeit [einer abgestuften Anwendung von Gewalt] wird von unserer Bereitschaft abhängen, den Risiken von Armageddon ins Auge zu sehen.»[125]

Der rasante Aufstieg seines ehemaligen Schützlings bereitete Fritz Krämer Sorgen. Er beobachtete nicht nur den Erfolgsautor, sondern auch einen jungen Mann im hyperventilierenden Karrieremodus. Von Harvard abgesehen, war Kissinger mittlerweile auch Fellow am neu gegründeten «Foreign Policy Research Institute» der University of Pennsylvania geworden. Und der «Carnegie Corporation» wie auch den Vereinten Stabschefs arbeitete er als Berater zu. «Mit Dir stimmt etwas nicht», schrieb ihm Fritz Krämer. «Ich muss Dir sagen, dass Du Dinge vergisst, die man als Mensch nicht vergessen sollte. [...] Du fängst an, Dich in einer Art zu verhalten, die nicht mitmenschlich ist, und Menschen, die Dich bewundern, fangen an zu glauben, dass Du unterkühlt, vielleicht sogar kalt bist. [...] Du riskierst, Dein Herz und Deine Seele für Dein unentwegtes Arbeiten zu opfern. Du triffst viel zu viele ‹wichtige› und zu wenige ‹wirkliche› Menschen.»[126]

Kassandra auf Reisen

Die Mahnung verpuffte. Auf der Welle seines Erfolgs reitend, kommentierte Henry Kissinger fortan auch andere tagespolitische Streitthemen. Und immer gab Kassandra die Tonlage vor, laut, schrill, hysterisch. Wer Kissinger zuhörte, sah die USA nicht nur in der Defensive, sondern in einer Entscheidungsschlacht um ihre Existenz. «Wir sind dabei, den Kalten Krieg zu verlieren, auf der gesamten Welt wenden sich die Völker dem Kommunismus zu.» Wohin er auch blickte, die Fratze des Ruins grinste höhnisch zurück. Nicht genug damit, dass die Regierung Eisenhower sich während des Ungarnaufstands 1956 hasenfüßig verkrochen hatte und das Pentagon, gelähmt von einer alles erstickenden Bürokratie, auf den Ernstfall nicht vorbereitet war, selbst auf ihrem ureigensten Terrain, der Technologie, verloren die USA den Wettlauf mit der UdSSR – dieser Befund stand für Kissinger außer Frage. «Wir steuern auf eine verzweifelte Lage zu, nicht unähnlich jener von Großbritannien nach Dünkirchen.» Da war es wieder, das Gespenst des «Appeasement» und das Gift der liberalen Verweichlichung, wie Kissinger den Zuschauern von «CBS» im November 1957 versicherte: «Wir haben uns in erster Linie mit der Sicherung des Friedens befasst, während unser Gegner hauptsächlich über seinen Sieg nachgedacht hat. Daraus ist ein psychologisches Ungleichgewicht erwachsen.»[127] Belastbare Daten zum sowjetischen Raumfahrt- und Rüstungsprogramm hatte Kissinger ebenso wenig anzubieten wie andere Propheten des Untergangs. Aber zur Not konnte er sich auf Zeitungen wie die «Washington Post» berufen, die ebenfalls von der «schwersten Gefahr [unserer] Geschichte» sprach – und sich dabei auf eine regierungsinterne Analyse berief, die Präsident Eisenhower wegen übermäßiger Panikmache eigentlich unter Verschluss halten wollte.[128]

Den alarmistischen Furor bekamen jene zu spüren, die sich vorsichtig aus den Schützengräben des Kalten Krieges wagten, vorweg George F. Kennan. Nach seinen richtungsweisenden Beiträgen zur Politik der «Eindämmung» des internationalen Kommunismus in den späten 1940er Jahren hatte sich Kennan – ehemals Botschaftsrat in Moskau, später Leiter des Politischen Planungsstabs im Außenministerium und Botschafter in Belgrad – zusehends kritisch über Washingtons Außenpolitik geäußert. Wiederholt forderte er dazu auf, den Konflikt mit der UdSSR nicht an militärischen Gesichtspunkten zu messen und mit der Macht des Militärs lösen zu wollen. Politisch-ideologische Fragen wogen für Kennan ungleich schwerer, er setzte auf diplomatische Phantasie und die Kraft vertrauensbildender Maßnahmen. Zu Letzteren rechnete er eine Entmilitarisierung Mitteleuropas, konkret den Rückzug aller fremden Truppen aus Osteuropa und Deutschland und eine niedrige Obergrenze für Atomwaffen im Herzen Europas. «Wir müssen wegkommen von dieser Obsession, dass die Russen auf einen Angriff und die Eroberung Westeuropas versessen sind und dass darin die hauptsächliche Gefahr besteht. Die von der Sowjetunion ausgehende Gefahr […] ist weiterhin eine militärische und politische, mit der Betonung auf politisch.»[129] Die Details seines Konzepts erläuterte Kennan Ende 1957 in sechs von der «BBC» ausgestrahlten Vorträgen und kurz darauf in dem Buch «Russia, the Atom and the West». Ihm schwebte ein vereintes, blockfreies Deutschland als Garant des entmilitarisierten Europas vor, davon abgesehen bewegte er sich auf den polnischen Außenminister Adam Rapacki zu, der wenige Wochen früher vor der UNO einen Plan für atomwaffenfreie Zonen in Europa vorgestellt hatte. Das offizielle Washington tobte. Auch Kissingers Reaktion war absehbar, allerdings war schwer auszumachen, ob er Kennan ernst nahm, bloß verspottete oder vor Wut schäumte. «Wir lachen heute gerne über den Baldwin und Chamberlain des Jahres 1938, aber auch sie hielten sich damals für hartgesottene Realisten.»[130]

Mitte Januar 1959 stellte Kissinger sein Buch «Kernwaffen und Auswärtige Politik» in der Bundesrepublik vor. Auf Einladung des bundesdeutschen Außenministeriums hielt er öffentliche Vorträge in Frankfurt, Bad Godesberg und Hamburg und diskutierte im kleinen Kreis mit Bundestagsabgeordneten, hohen Beamten des Verteidigungsministeriums sowie Kommandeuren der Bundeswehr. Schließlich wurde er von Bundeskanzler Konrad Adenauer, Außenminister Heinrich von Brentano und Verteidigungsminister Franz Josef Strauß empfangen. Die neuerlichen Spannungen um Berlin kamen dabei wie gerufen. Chruschtschow hatte Ende November 1958 zum wiederholten Male verlangt, West-Berlin zu einer «freien Stadt» zu erklären – also faktisch die Schutzverpflichtungen der Westalliierten zu kappen –, und im Falle einer Zurückweisung damit gedroht, der DDR alle Kontrollrechte über die Verbindungswege in die Bundesrepublik zu übertragen. Wie nicht anders zu erwarten, deutete Kissinger das Spiel um eine Statusaufwertung der DDR als Teil einer weltweiten Zermürbungstaktik des Kremls und als Ausweis westlicher Ohnmacht. Gegen ein mit taktischen Atomwaffen gerüstetes und zum militärischen Widerstand fähiges Westeuropa, versicherte er seinen Gesprächspartnern, hätte die Sowjetunion ihren Vorstoß erst gar nicht gewagt. Womit die Quintessenz von Kissingers Botschaft auch in Deutschland angekommen war: Nicht der Atomkrieg ist das Problem, sondern die Aushöhlung des westlichen Widerstandswillens – sprich die Angst vor dem Atomkrieg.[131]

Wenn man journalistischen Beobachtern Glauben schenkt, waren viele Gesprächspartner geradezu entzückt. «Wie ein Weiser aus dem Morgenland ist der junge Mann mit den dunklen Augen und dem schweren, schwarzen Haar nach Bonn gekommen», schrieb der

Korrespondent der West-Berliner Tageszeitung «Der Tag». «Und alle Welt in dieser kleinen Hauptstadt hat sich auf ihn gestürzt: voller Begierde, von dem Propheten des Atomzeitalters zu hören, wie die Politik der Zukunft aussehen wird. [...] In Bonn betrachtet man ihn achtungsvoll wie einen Alten, der mehr weiß als gewöhnliche Sterbliche. Es ist, als wären die bekanntesten und gescheitesten Politiker seit Jahren vergeblich auf der Suche nach dem Heil der Welt und glaubten, es jetzt aus dem leise sprechenden Mund dieses jungen Mannes in verständlichen Worten entgegennehmen zu können. [...] Es erging ihm [Kissinger] wie einem berühmten Philosophen oder einem gefeierten Künstler: jeder wollte ihn sehen und sprechen. [...] Man reichte ihn von Hand zu Hand und bewunderte die Gaben seines Verstandes.»[132] Wohlgemerkt: Zur damaligen Zeit war Ironie in politischer Berichterstattung verpönt und spröde Sachlichkeit das Gebot der Stunde. In den Genie- und Prophetenkult stimmten auch andere Blätter ein; einzig die «Frankfurter Rundschau» verwies darauf, dass Kissingers Ideen alles andere als originell, sondern im Umfeld des «Council on Foreign Relations» entstanden waren.[133] Rückblickend fragt man sich, worüber diese Texte mehr sagen: über Henry Kissinger oder über die junge Bundesrepublik. Franz Josef Strauß war es egal. Er glaubte einen weiteren Gewährsmann für seine Tagträume von einer atomar bestückten Bundeswehr gefunden zu haben, nicht zuletzt, weil Kissinger über eine Nuklearmacht Bundesrepublik vieldeutig geschwiegen hatte. Strauß jedenfalls sah sich bestätigt: «Ich bin im Wesentlichen einer Ansicht mit Herrn Kissinger.»[134]

In einem Gespräch mit dem «Spiegel» setzte Kissinger den Schlussakkord seiner Reise. Nachdem er alle zeitgenössischen Vorschläge zur Entkrampfung des Kalten Krieges – also die Debatte über ein Verbot von Nukleartests, über ein vereintes, aber blockneutrales Deutschland und über eine atomwaffenfreie Zone in Mitteleuropa – als dumm, kurzsichtig oder gefährlich abgekanzelt hatte, steigerte er sich mit Blick auf Berlin in Zwangs- und Gewaltphantasien hinein. Wie die NATO auf eine neuerliche Blockade der Stadt reagieren sollte, fragten die Redakteure und bekamen eine Antwort, mit der wohl niemand gerechnet hatte. «Ich würde, wenn nötig, versuchen, nach Berlin einzubrechen, selbst auf die Gefahr hin, dass es zum Krieg führt. [...] Ich würde die Gegenseite zwingen, zuerst zu schießen. Dann würde ich schießen. Ich würde in Berlin keinen Quadratzentimeter nachgeben. [...] Ich wäre dafür, den Russen ein Ultimatum zu stellen und, wenn nötig, einen totalen Krieg zu führen.» «Spiegel»: «Totaler Krieg für Berlin, für Deutschland?» Kissinger: «Ja – als letztes Mittel, wenn die Freiheit Berlins nicht anders zu verteidigen ist.» Ein Theoretiker des «begrenzten Krieges», der von Hekatomben von Toten faselt? Ein Stratege, der die böswilligste aller Unterstellungen geradezu provoziert – dass der Besitz von Atomwaffen nämlich nur dann sinnvoll ist, wenn man von ihnen auch Gebrauch macht? Die Journalisten des «Spiegel» wollten Kissinger nicht weiter in die Enge treiben, sondern eine Brücke bauen: «Ist die westliche Welt [...] psychologisch, politisch in der Lage, für Deutschland Krieg zu führen?» Die Antwort: «Sie muss es sein. Diese Frage darf sich der Westen gar nicht stellen, denn hier liegt der erste Schritt zur Kapitulation.» Was aber, wenn Frankreich und Großbritannien sich weigerten? «Dann müssen wir es allein zusammen mit der Bundesrepublik machen.»[135]

Auch unabhängig vom «Spiegel»-Gespräch bekam der amerikanische Gast erheblichen Gegenwind. In einer mehrere Seiten umfassenden Replik verwahrte sich die «Stuttgarter Zeitung» gegen Kissingers Anliegen, dass sich Deutschland und Europa mit der Vorstellung eines auf Mitteleuropa begrenzten Atomkrieges anfreunden sollten. Nach Lage der Dinge, so der nüchterne Einwand, zerstört jeder Krieg in Europa alles, was man zu schützen vorgibt – egal, ob konventionelle oder atomare Waffen eingesetzt werden, und unabhängig vom Grad der Eskalation. Ebenso kritisierte der Autor die frappante Vernachlässigung sowjetischer Erfahrungen und Interessen. Woher nahm Kissinger die Zuversicht, dass Westeuropas – und möglicherweise auch Westdeutschlands – Aufrüstung mit taktischen Atomwaffen Moskau einschüchtern würde? Würde nicht das beiderseitige Wettrüsten angeheizt oder Moskau gar zu militärischen Präventivmaßnahmen animiert?[136] Dass ein Journalist diese Einwände in ein Plädoyer für Diplomatie und Konfliktmoderation mit politischen Mitteln ummünzte, störte Kissinger vermutlich wenig.

Schwerer wog die Kritik von Fritz Erler, stellvertretender Fraktionsvorsitzender und Wehrexperte der SPD. «Wer Atomwaffen gebraucht, kann dem Gegner nicht mehr das Kaliber seiner Atomwaffen vorschreiben», meinte der Sozialdemokrat und verwarf die Debatte als in jeder Hinsicht gefährlich. Und einen polemischen Nachklapp zur logischen Plausibilität von Kissingers Konzept konnte er sich nicht verkneifen: Wer dem Menschen so viel Vernunft zuschreibe, in Zukunft nur noch begrenzte Kriege zu führen, müsste ihm eigentlich auch die Fähigkeit zur kompletten Abschaffung von Kriegen zuschreiben.[137]

Am deutlichsten distanzierte sich der Regierende Bürgermeister von Berlin, Willy Brandt. Im Februar 1959 war Brandt zu einer ausgedehnten Reise durch die USA und Asien aufgebrochen, um für das freie Berlin zu werben. Mit durchschlagendem Erfolg, wie die Reaktionen in Washington, Tokio, Karatschi, Delhi, Hongkong oder Bangkok belegen. Viele Journalisten sahen in ihm bereits den zukünftigen Außenminister oder gar Bundeskanzler und behandelten ihn entsprechend. Brandt seinerseits enttäuschte die Erwartungen nicht. Im Gegenteil. Er forderte neue Anläufe zur Überwindung eines vom Kalten Krieg tiefgefrorenen Denkens, beispielsweise in der «NBC»-Fernsehsendung «Meet the Press» am 8. Februar. Ohne Kissinger oder dessen Stichwortgeber beim Namen zu nennen, machte Brandt deutlich, dass man Krisen auch herbeireden kann. «Ich glaube nicht, dass sich die Geschichte einfach wiederholt. Ich glaube nicht, dass die Russen so unweise sein werden, denn eine Millionenstadt abzusperren, ist keine Angelegenheit, die irgendwo gern gesehen wird, auch nicht in neutralen Ländern.»[138] Sollte es dennoch so weit kommen, müssten Diplomaten und nicht Militärs das Kommando führen, zumal die Versorgung West-Berlins für mindestens ein halbes Jahr gesichert war. Sagte es und setzte sinngemäß noch einen drauf: Wer die Sicherheit des Westens von Kernwaffen abhängig macht, setzt diese Sicherheit aufs Spiel.[139] Nach seiner Rückkehr unterstrich Brandt in Berliner Rundfunksendern den Appell zur Abkühlung einer künstlichen Aufgeregtheit: «Diese verwirrende Debatte spielt sich so ab, dass die andere Seite zuhört, dass sie leicht falsche Schlüsse zieht und dadurch vielleicht zu verhängnisvollen Fehleinschätzungen verleitet werden kann.»[140] Seit dieser Zeit löste der Name Willy Brandt bei Kissinger politische Allergien aus.

Klopfen am Tor der Macht

Zurück in den USA zettelte Henry Kissinger eine Debatte über die Entmachtung alteingesessener Eliten an. Auch dazu hatte er sich in seinem Buch «Kernwaffen und Auswärtige Politik» bereits geäußert, allerdings war dieser Appell im Trubel um die These begrenzbarer Atomkriege untergegangen. Also griff Kissinger zum bewährten Mittel des Eigenzitats und rekapitulierte seine Gedanken in einem Aufsatz für eine weit verbreitete Publikumszeitschrift. «The Policy Maker and the Intellectual» erschien im März 1959 in «The Reporter», bekannt als publizistische Plattform für kompromisslose Kalte Krieger. Nicht allein an Washingtons Bürokratie, sondern an der gesamten Elite des Landes ließ er kein gutes Haar. Ob in der Wirtschaft, an Universitäten, beim Militär oder in der Politik – überall sah Kissinger Technokraten am Werk, die keinen Sinn und Verstand für die Herausforderungen ihrer Zeit mitbrachten, denkfaule, unkreative, übervorsichtige Kleingeister. Wer aber, so Kissinger weiter, die falschen Qualifikationen mitbringt, stellt auch falsche Fragen und landet notgedrungen bei den falschen Antworten.

Als wollte er dem Vorwurf des Antiamerikanismus vorbeugen, gemeindete Kissinger gleich die gesamte westliche Welt in sein Verdikt ein und attestierte allen Demokratien eine konstitutionelle Unfähigkeit zur Bändigung von Ausnahmezuständen. Auf Kompromissbildung, Konsens und Entschleunigung fixiert, können demokratische Gesellschaften demnach den Status Quo verwalten, zur Abwehr entschlossener Feinde aber fehlt es ihnen an Flexibilität, Nonkonformismus und Nervenstärke. Daher Kissingers Appell zur Ablösung des allseits verzwergten, risikoscheuen Führungspersonals: «Wahrhaftige Zielsetzungen müssen im Mittelpunkt stehen, […] wenn wir ein Desaster abwenden wollen.»[141]

Im Kern ging es Kissinger um eine Selbstermächtigung politischer Intellektueller. «Der künftige Kurs unserer Gesellschaft kann nicht auf dem Verwaltungswege vorgegeben werden. [...] Unsere Gesellschaft muss in erster Linie ihre vorherrschende Trägheit abschütteln, sie muss sich auf neue Denkansätze und auf eine Situation einlassen, die mit unseren historischen Erwartungshaltungen nichts mehr gemein haben. Dieses Gefühl der Sinnhaftigkeit kann nicht innerhalb der Bürokratie entstehen, und es wird nicht von unseren aktuellen Führungsgruppen gestiftet werden, solange sie die Herausforderungen hauptsächlich als Aneinanderreihung technischer Probleme sehen.»[142] Will heißen: Wenn die Demokratie an ihren eigenen Regeln und Verfahren krankt oder deretwegen gar zu scheitern droht, muss es jemanden geben, der sich zwecks Rettung der Demokratie über diese Regeln und Verfahren hinwegsetzt – jemand mit der Lizenz zur Entsorgung verstaubter Ideen, mit dem Mut zu Entscheidungen ohne Netz und doppelten Boden, mit der Nervenstärke zur Eroberung von Neuland.

Je genauer man den Text liest, desto ernüchternder wird der Befund: Von einer problemorientierten Analyse politischer Willensbildung kann keine Rede sein. Kissinger formulierte nichts weiter als den Machtanspruch einer neuen Sicherheitselite, als deren Klassensprecher er sich sah. Wobei die wehleidige Betonung einer selbstlosen Aufopferung für das Große und Ganze nicht fehlen durfte, vorgetragen mit seinem üblichen Gerede vom waghalsigen «Sprung ins Ungewisse»: «Die tragische Seite politischen Entscheidens liegt genau in der Unvermeidlichkeit des Mutmaßens und Spekulierens.»[143]

Dass diese Ideen allesamt von William Elliott stammten, dass Kissinger Begriffe und Textpassagen seines Doktorvaters wortwörtlich übernommen hatte, merkte so gut wie niemand.[144] Erst recht nicht, weil die Tonlage auf den originalen Kissinger-Sound eingestimmt war. «Bedauernswerte Führer», «intellektuelle Ermattung», «technokratische Kurzsichtigkeit» – in der Überheblichkeit des Vortrags, der apodiktischen Selbstgefälligkeit und der schulmeisterlichen Herablassung ließ sich Kissinger von niemandem das Wasser reichen.[145] Und auch nicht im weinerlichen, latent aggressiven Lamento über die vermeintliche Nichtbeachtung seiner Visionen. Von populistischen Rüpeln links wie rechts abgesehen, hatte kaum jemand zu einem derartigen Kahlschlag ausgeholt. Dennoch ging Kissinger kein allzu großes Risiko ein. Vielmehr spielte ihm das öffentliche Lamento über die Ermattung der alten Männer um Dwight D. Eisenhower und das Verlangen nach frischem Wind in die Karten.

So gesehen hatte Kissinger zur rechten Zeit Witterung aufgenommen und eine Art Bewerbungsschreiben vorgelegt, diesmal adressiert an den demokratischen Präsidentschaftskandidaten, John F. Kennedy. Sich ihm anzudienen, war aus Kissingers Sicht naheliegend. Nelson Rockefeller, dem er nach wie vor als Berater zur Seite stand, hatte sich innerhalb der Republikanischen Partei gegen Richard Nixon nicht durchsetzen können und seine Kandidatur für das Weiße Haus deshalb zurückgezogen. Und eine Bewerbung für das Team Nixons war aussichtslos, Kissinger konnte in diesem Fall noch nicht einmal mit der Unterstützung William Elliotts rechnen. Wie aus dem Briefwechsel mit Nixon hervorgeht, empfahl Elliott seinen Schützling für eine Beschäftigung als Redenschreiber; auch für informelle Diskussionen im kleinen Kreis schlug er ihn vor – «[Kissinger] sagte, dass er an einer solchen Runde mit Begeisterung teilnehmen würde.»[146] Doch wenn es um gewichtige Beraterposten ging, hatte Elliott andere Kandidaten im Blick, unter ihnen Robert R. Bowie, Kissingers Chef am «Center for International Affairs» in Harvard.[147] Bei Kennedy aber, so hatte es den Anschein, konnte sich Kissinger etwas ausrechnen. Jedenfalls machte ihm der Senator aus Massachusetts während des Wahlkampfes den Hof, zitierte wiederholt aus seinen Publikationen und nannte ihn als Kronzeugen für eine angeblich in allen Belangen überlegene, existenzbedrohende Militärmacht der UdSSR.

Kissinger seinerseits empfahl sich mit einem Leserbrief an die «New York Times», in dem er Kennedys jungenhafte Hochnäsigkeit gegenüber dem scheidenden Präsidenten Eisenhower wie auch seine eigene Elitenkritik noch einmal übertrumpfte: «Kompetenzen, die in der Zeit vor und während des Zweiten Weltkrieges erworben wurden, sind so gut wie vollkommen irrelevant zur Beurteilung gegenwärtiger strategischer Probleme und gefährlich in der Ära von Raketen und Nuklearwaffen.»[148] General Eisenhower als nationales Sicherheitsproblem, darauf war zuvor allenfalls der paranoide Kommunistenjäger Joseph McCarthy gekommen. Auch über Kollegen und Freunde aus Harvard – McGeorge Bundy und Arthur Schlesinger Jr. – versuchte Kissinger Zugang zum Hoffnungsträger der Demokraten zu finden. Dabei übernahm er die Diktion der «jungen Wilden», die mit dem Versprechen einer «new frontier» und eines Vorstoßes in unbekannte Regionen von Macht und Geist für Kennedy Wahlkampf machten. «Wir brauchen jemanden, der einen großen Sprung nach vorne zustande bringt – nicht nur eine Verbesserung ohnehin vorhandener Tendenzen, sondern einen Übergang in eine neue Atmosphäre, in eine neue Welt. [...] Eine neue Epoche ist gefragt. Wenn wir eine neue Epoche und einen frischen Geist bekommen, werden sich handwerkliche Anforderungen von selbst erledigen.»[149]

Sagte es und legte letzte Hand an ein Buch, das kurz nach Kennedys Vereidigung zum Präsidenten im Januar 1961 erschien und in der Einleitung noch einmal den Wahlkampf aufleben ließ: «Das Jahrzehnt der 1960er Jahre wird eine heldenhafte Anstrengung erfordern.» Warum? Weil die USA am Rande des Abgrunds wandelten, weil sie Gefahr liefen, in den nächsten 15 Jahren ihre Weltmachtrolle zu verspielen, weil an allen Ecken und Enden tödliche Gefahren lauerten – der Dramen konnten gar nicht genug sein. «Necessity for Choice», so hieß die Publikation, sollte ursprünglich vom «Center for International Affairs» herausgegeben werden. Kissinger aber setzte nach heftigen internen Konflikten wieder einmal seinen Willen durch, modellierte die Debatten des Arbeitskreises in Harvard nach seinem Gusto und firmierte als alleiniger Autor. Heraus kam eine auf den neuen Präsidenten zugeschnittene Variante seines Bestsellers «Kernwaffen und Auswärtige Politik» – mit dem Unterschied, dass er «begrenzte Kriege» anfänglich mit konventionellen Streitkräften ausfechten und taktische Atomwaffen erst im Falle einer drohenden Niederlage einsetzen wollte. Ansonsten blieb alles beim Alten, also bei der Fixierung auf Waffen, Zwang und Erpressung als hauptsächlicher Währung der Außenpolitik. Und bei dem Aufruf zur Entmachtung der alten Elite, den er als eigenes Kapitel noch einmal unterbrachte.[150] Der Journalist Walter

Millis traf mit seiner Rezension in der «New York Times» den Nagel auf den Kopf: «Er [Kissinger] betont die ‹Notwendigkeit einer Wahl›, aber bietet uns nichts an, aus dem wir wählen könnten.»[151]

Wartestand

Der neue Präsident aber zeigte Kissinger die kalte Schulter. Sage und schreibe 50 Dozenten und Professoren aus Harvard wurden in die neue Administration berufen, unter ihnen Archibald Cox, John Kenneth Galbraith, Carl Kaysen, Arthur Schlesinger Jr. und Henry Rowen. Kissinger hingegen hatte mit aufdringlichem Strebertum und Besserwisserei seine Karten überreizt. Und mit Arroganz konnte er bei den «Besten und Klügsten» ohnehin nicht punkten. Wie es hieß, hielt John F. Kennedy ihn für einen aufgeblasenen Wichtigtuer, angeblich beklagte er sich wiederholt über Kissingers langatmige und schwerfällige Art des Argumentierens. Gänzlich aus der Luft gegriffen können diese Behauptungen nicht sein, denn nach einigen Gesprächen unter vier Augen wies Kennedy seinen Stab an, Kissinger künftig vom Oval Office fernzuhalten. Der Nationale Sicherheitsberater McGeorge Bundy sollte den Kontakt pflegen und von Fall zu Fall entscheiden, ob Kissingers Expertise eingeholt werden sollte oder nicht. Dementsprechend bot man ihm einen Vertrag als Teilzeitberater an. Er akzeptierte, konnte sich aber nicht damit abfinden. Mit einem Mal war er nämlich nur einer unter vielen in den hinteren Reihen, beauftragt mit nachgeordneten Missionen und Aufgaben, die auch andere hätten erledigen können – und ohne Aussicht, alsbald zum inneren Kreis der Macht zugelassen zu werden.[152]

Es kam, wie es kommen musste. Kissinger misstraute seinem Auftraggeber, dieser wiederum unterstellte ihm mangelnde Loyalität. Schon wenige Wochen nach Kennedys Amtsantritt sahen sich beide Seiten in ihren Vorbehalten bestätigt. Der Präsident fühlte sich düpiert, weil Kissinger im April 1961 den missratenen Putsch gegen Castro und das Debakel in der «Schweinebucht» als Beleg für ein feiges Zurückweichen vor dem Kommunismus interpretierte – ohne in die Details der Vorgänge eingeweiht zu sein. Kissinger seinerseits beharrte auf seinem Standpunkt und verlangte auch mit Blick auf Berlin eine Politik der «roten Linie». Wie in dem zwei Jahre zurückliegenden Interview mit dem «Spiegel» verstieg er sich zu Phantasien über eine Drohung mit taktischen Atomwaffen. «Es kommt ganz wesentlich darauf an, uns über die Gründe klar zu werden, deretwegen wir zu einem Atomkrieg bereit sind.»[153] Dass er zugleich über die Notwendigkeit einer politischen Lösung des Berlin-Problems sprach, hätte Kennedy eigentlich entgegenkommen müssen. Aber sachliche Übereinstimmungen oder Differenzen spielten längst keine Rolle mehr. Man hatte die Pflege von Kissingers Ego schlicht satt. Fortan war nicht mehr vom Teilzeitberater, sondern nur noch von einem «Ad hoc»-Berater die Rede. Dennoch plusterte sich Kissinger gegenüber der Presse wie ein unverzichtbarer Stratege auf. Als er während einer Nahostreise Anfang 1962 dieser Versuchung wieder einmal nachgab, schickte ihm McGeorge Bundy ein Telegramm: «Wenn Du nicht den Mund hältst, drück ich den Rückkehrknopf.»[154] Vier Wochen später musste Kissinger auch seine Tätigkeit beim Nationalen Sicherheitsrat quittieren.

In den Schützengräben des Kalten Krieges

Wie üblich schlüpfte Kissinger pikiert in die Rolle des verkannten Genies. Amerika, so sein Lamento in einem Brief an Nelson Rockefeller, rast auf den Abgrund zu und schickt dennoch seinen einzigen Seher in die Verbannung. «Ich bin von einem Gefühl des unmittelbar bevorstehenden nationalen Desasters erfüllt. […] Wenn die aktuellen Entwicklungen weiter anhalten, erwarte ich nicht allein außenpolitische Rückschläge, sondern ein Debakel. Weltweit verlieren unsere Freunde den Mut. […] Unser Spielraum ist so anfällig, dass ein Zusammenbruch auf ganzer Linie eintreten könnte.»[155] Fortan drosch er bei jeder sich bietenden Gelegenheit auf die Regierung Kennedy ein, beschuldigte sie des respektlosen Umgangs mit Mitarbeitern und einer blutleeren Politik in der Tradition Dwight D.

Eisenhowers. «Die Sowjets lassen uns wie die Affen aussehen», meinte er nach dem Bau der Berliner Mauer, «wie schwächliche Affen, und wir können nicht schnell genug unseren Masochismus unter Beweis stellen, indem wir zurückkriechen und sie um Verhandlungen bitten, so dass wir ein weiteres Mal auf etwas zu ihren Gunsten verzichten können.»[156] Von einem abgebrühten Karrieristen hätte man eigentlich anderes erwartet. Kissinger aber stand sich mit Überempfindlichkeit, Hochmut und Eitelkeit nicht zum ersten Mal selbst im Weg.

Immerhin konnte er bei Nelson Rockefeller weiterhin als Primadonna auftreten. Sein großzügiger Mentor meldete 1964 wieder einmal Ansprüche auf die Präsidentschaft an und erweiterte seinen Beraterstab dementsprechend. Über Kissingers Ruf als launischen, für Teamarbeit ungeeigneten Egozentriker sah er hinweg. Er brauchte ihn als Analysten, teilweise auch als Redenschreiber. Letzteres aber lag Kissinger ganz und gar nicht, wie ein Kollege rückblickend bemerkte. «Henrys Ideen waren immer brillant, aber in diesen frühen Tagen sagten wir uns ständig, dass seine Redeentwürfe sich lasen wie Kants Philosophie. Man musste bis zum dritten Band kommen, um das Verb zu finden.»[157] Was Kissinger nicht davon abhielt, sich korrigierende Eingriffe in seine Entwürfe zu verbitten und Zuwiderhandlungen mit einem Wutanfall zu quittieren. Ein Vorfall wurde im Handumdrehen legendär und darf folglich in keiner Biographie fehlen: «Sagt Nelson», blaffte er einen Kritiker seiner Schreibkünste an, «dass er nach dem Kauf eines Picasso auch nicht vier Hausmaler einstellt, die das Gemälde verbessern sollen.»[158] Wesentlich mehr Gefallen hatte er offenbar an den Ränken und Intrigen, die während des Nominierungsparteitages der Republikaner in San Francisco geschmiedet wurden. Inoffizielle Kanäle, geheime Absprachen, Spiel über Bande: Eine bessere Einführung in die Spielregeln der großen Politik hätte er sich nicht wünschen können. Der moderate Rockefeller hatte gegen Barry Goldwater – den Hetzer vom rechten Flügel der Partei, der laut über eine Entlaubung des vietnamesischen Dschungels mit Atombomben nachdachte – keine Chancen. Dass Rockefeller niedergebrüllt und Goldwater mit Ovationen bedacht wurde, beobachtete Kissinger mit Entsetzen. Was die ins Sternenbanner gehüllten Populisten antrieb, verstand er weder damals noch in späteren Jahren. Umgekehrt wusste die republikanische Rechte sehr genau, weshalb sie Kissinger loswerden wollte. Dieses Schmierenstück wurde aber erst zehn Jahre später aufgeführt.

Privat ging es ihm in dieser Zeit wesentlich besser. Von Anneliese Fleischer lebte er seit Herbst 1963 getrennt, im August 1964 wurde die Ehe geschieden; vermutlich hatte sein ständiges Reisen zur schleichenden Entfremdung des Paares beigetragen. Danach erlebten Kollegen und Bekannte zu ihrer Überraschung einen wesentlich entspannteren, für seine Verhältnisse geradezu geselligen Kissinger. Er legte mehr Wert auf gute Kleidung, reduzierte zur Freude seiner Ärzte und Änderungsschneider den Verzehr von Fast Food, gönnte sich gar einen gebrauchten Mercedes – auch die beiden Kinder, mit denen er jetzt mehr Zeit verbrachte, wussten es zu schätzen. Und in öffentlichen Auftritten wirkte er mitunter sogar gelassen. «Ich war glücklich», kommentierte sein Vater eine Fernsehdebatte, «dass Du so maßvoll gesprochen hast, ganz und gar nicht militant.»[159] Nancy Sharon Maginnes, eine Mitarbeiterin Rockefellers, kannte er bereits aus New Yorker Tagen. Aber erst beim Parteikonvent in San Francisco suchte er Kontakt zu der attraktiven 30-jährigen, die ihn nicht nur um Haupteslänge überragte, sondern auch Stilsicherheit auf jedem Parkett vorlebte. Kissinger war fasziniert und wurde erhört. Die Liaison blieb bis zur standesamtlichen Beglaubigung im März 1974 geheim oder wurde als rein beruflicher Kontakt heruntergespielt, angeblich aus Rücksicht auf Kissingers Eltern und deren Vorbehalte gegen eine nichtjüdische Frau an seiner Seite.[160] Vielleicht war auch nur die übliche Geheimniskrämerei im Spiel, die ihm dabei half, sein gesamtes Privatleben abzuschotten. Zugleich fragt man sich angesichts seiner Publikationen, Tagungsteilnahmen und Medienauftritte, wie viel Zeit und Energie er überhaupt für Privates erübrigen konnte oder wollte.

Zwischen 1957 und 1968 veröffentlichte er fünf umfangreiche Bücher, über ein Dutzend langer Aufsätze und ungezählte Kommentare oder Interviews. In «Foreign Affairs», dem Flaggschiff außenpolitischer Eliten, war kein anderer Autor so häufig vertreten. «Wie jemand», meinte ein Freund, «der überhaupt nicht schreiben kann, dermaßen viel schreibt und durch eiserne Disziplin das Geschriebene auch noch einigermaßen lesbar macht, gehört zu seinen absolut herausragenden Eigenschaften.»[161] Nervöse Unruhe und das Wissen, dass Prominenz eine schnell verderbliche Ware ist, war das eine; so zu tun, als wäre er mit einem besonders Wissenden im Bunde, nämlich mit sich selbst, das andere. Alles Weitere ergab sich aus Verbindungen und Netzwerken. Kissinger publizierte in Fach- und Publikumszeitschriften sowie in Tageszeitungen, die nicht allein ein großes Publikum bedienten, sondern liberale und konservative Milieus gleichermaßen: «Foreign Affairs», «Daedalus», «The Reporter», «The New York Times», «Washington Post», «Harper's Magazine», «The Atlantic Commnity Quarterly», «World Politics», europäische Abnehmer wie die «Frankfurter Allgemeine Zeitung», «Die Welt», «Wehrkunde», «Politique Etrangère» oder «Res Publica» nicht zu vergessen. Obwohl er nur an der Seitenlinie agierte, vermittelte Kissinger den Eindruck eines Insiders und wurde entsprechend hofiert.

Aufsehenerregende Pointen verdeckten in der Regel das wiederkehrende Strickmuster seiner Wortmeldungen. Von Truman bis Johnson attestierte er allen amerikanischen Nachkriegsregierungen eine Unfähigkeit zu strategischem Denken. Statt zu führen, so sein Lamento, ließ man sich vorführen, statt zu agieren, reagierte man bloß, und statt Geschichte zu gestalten, ließ man sich von ihr überrollen. Eine Aufzählung der Lieblingsadjektive ergäbe vermutlich folgenden Dreiklang: erstarrt, passiv, phantasielos. Schwachstellen anderer zu behaupten und wortreich zu illustrieren, fiel ihm leicht; beim Entwurf von Alternativen hingegen flüchtete er sich ins Ungefähre. Was er mit einem Denken in langen Linien und großen Zusammenhängen konkret meinte, blieb der Phantasie der Leser überlassen. Oder auch nicht, denn Kissingers Vorliebe für apodiktische Behauptungen regte weniger zum Öffnen als vielmehr zum Schließen von Horizonten an. Dass jemand das Kind seiner Zeit ist und in deren Grenzen befangen bleibt, ist nicht überraschend. Erstaunlich bleibt nur, dass Kissinger den Nimbus eines unkonventionellen, kreativen Visionärs aufbauen konnte. Wie auch immer: Sein bevorzugter Aufenthaltsort waren die Schützengräben des Kalten Krieges.

Im Frühsommer 1961 nahm Kissinger im Pentagon an einer Debatte über politische und militärische Optionen im Fall eines Atomkrieges teil. Eine gerade abgeschlossene Bestandsaufnahme hatte den miserablen Zustand sowjetischer Streitkräfte dokumentiert. Auf den wenigen Raketen, mit denen man die USA hätte angreifen können, waren keine Sprengköpfe montiert, kein einziger Langstreckenbomber befand sich in Alarmbereitschaft, Atom-U-Boote lagen in Häfen vor Anker oder hätten zum Abfeuern ihrer Ladungen auftauchen müssen, das Frühwarn- und Luftverteidigungssystem funktionierte nicht – und die UdSSR hatte gerade einmal vier Interkontinentalraketen in Dienst gestellt. In anderen Worten: Die von zahlreichen Experten, unter ihnen Henry Kissinger, verbreitete Warnung vor «Raketenlücken»[162] traf nur unter umgekehrten Vorzeichen zu: Nicht die USA waren im Hintertreffen, sondern die UdSSR, nicht Washington musste sich vor atomarer Erpressung fürchten, sondern Moskau. Dennoch durfte, so das Ergebnis der internen Studie, das Risiko eines sowjetischen Gegenschlags mit voraussichtlich 15 Millionen Toten allein in den USA nicht ignoriert werden. So verlockend das Nachdenken über «Siegoptionen» und «flexible Atomstrategien» auch sein mochte, es gab keine befriedigenden Antworten.[163] Die schärfste aller Waffen war und blieb militärisch stumpf.

Sackgassen hin oder her: Henry Kissinger beharrte auf der Idee, aus Atomwaffen politischen Mehrwert schlagen zu können. Eine massive militärische Überlegenheit der USA war aus seiner Perspektive das Kernstück im psychologischen Abnutzungskrieg mit der UdSSR. Und so verstand er die damals geläufige Redeweise vom «overloading the enemy»: Die Gegenseite ständig unter Druck setzen, sie im Ungewissen lassen und ihre Nerven strapazieren, darum ging es. Folglich bot die Kuba-Krise vom Oktober 1962 einen seltenen Anlass zur Belobigung Präsident Kennedys. Die Sowjets geben nur dann nach, so Kissingers Mantra, wenn man es tatsächlich auf einen Krieg ankommen lässt. «Die Krise wäre nicht so schnell und eindeutig beigelegt worden, wenn die USA nicht über die Mittel verfügt hätten, mit einem Erstschlag einen großen Krieg zu gewinnen und der Sowjetunion selbst dann unerträglichen Schaden zuzufügen, wenn die Vereinigten Staaten das Opfer eines Überraschungsangriffs geworden sind. [...] Einen weiteren halbherzigen Anlauf können wir uns nicht leisten.»[164] Das Bild des «überfrachteten Feindes» deckte auch die Forderung nach einer unabhängigen Atomstreitmacht Westeuropas ab. Französische und britische Nuklearwaffen unter ein separates Kommando zu stellen, London und Paris die alleinige Entscheidung zum Einsatz dieses Arsenals zu überlassen und obendrein die Option einer atomar bestückten Bundesrepublik im Spiel zu halten, würde Moskau an der Peripherie seiner Einflusszone zusätzlich unter Druck setzen, bestenfalls sogar gefügiger machen. Und damit den USA einen nicht zu unterschätzenden «strategischen Gewinn» verschaffen.[165]

Die auf der Hand liegenden Einwände wies Kissinger kategorisch zurück. Dass Westeuropäer ihre nukleare Unabhängigkeit auch als Abkoppelung der USA vom alten Kontinent und mithin als vergiftetes Angebot deuten könnten, hielt er für eine leicht zu bewältigende Irritation. Und Moskaus Ängste vor dem Wiederaufleben eines deutschen Militarismus erschienen ihm offenkundig nicht als Risiko, sondern als Chance. Hauptsache, es fand sich ein Weg zur Steigerung des Drohpotentials gegen den kommunistischen Erzrivalen. Diesbezüglich traute Kissinger der Regierung Kennedy, trotz ihres entschiedenen Auftretens während der Kuba-Krise, ebenso wenig über den Weg wie anderen politischen und militärischen Eliten. Sie waren ihm allesamt zu sehr auf Zurückhaltung und Berechenbarkeit bedacht. «Wer seine Entschlossenheit unter Beweis stellen will, hat meines Erachtens nur eine Möglichkeit, nämlich eine Politik zu betreiben, mit der man eine ausgesprochene Fähigkeit zur Irrationalität erkennen lässt. Man muss unter Beweis stellen, dass man in bestimmten Situationen wahrscheinlich außer Kontrolle gerät und dass der Schuss jederzeit losgehen kann, weil man schlicht so nervös ist, völlig unabhängig von einer nüchternen Beurteilung der Lage. Ein Irrer mit einer Handgranate in der Hand hat eine deutlich überlegene Verhandlungsposition.»[166]

Nicht minder grobschlächtig zog Kissinger gegen die noch schüchternen Bemühungen um eine Entspannung gegenüber der sozialistischen Staatenwelt zu Felde. Noch bevor amerikanische, britische und sowjetische Diplomaten am 5. August 1963 in Moskau ein Abkommen über das Verbot überirdischer Atomtests unterzeichneten, hatte

Präsident Kennedy in einer viel beachteten Rede an der American University zur Überwindung der Feindseligkeiten zwischen Ost und West aufgerufen; sein Nachfolger Lyndon B. Johnson griff die Initiative auf und forderte einen «Brückenschlag» zu den Staaten Osteuropas, während in der Bundesrepublik Willy Brandt und Egon Bahr für einen «Wandel durch Annäherung» und in Frankreich Charles de Gaulle für eine neue Partnerschaft warben. An keinem ließ Kissinger ein gutes Haar. «Diese überaus flexiblen Leute, die überaus ‹pragmatischen Leute›», wetterte er anlässlich der Emeritierung von William Elliott Ende Juli 1963, «sind ein internationales Phänomen, und sie sind in Wahrheit absolut unzuverlässige Leute, weil man nie sicher sein kann, was sie tatsächlich tun werden, ehe sie es getan haben.»[167]

Alle, die von Tauwetter oder im Grundsatz verbesserbaren Blockbeziehungen redeten, waren seines Erachtens Träumer oder Ignoranten, in jedem Fall Zeitgenossen ohne Sinn und Verstand für das Wesen sowjetischer Politik. Womit Kissinger wieder einmal bei einem seiner Lieblingsthemen gelandet war – der grundsätzlichen Unveränderbarkeit kommunistischer Systeme und ihrer politischen Kader. Über internationale Konstellationen sagten diese Einwürfe nichts. Sie belegen nur, dass Kissinger mit dem immer wiederkehrenden Gerede über «illegitime Revolutionsmächte» seit den frühen 1950er Jahren verlässlich auf der Stelle trat.

Ganz besonders hatte er es auf Willy Brandt und Egon Bahr abgesehen. Bahr, damals Leiter des Presse- und Informationsamts beim Berliner Senat, hatte während einer Amerikareise im April 1965 Kissinger kennengelernt und ihm in groben Zügen die ostpolitischen Vorstellungen seines Chefs erläutert: möglichst rasche Intensivierung der Beziehungen zu allen Staaten des Warschauer Pakts einschließlich der DDR, auf lange Sicht Vereinigung des geteilten Deutschlands als neutraler Staat ohne atomare Bewaffnung, Viermächtevertrag der Sieger des Zweiten Weltkriegs zwecks Garantie von Sicherheit und Stabilität in Mitteleuropa. Davon abgesehen ließ der deutsche Gast durchblicken, dass Kissinger seines Erachtens in überholten Schablonen des Kalten Krieges dachte und die stereotype Wahrnehmung sowjetischer Politik überdenken sollte. Schwer zu sagen, worüber Kissinger mehr entsetzt war – über den außenpolitischen Fahrplan des Gastes oder über dessen Mut zur Majestätsbeleidigung. In jedem Fall verfasste er binnen weniger Tage eine Kampfschrift wider die aufkeimende Gefahr aus den Reihen tanzender Sozialdemokraten. Der Text erschien umgehend in der einflussreichen Zeitschrift «The Reporter».[168]

Man könnte auch von einer lupenreinen Unterweisung in psychologischer Kriegsführung sprechen. Oder von einem Kondensat der deutschlandpolitischen Überlegungen, die Kissinger im zurückliegenden Jahrzehnt zu Papier gebracht hatte.[169] Dabei ging es in erster Linie nicht um Deutschland, sondern um die UdSSR – genauer gesagt um die Frage, was Moskau nutzte und wie man dem Gegenspieler möglichst großen Schaden zufügen konnte. Bahrs Ideen kamen grundsätzlich nicht in Frage, weil Kissinger eine eigenständige Ostpolitik Bonns, von deutscher Neutralität ganz zu schweigen, unbesehen als sowjetischen Machtzuwachs verbuchte. Wieder einmal gaben die Maximen des Nullsummenspiels den Ausschlag, also das Verständnis von Politik als Ablauf mechanischer Bewegungen. In anderen Worten: Wer sich amerikanischer Kontrolle entzieht, erweitert automatisch sowjetischen Einfluss. Allerdings musste man in diesem Fall auf deutsche Befindlichkeiten besondere Rücksicht nehmen. Die Lösung bestand aus einer mit Idealismus luftig drapierten Machtpolitik: Die USA unterstreichen das Prinzip der Selbstbestimmung, bekennen sich pro forma zum Wunsch nach Einheit, präsentieren einen für Moskau inakzeptablen Vorschlag und schieben die Verantwortung für das gewollte Scheitern der Sowjetunion in die Schuhe.

Konkret wollte Kissinger einen «Regimewechsel» in der DDR allen weiteren Schritten vorschalten. Nicht «Wandel durch Annäherung» hieß die Devise, sondern Annäherung unter der Voraussetzung eines grundsätzlichen Wandels. «Anders als die vorliegenden Konzepte würde das neue Programm den Status des ostdeutschen Regimes nicht aufwerten. Es würde vielmehr die Aufmerksamkeit darauf lenken, dass dessen Unterdrückungspraktiken das hauptsächliche Hindernis für eine Wiedervereinigung darstellen. [...] Das Ziel sollte die Isolierung des ostdeutschen Satelliten sein. [...] Der Prozess des Einarbeitens immer weiterer sowjetischer Vorschläge in westliche Konzepte würde umgedreht. Ein von außen gestütztes und in der eigenen Bevölkerung verhasstes Regime würde zur Seite geräumt.»[170] Was im Umkehrschluss heißen sollte: Jede «Politik der kleinen Schritte», Besuchs- und Passierscheinregelungen inbegriffen, wertet die Regierung der DDR auf und minimiert in unzulässiger Weise den moralischen Druck auf Moskau. Der Diplomat als Schattenboxer – Egon Bahr hatte verstanden und zog, wie sich Jahre später erweisen sollte, seine eigenen Schlüsse.

Erste Reise nach Vietnam

Vietnam, Vietnam und nochmals Vietnam. Was immer Henry Kissinger in den 1960er Jahren über Außen- und Sicherheitspolitik verlauten ließ, das kleine Land in Südostasien galt als Kardinalproblem, dort bündelten sich Amerikas Schwierigkeiten, und dort mussten die USA einen Ausweg finden. John F. Kennedys berühmte Vietnam-Metaphern hätten durchaus von Kissinger stammen können: «Eckpfeiler der freien Welt in Südostasien», «Schlussstein des Bogens», «Bruchstelle des Deiches». In einem Satz: «Vietnam is the place.»[171] Im Dschungel, in Reisfeldern und auf Hochebenen wurde nicht oder nicht in erster Linie für Vietnamesen gekämpft. Es ging um Amerikas Status als Weltmacht – um Ansehen, Durchsetzungsfähigkeit und Glaubwürdigkeit. «Ich kann mir in der heutigen Welt keine lebenswichtigere Aufgabe vorstellen», meinte Kissinger Mitte der 1960er Jahre in seinem zur Gewohnheit gewordenen und von William Elliott übernommenen Ton. «Wenn wir dort scheitern, sehe ich Jahrzehnte stetig wachsender Krisen voraus. Wenn wir gewinnen, werden wir an einem historischen Wendepunkt der Nachkriegsära stehen.»[172] Warum? Weil eine Ordnungsmacht, die Zweifel an ihrer Macht aufkommen lässt, die von ihr dominierte Ordnung aufs Spiel setzt und allerorts mit Kontrollverlust rechnen muss. Der eigentliche Gegner saß also wieder einmal in Moskau und Peking. Ehrenhaft war ein Friedensschluss folglich nur unter einer Bedingung: dass die weltpolitischen Konkurrenten keinen Gewinn reklamieren konnten. Dieses Urteil stand für Kissinger bereits zu Beginn des Krieges fest – und daran sollte er auf Jahre hinaus stur festhalten.[173]

Im Herbst 1965 besuchte Kissinger zum ersten Mal Vietnam. Henry Cabot Lodge, Botschafter der USA in Saigon und Rockefellers ehemaliger Kandidat für das Amt des Vizepräsidenten, hatte ihn als Berater angefordert – vermutlich auf Drängen seines mit Kissinger befreundeten Sohnes.[174] Drei Wochen reiste er kreuz und quer durch das Land, traf sich mit Staatspräsident Thieu und Eliten aus Wirtschaft, Politik und Militär, aber auch mit religiösen Würdenträgern, Ortsvorstehern und Journalisten. Daniel Ellsberg, damals Berater des US-Oberkommandos in Vietnam, war von Kissingers Neugierde und Kontaktfreude sehr beeindruckt. «Er ist sehr talentiert darin, durchdringende Fragen zu stellen, er macht sich Notizen, hört aufmerksam zu und hat eine schnelle Auffassungsgabe. In einer Reihe von kurzen Treffen hat er ungewöhnlich viel aufgenommen und verstanden.»[175] Auch der Botschafter zeigte sich beeindruckt: «Für das Fernsehen eignet er [Kissinger] sich nicht gerade», schrieb Cabot Lodge an seine Vorgesetzten im Außenministerium, «aber im kleinen Kreis mit intelligenten, gut informierten Menschen tritt er sehr überzeugend auf.»[176] Was man sich darunter vorzustellen hatte, ist bei Kissinger nachzulesen – in Vorträgen und Aufsätzen, in denen er seine Reiseeindrücke nebst politischen Empfehlungen zusammenfasste.

Besonders aufschlussreich ist ein Vortrag, den Kissinger am 15. Dezember 1965 am «Foreign Policy Research Institute» der University of Pennsylvania in Philadelphia hielt. An den schöngefärbten Berichten zur militärischen Lage, wie sie vom Pentagon und vom Weißen Haus regelmäßig verbreitet wurden, ließ er kein gutes Haar: In neun von zehn Fällen lag die Initiative beim Feind, die Guerilla konnte sich jederzeit in unzugängliche Räume zurückziehen, auf Unterstützung in der Bevölkerung bauen und einen Krieg ohne Fronten führen. Der Vietcong kontrollierte an die 80 Prozent des Terrains, amerikanische Truppen nur dünn besiedelte und strategisch wertlose Gebiete. Dass die US-Army auf die Unterstützung teils inkompetenter, teils korrupter Provinzverwaltungen angewiesen war, kam erschwerend hinzu – gar nicht erst zu reden von der

Rolle regierender Eliten, die mehr an persönlicher Macht und Bereicherung als an den Interessen ihres Landes interessiert waren. «Unsere Lage ist in gewisser Weise mit der eines Bullen in der Arena vergleichbar. Er rast umher und tut so, als würde er dabei Boden gutmachen.»[177] Fazit: Eine Guerilla kann mit den Mitteln konventioneller Kriegsführung nicht besiegt werden. Weil die USA es trotzdem versuchen, stecken sie in einer selbst gestellten Falle fest – ohne Aussicht, auf dem Schlachtfeld eine Wende herbeiführen zu können.

Die Konsequenz? Gerade weil die USA den Krieg nicht gewinnen können, müssen sie ihn fortsetzen. «Unser Prestige, unser Einfluss, unsere Interessen und unsere Ehre sind mittlerweile derart tief mit Vietnam verbunden, dass es für uns unmöglich geworden ist, einen Rückzieher zu machen. […] Es hätte verheerende Folgen, wenn die USA ihre Versprechen nicht einlösen könnten, nicht nur für die mit uns verbündeten Anrainer in Asien, sondern für unser Bündnissystem in der gesamten Welt. […] Im Vergleich zu einem Rückzug aus Vietnam ist alles andere besser.»[178] Mit einer Ausnahme: Einen Waffenstillstand anzustreben, hielt Kissinger ebenfalls für einen Irrweg, denn amerikanische Truppen hatten weder die Mittel noch die Möglichkeiten zur Einhaltung einer derartigen Vereinbarung. Also blieb nur eine Option: Die USA mussten ihre politische und militärische Position so weit wie möglich konsolidieren, Nordvietnam mit Drohungen einer weiteren Eskalation des Luftkrieges moralisch zermürben und den Durchhaltewillen des Südens durch fortgesetzte Angriffe auf den Norden stärken. «Wir müssen den Norden in erster Linie deshalb bombardieren, weil es für die Moral des Südens unentbehrlich ist – ohne Rücksicht auf die Auswirkungen im Norden.»[179] Je weniger Amerikas Verbündete dagegen Einspruch erhoben und je bereitwilliger die amerikanische Öffentlichkeit diesen Kurs hinnahm, so Kissingers Resümee, desto aussichtsreicher konnten die USA über einen «ehrenhaften Frieden» verhandeln. «Ehrenhaft» hieß, dass beide Seiten ihre Truppen aus Südvietnam abziehen und dass die Regierung in Saigon gegen eine Machtübernahme der Kommunisten psychologisch, politisch und militärisch gestärkt wird. Eine derartige Regelung bedeutete keinen militärischen Sieg. Aber sie vermied zumindest den Eindruck eines politischen Triumphs der Gegenseite. Und allein darauf kam es unter den gegebenen Umständen an.

Auf diese Weise schaltete sich Kissinger auch in die öffentliche Debatte über den Krieg ein. Mit der Zeitschrift «Look» erreichte er im Juni 1966 ein Millionenpublikum, darunter viele, die mit einer weiteren Eskalation kein Problem hatten oder ihre Kritik mit enttäuschten Siegerwartungen begründeten. Der Anti-Kriegsbewegung trat er mit einer vorweggenommenen Dolchstoßlegende entgegen, nämlich mit der Behauptung, dass ihre Aktivitäten Hanoi neuen Mut einflößten – also den Krieg verlängerten und am Ende mit dem Leben amerikanischer Soldaten bezahlt werden müssten. Nachzulesen in einem offenen Brief, den Kissinger im Dezember 1965 zusammen mit 189 anderen Akademikern verfasste und in der «New York Times» veröffentlichen ließ. Bei Gegnern des Krieges konnte er damit nicht punkten, im Gegenteil, auf diversen Podien zog Kissinger gegen gewiefte Aktivisten in der Regel den Kürzeren. Aber der Regierung Johnson hatte er sich als loyaler Weggefährte empfohlen.[180]

Wenige Monate später wurde Kissinger auf unverhoffte Weise belohnt. Im September 1966 nahm er im polnischen Badeort Sopot nahe Danzig zum wiederholten Mal an einer «Pugwash»-Tagung teil. In dieser Gruppe von Wissenschaftlern, die sich unter dem Eindruck der Appelle von Bertrand Russell und Albert Einstein seit 1957 regelmäßig trafen und einen blockübergreifenden Meinungsaustausch pflegten, war Kissinger eigentlich nicht gut aufgehoben. Seine Haltung zu Atomwaffen und Fragen internationaler Abrüstung stand quer zur Mehrheitsmeinung, auch mit Blick auf die Tagespolitik traf er dort wenig Gleichgesinnte. Andererseits legte es Kissinger seit der Studienzeit darauf an, die Stimmungslage in kritischen Milieus zu sondieren und unpopuläre Standpunkte offensiv zu vertreten. Und einschlägige Erfahrungen in psychologischer Kriegsführung machten ihn auch für das Außenministerium zu einem gefragten Vertreter amerikanischer «soft power». Die Reise nach Polen gehörte jedenfalls zu den erfolgreichsten ihrer Art. Ob die USA nicht an der Seite der UdSSR eine gemeinsame Eindämmungsfront gegen China in Südostasien aufbauen wollten, fragten Emissäre aus Moskau, unterlegt mit der Warnung vor einem

Faschismus maoistischer Prägung. Noch überraschender war das Auftreten von Delegierten aus der CSSR. Sie informierten Kissinger, dass Diplomaten ihres Landes nach Hanoi aufgebrochen waren, um die dortige Regierung zu Friedensverhandlungen mit den USA zu bewegen. Die Reise war angeblich mit Moskau abgestimmt und sollte den Widerstand gegen Chinas Expansion stärken. Wie von ihren Urhebern befürchtet, lief die Initiative ins Leere. Für Kissinger hingegen eröffneten sich neue Möglichkeiten. Das Außenministerium in Washington beantwortete seinen Bericht mit der Bitte, sich für informelle Aufträge in Sachen Vietnam bereitzuhalten.[181]

Im Juni 1967 bot sich die nächste Gelegenheit. Just zu der Zeit, als eine weitere «Pugwash»-Tagung in Paris anberaumt worden war, studierte Kissingers Freundin Nancy Maginnes an der Sorbonne – eine willkommene Gelegenheit, auf Staatskosten an die Seine zu reisen und das Angenehme mit dem politisch Nützlichen zu verbinden.[182] Und wieder einmal führte der Zufall Regie – in Gestalt zweier Franzosen, Naturwissenschaftler der eine, Diplomat der andere, die am Rande der Konferenz glaubhaft versicherten, einen Gesprächskontakt zu Ho Chi Minh herstellen zu können. Nach Rücksprache mit Außenminister Dean Rusk und dem Weißen Haus gab Kissinger ihnen grünes Licht für einen informellen Besuch in Hanoi. Wie von Lyndon B. Johnson befürchtet, beendete die nordvietnamesische Regierung wenige Monate später die Gespräche, ehe sie richtig begonnen hatten – nicht zuletzt eine Reaktion auf intensivierte Luftangriffe und auf Johnsons Entscheidung, die Zahl der amerikanischen Bodentruppen erneut, nämlich auf insgesamt 525 000 Mann, aufzustocken. Henry Kissinger aber hatte es zum «Vietnam-Insider» gebracht, ausgestattet mit vertraulichem Wissen über die Absichten der Administration Johnson und die Nuancen diplomatischen Finassierens. Und er hatte gute, zum Teil freundschaftliche Beziehungen zu jenen amerikanischen Diplomaten aufgebaut, die sich seit Mai 1968 und wiederum in Paris um eine Belebung der festgefahrenen Gespräche mit Hanoi bemühen mussten. Über ihr Tun und Lassen informiert zu sein, konnte sich auszahlen – schließlich stand eine Präsidentschaftswahl ins Haus, die absehbar vom Streit über Vietnam entschieden würde.

Nelson Rockefeller liebäugelte erneut mit einer Kandidatur für das Amt des Präsidenten, Henry Kissinger wurde wie gehabt in sein Beraterteam berufen. Von einem «business as usual» konnte 1968 freilich keine Rede sein, denn in allen Lagern wurden die Karten neu gemischt. Nachdem Lyndon B. Johnson Ende März auf eine weitere Amtszeit verzichtet hatte, warfen notgedrungen andere Kandidaten ihren Hut in den Ring. Bei den Demokraten forderte der erklärte Kriegsgegner Eugene McCarthy die Granden der Partei heraus – zwar ohne Aussicht auf das Weiße Haus, aber immerhin mit beachtlichem Nachhall. Vizepräsident Hubert Humphrey setzte auf sein Renommee als Reformer und das Versprechen, für frischen Wind in der Innenpolitik zu sorgen. Nachdem freilich Robert Kennedy in das Rennen eingestiegen war, schienen Humphreys Meriten vor der Zeit verwelkt. Wenn es einen Hoffnungsträger in der Demokratischen Partei gab, dann den jüngeren Bruder von JFK: jung, charismatisch, überstrahlt vom Kennedy-Mythos und unbelastet vom Desaster in Vietnam. «Seine Füße können wir nicht über den Feuern der Vergangenheit grillen», meinte Richard Nixon mit einem untrüglichen Gespür für Stimmungen.[183] 1960 hauchdünn geschlagen, wollte es Nixon noch einmal wissen. Vom republikanischen Mitbewerber Charles Percy, dem Senator aus Illinois, hatte er ebenso wenig zu befürchten wie vom Gouverneur von Kalifornien, Ronald Reagan. Percy blieb gewohnt blass, Reagan war auf nationaler Bühne noch nicht trittsicher. Dass bei den Republikanern Nelson Rockefeller als ernstzunehmender Konkurrent Nixons gehandelt wurde, hing auch mit der Bewerbung des «Unabhängigen» George Wallace aus Alabama zusammen. Ihm traute man zu, weite Teile der Rechten für sich und auf Kosten Nixons mobilisieren zu können. In einem Satz: Die Konstellation war verwirrend, der Wahlausgang offen.

Zu Recht gilt 1968 als «annus horribilis» der jüngsten amerikanischen Geschichte. Seit den so genannten «Rassenkrawallen» in Newark, Minneapolis, Detroit und Milwaukee, die im Jahr zuvor das Land erschüttert hatten, kam es immer wieder zu Gewaltausbrüchen. Wortführer der «Black Power»-Bewegung predigten Militanz als legitimes und allein zielführendes Mittel gegen die zählebige Entrechtung der Schwarzen, selbst Martin Luther King schien den Kampf gegen die Radikalen zu verlieren. Wie der schwarze Protest sich artikulierte, war vielen Weißen – nicht allein in den Südstaaten – ohnehin egal. Sie erklärten die gesamte Bürgerrechtsbewegung zum Feind, seit King das Bündnis mit politisierten Gewerkschaften suchte und gegen den Krieg in Vietnam Front machte. Wieso sollten schwarze GIs in Südostasien für Freiheiten kämpfen, die man ihnen im eigenen Land beharrlich verweigerte? Der zum Islam konvertierte Champion aller Boxklassen, Muhammad Ali, hatte bereits Ende April 1967 vor einem Einberufungsausschuss die passende Antwort gegeben: «Keep asking me, no matter how long – on the war in Vietnam, I sing this song – I ain't got no quarrel with the Viet Cong.» Dass obendrein Tausende weißer Studenten mit Vietcong-Fahnen durch die Straßen zogen und den amerikanischen Traum in einer fusseligen «Counter Culture» wiederbeleben wollten, schien nur konsequent.

Und H. Rap Brown, Vorsitzender des «Student Nonviolent Coordinating Committee», durfte sich bestätigt fühlen: Gewalt ist so amerikanisch wie Kirschkuchen. In den späten 1960er Jahren wurde eine mit Blut getränkte Geschichte um ein weiteres Kapitel ergänzt. Als am Abend des 8. Februar 1968 200 Studenten auf dem Campus der South Carolina State University in Orangeburg gegen Rassentrennung demonstrierten, griff die Autobahnpolizei zu ihren Waffen. Drei schwarze Studenten starben im Gewehrfeuer, 27 wurden verletzt. Wie durch ein Wunder blieb Monate später beim Parteitag der Demokraten in Chicago eine derartige Eskalation aus. Aber die Straßenschlachten, die sich Kriegsgegner und Hippies tagelang mit der Polizei lieferten, hatten allemal das Zeug dazu. Zu dieser Zeit waren Martin Luther King und Robert Kennedy bereits begraben, im April und Juni 1968 niedergestreckt von Attentätern, deren vermeintliche Alleinverantwortung sich nie schlüssig beweisen ließ. Die Rede von einem Land im Ausnahmezustand war keine Übertreibung sensationsgieriger Medien. Zahlreiche Zeitgenossen empfanden es tatsächlich so.

Der seit dem Zweiten Weltkrieg gehegte Konsens der Eliten hielt dem Druck ebenfalls nicht stand. Ausgerechnet vietnamesische Guerillas führten am 31. Januar 1968 den entscheidenden Stoß, als sie während des buddhistischen Neujahrsfests 36 von 44 Provinzhauptstädten, 64 lokale Verwaltungszentren und die Hauptstadt Saigon angriffen sowie das Gelände der amerikanischen Botschaft stürmten. Als der legendäre «Anchorman» von «CBS», Walter Cronkite, an diesem Abend die Nachrichten moderierte, bezichtigte er das Weiße Haus de facto der Lüge. «Was um alles in der Welt geht dort vor? Ich dachte, wir wären dabei, diesen Krieg zu gewinnen!»[184] Seine Worte machten alsbald als populäres Bonmot die Runde: Was ist das Licht am Ende des Tunnels in Vietnam? Die Grubenlampe der Vietcong! Lyndon B. Johnson hatte verstanden: «Wenn ich Walter verliere, habe ich alles verloren.»[185] Unter diesen Bedingungen war an eine nochmalige Truppenverstärkung, wie der Oberkommandierende William Westmoreland sie gefordert hatte, nicht zu denken. Selbst der langjährige Außenminister Dean Acheson, bekannt für seine Neigung zu eskalationsträchtigen Ratschlägen, stellte sich quer. Und mit ihm verwarfen weitere prominente Präsidentenberater im März 1968 die Strategie des Weißen Hauses. Aber eine überzeugende Alternative konnten die so genannten «wise men» nicht präsentieren. Mehr noch: Die gesamte politische Klasse war mit dem in Vietnam vergifteten Erbe ihrer Nachkriegspolitik heillos überfordert.

Die «schweigende Mehrheit» der Konservativen schien sich ihrer Sache hingegen sicher. Nach wie vor davon überzeugt, dass in Vietnam ein Vorposten der freien Welt verteidigt wurde, richtete sich ihre Kritik nicht gegen die Ziele des Krieges, sondern gegen das angebliche Versagen der Regierung Johnson. Um enttäuschte Erwartungen und falsche Versprechen ging es, nicht zuletzt auch um den Eindruck, dass die eigenen Opfer umsonst erbracht worden waren. Bei Meinungsumfragen im Frühjahr 1968 befürworteten knapp drei Viertel der Befragten eine militärische Siegstrategie in Vietnam, gut die Hälfte plädierte für eine Eskalation, um den Krieg möglichst schnell zu beenden. Von den Wählern der Demokratischen Partei votierten 49 Prozent in diesem Sinne, aus der Altersgruppe der 20- bis 30-Jährigen sogar 59 Prozent.[186] Wer nicht nur im Äußeren, so die innenpolitische Variante dieser Haltung, sondern auch an der Heimatfront die Zügel schleifen lässt, muss sich über brennende Ghettos, durchgedrehte Hippies und aufgelöste Ordnung nicht wundern. Diesbezügliche Umfragen ergaben, dass 90 Prozent eine Erweiterung der Bürgerrechtsgesetze ablehnten und fast ebenso viele die staatlichen Sozialhilfeprogramme einfrieren wollten. «Wir kämpften einen Krieg gegen die Armut», ätzte Ronald Reagan gegen Johnsons Sozialpolitik, «und die Armut hat gewonnen.»[187]

Unter diesen Bedingungen waren Richard Nixon wieder einmal alle Mittel recht. «Geht in den Wahlkampf, als wäre es ein wahrhaftiger Krieg», wies er seine Mitarbeiter an.[188] Lange Zeit schien es, als könnte er mit der Behauptung, einen ausgearbeiteten Plan für einen «ehrenvollen Frieden» in Vietnam in der Tasche zu haben, bei den Wählern ankommen. Trotz dieses Täuschungsmanövers – ein derartiger Plan existierte noch nicht einmal in Nixons Phantasie – machte sein Gegenkandidat Hubert Humphrey Boden gut. Und Nixon argwöhnte, dass Lyndon B. Johnson seinem Vizepräsidenten mit einer Mobilisierung der liberalen Wählerschaft unter die Arme greifen könnte. Nämlich mit dem Versprechen, die Bombardierung Nordvietnams einzustellen und damit Friedensverhandlungen auf den Weg zu bringen. Deshalb nahm Nixon Mitte Juli 1968 über Vermittler – Bui Diem, südvietnamesischer Botschafter in den USA, Anna Chennault, politische Lobbyistin, und andere – Kontakt zum südvietnamesischen Präsidenten Thieu auf. Sein Angebot: Wenn Saigon bis November alle Initiativen aus Washington ins Leere laufen lässt und kein Interesse an Friedensgesprächen zeigt, wird Richard Nixon im Falle seiner Wahl die Verbündeten in Saigon für ihre Standhaftigkeit belohnen. Wie, ließ er offen. Hauptsache, der ohnehin starrköpfige Thieu fühlte sich ermutigt und streute Sand ins Getriebe. Tatsächlich erklärte der südvietnamesische Machthaber am 2. November sein Desinteresse an Verhandlungen. Präsident Johnson vermutete zu diesem Zeitpunkt längst, dass Nixon über Bande spielte: «Das sollten sie nicht tun. Das ist Verrat.»[189] Aber weil die ihm zugespielten Beweise, darunter abgehörte Gespräche aus Saigons Botschaft in Washington, Nixons Mitwisserschaft nicht hieb-

und stichfest belegten, ging Johnson nicht an die Öffentlichkeit. Nixon und seine engsten Mitarbeiter schütteten sich wegen Johnsons Zurückhaltung vor Lachen aus.[190]

Spiel mit gezinkten Karten

Im Hintergrund spielte auch Henry Kissinger mit. Seit der Journalist Seymour Hersh erstmals darüber berichtete,[191] wird über dieses Kapitel schier endlos gestritten. Jeder Wortmeldung folgt ein sofortiges Dementi, Beleidigte und Besserwisser stehen sich mit ihren Aufgeregtheiten in nichts nach – und den Betrachter rührt die Kakophonie zu achselzuckender Resignation. Wem soll man glauben, wenn Aussage gegen Aussage steht? Doch dafür gibt es keinen Grund, vorausgesetzt, man lässt sich auf Kissingers Modus Operandi ein: auf das Spiel mit Zweideutigkeit und das Offenhalten von Hintertüren. Also auf «plausible deniability», um im Sprachgebrauch des Weißen Hauses zu bleiben: die Kunst, jeden Vorwurf scheinbar glaubwürdig abstreiten zu können, auch und gerade, wenn die Vorwürfe berechtigt sind.

Der Reihe nach: Weil Richard Nixon mit einem «October Surprise» rechnete, mit einer von Johnson und Humphrey inszenierten Überraschung kurz vor der Wahl Anfang November, wollte er unbedingt über den Stand der Pariser Gespräche zwischen amerikanischen Unterhändlern und Vertretern Nordvietnams auf dem Laufenden bleiben. War damit zu rechnen, dass Washington Zugeständnisse machte, um Humphreys Wahlchancen zu verbessern? Welcher Art war dieses Entgegenkommen? Und wann sollte die Öffentlichkeit informiert werden? Tatsächlich konnte das Nixon-Lager eine gut informierte Quelle im Weißen Haus anzapfen. Wen genau, ist umstritten. Mal ist von einer Person aus Johnsons innerstem Kreis die Rede, mal von einem Wahlkampfmitarbeiter. Kissinger jedenfalls war es definitiv nicht. Ein oder zwei andere Informanten lieferten den entscheidenden Hinweis: dass Lyndon B. Johnson alsbald einen Stopp der Bombardierung Nordvietnams verkünden würde. Was am 31. Oktober 1968 tatsächlich geschah.[192]

Zur Überraschung der Republikaner setzte sich aber auch Henry Kissinger mit Nixons Wahlkampfteam in Verbindung – mindestens fünfmal und immer ungefragt. Richard Allen, damals außenpolitischer Berater von Richard Nixon: «Henry Kissinger versorgte uns fortlaufend mit Informationen über die Pariser Friedensgespräche. [...] Henry stand während der ganzen Zeit mit uns wegen der Vorgänge in Paris in Kontakt.»[193] Gemeint sind die Wochen vom 10. September bis Ende Oktober 1968, als Kissinger in der französischen Hauptstadt seine Freundin Nancy Maginnes besuchte. Allerdings konnte man mit den Hinweisen nicht viel anfangen. «Wenn er [Kissinger] überhaupt in die Details der Verhandlungen eingeweiht war», schreibt Richard Nixon in seinen Memoiren, «so hat er sie uns gegenüber nicht preisgegeben.»[194] Der zweifelhafte Zeuge Nixon kann an dieser Stelle als Quelle bemüht werden, weil auch die anderen Beteiligten – Richard Allen und Wahlkampfleiter John Mitchell – seine Erinnerung bestätigen. Vermutlich nicht besser informiert als andere Beobachter, bekräftigte Kissinger nur ohnehin umlaufende Vermutungen: dass Bewegung in die Pariser Gespräche gekommen war, dass man ab Mitte Oktober vermutlich mit einem Bombenstopp rechnen musste und dass um diese Entscheidung wegen des amerikanischen Wahlkampfs viel Aufhebens gemacht würde. Dennoch ist Kissingers Aufdringlichkeit bemerkenswert. Ein um das andere Mal versuchte er sich als wohlmeinender Mahner und vertrauenswürdiger Zulieferer in Szene zu setzen, als Nixons Gönner, der unbedingt Schaden vom Kandidaten seiner Wahl abwenden und eine Botschaft mit auf den Weg geben wollte – nämlich mit Vorschlägen zu Vietnam zurückhaltend zu sein, vor allem aber der Gegenseite keine Untätigkeit vorzuwerfen. Beides könnte auf Nixon zurückfallen. Ob dieser Rat überhaupt vonnöten war, sei dahingestellt. In jedem Fall hielt sich Nixon in den letzten Wochen des Wahlkampfes in Sachen Vietnam auffällig zurück.[195]

Gleichzeitig machte Kissinger dem Lager von Hubert Humphrey Avancen. Wie Samuel Huntington, Zbigniew Brzezinski und zwei weitere Mitarbeiter des demokratischen Spitzenkandidaten bestätigen, bot Kissinger ein vertrauliches Dossier über Richard Nixon an. Es war Monate zuvor von Nelson Rockefellers Team erarbeitet worden und dokumentierte lückenlos die außenpolitischen Wortmeldungen Nixons seit den 1950er Jahren.[196] Warum er das Konvolut am Ende doch nicht übergab, weiß nur der verschwiegene Kissinger selbst. Der Kontakt zu Humphrey riss trotzdem nicht ab. «Schau, ich hasse Nixon seit Jahren», versicherte er Brzezinski Anfang August 1968. Es war einer von vielen direkten und indirekten Hinweisen, dass er – Bindungen an die Republikaner hin oder her – im Zweifel lieber für Humphrey arbeiten würde. Wie üblich wollte Kissinger im Nachhinein auf diese Vorgänge nicht mehr angesprochen werden. Oder er ereiferte sich über «schleimige Lügen».[197] Zbigniew Brzezinski half ihm Jahre später auf die Sprünge – ausgerechnet während einer Trauerveranstaltung für Hubert Humphrey Anfang 1978: «Ich möchte in aller Öffentlichkeit Dr. Kissinger für die Unterstützung danken, die er uns während dieses Wahlkampfs [1968] angeboten hat.»[198]

Zweifellos war Kissinger ein «both-sides-of-the-street kind of guy».[199] Jemand, der ständig nach den stärksten Bataillonen sucht und sich mal diesem, mal jenem Lager anschließt. So hatte er es bereits 1961 gehalten: Gerade zu einem Berater von John F. Kennedy bestellt, machte er Nelson Rockefeller Vorschläge für eine Wahlkampagne gegen Kennedy im Jahr 1964.[200] Und 1968 suchte er als Rockefeller-Intimus nicht nur die Nähe zu Nixon und Humphrey, sondern auch zu Robert Kennedy.[201] Opportunismus, Prinzipienlosigkeit, Karrieregier? Vermutlich eine Mischung aus allem – und dennoch nicht ungewöhnlich. Ähnlich ging Zbigniew Brzezinski in den späten 1950er Jahren vor, als er abwechselnd den Republikaner Rockefeller und den Demokraten Kennedy mit Positionspapieren versorgte. «Ich machte beiden sehr deutlich, dass ich [meinen Rat] jeder interessierten Gruppe zur Verfügung stellen würde.»[202] Akademische Politikberater sahen sich in dieser Zeit gerne als Männer, die keine Sonderwünsche bedienen, sondern immer nur das Große und Ganze im Blick haben. Die allseits zur staatsbürgerlichen Tugend geadelte Überparteilichkeit in der Außen- und Sicherheitspolitik machte ihr Selbstbild so gut wie unangreifbar.

Henry Kissinger aber trieb das Doppelspiel so verbissen und raffiniert wie kaum ein anderer. Einem Abnehmer zu sagen, dass er auch für die Konkurrenz arbeitete, kam ihm nie in den Sinn. Im Gegenteil. Die Mitarbeiter Nixons drängte er zu absoluter Verschwiegenheit – eine Bitte, der man bereitwillig nachkam.[203] Derweil lästerte er über Nixon, was das Zeug hielt. «Der Mann ist natürlich ein Desaster. Im Moment ist ja auch die Republikanische Partei ein Desaster. Glücklicherweise kann er nicht gewählt werden – oder das gesamte Land wäre ein Desaster. [...] Dieser Mann ist für das Amt des Präsidenten untauglich.»[204] Dennoch wurde bereits während des Wahlkampfs gemunkelt, dass Nixon über eine Berufung Kissingers zum Sicherheitsberater nachdachte. Von einem berühmten Journalisten über das Gerücht informiert, reagierte Kissinger panisch. Joseph Kraft sollte, bettelte er zigmal am Telefon, auf keinen Fall darüber berichten. Offensichtlich fürchtete er um seine Aussichten bei Hubert Humphrey, sollte dieser die Wahl gewinnen.[205] Ein Auftritt mit den üblichen Variationen: aus der Deckung kommen, aber nur mit vorbereitetem Dementi, einen Weg einschlagen und alle Fußabdrücke verwischen, Loyalität suggerieren, aber Ausstiegsklauseln offenhalten.[206] Im Erfolgsfall gut dazustehen und für Misserfolge nicht haftbar gemacht werden zu können, gilt bisweilen als hohe Schule der Diplomatie. Oder zumindest als Ausweis von Cleverness. In diesem Fall blickt man eher in den Besteckkasten von «Tricky Henry», der einem Regierungsamt hinterherhechelte wie ein Hamster im Rad.

Nixons Entscheidung

Richard Nixon ging am 5. November 1968 mit Ach und Krach als Sieger durchs Ziel. Sein Vorsprung von 0,7 Prozent gegenüber Hubert Humphrey – 43,4 Prozent zu 42,7 Prozent – entsprach einem Plus von gut 500 000 Stimmen, für den dritten Kandidaten, George Wallace von der «American Independent Party», votierten knapp 10 Millionen oder 13,5 Prozent der Wähler. Wie es scheint, gab nicht der Krieg in Vietnam den Ausschlag, sondern die Bürgerrechtsgesetzgebung, mit der Johnson traditionelle Wähler der Demokraten in den Südstaaten verprellt und in die Arme von Nixon oder Wallace getrieben hatte. Trotzdem konnten die Demokraten, ein Novum seit 1848, ihre Mehrheit in beiden Kammern des Kongresses verteidigen. Das Regieren würde also nicht einfach, aber für Richard Nixon hatte sich ein Lebenstraum erfüllt. Auch Henry Kissinger witterte mehr denn je seine Chance und wollte sich keine zehn Tage nach der Entscheidung bei Nixon in Erinnerung bringen. Der Anlass war eine Pressekonferenz, in deren Verlauf der scheidende Verteidigungsminister Clark Clifford die Obstruktionspolitik des südvietnamesischen Präsidenten Thieu abfällig kommentiert hatte. Einen Mittelsmann, den konservativen Journalisten William Buckley Jr., bat Kissinger um eine Nachricht an den Präsidenten in spe. «Er [Nixon] sollte darauf hingewiesen werden, dass es Clifford wahrscheinlich darum geht, Thieu noch vor der Amtseinführung Nixons loszuwerden.» Würde dieser Plan aufgehen, «werden alle Nationen weltweit den Eindruck mitnehmen, dass es vielleicht gefährlich ist, Amerikas Feind zu sein, aber verhängnisvoll enden kann, wenn man Amerikas Freund ist.»[207] Ob diese vogelwilde Spekulation ihren Adressaten fand, ist nicht überliefert. So oder so, Richard Nixon ernannte Henry Kissinger Ende November zu seinem Berater für Nationale Sicherheit.

Mit dieser Entscheidung hatte kaum jemand gerechnet, Kissinger eingeschlossen. Allzu sporadisch und nichtssagend waren beider Kontakte in der Vergangenheit gewesen. Nixon hatte das aufstrebende Talent aus Harvard für das Buch «Kernwaffen und Auswärtige Politik» und kurz darauf für einen Aufsatz in der «New York Times» gelobt: «In der Hauptsache stimmen meine Überzeugungen mit dem von Ihnen Gesagten überein.»[208] Er spielte damit auf Kissingers Polemik gegen den Staatsbesuch von Nikita Chruschtschow in den USA und die Behauptung an, dass der Kalte Krieg nicht auf beiderseitigen Fehlwahrnehmungen basiere, sondern von einseitiger sowjetischer Expansion befeuert werde. Danach scheint es keinen Briefwechsel oder sonstigen Austausch mehr gegeben zu haben. Ihre erste persönliche Begegnung, Anfang Dezember 1967 am Rande einer Cocktail-Party in New York von der republikanischen Aktivistin Clare Boothe Luce eingefädelt, dauerte nur wenige Minuten – was aber bei dem linkischen, jedem Small-Talk abgeneigten Nixon nicht viel bedeuten musste.[209] Dass Kissinger während des Wahlkampfs unflätig über ihn gelästert hatte, machte auf Nixon wenig Eindruck. «Von einem Mitarbeiter Rockefellers hatte ich so etwas erwartet, und ich verbuchte es einfach als Politik.» Den Ausschlag gab demnach ihr Gespräch unter vier Augen am 25. November 1968. «Ich traf meine Wahl auf eine für mich untypisch impulsive Art. [...] Bei Henry Kissinger folgte ich einer starken Eingebung und entschied mich an Ort und Stelle.»[210]

Impulsiv oder nicht – der künftige Präsident hatte handfeste politische Gründe für die Berufung Kissingers. Sie sind in einem Dossier nachzulesen, das Nixons Mitarbeiter während des Wahlkampfes erstellt hatten. Darin wird Kissinger für seinen illusionslosen Blick auf den sowjetisch-chinesischen Block und die Forderung nach einer «positiven Strategie der Konfrontation» gelobt. «Die Tendenz, immer nur auf sowjetische Vorstöße zu reagieren, muss einer positiven Vorstellung weichen, wie man Macht einsetzt, um die Interessen des Westens durchzusetzen.» Begrenzte Kriege, psychologische Kriegsführung, Machtprojektion an der sowjetischen und chinesischen Peripherie wie überall in der Dritten Welt – mit diesem Katalog hatte Kissinger offenbar ins Schwarze getroffen. Ebenso mit seiner Verhöhnung der zusehends populären Idee, mittels politischer oder wirtschaftlicher Annäherung die Kluft zwischen den Blöcken überbrücken zu können. «Kurz gesagt: Kissinger glaubt an die Unvermeidlichkeit einer Evolution des Kommunismus, allerdings mit einer Einschränkung: Wenn wir nicht an allen Fronten aktiv werden, wird diese Evolution nach dem Modell von ‹1984› ablaufen. Leser von Kissingers Büchern werden von seiner zwingenden Logik beeindruckt sein, ebenso von der Weisheit seiner Empfehlungen.»[211]

Für Richard Nixon muss es wie ein Blick in den Spiegel gewesen sein. Jedenfalls hatte er den außenpolitischen Teil seines Wahlkampfs just auf dieses Profil zugeschnitten: dass die UdSSR keine konventionelle Großmacht ist, sondern ein nach Weltherrschaft strebender Staat,[212] dass China für das restliche Asien wie für den Weltfrieden insgesamt eine «tödliche Gefahr» bleibt, solange der Westen kein Mittel zur Zähmung von Pekings Expansionsdrang findet,[213] und dass die USA zur Politik militärischer Überlegenheit zurückfinden müssen, anstatt einem irreführenden Konzept militärischen Gleichgewichts auf den Leim zu gehen. «Die seltsame und unerhörte Doktrin namens ‹Parität› bedeutet, dass Amerika nicht mehr versucht, die Nummer eins zu sein. Wir würden uns mit einem Platz auf Augenhöhe begnügen. Dieses Denken hat uns unermesslichen Schaden zugefügt. [...] Parität läuft auf eine Aushöhlung unseres Engagements und unserer Willenskraft hinaus. [...] Es bedeutet Überlegenheit für unsere potentiellen Feinde. Wir können dieses Konzept nicht akzeptieren und gleichzeitig als freies Volk überleben. [...] Es ist meine Absicht, unser Ziel einer eindeutigen militärischen Überlegenheit wieder zu erreichen – und zwar mit einem Gesamtpaket, das eine tatsächliche Überlegenheit herstellt statt eines Wettlaufs Waffe gegen Waffe.»[214] Auch wenn man das wahlkampfübliche Imponiergehabe und den rhetorischen Stuck ignoriert, bleibt ein kantiges Bekenntnis zurück. Nixon wollte sich mit einer Beschneidung amerikanischer Macht nicht abfinden, er hasste die Vorstellung geradezu und suchte nach Alternativen zu einer knieweichen Entspannungspolitik – unbelastet von idealistischen Vorsätzen oder moralischen Skrupeln. In Henry Kissinger hatte er einen Partner im Geiste entdeckt.

«Wir stimmten darin überein», so Nixon über sein Treffen mit Kissinger am 25. November 1968, «dass von all den Dingen, auf die es in der Außenpolitik ankommt, eines besonders wichtig ist: Sie muss auf Stärke basieren, um glaubwürdig zu sein – und um Erfolg zu haben, braucht es Glaubwürdigkeit.»[215] Noch immer war Nixon von Kissingers Vorstellungen zur politischen Instrumentalisierung von Atomwaffen angetan. Auch dessen Aufsätze aus dem Jahr 1968 wusste er richtig einzuordnen – als neuerliche Bewerbungsschreiben und Bestätigung altbekannter Dogmen. Erstens: Den Wettkampf der Systeme können die USA nur für sich entscheiden, wenn sie die UdSSR und China auf Dauer gegeneinander ausspielen. Womit Kissinger zugleich meinte, dass man die Position des Überlegenen einnehmen und über die Mittel und Möglichkeiten verfügen muss, der Gegenseite vergleichsweise größere Zugeständnisse abzutrotzen.[216] Zweitens: Die Zukunft des internationalen Systems hängt von einer glaubwürdigen Demonstration amerikanischer Macht in Vietnam ab, dort wird entschieden, ob die UdSSR oder China die Dritte Welt weiterhin als Schlachtfeld zur Überbeschäftigung und Ermattung der USA nutzen können. Kurzfristig folgte für Kissinger daraus, dass der politische Einfluss von Kommunisten in Südvietnam auf ein Minimum beschränkt, idealerweise vollends blockiert werden musste.[217]

Darüber hinaus sprachen Nixon und sein künftiger Sicherheitsberater über einen radikalen Umbau des politischen Apparates. Pünktlich zur Wahl hatte Kissinger seine Polemik gegen überforderte, mit sich selbst beschäftigte und risikoscheue Bürokraten auf Hochglanz poliert und Nixons Wahlkampfmannschaft zukommen lassen. Konkurrierende Ministerien in eine Statistenrolle drängen, den Kongress neutralisieren und im Weißen Haus ein neues Machtzentrum für Außen- und Sicherheitspolitik aufbauen – darum ging es. Und davon waren Nixon und Kissinger gleichermaßen fasziniert.[218]

Andererseits sind Zweifel angebracht, ob die programmatische Wahlverwandtschaft für Kissingers Ernennung tatsächlich den Ausschlag gab. Nixon war sich nämlich in außenpolitischen Fragen selbst genug, auf keinen Fall wollte er andere Götter an seiner Seite haben. Ein Schwergewicht kam als sicherheitspolitischer Berater also nicht in Frage. Die alte Elite – Banker, Industriemagnaten oder Anwälte von der Ostküste – war für Nixon ohnehin ein rotes Tuch, weil er sich von diesen Kreisen sozial geächtet fühlte und die vermeintliche Missachtung mit gleicher Münze heimzahlte. In diesem Sinne hatte sein Berater Richard Allen Mitte August 1968 ein Memorandum zur Personalpolitik verfasst. «Ob Sie als Präsident in der Lage sein werden, politische Vorhaben auf ausschlaggebenden Gebieten zu formulieren, zu koordinieren und umzusetzen, wird von der personellen Besetzung von Schlüsselpositionen abhängen – und zwar mit Männern, die in der Lage sind, genau das zu tun, was *Sie* von ihnen erwarten.»[219] Aus Sicht des chronisch misstrauischen, wenn nicht misanthropischen Nixon war damit ein klares Jobprofil definiert. Er suchte einen willfährigen Gehilfen, jemanden, den er manipulieren konnte und der bereitwillig im Maschinenraum der Macht agierte, ohne ihm selbst gefährlich zu werden. Eine Art Chefsekretär also. Oder einen Höfling, der um seine geborgte, jederzeit widerrufbare Autorität wusste und im Zweifelsfall alle Gemeinheiten ertrug, zu denen Nixon fähig war.[220]

Henry Kissinger entsprach diesen Anforderungen in mehrfacher Hinsicht. Er war ein Analytiker und Zuarbeiter ohne Hausmacht in der Partei und Bürokratie, ein politisches Federgewicht. Zugleich ging ihm aber der Ruf des skrupellosen Abräumers voraus, der sich darauf verstand, nach unten zu beißen und nach oben Pfötchen zu geben. Um seinen Job zu behalten, würde er an Grenzen gehen und Grenzen überschreiten – hatte es sich doch herumgesprochen, wie sehr ihm an Macht und Prominenz gelegen war. «Nixon wusste», so sein langjähriger Redenschreiber William Safire, «dass er Intellektualität in seiner Administration brauchte. Und er war reich – reich an Macht. Er konnte Kissinger ein Angebot machen, das Kissinger nicht ausschlagen konnte, um es in der Terminologie [des Mafiafilms] ‹Godfather› auszudrücken.»[221] Nixon unterstrich diese Beobachtung am Beispiel der Geheimkontakte aus Wahlkampfzeiten. Damals war er sich unsicher, was genau Kissinger im Schilde führte und ob er das republikanische Team möglicherweise in eine Falle locken wollte. Doch Täuschungsmanöver und Geheimniskrämerei des Informanten imponierten ihm – nützliche Techniken aus Nixons Perspektive und zugleich Hinweise auf Kissingers Erpressbarkeit.[222]

Dass Nixon mit dieser Personalentscheidung seine «Feinde» aus Harvard zumindest vorübergehend ruhigstellen und dem Snob aus New York, Nelson Rockefeller, zeigen konnte, wer jetzt das Sagen hatte, kam als Sahnehäubchen obendrauf. «An so etwas konnte sich Nixon ergötzen», meinte William Safire.[223] In fast allen Punkten lag der künftige Präsident goldrichtig, allerdings überschätzte er seine Fähigkeit, Kissingers Ego verlässlich steuern zu können. Diesbezüglich sollte selbst «Tricky Dick» ernüchternde Erfahrungen machen. Was Nixon freilich noch nicht wissen konnte, als er Anfang 1969 gegenüber einem Mitarbeiter des Nationalen Sicherheitsrats höhnte: «Ich traue Henry nicht, aber ich kann ihn benutzen.»[224]

Henry Kissinger strickte derweil bereits an seiner eigenen Legende. Sollte er den Job annehmen, versicherte er Kollegen aus Harvard, dann nur aus einem Grund: um Vertrauen in die Vernunft und Ziele der neuen Regierung zu schaffen und um Nixons unangenehme Persönlichkeit erträglicher zu machen.[225] Mochten ein paar wenige über die «Hure Kissinger» lästern,[226] die Mehrheit der Kommentatoren zeigte sich tatsächlich erleichtert. Die «New York Times» lobte Kissinger für seine intellektuelle und politische Flexibilität, Dialogbereitschaft, Intelligenz und Wortgewandtheit. Landesweit und auch in Übersee schlossen sich die wichtigsten Medien dieser Einschätzung an. Und in Harvard hörte man die Champagnerkorken ploppen. Zwar hatte das Amt des Sicherheitsberaters längst noch nicht das in späteren Jahren zugeschriebene Gewicht und Prestige. Aber mit Kissinger blieb eine Tür nach Washington offen und die Hoffnung auf einen intellektuellen Nachlassverwalter der «Besten und Klügsten» lebendig. «Mit Henry Kissinger in Washington werde ich nachts besser schlafen», meinte der Juraprofessor Adam Yarmolinsky. «Er bringt das notwendige Urteilsvermögen mit, die Ausgewogenheit und Fähigkeit, dafür zu sorgen, dass dem Präsidenten das gesamte Spektrum an Sichtweisen vorgelegt wird, das er braucht.» Andere Harvard-Granden wie John Kenneth Galbraith, Carl Kaysen, Arthur Schlesinger Jr. und Francis Bator stimmten ein: «Wir müssen irgendwie die nächsten vier oder acht Jahre hinter uns kriegen. Ich halte überhaupt nichts davon, sich die Nase zuzuhalten und in die innere Emigration zu gehen.»[227]

Derlei Reaktionen sagen wenig über Henry Kissinger, aber sehr viel über ihre Urheber. Ausgerechnet Amerikas Liberale flochten einem Kalten Krieger wie Kissinger Kränze – eine Ironie nur auf den ersten Blick. Denn in der Außen- und Sicherheitspolitik war es mit dem viel beschworenen Liberalismus nicht weit her, die strikte Einteilung der Welt in Schwarz und Weiß und das Vertrauen in militärische Stärke war seit den 1950er Jahren ein überparteiliches, alle Milieus durchdringendes Phänomen. Ebenso wichtig dürfte gewesen sein, dass die so genannten «Cold War Liberals» über Politiker vom Schlage eines Goldwater, Reagan oder Nixon die Nase rümpften. Diesen haftete immer der Geruch verrauchter Hinterzimmer an, sie waren angeblich zu ungebildet, grobschlächtig und hinterwäldlerisch, um mit den Feingeistern aus Washington, New York und Boston in einem Atemzug genannt zu werden. Dunkelmänner eben, die im Kalten Krieg mit dem Holzhammer herumfuchtelten, statt das Florett zu führen. Dass Richard Nixon, wie seit den Tagen des McCarthyismus dokumentiert, auch noch im Persönlichen dunkle Seiten hatte, nährte das Bedürfnis nach einem Aufseher umso mehr. Diese Stimmung hatte Kissinger klar erkannt, er wusste, wie hell das Bild des besonnenen Assistenten mit dem Image eines unberechenbaren Chefs kontrastierte. Also warf er sich in Pose, noch bevor er sein Büro im Souterrain des Weißen Hauses bezogen hatte. Und wurde am Ende zum Propagandisten seines insgeheimen Lieblingswitzes: «Denkt immer daran: Ohne Kissinger wäre Nixon jetzt Präsident.»

ANGESTELLTER

Im «Situation Room» des Weißen Hauses (West Wing), Oktober 1969.

«Er [Kissinger] wurde deshalb so einflussreich, weil er sehr gut im Nahkampf ist. Er hatte Gefallen an Macht, und er wusste, wie man damit umgeht.» (Richard Nixon)[1]

«Völlig skrupellose Menschen haben Erfolg.» (Henry Kissinger)[2]

«Henry hat eine großartige Gabe, die ich ihm auch nach einer 20-jährigen Bekanntschaft nicht zugetraut habe – nämlich sich in jeder Hauptstadt in einen Freund und Förderer des jeweiligen Landes, in dem er sich gerade aufhielt, zu verwandeln. In einer derartigen Diplomatie lauern Gefahren. Sie funktioniert am Anfang, aber sie funktioniert nicht mehr, wenn Regierungen untereinander gute Beziehungen haben und sich gegenseitig austauschen.» (Hans Morgenthau)[3]

Mit einem «Trottel» oder «Dummkopf» wie Willy Brandt droht dem Westen Schiffbruch, am besten man legt ihm das Handwerk. Zu diesem Schluss kommen Richard Nixon und Henry Kissinger am 3. Februar 1973 in einem langen Gespräch über politische Eliten ihrer Verbündeten. «Ich meine», so der Präsident, «dass Sie und ich darüber nachdenken sollten, wie wir die klügsten Köpfe der Welt dazu bringen könnten, über einige dieser [globalen] Dinge nachzudenken.» Den österreichischen Bundeskanzler Bruno Kreisky kann er sich als Ansprechpartner vorstellen. «Dort unten in diesem verdammten kleinen Österreich gibt es diesen einen schlauen Kerl.» Auch den britischen Premierminister Edward Heath hebt Nixon aus der großen Schar der Ignoranten heraus. «Die Briten sind aufgeweckt, und sie denken strategisch.» Alle anderen sind kleinkarierte Provinzgeister, einschließlich der Franzosen, wie Kissinger betont. «Sie haben nicht diese Tradition eines Denkens in weltumspannenden Kategorien. Schon immer haben die Franzosen überwiegend in europäischen Zusammenhängen gedacht.» Auf den westdeutschen Partner hat Nixon offenbar seit geraumer Zeit keinen Gedanken mehr verschwendet. Jedenfalls muss Kissinger dem Präsidenten erklären, dass Helmut Schmidt längst nicht mehr Verteidigungsminister, sondern seit Juli 1972 Finanzminister ist und diese Position auch im zweiten Kabinett Brandt bekleidet. Immerhin weiß der Präsident, dass sich der Bundeskanzler jüngst eine Geschwulst an den Stimmbändern entfernen ließ. «Wie sieht es mit Brandts Rachen aus?» Kissinger: «Leider ist die Sache nicht bösartig. Nun, es ist schrecklich, so etwas zu sagen.» Nixon: «Ich weiß, was Sie meinen. […] Sie meinen, dass er unglücklicherweise bei sehr guter Gesundheit ist.» Kissinger: «Leider, er wird wahrscheinlich durchhalten, ja.» Nixon: «Er ist ein Dummkopf.» Kissinger: «Er ist ein Dummkopf.» Nixon: «Er ist ein Dummkopf.» Kissinger: «Und er ist gefährlich.» Nixon: «Tja, ich fürchte, er ist gefährlich. Da muss ich Ihnen wirklich zustimmen. Ich stimme zu.»[4]

Dass Europa seit dem späten 19. Jahrhundert keine «globalen Denker», sondern überwiegend gefährliche Scharlatane hervorgebracht hat, hält Nixon für eine unumstößliche Tatsache. «Nach dem Zweiten Weltkrieg gab es gerade mal fünf oder sechs europäische Führer, mit denen sich ein Gespräch lohnte.» Je weiter die beiden in die Geschichte zurückblicken, desto mehr reden sie sich über die vermeintliche Ursünde am Ende des Zweiten Weltkrieges in Rage – Deutschland zu teilen, anstatt es als Ganzes zu einem «Bollwerk gegen die verdammten Russen» auszubauen. Nixon weiter: «Die Tragik liegt doch darin, dass wir das alles weggeschmissen haben zu einer Zeit, als wir die Russen an der Gurgel hatten. Das ist es, was mich zur Weißglut treibt. [...] Herrgott noch mal, Henry, die Vereinigten Staaten hatten Bodentruppen, wir hatten ein Monopol auf die Bombe, die Briten waren noch im Geschäft [...] – wir hatten sie [die Russen] an der Gurgel, und verdammt noch mal, wahrscheinlich weil Roosevelt krank war oder warum auch immer, jedenfalls haben wir ihnen alles gegeben.» Kissinger gefällt dieser Ausflug in die Vergangenheit, ebenso teilt er Nixons Fazit zur Gegenwart: Bei der Bewältigung aktueller Herausforderungen, so der Präsident, sollten die USA nicht allzu große Hoffnungen auf Verbündete und Unterstützer setzen. Von Rücksichtnahme erst gar nicht zu reden. «Vielleicht müssen wir es einfach selber machen.»[5]

Machtwerkzeuge

«Selber machen» war auch Richard Nixons Vorstellung von Außenpolitik. Mit Hingabe pflegte er sein Selbstbild des einsamen Visionärs und selbstlosen Anführers, der das Land im Alleingang aus einer tiefen Krise steuert – wie ehedem Winston Churchill oder Charles de Gaulle. Mut, Kaltblütigkeit, Durchsetzungsvermögen, Standfestigkeit, Schneid, Nervenstärke, Unerschrockenheit – in der Gedankenwelt des Präsidenten gab es außer ihm so gut wie keinen anderen Politiker mit diesen Qualitäten. «Ich muss gegen den Strom schwimmen. Ich muss das Richtige tun. [...] Wie ich schon des Öfteren gesagt habe, bin ich vielleicht für einige Zeit der letzte Mann in diesem Amt, [...] der hart und erfahren ist, der in der Lage ist, eine starke, verantwortliche Außenpolitik zu betreiben.»[6] Bücher und Filme über große Feldherren, von Caesar über Wilhelm den Eroberer und Napoleon bis zu George Patton, sog er geradezu auf, von der Filmmusik zu «Victory at Sea» konnte er nicht genug bekommen. Im Außenministerium hingegen sah Nixon nur Zwerge und Dummköpfe am Werk. Oder «Schwuchteln in Nadelstreifen» und «unmögliche Tunten», die vor jeder ernsthaften Herausforderung Reißaus nahmen. «Sollte das Außenministerium in den letzten 25 Jahren irgendeine neue Idee gehabt haben, so habe ich davon nichts mitbekommen.»[7] Außenpolitik, daran ließ Richard Nixon keinen Zweifel, war seine Privatangelegenheit, nicht zuletzt, weil auf diesem Terrain über die historische Größe eines Präsidenten entschieden wurde.

In diesem Sinne instruierte Nixon den künftigen Berater Henry Kissinger.[8] Wie zu erwarten, rannte er offene Türen ein. Seit den 1950er Jahren hatte Kissinger das Hohelied auf heroische, ins Ungewisse aufbrechende Staatsmänner gesungen und dabei nicht mit verkitschten Kommentaren über tragisches Scheitern in der Gesellschaft von Kurzsichtigen und Kleinmütigen gegeizt. «Ein Anführer, der keine einsamen Entscheidungen riskiert, verdammt sich selbst und seine Gesellschaft zur Stagnation. [...] Deshalb ist Courage vermutlich die wichtigste von allen Eigenschaften eines erfolgreichen Anführers. [...] Er verdient den Namen nicht, wenn er nicht bereit ist, alleine seinen Mann zu stehen.»[9] Mit Vorliebe deklinierte Kissinger modische Grundbegriffe aus seinen Studienjahren: die «Sole Organ»-Behauptung, der zufolge einzig und allein der Präsident für die Außen- und Sicherheitspolitik zuständig ist, oder die «Executive Privilege»-These über das vermeintliche Vorrecht des Präsidenten, für sein Tun und Lassen kein Zeugnis ablegen zu müssen. Verfassungsrechtliche Bedenken, so er sie denn überhaupt zur Kenntnis nahm, spielten für Kissinger keine Rolle. Maximale Entscheidungsfreiheit bei minimaler Rechenschaftspflicht – das politische Kalkül versprach auch einen persönlichen Zugewinn. Denn je stärker der Präsident, desto einflussreicher der Assistent.[10]

«Die Macht der Vereinigten Staaten muss nach innen und außen effektiver genutzt werden, oder wir gehen als Großmacht vor die Hunde. Wir haben bereits die Führungsposition, die wir am Ende des Zweiten Weltkrieges innehatten, verloren, aber wir können sie wiedergewinnen, wenn wir schnell sind! Man muss ein Gespür für Geschichte und Drama entwickeln.»[11] Die Zeit arbeitet gegen uns, wir müssen unkonventionell und risikofreudig handeln und vor allem schnell sein: Ob in Wahlkampfreden, Fernsehansprachen oder Diskussionen im kleinen Kreis, Richard Nixon hatte stets dieselbe Begründung für seinen überzogenen Machtanspruch zur Hand. Entweder man steuert massiv gegen oder der Abwärtstrend wird nicht mehr aufzuhalten sein, entweder die USA werden wieder die Nummer eins in der Welt oder die Welt verliert auf Dauer ihr stabilisierendes Zentrum, entweder Washington mobilisiert seine Ressourcen oder das Land wird den Weg aller erschöpften Imperien gehen. Die Rückbesinnung auf eigene Stärken konnte allerdings nur funktionieren, wenn Konkurrenten und Gegner von Amerikas neuer Entschlossenheit tatsächlich überzeugt waren. Diesen Schlüsselsatz des «Impression Management», der Kunst der Beeinflussung, beherrschten Nixon und Kissinger in allen Variationen, die naheliegende Schlussfolgerung ebenfalls: Macht spricht umso eindrücklicher, wenn sie zentralisiert ist und mit einer Stimme vorgetragen wird. Und wenn es keine Appellationsinstanzen gibt, von denen Freund oder Feind eine zweite Meinung erwarten könnten.

Permanenter Ausnahmezustand

Dergleichen hebelt Grundregeln der amerikanischen Verfassung aus. Von «overlapping authorities», einer feinjustierten Arbeitsteilung zwischen Exekutive, Legislative und Judikative, ist dort die Rede. Man könnte auch von einer nicht verhandelbaren Verpflichtung zur Streuung von Macht sprechen. Die Exekutive kann keine Gesetze erlassen, aber gegen jedes Gesetz ein Veto einlegen; der Präsident darf selbst nicht Recht sprechen, obwohl er die obersten Richter ernennt; die Richter üben weder exekutive noch legislative Funktionen aus, müssen aber über die Rechtmäßigkeit des Handelns von

Exekutive und Legislative wachen; der Legislative schließlich stehen keine exekutiven Rechte zu, dennoch soll sie die Exekutive bei der Ausübung ihrer Rechte eindämmen – beispielsweise treten Verträge, die ein Präsident mit fremden Mächten abschließt, erst nach einer Ratifizierung durch den Senat in Kraft. Gleiches gilt für die Besetzung hoher Ämter: Die vom Präsidenten vorgeschlagenen Kandidaten können ihr Amt nur mit Zustimmung des Senats antreten.[12] Erst durch Verflechtung, so der grundlegende Gedanke, wird Gewaltenteilung wirksam. «Man muss dafür sorgen, dass Ehrgeiz dem Ehrgeiz entgegenwirkt», gab James Madison in der Ratifizierungsdebatte Ende des 18. Jahrhunderts zu bedenken und fügte hinzu: «Es mag ein Ausdruck des Mangels der menschlichen Natur sein, dass solche Kniffe notwendig sein sollen, um den Missbrauch der Regierungsgewalt in Schranken zu halten. [...] Die Erfahrung [hat] die Menschheit gelehrt, dass zusätzliche Vorsichtsmaßnahmen erforderlich sind.»[13]

Mit Verweis auf Amerikas Machtverlust und die «revolutionären Umbrüche» in aller Welt kritisierten Nixon und Kissinger die strikte Machtverteilung als Relikt einer untergegangenen Epoche. Zeitraubende Verhandlungen, Entschleunigung und Vertagung – der politische Modus demokratischer Systeme stand quer zu ihrer Agenda, ganz abgesehen von der Risikoscheu und dem Misstrauen gegenüber Militäreinsätzen, das Parlamente gemeinhin an den Tag legten. «Der Kongress ist umständlich, undiszipliniert, isolationistisch, fiskalisch unverantwortlich, allzu anfällig für die Einflussnahme organisierter Minderheiten und übermäßig von den Medien beeinflusst.»[14] In anderen Worten: Meinungsvielfalt und Offenheit konnte man sich in Zeiten der Stabilität leisten, angesichts existenzieller Herausforderungen waren hingegen strikte Geheimhaltung und Geschlossenheit vonnöten. Schwer zu sagen, worüber sich Richard Nixon mehr ereiferte – über die «Irren auf Capitol Hill» oder die «Clowns» in seinem Kabinett.[15] «Eine Kabinettsregierung [...] wird nicht funktionieren. [...] Kein Präsident, der noch klar bei Verstand ist, delegiert irgendetwas an sein Kabinett.»[16]

Parlamentarier, Minister, Bürokraten, vor Nixons und Kissingers Verachtung waren alle gleich, niemandem außer sich selbst trauten sie außenpolitische Kompetenz und strategischen Sachverstand zu. Oder das nötige Fingerspitzengefühl, um Gewalt dosiert einsetzen und die Risiken einer offensiven Diplomatie an mehreren Fronten beherrschen zu können. Oder die Willenskraft, die für einen historischen Umkehrschub gebraucht wurde. «Manchmal verzweifle ich daran, ob es in einer Demokratie überhaupt noch möglich ist, eine sinnvolle Außenpolitik zu betreiben.»[17] Faktisch konnte von Verzweiflung bei Henry Kissinger aber keine Rede sein. Im Gegenteil. Er fieberte geradezu dem Tag entgegen, an dem er es allen zeigen und Lektionen im virtuosen Umgang mit Macht erteilen durfte.

So verstörend derlei Ansprüche auf den ersten Blick auch anmuten mögen, sie gehörten zur Grundausstattung amerikanischer Politik im Kalten Krieg. Die Vorstellung, gegen einen unversöhnlichen Feind auf Leben und Tod kämpfen zu müssen, wertete die Exekutive im Allgemeinen und das Amt des Präsidenten im Besonderen über die Maßen auf. Außergewöhnliche Umstände erfordern außergewöhnliche Vorrechte – auf diesen Nenner lässt sich das politische Dauergespräch über «nationale Sicherheit» bringen. Weil sich die USA erstmals in ihrer Geschichte nicht länger auf den geographischen Schutz zweier Ozeane verlassen, sondern durch atomwaffenbestückte Langstreckenbomber und Raketen getroffen werden konnten, kippte die Debatte verlässlich ins Hysterische. Ein neues Pearl Harbor schien jederzeit möglich, die Attacke aus heiterem Himmel mit beispiellosen Gefahren für Leib und Leben, wenn nicht für die Existenz der gesamten Nation. Auf diese Herausforderung gab es vermeintlich nur zwei plausible Antworten: «Permanent Preparedness», die materielle Vorbereitung für einen Krieg aus dem Stand, einerseits und die politische Generalvollmacht an den Präsidenten zum sofortigen, ohne zeitraubende Beratungen verordneten Einsatz des Militärs andererseits. Je stärker die Phantasien über einen geistigen und militärischen Belagerungszustand ins Kraut schossen, desto nachhaltiger wandelte sich das Bild präsidialer Verantwortung. Aus dem «ersten General und Admiral»[18] wurde unter der Hand der «caretaker» der Nation, ein Beschützer und Retter, der im Zweifel nicht beauftragt werden musste, sondern seiner Berufung nach eigenem Ermessen nachkommen konnte. Deshalb trafen

Richard Nixons heutzutage berüchtigte Worte damals den Geist der Zeit: «Nun, wenn der Präsident etwas tut, dann kann es nicht illegal sein. [...] Wenn ein Präsident entscheidet, dass eine besondere Maßnahme zum Schutz der nationalen Sicherheit notwendig ist, dann ist diese Maßnahme rechtmäßig, selbst wenn sie durch ein Bundesgesetz verboten ist.»[19]

In den 1950er und 1960er Jahren votierten prominente Intellektuelle – unter ihnen der Journalist Walter Lippmann, der Verfassungsrechtler Clinton Rossiter oder die Historiker Richard Neustadt und James MacGregor Burns – für eine Ausdehnung der außenpolitischen Befugnisse des Weißen Hauses und einen Burgfrieden mit dem Präsidenten. Ihre Empfehlungen klangen wie eine Übersetzung des deutschen Sprichwortes «Not kennt kein Gebot» ins Amerikanische: «Was gut für den Oberkommandierenden ist, ist für das Land noch besser.» Die öffentliche Resonanz gab ihnen Recht. Meinungsforscher bestätigten ein um das andere Mal, dass eine deutliche Mehrheit der Befragten den Kongress am liebsten in der Rolle eines außenpolitischen Zaungastes sah. Dem Präsidenten die alleinige Verantwortung für Krieg und Frieden zu überlassen, schien allemal vernünftiger als die Mitsprache eines notorisch zerstrittenen, mit Parteipolitik und Lokalinteressen überfrachteten Parlaments.[20] Dass die meisten Abgeordneten am Vorabend des Zweiten Weltkrieges die von Japan und Deutschland ausgehende Bedrohung bagatellisiert und ihren außenpolitischen Sachverstand nachhaltig ramponiert hatten, kam erschwerend hinzu. Als wollten ihre Nachfolger keine neuerliche Blamage riskieren, verzichteten sie in der Hochphase des Kalten Krieges kleinlaut auf verfassungsmäßige Rechte und Pflichten. Man könnte auch von einer Selbstentmachtung der Legislative sprechen. So fiel es allen Präsidenten seit 1945 leicht, sich als erste und letzte Instanz der Sicherheitspolitik zu behaupten: in Korea, im Nahen Osten, während der Krisen in Berlin und Kuba und nicht zuletzt in Vietnam.

In den Worten von Kissingers Lehrmeister William Elliott: «Auf den einfachsten Nenner gebracht, ist zweierlei unbedingt geboten: einen starken ersten Mann zu haben, der Entscheidungen trifft und vorantreibt, sodann einen guten Stab an Mitarbeitern, die den komplexen Mechanismus der Bundesregierung in Gang halten. […] Jeder Lösungsvorschlag muss auf den jeweiligen Präsidenten zugeschnitten sein, der das System seinem eigenen Charakter und seinen Gewohnheiten entsprechend formt.»[21] Demokratien, dessen war sich Elliott sicher, haben ein gestörtes Verhältnis zu Machtfragen – weil ihre Repräsentanten entweder nur in kurzfristigen Zeithorizonten denken, niemandem die Entbehrungen einer wehrhaften Politik zumuten wollen oder grundsätzlich nicht aus dem Holz aristokratischer Exzellenz geschnitzt sind. Folglich war die vormundschaftliche Kontrolle machtvergessener Eliten ein Gebot nationaler Sicherheit. Möglichst viele Kompetenzen des Außenministeriums sollten auf das Weiße Haus übertragen und dort unter Anleitung eines Sonderassistenten des Präsidenten wahrgenommen werden. «Eine derartige Stelle könnte am Ende die wichtigste sein, die ein Präsident zu besetzen hat.»[22] Von Henry Kissinger war in diesen Denkschriften noch nicht die Rede, wohl aber von einer «totalen Politik» im kleinsten Kreis, die dereinst zu seinen Markenzeichen gehören sollte.

Umbau des Regierungsapparates

Nach der Verabschiedung des «National Security Act» im Jahr 1947 verfügte jeder Präsident über mehr und effektivere Machtinstrumente. Insbesondere der «National Security Council» (NSC) bot sich zur Bändigung ministerieller Machtkämpfe und behördlicher Eigeninteressen an. Für den Fall, dass die im NSC vertretenen Minister und Spitzenbeamten keine zielführenden Konzepte vorlegten oder in anderer Weise hinter den präsidialen Erwartungen zurückblieben, konnte das Weiße Haus seinen Beraterkreis nach Gutdünken erweitern, also den etablierten Eliten handverlesene Experten auf Augenhöhe zur Seite stellen. Jeder Amtsinhaber nutzte oder ignorierte diese Möglichkeiten auf seine Art. Unter Eisenhower waren die Versuche zur Unterordnung der wichtigsten Ministerien nur mäßig erfolgreich; außer endlosen Papierfluten und einer «Übereinstimmung durch Erschöpfung»[23] kam wenig heraus. John F.

Kennedy und Lyndon B. Johnson ließen den Sicherheitsrat daher links liegen und setzten auf Ad-Hoc-Komitees und informelle Runden. Allerdings machten sie aus dem Koordinator des «NSC» einen persönlichen, nur ihnen verpflichteten Assistenten mit einem kontinuierlich erweiterten Mitarbeiterstab. Die Botschaft war unmissverständlich: Es ging nicht darum, ob der Präsident sein eigener Außen- und Verteidigungsminister war. Offen war allein, wie er seine erweiterten Kompetenzen umsetzte.[24]

In dieser Traditionslinie ragten Richard Nixon und Henry Kissinger nur durch ihr überzüchtetes Selbstbild heraus. Genauer gesagt: durch das Phantasma einer insgeheimen Nähe zum Schwungrad der Geschichte. Beide waren geradezu von dem Wunsch besessen, einem neuen Kapitel Weltpolitik ihren Stempel aufzudrücken, und von der Vorstellung beseelt, aus eigenem Vermögen eine historische Wende herbeiführen zu können. Und beide beharrten mit dogmatischer Verve darauf, bei dieser Mission von keinem gestört zu werden und auf niemanden Rücksicht nehmen zu müssen. Konsultationen mit der Bürokratie? Mehrheitsbeschaffung im Kongress? Im besten Fall Zeitverschwendung, schlimmstenfalls Gift für den Bewegungsspielraum und das Ansehen des Präsidenten. Geradezu inflationär sprach Kissinger vom «Schreiben» oder «Aufschlagen» neuer Seiten in den Geschichtsbüchern oder von der «Schwelle» zu einem neuen Zeitalter. «Ich bin mir sicher, dass Historiker den Amtsantritt dieser Regierung einmal als eine Scheidelinie in der amerikanischen Außenpolitik sehen werden.»[25] Wie einzigartig, verwechselbar oder schlicht verschroben derlei Visionen waren, spielt im Grunde keine Rolle. Entscheidend ist die Unbedingtheit, mit der Nixon und Kissinger ihren Anspruch auf ungestörtes Regieren begründeten. Weil institutionelle Widerlager und intellektuelle Alternativen in ihrer Gedankenwelt schlicht keinen Platz hatten, darf mit Fug und Recht von autokratischen Grenzüberschreitungen gesprochen werden.

Der Umbau des präsidialen Machtapparates ging im ersten Halbjahr nach Nixons Amtsantritt und damit bemerkenswert schnell über die Bühne. Auf dem Papier führten alle Wege zu Henry Kissinger. Der Sicherheitsberater bestimmte die Tagesordnung der Sitzungen des Nationalen Sicherheitsrates; er saß einer Gruppe hochrangiger Behördenvertreter vor, der so genannten «Review Group», die alle Eingaben an den Präsidenten prüfte und über den Zeitpunkt ihrer Vorlage entschied; er hatte das Recht, die Ministerien mit der Ausarbeitung von «National Security Study Memoranda» zu beauftragen; einzig und allein sein Stab war für den Entwurf der «National Security Decision Memoranda» zuständig, die nach der Billigung durch den Präsidenten zwecks Umsetzung an die zuständigen Behörden weitergereicht wurden; er führte den Vorsitz in einem neuen, für weltweites Krisenmanagement zuständigen Beraterstab, der «Washington Special Action Group»; er leitete das mit hochrangigen Militärs und Geheimdienstlern besetzte «40 Committee» und war damit für die Autorisierung und Auswertung verdeckter Auslandsoperationen zuständig. Insgesamt saß Henry Kissinger sage und schreibe neun von 16 beratenden Arbeitsgruppen vor.[26]

Mit diesem Arrangement wollte Nixon in erster Linie einen administrativen Schutzwall um das Oval Office legen. Henry Kissinger fiel die Rolle des Zerberus zu, des Wächters, der Zugänge gestattete oder nach Belieben verweigerte und den Ministerien zu verstehen gab, dass sie gegenüber dem Präsidenten kein Initiativrecht mehr hatten, sondern ihre Expertisen nur auf Umwegen vorlegen konnten. Für sich genommen war diese Filterfunktion noch kein Ausweis politischer Macht. Zweifellos konnte Kissinger nach Herzenslust sichten, auswählen und jedes Schriftstück mit eigenen Kommentaren versehen – eine Möglichkeit, von der er reichlich Gebrauch machte. Aber Nixon legte auf die Vorschläge der Ministerien ohnehin keinen Wert. Auch interessierte ihn nur mäßig, wie die diversen Ausschüsse, Gremien und Komitees arbeiteten und ob sie überhaupt funktionierten. Davon abgesehen, hätte kein Assistent, mochte er noch so kompetent und arbeitswütig sein, dieses Portfolio stemmen können – der für seinen bisweilen erratischen und immer chaotischen Arbeitsstil bekannte Kissinger schon gar nicht. Im Kern ging es um etwas anderes, nämlich um die demonstrative Abwertung der Bürokratie und vorweg des Außenministeriums. Dem Auswärtigen Dienst, den Experten und Diplomaten und nicht zuletzt dem Behördenchef wollte Nixon zu verstehen geben, dass ihr Arbeitsplatz fortan der Katzentisch war.

Mit Richard Nixon im Hotel Waldorf-Astoria, 26. November 1972.

So kam es denn auch. Alltagsaufgaben und die Verwaltung des Status Quo blieben in den Händen gering geschätzter Bürokraten, für neue Impulse fühlte sich allein der Präsident zuständig. In der Regel hatte Nixon bereits entschieden, ehe die einschlägigen Gremien zusammentraten, allenfalls mit Henry Kissinger hielt er Rücksprache – nicht, weil er seinem Sicherheitsberater besonders vertraute, sondern um allen anderen das Misstrauen auszusprechen. Auf Geheiß des Präsidenten gab es seit dem Sommer 1969 nicht nur weniger Sitzungen des Nationalen Sicherheitsrates, Nixon nahm obendrein nur teil, wenn es aus protokollarischen Gründen unbedingt sein musste.[27]

Henry Kissinger wäre freilich nicht er selbst gewesen, hätte er sich mit der Rolle eines «Primus inter Pares» abgefunden. Der Erste unter Gleichen hatte er noch nie sein wollen, sondern immer nur der Erste. Das lästige Außenministerium stillzustellen, war ein wichtiges Etappenziel. Richard Nixon ebnete den Weg, als er dem sowjetischen Botschafter Anatoly Dobrynin Mitte Februar 1969 bei dessen Antrittsbesuch im Weißen Haus ein überraschendes Angebot machte: Vertrauliche Unterredungen sollten künftig nur mit Henry Kissinger und nicht mit Außenminister William Rogers geführt werden.[28] Gesagt, getan: Kissinger und Dobrynin trafen sich seit Ende 1969 regelmäßig, telefonierten bis zu viermal wöchentlich über eine abhörsichere Standleitung zwischen dem Weißen Haus und der sowjetischen Botschaft und freundeten sich im Laufe der Zeit an. Irritierend für den umtriebigen, in Washington seit John F. Kennedys Tagen tätigen Dobrynin war allein Kissingers Gereiztheit mit Blick auf William Rogers. «Es ist schon eine einmalige Situation», kabelte Dobrynin an seine Vorgesetzten in Moskau, «wenn der Sonderberater des Präsidenten auf geheimem Weg einen ausländischen Botschafter darüber informiert, was der Außenminister weiß und was er nicht weiß [...].»[29] Anderen Diplomaten dürfte es ähnlich ergangen sein. Denn sensible Gespräche mit Großbritannien, Frankreich, der Bundesrepublik Deutschland, Pakistan, Südvietnam und erst recht mit der VR China und Nordvietnam wickelte Kissinger ebenfalls hinter dem Rücken des Außenministeriums und über geheime Kanäle, so genannte «back channels», ab.

Selbstverständlich sind Geheimgespräche weltweit ein beliebtes, mitunter unverzichtbares Mittel der Diplomatie. Verhandlungen zu strittigen Themen oder in störanfälligen Kontexten kommen oft nur auf diese Weise vom Fleck, für manche Akteure ist strikte Vertraulichkeit auch eine Art Rückversicherung, um im Falle eines Scheiterns keinen öffentlichen Gesichtsverlust hinnehmen zu müssen – wie etwa in der Frühphase der Bonner Ostpolitik. Nixon und Kissinger aber wollten mehr. Dem Präsidenten lag wie immer daran, verhasste Karrierediplomaten aus dem Spiel zu nehmen. Und für den Sicherheitsberater waren diese Umwege der schnellste Weg zum Karrieredurchbruch. In «back channels» konnte er zum Chefunterhändler aufsteigen, auf diesem Parkett war er vor sachkundiger Beobachtung und Kritik geschützt, am Ende musste er nur dem Präsidenten Rechenschaft ablegen.

Dieser Zweck heiligte viele Mittel, vorsätzliche Täuschung, Lug und Betrug eingeschlossen. Anfänglich war nur der innerste Kreis des Weißen Hauses eingeweiht, aber spätestens nach der spektakulären China-Reise Kissingers im Sommer 1971 gab es keine glaubwürdigen Dementis mehr. Also verlegte sich der Stab des Sicherheitsberaters auf das Frisieren von Dokumenten. In den für das Außen- und das Verteidigungsministerium bestimmten Gesprächsprotokollen fehlten Informationen, die Kissinger für sich behalten wollte, vollständige Fassungen waren allein für Nixon und eine Handvoll wechselnder Vertrauter bestimmt. Auch über Treffen mit ausländischen Staatschefs wurde, wenn überhaupt, nur Randständiges mitgeteilt. «Es war wie das Jonglieren mit doppelter oder dreifacher Buchführung», meinte Winston Lord, ein langjähriger Mitarbeiter des Nationalen Sicherheitsrates.[30] Geheimhaltung war zu einer Waffe geworden, um die Spielregeln der Politik zu ändern.

Der Clou dieser Geschichte kam erst Jahrzehnte später nach der Öffnung Moskauer Archive ans Licht: Es gibt zwei sich fundamental widersprechende Darstellungen über das Zustandekommen des «back channels» zur sowjetischen Botschaft. Kissinger überzeugte Nixon mit der Behauptung, dass die Initiative von den Sowjets ausgegangen war. «Dobrynin möchte seine Gespräche in Washington mit einer von Ihnen ausgewählten Person Ihres Vertrauens führen, die aber nicht Teil des diplomatischen Establishments ist.»[31] Anatoly Dobrynin hingegen bezeichnete Kissinger als Urheber der Idee eines geheimen Kanals und nannte in einem Telegramm an den Kreml die Motive seines Gesprächspartners – nämlich dessen Furcht vor chronisch undichten Stellen im eigenen Außenministerium. Überdies soll sich Kissinger selbst mit Verve als Unterhändler ins Gespräch gebracht haben. «[Er] drückte seine Bereitschaft aus, mich ‹zu jeder Zeit, an jedem Ort›, entweder im Weißen Haus oder bei mir zu Hause, zu treffen. Auch gab er mir seine persönliche Telefonnummer.»[32]

Wie auch immer: Fest steht nur, dass der Präsident seinem Sicherheitsberater keine Instruktionen mit auf den Weg gegeben hatte. Und weil Dritte bei dem Termin mit Dobrynin nicht anwesend waren, steht Aussage gegen Aussage. Aber genau diese Zwielichtigkeit von Geheimgesprächen entsprach Kissingers Stil. Er konnte immer auf seiner eigenen Variante beharren und bei Bedarf selbst den Präsidenten austricksen. Dass Nixon irgendwann Verdacht schöpfen würde, war zu erwarten. Und dass Kissinger mit theatralischer Empörung reagieren würde, ebenfalls.

Nahkämpfer

Alles an ihm schrie: «Ich, Ich, Ich.» Auf diesen Nenner lassen sich ungezählte Eindrücke über Henry Kissingers Jahre in Washington bringen. Mitarbeiter des Nationalen Sicherheitsrates wollte er vom Oval Office, von Journalisten und Diplomaten fernhalten oder auf andere Weise unsichtbar machen. «Wenn aus dem Stab des Nationalen Sicherheitsrats ein Memorandum an den Präsidenten geht», so ein Mitarbeiter, «steht ein Name darauf und nur ein einziger Name – Henry Kissinger. Es ist völlig egal, wer es tatsächlich geschrieben hat.»[33] Die Protokollabteilung des Weißen Hauses sollte bei der Auflistung von Nixons Begleitern das Alphabet mit dem Buchstaben «K» beginnen lassen und dafür sorgen, dass zu Treffen mit ausländischen Staatschefs nur er hinzugezogen wurde. Und die Analysten diverser Geheimdienste hatten auf Kissingers Veranlassung Dossiers darüber vorzulegen, wie oft sein Name im dechiffrierten Schriftverkehr ausländischer Botschaften vorkam. Dass er mitunter Nixons Friseur und die Hubschrauber des Präsidenten für private Ausflüge in Anspruch nahm oder sich aufgebracht über eine vermeintlich abgelegene Parkposition seines Dienstfliegers beschwerte, war schon gar nicht mehr der Rede wert. Ein Thema in ermüdender Variation, wohin man auch blickt: Für Henry Kissinger schien es schlicht unerträglich, seinen Willen nicht zu bekommen – weil er offensichtlich davon überzeugt war, dass ihm zustand, was er wollte, und weil er seine Anmaßung als Preis eines selbstlosen Dienstes für das Große und Ganze verstand.[34]

Von einem «unfasslichen Ego» sprach Stabschef Harry Robbins («Bob») Haldeman im kleinen Kreis, Justizminister John Mitchell in aller Öffentlichkeit von einem «egozentrischen Irren». Und Richard Nixon fragte sich, wie es um das politische Urteilsvermögen eines Assistenten bestellt war, der sich selbst zum Maß aller Dinge machte und einem Extremismus der Eitelkeit frönte.[35] In der Tat: Individuelle Schrullen und Macken sind randständiges Kolorit, solange sie im Rahmen des Persönlichen bleiben. Henry Kissingers Egomanie indes war ein Politikum, sie färbte unmittelbar auf seine Tätigkeit als Sicherheitsberater und Außenminister ab – und zwar zum Schaden des beruflichen Umfelds und zu Lasten der Amtsführung. Denn was für ihn im Zweifel zählte, war nicht so sehr der Umgang mit Sachfragen als vielmehr eine nagende Furcht um persönliches Ansehen und Weiterkommen.

Anfänglich erlebten viele Mitarbeiter Henry Kissinger als inspirierend, charmant und humorvoll, es war sogar von einem «hypnotisierenden Typ» die Rede und der verführerischen Begabung, das Beste aus anderen herauszuholen. «Für Henry macht man Dinge, von denen man überhaupt nicht wusste, dass man dazu fähig ist. [...] Keiner von uns hatte je einen Mann mit der Auffassungsgabe von Henry getroffen. Auf intellektueller Ebene war es einfach eine Freude, für ihn zu arbeiten. [...] Kissinger kann sechs verschiedene Leute treffen, allesamt furchtbar intelligent, gebildet, kompetent, erfahren, mit sehr unterschiedlichen Sichtweisen, und er kann jeden einzelnen von ihnen überzeugen, dass nur sie den wahren Henry Kissinger erlebt haben.»[36] Und wenn er es mit seiner stets überhitzten Arbeitswut wieder einmal auf die Spitze getrieben und jungen Familienvätern ein Unmaß an Überstunden aufgebrummt hatte, gab es zum Ausgleich eine «Lolli-Behandlung» – Theaterkarten, Blumensträuße und sonstige Überraschungen. Kissinger, der Menschenfänger: Die Zuwendungen verfingen umso mehr, als sich eine Gruppe von Endzwanzigern und Anfangsdreißigern in ihrem Image bestätigt sah. Als intellektuelle Prätorianergarde oder Wächter des Imperiums galten die Experten in seinem persönlichen Stab und im Nationalen Sicherheitsrat, von Henry handverlesen, wertgeschätzt und für den Dienst an einer großen Sache benötigt.[37]

Doch im Grunde wollte Kissinger nur Marionetten um sich haben, klaglose Ja-Sager, die Regeln und Anweisungen befolgten und ansonsten anonym im Hintergrund blieben. Oder intellektuelle Sparringspartner, die so lange nützlich waren, wie er sie als Spiegel seiner Einmaligkeit brauchte. Wer ihm hingegen auf Augenhöhe begegnete, eigenständig blieb und Eigensinn bewahrte, musste sich auf harte Zeiten einstellen. Von der Vorstellung umgetrieben, dass andere ihn in den Schatten stellten, setzte Kissinger gerade den Ehrgeizigen und Erfolgreichen zu. Das Repertoire der Gemeinheiten war unerschöpflich. So konnte es passieren, dass er unliebsame Mitarbeiter in Sitzungen mit dicken Akten über ihre vermeintlichen Verfehlungen konfrontierte. Demütigen und lächerlich machen war alltäglich, geradezu diebische Freude schien er an überzogenen Zeitvorgaben und der Bloßstellung derer zu haben, die ihre Arbeit nicht fristgerecht erledigt hatten. «Warum nur wurde ich mit derart viel Inkompetenz bestraft?»[38] Manche wetteten darauf, wen es wohl als nächsten treffen würde. Sichere Kandidaten waren jene, die er – aus welchen Gründen auch immer – im Verdacht hatte, um die Gunst des Präsidenten zu buhlen. Sie mussten sich auf regelrechtes Mobbing einstellen, gehässige Tiraden in Anwesenheit ihrer Kollegen eingeschlossen. In solchen Momenten war Kissinger, wie es in seiner engsten Umgebung hieß, noch skrupelloser als Nixon.[39] Andere zu erniedrigen, um sich selbst größer zu machen: Dieser Versuchung konnte oder wollte Henry Kissinger nicht widerstehen.

Geradezu legendär waren seine «tantrums», Wutattacken und Tobsuchtsanfälle, vor denen außer Nixon buchstäblich niemand verschont blieb. Mochten die Anlässe noch so nichtig sein, sobald Kissinger sich kritisiert, übergangen oder nicht hinreichend beachtet fühlte, ließ er seine Wut an allen aus, die gerade greifbar waren. Egal, ob Sekretärinnen, Fahrer, Hilfskräfte, Diplomaten oder Minister – von Rose Mary Woods über «Bob» Haldeman und William Rogers bis zu Moshe Dayan bekamen alle ihr Fett weg. Brüllen und Türenschmeißen fielen in solchen Momenten schon gar nicht mehr auf, Akten und andere Gegenstände je nach ihrer Wurfbahn schon eher, etwa im Mai 1974, als er dem israelischen Verteidigungsminister Dayan eine Landkarte entgegenschleuderte. Selbst der sowjetische Botschafter Anatoly Dobrynin, von Haus aus mit rustikalen Umgangsformen vertraut, erwähnte in seinen Depeschen nach Moskau Kissingers «feuriges Temperament und fehlende Selbstkontrolle, verbunden mit Anflügen von Hysterie».[40] Mitarbeiter des Nationalen Sicherheitsrates ignorierten es entweder oder wappneten sich mittels genauer Beobachtung. «Wenn er voller Wut mit einem Bein aufstampft, bist Du ok. Wenn er mit beiden Beinen in die Höhe hüpft, dann hast Du Probleme.»[41] Mimische Imitationen hinter Kissingers Rücken gehörten schon bald zu den beliebten Mitteln der Kompensation. Manchmal verzog sich der Rauch binnen weniger Minuten, mitunter drückte er die Stimmung stunden- oder tagelang. Und jederzeit musste man mit neuen Ausbrüchen dieses unsicheren und dünnhäutigen Menschen rechnen, der jedwede Kritik als Infragestellung seiner Person begriff und spontan in einen unkontrollierten Kampfmodus umschalten konnte.

Über die Gründe dieses Verhaltens wurde viel spekuliert. Für die Beteiligten zählte in erster Linie das Ergebnis – ein vergiftetes Betriebsklima. In der Welt des Henry Kissinger waren immer nur andere für Versäumnisse und Fehler verantwortlich, Kleingeister ohne Sinn und Verstand für das Wesentliche. Irgendjemanden selbstlos zu fördern, auf Stärken zu achten, anstatt nur Schwächen zu diagnostizieren, blieb ihm so fremd wie eh und je. Wobei erschwerend hinzukam, dass er sich wegen seiner notorischen Überheblichkeit mit der Delegation von Aufgaben schwertat und damit genau jene Ineffizienz beförderte, für die seine Kollegen am Ende geradestehen mussten. «Henry türmt einfach Dinge auf», so der Stabschef des Weißen Hauses, «ist aber nicht immer präsent, um sie selbst zu erledigen, während er niemandem anderen erlaubt, einen Vorgang abzuzeichnen. E[hrlichman] meint, dass ihm angesichts dieser Blockade nichts anderes bleibt, als an Henry vorbei Kontakt zu anderen Sachbearbeitern aufzunehmen. Henry ging an die Decke und meinte, dass, solange er hier ist, keiner an ihm vorbei agiert, und dass er niemandem erlauben wird, an seiner Stelle irgendetwas zu genehmigen.»[42] Gereiztheit, Spannung und Misstrauen waren unausweichlich, im Grunde herrschte ein allseitiger Alarmzustand. In den Worten eines Angestellten des Nationalen Sicherheitsrats: «Bei [Kissinger] gibt es nur zwei Möglichkeiten: kontrollieren oder kastrieren.»[43] Anstatt Arbeitsabläufe geschmeidig zu machen, wie es seine Aufgabe gewesen wäre, sorgte Kissinger verlässlich für Sand im Getriebe des Weißen Hauses.

Misstrauen und Streben nach totaler Kontrolle fielen auf Kissinger selbst zurück. Kaum vier Monate im Amt, verhedderte er sich erstmals im Gestrüpp seiner Intrigen. Den Anlass hatte am 9. Mai 1969 die «New York Times» mit einem Bericht über geheim gehaltene Angriffe mit B-52-Bombern gegen vermeintliche Rückzugsgebiete und Nachschublinien der Vietcong in Kambodscha gegeben. Offensichtlich waren einschlägige Informationen aus dem Pentagon durchgesickert. Der wegen undichter Stellen ohnehin nervöse Nixon hatte auch den Nationalen Sicherheitsrat in Verdacht, seines Erachtens ein Hort unzuverlässiger Intellektueller. Aus Angst, wegen einer Verletzung von Aufsichtspflichten in Ungnade zu fallen, mimte Kissinger den Loyalsten unter den Loyalen. Er schürte die Vorbehalte gegen seine Kollegen und drängte den Präsidenten zur Gegenwehr. Nixon musste nicht zum Jagen getragen werden, das Abhören von Telefonen stand schon geraume Zeit auf seiner Agenda. Was aber keineswegs bedeutete, dass Kissinger nur Anweisungen von oben befolgte. Niemand plädierte leidenschaftlicher für die illegale Verwanzung diverser Telefonanschlüsse beim Nationalen Sicherheitsrat sowie im Außen- und Verteidigungsministerium, niemand vertiefte sich so intensiv in die Abschriften abgehörter Gespräche. Und es war Kissinger, der Namenslisten von Zielpersonen erstellte und an das FBI weitergab, der für eine Ausweitung der Aktion auf vier Journalisten sorgte und der nebenbei dem FBI-Direktor J. Edgar Hoover versicherte, dass das Weiße Haus «jeden zerstören wird, der dies getan hat, egal, wo er sitzt. Wir müssen ihn nur finden.»[44]

Fast zwei Jahre, bis zum 10. Februar 1971, wurden insgesamt 17 Verdächtige überwacht, keinem einzigen konnte Fehlverhalten oder gar Geheimnisverrat nachgewiesen werden. Obwohl die Betroffenen in Kissingers Umfeld schon nach wenigen Wochen Wind von der Sache bekommen hatten, hielten sie nach außen still. Intern waren die Schäden freilich nicht mehr zu reparieren. Verdacht und üble Nachrede, Argwohn und Denunziation gehörten seither zum alltäglichen Umgang, im Grunde traute keiner mehr dem anderen über den Weg. «Allmählich dämmerte uns», so ein Mitarbeiter des

Nationalen Sicherheitsrats, «dass dies ein furchterregender Arbeitsplatz war. Es war, als würde man einen Raum mit einem schlechten Geruch betreten. […] Es wird Dir klar, dass eine Regierung auf diese Weise nicht geführt werden sollte. […] Henry machte sich oft über mich lustig. ‹Du bist einfach zu integer›, pflegte er dann zu sagen.»[45]

Dass Kissinger seine Experten obendrein zu Statisten degradierte und viele schlicht für den Papierkorb arbeiten ließ, brachte das Fass zum Überlaufen – «dieser unglaubliche Elitismus, die Heimlichtuerei, die Arroganz, das Gefühl, dass nur der Präsident, dass ausschließlich der Präsident sich darum bemüht, etwas zu erreichen, und dass alle anderen, der Kongress, die Öffentlichkeit, das Außenministerium und die Bürokratie, einfach nur ein Hindernis sind, das aus dem Weg geschafft werden muss.»[46] Die Reaktion ließ nicht lange auf sich warten. Bis September 1969 nahmen zehn der 28 Mitarbeiter, die Kissinger für den Nationalen Sicherheitsrat persönlich angeheuert hatte, ihren Hut, unter ihnen die hoch gehandelten Talente Morton Halperin, Roger Morris, Anthony Lake und Lawrence Eagleburger. Im Sommer 1971 waren von diesen 28 nur noch sieben übrig. Ein derartiger Exodus von einem der begehrtesten Arbeitsplätze der Hauptstadt ist, mit Ausnahme der Administration Trump, ohne Beispiel.[47]

Erst nachdem Kissinger im Oktober 1975 die Stelle als Sicherheitsberater geräumt hatte, beruhigte sich das Arbeitsklima. Sein Nachfolger Brent Scowcroft, ein unaufgeregter Manager der Macht, nahm die Sache wichtiger als sich selbst und prämierte nüchterne Kollegialität. Mit dem Ergebnis, dass die Reibungsverluste zwischen Weißem Haus und anderen Regierungsstellen deutlich zurückgingen und zu aller Vorteil produktiver gearbeitet wurde. Langjährige Beobachter gaben Scowcroft für diese Amtsführung die Höchstnote, Kissinger stellten sie das schlechteste Zeugnis aus. In den Worten des in Harvard lehrenden Politikwissenschaftlers Richard Neustadt: Henry Kissinger ramponierte alle Arbeitsplätze, an denen er tätig war, und übergab sie stets in schlechterem Zustand, als er sie vorgefunden hatte.[48]

Kissingers Klein- und Abnutzungskrieg gegen das Außenministerium ist Teil dieser Geschichte. Kaum im Amt, setzte er ein bürokratisches Manöver mit dem Ziel in Gang, die Konkurrenten um Macht und Einfluss durch Überbeschäftigung auf falsche Fährten zu locken. Sage und schreibe 22 «National Security Study Memoranda» forderte er im ersten Monat vom Auswärtigen Dienst an, 150 weitere in den kommenden vier Jahren – Expertisen zu allen halbwegs relevanten Themen der Zeit. «Die Kontrolle über die interministerielle Maschinerie [...] gab mir die Möglichkeit, die Bürokratie ohne Offenlegung unserer Absichten zu benutzen. Ich stellte Themen als Planungsprojekte vor, über die in Wirklichkeit bereits geheime Verhandlungen geführt wurden», meinte Kissinger. Und ein Mitarbeiter ergänzte: «Wir haben sie mit den National Security Study Memoranda schlicht gekillt.»[49] Ablenken, Täuschen und Demoralisieren gehörten tatsächlich zur Routine. Von Kissingers Verhandlungen mit nordvietnamesischen Abgesandten in Paris erfuhr Außenminister William Rogers aus der Presse, ebenso von der ersten Reise des Sicherheitsberaters nach Peking und Moskau, zu den Gipfeltreffen mit den Regierungschefs der UdSSR und Chinas reiste Rogers als Statist mit Diplomatenpass. Nicht nur nahmen die Schikanen kein Ende, sie gingen ins Uferlose. So verlangte Kissinger, dass jede Kommunikation des Außenministeriums mit sowjetischen Stellen von ihm persönlich genehmigt werden musste und im Falle persönlicher Kontakte der gesamte Gesprächsinhalt in einem Gedächtnisprotokoll festzuhalten war. Dass er mit diesem Aberwitz ins Leere lief, versteht sich von selbst. Und dass die nervtötende Begleitmusik Energien verschliss und dem außenpolitischen Geschäft schadete, ebenso.[50]

Die gegen William Rogers angezettelte Privatfehde überschritt die Grenze des Erträglichen. Getrieben von Neid und Missgunst, nutzte Kissinger jede Gelegenheit zur Konfrontation. Allein die Tatsache, dass Rogers seinen Verpflichtungen nachging, sich mit ausländischen Diplomaten und Ministern traf, Pressekonferenzen abhielt, dem Präsidenten die eigene Meinung vortrug oder dem Senat Bericht erstattete, rüttelte an Kissingers Berstschutz. «Es ist wie mit den Arabern und den Israelis», so sein aufschlussreicher Vergleich. «Ich werde alle Schlachten gewinnen, und er wird den Krieg gewinnen. Er muss mich nur ein einziges Mal besiegen.»[51] Nervlich vollends am Ende schien er, wenn Rogers mit Nixon zum Abendessen verabredet war oder den Präsidenten privat zum Landsitz Camp David und der Yacht «Sequoia» begleiten durfte. Dann führte er Buch über die Stunden, die beide zusammen verbracht hatten, raunte gar vor Mitarbeitern über homoerotische Neigungen oder kolportierte noch mehr an den Haaren herbeigezogenen Tratsch.[52] Offenkundig brachte er sich damit selbst in Gefahr. Aber der Drang, Hinderliches aus dem Weg zu räumen, wog stärker. Und die alsbald umlaufende Rede vom Schattenaußenminister Kissinger gab ihm zusätzlichen Auftrieb.

Wutanfälle und Trotzreaktionen auf allen Seiten und das im täglichen Wechsel – nicht nur Stabschef Haldeman wähnte sich mitunter in einem Tollhaus. «Wir sollten […] beiden [Kissinger und Rogers] klarmachen, dass sie sich kindisch aufführen und dabei ihrem Land wie auch sich selbst schaden. Aber ich bin mir nicht sicher, ob das etwas nutzen wird. […] Henry […] ist der Meinung, dass Rogers ihm den totalen Krieg erklärt hat und ihn an allen Fronten ausmanövrieren will.»[53] Nixon sah es ähnlich, akzentuierte die ursächliche Verantwortung aber deutlicher: «Verdammt noch mal, Bob, wenn es darum geht, Rogers reinzulegen, ist er [Kissinger] geradezu psychopathisch – darum geht es doch im Kern.»[54] Die Entlassung von Rogers, auch dessen war sich Nixon sicher, hätte das Problem nicht gelöst. Die einzig akzeptable Lösung bestand für Kissinger darin, selbst zum Außenminister ernannt zu werden – weil er felsenfest davon überzeugt war, dass es außer ihm keine kompetenten Strategen gab, niemanden, der das Wechselspiel aus Nuancen, Erpressung und Gewalt auch nur annähernd so gut beherrschte.

Dass dergleichen Egomanie politisches Urteilsvermögen eintrüben, wenn nicht ruinieren kann, zeigte sich erstmals in den Grabenkämpfen um Washingtons Nahostpolitik. Weil Nixon den Eindruck einer Bevorzugung Israels durch seinen jüdischen Sicherheitsberater vermeiden wollte, hatte er die «Near East Affairs» zunächst in die Hände von William Rogers gelegt.[55] Es war eine gute Wahl, wie sich nicht zuletzt zeigte, als Rogers einen viel beachteten und zu Recht gelobten Friedensplan für die Region vorlegte: Israel sollte aus den 1967 annektierten Gebieten abziehen, der in Feindschaft vereinte Block seiner arabischen Nachbarn Friedensverträge mit Tel Aviv schließen. In der Administration lief nur einer gegen «Land für Frieden» Sturm – Henry Kissinger. Eine Alternative hatte er nicht anzubieten. Aber darum ging es auch gar nicht, meinte Stabschef Haldeman. «Er [Kissinger] kann sich offensichtlich nicht mit dem anfänglichen Erfolg des Nahostplans abfinden, weil es ein Erfolg von Rogers ist. Genau genommen, versucht er ihn [den Plan] wahrscheinlich genau aus diesem Grund zu Fall zu bringen. Dabei müsste ausgerechnet er [Kissinger] einen klaren Kopf behalten. Stattdessen ist er von diesem bizarren Verfolgungswahn besessen.»[56] Und dabei blieb es. Ohne Gegenkonzept, aber mit unbändiger Entschiedenheit hielt Kissinger das Weiße Haus mit seinem Machtkampf auf Trab.[57] Mitte 1971 entschied Nixon tatsächlich zu seinen Gunsten – möglicherweise, weil auch er Rogers die Flügel stutzen wollte oder anderen Themen den Vorzug gab. Die amerikanische Nahostpolitik geriet aufs Abstellgleis, bis der Jom-Kippur-Krieg im Oktober 1973 das Versäumte schlagartig in Erinnerung rief und der frisch gebackene Außenminister Kissinger die Bühne mit einem alten Vorschlag betrat: dem «Land für Frieden»-Plan seines Vorgängers.

Im Oval Office, Februar 1971:

RICHARD NIXON: «Bob [Haldeman], das Problem mit Henrys Persönlichkeit liegt darin, dass es verdammt noch mal für uns viel zu kompliziert ist, mit ihm zurechtzukommen. [...] Ich habe ihm ein um das andere Mal eins auf den Kopf gegeben, [...] aber ständig versucht er, sich in die Nahost-Politik einzumischen. [...] Er betet jeden Tag, dass dort drüben ein Krieg ausbricht. [...] Er ist so verdammt neidisch, noch nicht einmal [seinen Stellvertreter] Haig will er einbeziehen. [...] Das Problem ist, ich will es mal so sagen: Henry ist kein guter Unterhändler. Er ist es einfach nicht. [...] In Verhandlungen führt er sich wie in Ihren Mitarbeiterbesprechungen auf. [...] Er ist ein bewundernswerter Arbeiter, ein überragender Schreiber. [...] Aber wir können uns keine Wutausbrüche leisten. Ich meine, ich will keine Wutausbrüche wegen Rogers – übrigens auch nicht wegen [Verteidigungsminister] Laird. Und sobald [Finanzminister John] Connally übernimmt, würde er [Kissinger] auch wegen ihm einen Anfall kriegen. […] Ich glaube nicht, dass ich das Problem überbewerte. Ich halte es für sehr ernst. […] Er ist so verdammt unnachgiebig. […] Er würde zum Diktator. […] Aber wir müssen auch bedenken, dass wir, je mehr Zeit vergeht, weniger auf Henry angewiesen sind. Ist Ihnen das klar? Er spaltet uns. […] Henry ist eine furchtbar komplizierte Person, gerade mit Blick auf die allgemeine Stimmung unter uns. […] Ich glaube, es liegt an seinem psychotischen Hass auf Bill [Rogers]. Was in Gottes Namen ist mit ihm los? Was zum Teufel ist es? Ist Rogers hinter ihm her? Das glaubt doch kaum einer.»[58]

Bei dieser Ranküne mit dem Außenminister profitierte Kissinger von der Bescheidenheit seines Widersachers. William Rogers, ehemals Nixons Kompagnon in einer New Yorker Anwaltskanzlei und in den 1950er Jahren dessen juristischer Berater im Kampf gegen «unamerikanische Umtriebe», akzeptierte die Position als Wasserträger. «Ich war bereit, eine untergeordnete Rolle zu spielen. Mir war klar, dass er [Nixon] sein eigener Außenminister sein wollte und keinen Wert darauf legte, diese Rolle mit anderen zu teilen.»[59] Im Amt verhielt er sich wie ein vom Erfolg hinlänglich verwöhnter Mann, der weder sich noch anderen etwas beweisen musste. Davon abgesehen, war er für die intriganten Manöver in seinem Umfeld schlicht zu anständig. Vorteil Kissinger: Personen mit einem unterentwickelten Machtwillen durchschaute er mit dem Instinkt eines Straßenkämpfers. Und behandelte sie entsprechend. Obwohl ihr Verhältnis binnen weniger Wochen zerrüttet war und beide mit wechselseitigen Beleidigungen nicht hinter dem Berg hielten, zeigte Rogers eine bemerkenswerte Kooperationsbereitschaft. Noch nicht einmal Kissingers «geheime Kanäle» stellte er in Frage, einzig über Zeitpunkt und Gegenstand der Gespräche sollte man ihn informieren. Kissinger dachte nicht daran. Stattdessen mokierte er sich über Rogers als intellektuelles Leichtgewicht und beschimpfte Mitarbeiter des Außenministeriums als «schwachsinnige Bastarde» und «gottverdammte Antisemiten.»[60]

Ohne die Rückendeckung durch Richard Nixon hätte sich Kissinger dergleichen kaum erlauben können. «Sie möchten gerne glauben», höhnte der Präsident im Oval Office über William Rogers und dessen Stab, «dass sie die Außenpolitik machen. Tun sie aber nicht, und so allmählich fangen sie an, das zu begreifen.»[61] Mit Kissinger überlegte er immer wieder Finten zur Ausbootung von Rogers, ausländischen Diplomaten empfahl er den Sicherheitsberater als Ansprechpartner. Und sobald er seinen Tagträumen über einen Umbau der Parteienlandschaft und des politischen Systems nachhing, phantasierte Nixon vom Ruin des alten Auswärtigen Dienstes und dem Aufbau eines runderneuerten Außenamtes.[62] Seine Verachtung für die Bürokratie erklärt aber noch nicht die stillschweigende Duldung eines bürokratischen Guerillakrieges, der erkennbar zu Lasten des Binnenklimas und der Arbeitsproduktivität ging. Nixon hatte das Problem erkannt, aber seine notorische Konfliktscheu kam ihm verlässlich in die Quere. Statt korrigierend einzugreifen, schickte er die engsten Vertrauten als Moderatoren mit beschränkten Befugnissen vor. «Das Problem ist», bemerkte Stabschef Haldeman treffend, «dass der P[räsident] bei unerfreulichen Personalfragen nicht willens ist, ein entschiedenes Wort zu sprechen und uns nicht den Rücken stärkt, wenn wir es tun.»[63] Damit war im Grunde nur der Seite mit dem längsten Atem und der größten Verbissenheit gedient. Henry Kissinger also.

Die Sphinx im Oval Office

Für einen Mann wie Richard Nixon zu arbeiten, war eine Herausforderung der besonderen Art. Vor großem Publikum ein Meister, wirkte Nixon andernorts gehemmt oder auf merkwürdige Weise deplatziert, wie ein Introvertierter in einem extrovertierten Beruf.[64] Wobei er sich selbst mit seiner Unsicherheit vermutlich am meisten quälte. Niemand konnte ihm die fixe Idee ausreden, von Feinden und Neidern gejagt zu werden. Gemeint waren die Intellektuellen an den «Ivy League»-Universitäten, der Geldadel von der Ostküste, die Liberalen innerhalb wie außerhalb der Demokratischen Partei, die

Journalisten der großen Medien, der Kennedy-Clan. «Der Feind ist immer derselbe. […] Henry, die einzigen Freunde, die wir haben, sind die Leute da draußen mit einer dürftigen Bildung, und Gott sei Dank sind sie ungefähr die 61 Prozent, die uns unterstützen.»[65] Sich zu öffnen, war für ihn gleichbedeutend mit Kontrollverlust und Verwundbarkeit, zu vertrauen, hielt er für eine weltfremde, geradezu gefährliche Vorstellung. In der Politik schien es ihm allemal klüger, andere über die eigenen Absichten rätseln zu lassen oder bei Bedarf in die Irre zu führen. Besser, es fürchteten ihn alle, als dass einer ihm allzu nahe trat.

Wenn überhaupt, ließ Nixon außer der Familie nur eine Handvoll langjähriger Weggefährten an seiner Welt teilhaben: «Bebe» Rebozo und Robert Abplanalp, Geschäftsmänner und trinkfeste Kumpane; John Mitchell, Justizminister und ehemaliger Partner in einer New Yorker Anwaltskanzlei; John Connally, Finanzminister und Nixons Favorit für die Nachfolge im Präsidentenamt; John Ehrlichman und «Bob» Haldeman, innenpolitischer Berater der eine, Stabschef der andere und beide wegen ihrer deutsch klingenden Namen als «Berliner Mauer» im Weißen Haus oder Männer fürs Grobe verschrien; Rose Mary Woods nicht zu vergessen, seit 1950 persönliche Sekretärin, die Loyalste der Loyalen, die von Nixons Töchtern «Tante Rose» gerufen und von anderen die «fünfte Nixon» genannt wurde – nicht umsonst, denn sie konnte die Stimmungen ihres Chefs am besten lesen und war als einzige in der Lage, Nixons Reden seinem eigenartigen Sprachrhythmus anzupassen.[66] Sie alle bauten Schutzwälle um den Präsidenten, an denen jedermann abprallte, auch Henry Kissinger.

Auf ein perfektes Image war Nixon geradezu versessen. Egal zu welchem Thema, die Entwürfe der Redenschreiber fanden erst Gefallen, wenn ein einnehmendes Porträt des Präsidenten durchschimmerte. Daran biss sich selbst ein Könner wie William Safire die Zähne aus. «Nixon wollte als aufrichtig und ehrlich gesehen werden, als leidgeprüft und gottesfürchtig, als ein Mann, der in Krisen einen kühlen Kopf behält, von Kleingeistern gequält und von Aristokraten verachtet wird, […] und als Mann aus dem Volk, der nie die einfachen Leute vergisst.»[67] Niemals Schwäche zeigen, auf keinen Fall aufgeben, Entscheidungen in völliger Unabhängigkeit und Freiheit treffen, in Krisen kaltblütig, hart und entschlossen seinen Mann stehen – auf diesem Fundament sollte ein unverwechselbarer Mythos wachsen. Ratschläge zur Selbstvermarktung oder zur Korrektur unliebsamer Medienberichte gab er gerne selbst, meist mit Verweis auf seine autobiographische Skizze «Six Crises». Dass er 1969 allen Mühen zum Trotz von «Time» nicht zum «Mann des Jahres» gewählt wurde und diese Auszeichnung drei Jahre später mit Henry Kissinger teilen musste, empfand Nixon wie eine öffentliche Zurechtweisung, übertroffen nur von der Verleihung des Friedensnobelpreises an Willy Brandt. «Alles wäre viel einfacher», vertraute «Bob» Haldeman seinem Tagebuch an, «wenn er einfach aufhörte, sich [um sein öffentliches Image] zu kümmern, und einfach nur Präsident wäre.»[68]

Chronisch unzufrieden, beleidigt oder wütend, hielt Nixon sich selbst und sein Umfeld unter nervöser Spannung. Nächtliche Telefonate im Minutentakt waren ebenso normal wie im Morgengrauen verfasste Direktiven und Aktenvermerke zu allem, was ihn gerade umtrieb – die Platzierung von Billardtischen, Höhe und Ort des Podiums bei Pressekonferenzen oder der Zugang zu den Tennisplätzen des Weißen Hauses inklusive. Perfektionismus gab den Ton vor, Trivialitäten und Staatsgeschäfte waren in diesen Momenten eins. Gerade weil Nixon seine Grenzen nicht zu kennen schien, ging er oft darüber hinaus. Schlaflosigkeit bekämpfte er mit Alkohol, Tabletten oder einem Mix aus beidem. Ob er diese Cocktails nicht vertrug oder schlicht zu viel davon konsumierte, sei dahingestellt. In jedem Fall zahlte er einen hohen Preis für die Belastungen des Amtes wie auch für den Ehrgeiz, es allen immer wieder aufs Neue zu zeigen und sich mehr als andere ins Zeug zu legen. Deshalb fiel auch Bizarres nicht gänzlich aus dem Rahmen, etwa ein Auftritt in der Nacht zum 9. Mai 1970. Kurz zuvor waren US-Truppen auf der Suche nach Rückzugsgebieten der Vietcong in Kambodscha einmarschiert, die Polizei hatte während einer Protestkundgebung an der Kent State University das Feuer eröffnet und vier Studenten erschossen. Nach einer deswegen anberaumten Pressekonferenz lagen Nixons Nerven blank. Zwischen 21 Uhr und zwei Uhr in der Früh führte er an die

50 Telefonate, je sieben mit Henry Kissinger und «Bob» Haldeman, begab sich im Morgengrauen zum Lincoln Memorial, wo er dort campierenden Demonstranten irgendetwas über College-Football zuraunte, suchte anschließend das Kapitol auf und ließ seinen Hausdiener am Pult des Repräsentantenhauses eine Rede halten, ehe er zu einem kurzen Frühstück im Hotel Mayflower vorbeischaute und von entnervten Agenten des Secret Service schließlich wieder ins Weiße Haus gebracht wurde.[69]

Aus dem Tagebuch von Harry R. Haldeman, Mai 1970:
«Der gruseligste Tag bisher. […] Sehr gruselig. Der P[räsident] ist völlig fertig und schwafelt nur noch herum, ist aber offensichtlich zu müde, um schlafen zu gehen. […] Habe ihn endlich dazu gebracht, ins Bett zu gehen, aber er konnte nicht schlafen, wälzte sich hin und her, telefonierte, stand dann wieder auf. […] Er weiß, dass er ausgepumpt ist, und will […] am Wochenende für vier Tage nach Florida. Er braucht es wirklich. Ich mache mir Sorgen wegen seines Zustands. […] Er hat längere Zeit sehr wenig geschlafen, und sein Urteilsvermögen, seine Laune und Stimmung leiden sehr darunter. […] Es ist noch ein langer Weg, und er ist schlicht nicht in der Verfassung, das durchzustehen. Er ist noch immer im Krisenmodus, aber die Enttäuschung steht kurz bevor und wird riesig sein. […] Sehr viel wird von der Berichterstattung am Sonntag und den Magazinen abhängen. Wenn wir das überstehen, können wir ab nächster Woche in ziemlich guter Verfassung weitermachen. […] Wenn nicht, haben wir einige harte Jahre des Wiederaufbaus vor uns. […] Diese beiden Wochen voller Anpassung und Krise […] haben ihren Tribut gekostet. Der P[räsident] will es nicht zugeben, aber er ist wirklich erschöpft und fällt, wie einige beobachtet haben, in alte Gewohnheiten zurück. Er beschäftigt sich viel zu viel mit unnötigen Dingen, und weil er deswegen nicht genug Schlaf bekommt, ist er verkrampft. […] Das könnte hart werden, sollte es zu einer neuen Krise kommen, weil er nicht in der Verfassung ist, damit umzugehen. Die Establishment-Presse trampelt wirklich auf uns und den inneren Spannungen herum. Sie warten offensichtlich auf ihre Chance, und diese ist derart gut, dass sie in vollen Zügen davon Ge-

brauch machen. [...] In Key Biscayne. Immer wieder dasselbe. Er schuftet einfach weiter, Telefonat über Telefonat über Telefonat. [...] Er verbringt Stunden am Telefon. [...] Es ist schwer, damit fertigzuwerden, und erstaunlich, wie schnell alle zerbröseln.»[70]

Seine Mitarbeiter nutzte der Präsident als Abladefläche für schwankende Stimmungen, vor allem als Sparringspartner beim Ausloten unfertiger Gedanken. Stunden-, oft tagelang, konnte er über einem Problem brüten, meistens allein, aber immer wieder auch zu zweit oder in kleiner Runde, in denen er gerne alles vom Kopf auf die Füße stellte, um Neues zu hören und unerwartete Anregungen zu bekommen. «Er drehte ein und denselben Stein ein Dutzend Mal um», so John Ehrlichman, «kam zwei Wochen später wieder darauf zurück und drehte ihn nochmals ein Dutzend Mal um.»[71] «Bob» Haldeman wählte dafür den Vergleich mit einem Hund, der sich vor dem Einschlafen schier endlos im Kreis dreht, ehe er die richtige Stelle gefunden hat, Ehrlichman verfiel, weniger schmeichelhaft, auf das Bild einer wiederkäuenden Kuh.[72]

Dass Henry Kissinger mehr als andere für derlei Debatten, aber auch als stummer Zuhörer bei endlosen Monologen zu haben war, gefiel Nixon. Deshalb musste der Sicherheitsberater wie ein Sekretär ständig auf Abruf bereitstehen, deshalb durfte er nach Belieben im Oval Office ein und aus gehen – nicht so sehr, weil Nixon auf seinen Rat angewiesen war, sondern weil er einen Boxsack für seine Selbstgespräche brauchte. Unangenehm wurde es immer dann, wenn sich Nixon aus einer Laune heraus zu abstrusen Ideen verstieg. Dann schien kein Wunsch zu abwegig, kein Gedanke zu widersprüchlich, kein Befehl zu abenteuerlich, er warf ihn einfach in den Raum und überließ es seinem Stab, Unsinniges zu ignorieren und sinnvollere Gegenvorschläge zu präsentieren. Der Präsident machte noch nicht einmal einen Hehl aus dieser merkwürdigen Neigung. «Es kann Zeiten geben», instruierte er «Bob» Haldeman zu Beginn der Amtszeit, «in denen Sie oder andere vielleicht entscheiden müssen, dass eine von mir angeordnete Maßnahme nicht umgesetzt werden sollte. Ich werde derartige Entscheidungen akzeptieren, aber ich muss darüber Bescheid wissen.» Womit gesagt sein sollte, dass

Kritik durchaus willkommen war – solange sie von Leuten vorgetragen wurde, die er respektierte. Gegenüber Pressesprecher Ron Ziegler schlug er gar einen selbstironischen Ton an: «Das ist ein Befehl. Keine Diskussion. Es sei denn, Sie sind anderer Meinung.»[73]

Selbstverständlich lud Nixon damit zum Tanz auf einer Rasierklinge. Andererseits konnte er sich mit Widerspruch tatsächlich arrangieren – etwa in den Sommern der Jahre 1969 und 1970, als Verteidigungsminister Laird den Befehl, Terroraktionen im Nahen Osten mit Luftangriffen auf Flugplätze in Syrien und Jordanien zu vergelten, ins Leere laufen ließ und zur Entschuldigung schlechtes Wetter geltend machte.[74] Ab und zu kam es eben darauf an, wie Stabschef «Bob» Haldeman bissig bemerkte, den «verrückten Mönch» vor sich selbst zu schützen.[75]

Bei Hofe

Henry Kissinger zog es in der Regel vor, seinem Chef nach dem Mund zu reden. Oder, wie Morton Halperin aus der Nahbeobachtung feststellte: «Bei seiner Arbeit folgte [er] hauptsächlich einem Prinzip: Finde heraus, was Präsident Nixon will und schlag es ihm anschließend vor.»[76] So gut wie nie sagte Kissinger Dinge, die Nixon nicht hören wollte, selbst seine Mitarbeiter verdonnerte er zum vorauseilenden Gehorsam: «Wir alle sind Gehilfen des Präsidenten und müssen uns entsprechend verhalten.»[77] Auch wenn er hier und da Akzente gerne anders gesetzt hätte, wagte er sich nicht aus der Deckung. Noch bei den abstrusesten Gedankenexperimenten Nixons rief Kissinger das übliche Vokabular ab: brillant, tiefschürfend, genial. Oder, in kleinerer Münze: «Ja, Herr Präsident.» – «Ich stimme zu.» – «Ich bin ganz Ihrer Meinung.» – «Richtiger könnten Sie nicht liegen, Herr Präsident.»[78] Dass er blitzschnell im Aufspüren von Stimmungen war und Menschen so treffend analysieren konnte wie ein guter Boxer den Stil seines Gegners, zeigte sich gerade in Nixons Gegenwart. Wie ausgewechselt schien Kissinger dann, ehrerbietiger und unterwürfiger als sämtliche Kollegen.[79] Mit Nixons starkem Bedürfnis nach Beistand und Schmeichelei lässt sich dieses Verhalten nur in Maßen und mit Loyalität überhaupt nicht erklären. Und zwar aus einem einfachen Grund – weil es Kissinger gar nicht um den Vorgesetzten, sondern wieder einmal nur um sich selbst und die eigene Karriere ging.

Statt Nixon zu besänftigen, stachelte er ihn an, statt sich um abgewogene Urteile zu bemühen, bekräftigte er Vorurteile. Welches Problem auch immer zur Debatte stand, vom Lob für Nixons Mut, Männlichkeit und Nervenstärke konnte Kissinger nicht genug auftischen. «So einen harten Kerl gab es noch nie.»[80] Mitunter machte er sich gar seine Flüche zu eigen, was insofern komisch klingen musste, als an dieses Original keine noch so gute Kopie heranreichte und das Ganze auch noch mit schwerem fränkischen Akzent vorgetragen wurde. «Just bomb the living bejeezus out of it [North Vietnam]», in freier Übersetzung: «Bombt die Scheiße aus Nordvietnam heraus» oder «Bombt ihnen die Seele aus dem Leib». Amerikanische Intellektuelle, sowjetische oder nordvietnamesische Unterhändler, Studentenfunktionäre? Alles – und wiederum nach Art des Hauses – «Bastarde», «Hurensöhne», «brutale, ordinäre, drittklassige Dreckskerle».[81] Nixon schien es zu goutieren, nur einmal beklagte er sich über die demonstrative Militanz seines Sicherheitsberaters – als Kissinger vorgeschlagen hatte, auf den Abschuss eines amerikanischen Aufklärungsflugzeugs vom Typ EC-121 Mitte April 1969 mit dem Einsatz taktischer Atombomben gegen Nordkorea zu reagieren.[82]

Gleichzeitig zog Kissinger wie ein Kesselflicker über den Präsidenten her. Nicht hin und wieder, sondern bei jeder sich bietenden Gelegenheit und auch gegenüber Zuhörern, auf deren Verschwiegenheit er nicht setzen konnte. Mal machte er sich über Nixons Ausraster lustig, mal warf er mit Dreck und nannte ihn einen heimlichen Alkoholiker von abgründiger Emotionalität und zweifelhafter Intelligenz. Auch von einem Irren mit einem «meatball mind» war die Rede, von einer tickenden Zeitbombe, die man wöchentlich entschärfen und mit vereinten Kräften davon abhalten musste, die Welt in die Luft zu sprengen. Der britische Botschafter John Freeman hatte nach einem Gespräch mit Kissinger vermutlich den Eindruck, dass das Weiße Haus zur Beute der Borgias und der Mafia geworden war: «Noch nie im Leben ist mir eine derartige Clique selbstsüchtiger Bastarde begegnet», lästerte Kissinger bei einem Bankett. «Und ich dachte mal, die Kennedy-Gruppe wäre auf unangenehme Weise narzisstisch, aber das waren Idealisten. Diese Leute hingegen sind wirklich Schufte.»[83] Selbst gegenüber dem sowjetischen Botschafter Anatoly Dobrynin mokierte er sich über den Präsidenten.[84]

Schwer zu sagen, was derlei Attacken auslöste: mangelnde Affektkontrolle? Die Not, Dampf abzulassen? Schiere Boshaftigkeit? Die Wut eines Mannes, der hoch hinauswollte, aber von Nixon an der kurzen Leine geführt wurde? Die Überheblichkeit dessen, der von seiner Unverzichtbarkeit überzeugt ist und deshalb meint, sich alles erlauben zu können? Oder wollte sich Kissinger als unbesungener Held in Szene setzen, als Rammbock, der Amerika und die Welt vor einem Atomkrieg schützte? Was immer ihn antrieb, er pokerte hoch und spielte mit seinem Job.

Wie viel der Präsident von diesen Hintergrundgeräuschen mitbekam, ist kaum zu sagen. In jedem Fall ließ er Kissinger auf seine Weise spüren, dass er ihn in der Hand hatte, mit Sticheleien und Gemeinheiten, die wie Peitschenhiebe wirken konnten. Ein in der Wolle gefärbter Antisemit, machte er sich unzählige Male einen Spaß daraus, in Kissingers Gegenwart über Juden als Schmarotzer, Verräter und Verschwörer herzuziehen oder antisemitische Witze zu reißen. «Stimmt's Henry? Sind Sie nicht auch dieser Meinung?» Mal ließ es der Angesprochene schweigend über sich ergehen, mal kapitulierte er hörbar. «Nun, Herr Präsident, es gibt solche Juden und solche Juden.»[85] Noch mehr piesackte Nixon mit Hinweisen auf Kissingers Entbehrlichkeit. Dann sperrte er den Sicherheitsberater tagelang vom Oval Office aus und nahm noch nicht einmal Anrufe entgegen. Oder er ermunterte Alexander Haig, mehr Aufgaben im Nationalen Sicherheitsrat zu übernehmen. Manchmal reichte auch ein flapsiges Lob für den verhassten William Rogers zur Aufwallung von Kissingers Verlustängsten, ganz zu schweigen von den durch Dritte übermittelten Botschaften. «Henry, der Präsident lässt Ihnen ausrichten», krähte Nixons Freund «Bebe» Rebozo ins Bordtelefon eines Helikopters auf dem Weg nach Camp David, «dass es Ihren Arsch kostet, falls diese Sache nicht funktioniert.»[86] «Diese Sache» war die einvernehmlich entschiedene Invasion Kambodschas Ende

April 1970. Davon abgesehen, machte Nixon durchweg klar, dass die Außenpolitik Chefsache war. Kenntnisreich bis ins Detail, diktierte er den Kurs und markierte die Grenzen von Kissingers Terrain – wenn es sein musste, auch mit dem Holzhammer. «Warum nachdenken, wenn ich der Meinung bin, dass man nicht darüber nachdenken muss?» Und schon hatte Nixon seinen Adjutanten wieder dort, wo er ihn haben wollte. «Ich stimme zu. […] Richtig. […] Allerdings. […] Jawohl.»[87]

Bei allem Spott über «Sir Henry» und dessen Hang zur Bismarck-Imitation[88] blieb der Präsident argwöhnisch. Wegen Henry Kissinger ließ er sich gar zu einer fatalen Entscheidung verleiten – der Installation von Abhöranlagen im Weißen Haus. Anfänglich hatte Nixon davon nichts wissen wollen. Kurz nach Amtsantritt über die geheimen Aufzeichnungen seiner Vorgänger Kennedy und Johnson informiert, reagierte er unwirsch: «Schmeißt es raus. Ich will so etwas nicht haben.»[89] Der Sinneswandel setzte ein, als Nixon merkte, dass sich Kissinger auf seine Kosten in den Vordergrund spielte und wie das außenpolitische Genie hinter dem Thron auftrat. Vielleicht war ihm auch zugetragen worden, dass Kissinger in seinem Büro alle Telefonate auf Tonband aufnehmen und sogar Akten des Nationalen Sicherheitsrates nebst privaten Aufzeichnungen auf den Landsitz Nelson Rockefellers in Pocantico Hills, New York schaffen ließ.[90] Nixon wollte sich rückversichern und ordnete im Februar 1971 den Einbau eines hochmodernen Audiosystems an, das von Stimmdetektoren gesteuert zu Beginn jedes Gesprächs automatisch in Gang gesetzt wurde.[91] Dass ihn dieses Material im Zuge der «Watergate»-Ermittlungen dereinst das Amt kosten würde, konnte Nixon nicht ahnen. Sein elektronisches Gedächtnis, am Ende auf gut 3500 Stunden aufgebläht, sollte ganz anderes dokumentieren, nämlich, wer im Weißen Haus der Koch und wer der Kellner war. «Sie sind nur ein bezahlter Helfer», pflaumte er Henry Kissinger Anfang 1973 an. «Ich bin derjenige, der den ganzen Ruhm abbekommen wird.»[92]

Wie der Präsident über Konkurrenten um Ruhm und Ehre dachte, ist auf den Tonbändern festgehalten: Clown, Strolch, Bastard, Hurensohn, Wahnsinniger, Arschloch, Luder, Dummkopf, Schwuchtel,

Trampel, Pupser, Zwerg, Schweinepriester, Tussi, Wichser, Gauner, Mistkerl, Hure, Bandit, Kotzbrocken, Trottel, Schwanzlutscher, Ratte, Hexe, Schwachsinniger, Dilettant, Scheißer, Aasgeier, Schlampe, Idiot, Betrüger, Schlappschwanz, Gangster, Fiesling, Einfaltspinsel, Scheißarsch, Lügner, Drecksjude. So klingt eine halbwegs vollständige Liste der Kraftausdrücke, die er für Mitarbeiter, Abgeordnete, Minister, Parteifreunde, politische Gegner, Diplomaten, Militärs, Staats- und Regierungschefs und erst recht für Journalisten bereithielt.

Nicht alles sollte man auf die Goldwaage legen, zumal nicht immer klar ist, bei welchen Gelegenheiten Nixon bewusst Fährten legen wollte und wann er das Abhörsystem ignorierte oder schlicht vergessen hatte. Seine Gesprächspartner hingegen waren allesamt arglos. Auch deshalb sind die «White House Tapes» eine einzigartige Quelle. Sie spiegeln Emotionen, Gedankenexperimente, Erwartungen und Ziele, Strategien und Taktik, sie verdeutlichen, wann es um die Sache und bei welchen Gelegenheiten um bloße Inszenierung ging – und sie sind Nahkampfprotokolle des Streits über politische Prioritäten und persönliche Eitelkeiten. Dieses und vieles mehr hatte Henry Kissinger im Blick, als er die Nachrichten über Nixons Geheimarchiv kommentierte: «Wir werden wie die kompletten Narren dastehen, wenn diese Bänder an die Öffentlichkeit kommen.»[93]

In der Tat sind ungezählte Torheiten festgehalten, darunter Kissingers ewiges Drohen mit Rücktritt. Am 9.3.1969, am 23.1., 13.7., 21.9., 23.9., 9.12. und 12.12.1970, am 8.1., 15.1., 20.1., 8.3., 9.3. und 30.12.1971, am 17.11. und 5.12.1972 sowie am 12.4.1973 wollte er wegen gekränkter Eitelkeit den Bettel hinwerfen, also 16 Mal in gut vier Jahren[94] und vermutlich noch viel öfter, denn irgendwann war man es offensichtlich leid, auch darüber noch Buch zu führen. Obwohl Haldemans und Ehrlichmans «Berliner Mauer» vieles abprallen ließ, war Nixon im Großen und Ganzen doch im Bilde. Gegenüber John Ehrlichman und «Bob» Haldeman beklagte er sich über den Aufwand, den er immer wieder betreiben musste, «um diesen Kerl [Kissinger] wieder aufzumöbeln. Ihm ist ein emotionaler Zusammenbruch zuzutrauen.» Am liebsten hätte er ihm eine psychotherapeutische Behandlung, zumindest aber einen langen Urlaub

Richard Nixon im Oval Office mit den Beratern H. R. Haldeman, Dwight Chapin und John Ehrlichman, 13. Mai 1970.

verordnet.[95] Stattdessen hielt Kissinger das Weiße Haus mit seinem Lamento über die Undankbarkeit der Welt, Nixons mangelndes Vertrauen und vermeintliche Intrigen von William Rogers in Beschlag.[96]

Der Weinerlichkeit und des ewigen Opferlamentos überdrüssig, dachte Nixon im Januar 1972 erstmals laut über eine Entlassung Kissingers nach. «Wenn wir es jetzt nicht machen, wird er im Wahlkampf das große Wort führen.»[97] Doch zur Kündigung kam es bekanntlich nicht. Vielmehr sollten Ehrlichman, Haldeman und Justizminister John Mitchell ein «Henry-Handling-Committee» bilden und das «K-Problem» unter Beobachtung halten. Haldeman unterstützte den Vorschlag, sah aber wenig Aussicht auf Besserung. «Henry ist jetzt an einem Punkt, wo er dermaßen emotional ist, dass er nicht mehr klar denken kann. Und er ist viel mehr mit der Frage beschäftigt, was ihm widerfährt, als damit, was das Problem für den P[räsidenten] ist. [...] Das ist ein komplettes Desaster.»[98]

Im Oval Office, Dezember 1971:
RICHARD NIXON: «In Henrys Fall gibt es sicherlich eine ganz besondere Neigung, nämlich immer die Schuld bei anderen zu suchen, aber zu bestreiten, dass irgendetwas in seinem Laden nicht perfekt sein könnte. [...] Also, ich bin zu dem Schluss gekommen, dass Henry manchmal wie ein Kind sein kann. [...] So sind Intellektuelle eben. [...] Auch Henry hat diese intellektuelle Arroganz. Er wird jedes gottverdammte Ding, das er je gemacht hat, rechtfertigen. [...] Glaubt mir, wenn er etwas nicht ausstehen kann, dann ist es, sich geirrt zu haben. [...] Das ist das Problem mit übermäßiger Bildung. Dann fangen Leute an zu glauben, dass sie nichts falsch machen können, und wenn sie dann einen Fehler machen, versuchen sie sich immer mit der Behauptung zu rechtfertigen, dass sie es überhaupt nicht gemacht haben. Sondern dass sie es waren, die immer Recht hatten. [...] Das war das Problem mit Kennedy und Johnson in Vietnam. Immer wenn sie davon ausgingen, dass es ein Fehler war, haben sie es noch schlimmer gemacht, indem sie beweisen wollten, dass es keiner war.» JOHN EHRLICHMAN: «Henry glaubt, dass sein Ansehen etwas für die Ewigkeit ist, [...] so eine Art Metternich der 60er und 70er [Jahre].» NIXON: «Yep.»[99]

Einen Fehler noch schlimmer machen, indem man beweisen will, dass es keiner war – treffender hätte Nixon die interne Debatte über das Kardinalproblem seiner Administration nicht beschreiben können. Nämlich über den Krieg in Vietnam.

Krieger

Vietnam, Vietnam und immer wieder Vietnam. Zwar glaubte 1969 in Washington kaum jemand mehr an einen militärischen Sieg im Kampf gegen Guerillas und konventionelle Streitkräfte des Nordens. Aber Südostasien blieb für Richard Nixon und Henry Kissinger der Schicksalsort, an dem sich alles entschied: Amerikas Rolle als Weltmacht, die Attraktivität revolutionärer Bewegungen und nicht zuletzt ihr eigener Platz in den Geschichtsbüchern. Was immer außenpolitisch verhandelt wurde, über allem schwebte Vietnam. Die USA können mit einer Niederlage in Südostasien nicht leben – so lautete das erste und oberste außenpolitische Gebot. «Alles muss an der Frage gemessen werden», so Nixon, «was sich in Vietnam durchsetzt und was nicht.»[100] Statt einen Neuanfang zu wagen, verharrten der Präsident und sein Sicherheitsberater in den ausgetretenen Pfaden ihrer Vorgänger. Und wie diese klammerten sie sich an die Forderung nach einem «ehrenvollen Frieden»: Es ging nicht um das Leben von Soldaten und Zivilisten, nicht um ein von Bomben umgepflügtes Land, nicht um ein rasches Ende der Exzesse. Es ging um einen Frieden, der Amerikas «Ehre» rettete. Oder das, was zwei Männer im Weißen Haus unter Ehre verstanden.

«Nach der Wahl 1968 standen mir alle Möglichkeiten offen, Knall auf Fall aus Vietnam rauszugehen», räumte Nixon wiederholt ein. «Politisch gesehen, hätten wir es vor drei Jahren einfach hinter uns bringen und Johnson und Kennedy dafür verantwortlich machen sollen. Kennedy hat es uns eingebrockt, Johnson fand keinen Ausweg. Ich hätte alle Schuld auf beiden abladen können und wäre zum Nationalhelden geworden. Wie Eisenhower, als er den Koreakrieg beendete. Und so schlecht wäre das gar nicht gewesen. Ja, die Nordvietnamesen hätten wahrscheinlich zwei Millionen südvietnamesische Katholiken abgeschlachtet und kastriert, aber das hätte niemanden aufgeregt. Diese kleinen, braunen Leute, so weit weg, wir kennen sie doch gar nicht, hätten alle gedacht.» Tatsächlich hatte Nixon im Wahlkampf 1968 mit Angriffen auf seine Vorgänger gepunktet und über einen «Geheimplan» zur raschen Beendigung des Krieges gemunkelt. Einen derartigen Plan gab es noch nicht einmal in Ansätzen, wohl aber die Angst vor schwindender Macht und weltpolitischen Entwicklungen, die sich der Kontrolle Washingtons entzogen. «Das konnten wir nicht tun. Nicht wegen Vietnam, sondern mit Blick auf Japan, Deutschland und den Nahen Osten. […] Wir mussten die Sache durchstehen.»[101]

Um die Sache überhaupt durchstehen zu können, musste Nixon zunächst einmal der innenpolitischen Stimmung Rechnung tragen und die Todesrate unter amerikanischen Soldaten reduzieren. Hinter dieses Wahlkampfversprechen gab es kein Zurück. Von den 543 000 im April 1969 in Vietnam stationierten GIs verließen binnen Jahresfrist knapp 140 000 das Land, weitere 180 000 kehrten bis Juli 1971 nach Hause zurück. Ein Jahr später hielten nur noch 46 000 Mann die Stellung, eine mit Logistik und Ausbildung der südvietnamesischen Armee beschäftigte Truppe ohne einsatzfähige Kampfverbände. Dessen ungeachtet glaubte Nixon nach wie vor an die Möglichkeit, ein Ende des Krieges nach amerikanischen Vorstellungen herbeiführen zu können – wenn möglich auf dem Verhandlungswege, wenn nötig mittels der Luftwaffe, die im Weißen Haus wie eh und je als wenig genutzte Trumpfkarte galt, militärisch durchschlagend und politisch vielversprechend, weil die Öffentlichkeit von den Opfern der Anderen erfahrungsgemäß wenig Notiz nahm.

Für die Geheimverhandlungen, die Henry Kissinger seit Anfang August 1969 mit Vertretern Nordvietnams in Paris führte, wärmte Nixon zwei Vorschläge aus der Spätphase der Vorgängerregierung auf: einen beiderseitigen Truppenrückzug aus dem Süden des Landes und ein «ceasefire in place». Dass Hanoi von Ersterem nichts wissen wollte, lag auf der Hand: Wer auf dem Schlachtfeld Schwäche zeigt, so der rituell vorgetragene Einwand, kann am grünen Tisch nicht aus einer Position der Stärke verhandeln und seine Bedingungen diktieren. Aber auch die Idee eines «ceasefire in place» – eines Einfrierens nordvietnamesischer Stellungen bei gleichzeitigem Abzug amerikanischer Truppen – brachte keine Annäherung. Erwartungsgemäß, müsste man hinzufügen. Denn was konkret damit gemeint war, blieb unklar. Sollte die kommunistische Seite die Waffen niederlegen, ehe man über die politische Zukunft des Landes gesprochen, geschweige denn eine Einigung erzielt hatte? Wollten die USA auf diesem Wege ihrem Feind doch noch ein unwahrscheinliches Zugeständnis abtrotzen – nämlich den Machthaber im Süden, General Thieu, als Ansprechpartner bei der Umsetzung eines Waffenstillstands zu akzeptieren? Oder ging es gar nicht um eine Beendigung des Krieges? Vielmehr um eine Verschnaufpause, um die südvietnamesische Armee aufpäppeln und anschließend die Kämpfe an der Seite des bewährten Partners Thieu wieder aufnehmen zu können? Die seit Sommer 1969 von Nixon und Kissinger ausgegebene Parole einer «Vietnamisierung des Krieges» ließ diese Zweifel auch bei neutralen Beobachtern aufkommen.

Washington wollte ein Waffenstillstandsabkommen tatsächlich auf die lange Bank schieben. In internen Gesprächen legte Nixon den entsprechenden Kurs fest: Angebote unterbreiten, die abgelehnt würden, scheinbar guten Willen demonstrieren und der Gegenseite den schwarzen Peter zuschieben. «Es geht um einen Vorschlag, der sie als absolut uneinsichtig aussehen lässt. Verstehen Sie? [...] Sie sollen die Offerte gar nicht annehmen – um Himmels willen nein.»[102] Obwohl diese Hinhaltetaktik die Freilassung von Kriegsgefangenen verzögerte, innenpolitisch also riskant war, hielt Nixon stur daran fest. Und Kissinger unterstützte ihn wie gewohnt. Man spielte auf Zeit, um den Preis für ein Abkommen in die Höhe zu treiben. Von einem «angemessenen Intervall» oder einem «vernünftigen zeitlichen Abstand» war die Rede. Gemeint war, dass zwischen einem vertraglich vereinbarten und vollständigen Rückzug der USA und einer kommunistischen Machtübernahme im Süden möglichst viel Zeit lag. In anderen Worten: Man gab General Thieu auf Dauer keine Überlebenschance. Aber der Eindruck, dass die Vereinigten Staaten für den Zusammenbruch Südvietnams hafteten, musste vermieden werden. Stattdessen sollte die Junta in Saigon für das absehbare Desaster die alleinige Verantwortung tragen – am Ende einer Schonfrist und eines künstlich verlängerten Lebens.

Ein «decent interval» war demnach nichts weiter als politische Kosmetik – eine Investition zur Pflege des amerikanischen Images und zur Beglaubigung des außenpolitischen Nimbus von Richard Nixon und Henry Kissinger. Wenn beide in vertrauter Runde davon sprachen, den Krieg am Ende doch noch gewinnen zu können, meinten sie stets dieses «angemessene Intervall». Einen militärischen Sieg im traditionellen Sinne des Wortes hatten sie bereits 1969 abgeschrieben, nicht aber einen symbolischen Sieg zur Wahrung des Scheins. Es durfte einfach nicht so aussehen, als hätte man einen Verbündeten im Stich gelassen, als wären Moskau und Peking mit ihrer Unterstützung von Aufständischen auf dem Vormarsch oder als fehlte es den USA am Willen zur Selbstbehauptung. Oder als hätten sich zwei selbst ernannte Großstrategen im Dickicht falscher

Annahmen verirrt. Stattdessen klammerten sie sich an eine zum Dogma erstarrte Maxime: Solange man nicht wie ein offenkundiger Verlierer dasteht, ist der Krieg gewonnen. Auch deshalb waren die Pariser Friedensgespräche zäh wie Harz, wurde Monat um Monat nutzlos vergeudet und der Krieg um weitere vier Jahre in die Länge gezogen.[103]

Dessen ungeachtet versuchte Henry Kissinger, seine nordvietnamesischen Gesprächspartner von den Vorzügen eines «decent interval» zu überzeugen. Mal machte er, seinem Verhandlungsstil entsprechend, schillernde Andeutungen in direkten Gesprächen, mal nutzte er chinesische oder sowjetische Diplomaten als Mittelsmänner. Allerdings tendierten die Erfolgsaussichten gegen null, weil diese Manöver ein längst ruiniertes Gut zur Voraussetzung hatten – Vertrauen. Warum hätte Nordvietnam der unverbindlichen Zusage, dass die USA irgendwann einmal einer kommunistischen Machtübernahme im Süden keine Steine mehr in den Weg legen, Glauben schenken sollen? In jedem Fall waren die Parteieliten in Hanoi entschlossen, einzig auf die eigene Kraft und niemals einer äußeren Macht zu vertrauen. Allerdings wollte der Historiker Kissinger mit dieser Seite der Geschichte ebenso wenig belästigt werden wie sein Vorgesetzter. Statt nach den Gründen für Hanois teils stures, teils verachtendes Auftreten in Paris zu fragen, ergingen sie sich in Tiraden über den schmutzigen, hinterhältigen Charakter kommunistischer Funktionäre. Und redeten sich ein, auf dem Umweg eines «decent interval» den Krieg doch noch zu ihren Bedingungen «gewinnen» zu können. Es war, wie schon Zeitgenossen anmerkten, eine Wette wider die Realität.[104]

In der Glaubwürdigkeitsfalle

Der Einsatz in diesem Spiel hieß Glaubwürdigkeit. Und variiert wurde ein seit der Antike bei allen Großmächten geläufiger Gedanke. Demnach gilt Glaubwürdigkeit als psychologisch wichtigste Ressource von Macht – Wort halten, das Gesicht wahren und keine Zweifel beim Einsatz herrschaftlicher Ressourcen aufkommen lassen. Nur kontinuierlicher Einsatz, gerade an Orten ohne erkennbare strategische, wirtschaftliche oder politische Bedeutung, bewahrt Machtmittel vor ihrer Entwertung. Zentrum und Peripherie sind in diesem Sinne gleichwertig, die Symbolik der Tat färbt unterschiedslos vom einen auf das andere ab. Und neben militärischer Selbstbehauptung gehört der psychologische Abnutzungskrieg zu den Hebelwerkzeugen, wenn es gilt, die Kraft eines Kontrahenten durch fortgesetzte Beanspruchung zu bändigen oder im besten Fall aufzuzehren. Glaubwürdigkeit erfordert also langen Atem, Stehvermögen und die Mittel, Störer oder Umstürzler der etablierten Ordnung an ihre Belastungsgrenzen zu bringen.

Während des Kalten Krieges wurde der Kampf um Glaubwürdigkeit auf die Spitze getrieben. Immer schien es ums Ganze zu gehen, überall lauerten angeblich existenzbedrohende Gefahren, noch im hintersten Winkel der Weltpolitik mussten Grenzen gezogen und Ansprüche verteidigt werden. «Lebenswichtig» mauserte sich zum politischen Adjektiv der Epoche, zu einem wahllos für alle möglichen Interessen vergebenen Etikett. Mit diesem Attribut veränderten sich Perspektiven und Maßstäbe. Wer so argumentiert, verdammt sich selbst zum Erfolg und hat im Sinne Richard Nixons «die Sache durchzustehen», Entscheidungen wider besseres Wissen inklusive. Von der Verteidigung Berlins in Saigon und umgekehrt zu sprechen, war folglich nur konsequent – ausgehend von der Prämisse, dass das Verhalten in einer Region den Gradmesser für Reaktionen andernorts abgibt. Diesbezüglich blieb sich Henry Kissinger über Jahrzehnte treu: «Die Vereinigten Staaten […] müssen […] fähig und bereit sein», schrieb er 1957, «ihre Macht schnell und entscheidend ad oculos zu demonstrieren, nicht nur, um die sowjetische Aggression abzuschrecken, sondern auch, um die nicht gebundenen Staaten durch entschiedenes Handeln zu beeindrucken.»[105] Und als Sicherheitsberater setzte er dasselbe Ausrufezeichen: «Wir müssen immer daran denken, dass uns die Russen daran messen werden, wie zielgerichtet und entschlossen unser Auftreten auf allen Ebenen ist.»[106] Auf allen Ebenen: Ob militärisch, wirtschaftlich, politisch oder psychologisch, die Welt hatte sich in ein Brettspiel aus Dominosteinen verwandelt und konnte durch einen einzigen falschen

Zug zum Kippen gebracht werden. Unter der Hand, so die Historikerin Barbara Tuchman, wurde das Streben nach Glaubwürdigkeit bis zur Selbsthypnose aufgebläht. Man könnte auch von einer Obsession oder einem mit «fanatischer Rigidität» verfolgten Dogma sprechen.[107]

Im Oval Office, Februar, April und Mai 1972:

RICHARD NIXON: «Wir müssen gewinnen. Wir dürfen dort [in Vietnam] einfach nicht verlieren. Weil es nämlich mit China zu tun hat. Mit Russland. Mit dem Nahen Osten. Mit Europa. Darum dreht sich die ganze Sache. […] Henry, […] ist Ihnen klar, dass Amerikas Außenpolitik für alle Zeit ruiniert ist, wenn wir dort verlieren sollten? Dann werden wir nie wieder irgendwo kämpfen. […] Das heißt, dass wir jedes Risiko eingehen müssen, auch auf die Gefahr hin, Wahlen zu verlieren. So kaltblütig sehe ich das, so und nicht anders. […] Der Punkt ist einfach, wir haben keine andere Wahl. Verstehen Sie das?» HENRY KISSINGER: «Herr Präsident, das entspricht haargenau meiner Meinung, meiner eigensüchtigen, kurzsichtigen, persönlichen Meinung.» […] NIXON: «Falls die Vereinigten Staaten in Vietnam den Kürzeren ziehen, wenn dort eine von den Sowjets unterstützte Invasion erfolgreich ist, dann wird dasselbe als nächstes im Nahen Osten probiert werden, und die Vereinigten Staaten werden sich auch dort nicht behaupten können. Das steht auf dem Spiel. […] Diese Gelegenheit dürfen wir nicht verpassen, Henry. Wir werden es tun, und ich werde das gottverdammte Land zerstören, glauben Sie mir. Ich meine wirklich zerstören, wenn nötig. Und ich will mal so sagen: Auch mit Atomwaffen, wenn nötig. Das ist nicht nötig, aber Sie wissen, was ich meine. Es zeigt einfach, wie weit ich bereit bin zu gehen. […] Ich meine, wir werden Nordvietnam die Seele aus dem Leib bomben, und wenn sich uns jemand in den Weg stellt, werden wir mit Atomwaffen drohen. […] Wir werden eine Blockade errichten und weiterbomben. […] Und wenn es mich die Wahl kostet. Ist mir scheißegal. Wir werden den Krieg gewinnen. […] Ich sag' es jetzt mal geradeheraus. Südvietnam verliert vielleicht, aber die Vereinigten Staaten können nicht verlieren. […] Was auch immer mit Südvietnam geschieht, wir werden Nordvietnam wegputzen. […] Ich sag' es noch einmal: Wir können den Krieg nicht verlieren. […] Einmal wenigstens werden wir die maximale Kraft dieses Landes einsetzen müssen […] gegen dieses verschissene kleine Land – um den Krieg zu gewinnen. Wir selbst können nicht von ‹gewinnen› reden, das können andere tun […]. Wir haben einen militärischen Plan, von dem wir wissen, dass er unser Ziel erreichen wird, nämlich diesen verdammten Krieg nicht zu verlieren.»[108]

Welchen Furor konservative Kreise in der Debatte über «vital interests» und Amerikas Glaubwürdigkeit entfachen konnten, war seit den frühen 1950er Jahren bekannt. Der damalige Streit über den «Verlust Chinas» hatte nicht allein Senator McCarthy groß gemacht, sondern allen Präsidenten eine deutliche Warnung mit auf den Weg gegeben. Wer im Verdacht stand, «weich» gegen die Kommunisten zu sein, setzte Ruf, Karriere und Amt aufs Spiel. Selbst ein Kommunistenjäger wie Nixon wurde die populistischen Geister, die er einst beschworen hatte, nicht mehr los. Im Wahlkampf des Jahres 1972 begegnete ihm mit George Wallace ein Wiedergänger Joseph McCarthys, der von einem «Siegfrieden» in Vietnam phantasierte und großen Zuspruch einheimste, ehe ihn die Kugeln eines Attentäters zum Invaliden machten. Aber auch ohne Wallace sah sich Nixon einer einflussreichen Klientel verpflichtet, die eine Schmach in Vietnam nicht hinnehmen wollte – aus Respekt vor gefallenen GIs, wegen der nationalen Ehre oder aufgrund einer diffusen Aversion gegen Friedensaktivisten jedweder Couleur. Auf sie hatte Nixon seine berühmte Rede über die «schweigende Mehrheit» zugeschnitten, ihnen wollte er sich als glaubwürdiger Verfechter amerikanischer Interessen präsentieren. «Lassen Sie uns vereint gegen eine Niederlage auftreten. Weil wir eines verstehen sollten: Nordvietnam kann die Vereinigten Staaten nicht schlagen oder demütigen. Das können nur Amerikaner tun.»[109]

Dass es wegen Vietnam zu gleichen Teilen um seine persönliche Glaubwürdigkeit ging, machte Nixon in Gesprächen mit Henry Kissinger ein um das andere Mal deutlich. Es klang wie eine verhakte Schallplatte: Richard Nixon wird nicht der erste Präsident sein, der einen Krieg verliert oder für Amerikas Abstieg zu einer zweitklassigen Macht verantwortlich ist. Punkt, Aus, Ende, keine weitere Diskussion.[110] Ähnliches ist auch von seinen Vorgängern, insbesondere von Lyndon B. Johnson, überliefert. Aber im Unterschied zu ihnen steigerte sich Nixon bei diesem Thema in eine kaum gezügelte Erregung hinein, er fluchte, brüllte, schlug mit den Fäusten auf den Tisch, phantasierte sich Landkarten mit lohnenden Bombenzielen zurecht und blaffte Kissinger an, endlich großformatig zu denken – sprich sich zu fragen, ob der Einsatz taktischer Atombomben am Ende nicht vielleicht klüger sei als die Zerstörung von Deichen mit einem in die Hunderttausende gehenden Blutzoll. In solchen Momenten war Vietnam nichts weiter als ein «verschissenes Land» voller «Bastarde» und Richard Nixon der Ordnungshüter, der einer Bande Unerziehbarer das Handwerk legt und Uneinsichtige zur Vernunft bringt.[111] Was im Einzelfall hinter diesen Ausrastern steckte, ist schwer zu sagen. Vielleicht war es die Frustration über einen Kriegsverlauf, der sich nicht seinen Vorstellungen fügen wollte und den Anspruch blamierte, alles besser zu machen als Kennedy und Johnson; oder der Erwartungsdruck einer Gesellschaft, die Rückschläge nicht gewohnt war und noch weniger damit umgehen konnte; oder die Angst, für ausbleibende Erfolge an der Wahlurne bestraft zu werden. In jedem Fall sah Richard Nixon in Vietnam einen Ort, wo sich sein Schicksal als Politiker, Staatsbürger und Privatmann entschied.

Im Oval Office, März, April, Juni und November 1971, Februar, April und Mai 1972:

RICHARD NIXON: «Also, also, also fickt die Wichser. […] Macht Euch keine Sorgen. Wir werden nicht mit einem Wimmern da rausgehen. Wir werden ihnen verdammt noch mal alles um die Ohren hauen. […] Zur Hölle damit! Wir werden gewinnen. Wir müssen es. Ich muss es. Wir haben einige Karten in der Hinterhand […] und wir werden sie verdammt hart ausspielen.[112] […] Wir werden den gottverdammten Norden bombardieren, wie er noch nie bombardiert worden ist. […] Lasst dieses Land in Flammen aufgehen. […] Sollten wir uns [aus Südvietnam] zurückziehen, ohne von [Hanoi] eine Gegenleistung bekommen zu haben, werden wir Nordvietnam in Grund und Boden bomben. Haben Sie mich verstanden? Einfach die verdammte Scheiße aus dem Land rausbomben. […] Einfach drei Monate lang die Scheiße aus ihnen herausprügeln. […] Ich würde diesem verdammten Land [Vietnam] wirklich den Gnadenstoß geben. […] In anderen Worten: Macht Kleinholz aus ihnen, macht Kleinholz aus ihnen, macht Kleinholz aus ihnen. […] Wir müssen dort alles treffen, was sich bewegt.» HENRY KISSINGER: «Herr Präsident, ich werde Sie aus ganzem Herzen unterstützen, und ich glaube, dass Sie das Richtige tun.»[113] *NIXON: «Man muss diese Bastarde einfach – einfach pulverisieren. […] Ich will, dass [Nordvietnam] zu Klump gebombt wird. Wenn wir schon das Schwert ziehen, dann werden wir diese Bastarde an allen Ecken und Enden bombardieren. Lasst die Bomben fliegen, lasst sie fliegen. […] Offen gesagt, es gäbe für mich kein größeres Vergnügen, als dieses Amt an jemanden zu übergeben, nachdem wir Nordvietnams Kriegspotential zerstört haben. […] Diesen Hurensöhnen werden wir es zeigen. […] Jetzt kriegen sie es ab, […] der Würfel ist gefallen. […] Es gibt keine Obergrenzen – abgesehen von Atomwaffen. […] Es gibt keine Obergrenzen, das gibt es nicht mehr.»*[114]

Unberechenbarkeit als Mittel der Politik

Unberechenbare Ausbrüche im kleinen Kreis hin oder her, der Clou ist ein anderer: Nixon wollte Unberechenbarkeit als Mittel der Außenpolitik einsetzen, gegenüber Vietnam stand dieses Spiel sogar im Zentrum seiner Überlegungen. Im Sommer 1968, Monate vor dem Einzug ins Weiße Haus, erläuterte er «Bob» Haldeman, wie man mit der Suggestion von Wahnsinn politische Gewinne einfahren kann. «Ich nenne es die Madman-Theorie. Die Nordvietnamesen sollen glauben, dass ich für eine Beendigung des Krieges schlicht alles tun würde. Wir spielen ihnen einfach die Information zu, dass dieser Nixon vom Kommunismus besessen ist, dass man ihn nicht bändigen kann, wenn er wütend wird, und dass er obendrein auch noch den Finger auf dem Atomknopf hat. Ho Chi Minh höchstpersönlich wird innerhalb von zwei Tagen in Paris sein und um Frieden betteln.»[115] Die Furcht der anderen als Schmiermittel der eigenen Politik, Einschüchterung, Drohung und Erpressung als Instrumente des Stärkeren – damit hatten die USA, zumindest nach Nixons Lesart, ihre Bedingungen zur Beendigung des Koreakrieges durchgesetzt. Und auf diese Weise wollte er das Zaudern seiner Vorgänger Kennedy und Johnson dementieren. Den Anfang machte der «Joint Chiefs of Staff Readiness Test», eine zweiwöchige Machtdemonstration in der zweiten Oktoberhälfte des Jahres 1969. Luftwaffenbasen in den USA, Westeuropa und Ostasien wurden in erhöhte Alarmbereitschaft versetzt, ungewöhnlich viele Atombomber stiegen zu simulierten Luftkämpfen auf, die Marine ließ nuklear bestückte U-Boote in den Atlantik, den Golf von Aden und in die Gewässer um Japan auslaufen, tagelang operierten gefechtsbereite B-52 hart an der Grenze des sowjetischen Luftraums über Alaska. Die Botschaft an Moskau: Haltet bei einer Ausweitung des Luftkrieges auf Nordvietnam still, ansonsten müsst Ihr mit dem Äußersten rechnen. Mit einem «Madman» eben.[116]

Henry Kissinger war der größte Fan der «Madman»-Strategie. Bereits in seiner 1957 publizierten Studie über «Kernwaffen und Auswärtige Politik» hatte er eine neue Zeichensprache der Macht gefordert: Wer Kontrahenten Angst einflößt und den Anschein erweckt, selbst vor rein gar nichts Angst zu haben, bekommt seinen Willen auf dem schnellsten Wege. Und wer die rationale Angst anderer vor der eigenen Irrationalität nervenstark manipuliert, vermindert das Risiko einer ungewollten Eskalation.[117] Von Daniel Ellsberg, einem jungen Wilden unter den «Defense Intellectuals», bekam Kissinger in den späten 1950er Jahren den letzten Schliff zur Theorie über die «Kunst der Erpressung».[118] Zweifel an diesen intellektuellen Trockenübungen blockte Kissinger ab. Er blieb bei der schlichten Behauptung, dass sein imaginiertes Jonglieren mit mehreren Unbekannten in der Realität bestehen könnte – Wille, Mut und Entschlossenheit vorausgesetzt. «Unsere übergeordnete Strategie besteht darin, mehrere Züge gleichzeitig zu machen. […] Falls wir Militär einsetzen, geht es darum, sehr gefährliche Züge zu machen, so dass die andere Seite nicht glaubt, sie könnte ohne Risiko

Aufruf der «National Peace Action Coalition» zu einer Demonstration gegen den Vietnamkrieg, April 1971. Karikiert wurden Präsident Nixon, Verteidigungsminister Melvin Laird und Henry Kissinger.

darauf reagieren. […] Wir müssen es rücksichtslos spielen. Das ist der sicherste Weg. […] [Wir müssen] darauf vorbereitet sein, schnell und schonungslos bis zu einem Punkt zu eskalieren, an dem der Gegner es sich nicht mehr erlauben kann, Dinge auszuprobieren.»[119] Bei der Vermarktung dieser Ideen war eine verlegerische Entscheidung hilfreich. Pünktlich zu Kissingers Amtsantritt erschien «Kernwaffen und Auswärtige Politik» in einer gekürzten Fassung.

Im Weißen Haus ließ Kissinger so gut wie keine Gelegenheit aus, seinen Chef im Glauben an die «Madman»-Strategie zu bestärken. Nach dem Abschuss eines US-Spionageflugzeugs durch Nordkorea, bei diversen Krisen im Nahen Osten, anlässlich des vermuteten Ausbaus sowjetischer Flottenstützpunkte auf Kuba und immer wieder wegen Vietnam – stets trumpfte Kissinger mit der Forderung nach einer schnellen und brutalen Überreaktion auf. Auch die nordvietnamesische Verhandlungsdelegation in Paris wollte er mit Nixons angeblich nervösem Finger am Atomknopf beeindrucken. Nixon: «Sie können sagen ‹Ich kann ihn nicht kontrollieren›. Drücken Sie es so aus.» Kissinger: «Und wenn sie uns das später vorwerfen, werde ich es abstreiten.» Nixon: «Aber sicher.»[120] Die Begründungen waren austauschbar: Mal ging es ihm um den Eindruck auf Freund und Feind, mal um den Widerruf einer jahrelangen Machtvergessenheit, mal um das Wachrütteln einer politisch trägen und leidenschaftslosen Öffentlichkeit im eigenen Land. Macht kommt erst durch theatralische Drohgebärden ans Ziel, so lautete Henry Kissingers Verständnis von nüchterner Realpolitik. In seinen Lehrjahren hatte er von dem notwendigen «Sprung ins Ungewisse» gesprochen oder der Abkehr von einer moralisch überhöhten Außenpolitik. Auch damit traf er den Kern der Sache. «Sie [Herr Präsident] müssen den Eindruck erwecken, dass Sie kurz davor sind, durchzudrehen.»[121]

Mehrmals versuchten der Präsident und sein Sicherheitsberater, den Nordvietnamesen via Moskau und Peking mit dem «Verrückten im Weißen Haus» zu drohen.[122] Aber die möglichen Reaktionen standen niemals zur Debatte. Wie widerständig ein in Jahrzehnten des Unabhängigkeitskampfes genährter Nationalismus war, wie misstrauisch Hanoi trotz der neuen Waffenbrüderschaft die alte Kolonialmacht China beäugte, wie sehr die Berufsrevolutionäre um Ho Chi Minh auf Rückhalt in der Bevölkerung setzen konnten, wie der Machtapparat in Nordvietnam funktionierte und wer dort überhaupt das Sagen hatte – für derlei Fragen interessierte man sich in Washington schlichtweg nicht. Übrigens zur Erleichterung der CIA, die ihre Feindinformationen fast ausschließlich über das britische Generalkonsulat in Hanoi bezog und auf Nachfragen nur mit mageren Quellen aus zweiter Hand hätte antworten können.[123] Nixon und Kissinger war es einerlei, weil sie das ausgehende 20. Jahrhundert durch die Brille des 19. Jahrhunderts betrachteten und ein Schachbrett vor sich sahen, auf dem die Großmächte ihre Hintersassen wie Bauern bewegen und im Zweifel auch opfern konnten. Dass ein «Kleiner» den «Großen» widerspricht oder gar auf der Nase herumtanzt, passte erst recht nicht zum Bild vom internationalen Kommunismus und der allmächtigen Zentrale, die ihre Hilfstruppen an der kurzen Leine führt.

Für Henry Kissinger konnte nicht sein, was nicht sein durfte. «Ich weigere mich einfach anzuerkennen», meinte er im Sommer

1969, «dass eine kleine viertklassige Macht wie Nordvietnam keinen Bruchpunkt hat.»[124] Keinen Punkt der materiellen und moralischen Erschöpfung also, jenseits dessen ein Weiterkämpfen auf nationalen Selbstmord hinausläuft. Auch Nixon sehnte einen «wilden, entscheidenden Schlag» zur schnellen Beendigung des Krieges herbei.[125] Nachdem jahrelange Schläge gegen die Versorgungslinien aus dem Norden, den legendären «Ho Chi Minh-Pfad», ins Leere gelaufen waren, befahl der Präsident im Frühjahr 1972 eine «Schocktherapie». Oder, in Kissingers Worten, einen «bestialischen Auftritt».[126] Auslöser war die «Osteroffensive» kommunistischer Streitkräfte Anfang April, ein landesweiter Angriff, den Hanoi zwecks Demonstration militärischer Stärke und politischer Unnachgiebigkeit gestartet hatte.[127] Darauf reagierte der Präsident mit dem bis dahin umfangreichsten Einsatz der Luftwaffe gegen Nordvietnam. Der Codename, Operation «Linebacker», hätte passender kaum sein können. Ein «Linebacker» ist im amerikanischen Football ein an der Seitenlinie eingesetzter Rammbock, der einen in der Vorwärtsbewegung befindlichen Gegner stoppen soll. «Selbstverständlich rede ich nicht einem wahllosen Bombardement bewohnter Gebiete das Wort», so Nixon in einem Memorandum an Kissinger vom 9. Mai 1972. «*Wenn* aber andererseits *das Zielgebiet wichtig genug ist,* werde ich einen entsprechenden Plan trotz des Risikos ziviler Opfer billigen.»[128] Von Mai bis Ende Juni 1972 überzog eine Armada von B-52 die Infrastruktur Nordvietnams mit einem Bombenteppich: Straßen, Eisenbahnlinien, Brücken, Kraftwerke, Öldepots und die Hafenanlagen von Haiphong. «Meines Erachtens», meinte Kissinger, «müssen wir bis zum Anschlag eskalieren.»[129]

Die Bedenken von Verteidigungsminister Melvin Laird und Creighton Abrams, Oberbefehlshaber der amerikanischen Truppen in Vietnam, wurden mit herablassenden Bemerkungen über naive Zivilisten oder verfettete, dem Alkohol zugeneigte Militärs abgetan.[130] Stattdessen huldigten Nixon und Kissinger einer uralten Maxime, die im Lauf der Geschichte zwar vielfach widerlegt worden war, aber trotzdem nichts von ihrer Attraktivität eingebüßt hatte. Gemeint ist das Phantasma vom letzten, punktgenauen Schlag, vergleichbar mit dem «lucky punch» in der Schlussrunde eines Boxkampfs. Gewalt kurzfristig ausufern lassen, keine Rücksicht auf Verluste nehmen und alles auf eine Karte setzen – damit würde der Krieg schnell zu Ende gebracht, weiteres Leid verhindert und für die Zukunft ein abschreckendes Signal gesetzt. Strategisch ahnungslos und ohne Verständnis für die Heimtücke militärischer Kampfhandlungen, warf sich Henry Kissinger dennoch wie ein Feldmarschall in Pose, wenn er Nixon den Rücken stärkte. «Ich tendiere dazu, sie [die Nordvietnamesen] systematisch plattzumachen und mit einem großen Knall die ganze Sache zu beenden. [...] Wenn wir ihnen am 18. Breitengrad das Rückgrat gebrochen haben, könnten wir ihnen im Norden einen großen Schlag versetzen und es damit zu Ende bringen.»[131] Hätte Lyndon B. Johnson nicht stufenweise, sondern massiv eskaliert, der Krieg wäre längst zu Amerikas Gunsten entschieden. Davon waren Nixon und Kissinger überzeugt, deshalb klammerten sie sich wie Ertrinkende an die erlösende Kraft des «großen Knalls». «Ein waghalsiges Spiel wird den Unterschied machen.»[132]

Alles in allem blieb «Linebacker» hinter den hoch gesteckten Erwartungen zurück. Zwar verloren die kommunistischen Streitkräfte vermutlich über 100 000 Soldaten, mindestens 250 Panzer und den größten Teil ihrer schweren Artillerie. Trotzdem kontrollierten sie weiterhin strategisch wichtige Regionen des Landes, nicht zuletzt, weil die Kämpfe des Frühjahrs der ohnehin demoralisierten Armee des Südens die letzten Kräfte geraubt hatten und die Nachschublinien aus dem Norden alsbald wieder offen waren. Über die Zahl der getöteten Zivilisten wurde lange Zeit gerätselt, vermutlich waren es 25 000 und damit weit weniger als vom Pentagon ursprünglich vermutet. Zumindest diesen neuerlichen Aderlass kommentierten Nixon und Kissinger mit Genugtuung, würden doch der Massentod junger Männer und die Entvölkerung ganzer Landstriche, also der Kampf gegen die Geburtenrate oder die Blutpumpe nach dem Vorbild des Ersten Weltkrieges, auf Jahre hinaus große Probleme bereiten.[133] Sollte sich das Regime in Hanoi wider Erwarten schnell davon erholen, gab es immer noch die Option neuerlicher Luftangriffe. Und zwar umso mehr, als man in diesem Fall nicht mit Massenprotesten rechnen musste. Medienwirksam war nämlich nur der Tod amerikanischer Soldaten, für die Bombenopfer in vietnamesischen Städten und Dörfern interessierte sich erfahrungsgemäß kaum jemand. Deshalb dachte Nixon laut darüber nach, den Luftkrieg zur Not bis zum Ende seiner zweiten Amtszeit fortzuführen. «Offen gesagt hätte ich die größte Freude daran, dieses Amt an jemanden zu übergeben, nachdem wir Nordvietnams Kriegspotential zerstört haben.»[134] Kissinger hörte es gern und legte wie gehabt noch eine Schippe drauf: «Nach Ihrer Wahl [im November 1972], Herr Präsident, würde ich gegenüber den Nordvietnamesen zum Äußersten gehen.»[135]

Pressesprecher in eigener Sache

Dass Henry Kissinger von weiten Teilen der Öffentlichkeit als Fels in der Brandung wahrgenommen wurde, erscheint vor diesem Hintergrund rätselhaft. Die Erklärung sollte bei Richard Nixon und dessen Verhältnis zur Presse ansetzen. Schon kurz nach seinem Amtsantritt war von einem Kreuzzug des Präsidenten gegen Journalisten die Rede, bisweilen auch von einer Gefährdung der Pressefreiheit oder des ersten Zusatzartikels zur Verfassung. Senator Sam Ervin setzte deshalb im Herbst 1971 sogar eine Anhörung im Kongress in Gang. Mit gutem Grund. Der notorisch misstrauische Nixon machte aus seiner Abneigung gegen Reporter keinen Hehl, die meisten waren für ihn schlicht Feinde und eine «beschissene Bande von Pfadfindern mit Bürstenschnitt».[136] Im Frühjahr 1969 verhängte das Weiße Haus eine Kontaktsperre gegenüber der «New York Times», der «Washington Post» und dem «St. Louis Post-Dispatch». Wäre es nach Nixon gegangen, hätte niemand aus seiner Regierung ein Wort mit Vertretern dieser Blätter gewechselt. Auch anderen gab er kaum Interviews, Filmaufnahmen aus dem Amtssitz wurden ebenfalls auf ein Minimum reduziert. Stattdessen durfte Vizepräsident Spiro Agnew, ein notorischer Pöbler, sein Mütchen an Journalisten kühlen. Nixon seinerseits bevorzugte mit Fernseh- und Radioansprachen den direkten Kontakt zur Wählerschaft. «Diese Clique führte sich wie eine Besatzungsarmee auf. Sie nahmen das Weiße Haus wie ein Militärgefängnis in Beschlag», klagte Hugh Sidey von «Time Magazine». «Sie hatten kein Gespür dafür, dass die Regierung nicht ihnen gehört, dass das etwas ist, was sie im Namen des Volkes treuhänderisch verwalten.»[137] Nixon galt im besten Fall als pathologischer Sonderling, schlimmstenfalls als Autokrat mit einer sinisteren Agenda.[138]

Henry Kissinger hingegen setzte sich von Anfang an als Gegenbild in Szene. Wie die Motte das Licht suchte er den Kontakt zu Medien, vor allem gab er der Presse das Gefühl, ein paar Blicke hinter den Vorhang der Macht erhaschen zu können. Im Unterschied zum Präsidenten war Kissinger jederzeit verfügbar, manchmal verbrachte er die Hälfte seines Arbeitstages bei Treffen oder Telefonaten mit Journalisten – vorzugsweise mit den Ausgegrenzten auf Nixons «schwarzer Liste». Kissinger war ein klandestiner Informant wie kein zweiter und in jedem Fall der skrupelloseste. Hintergrundgespräche, «off the record» oder «deep background», nutzte er stets zur Werbung in eigener Sache. «Ich kann nicht erklären, wie schwierig es ist, hier zu arbeiten. Ich bin umgeben von Wahnsinnigen in einem Irrenhaus.»[139]

Es war ein Geschäft auf Gegenseitigkeit. Kissinger behandelte seine Gesprächspartner wie Beichtväter und machte sie gleichzeitig zu Verbündeten. Wer nämlich die Spielregeln ignorierte, musste um den Zugriff auf exklusive Informationen fürchten. «Wir nannten es ‹Futter für die Herde›», meinte ein enger Mitarbeiter.[140] Die «Herde» fraß tatsächlich aus der Hand: Kissinger wurde in der Presse elfmal häufiger erwähnt als seine Vorgänger unter Kennedy und Johnson, zweieinhalbmal so oft wie sein Nachfolger unter Carter.[141] Auch muckten die meisten Reporter nicht auf, wenn er protokollierte Aussagen im Nachhinein anonymisieren wollte oder sich plötzlich komplett davon distanzierte.[142] Fast unmerklich wurde aus dem Träger eines hohen öffentlichen Amtes ein Vertrauter auf Du und Du – «Henry» eben, den es in seiner aufopferungsvollen Arbeit zu stützen galt. In den Worten von William Safire, damals Redenschreiber des Präsidenten: «Jahrelanger Zugang zu einflussreichen Journalisten ist wie Geld in der Bank. Der kluge Anleger verschafft sich damit Schutz oder zumindest wohlwollendes Gehör an regnerischen Tagen.»[143]

Pressekonferenzen nutzte Kissinger als Bühne zur Selbstvermarktung wie ehedem die Hörsäle in Harvard. Sein Wort war Gesetz, wer daran zweifelte, hatte entweder nichts verstanden oder überschritt die Grenze zur Blasphemie. Kissinger simulierte Überlegenheit durch Überheblichkeit, ohne das Publikum vor den Kopf zu stoßen. Schlagfertig, charmant und humorvoll, konnte er selbst dann beeindrucken, wenn er nichts zu sagen hatte – und sich mit Witzeleien über Harvard-Professoren, die von Berufs wegen für jeden Unsinn und für jede Nichtigkeit eine Theorie parat haben, aus der Affäre ziehen. Kunstpausen, ein Absenken der Stimme, exotisches Vokabular oder das Raunen im Ungefähren, Kissinger beherrschte das Repertoire pathetischer Auftritte. Dass der fränkische Akzent dabei half, steht außer Frage; ob er ihn gerade deshalb pflegte, sei dahingestellt. Manche Zuhörer glaubten, ihn beim Verfertigen von Gedanken und deren Übersetzung in druckreife Statements beobachten zu können. Andeuten, Verschatten und Verrätseln war das eine. Zugleich brauchte er die bengalische Beleuchtung und wusste um deren Wirkung: dass sie alle Aufmerksamkeit auf ihn richtete und den Inhalt des Gesagten vernebelte. Von Berufspolitikern unterschied ihn seine Intellektualität, Intellektuellen hatte er das Showtalent und die Kunst der Maskerade voraus. Sich dieser Mixtur zu entziehen, fiel selbst gewieften Journalisten schwer. Und manche sahen erst mit Verzögerung wieder klar – nachdem ihre Berichte längst gedruckt waren.[144]

Gerade in Sachen Vietnam spielte Kissinger eine weitere Fähigkeit aus – nämlich jedem Publikum nach dem Mund reden zu können. Taube und Falke in einem Atemzug, buhlte er um die Sympathien sowohl von Gegnern als auch von Unterstützern des Krieges. Nachdem eine Gruppe ehemaliger Kollegen aus Harvard, darunter Thomas Schelling, Edwin Reischauer und Adam Yarmolinsky, angekündigt hatte, wegen der Invasion in Kambodscha als Berater des Nationalen Sicherheitsrates nicht mehr zur Verfügung zu stehen, stilisierte sich Kissinger zum Opfer einer liberalen Intrige. Die Behauptung, dass seine Rückkehr nach Harvard von einem Kurswechsel in der Vietnampolitik abhing, war frei erfunden; von Kissinger entsprechend instruiert, verbreitete der Journalist Hugh Sidey das Märchen trotzdem im «Time Magazine» – zur Freude aller Konservativen, die sich in ihrem Vorurteil gegen unpatriotische Intellektuelle bestätigt sahen. Zeitgleich strickte Kissinger an der entgegengesetzten Legende, wonach er intern einen Dauerbeschuss von Militaristen und Reaktionären aushalten musste. Es war eine Transformation von Zauberhand. Skeptischen Kollegen warf Kissinger «mangelnde Männlichkeit» und «die Feigheit des Ostküstenestablishments» vor,[145] zugleich suchte er im privaten Umfeld die Nähe von Kriegsgegnern und stärkte ihnen den Rücken. «Er [Kissinger] hatte einen Spruch für Liberale, einen für Konservative», so ein hochrangiger Mitarbeiter des Weißen Hauses. «Und er erzählte dann irgendeinen Bockmist, und jemand anderem erzählte er das Gegenteil.»[146] Das Spiel war riskant und wurde ständig auf die Probe gestellt, weil Richard Nixon eine Art Belagerungszustand über das Weiße Haus verhängte und die Regierung mit hausgemachten Skandalen fortlaufend in Verlegenheit brachte.

Wetterleuchten

Je länger er im Amt war, desto mehr ging der Präsident seinen Phantasien auf den Leim – insbesondere der fixen Idee, dass alle hinter ihm her waren. Am meisten machte ihm die Antikriegs-Bewegung zu schaffen, ein unberechenbares und gemeingefährliches Phänomen, wie er immer wieder betonte. 250 000 Demonstranten zogen Mitte Oktober 1969 durch die Straßen Washingtons und forderten ein sofortiges Ende der Kämpfe in Vietnam, eine medienbewusste Minderheit verstieg sich gar zur ultimativen Provokation aller Patrioten: «Ho Ho Ho Chi Minh, Vietcong is Gonna Win». Die Bewegung nahm daran keinen Schaden. Vier Wochen später zählten die Veranstalter 500 000 Teilnehmer allein in der Hauptstadt und über zwei Millionen landesweit. Dergleichen hatte die Republik in ihrer zweihundertjährigen Geschichte noch nie erlebt. Würde sich nach Lyndon B. Johnson erneut ein Präsident von der «Heimatfront» zermürben lassen und vorzeitig das Handtuch werfen?

So weit war es noch lange nicht, aber Nixon musste widerwillig Zugeständnisse machen. Der Truppenabzug kam schneller als geplant in Gang, im November 1969 wurde das viel kritisierte System der Einberufung wehrpflichtiger Männer abgeschafft und durch eine Lotterie ersetzt. Und unbemerkt von der Öffentlichkeit verwarf Nixon eine mit Henry Kissinger ausheckte Idee, bereits im ersten Amtsjahr den Luftkrieg gegen Nordvietnam drastisch auszuweiten. «Operation Duck Hook», so der Deckname des Vorhabens, wurde vertagt,[147] nicht aber die Invasion Kambodschas im Mai 1970. Dass die anschließenden Proteste auf 450 Colleges und Universitäten übergriffen, dass dabei an der Kent State University in Ohio und an der Jackson State University in Mississippi insgesamt sechs Studenten von Militär und Polizei erschossen wurden und dass die Nationalgarde in 16 Bundesstaaten ausrückte, bestätigte Nixon in seinen düsteren Ahnungen.

Im Grunde brütete Richard Nixon ständig über der Frage, wie er seine Gegner – oder alle, die er für solche hielt – bändigen, am besten aber unschädlich machen könnte. Ab und an mehr Stimmen als die Demokratische Partei zu erringen, war ihm nicht genug. Angesichts der Stimmung im Land schien es nämlich nicht ausgeschlossen, dass ihre Abgeordneten im Parlament sich in die Außenpolitik einmischen und am Ende gar der Exekutive die Hand führen würden. Senatoren wie Frank Church, George McGovern, Sherman Cooper oder William Fulbright machten daraus keinen Hehl, auch wenn ihre einschlägigen Resolutionen noch keine Mehrheit fanden.[148] Um diese Entwicklung im Keim zu ersticken, hatte Nixon nichts weniger als ein «Neues Establishment» oder eine «Neue Amerikanische Revolution» im Blick – eine von Grund auf reformierte Republikanische Partei, die konservative Demokraten an sich binden und die leidige Konkurrenz dauerhaft marginalisieren sollte. Mit John Connally stand bereits ein Kronprinz bereit, ein Demokrat, ehemaliger Gouverneur von Texas, Vertrauter von Lyndon B. Johnson und seit Februar 1971 Finanzminister. Mitte 1972 trat Connally als Finanzminister zurück und übernahm den Vorsitz der Wählervereinigung «Democrats for Nixon». Wenn alles nach Wunsch lief, wollte ihn Nixon alsbald zum Außenminister machen und damit zum Nachfolger und ersten Mann in der neuen Dynastie aufbauen.[149] Doch die Niederlagen in der Vergangenheit steckten dem

Präsidenten derart in den Knochen, dass selbst der Gedanke an einen künftigen Sieg von Rachegelüsten vergällt wurde. «Eines Tages werden wir sie [die «Irren im Kapitol»] kriegen – wir werden sie auf dem Boden haben, dort, wo wir sie haben wollen. Und wir werden unsere Absätze draufsetzen, richtig hart drauftreten und drehen. [...] Sie auf den Boden werfen, auf sie drauftreten, sie zerquetschen, keine Gnade zeigen.»[150] So klang Nixon, wenn er Mitarbeitern signalisierte, dass er eine Sache ernst meinte. Und dass jedes Mittel recht war.

Warum sich ausgerechnet die Geheimdienste querlegten, gab Nixon Rätsel auf. Überzeugt, dass die Antikriegs-Proteste von einheimischen Kommunisten und Sponsoren hinter dem Eisernen Vorhang gesteuert wurden, forderte er von der CIA wiederholt gerichtlich, zumindest aber politisch verwertbare Beweise. Mit dem negativen Befund und den Hinweisen auf die Unhaltbarkeit des Anfangsverdachts konnte sich der Präsident nicht abfinden, ebenso wenig mit dem vermeintlich laschen Vorgehen des FBI gegen Unruhestifter, Anarchisten und Pazifisten. Wenn die Bürokratie nicht liefern kann oder will, muss das Weiße Haus die Initiative übernehmen: In diesem Sinne wollte Nixon der Bundespolizei und der CIA künftig ihren Kurs diktieren. Man könnte auch vom Versuch einer unfreundlichen Übernahme oder der Politisierung behördlicher Ermittlungsarbeit sprechen.

So nahmen die «White House Horrors» ihren Lauf, eine Abfolge rechtlicher Anmaßungen und illegaler Praktiken, die in der an Skandalen nicht eben armen Geschichte amerikanischer Präsidenten noch immer einen Spitzenplatz einnehmen. Den Anfang machte im Juni 1970 der «Huston Plan», benannt nach Tom Charles Huston, einem der jungen Kreuzzügler, die unter Nixon als Berater angeheuert worden waren. Fortan sollten Polizei und Geheimdienste auch ohne richterliche Genehmigung elektronisch überwachen, Postsendungen öffnen und in Wohnungen einbrechen dürfen – einzig auf Grundlage von Nixons Rechtsverständnis, «dass etwas, was sonst gesetzwidrig oder illegal wäre, [durch eine präsidiale Verfügung] legal wird».[151] Der Vorstoß scheiterte am vehementen Einspruch des FBI-Chefs J. Edgar Hoover. Nicht dass Hoover über Nacht zum Verteidiger von

Grundrechten geworden wäre; vielmehr fürchtete er eine kontraproduktive Einmischung des Weißen Hauses in die Arbeit seiner Behörde. Nixon seinerseits fühlte sich in einem ehernen Vorsatz bestätigt: nämlich niemandem zu vertrauen.

Auch Henry Kissinger bekam das Misstrauen des Präsidenten zu spüren. Buchstäblich vom ersten Tag an setzte ihn Nixon wegen der Liberalen und Intellektuellen im Stab des Nationalen Sicherheitsrats unter Druck, potentielle Verräter in seinen Augen, die nur darauf warteten, den Medien kompromittierende Informationen zu stecken. Mitunter quälte er Kissinger gar mit dem drohenden Scheitern außenpolitischer Großprojekte. «Henry, wenn diese Liberalen in Ihrem Stab nicht damit aufhören, alles an die New York Times weiterzugeben, werde ich nirgendwo hinfahren», stichelte Nixon während ihrer Gespräche über einen Kurswechsel in der China-Politik. «Die undichten Stellen, die undichten Stellen. Die müssen wir unbedingt stopfen, um jeden Preis. Haben Sie mich verstanden, Henry?»[152] Wann immer irgendetwas schiefging oder kritische Töne zur Arbeit der Regierung laut wurden, musste sich Kissinger auf derlei Standpauken gefasst machen. Er habe ihn damit fast zu Tode erschreckt, witzelte Nixon im Nachhinein. Kein Witz waren die Vorhaltungen während des «Watergate»-Skandals, als sich der Präsident über Politiker der Demokratischen Partei austobte und sie gegenüber Kissinger als «Ihre liberalen Freunde» und «Ihre Arschlöcher» titulierte.[153] Erst Jahre nach seinem Abschied aus dem Amt rang er sich eine kritische Selbstbeobachtung ab. «Ich war paranoid und mit Blick auf Geheimhaltung fast ein hoffnungsloser Fall.»[154]

Henry Kissinger versuchte sich abzusichern, indem er die dunklen Seiten des Präsidenten nach Kräften bediente. Unablässig diagnostizierte er lebensgefährliche Krisen für Regierung und Vaterland und rückte Nixon mit Wutanfällen auf die Pelle, sobald er interne Stichwortgeber hinter Presseberichten vermutete. «Herr Präsident, ich glaube wirklich, dass die Kommunisten drauf und dran sind, einige unserer Medien zu beherrschen.»[155] Keine Behauptung war zu absurd, kein Vergleich zu abstrus, als dass Kissinger im Buhlen um Nixons Gunst davor zurückgeschreckt wäre. Wenn nichts anderes mehr verfing, zog er seine vermeintliche Trumpfkarte – die Expertise des Historikers, der sich mit der Globalgeschichte radikaler Bewegungen und der Verschlagenheit ihrer Wortführer auskannte. «Amerikas Intellektuelle setzen alles auf den Niedergang. [...] Als Historiker spüre ich das, dass das große Problem in diesem Land erst auftreten wird, wenn der Krieg vorbei ist.»[156] Dann würden die Radikalen, gestärkt von ihrem Etappensieg, zum großen Schlag gegen die Regierung und die Institutionen des Landes ausholen – es sei denn, man machte ihnen nach Art des Weißen Hauses rechtzeitig den Garaus. Mitunter gingen diese Auftritte selbst Nixon auf die Nerven. Anscheinend erinnerte ihn Kissinger an eine «Drama Queen» oder Nervensäge, die ständig aus Mücken Elefanten macht, um sich anschließend als Großwildjäger anzudienen.

Außerparlamentarische Proteste und Gegenwind im Kongress waren das eine; chronischer Unmut im Regierungsapparat das andere und auf lange Sicht sogar Gefährlichere. Denn die Hausmacht, ohne die keine Regierung auf Dauer auskommt, bröckelte schon in der ersten Amtszeit. Überall gab es Enttäuschte, Ausgegrenzte und Bevormundete, die nur auf eine Gelegenheit warteten, sich Gehör zu verschaffen. Oder sich zu rächen. Oder einer übergriffigen Exekutive schlicht die Grenzen aufzuzeigen. Dass man Unmut nicht mit Widerborstigkeit aus der Welt schafft, sondern düngt, gehört auch im politischen Alltag zu den Binsenweisheiten. Warum sich Nixon dieser Einsicht verschloss und stattdessen die Wagenburg immer enger zog, war nicht nur Außenstehenden ein Rätsel. Extremismus der Eitelkeit? Egomanie? Kontrollzwang? Verteidigungsminister Melvin Laird jedenfalls redete seinem langjährigen Weggefährten Richard Nixon ins Gewissen: «Ihr seid Euch doch selbst die größten Feinde.»[157]

Die «Pentagon Papiere»

Einer der Enttäuschten setzte auf die Kraft des politischen Skandals: Daniel Ellsberg. Nach seiner Militärzeit beim Marine Corps, mit Einsätzen in Korea und Vietnam, hatte er als «whiz kid» Karriere gemacht, an der Seite anderer «Wunderkinder», die mit politikwissenschaftlichen Analysen über Nuklearwaffen und Militärstrategie ihr Geld verdienten, abwechselnd an Universitäten, bei «Denkfabriken» wie der «RAND-Corporation» oder in Diensten der Regierung. In den späten 1950er Jahren hatte Ellsberg mit Vorträgen über die «Kunst der Erpressung» oder die Art und Weise, wie Hitler aus der Inszenierung von Wahnsinn politisches Kapital schlug, auch in Harvard Aufsehen erregt.[158] Seit dieser Zeit in losem Kontakt zu Henry Kissinger und beeindruckt von dessen Intellekt, nahm er im November 1968 einen schmeichelhaften Auftrag des frisch ernannten Sicherheitsberaters an und verfasste das erste «National Security Study Memorandum», «NSSM-1», für die neue Regierung. Es ging um Optionen für Vietnam und, wie Ellsberg hoffte, um einen Beitrag zur Beendigung des Gemetzels. Wie viele andere hatte er Nixons Wahlkampfversprechen einer zügigen Kehrtwende für bare Münze genommen. Umso größer war die Enttäuschung, als er von seinem Freund Morton Halperin, Mitarbeiter Kissingers im Nationalen Sicherheitsrat, Gegenteiliges erfuhr: Nixon wollte sich keineswegs so schnell wie möglich aus Vietnam zurückziehen, sondern über die Eskalation des Luftkrieges bessere Bedingungen für einen Waffenstillstand erzwingen. Als überdies ruchbar wurde, dass das Weiße Haus kriegsrechtliche Ermittlungen gegen Elitesoldaten der «Green Berets» wegen der Ermordung eines südvietnamesischen Doppelagenten hintertrieb, war das Maß voll. Ellsberg beschloss, eine im Verteidigungsministerium erstellte Verschlusssache an die Presse zu lancieren – die sogenannten «Pentagon Papers» und mit ihnen den Beweis, dass alle amerikanischen Regierungen seit Harry Truman die Öffentlichkeit über ihre Interessen und Vorgehensweisen in Vietnam getäuscht, in die Irre geführt und oft auch vorsätzlich belogen hatten.[159]

Auf den ersten Blick hätte Richard Nixon den Coup der «New York Times» auf die leichte Schulter nehmen können. Die am 13. Juni 1971 und den folgenden Tagen abgedruckten Auszüge der «Pentagon Papers» rückten nur die Vorgängerregierungen, insbesondere John F. Kennedy und Lyndon B. Johnson, in ein schlechtes Licht. Die Erleichterung war Stabschef «Bob» Haldeman noch beim abendlichen Tagebucheintrag anzumerken. «Für uns kommt es jetzt hauptsächlich darauf an, uns herauszuhalten. Sollen sich doch die Leute, die davon betroffen sind, gegenseitig zerlegen.»[160] Anfänglich war auch der Präsident dieser Meinung. Doch binnen weniger Tage trübte sich die Stimmung ein. Und Henry Kissinger gab wieder einmal die Kassandra.

Im Oval Office, Juni 1971:

RICHARD NIXON: «Henry, da steckt eine Verschwörung dahinter. Verstehen Sie das?» HENRY KISSINGER: «Das glaube ich jetzt auch. Am Anfang habe ich es nicht geglaubt, aber jetzt glaube ich es. […] Herr Präsident, Sie müssen auch aus einem weiteren Grund so hart sein. Wenn nämlich die New York Times mit dieser Geschichte durchkommt, dann werden diese Kerle mit Ihnen nächstes Jahr das gleiche Spielchen treiben. Die werden während des Wahlkampfes ganze Aktenschränke voller Material an die Öffentlichkeit bringen.» NIXON: «Ja, die werden die ganze Geschichte von Menu [der geheimen Bombardierung Kambodschas im März 1969] haben.»[161] […] HARRY R. HALDEMAN: «Das Zeug über [Präsident Johnsons Vorschlag zu einem] Bombenstopp ist entweder in diesen Unterlagen [den Pentagon Papers] oder bei einigen, die sie in Händen halten. […] Wir können es nicht finden.» KISSINGER: «Bei uns haben wir nichts, Herr Präsident.» HALDEMAN: «Es gibt Akten darüber, […] Tom Huston schwört bei Gott, […] dass die Brookings [Institution] sie hat.» […] KISSINGER: «Brookings hat kein Recht auf Geheimdokumente.» NIXON: «Zum Teufel noch mal, geht da rein und holt diese Akten. Sprengt den Safe und holt sie Euch.» […] KISSINGER: «Es würde mich nicht wundern, wenn Brookings die Akten hätte.»[162] […] NIXON: «Wir müssen den Hurensohn [Daniel Ellsberg] ins Gefängnis bringen.» KISSINGER: «Wir müssen ihn drankriegen.» NIXON: «Wir müssen ihn drankriegen. […] Macht Euch über seinen Prozess keine Sorgen. Haut einfach alles raus. Macht ihm in der Presse den Prozess. Haut alles […] raus, lasst es durchsickern. Wir wollen ihn in der Presse fertigmachen. In der Presse. Ist das klar?» KISSINGER: «Ja.» NIXON: «Und sie haben Dokumente aus dem NSC [Nationalen Sicherheitsrat]?» KISSINGER: «Nun, sie haben einige NSC-Doku-

mente, ja.» NIXON: «Aber wir haben doch im NSC hoffentlich nichts über Kambodscha? Verdammt noch mal. [...] Jetzt ist die Kacke am Dampfen. Da muss es doch noch mehr Zeugs geben als nur diese Dokumente, oder?» KISSINGER: «Wohl wahr. [...] Wenn das dazu führt, dass alle unsere Feinde in der Bürokratie sämtliche Dokumente unserer Regierung durchstechen und uns in die Defensive drücken können, tja dann [...]. Aber eigentlich sind Sie [Herr Präsident] hier auf der sicheren Seite. Von unseren Memoranden haben wir nichts in die Bürokratie gegeben. [...] Memos, die ich für Sie geschrieben habe, habe ich Kabinettsmitgliedern niemals gezeigt, außer gelegentlich John [Connally].» NIXON: «Mein Punkt, Henry, und deshalb ist das alles so furchtbar wichtig, mein Punkt ist, dass wir ständig behauptet haben, diese Dokumente [die Pentagon Papers] hätten mit unserer Administration nichts zu tun. Jetzt aber sieht es so aus, als lägen wir falsch.»[163]

Im Oval Office, Juli 1971:

RICHARD NIXON: «Ellsberg arbeitete innerhalb der Bürokratie, um uns in außenpolitischen Fragen flachzulegen. Wir haben es mit einem Feind zu tun, der schlimmer als die Kommunisten ist. Damals waren es nämlich nur ganz wenige. [...] Mit einer Verschwörung innerhalb dieser Regierung haben wir es zu tun. Ihnen ist jedes Mittel recht. Wir werden jedes Mittel einsetzen. Ist das klar? Haben sie [Ehrlichmans Leute] sich das Brookings Institute gestern Nacht vorgenommen? Nein. Erledigt das. Ich will, dass es gemacht wird. Ich will, dass der Safe des Brookings Institute ausgeräumt wird, und zwar so, dass es aussieht, als wäre jemand anderes verantwortlich. [...] Alles, was wir über diese Verschwörung herausfinden, muss sofort an die Kolumnisten durchgestochen werden, und wir werden diese Dreckskerle fertigmachen.» [...] HENRY KISSINGER: «Herr Präsident, ich muss sagen, es ist unverzeihlich.» [...] NIXON: «Und ich mache es ohne Rücksicht auf Verluste. Und jetzt, Gott verdammt noch mal, geht an die Arbeit. [...] Überführt den Hurensohn [Ellsberg] in der Presse. So macht man das. [...] Ich brauche hier im Weißen Haus einen Verantwortlichen [...], den ich sofort anrufen kann, wenn ich aufwache, [...] und dem ich sagen kann, dass ich dieses, dieses, dieses und jenes getan haben will. Macht Euch an die Arbeit. […] Das ist ein Spiel. Es muss in der Presse gespielt werden. […] Gesteuert vom Weißen Haus, ohne dabei erwischt zu werden.»[164] *[…] KISSINGER: «Dieser Hurensohn [Ellsberg] – ich kenne ihn gut. […] Ich bin sicher, dass er noch mehr Informationen hat. […] Ich würde wetten, dass er noch mehr Informationen hat, die er sich für seinen Prozess aufhebt. Beispiele von amerikanischen Kriegsverbrechen, die ihn in diese Sache hineingezogen haben. Ich bin mir nicht sicher, aber das ist mein Instinkt. […] Wenn wir mit dem Krieg in Vietnam fertig sind, dann können wir sagen, dass es dieser Hurensohn beinahe vermasselt hätte. Dann sind wir in einer starken Position – dann wird sich niemand mehr einen Dreck um Kriegsverbrechen kümmern. […] Er [Ellsberg] ist ein widerwärtiger Bastard.»*[165]

«Ich will, dass der Safe des Brookings Institute ausgeräumt wird.» Immer wieder kam Nixon darauf zurück, bis Ende Juni 1971 forderte er mindestens viermal einen Einbruch bei der liberalen «Denkfabrik» unweit des DuPont Circle im Herzen Washingtons.[166] Dass dieses Vorhaben am Ende verworfen wurde, änderte nichts an seiner Entschlossenheit. Es war ohnehin nur Teil einer noch weiter ausgreifenden Reaktion. In anderen Worten: Wegen der «Pentagon Papers» überschritt Nixon die Grenze zur Illegalität – nicht zum ersten Mal während seiner Präsidentschaft, aber mit größerem Nachdruck und nachhaltigeren Konsequenzen als je zuvor. Von einem Ausrutscher in einer emotional überhitzten Atmosphäre kann also keine Rede sein. Aus Sicht des Präsidenten gab es keine andere Wahl, das Verwischen von Spuren und die Vernichtung von Beweismitteln war Teil des Kampfes um sein politisches Überleben.

Bei der «Brookings Institution» einbrechen zu wollen, lag aus mehreren Gründen nahe. Dort waren ehemalige Mitarbeiter des Nationalen Sicherheitsrates untergekommen, Morton Halperin und Leslie Gelb – vermeintliche Hintermänner des «Verräters» Ellsberg. Nicht genug damit, dass sie mit Henry Kissinger einst auf gutem Fuß standen. Sie hatten während ihrer gemeinsamen Zeit in der Regierung auch Zugriff auf alle möglichen Geheimdokumente gehabt. Und Nixon wäre nicht Nixon gewesen, hätte er sich diesbezüglich nicht den schlimmstmöglichen Fall ausgemalt. Dass nämlich die «Pentagon Papers» erst der Anfang waren und als Nächstes Beweise für die schmutzigen Tricks aus dem Sommer 1968 an die Presse durchgestochen würden: Wie er versucht hatte, die Aufnahme von Friedensverhandlungen mit Nordvietnam vor der Wahl im November zu hintertreiben, wie er den südvietnamesischen Diktator Thieu dafür einspannen und gegen Präsident Johnson in Stellung bringen wollte, wie er seine Privatinteressen über das Leben amerikanischer Soldaten und vietnamesischer Zivilisten stellte. Nixon bildete sich nicht nur ein, damals vom FBI abgehört worden zu sein, sondern ging auch davon aus, dass Ellsberg oder seine Freunde auf die entsprechenden Ermittlungsakten gestoßen waren und Kopien hinterlegt hatten – vermutlich in ihren Safes bei «Brookings» oder im Vorlass privater Unterlagen, die seit kurzem im Nationalarchiv lagerten. Um ganz sicher zu gehen, sollte sich John Ehrlichman auch zu diesem Bestand in den «National Archives» Zugang verschaffen. Selbstredend auf illegale Weise und hinter dem Rücken der zuständigen Archivare.[167]

«Ja, die werden die ganze Geschichte von Menu haben. [...] Mein Punkt, Henry, und deshalb ist das alles so furchtbar wichtig, mein Punkt ist, dass wir ständig behauptet haben, diese Dokumente [die Pentagon Papers] hätten mit unserer Administration nichts zu tun. Jetzt aber sieht es so aus, als lägen wir falsch.» «Menu», die geheime Bombardierung Kambodschas im März 1969, war Nixons zweite Leiche im Archivkeller. Und ein weiterer Grund, um einen Einbruch bei «Brookings» zu riskieren. Denn wer Zugriff auf diese Dokumente hatte, wusste, wie Nixon in Vietnam operierte. Er hatte den Verteidigungsminister wochenlang getäuscht und die Luftangriffe ohne dessen Wissen auf Kambodscha ausgeweitet, er hatte sogar eine Weisung zur Fälschung von Dokumenten gegeben. In den offiziellen Einsatzberichten der beteiligten Bomberstaffeln waren Koordinaten von Zielen in Südvietnam eingetragen – eine doppelte Buchführung für den Fall, dass parlamentarische Kontrollgremien irgendwann Akteneinsicht verlangen oder Journalisten Recherchen anstellen sollten.[168] Wie es schien, hatte Nixon vor dieser «heißen

Ware» noch mehr Angst als vor einer Aufdeckung seiner Machenschaften im Wahlkampf 1968. Jedenfalls waren seine Wutanfälle noch heftiger als gewohnt. «Ich werde diesen Bastarden den Kopf abhauen. Ende der Diskussion.» Und, an John Ehrlichman gewandt, als hätte dieser die Botschaft nicht längst verstanden: «Schlag zu und schlag immer weiter zu, und fick sie in den Arsch.»[169] Aus Angst, die Kontrolle über seine Außenpolitik zu verlieren, verlor der Präsident zeitweise die Kontrolle über sich selbst.

Und plötzlich waren die frühen 1950er Jahre für Nixon wieder allgegenwärtig – sein Kampf gegen «kommunistische Verschwörer» an der Seite von Senator McCarthy, die Angstkampagnen und das Ausschlachten von Feindbildern. «Ihr wisst, was Zuschauer in Wallung bringt. Herrgott noch mal, sie werden unter der Decke hängen. [...] All diesen Juden nachjagen. Man muss nur einen ausfindig machen, der Jude ist.»[170] Nixon, der emotional erregbare Antisemit mit dem kühlen Blick für den politischen Nutzen antisemitischer Klischees. Er war besessen von der Vorstellung einer jüdischen Verschwörung und griff zur Begründung tief in das einschlägige Repertoire: Juden sind links und radikal, weil sie durch jahrhundertlange Unterdrückung übermäßig sensibilisiert wurden; Juden neigen zu Spionage und Verrat, weil sie den Staat als bedrohliche Institution sehen; Juden haben Medien und Kulturindustrie in den USA unterwandert, weil sie dort die besten Möglichkeiten zur Verbreitung ihrer Anliegen haben.[171] Zugleich verklärte er seine Fähigkeit, aus Antisemitismus politisches Kapital schlagen zu können – wie bei der Enttarnung des sowjetischen Agenten Alger Hiss in den frühen 1950er Jahren, die ihm die Ernennung zum Vizepräsidenten unter Dwight D. Eisenhower eingebracht hatte.[172] Daniel Ellsberg fügte sich in diese Erinnerung wie ein Wiedergänger von Hiss – Jude, Intellektueller, «Ivy League»-Absolvent. An wem, wenn nicht an ihm, ließ sich ein Exempel statuieren? Auf Nixons rhetorische Frage gab sein Medienspezialist Charles Colson die naheliegende Antwort: «Einen perfekteren Feind könnten wir nicht haben.»[173]

«Wir werden jedes Mittel einsetzen. Ist das klar?» Den markigen Worten ließ Nixon Mitte Juli 1971 Taten folgen – mit der Berufung eines Teams für schmutzige Tricks. Gefragt waren ideologisch überzeugte Unterstützer des Präsidenten, bedingungslos loyal, gewissenhaft, energisch, unauffällig und vor allem skrupellos bei der Verrichtung ihrer Aufgaben. Die Leitung dieser «Special Investigations Unit» lag bei Egil Krogh, der aus dem Stab von John Ehrlichman abgezogen wurde, und bei David Young, bis zu diesem Zeitpunkt Terminsekretär Henry Kissingers, für die operative Umsetzung waren Gordon Liddy, ein früherer FBI-Agent, und Howard Hunt zuständig, ein langjähriger Mitarbeiter der CIA, der dem Präsidenten als «stahlhart» und «brillant» empfohlen wurde. «Irgendwie ein Tiger.»[174] Im «Executive Office Building» gegenüber vom Weißen Haus einquartiert, agierte diese Truppe wie Nixons persönliche Polizeieinheit – ausgestattet mit präsidialen Sondervollmachten und einem eigenen Etat, der ebenso geheim gehalten wurde wie die Existenz des gesamten Unternehmens. Zwar waren alle Beteiligten zu Stillschweigen verpflichtet; aber ihre bloße Anwesenheit färbte unweigerlich auf das Binnenklima in der Administration ab, wie Charles Colson rückblickend betonte. «Seither waren die Grundregeln anders.»[175]

In der Tat. Das Spezialkommando wähnte sich über allen Regeln und Gesetzen. Die Aktion bei der «Brookings Institution» wollten Hunt und Liddy mit einem Brandanschlag kaschieren. Nach dem Alarm würden von ihnen gedungene Feuerwehrleute als Erste am Unglücksort sein, in das Gebäude eindringen, aber nicht löschen, sondern im allgemeinen Chaos die Safes plündern. Diese Idee war selbst John Ehrlichman zu verwegen; gerade noch rechtzeitig konnte er im Juli 1971 ein Veto einlegen.[176] Keine Einwände hingegen hatte der Präsidentenberater gegen einen Einbruch bei Daniel Ellsbergs Psychiater Anfang September 1971. «Wir hatten einen kleinen Einsatz», teilte er Nixon wenige Tage später mit. «Es ist wohl besser, wenn Sie nichts Näheres darüber erfahren. Aber wir haben einige schmutzige Tricks in Gang gesetzt. Es zahlt sich vielleicht aus.»[177] Gesucht wurde belastendes Material für eine Kampagne gegen Ellsberg, die dessen Glaubwürdigkeit erschüttern, aber auch potentielle Nachahmer das Fürchten lehren sollte. Dass Nixons Männer fürs Grobe alsbald «Klempner» genannt wurden, beschreibt ihre Rolle nur unzureichend. Es ging nämlich nicht allein um das Stopfen undichter Stellen. Sie trugen erheblich dazu bei, dass das Weiße Haus, löchrig wie ein Sieb, selbst Geheiminformationen durchsickern ließ – über Kritiker, Konkurrenten und Gegner.

Zu diesem Zweck ließ Nixon die «Klempner» auf Spitzenkandidaten der Demokratischen Partei los. Von Erinnerungen an die Niederlage gegen John F. Kennedy und andere Rückschläge geplagt, wollte er auch hier schnelle Erfolge sehen. «Wir brauchen wirklich einen ausgeklügelten Angriff auf die Demokraten. Humphrey muss zerstört werden. Muskie muss zerstört werden. Teddy [Edward] Kennedy auch.»[178] Geradezu vernarrt war er in die Idee, die Demokraten als notorische Stümper in der Außen- und Sicherheitspolitik zu stigmatisieren. Jeden «Schweinepriester», die «gemeinsten, härtesten, raffiniertesten Leute», wollte er nach einschlägigen Dokumenten fahnden lassen – zur gescheiterten Invasion Kubas im April 1961, zur Kuba-Krise im Jahr darauf, zur Frühphase des Vietnamkrieges. «Das sind die Dinge, die den Fieslingen peinlich sind. Haut sie raus. […] Was wir brauchen, ist ein Ellsberg, ein Ellsberg, der auf unserer Seite ist. In anderen Worten: einen Intellektuellen, der sich in Geschichte auskennt, der weiß, wonach er sucht.»[179] Die Suche kam nicht richtig in Gang, weil die CIA den Braten roch und keinen Aktenzugang gewährte. Und gefälschte Beweise in Umlauf zu bringen, erschien zu riskant. Jedenfalls blieben von Howard Hunt fingierte Dokumente, die John F. Kennedy mit dem Mord am südvietnamesischen Präsidenten Diem in Zusammenhang bringen sollten, unter Verschluss. Also setzte Nixon seine Putztruppe auf das Gewohnte an: auf Steuererklärungen, auf jüdische Sponsoren der Demokraten, auf Krankenakten und Frauengeschichten. «Teddy» Kennedy hätte er am liebsten rund um die Uhr beschatten lassen. Dass die Schnüffler leer ausgingen, war für Nixon kein Einwand. Eher ein Hinweis auf ihre entwicklungsbedürftige kriminelle Phantasie.[180]

Damit nahm eine fatale Dynamik ihren Lauf: Anstiftung oder

Duldung kriminellen Handelns, Angst vor Aufdeckung, Vertuschung illegaler Aktionen mit neuerlichen Straftaten. Die Reaktion auf die «Pentagon Papers» mutet wie der erste Akt des ruinösen Dramas um Richard Nixon an. Gewiss waren im Sommer 1971 weder ein Amtsenthebungsverfahren noch der Rücktritt absehbar oder zwangsläufig. Aber weil er unangreifbar werden wollte, hatte sich Nixon sehenden Auges verwundbar gemacht.

Henry Kissinger war von Anfang an mit von der Partie. Aus Angst, dass Nixon ihm wegen seiner Bekanntschaft mit Daniel Ellsberg und Morton Halperin einen Strick drehen könnte, bot er nicht allein Mithilfe beim Kampf gegen die «Verräter» an.[181] Er stachelte den Präsidenten wie kein anderer auf, setzte intuitiv auf Reizworte, die ihn selbst aus der Schusslinie nahmen und Nixons Wut auf die üblichen Verdächtigen anheizten. Auf keinen Fall dürfte man der «New York Times» den Coup mit den «Pentagon Papers» durchgehen lassen. «Es zeigt, dass Sie ein Schwächling sind, Herr Präsident.»[182] Selbst antisemitische Stereotype bediente Kissinger, in diesem Fall die Phantasie vom sexuell hyperaktiven Juden Ellsberg, der angeblich unter Drogeneinfluss vor den Augen der Kinder mit seiner Frau kopulierte. Dieser «gefährlichste Mann im heutigen Amerika» musste «um jeden Preis» gestoppt werden, deklamierte Kissinger im berserkerhaften Zorn.[183] Nixons verklemmte Lust an den Bettgeschichten anderer Leute hin oder her, am meisten konnte man den Präsidenten mit düsteren Prognosen zur Außenpolitik aufwühlen. «Wenn andere Mächte den Eindruck gewinnen, dass wir unsere undichten Stellen nicht stopfen können, werden sie niemals Geheimverhandlungen mit uns führen. […] Dies wird Amerikas Glaubwürdigkeit vollständig und für alle Zeit ruinieren. […] Diese undichten Stellen zerstören uns langsam und systematisch. […] Dann können wir gleich alles den Sowjets zur Verfügung stellen und den Laden dichtmachen.»[184] Ständig sprach er unangemeldet im Oval Office vor, fuchtelte mit den Armen oder stampfte mit den Füßen auf. Und im Unterschied zu sonstigen cholerischen Anfällen kam er tagelang nicht zur Ruhe. Dass die «Pentagon Papers» Amerikas «nationale Sicherheit» untergruben, klang grotesk. Viel plausibler erscheint, dass sich Henry Kissinger wieder einmal und in erster Linie um sich selbst sorgte. Konkret: ob der Präsident auch in Zukunft auf ihn setzen und mit heiklen Missionen beauftragen würde.[185]

Allerdings hätte Nixon wohl auch ohne das Zutun seines Sicherheitsberaters auf die Dienste der «Klempner» gesetzt, selbstzerstörerische Entscheidungen traf er selbst und aus tiefster Überzeugung – gerade dann, wenn er um seine politische Zukunft fürchtete. Und doch ist Kissingers überdosierte Loyalität mehr als eine Fußnote. Sie frustrierte und übertönte jene, die sich noch einen Sinn für gemäßigtere Töne bewahrt hatten. «Henry hat Nixon aufgedreht», meinte «Bob» Haldeman, «und dann haben sie sich gegenseitig weiter aufgedreht, bis sie beide richtig in Rage waren.»[186] In diesem Sinne hat auch Kissinger im Sommer 1971 die Wurzeln künftiger Skandale wie «Watergate» gewässert, in einem Moment, als er und Nixon sich ähnlicher waren denn je zuvor oder danach.[187]

Spione im eigenen Haus

Daniel Ellsberg und die «Pentagon Papers» waren nur ein Wetterleuchten. Widersacher ganz anderen Kalibers saßen im Pentagon. Allen voran Verteidigungsminister Melvin Laird – ein politisches Schwergewicht mit 16-jähriger Erfahrung als Abgeordneter im Repräsentantenhaus und gut geölten Kontakten zu den Vorsitzenden der wichtigsten Kongressausschüsse. Gerade er wollte die Anmaßungen des Weißen Hauses nicht hinnehmen. Nixon überging ihn in allen wesentlichen Entscheidungen, von Kissinger wurde Laird wie ein Laufbursche behandelt. «Sie Hurensohn. Ich weiß, dass Sie die Story lanciert haben», brüllte der Sicherheitsberater ins Telefon, nachdem die «New York Times» Anfang Mai 1969 über B-52-Angriffe auf Kambodscha berichtet hatte. «Das werden Sie dem Präsidenten erklären müssen.»[188] Dass Laird die Presse tatsächlich mit brisanten Informanten versorgte, war ein offenes Geheimnis. Und ein Ablenkungsmanöver, denn seinen wichtigsten Trumpf spielte er im Verborgenen aus. Der Verteidigungsminister hatte zwei Geheimdienste – die «National Security Agency» (NSA) und die «Defense Intelligence

Agency» (DIA) – auf die Telefongespräche und den Funkverkehr Kissingers angesetzt. Auf diese Weise erfuhr er das Wesentliche, selbst Kissingers über den geheimen Kanal nach Moskau verschickte Nachrichten landeten im Pentagon. «Ich sorgte dafür, dass er [Kissinger] davon nichts mitbekam. Manchmal muss man zu solchen Mitteln greifen und das Spiel von jemand anderem gegen ihn selbst wenden.»[189]

Noch abgebrühter ging der Vorsitzende der Vereinten Stabschefs, Admiral Thomas H. Moorer, zu Werke. Ein junger Adjutant und Verbindungsmann zum Nationalen Sicherheitsrat, Charles Radford, kopierte in seinem Auftrag vom Herbst 1970 bis Dezember 1971 mehr als 5000 Dokumente aus Kissingers Büro – schlicht alles, was ihm in Umlaufmappen, Aktentaschen, Ablagen und Papierkörben in die Hände fiel. Bei Auslandsreisen filzte er selbst Kissingers Koffer und versorgte seine Auftraggeber mit Positionspapieren zur neuen China-Politik und Protokollen über Geheimgespräche mit Tschu En-lai in Peking. Dass Moorer und Admiral Elmo Zumwalt, Stabschef der Marine, mit der Regierung in vielen politischen Fragen über Kreuz lagen, hatte nicht den Ausschlag gegeben. Entscheidend war die Geheimniskrämerei des Weißen Hauses. Und das fehlende Vertrauen zu Henry Kissinger, dessen hochnäsige Herablassung gegenüber dem Militär sich herumgesprochen hatte. Wer über «bescheuerte, dumme Tiere» in Uniform herzog,[190] musste mit Gegenreaktionen rechnen, am Ende auch mit einer innerbetrieblichen Spionage, wie sie Washington bis dato noch nicht erlebt hatte. «Ich wusste, wer was über wen sagte», so Zumwalt, «Henrys Falschheit hinterließ überall ihre Fallen.»[191]

Die «Moorer-Radford»-Affäre flog Anfang Dezember 1971 auf. Sie hätte für Nixon ein Warnschuss sein können, eine Mahnung, dass sein Misstrauen gegenüber allen und jedem auf die Regierung zurückgefallen war und der Rückhalt in den Ministerien von Monat zu Monat brüchiger wurde. Stattdessen trieb ihn die Frage um, ob man es im Falle von Charles Radford wieder einmal mit einem jüdischen Verräter zu tun hatte.[192] Im Unterschied zu den «Pentagon Papers» wollte der Präsident aber so schnell wie möglich Gras über die Affäre wachsen lassen. «Es ist mir egal, ob Moorer schuldig ist. […] Wir können in dieser Sache nichts tun, was die Vereinten Stabschefs schwächen würde. Das wäre ein Schlag gegen das Militär, von dem es sich nie wieder erholen würde. […] Das Militär muss überleben.»[193] Folglich nominierte er Moorer für eine zweite Amtszeit als Vorsitzenden der Vereinten Stabschefs. Wissend, dass er knapp einem Karriereknick entgangen war, fügte sich der Admiral. Wie sich alsbald zeigen sollte, hatte sich Nixon auf diese Weise allerdings nur eine Verschnaufpause erkauft. Oder die Ruhe vor dem nächsten großen Sturm, der ihn am Ende das Amt kosten sollte.

Seit dem Sommer 1972 bekam es das Weiße Haus mit einem Gegner zu tun, der nach außen noch nie in Erscheinung getreten war: Mark Felt. Auf dem Papier der dritte Mann des FBI und nach dem Tod von J. Edgar Hoover faktisch der operative Leiter der Bundespolizei, legte Felt großen Wert auf die Unabhängigkeit seiner Behörde. Versuche des Weißen Hauses, das FBI zu illegalen Überwachungsaktionen anzustiften oder für das Vertuschen von Bestechungsvorwürfen gegen den ITT-Konzern einzuspannen, wies Felt als unzulässige Politisierung zurück, Nixons Einpeitscher Charles Huston bezeichnete er gar als «eine Art Gauleiter […] für die Geheimdienste».[194] Davon abgesehen fühlte sich Felt gedemütigt, als Nixon Ende Mai 1972 nicht ihn, sondern mit Patrick Gray einen loyalen Parteigänger der Republikaner an die Spitze des FBI berufen hatte. Aber erst die Einmischung der Regierung in strafrechtliche Ermittlungen brachte das Fass zum Überlaufen. Es ging um fünf Männer, die am 17. Juni 1972 im Wohn- und Bürokomplex «Watergate» beim Einbruch ins Wahlkampfbüro der Demokratischen Partei ertappt worden waren – dank der Geistesgegenwart des 24-jährigen Wachmanns Frank Willis. Die Verhafteten hatten zu Nixons «Klempnern» Howard Hunt und Gordon Liddy Kontakt; FBI-Chef Gray wurde vom Weißen Haus um Akteneinsicht, sogar um die Vernichtung von Beweismaterial gebeten; zugleich versuchte der Präsident mit Hilfe der CIA und unter Verweis auf «nationale Sicherheitsinteressen» weitere Nachforschungen zu unterbinden. Über all dies war Felt bereits Ende Juni 1972 im Bilde. Um der Integrität des FBI willen entschied er sich zur Gegenwehr, tastend und unsicher, aber dennoch fest entschlossen.[195]

Die Gelegenheit zur Intervention bot sich nach einem Anruf von Bob Woodward. Diesen jungen Journalisten, der bei der «Washington Post» seine ersten Sporen verdiente, hatte Felt gut zwei Jahre vorher zufällig kennengelernt. Im Laufe der Zeit war er zu einem fast väterlichen Ratgeber in allen Lebenslagen geworden, der Woodward auch bei den ersten Gehversuchen als Lokalreporter unter die Arme griff.[196] Auf Hinweise zum Einbruch im «Watergate» angesprochen, schlug Felt einen Pakt vor: Informationen gegen die Garantie absoluten Quellenschutzes. So wurde aus Mark Felt «Deep Throat», ein geheimnisumwitterter Souffleur, der Woodward und seinen Kollegen Carl Bernstein mit gezielten Hinweisen immer wieder auf die richtige Fährte lenkte. «Seine Äußerungen und Hinweise waren von enormer, bisweilen überwältigender Bedeutung», schrieb Woodward, als er 2005 die Identität von «Deep Throat» preisgab. «Er wusste Bescheid und ich nicht. Ich strampelte mich ab, bewegte mich gefährlich in die falsche Richtung, und er brachte das Schiff wieder auf Kurs. [...] Die Summe aller Bestätigungen und Hinweise ergab viel mehr als eine undichte Stelle. Sie war ein richtiger Wegweiser.»[197] Ohne die Verdienste der investigativen Journalisten und die Standfestigkeit von Chefredakteuren und Herausgebern der «Washington Post», der «New York Times» und anderer zu schmälern, lässt sich also sagen: Dass die Hintergründe von «Watergate» aufgedeckt werden konnten, ist in erster Linie Mark Felt zu verdanken – einem Mann des Apparates, der sich ähnlich wie Daniel Ellsberg, Melvin Laird, Thomas H. Moorer oder Elmo Zumwalt gegen den politischen Missbrauch dieses Apparates zur Wehr setzte. In einer Hinsicht indes war der Fall «Deep Throat» einzigartig: Obwohl Nixon und seine Paladine schon damals wussten, wer ihnen zu schaffen machte, hatte man gegen diesen «Whistle Blower» kein Druckmittel in der Hand.

Im Oval Office, Oktober 1972:
RICHARD NIXON: «Wenn beim FBI jemand etwas durchsickern lässt, warum zum Teufel sagt uns [FBI-Direktor Patrick] Gray dann nicht, was noch alles im Busch ist?» HARRY R. HALDEMAN: «Wir [...] wissen, was durchgesickert ist, und wir wissen, wer es war. [...] Mark Felt.» NIXON: «Aber warum zum Teufel sollte der

so etwas tun?» HALDEMAN: «Wir können darüber nichts verlauten lassen, weil das unsere Quelle hochgehen ließe, und das darf auf keinen Fall passieren. […] Wenn wir gegen ihn vorgehen, geht er an die Öffentlichkeit und lässt alles raus. Er weiß alles, was es beim FBI überhaupt zu wissen gibt. Er hat zu absolut allem Zugang.» […] NIXON: «Ist er katholisch?» HALDEMAN: «Jude.» NIXON: «Um Himmels willen, ein Jude auf diesem Posten?» HALDEMAN: «Nun, auch das könnte eine Erklärung sein.» […] NIXON: «Wie sind wir dahintergekommen?» […] HALDEMAN: «Wir haben es von einem Reporter erfahren. […] Weil der sich uns mehr verpflichtet fühlt als seinem Arbeitgeber. […] Tatsächlich glaube ich, dass er mal im Justizministerium oder beim FBI war. […] Er hat mal für das FBI gearbeitet.»[198]

Henry Kissinger konnte scheinbar unbehelligt im Windschatten des Skandals segeln. Schwerwiegende Erkenntnisse gingen allesamt zu Lasten des Präsidenten, vorweg die Tatsache, dass «Watergate» Teil einer jahrelangen Kampagne war und dass nicht allein die «Klempner», sondern 50 weitere Helfer unter der Aufsicht von Stabschef «Bob» Haldeman Hand angelegt hatten – bei der landesweiten Installation von Abhörgeräten, beim Lancieren von Falschinformationen, beim Diebstahl von Dokumenten, beim Einschleusen von Spitzeln oder bei der Instruktion von Provokateuren, die auf Veranstaltungen der Konkurrenz für Unruhe sorgten. Ehe die berühmte Frage, was genau der Präsident wusste und wann er es wusste, beantwortet werden konnte, stand fest: 1972 war ein Präsidentschaftswahlkampf mit dem Ziel geführt worden, die Gepflogenheiten und Regeln einer demokratischen Wahl außer Kraft zu setzen. Und die Spuren der «Watergate»-Einbrecher hatte man verwischen wollen, weil ansonsten eine Aufdeckung aller «White House Horrors» drohte.[199] Je tiefer Journalisten und Parlamentarier bohrten, desto mehr schlugen die traditionellen Vorbehalte gegen Richard Nixon in Häme, Verachtung und Hass um. Aus «Tricky Dick» wurde der Psychopath im Weißen Haus, sogar von einem Wiedergänger Hitlers und einem drohenden Faschismus war die Rede. Fast hatte es den Anschein, als brauchten Nixons Kritiker das dämonisch Böse, um ihr Selbstbild der moralisch Guten zu polieren. Wie auch immer: Dergleichen war noch nie über einem amerikanischen Präsidenten niedergegangen.[200]

Mitgefangen, mitgehangen

Letztendlich holte «Watergate» aber auch Henry Kissinger ein. Dem Rechtsausschuss des Repräsentantenhauses vorliegende FBI-Berichte belegten ohne jeden Zweifel seine Verantwortung für Abhöraktionen gegen Mitarbeiter des Nationalen Sicherheitsrates. Einige dieser illegalen Aufträge hatte er 1969 selbst erteilt, dem damaligen FBI-Chef J. Edgar Hoover berichtete er von der Absicht des Weißen Hauses, verdächtige Presseinformanten zu «zerstören», mehrmals hatte er sich im FBI-Hauptquartier an der Pennsylvania Avenue in Transkripte abgehörter Telefongespräche vertieft.[201] Als Mitte Mai 1973 entsprechende Berichte in der «Washington Post» und der «New York Times» erschienen, konnte er sich nicht mehr aus der Affäre ziehen. Sein Versuch, die Schuld auf andere abzuwälzen, verfing ebenso wenig wie der Hinweis auf Erinnerungslücken oder die wachsweiche Behauptung, sich «so gut wie nie» an einer Überwachung beteiligt zu haben. Auch das Lamentieren gegenüber der Chefredaktion der «Washington Post» über eine unzulässige Verwendung seiner Gespräche mit Bob Woodward zog nicht. Der Artikel wurde gedruckt, weil Woodward korrekt gearbeitet hatte. Und weil seine Vorgesetzten in der Redaktion herzhaft lachen mussten, als Kissinger ihnen versicherte, eine persönliche Beteiligung an den FBI-Aktionen sei «beinahe unvorstellbar».[202]

«Henry, benehmen Sie sich doch ausnahmsweise mal wie ein Mann», blaffte Nixons Sekretärin Rose Mary Woods, nachdem Kissinger im Weißen Haus wegen «Watergate» einen seiner berüchtigten Tobsuchtsanfälle hingelegt hatte.[203] Es ging um eine Personalrochade: John Ehrlichman und «Bob» Haldeman waren unter dem Druck der Enthüllungen am 30. April 1973 zurückgetreten, Nixon hatte überraschenderweise den erst kürzlich zum Vizestabschef der Armee ernannten Alexander Haig ins Weiße Haus zurückbeordert und auf Haldemans Posten gesetzt. Damit war Kissingers ehemaliger Stellvertreter über Nacht sein Vorgesetzter – und, wie Kissinger es sah, ein mächtiger Rivale um die Gunst des Präsidenten. Also gingen die alten Spielchen von vorne los. Rumpelstilzchen reloaded: Erst drohte Kissinger mit Rücktritt, dann stimmte er Haigs Beförderung wortreich zu, ohne überhaupt gefragt worden zu sein. Freilich nur unter einer gleichermaßen pompösen Bedingung: dass Haig nicht entscheiden durfte, wann, wo und wie oft er den Präsidenten zu sehen wünschte.[204] Davon abgesehen, verlegte er sich auf den üblichen Dünkel von Männlichkeit und predigte Nixon monatelang die Tugend der Unnachgiebigkeit. Dass er gegenüber Freunden das Gegenteil sagte und für eine schnellstmögliche Offenlegung aller Fakten plädierte, konnte der Präsident nicht wissen, allenfalls ahnen.[205]

Im Oval Office, März und April 1973:
HENRY KISSINGER: «Ich bin der Meinung, dass man holzen muss. […] Die Öffentlichkeit schätzt, wenn Sie stur bleiben. Sie versteht all die Nuancen von diesem ganzen Mist nicht.[206] […] Ich weiß einen Dreck über Watergate und will auch gar nichts wissen, aber […] es wird mit zweierlei Maß gemessen. Da hilft nur eines: kämpfen.»[207] RICHARD NIXON: «Es wird alles herauskommen. Davon spreche ich.» KISSINGER: «Aber wenn es herauskommt, stellt sich die Frage, ob man nicht ein für alle Mal zu brutalen Maßnahmen greifen sollte. […] Diese Sache kann eingedämmt werden.[208] […] Nun, Herr Präsident, es geht jetzt in erster Linie darum, wenn ich mir diese Bemerkung erlauben darf, das Amt des Präsidenten und Ihre eigene Macht zu schützen. Das ist absolut unerlässlich. […] Wir schaffen das, Herr Präsident. […] Es ist unzulässig, den Präsidenten zu belangen. Das kann nicht zugelassen werden, um welchen Preis auch immer. […] Sie haben dieses Land gerettet, Herr Präsident. Das wird in den Geschichtsbüchern stehen, wenn niemand mehr weiß, was Watergate bedeutet. […] In sechs Monaten wird schon niemand mehr etwas darüber wissen. […] Diese Bastarde wissen nur zu gut, dass Sie [über Watergate] nichts wissen konnten. […] Sie führen die Regierung, Sie leiten all die Verhand-

lungen, Sie schultern eine größere Last als irgendein anderer Präsident. […] Der Mann, dem man jetzt beistehen muss, sind Sie. […] Sie müssen die Wagenburg schließen und die Sache durchziehen, wie Sie es so oft getan haben. […] Herr Präsident, in einem Jahr werden wir es hinter uns haben.»[209]

Richard Nixon gab wenig auf derlei Treueschwüre. Und Henry Kissinger traute er schon gar nicht über den Weg. Gerade er, davon war Nixon seit Jahren überzeugt, würde der Karriere zuliebe auf nichts und niemanden Rücksicht nehmen – wie damals, als er Nixons Wahlkampfteam Informationen über die Vietnampolitik der Demokraten angedient hatte. «Wir müssen immer im Blick behalten, dass er uns 1968 bestimmte Dinge gesteckt hat, und wir müssen davon ausgehen, dass er dazu fähig ist, so etwas auch zugunsten unserer Gegner […] zu machen.»[210] Selbst nie um einen schmutzigen Trick verlegen, setzte Nixon seinen Sicherheitsberater mit mehr oder weniger deutlichen Erinnerungen an gemeinsame Gesetzesverstöße unter Druck. «Nun, da gibt es natürlich eine Sache, bei der Sie und ich aufpassen müssen und bei der wir höllisch standhaft bleiben müssen. Wie Sie wissen, Henry, haben wir – haben wir zusammen mit dem FBI einige Überwachungen wegen dieser undichten Stellen angeordnet. Sie erinnern sich? […] Weichen Sie nicht zurück, wenn das herauskommt. Sie wissen, was ich meine. […] Und Sie stecken auch drin, wie Sie wissen. […] Das ist es, womit wir rechnen müssen.»[211] Mehrmals spielte Nixon auf diese Geschichte an, mit fast sadistischer Freude, wie es scheint, und einer unverhohlenen Absicht: Er wollte Kissinger zum Komplizen, zu einem «partner in crime» machen.

Im Oval Office, Mai 1973:

RICHARD NIXON: «Falls er [Kissinger] den Dienst quittieren will oder anfängt, Spielchen mit uns zu treiben, werden wir dafür sorgen, dass auch er am Haken hängt. […] Henry hat das ganze gottverdammte Zeug [die Abhöraktionen] angeordnet. Alles hat er angeordnet, das können Sie mir glauben. Er war derjenige, der in meinem Büro wie wild herumgehüpft ist und immer wieder gesagt hat, dass dies und jenes und oh, oh, oh nach außen durchgesickert ist. Mich hat es einen Dreck interessiert, […] aber ich habe dann gesagt, stellt Nachforschungen über die Hurensöhne an. Und er [Kissinger] hat jedes einzelne Abhörprotokoll gelesen, jedes einzelne. Ich habe nie eins gesehen, niemals. Ich wollte sie auch nie sehen. […] Er [Kissinger] hat den verdammten Kram gelesen. [Schreit] Er schwelgte darin, er hat es aufgesogen, er suhlte sich darin.»[212] *HARRY R. HALDEMAN: «Sie [die Journalisten] versuchen, ihn [Kissinger] als jemanden hinzustellen, der sich große Sorgen um die Moral von alledem macht. Das ist alles großer Quatsch. Er muss davon runterkommen […].» NIXON: «Wenn Henry über Moral reden will, kriegen wir ihn dran, wie wir wollen. […] Wer zum Teufel hat den ganzen Kram [die Abhöraktionen] angestoßen? […] Wer hat am meisten über die undichten Stellen herumgejammert?»*[213]

Für den Präsidenten waren diese Debatten aber pure Zeitverschwendung. Zusätzlich zu der Sorge vor einem Amtsenthebungsverfahren trieb ihn nämlich die Angst vor außenpolitischen Untiefen um. «In Wirklichkeit mache ich meinen Job nicht, weil ich dermaßen mit diesem Mist [Watergate] beschäftigt bin.»[214] In der Tat. Die beiden ersten Amtsjahre hatte er mit fruchtlosen Anläufen zu einer Wende im Vietnamkrieg vertrödelt, und jetzt, im Frühjahr 1973, stockte auch noch die Politik gegenüber der UdSSR und der VR China. Nixons innenpolitische Schwäche kam den Gegnern seiner Außenpolitik gerade recht, allen voran Senator Henry Jackson, der eine Debatte über Wirtschaftsabkommen mit der UdSSR zum Misstrauensvotum gegen die gesamte Außenpolitik der Administration aufblasen wollte. «Détente» oder «Entspannung» war das Reizwort schlechthin. Nicht nur Jackson brachte der bloße Umstand in Wallung, dass ein Lehnwort aus dem Französischen Einzug in Amerikas politischen Wortschatz gehalten hatte. 73 weitere Senatoren schlossen sich auf Anhieb seiner Kampagne an – ein Ausweis von Misstrauen und Missverständnissen, die auch auf das Konto von Nixon und Kissinger gingen. Das bröselige Fundament ihrer Politik war nämlich zum größten Teil hausgemacht.

Wie er sich Amerikas Rolle in der Welt wünschte, war Richard Nixon klar. Dass seine Träume nicht in Erfüllung gehen würden, auch. Mit klarem Blick konnte Nixon über globale Umbrüche, Machtverschiebungen und neue Akteure auf der politischen Bühne reden; gleichzeitig brütete er über der Frage, wie man die Konsequenzen des Neuen hinauszögern, verwässern und nach Möglichkeit rückgängig machen könnte. Je nach Anlass und Publikum akzentuierte er in seinen Reden mal das eine, mal das andere, phantasierte über die Wiederauferstehung von Amerikas alter Größe oder über die Notwendigkeit, sich in das Unvermeidliche zu fügen. Anerkennung und Leugnung der Realität gingen Hand in Hand – Ausweis von Unschlüssigkeit und politischer Gewitztheit zugleich, denn damit konnte sich Nixon alle Optionen offenhalten. Oder bei unterschiedlichen Wählergruppen punkten. Auf dieser Achterbahnfahrt brauchte der Präsident einen schwindelfreien und wendigen Beifahrer. Jemanden wie Henry Kissinger, der ebenfalls viele Klaviaturen bediente, vor allem aber die Kunst des Verschleierns und Täuschens beherrschte.

Wenn es eine Konstante am intellektuellen Horizont des Präsidenten und seines Sicherheitsberaters gab, dann die Fixierung auf die Sowjetunion. Ein «wahnhaft bipolares Denken»[215] attestierten einige Kritiker, mit dem Akzent auf beiden Adjektiven. Zu Recht. Zwar räsonierten Nixon und Kissinger in Zeitschriften und bei politischen Hochämtern gerne über Alternativen – etwa über das «Fünfeck» zwischen den USA, der UdSSR, China, Japan und Westeuropa oder über das «Dreieck» mit Moskau und Peking. Aber hinter dem rhetorischen Stuck hausten die bekannten Vorbehalte. Genauer gesagt die Vorliebe, für die Vermessung der Welt nur einen Maßstab anzulegen – die Rivalität mit dem Kreml. Schlichtweg alles fand seinen Platz im ewigen Mantra: Jeder Zugewinn der UdSSR ist ein Verlust für die USA und umgekehrt, was dem einen schadet, nutzt dem anderen, entweder man bereichert sich auf Kosten des Konkurrenten oder man steht als Verlierer da, auch bei Kompromissen muss man mehr herausschlagen als der Herausforderer. Wie Ertrinkende klammerte man sich im Weißen Haus an diesen Katechismus des Nullsummenspiels und dessen Grundregel: die UdSSR auf ihren Platz in der zweiten Reihe zu verweisen und Moskaus Chancen bei jeder sich bietenden Gelegenheit zu vereiteln – tunlichst mit neuen Hilfstruppen aus China oder mit alten Verbündeten, zur Not im Alleingang und überall, von Europa bis Feuerland, vom Nahen Osten bis Südostasien.[216]

Einige Debatten im Oval Office hätten gut und gerne auch zur Blütezeit imperialer Mächte im ausgehenden 19. Jahrhundert geführt werden können. Die Grundgedanken waren jedenfalls zum Verwechseln ähnlich: Der Starke stellt dem Schwächeren Belohnungen für Wohlverhalten in Aussicht und greift zur Peitsche, wenn das Zuckerbrot verschmäht wird, er schmeichelt und lockt, wechselt aber abrupt die Tonlage, sobald sich die Dinge nicht nach seinen Vorstellungen entwickeln. Das zeigte sich etwa bei einem Auftritt Richard Nixons gegenüber dem sowjetischen Botschafter Anatoly Dobrynin Ende Oktober 1969. Eine Verbesserung der beiderseitigen Beziehungen – so der Präsident im Laufe einer zweistündigen Unterhaltung, die über weite Strecken eher ein von oben herab geführter Monolog war – kann es nur geben, wenn die UdSSR die Militärhilfe an Nordvietnam drastisch reduziert und ihren Verbündeten zur Annahme des amerikanischen Friedensplans bewegt, alles Weitere ist zweitrangig, Vereinbarungen über Rüstungskontrolle, verbesserte Wirtschaftsbeziehungen, Kulturaustausch oder Technologietransfer hängen allesamt vom Wohlverhalten Moskaus in Sachen Vietnam ab, die UdSSR hat es in der Hand, ob Richard Nixon ihr so konziliant wie kein anderer Präsident entgegenkommt oder aber zu ganz anderen Mitteln greift. Punkt, Ende des Gesprächs und ein Ausrufezeichen von Henry Kissinger zur nachträglichen Beglaubigung.[217] Zweifel an Dobrynins Gedächtnisprotokoll erübrigen sich; denn genau so hatten sich Nixon und Kissinger zwischen 1969 und 1972 die Dramaturgie ihrer Begegnungen mit sowjetischen Politikern zurechtgelegt – einschließlich einer Wiederaufführung der «Madman»-Show, an der Nixon eine geradezu diebische Freude hatte.[218]

Im Oval Office, April 1972:
HENRY KISSINGER: «Herr Präsident, […] es muss so aussehen, als wären Sie kurz vorm Durchdrehen.» RICHARD NIXON: «Unbedingt. […] Rasten Sie aus. Jagen Sie ihnen [den Russen] Angst ein.» […] KISSINGER: «Ich möchte in Russland gerne so tun, […] dass [das geplante Gipfeltreffen] den Bach runtergehen kann, […] dass Sie gerade einen antikommunistischen Schub kriegen und dass Sie verdammt noch mal die Schnauze voll haben. Das hab' ich Dobrynin schon die ganze Zeit gesagt.[219] *[…] Herr Präsident, ich muss Ihnen sagen, dass ich keinen Präsidenten kenne, der den Mumm gehabt hätte, so etwas [die Bombenangriffe auf Nordvietnam] zum jetzigen Zeitpunkt zu machen. […] Das zeigt schon ein gehöriges Maß an Unverfrorenheit. Donnerstags laden sie [die Sowjets] uns ein […], und am Samstag ziehen wir Haiphong eines über, um ihnen zu sagen: ‹Geht klar, ihr Bastarde. […] Das ist das Spiel, das gespielt werden wird.› Aber das stärkt meine Position in Moskau ungemein. Es war ein Risiko, das eingegangen werden musste. […] Sie und ich sollten aller Welt gegenüber so tun, als würden wir gleich über die Klippe springen.» NIXON: «Stimmt.»*[220] *[…] KISSINGER: «Es ist ein Spiel, eine dieser ungestümen Sachen. […] Dass wir bereit sind, aufs Ganze zu gehen, davon müssen wir sie [die Sowjets] überzeugen. Nur dadurch können wir sie beeindrucken – indem wir verwegene Sachen machen. […] Vielleicht werden sie mir am Freitagvormittag sagen: ‹Sie Hurensohn. Sie bombardieren Dong Ha, während Sie bei uns sind. Es gibt eine Grenze. Nehmen Sie das nächste Flugzeug.› Dieses Risiko müssen wir eingehen.»*[221]

Der «Verrückte im Weißen Haus» war ein Spiel auf dem Niveau von Pubertierenden, das wussten auch Nixon und Kissinger. Um Moskau tatsächlich zu beeindrucken, mussten größere Kaliber aufgefahren werden – in erster Linie die Angst vor China. Dass damit ein wunder Punkt getroffen würde, hatten die gewaltsamen Zusammenstöße chinesischer und sowjetischer Truppen an der umstrittenen Grenze nahe des Ussuri-Flusses im März 1969 erneut gezeigt. Zwar wusste man in Washington nicht, dass der sowjetische Verteidigungsminister Andrei Gretschko damals in einer turbulenten Sitzung des Politbüros für einen atomaren Vergeltungsschlag plädiert hatte. Aber spätestens im August, als sich ein sowjetischer Botschaftsangehöriger bei einem Mitarbeiter des Außenministeriums nach der amerikanischen Reaktion auf einen sowjetischen Nuklearangriff gegen China erkundigte, horchten Nixon und Kissinger auf. Noch eine Reihe anderer Indizien sprach für eine nervöse Unruhe in Moskau. Die chinesische Führung intensivierte ihren Propagandakrieg gegen die «Verräter» jenseits der Grenze, versetzte alle Streitkräfte in höchste Alarmbereitschaft, ließ einige Städte evakuieren und testete zwei Wasserstoffbomben, deren giftiger Niederschlag in Kasachstan und der Mongolei erhebliche Schäden anrichtete. Nixon und Kissinger konnten gar nicht genug derartiger Nachrichten bekommen. Je mehr sich die Sowjets vor den Chinesen oder gar einem chinesisch-amerikanischen Techtelmechtel fürchteten, desto besser für Washington.[222]

Im Oval Office, Januar und Februar 1972:
RICHARD NIXON: «Nun, diesen Schachzug mit China mache ich nicht aus Sorge wegen China. Wegen der Chinesen zerbreche ich mir nicht den Kopf, jedenfalls nicht in den nächsten 15 Jahren. Wegen der Russen müssen wir etwas tun, über ihnen muss noch ein Schreckgespenst schweben. […] Damit können wir uns in eine sehr machtvolle Position manövrieren. In eine Position, wie sie die Briten im 19. Jahrhundert innehatten, als sie es schafften, unter den großen Mächten Europas immer den Schwächeren gegen den Stärkeren in Stellung zu bringen. Genauso machen wir es mit den Chinesen. Und das bringt den Stärkeren [die Russen] zur Vernunft. […] Wenn wir die chinesische Karte nicht gezogen hätten, hätten wir mit den Russen jetzt höllischen Ärger. […] Amerikanische Macht plus chinesische Arbeitskraft bringt uns weltweit ein Gleichgewicht der Mächte. […] Wir bringen die Chinesen wegen der Russen in Stellung. So wird die Sache gespielt.»[223] […] HENRY KISSINGER: «In zwanzig Jahren wird Ihr Nachfolger, wenn er so klug wie Sie ist, die Sache von der anderen Seite her aufrollen und sich den Russen als Gegengewicht zu den Chinesen annähern. Für die nächsten 15 Jahre

jedoch müssen wir zu den Chinesen tendieren – gegen die Russen. Dieses Spiel um das Gleichgewicht der Macht müssen wir völlig emotionslos spielen. Im Moment brauchen wir die Chinesen als Korrektiv gegen die Russen, wir brauchen sie, um die Russen zu disziplinieren. […] In erster Linie geht es um ein Gegengewicht zu den Russen. Die Tatsache, dass sie [die Chinesen] noch keine Weltpolitik betreiben, dass sie noch nicht über globalen Einfluss verfügen, spielt uns in die Karten.»[224]

So klang die neue Grundrechenart der Außenpolitik: Weil die USA den Zenit ihrer Macht überschritten haben und nicht mehr alleine für Ordnung sorgen können, müssen sie wechselnde Juniorpartner ins Boot holen und arbeitsteilig Drohkulissen gegen den Hauptrivalen aufbauen. Oder: Gleichgewicht entsteht, sobald die USA mit Hilfe geborgter Macht zur alten Übermacht zurückfinden. Die Herren im Weißen Haus wären sich selbst untreu geworden, wenn sie nicht auch in Peking Angst hätten schüren wollen. Genauer gesagt ein ganzes Bündel von Ängsten – vor der UdSSR, vor Taiwan, vor Japan, vor einer Niederlage Hanois im Vietnamkrieg wie überhaupt davor, dass die USA bei Gelegenheit auch ihren Kurs wieder ändern könnten.[225] Einschüchtern und trotzdem bei der Stange halten, annähern, ohne allzu viel Nähe zuzulassen, ein Zweckbündnis herstellen, aber mit einem Verfallsdatum versehen – auf die Choreographie dieses Drahtseilaktes und die Bändigung naheliegender Zweifel verwendeten Nixon und Kissinger einen Großteil ihrer intellektuellen Energie.

«Ein Universitätsprofessor, der keine Ahnung von Diplomatie hat»

Die treibende Kraft hinter dem Werben um China war Richard Nixon. Seit den frühen 1960er Jahren hatte er – zunächst im kleinen Kreis und alsbald mit viel beachteten Reden, Interviews und Aufsätzen – dafür plädiert, die UdSSR mit Hilfe ihres kommunistischen Rivalen auszubremsen. Und als er Henry Kissinger zum

Einstellungsgespräch bat, machte Nixon gar den Erfolg seiner gesamten Außenpolitik von einer Neuausrichtung der Beziehungen zu Peking abhängig. Dementsprechend drückte er nach dem Einzug ins Weiße Haus aufs Tempo. Auf diesem Terrain wollte der Präsident so schnell wie möglich etwas in Bewegung setzen, in dieser Frage agierte er zielstrebiger als an anderen Brennpunkten, Vietnam eingeschlossen. Dass er im Frühjahr 1969 bei Charles de Gaulle für eine «Öffnung nach China» warb, war ungewöhnlich genug. Noch bemerkenswerter war sein Besuch, der erste eines amerikanischen Präsidenten in einem kommunistischen Staat überhaupt, wenige Monate später in Rumänien – bei einer Regierung also, die zum Verdruss Moskaus gute Beziehungen mit Peking unterhielt. Und den pakistanischen Präsidenten Yahya Khan weihte Nixon Ende Oktober 1970 geradewegs in seine Pläne ein und erbat dessen Hilfe als Vermittler. Deutlichere Signale hätte man kaum absetzen können.[226]

Henry Kissinger indes musste zum Jagen getragen werden. Zwar hatte sein Mentor William Elliott bereits in den 1950er Jahren China als Gegengift zur UdSSR gepriesen.[227] Aber so viel er dieser Idee auch abgewinnen konnte, so sehr zweifelte Kissinger an ihrer baldigen Umsetzbarkeit. Als er erstmals von Nixons Überlegungen erfuhr, entlockten sie ihm nur ein hochnäsiges Grinsen und die gewohnt herablassenden Kommentare: «Fat chance, tolle Aussicht. [...] Unser Boss hat sich von der Realität verabschiedet.»[228] Doch die Ernsthaftigkeit des Präsidenten versetzte ihn in Unruhe, erst recht, als Nixon alle möglichen Namen für die erste Erkundungsreise nach Peking ins Spiel brachte – darunter die Diplomaten David Bruce und George H. W. Bush, Bildungsminister Elliott Richardson, Alexander Haig und Nelson Rockefeller. Dass Kissinger jeden wiegen und für zu leicht befinden würde, war zu erwarten. Gerade deshalb machte Nixon weiter und entlockte ihm lumpige Bemerkungen über seinen langjährigen Mäzen Rockefeller. «Herr Präsident, er [Rockefeller] wäre dafür nicht diszipliniert genug. [...] Aber ich denke, dass ich ihn für diesen einen Einsatz unter Kontrolle halten könnte. [...] Eigentlich will ich mich ja nicht selbst beweihräuchern, aber ich bin nun mal der einzige, der sich mit allen Verhandlungen auskennt.»[229]

Sich nicht selbst beweihräuchern – Nixon nahm den Witz zur Kenntnis, ließ Kissinger noch ein paar Tage zappeln und ernannte ihn schließlich zu seinem Emissär.

Bei allen Besuchen in Peking zog Kissinger die «Russland-Karte». Im Juli 1971 brachte er Satellitenaufnahmen und andere Erkenntnisse über sowjetische Truppenbewegungen nahe der chinesischen Grenze als Gastgeschenk mit, in den folgenden Jahren hielt er seine Gesprächspartner detailliert über Washingtons Kontakte zu Breschnew auf dem Laufenden und malte die Bedrohung Chinas durch den kommunistischen Nachbarn in düstersten Farben. Mao sollte glauben, dass man in Washington ernsthaft mit einem Angriff des Erzfeindes auf chinesische Nuklearanlagen rechnete, Tschu En-lai bekam ein Angebot zur Waffenhilfe. Davon abgesehen illustrierte Kissinger wortreich Washingtons Frontstellung gegen die UdSSR, sei es im Nahen Osten, Südostasien oder Westeuropa. Am Ende machte er sich gar das Vokabular der Gastgeber zu eigen und sprach vom sowjetischen «Bastard». Es waren Auftritte im Grenzbereich zwischen Anbiederung und Unterwürfigkeit. «Unsere Strategie ist dieselbe. […] Unausgesprochen sind wir zu Alliierten geworden.»[230] Die chinesische Führung nahm es zur Kenntnis und hielt den «Doktor» aus Amerika höflich, aber bestimmt auf Distanz. Gegen eine Annäherung an die USA hatte man im Prinzip nichts einzuwenden, nur eben unter umgekehrten Vorzeichen. Die «imperialistische Hauptmacht» galt als Handlanger im Krieg gegen den «sozialimperialistischen Hauptfeind» Sowjetunion, als Trumpfkarte in einem Spiel, dessen Regeln und Einsätze in Peking festgelegt wurden.[231]

Nixon und Kissinger hatten ihre Rechnung also ohne den Wirt gemacht. Was der Sicherheitsberater zwischen 1971 und 1974 in Peking über den Vietnam-Krieg zu hören bekam, war kein diplomatischer Gedankenaustausch, sondern eine schulmeisterliche Zurechtweisung. Die Idee, auf Nordvietnam zugunsten der USA Druck auszuüben oder die Khmer Rouge in Kambodscha zur Mäßigung anzuhalten, wies Tschu En-lai als weltfremd zurück. Gerade wegen der Entspannung mit den USA durften sich Chinas Verbündete nicht zurückgesetzt oder vernachlässigt fühlen – weshalb die nordvietnamesischen Streitkräfte seit dem Sommer 1971 mehr Waffen denn je erhielten. Auch für Peking, so die Botschaft, standen Prestige, Renommee und Glaubwürdigkeit auf dem Spiel, zumal in der unmittelbaren Nachbarschaft und angesichts der ideologischen Konkurrenz mit der UdSSR. Selbst Kissingers Versprechen, sich mittelfristig einer kommunistischen Machtübernahme in Südvietnam fügen zu wollen, fruchtete nicht. Im Gegenteil. Tschu En-lai drehte den Spieß um und machte eine belastbare Normalisierung der Beziehungen zu den USA vom sofortigen Rückzug der GIs aus Vietnam abhängig. Kissinger redete schlicht gegen eine Wand. Und hatte keine Vorstellung, wie hinter seinem Rücken über ihn geredet wurde. Mao höchstpersönlich hatte es sich nicht nehmen lassen, dem nordvietnamesischen Premierminister Pham Van Dong mit unflätigen Sticheleien gegen Nixons Unterhändler zu schmeicheln: «Kissinger ist ein stinkender Gelehrter», meinte der jeglicher Mundhygiene abgeneigte Große Vorsitzende, «ein Universitätsprofessor, der keine Ahnung von Diplomatie hat.»[232]

Die Getriebenen

Auch die Signale aus Moskau waren alles andere als ermutigend. Bereits Ende Oktober 1969 zeigte Botschafter Anatoly Dobrynin im Weißen Haus die Grenzen auf. Sollten Nixon und Kissinger auf «Linkage» bestehen, also Rüstungskontrolle, eine Schlichtung in Nahost oder andere Themen mit dem Vietnamkrieg verkoppeln und von Moskau eine Disziplinierung Hanois erwarten, müssten sie mit dem Gegenteil des Gewünschten rechnen. In diesem Sinne war die ununterbrochene Waffenlieferung nach Nordvietnam auch als demonstrative Geste an Washington zu verstehen. «Sind wir», so Dobrynins rhetorische Frage, «tatsächlich das Hauptproblem? Immerhin sind es Ihre Truppen, Herr Präsident, die tausende von Meilen jenseits der Heimat auf fremdem Territorium stehen und dort Tod, Verwüstung, Hunger und Krankheit bringen.» In anderen Worten: Ob der Krieg beendet wurde oder sich weiter hinzog, hing einzig von den USA ab. Welche Konsequenzen eine gegen die UdSSR gerichtete Liaison mit China haben würde, ließ der Botschafter offen. Aber der Hinweis auf eine «sehr gravierende Fehleinschätzung» bedeutete in der Sprache des Kalten Krieges nichts anderes als die Drohung mit einer neuen Runde im beiderseitigen Wettrüsten. Schwer zu sagen, ob sich Richard Nixon mehr über den Inhalt des Gehörten aufregte oder über das selbstsichere, nonchalante Auftreten des Gastes. In jedem Fall redete er sich auch deshalb in Rage, weil seine Einwände keinen erkennbaren Eindruck hinterließen. «Ich sagte», so Dobrynins Gesprächsprotokoll, «dass beide Seiten gleichermaßen an der Entwicklung der sowjetisch-amerikanischen Beziehungen interessiert sein müssen. Sollte die Regierung der Vereinigten Staaten augenblicklich nicht daran interessiert sein, können wir genauso gut warten. Wir haben niemals vor irgendjemandem einen Kotau gemacht, und wir werden es auch in Zukunft nicht tun.»[233]

Ähnlich aufschlussreich sind die Psychogramme, die Dobrynin von Nixon und Kissinger anfertigte und bei seinen Dienstherren hinterlegte. Nixons Auftreten, insbesondere seine Fixierung auf Vietnam, wertete er als Zeichen der Schwäche und der Angst vor einem endgültigen Scheitern des Lebenswerks. «Offensichtlich hat das alles eine derartige emotionale Färbung angenommen, dass sich Nixon noch nicht einmal in einer Unterhaltung mit einem ausländischen Botschafter beherrschen kann.»[234] Gut anderthalb Jahre später beschrieb er Nixon als kleinkarierten, misstrauischen Mann mit einem riesigen Ego, der von Neid und Missgunst getrieben jeden verdächtigte, ihn hintergehen oder erniedrigen zu wollen. «Dieser Argwohn, der in jedweder Beziehung von seinem innersten Kreis bestärkt wird, […] hat inzwischen pathologische Ausmaße angenommen.» Auch Kissinger attestierte er «ein hitziges Temperament und mangelnde Selbstbeherrschung mit Anteilen von Hysterie» – in Dobrynins Augen ein Ausdruck der Tatsache, dass sich der Sicherheitsberater aus freien Stücken in einen Teufelskreis begeben hatte: Um sein eigenes Ansehen zu mehren, wollte er Nixon in vorauseilendem Gehorsam alles recht machen und wurde von übersteigerter Nervosität heimgesucht, sobald er dessen Misstrauen selbst zu spüren bekam. «Der Punkt ist, […] dass seine Kommentare ziemlich aufschlussreiche Einblicke in die allgemeine psychische Verfassung des Präsidenten eröffnen.» Kissingers nachträgliche Entschuldigung ließ Dobrynin nicht gelten. Stattdessen erinnerte er ihn an Affektkontrolle als vornehmste Diplomatenpflicht und Grundregel im zwischenstaatlichen Umgang. Und an den «äußerst negativen Eindruck», den sein Verhalten bei ihm und damit auch in Moskau hinterlassen hatte.[235]

Selbst wenn Dobrynin falsch gelegen oder absichtlich ein verzerrtes Bild seiner Washingtoner Gespräche gezeichnet hätte, seine Depeschen waren ein Politikum. Er galt als exzellenter Beobachter, der den Kreml seit einem Jahrzehnt mit präzisen Analysen versorgte und deshalb an oberster Stelle geschätzt wurde. Was er über den schwankenden Riesen USA und das verunsicherte Führungsduo im Weißen Haus zu Protokoll gab, ließ eigentlich nur einen Schluss zu: Die USA waren auf ihre kommunistischen Konkurrenten mindestens so sehr angewiesen wie umgekehrt. Nixon und Kissinger würden, ob sie wollten oder nicht, von ihrem effekthaschenden Gebaren Abstand nehmen müssen – wie einst Nikita Chruschtschow, der mit Bluff und hohlem Gerede auch nur seine eigene Ohnmacht unter Beweis gestellt hatte. In der Zwischenzeit, so der hintergründige Fingerzeig Dobrynins, konnte und sollte die UdSSR die fehlende Trittsicherheit der Vereinigten Staaten zum eigenen Vorteil nutzen: in Westeuropa, wo das Interesse an einer wetterfesten Entspannungspolitik merklich zugenommen hatte, im Nahen Osten ohnehin, auch mit Blick auf Indien, von Vietnam und anderen Unabhängigkeitsbewegungen in der Dritten Welt erst gar nicht zu reden. In letzter Konsequenz konnte man sogar davon träumen, die USA vor den eigenen Karren zu spannen. Oder Weltpolitik gegen den expliziten Willen der gealterten Vormacht zu treiben. Zumindest in diesem Punkt waren sich Moskau und Peking einig: Mit diesem Präsidenten waren die Vereinigten Staaten weniger Antreiber als Getriebene.

Tatsächlich muteten Nixon und Kissinger bei ihren Strategiedebatten wie in die Jahre gekommene Champions an, die sich mit großem Imponiergehabe auf die Brust klopfen und doch wissen, dass die besten Jahre längst hinter ihnen liegen. «Es ist ein Spiel»: Keine Metapher wurde derart strapaziert, kein Politikfeld nicht mit einbezogen. Rüstungskontrolle, Gipfeltreffen, Verträge, feste Bündnisse und lose Kooperationen, alles erschien wie ein riesiges «game» mit mehreren Bällen, begleitet von einem aufputschenden Appell an sich selbst. Nämlich hohe Einsätze zu wagen, die Nerven zu behalten und im Unterschied zu den Vorgängern im Weißen Haus das Heft nicht aus der Hand zu geben.[236] Was sie gerne gehabt hätten, war klar. Wie sie ans Ziel kommen sollten, blieb ihnen ein Rätsel. Vorausschauende Politik und durchdachte Strategie? Von wegen. Nixon und Kissinger bewegten sich eher im Blindflug, stocherten im Nebel, preschten vor und hielten inne, zockten und zauderten, überschätzten ihre Fähigkeiten und nährten den Selbstzweifel. Mal redeten sie sich ein, über Wasser gehen zu können, mal schienen sie an den Realitäten zu verzweifeln. Gerade der Präsident grübelte oft monatelang oder ließ sich von Stimmungsschwankungen treiben, unschlüssig, wie sehr er die Sowjets unter Druck setzen und wie weit er China entgegenkommen sollte, ob er Pekings Verbündete in die Enge treiben konnte, ohne es sich mit Mao zu verderben, wann Rücksichtnahmen auf die Innenpolitik angebracht oder entbehrlich waren – und vor allem, welcher Schritt zu welcher Zeit und mit welchem Aufwand opportun wäre. Nixon und Kissinger schienen zu ahnen, dass sie von der Hand in den Mund lebten und außer Atempausen wenig zuwege brachten. Dann gingen Flüche und Verwünschungen noch leichter als sonst von der Lippe, stets gegen die Russen und Nordvietnamesen, im Grunde aber gegen alle, die sich der Regie Washingtons entzogen. Die Furcht, am Ende den Wettlauf gegen die Zeit zu verlieren, trug ein Übriges zu Nervosität und Sprunghaftigkeit bei.

Hü und hott, ja und nein, vielleicht oder lieber doch nicht: Gerade die Beziehungen zur Sowjetunion gerieten wegen dieser Unentschiedenheit zu einer Achterbahnfahrt. Kaum hatte man den ersten Besuch eines amerikanischen Präsidenten in der UdSSR für das Frühjahr 1972 ins Auge gefasst, wurde die Politik der Entspannung auch schon wieder in Frage gestellt. Warum, zeigen die Reaktionen auf den indisch-pakistanischen Krieg im November 1971 wie unter einem Brennglas.

Der westpakistanische Potentat Yahya Khan hatte damals mit

Repressalien gegen die Unabhängigkeitsbewegung im Osten Pakistans einen Bürgerkrieg angezettelt, der am Ende fast drei Millionen Menschen das Leben kostete. Wie üblich auf geopolitische Muskelspiele fixiert, ignorierten Nixon und Kissinger die lokalen Ursachen des Blutvergießens: ethnische und religiöse Konflikte, soziale Spannungen, Hungersnöte infolge eines verheerenden Taifuns. Bedenkenlos schlugen sie sich auf die Seite des Kriegstreibers – weil Yahya Khan die Kontakte Washingtons zu China mit eingefädelt hatte, weil er ein Verbündeter Pekings war und weil man mit seiner Hilfe Indien in Schach halten wollte. Indien galt im Weißen Haus als antiwestliche Bastion der Blockfreien, seit dem Freundschaftsvertrag mit Moskau vom August 1971 gar als Handlanger des Kremls. Folglich konnte das Eingreifen indischer Truppen in beiden Teilen Pakistans nur ein von der UdSSR inspirierter Schachzug sein. Oder ein Vorbote weiterer sowjetischer Begehrlichkeiten in dieser Region.

Trotz massiver Einwände aus der Südasienabteilung des Außenministeriums und anderer Kenner des Konflikts hielten Nixon und Kissinger an ihrer Fehleinschätzung fest. Über den Iran und Jordanien versorgten sie Yahya Khan mit Waffen und umgingen damit ein vom Kongress verhängtes Embargo, sie drohten Indien mit allerlei Repressalien und schickten eine Armada von Kriegsschiffen in den Golf von Bengalen – im Alleingang, ohne Rücksprache mit dem Pentagon, dem Verteidigungs- und dem Außenminister oder dem Nationalen Sicherheitsrat. Wie der Präsident im Nachhinein einräumte, wollte er die Sowjets mit der Drohung nuklearer Eskalation einschüchtern. Noch mehr war es eine Maßnahme zur machtpolitischen Selbstberuhigung, ein suggestiver Platzhalter ganz nach dem Geschmack des Sicherheitsberaters. «Wir können nicht zulassen, dass [Pakistan], ein Freund von uns und China, in einem Konflikt mit einem Freund Russlands aufs Kreuz gelegt wird. [...] Wir mussten im Konflikt zwischen Indien und Pakistan so hart auftreten, um ihnen [den Chinesen] zu beweisen, dass wir in Asien noch von Bedeutung sind.»[237] Obendrein verschickte man Depeschen, die Leonid Breschnew gut und gerne zur Absage des geplanten Gipfeltreffens mit Nixon hätten reizen können. Oder sollen, damit der schwarze Peter beim Kontrahenten lag – eine Falle, die in Moskau erkannt und folglich ignoriert wurde. Der Preis an Menschenleben für diese Zockerei? Spielte in keinem einzigen Gespräch zwischen Nixon und Kissinger eine Rolle, in ihren schriftlichen Hinterlassenschaften ebenfalls nicht. Stattdessen machte Kissinger die USA zum Opfer sowjetischer Expansion in der Tradition Hitlers: «Für mich ist das unser Rheinland.»[238]

Dreiecks-Diplomatie – das «große Spiel»

Bekanntlich zügelte Nixon seine Affekte und reiste im Mai 1972 wie geplant in die Sowjetunion. Bis es so weit war, legten der Präsident und sein Sicherheitsberater einen wochenlangen Eiertanz hin – wegen Vietnam, aus Sorge um das Image der USA und nicht zuletzt, weil sie nicht als knieweiche Kompromisspolitiker wahrgenommen werden wollten. Die Gespräche im Weißen Haus muten über weite Strecken wie Protokolle eines politischen Fieberwahns an. So wurden die Untoten der Dominotheorie in grellsten Farben geschminkt, so lange, bis man der eigenen Schöpfung hinterherlief. Etwa der Behauptung, dass der Sieg eines sowjetischen Verbündeten in Vietnam die UdSSR zu Kraftproben an allen Ecken und Enden der Welt animieren und das Ende der USA als Großmacht besiegeln würde. Doch damit nicht genug. Henry Kissinger verstieg sich gegenüber Botschafter Dobrynin zu einem geradezu abenteuerlichen Vorwurf. Demzufolge hätte Moskau der nordvietnamesischen Führung eine Eskalation des Krieges eingeredet, um eine Kettenreaktion auszulösen: zunächst einen massiven Gegenschlag der USA, sodann empörte Kritik aus China und am Ende die Annullierung der Pekingreise des Präsidenten.[239] Dass Kissinger die ohnehin ausgeprägten Ressentiments Nixons gegen sowjetische Politiker mit Hingabe schürte, diese als «Haufen brutaler, ordinärer, drittklassiger, miserabler Bastarde und Gangster» titulierte oder über die «spießigen, gemeinen, missgünstigen Scheißkerle» herzog, dürfte die Stimmung zusätzlich eingetrübt haben.[240] In jedem Fall machte sich eine lähmende Unentschiedenheit breit. Eine Zeit lang sah es gar so aus, als wollte das Weiße Haus die Entscheidung über das Gipfeltreffen in Moskau einzig in die Hand des dortigen Politbüros legen.[241]

Anschaulichere Illustrationen für die Wetterwendigkeit ihrer Politik hätten Nixon und Kissinger kaum hinterlassen können. Détente, Washingtons Variante internationaler Entspannung, stand stets im Schatten eines selbst auferlegten Ringens um Einfluss, Prestige und Glaubwürdigkeit. In der Hauptsache nicht auf die Dämpfung von Konflikten oder die Erleichterung menschlicher Schicksale im Kalten Krieg ausgelegt, sondern Mittel zur Mehrung und Projektion von Macht, drohte sie bereits bei geringfügiger Belastung zu kippen. Oder dann, wenn es wegen des Primats übergeordneter Ziele zweckmäßig schien. Détente fand immer nur im Nebenprogramm statt und so lange, wie kurzfristige Gewinne ins Haus standen. Sie galt als zusätzliches Instrument im Besteckkasten des Kalten Krieges, nicht als Hebel zu dessen Bändigung.

Im Oval Office, April und Mai 1972:

RICHARD NIXON: «Unsere Initiative gegenüber den Russen und gegenüber den Chinesen […] wird nicht viel wert sein, falls Vietnam den Bach runtergeht.» […] HENRY KISSINGER: «Die Sowjets wollen mit dem Gipfel nur eines bezwecken, nämlich uns aufs Kreuz zu legen.» […] NIXON: «Wenn die Russen [in Vietnam] nicht rumkommen, bleibt uns nichts anderes, als [die Häfen in Nordvietnam] zu blockieren. So viel steht für mich fest. […] Verdammt viele Leute würden eine Absage des Gipfels unterstützen. Weil wir bereit sind, Tacheles zu reden.»[242] […] KISSINGER: «Ich halte es für sehr wahrscheinlich, dass die Russen den Gipfel nach der nächsten Bombardierung von Hanoi und Haiphong absagen werden. […] Ich bin noch immer entschieden für die Bombardierung von Hanoi und Haiphong. Wir sollten die Sache zum Abschluss bringen.»[243] […] NIXON: «Wenn wir den Gipfel absagen, […] werden [die Sowjets] daraus eine massive Propagandageschichte machen. […] In gewisser Hinsicht ist dieser Preis zu hoch. Er ist zu hoch, weil man mit dem Gipfel in der Vietnam-Sache einige Verwirrung stiften kann. […] Es ist im Grunde eine Frage des Draufgängertums. Also erklären wir, dass wir den Gipfel absagen.

[…] Im Wesentlichen geht es doch darum, welche Folgen es für den Krieg [in Vietnam] hätte, wenn wir den Gipfel absagen. […] Es ist ein ganz großes Spiel. […] Die Russen haben sich doch all die Jahre wie Lügner, Bastarde und Strolche benommen. […] Im Kern geht es um Vietnam und was daraus wird.» […] KISSINGER: «Ich bin jetzt so weit zu sagen, dass wir den Gipfel verschieben sollten. […] Ich denke dabei an das Amt des Präsidenten, ich denke an Ihren Platz in der Geschichte und langfristig an die Geschicke des Landes. Es wäre ein totales Desaster, wenn Sie nach Moskau führen, ohne vorher [in Vietnam] etwas unternommen zu haben. […] Die Russen würden uns verachten. Wir würden jede Glaubwürdigkeit verlieren. […] Das spielt ihnen [den Sowjets] in die Karten – dass ihre Waffen uns aus Vietnam verjagt haben und dass der Präsident trotzdem nach Moskau fährt und eine Erklärung über Koexistenz unterschreibt. […] Diese Bastarde haben uns noch nie irgendeinen verdammten Gefallen getan. Und ich sage in aller Sachlichkeit, dass dies [ein Gipfeltreffen] ein Zeichen großer Schwäche wäre und sie [die Sowjets] erst recht anspornen würde. [Herr Präsident], Ihre große Stärke in der Außenpolitik ist Ihre Härte. […] Was wollen die Russen mit dem Gipfel? Sie wollen zeigen, dass Sie und Breschnew zusammen in der Welt Ordnung schaffen. Nun, mit denen auf einer Ebene zu stehen, ist riskant. Es würde uns in Europa enorm schaden, es würde unser Verhältnis zu den Chinesen belasten. Aber unter einer Voraussetzung ist es das Risiko wert, nämlich dass wir uns nach der nächsten Wahl wieder davon erholen.» NIXON: «Indem wir wieder die harte Gangart einschlagen.» KISSINGER: «Indem wir die harte Gangart einschlagen. Und genauso würde ich es [ein Gipfeltreffen] rechtfertigen.» […] NIXON: «Falls wir den Gipfel absagen, dann aus einem Grund – wir können nicht dorthin fahren, während russische Panzer und Geschosse in Vietnam die Scheiße aus uns herausprügeln. Wir können keine Abkommen mit Leuten schließen, die so etwas machen. Wir treffen uns nicht mit einer Horde von Verbrechern.[244] […] Wenn sie [die Sowjets] jetzt den Gipfel absagen, bin ich in einer ausweglosen Lage. Ich könnte verdammt noch mal die beste Rede halten, die jemals in diesem Amt gehalten worden ist, und die Leute wären trotzdem ganz furchtbar niedergeschlagen. […]

Und wir würden unsere politischen Feinde im Kongress von der Leine lassen, sie werden wahrscheinlich Resolutionen verabschieden, die uns das Leben zur Hölle machen, sie werden uns Mittel kürzen und so weiter und so fort. […] Wir müssen jetzt [mit der massiven Bombardierung Nordvietnams] anfangen. Es ist mir egal, wie die Russen darauf reagieren, es muss jetzt anfangen. […] Und wenn es mich die Wahl kostet, scheiß drauf.»[245] *[…] KISSINGER: «Eine Blockade [nordvietnamesischer Häfen] steigert das Risiko einer Konfrontation mit den Russen. […] Es ist wie damals bei der Invasion in Laos. Alle meinten, dass wir es deshalb mit den Chinesen verbockt hätten. […] Und im Jahr darauf sind Sie [nach China] gefahren.» […] NIXON: «Abgesehen von [John] Connally gibt es im Moment außer mir niemanden in diesem Land, der in den nächsten vier Jahren mit den Russen und den Chinesen umgehen kann und das große Spiel in Europa und das große Spiel in Südostasien beherrscht. […] Ich habe noch einmal über alles nachgedacht. Ich glaube nicht, dass es eine Möglichkeit gibt, [den Gipfel] zu retten […] und gleichzeitig in Vietnam Zeit zu schinden.»*[246]

Letztendlich ließ sich der Zauderer Nixon von innenpolitischen Erwägungen und persönlichen Interessen leiten. Und von der Angst vor einer Niederlage. Wie gehabt deutete er selbst Triumphe als Vorboten des Scheiterns, überzeugt, dass das Schicksal für einen wie ihn stets neue Gemeinheiten bereithielt. Tatsächlich braute sich seit dem denkbar knappen Vorsprung in der Wahl des Jahres 1968 neues Ungemach zusammen. Dass er seine Stellung bei den Zwischenwahlen im November 1970 nicht hatte festigen können, war angesichts der traditionell antizyklischen Stoßrichtung dieser Abstimmung wenig erstaunlich. Bedenklicher schien der freie Fall der Beliebtheitswerte in den Monaten danach. Im Frühjahr 1971 war Nixon so unpopulär wie kein Präsident seit Harry Truman, in der Demokratischen Partei mobilisierten ernstzunehmende Konkurrenten ihre Unterstützer, während in den Südstaaten mit George Wallace ein unabhängiger Populist erfolgreich auf Stimmenfang im konservativen Lager ging. Nicht nur fürchtete Nixon in diesen Monaten um seine Wiederwahl; er hielt es sogar für möglich, von den Republikanern nicht noch einmal nominiert zu werden. Obwohl Außenpolitik selten amerikanische Wahlen entscheidet, setzte der Präsident fortan auf dieses Pferd. Ein Gipfeltreffen in Moskau – «die größte Show, die man in der Welt je gesehen hat» – würde ihm ein paar Monate Ruhe verschaffen, insbesondere den Demokraten und einer ewig nörgelnden Presse den Wind aus den Segeln nehmen.[247] Der Auftrag an Henry Kissinger ließ zur Abwechslung keinen Deutungsspielraum: «Wir müssen irgendwie ein Schauspiel aufführen und zeigen, dass Nixon noch immer in der Arena ist. [...] Jetzt müssen wir die ganz großen Kanonen in Stellung bringen. [...] Wir brauchen die Außenpolitik in der vordersten Linie, sie muss im Mittelpunkt stehen.»[248] Nicht um einer Ordnung der Welt willen, sondern um Richard Nixons persönliche Welt wieder in Ordnung zu bringen: Auch wenn sich Amerikas damalige Außenpolitik nicht auf dieses Kalkül reduzieren lässt, kommt man um ihre zynische Seite nicht herum.

Weil er Dinge tun musste, die ihm eigentlich gegen den Strich gingen, saß Nixon in der Bredouille. An der diffusen Erwartung vieler Wähler, dass endlich ein Ausweg aus der Dauerkonfrontation des Kalten Krieges gefunden würde, führte kein Weg vorbei. «Es geht um diese Hoffnungschose», lästerte der Präsident. «Die Amerikaner sind Einfaltspinsel. Sich gegenseitig kennenlernen – dieser ganze Quatsch. Sie wollen dieses Von-Angesicht-zu-Angesicht-Zeugs. [...] Das grauhaarige Mittelklasse-Amerika, alles Trottel.»[249] Zugleich wusste er einen Gutteil dieser «Trottel» verlässlich an seiner Seite. Nämlich wenn es galt, Stärke und Entschlossenheit zu demonstrieren. Oder den Eindruck eines allzu großen Entgegenkommens gegenüber den Kommunisten zu vermeiden. Also war ein diplomatischer Drahtseilakt gefragt. Die Kunst, das eine zu tun, ohne das andere zu lassen, indem man den «Einfaltspinseln» entgegenkam, aber nicht allzu viele Zugeständnisse machte, indem man Zuversicht weckte und gleichzeitig dämpfte. Kurz, indem man das Tempo drosselte, um ohne Verzug eine Vollbremsung hinlegen zu können.

Dieser Widerwille begleitete die Gespräche mit der UdSSR über Rüstungskontrolle vom ersten bis zum letzten Tag. Entgegen mancher Beteuerung in Sonntagsreden und Memoiren hielten Nixon und Kissinger stur an ihrem in die Jahre gekommenen Dreisatz fest – dass die überschießende Aggressivität des sowjetischen Systems nur durch einen Überschuss besserer Waffen ausgeglichen werden kann, dass man den technologischen Vorsprung der USA wahren muss und das Streben nach geeigneten Druckmitteln auf keinen Fall aufgeben darf. Dass Rüstungskontrolle also nur so lange von Interesse ist, wie sie nicht auf Selbstbeschränkung hinausläuft. Wer daran zweifelte, war in ihren Augen «erbärmlich idealistisch», «naiv» oder von «religiöser Intoleranz».[250] Wie eh und je predigte Henry Kissinger dieses Dogma mit dem Gestus des philosophisch bewanderten Historikers: Außenpolitik ist besonders effektiv, sobald ein Staat Gegner und Feinde mit der Drohung eines begrenzten Atomkrieges einzuschüchtern vermag, eine kriegsentscheidende Übermacht bleibt für die USA überlebenswichtig. Folglich piesackte er das Pentagon unentwegt mit der Bitte um entsprechende Eventualpläne.[251]

Von alledem sollte tunlichst nichts nach außen dringen. Denn seit den späten 1960er Jahren hatte sich national und international die Stimmung gedreht, waren die Forderungen nach einer Bändigung des Rüstungswettlaufs in Parlamenten, in der Presse und im Kreis politischer Eliten lauter geworden. Diesen Umschwung zu ignorieren, wäre auch für einen selbstsicheren, fest im Sattel sitzenden Präsidenten schwierig gewesen. Nicht aus Überzeugung, sondern aus purer Zweckmäßigkeit gab Nixon grünes Licht für die «Strategic Arms Limitation Talks» (SALT), also für ein Abkommen über die Begrenzung von Raketenabwehrsystemen und weitreichenden Offensivwaffen.

Die seit November 1969 abwechselnd in Helsinki und Wien geführten Verhandlungen betrachteten Nixon und Kissinger als ihre Privatangelegenheit. Wie immer misstrauisch, eifersüchtig und neidisch, legten sie sich mit allen an, die qua Amt oder Sachverstand zu dem Thema etwas zu sagen hatten. Zuständige Stellen im Pentagon wurden ebenso hinters Licht geführt wie die «Arms Control and

Disarmament Agency», eine unabhängige Behörde, die laut Satzung hätte gehört werden müssen und zur Beratung der Regierung verpflichtet gewesen wäre. Die offizielle Verhandlungsdelegation, vorweg ihren selbstbewussten Leiter Gerard Smith, beschimpfte Kissinger abwechselnd als «Desaster» oder «Verräter». Deren Linie – Rüstungskontrolle nicht mit der Lösung anderer Streitfragen zu verkoppeln und destabilisierende Technologien rechtzeitig einzudämmen – sollte erst gar nicht zum Tragen kommen. Also intrigierte Kissinger gegen die eigenen Leute, wie und wo es nur ging. Nicht nur stellte er durch Geheimvereinbarungen mit dem sowjetischen Botschafter Anatoly Dobrynin seine Unterhändler vor überraschende Tatsachen; er schloss sie sogar von den entscheidenden Abschlussgesprächen aus.[252] In den Worten von Gerard Smith: «Ich muss sagen, dass er [Kissinger] uns alle zum Narren gehalten hat. Ohne seine Zustimmung lief einfach nichts, keine Presseerklärung, keine Unterrichtung der NATO-Partner, keine interministerielle Studie. […] Ständig wurden von ihm anberaumte Sitzungen wieder abgesagt und auf einen späteren Zeitpunkt verschoben. Es wurde allmählich zu einem Witz – aber nicht zu einem guten.»[253] Dabei wusste Smith noch nicht einmal, dass Nixon auch Leonid Breschnew als Sekundanten hatte rekrutieren wollen. Einzig die Staatschefs, so seine Bitte an den Generalsekretär, sollten anlässlich des Vertragsabschlusses als Impulsgeber und Eisbrecher herausgestellt werden – «wegen der Probleme mit unserer Bürokratie».[254]

Hauptsächlich am Symbolwert der Gespräche und dem eigenen Image interessiert, gingen Nixon und Kissinger den vertrackten Details des Abkommens konsequent aus dem Weg. Der Präsident ließ sich erst gar nicht darauf ein, sein Sicherheitsberater musste sich gegen den Vorwurf fahrlässigen Verhaltens wehren. Dass er gegenüber Dobrynin ein Desinteresse an seegestützten Interkontinentalraketen bekundete und diesen Fauxpas erst auf Druck des Pentagon zurücknahm, erstaunt Historiker noch heute. Damaligen Beobachtern trieb es die Zornesröte ins Gesicht, zumal die Korrektur jedem Bemühen um eine Beschränkung der beiderseitigen Waffenarsenale Hohn sprach. Der UdSSR wurden 950 Waffen dieses Typs zugestanden, weit mehr, als ihre Planungen vorsahen. Kissinger war es einerlei, denn dieses Zugeständnis stellte einen raschen Vertragsabschluss, die Einlösung kurzfristiger Gewinnerwartungen also, in Aussicht. Davon abgesehen erklärten die Sowjets im Gegenzug ihr Einverständnis mit der Entwicklung einer neuen Generation amerikanischer Mehrfachsprengköpfe – just jener Zukunftstechnologie, von der man sich in den USA eine robuste Überlegenheit versprach.[255] So gesehen, agierte Kissinger nicht schludrig, sondern überlegt und mit einer gehörigen Portion Hochmut. Anders ist kaum zu erklären, dass er gegenüber Dobrynin den propagandistischen Wert des SALT-Abkommens als hauptsächlichen Gewinn herausstellte.[256] Auch so etwas gehörte zum großen «SALT-Game», zum Spiel mit der Hoffnung auf eine friedlichere Welt.

Im Oval Office, März bis Mai 1971:
RICHARD NIXON: «Dieses Ding [den Vertrag zur Begrenzung von Raketenabwehrsystemen] durchzukriegen, könnte einen enormen Effekt haben. Gerade jetzt brauchen wir etwas in dieser Art. […] Schließt einfach nur irgendein verdammtes Abkommen. Zum Teufel, es wird ohnehin nicht den geringsten Unterschied machen. Wir werden es ja ohnehin unterschreiben. Holt einfach das Maximum heraus.[257] […] Es ist doch nichts weiter als ein Dokument. […] Ich bin mir gar nicht so sicher, dass dieser SALT-Kram als solcher tatsächlich so wichtig ist. Ich denke, dass es hauptsächlich um die Frage geht, wie ich meine Kritiker beruhige.[258] […] Worüber wir hier tatsächlich reden, ist doch etwas ganz anderes. Und ich weiß, dass diese Sorte Abkommen keinen Pfifferling wert ist.» HENRY KISSINGER: «Das stimmt.» NIXON: «Jedes Abkommen mit den Sowjets […] schließen wir doch nur aus taktischen Erwägungen.» KISSINGER: «Richtig.» NIXON: «Sollten wir wiedergewählt werden, dann, Herrgottsakra, werden wir mit den Sowjets und mit der amerikanischen Öffentlichkeit Tacheles reden und uns für mehr Rüstungsausgaben richtig ins Zeug legen.» KISSINGER: «Genauso sehe ich das auch, Herr Präsident.» […] NIXON: «Im Augenblick können wir doch nur deshalb keine höheren Rüstungsausgaben durchsetzen, weil der verdammte Kongress nicht mitspielt. […] Ich werde einfach sagen, dass die Einschnitte im Rüstungshaushalt unsere

nationale Sicherheit gefährden. Lasst sie [die Demokraten] doch als diejenigen dastehen, die gegen die nationale Sicherheit sind.»[259] […] KISSINGER: «Ein SALT-Abkommen, wie wir es augenblicklich diskutieren, können wir uns leisten. […] Das wird für uns keine Nachteile bringen. Es wird rein gar nichts bedeuten. Aber zum jetzigen Zeitpunkt müssen wir die Situation entschärfen – wir müssen dieser Generation von Spitzenpolitikern der Demokraten das Rückgrat brechen, den [Cyrus] Vances, [Clark] Cliffords und Konsorten. Sie müssen aus der öffentlichen Debatte verschwinden.» NIXON: «Davon abgesehen, müssen wir das Vertrauen der Menschen in das amerikanische Establishment zerstören.» KISSINGER: «So ist es.»[260] […] NIXON: «Verdammt noch mal, niemand außer uns wird sich für Rüstung stark machen. Wer denn sonst, in Dreiteufelsnamen? Darum geht es mir. […] Was ich sagen will, ist, dass wir ab sofort so skrupellos wie irgend möglich hinter den besten Schlagzeilen her sein müssen, die wir irgendwie kriegen können. […] Ich brauche unbedingt eine gute Presse.[261] […] Ich will es mal so sagen: Wir wissen doch alle, dass es [das SALT-Abkommen] ein Haufen Scheiße ist. Es taugt hinten und vorne nichts. Aber mit Blick auf die Öffentlichkeitsarbeit können wir so etwas gerade jetzt gebrauchen.[262] […] Es ist doch so: Alles, was im Augenblick zählt, sind die Debatten im Senat [über Vietnam]. […] Wenn wir die SALT-Sache hinbekommen, dann wird die Stimmung […] bei den Intellektuellen grundsätzlich freundlicher werden.[263] […] Wenn es [SALT] scheitert, werden wir es sein, die das Haus niederbrennen. […] Wir werden rausgehen und sagen müssen: ‹Zum Teufel mit den Wahlen und dem ganzen Zeug. Lasst uns die amerikanischen Streitkräfte aufrüsten›.»[264]

Als Richard Nixon am 20. Mai 1971 vor die Presse trat und einen Durchbruch bei den SALT-Gesprächen verkündete, waren die amerikanischen Unterhändler geplättet. Von einer Wende konnte keine Rede sein, alle Streitfragen lagen noch immer ungelöst auf dem Tisch.[265] Aber der Präsident folgte längst einer anderen Agenda, genauer gesagt den Spielregeln der «bombshell diplomacy». Um liberale Kritiker zu beruhigen und konservative Skeptiker in Schach zu halten, gab es ein probates Mittel: Überraschung und theatralische Überrumpelung, alle Scheinwerfer auf das Weiße Haus, Trommelwirbel, Fanfaren und Feuerwerk. Kaum war der SALT-Coup verhallt, zündete Nixon die nächste Stufe und kündigte acht Wochen später seine für Anfang 1972 terminierte Reise nach China an. Liberalen und Intellektuellen, allen, die dem Präsidenten wegen seiner antikommunistischen Tiraden seit Jahrzehnten nicht über den Weg trauten, verschlug es die Sprache, die Taiwan-Lobby verlor inmitten der öffentlichen Aufregung vorübergehend Orientierung und Biss. Kissingers vorbereitende Gespräche in Peking mit allen erdenklichen Finten geheim zu halten, hatte sich also gelohnt. Die chinesische Regierung, in Verwirrspielen geübt wie keine zweite, sah keinen Grund für das Ablenkungsmanöver, spielte auf Drängen Washingtons aber mit. Mitunter konnte man sich des Eindrucks nicht erwehren, dass sich alles nur um den Show- und Schock-Effekt drehte. Auch außenpolitisch, denn zuerst bei Mao vorzusprechen, düpierte die Sowjets. Und verschaffte, so hofften Kissinger und Nixon, den USA eine neue Trumpfkarte im geopolitischen Poker mit dem Kreml. Wie umgekehrt das SALT-Abkommen die Chinesen unter Druck setzen und noch enger an die USA heranführen sollte.[266]

In Peking und Moskau

In Peking absolvierte Richard Nixon in der letzten Februarwoche 1972 den Auftritt seines Lebens. Dass Tschu En-lai über das Spiel mit der «Moskau-Karte» lächelnd hinwegging und zum wiederholten Male die Waffenbruderschaft mit Nordvietnam verteidigte – geschenkt. Davon drang ohnehin nichts nach außen. Was zählte, waren die dramatischen Fernsehbilder. Der Präsident beim Abflug aus der Heimat, auf dem Rollfeld gefeiert von Tausenden seiner Anhänger; beim herzlichen Händedruck mit Tschu En-lai; beim entspannten Plausch mit Mao in dessen Arbeitszimmer; beim Staatsbankett; beim Gang über die chinesische Mauer und beim Bestaunen kaum bekannter Sehenswürdigkeiten. Vor diesem Hintergrund war kein Lob zu hoch gegriffen und kein Selbstlob zu peinlich, selbst dann

Mit Leonid Breschnew in Moskau, 1. Juni 1974.

nicht, als sich Nixon mit den Astronauten von «Apollo 11» auf eine Stufe stellte und die Inschrift der auf dem Mond hinterlassenen Plakette zum Motto seines Besuchs erklärte: «Wir kamen in Frieden für die gesamte Menschheit.» Henry Kissinger musste sich mit einem Platz in der zweiten Reihe begnügen, vorsichtshalber hatte der Secret Service nach der Landung in Peking sogar die Gangreihen in der Air Force One blockiert, um vorwitzige Drängler zurückzuhalten und dem Präsidenten die ungestörte Aufmerksamkeit auf der Gangway zu sichern. Ein weiterer Seitenhieb kam von Mao persönlich, getarnt als Ratschlag, es mit der Redseligkeit gegenüber der Presse nicht zu übertreiben. Davon abgesehen, amüsierte sich der «Große Vorsitzende» über die unterwürfigen Lobhudeleien seiner Gäste. «Meine Schriften sind überhaupt nichts wert. In ihnen findet sich nichts Lehrreiches. […] Geändert habe ich [nicht die Welt], nur ein paar Orte in der Nähe von Peking.» Dessen ungeachtet schilderten Nixon und Kissinger die Begegnung wie ein Treffen mit dem Weltgeist. Sie wussten eben, dass man durch eine Überhöhung von

Mit Mao Tse-tung in Peking, 2. Februar 1973.

Konkurrenten auch selbst immer ein Stück größer wird. Nötig war es nicht, denn allein die Macht der Bilder bescherte den beiden ihren erhofften Triumph.[267]

Für die Reise in die UdSSR hatte man sich ein anderes Drehbuch zurechtgelegt. «Knallhart soll es sein», wies Kissinger den Redenschreiber des Präsidenten an. «Keine Deiner verdammten pazifistischen Trinksprüche. Wir sind hier nicht in China, schwören keine ewige Freundschaft. Sei knallhart.»[268] Trotzdem galt es die Form zu wahren und sich in politischer Kosmetik zu üben. «[Henry,] tischen Sie ihnen [den Sowjets] etwas von diesem Quatsch auf, dass der Präsident großen Respekt vor Herrn Breschnew hat, […] dass die beiden Männer […] sehr große Fortschritte erzielen können, weil sie beide geradeheraus, stark und ehrlich sind. Ich würde diesen fiesen Witz loswerden. Sie verstehen, was ich meine? Etwas Schmus kann nicht schaden. Die Russen haben es mit der Bauchpinselei. Sie sind schrecklich in dieser Hinsicht. Und sie sind empfänglich dafür.» Nixons «Schminkkasten» oder «Verkaufskoffer» enthielt weitere auf den Geschmack des Gastgebers zugeschnittene Häppchen: dass es neben den USA und der UdSSR keine ernstzunehmenden Großmächte gibt, dass der Präsident die Sowjetunion als gleichberechtigten Staat akzeptiert, dass dieser Gipfel die politisch bedeutendste Begegnung des Jahrhunderts ist. Dieser «Bockmist» durfte aber, so der Präsident, nicht von der Hauptsache ablenken: «Wir können diesen Scheiß nicht akzeptieren, dass sie [die Sowjets] überall in der westlichen Welt Befreiungsbewegungen unterstützen dürfen und dass in ihrer Sphäre die Breschnew-Doktrin [der Nichteinmischung] gilt. [...] Die Sowjetunion sollte sich nicht der Illusion hingeben, dass sie direkt oder indirekt Waffengewalt zur Befreiung nichtkommunistischer Staaten anwenden kann.»[269] Anders ausgedrückt: «Linkage», die Verkoppelung unterschiedlicher Themen, war und blieb das Maß aller Dinge, selbst Vereinbarungen auf höchster Ebene standen unter Vorbehalt und konnten jederzeit widerrufen werden – nicht nur, aber gerade wegen Vietnam.

Doch am Ende setzten sich beim Gipfel in Moskau die politischen Verkaufsinteressen durch. Ohne erkennbare Verstimmung nahm Nixon eine fast dreistündige Philippika Leonid Breschnews über den Vietnamkrieg zur Kenntnis, vorgetragen zur Beruhigung des Bündnispartners in Hanoi und zugleich ein vorgetäuschtes «Linkage» nach sowjetischer Art: dauerhafte Annäherung nur im Tausch gegen einen Frieden in Vietnam. Auch Anspielungen auf den Nahen Osten – wer zu Israels Exzessen gegenüber den Palästinensern schweigt, sollte über sowjetische Waffen in Nordvietnam nicht reden – kommentierte der Präsident eher pflichtschuldig als empört. Hauptsache, der SALT-Vertrag und anderes Dekor wurde nicht in Frage gestellt.

Schon im Vorfeld hatte Nixon mit Henry Kissinger über den knalligsten Effekt nachgedacht. Das SALT-Abkommen? Keine Überraschung mehr. Erklärungen zum Umweltschutz oder zur Zusammenarbeit in der Raumfahrt? Nicht wuchtig genug. Aber ein Kommuniqué über die Grundlagen der beiderseitigen Beziehungen, mit ausdrücklichen Hinweisen auf friedliche Koexistenz und die Nichteinmischung in innere Angelegenheiten, würde einschlagen und den Präsidenten über alle Vorgänger erheben. Weil jede Seite in den Text hineinlesen konnte, was sie wollte, erfüllte er seinen Zweck. Er war vielversprechend und nichtssagend zugleich und vor allen Dingen unverbindlich. «Zum Teufel, warum nicht?», meinte Nixon. «Es ist ja kein Vertrag. [...] Es ist ein Mordsding. [...] Ein Kommuniqué, eine Grundsatzerklärung und diese anderen Vereinbarungen. Kennedy konnte noch nicht einmal diese Weltraumsache hinkriegen, über die jahrelang gesprochen wurde.» Kissinger hörte es mit Vergnügen. «Alle Journalisten, mit denen ich Kontakt habe, denken, dass es wie in Peking ausgehen wird – ohne greifbares Ergebnis. Und dann dieses Kommuniqué am Schluss. [...] Herr Präsident, Sie werden sie nächste Woche alle fertigmachen. Darauf ist niemand vorbereitet.»[270]

Mit der Würdigung seiner eigenen Rolle war Henry Kissinger anfänglich alles andere als zufrieden. Hatte er sich in Peking noch zähneknirschend im Hintergrund gehalten, so war es in Moskau mit der Zurückhaltung vorbei. Weil Außenminister Rogers zu einem der Treffen mit Leonid Breschnew hinzugezogen wurde und Gerard Smith, der Papierform nach Chefunterhändler für SALT, bei einer Pressekonferenz kurz vor Unterzeichnung des Vertrages ebenfalls auf dem Podium saß und ihm die Schau zu stehlen drohte, machte Kissinger eine Szene. Und als Nixon allein mit Breschnew zu dessen Datscha aufbrach, drehte er vollends durch. Im Tagebuch von Stabschef Haldeman heißt es dazu in der gewohnten Lakonie: «K[issinger] war nicht dabei, deshalb gab es nicht die Probleme wie beim Besuch bei Mao in China. [...] Je länger ich mit Henry darüber sprach, desto klarer wurde mir, dass es sich um ein psychologisches und nicht um ein politisches Problem handelte. In anderen Worten: Henry war aufgebracht, weil es nicht so lief, wie er sich das vorgestellt hatte, aber tatsächlich lief es überhaupt nicht so schlecht, wie er sich das in seinem Kopf zurechtgelegt hatte.»[271]

Kissingers Stunde schlug am Ende der Reise – im Starry Sky-Nachtclub des Intourist Hotels nahe beim Roten Platz. Dorthin hatte er, Nixon war längst zu Bett gegangen, für Mitternacht nochmals zu einer Pressekonferenz geladen und erläuterte seine Sicht des SALT-Vertrages. Der Auftritt wurde zu einer großen Henry-Show. Kissinger erhob sich zum Experten mit philosophischem Hintergrundwissen, dozierte über Waffensysteme, von denen er keine Ahnung hatte, und übertünchte seine Wissenslücken mit Witzen auf Kosten der tatsächlichen Kenner in der Bürokratie. Die Journalisten hatten ihren Spaß und taten wie gewünscht. Sie lagen ihm, von wenigen Ausnahmen abgesehen, zu Füßen.[272]

Popstar der Politik

Nach den Gipfeltreffen in Moskau und Peking war Henry Kissinger endgültig in die Riege der Popstars aufgerückt. Landauf, landab probten Medien die Heiligsprechung. Uneinig schien man sich nur bei der Prädikatsvergabe: Weißer Revolutionär? Wiedergänger Metternichs und Bismarcks? Oder doch lieber Marco Polo seiner Zeit, der Entdecker einer neuen Außenpolitik? «Wie er [Kissinger] diese heikle und schwierige Rolle ausfüllt, ist ein Wunder», hieß es in der «New York Times». In «Life» konnte man sich über den «wichtigsten zweiten Mann in der Geschichte» informieren: «Niemand sonst verfügt über diese Kombination aus körperlichem Stehvermögen, Gelehrsamkeit, Souveränität und Geschick, mit einer Vielzahl menschlicher Typen in Machtpositionen zurechtzukommen. Man muss den Mann einfach bewundern.» «Time Magazine» huldigte gar dem «unverzichtbaren Mann dieser Welt».[273] Damit ist längst nicht alles zitiert und doch alles gesagt. Die Porträts verfingen umso mehr, als das Außenministerium endgültig zu einer Schrumpfgröße geworden war, ohne Profil, ohne Stimme und scheinbar ohne Programm, im Husarenritt übernommen von einem Mann, der es allem Anschein nach besser wusste. Und die Presse bediente die Erwartung ihres Publikums nach einer von Vietnam unbefleckten Erzählung oder nach der Wiederauferstehung von Amerika als Land der Pioniere. Ein weiteres Motiv hatte Kissinger nicht nur erkannt. Er sprach es im Oval Office sogar an – die Abneigung, wenn nicht den Hass vieler Liberaler auf Nixon, die dem Präsidenten nichts zutrauten und noch weniger gönnten. «Das ist es ja, was die Liberalen gerne hätten. Sie brauchen jemanden, der Sie [Herr Präsident] dazu gebracht hat, all diese Dinge zu tun.»[274]

Für dieses Image legte sich Kissinger unablässig ins Zeug. Mit Journalisten Hintergrundgespräche zu führen, war das eine. Ebenso ertragreich waren private Kontakte. Mit vielen – darunter Fernsehmoderatoren und tonangebende Kolumnisten wie Ted Koppel, Marvin Kalb, James Reston und Joseph Kraft – stand er auf Du und Du, mit Max Fraenkel von der «New York Times» spielte er Tennis, bei der Herausgeberin der «Washington Post», Katharine Graham, schaute er gewohnheitsmäßig zum Mittagessen oder bei Dinnerpartys vorbei. Offenbar hatten alle ihren Gefallen daran, wenn Kissinger Wohnzimmer in Hörsäle verwandelte und über die Weltlage monologisierte. Die Grenze zwischen kühler Berechnung und persönlicher Zuneigung zu ziehen, dürfte unmöglich sein. Im Fall von Joseph Alsop, journalistischem Paten des konservativen Milieus, entwickelte sich jedenfalls eine langjährige Freundschaft. Am Weihnachtsabend war «Henry» regelmäßiger Gast im Hause Alsop, man beschenkte sich zum Geburtstag und brachte von Auslandsreisen immer die eine oder andere Aufmerksamkeit mit, wobei Kissinger mit geräuchertem Stör und Kaviar aus der UdSSR immer auch beiderseitige Vorlieben bediente. Alsop war einer der wenigen, die Kissingers Ehrpusseligkeit beim Namen nennen durften, ohne mit einem Bannstrahl belegt zu werden. Irritationen machte Alsop wett, indem er wichtige Kolumnen seinem Freund vor der Publikation zum Gegenlesen anbot und Korrekturen einarbeitete.[275]

Dass Henry Kissinger in den Klatschspalten großer Zeitungen ebenso präsent war wie im Politikteil, trug zu seiner Verklärung bei. «Henry» als Partyprinz und Glamour-Boy: Vor der Nachtschicht im Büro besuchte er, so es sich einrichten ließ, Empfänge, Vernissagen, Film- und Theaterpremieren, gleich mehrere an einem Abend und meistens nur für wenige Minuten, umgab sich mit Schriftstellern und Schauspielern, Unternehmern und Modeschöpfern. Ob er kam oder absagte, entschied in vielen Fällen über Erfolg oder Misserfolg einer Party. Und weil er für niemanden Zeit hatte, fühlten sich alle geehrt, ein Wort mit ihm gewechselt oder einen der legendären Sprüche aufgeschnappt zu haben, die flugs zum Stadtgespräch wurden. «Es kann nächste Woche keine Krise geben, mein Terminplan ist jetzt schon voll.» – «Den Krieg zwischen den Geschlechtern wird

Mit der Schauspielerin Jill St. John beim Empfang für Leonid Breschnew…

nie jemand gewinnen. Dafür gibt es viel zu viel Verbrüderung mit dem Feind.» – «Ich weiß nicht, ob ich ein guter Autor bin. Aber alle, die mein Buch zu Ende lesen, sind großartige Leser.» – «Oh, das passt wieder zu meinem Größenwahn. Nennen Sie mich doch einfach Exzellenz. Oder knien Sie gleich nieder.» – Nicht zu vergessen die Reaktion auf eine Verehrerin: «Dr. Kissinger, ich möchte Ihnen danken, dass Sie die Welt gerettet haben.» – «Nichts zu danken.»[276] Über die eigene Extravaganz und Mimosenhaftigkeit zu spotten, darin war Kissinger groß. Als Impresario des Small Talk konnte er alle Aufmerksamkeit auf seine Person lenken, ohne dass andere sich zurückgesetzt fühlten, er belustigte mit trockenem Humor und Schlagfertigkeit, mit feiner Ironie, aber auch mit der vollen Wucht des Rechthabers, der bei allen Themen noch eins draufsetzen musste. Waren Journalisten zugegen, begannen ihre Berichte über das gesellschaftliche Leben Washingtons meistens mit einem Witz von oder einem Kommentar über Henry Kissinger.[277]

Beim Gegenbesuch von Leonid Breschnew im kalifornischen San Clemente, wo der Präsident regelmäßig Quartier im «Western White

… «Western White House», San Clemente, 25. Juni 1973.

House» nahm, entzückte Kissinger nicht allein den Gast, sondern auch die Presse mit einer atemberaubenden Schönheit an seiner Seite. Die Schauspielerin Jill St. John, als «Bond-Girl» in «Diamantenfieber» und als Kritikerin des Vietnam-Krieges bekannt, gab sich die Ehre. Und schon wurde wieder über den «swinger» Kissinger getuschelt. Diane Sawyer, Liz Taylor, Candice Bergen, Shirley MacLaine, Liv Ullman, Raquel Welsh, Liza Minnelli, gar lang war die Liste der Stars und Sternchen, mit denen er sich an Orten der Schönen und Reichen traf und demonstrative Flirts hinlegte, sobald Fotoapparate gezückt wurden.

Glaubt man dem Klatschkolumnisten Lloyd Shearer alias Walter Scott, war Berechnung im Spiel. Kissinger soll ihn um Rat gefragt haben, wie man Frauengeschichten vermarktet, ohne moralisch anstößig zu wirken – eine Behauptung, die Kissinger in einem unbedachten Moment bestätigte. «Ich glaube, dass mein Ruf als Playboy immer noch sehr nützlich ist, weil er die Leute einfach beruhigt, ihnen zeigt, dass ich kein Museumsstück bin. […] Was zählt, ist, inwieweit Frauen Teil meines Lebens sind oder gar eine Hauptbeschäf-

Mit der Schauspielerin Ali MacGraw bei der Premiere des Films «The Godfather», New York City, 14. März 1972.

tigung. Nun, das sind sie ganz und gar nicht. Für mich sind Frauen nur eine Ablenkung, ein Hobby. Niemand verbringt allzu viel Zeit mit seinen Hobbys.»[278] Einige wollten nicht nur Hobby oder Trophäe sein und nahmen es ihm übel, andere blieben vernarrt in die Aura der Macht oder die Stimme und den Akzent. «Diese warme, langsame Stimme voller Emotionen. Sie hat mich sinnlich aufgewühlt.»[279] Und Jill St. John hatte schlicht Gefallen an einem platonischen Geplänkel: «Einfach nur zu reden, war für ihn ein wichtiges Mittel der Entspannung. Wir haben oft und lange geredet. Und wenn ich Probleme hatte oder deprimiert war, konnte ich ihn anrufen, auch um drei Uhr in der Früh. Er war immer zuvorkommend und redete stundenlang. Es war einfach eine großartige Freundschaft.»[280] Wie immer dem gewesen sein mag, «Playboy-Bunnies» wählten ihn 1972 zu dem Mann, mit dem sie am liebsten eine Verabredung gehabt hätten. Und setzten auf ihre Weise ein Ausrufe-

Mit der Schauspielerin Liv Ullmann bei einer Party zu Ehren des Regisseurs John Ford, Beverly Hilton Hotel, 1. April 1973.

zeichen hinter das geflügelte Wort: Je größer die Krise, desto langbeiniger die Frauen an Kissingers Seite.[281]

Dieses öffentliche Leben war der beste Schutz seines Privatlebens, eine Vorwärtsverteidigung, um niemanden in die Nähe kommen zu lassen. Was wusste man über ihn? Wenig mehr als Banalitäten: Dass er in der Regel nur sechs Stunden Schlaf brauchte, im Büro frühstückte, bei der Auswahl von Krawatten und Anzügen gern fremde Hilfe in Anspruch nahm, dass er am Rande von Washington in Rock Creek Park ein Reihenhaus mit sechs Zimmern bewohnte und Interieur vom Charme eines Holiday Inn im Mittleren Westen ausgewählt hatte. Nancy Maginnes, zur Zeit seiner vermeintlichen Eskapaden längst Lebensgefährtin, trat erst nach der Hochzeit im März 1974 ins öffentliche Bewusstsein, vom jüngeren Bruder Walter, einem erfolgreichen und betuchten Firmengründer, hatte kaum jemand gehört, das Verhältnis zu seinen Kindern blieb ebenfalls ein gut gehütetes Geheimnis. In unzähligen Interviews sagte Henry Kissinger immer nur, was er nicht ist, aber nie, wer er ist. Oder hätte sein wollen. «Es gibt Leute, die mich als rätselhaften, gepeinigten Typen darstellen», beschied er Oriana Fallaci im Interview. «Und dann gibt es welche, die mich als beinahe aufgekratzt beschreiben, wie jemanden, der immer lächelt, ständig lacht. Aber diese Vorstellungen sind falsch. Ich bin weder das eine noch das andere. Ich bin [...], ich werde Ihnen nicht sagen, was ich bin. Das werde ich niemals irgendjemandem sagen.»[282] Immer und überall präsent zu sein und dennoch als Unbekannter durchs Leben zu gehen: Henry Kissinger hatte den Wert der Pose und der Überwältigungsshow, des Mehrdeutigen und Doppelbödigen verstanden – im Privaten wie in der Politik.

Ein misstrauischer Präsident

Richard Nixon beobachtete diese Auftritte mit wachsendem Argwohn. Nicht nur störte ihn das öffentliche Gerede über einen Genius hinter dem Thron und die Abwertung seiner eigenen Person. Noch bedenklicher war, dass Kissingers Egomanie bisweilen zu Lasten politischer Trittsicherheit ging. Wieso verstieg er sich zu dem Vorschlag, von Nixons Reise nach Peking nur wenige Fernsehbilder zu senden? Um den Eindruck einer «Zirkusveranstaltung» zu vermeiden, wie er schmallippig behauptete? Oder schlicht aus Futterneid? Im Weißen Haus war man sich der Antwort ziemlich sicher.[283] Auch bei der Planung der Moskaureise war offensichtlich eine Überdosis eigensüchtiger Motive im Spiel. Kissinger ließ sich sogar auf ein Manöver ein, das ihn gut und gerne den Job hätte kosten können. Dass Moskau nur mit ihm und nicht mit Vertretern des Außenministeriums über die Details des anstehenden Treffens reden wollte, war frei erfunden. Aber er wiederholte diese Behauptung so lange, bis der anfänglich zögernde Nixon schließlich einwilligte und ihn auf den Weg schickte. Ob der Präsident nichts ahnte, ist angesichts seines chronischen Misstrauens unwahrscheinlich; vermutlich wollte er nur einem großen Knall aus dem Weg gehen.[284] Erpicht auf einen weiteren Coup, setzte sich Kissinger in den Vorgesprächen bei Leonid Breschnew auch noch über die Direktiven Nixons hinweg – Richtlinien, für die er im Vorfeld selbst plädiert hatte. Die Vorbedingung, den Gipfel von Moskaus Politik gegenüber Hanoi abhängig zu machen, erwähnte Kissinger im Kreml allenfalls kleinlaut. Stattdessen verhandelte er über den Ablauf des Treffens. Nixon, in seinen Entschlüssen noch immer schwankend, ließ ihn widerwillig gewähren und schimpfte über die Eigenmächtigkeit des Sicherheitsberaters. Das «Kissinger-Geschwafel», so «Bob» Haldeman, zerrte erkennbar an den Nerven.[285]

Monat für Monat ging es darum, Kissinger vor sich selbst und das Weiße Haus vor Kissinger zu schützen. Während der monatelangen Vorbereitungen des Staatsbesuchs in China musste er daran erinnert werden, wer die Hauptrolle spielte und warum für die Wasserträger Plätze hinter den Kulissen reserviert waren. Trotzdem bat Kissinger darum, im Herbst 1971 nach Hanoi geschickt zu werden – ohne zündende Idee zur Wiederbelebung der Friedensgespräche und nur in der durchschaubaren Absicht, sich Wochen vor dem Chinabesuch des Präsidenten als ebenbürtige Kraft zu präsentieren. Nach der Rückkehr aus Peking ignorierte er alle Bitten, sich nicht zum alleinigen Interpreten der neuen Politik aufzuschwingen. Ein Grund mehr, ihn im Vorfeld des Treffens mit Leonid Breschnew unter Quarantäne zu stellen. «Wir müssen Henry davon überzeugen, absolut dichtzuhalten. Das wird verdammt schwer, ist aber unerlässlich. [...] Wir müssen ihn davon überzeugen, kein Wort über den Gipfel zu verlieren. Kein öffentliches Nachdenken über Breschnews Persönlichkeit und ähnliches.»[286]

Und so weiter und so fort, selbst die Sitzordnung bei Staatsempfängen wurde zum Problem – auf Geheiß des Präsidenten erging Order, Kissinger nicht mehr zum Tischherren der glamourösesten Damen zu machen und wenigstens an dieser Stelle keinen Anlass für die üblichen Gerüchte zu bieten.[287] Nixon schien zusehends mürbe und von Kissingers Stärken immer weniger überzeugt. «Bei der Überhöhung Kissingers geht es nicht darum, uns zu helfen. Stattdessen wollen sie [die Journalisten] uns ein Bein stellen. [...] Bob [Haldeman], wir können nicht noch weitere vier Jahre mit dieser

Henry-Geschichte weitermachen. Es geht einfach nicht, dass er de facto wie ein Außenminister und zugleich wie ein Verteidigungsminister auftritt, erst recht nicht mit seiner Persönlichkeit.»[288] Der Präsident ließ den Dingen dennoch ihren Lauf.

Für seine Unentschlossenheit hatte Richard Nixon einleuchtende Gründe. Außer ihm gab es nur einen, der das weltpolitische «Spiel» verstanden hatte und obendrein ein Meister im Täuschen und Finassieren war: Henry Kissinger. Unverzichtbar war der Sicherheitsberater nicht, aber es fehlte an geeignetem Ersatz. Nixons «Kronprinz» John Connally hätte die Rolle ausfüllen können, sollte aber behutsam an höhere Aufgaben herangeführt werden. Kissingers Stellvertreter Alexander Haig brachte hinreichend Stehvermögen und Skrupellosigkeit mit, allerdings fehlte es ihm an Erfahrung. Und einen Novizen einzuarbeiten, schien zu riskant. Dafür war das doppelte Spiel mit und gegen Moskau und Peking zu weit fortgeschritten und die Wut in den großen Ministerien über die Alleingänge des Weißen Hauses zu unberechenbar. Davon abgesehen liebte Kissinger überraschende Coups und Paukenschläge mindestens so sehr wie der Präsident. Er konnte sich auf allen Bühnen bewegen, füllte die Rolle des Conférenciers und Showmasters ideal aus. Und nach dem Spektakel in Peking und Moskau war er der Garant für gute Presse. «Gegen ihn [Kissinger] vorzugehen», stellte der Journalist Seymour Hersh teils bewundernd, teils angewidert fest, «würde einen medialen Flächenbrand auslösen.»[289] Nichts konnte Nixon weniger gebrauchen. Er benötigte einen guten Verkäufer für seine Außenpolitik – jemanden, der sich auf Tricks, Kunstgriffe und vor allem auf Doppelbödigkeit verstand.

Zeitspiel

Der SALT-Vertrag war kaum unterschrieben, als Nixon und Kissinger die Axt an dieses ohnehin lückenhafte Abkommen zur Kontrolle des Rüstungswettlaufs legten. Mit der Begrenzung der Raketenabwehrsysteme – zwei Stützpunkte auf jeder Seite zur Verteidigung von Washington, D.C. und Moskau und je einen zum Schutz von Stellungen für Interkontinentalraketen – hatten sie kein Problem. Wohl aber mit der sogenannten Interimsvereinbarung, in der sich beide Seiten verpflichteten, die Zahl ihrer weitreichenden Raketen für fünf Jahre auf dem Stand von 1972 einzufrieren: 1054 für die USA, 1618 für die UdSSR. Dass diese Differenz keineswegs auf einen Vorteil für die Sowjetunion hinauslief, lag auf der Hand. Die USA konnten nämlich ihre Raketen mit Mehrfachsprengköpfen bestücken, während die sowjetischen Versuche zur Entwicklung dieser Zukunftstechnologie noch in den Kinderschuhen steckten. Überdies glichen die amerikanischen «Forward Based Systems» – an den Grenzen der UdSSR stationierte Bomberflotten und andere Offensivwaffen – die überlegene Mannschaftsstärke der Roten Armee bei weitem aus.[290] Für eingefleischte Gegner der Rüstungskontrollpolitik zählte dies alles nicht. Sie kaprizierten sich auf die zahlenmäßigen Unterschiede und beklagten eine «Raketenlücke» zum Nachteil der USA – ein einstudiertes und verfängliches Argument, mit dem man selbst zu Zeiten erdrückender amerikanischer Überlegenheit Abstiegsängste mobilisiert hatte. An diese Tradition anknüpfend, brachte Senator Henry Jackson im August 1972 im Kongress eine Resolution ein und forderte die Regierung zu einer Korrektur des Ungleichgewichts auf. Sprich: zu einer Nachrüstung oder einer neuerlichen Runde im beiderseitigen Wettrüsten. Und Henry Kissinger versprach dem Senator die Rückendeckung der Regierung – zu «1000 Prozent».[291]

Mehr noch: Ende September 1972 stellten Nixon und Kissinger in einem Gespräch mit Henry Jackson eine baldige Demontage der Rüstungskontrollbehörde in Aussicht. «Ich möchte bei der [Arms Control and Disarmament Agency] Leute haben, die nicht für ACDA sind», versprach der Präsident.[292] Gesagt, getan. Für das Haushaltsjahr 1973 wurde der Etat von «ACDA» um ein Drittel gekürzt, 50 von 230 Mitarbeitern mussten sich einen neuen Job suchen, in der Delegation für künftige SALT-Verhandlungen gaben «Hardliner» den Ton an.[293] Wenn es nur darum gegangen wäre, rechte Kritiker im Kongress zu besänftigen und die Ratifizierung des SALT-Vertrages sicherzustellen, hätte man einen derartigen Kahlschlag nicht gebraucht. Vielmehr kam es darauf an, den Liberalen einen Dämpfer zu verpassen und Debatten über eine neue Sicherheitspolitik jenseits des Kalten Krieges frühzeitig einen Riegel vorzuschieben. «Wir müssen die Euphorie über SALT-I usw. stoppen», erklärte der Präsident Anfang März 1973 im Nationalen Sicherheitsrat. Warum? Weil dieser Vertrag die Parlamentarier zu einer Kürzung der Militärausgaben, mithin zu einer Beschneidung außenpolitischer Spielräume hätte ermuntern können.[294]

Nixon wollte sich alle Optionen offenhalten und auf Zeit spielen. Was Henry Kissinger in privaten Gesprächen selbstredend nicht von wortreicher Bewunderung für die Unterstützer einer effektiven Rüstungskontrolle abhielt.[295] So funktionierte das Spiel mit mehreren Bällen: Allen etwas bieten, aber keinen wissen lassen, was eigentlich gespielt wurde. Daran scheiterte letztendlich eine Entgiftung der Beziehungen zwischen den Supermächten.

Zwar waren die Jahre vorbei, in denen man meist nur übereinander und kaum miteinander sprach. Dass die Staats- und Regierungschefs der USA und der Sowjetunion zwischen 1972 und 1974 gleich dreimal zusammentrafen, entspannte das Klima ebenso wie die intensiven Kontakte zwischen Henry Kissinger und dem sowjetischen Botschafter Anatoly Dobrynin. Wer wie diese beiden zusammen ins Konzert geht und gemeinsam im Familienkreis Feste feiert, schafft politischen Streit nicht aus der Welt, eröffnet sich und dem Gegenüber aber einen unverbrauchten Blick auf Absichten, Ziele und Ängste. Gleiches gilt für die SALT-Unterhändler auf beiden Seiten. In jahrelangen Dauergesprächen lernten Diplomaten und Militärs, vermeintlich Unvereinbares zu überbrücken und Kompromisse jenseits des ideologischen Ballasts auszuhandeln. Mitunter teilten sie sogar Fortschrittsideale und die Vorstellung eines globalen Gemeinwohls.[296]

Obwohl auf diese Weise vieles bewegt wurde, blieb noch mehr ungenutzt. Nixon und Kissinger trugen erheblich zur Geschichte verspielter Chancen bei. Kaum ein Gespräch über die UdSSR, in dem sie sich nicht gegenseitig ihre Vorurteile bestätigt und den Vorteil fortgesetzter Konfrontation gepredigt hätten. Über die Anteile von Unwillen, Unvermögen oder Vorsatz lässt sich streiten. Nicht aber darüber, dass beide im Misstrauen die härteste diplomatische Währung sahen und vertrauensbildende Maßnahmen für ein bisweilen zweckmäßiges, im Grunde jedoch lästiges Beiwerk hielten.

Ob und wie Moskau auf Offerten ohne doppelten Boden reagiert hätte, bleibt Spekulation. Fest steht, dass einflussreiche sowjetische Militärs schon im Sommer 1972 auf die Bremse traten und vor weiteren Konzessionen in der Rüstungspolitik warnten. Davon abgesehen glaubte eine Mehrheit im Politbüro immer noch oder schon wieder an die Verheißungen des historischen Materialismus: Die Krise der Ausbeuter ist die Chance für alle Ausgebeuteten, Amerikas Desaster in Vietnam gibt antikolonialen und sozialistischen Befreiungsbewegungen von Lateinamerika bis Südostasien Auftrieb, kurz: Die Erde wird rot, auch ohne Zutun, aber zum Vorteil der UdSSR. Womit die eine oder andere Hilfestellung für Rebellen selbstverständlich nicht ausgeschlossen war. Nixon und Kissinger lieferten zusätzliche Argumente frei Haus – durch Lavieren, Undurchsichtigkeit und nicht zuletzt durch ihr Pochen auf eine weltweite Führungsrolle der USA. Wie es scheint, kam ihnen die sowjetische Neigung, Gleiches mit Gleichem zu vergelten, durchaus gelegen, legitimierte sie doch die Gegenwehr Washingtons. «Sobald die Russen einen Zeh über die rote Linie setzen, schneiden wir ihn ab», deklamierte Kissinger.[297] Damit war wieder einmal der Kreis geschlossen und die Frage beantwortet, warum von einer kooperativen Wende im Umgang mit weltweiten Konflikten nicht die Rede sein konnte.

In diesem Sinne war auch die «Öffnung nach China» ein ungedeckter Wechsel auf die Zukunft. Weltweite Hoffnungen hin oder her, beide Seiten konnten oder wollten die in sie gesetzten Erwartungen nicht erfüllen. Mao und Tschu En-lai schon gar nicht, weil sie den USA Doppelzüngigkeit unterstellten. «Wir können zusammenarbeiten, um gemeinsam mit einem Bastard fertigzuwerden», bekam Henry Kissinger vom «Großen Vorsitzenden» zu hören.[298] Und den unausgesprochenen Rest konnte er sich denken: Aber man sollte deshalb nicht von einer gleichberechtigten Partnerschaft reden, sondern eher vom Anwerben einer neuen Hilfstruppe im Ringen mit der UdSSR. Und was, wenn der Mohr seine Schuldigkeit getan hatte? Würden die USA dann mit der Sowjetunion gegen China Front machen? Wie es scheint, zweifelte man in Peking überdies am innenpolitischen Stehvermögen der Regierung Nixon. Warum legte der Präsident derart großen Wert auf die Geheimhaltung seiner Gespräche mit der chinesischen Führung? Weshalb pochte er gegenüber Tschu En-lai darauf, dass außer Henry Kissinger niemand sonst – weder Außenminister Rogers noch andere Kabinettsmitglieder oder Diplomaten – eingeweiht werden durfte?[299] Weil er sich seiner Position nicht sicher war? Und damit rechnen musste, von der eigenen Bürokratie oder der Taiwan-Lobby ausgebremst zu werden?

Fragen über Fragen, die Maos instinktives Misstrauen gegenüber der «imperialistischen Hauptmacht» anfachten – abgesehen davon, dass er mit Blick auf parteiinterne Rivalen und Verbündete in der Dritten Welt sich nicht dem Verdacht ideologischer Aufweichung aussetzen wollte. Dem doktrinären Reinheitsgebot Folge zu leisten, schien allemal ertragreicher als ein Einvernehmen mit den USA. Und so gesehen bot es sich an, die amerikanische Ernsthaftigkeit hier und da einem Stresstest zu unterziehen. Oder eine neuerliche Eintrübung der Beziehungen zwischen Washington und Moskau abzuwarten. Spätestens dann würden die Vereinigten Staaten Farbe bekennen müssen. Nixon und Kissinger konnten mit dieser Hinhaltetaktik leben. Mehr noch: Die Verzögerung kam ihnen zupass, weil auch sie im Grunde den Traum hegten, mit der Zeit im Bunde zu sein.[300]

Der unbequeme Verbündete

Umso ärgerlicher erschien das Tempo, das ein Verbündeter vorlegte – die bundesdeutsche Regierung unter Willy Brandt. März und Mai 1970: Treffen mit Willi Stoph, dem Vorsitzenden des Ministerrates der DDR, in Erfurt und Kassel; August 1970: Deutsch-sowjetischer Vertrag; Dezember 1970: Deutsch-polnischer Vertrag; seit Anfang 1970: Initiativen für ein Viermächteabkommen über Berlin, für eine «Konferenz über Sicherheit und Zusammenarbeit in Europa», für Ost-West-Verhandlungen über den Abbau konventioneller Truppen in Europa; Dezember 1971: Transitabkommen mit der DDR; Dezember 1972: Grundlagenvertrag zwischen der Bundesrepublik Deutschland und der DDR. Nachdem Egon Bahr, engster Mitarbeiter Brandts in außenpolitischen Fragen, im Oktober 1969 Henry Kissinger die Bonner Überlegungen vorgestellt hatte, schrillten in Washington alle Alarmglocken. Der Hinweis Bahrs, die USA würden informiert, aber nicht konsultiert, galt als ebenso unerhörte wie ungehörige Emanzipationserklärung.[301]

Laut Henry Kissinger dräute die Gefahr einer Neutralisierung der Bundesrepublik nach dem Vorbild Finnlands. Oder einer deutsch-russischen Allianz nach dem Vorbild des Vertrages von Rapallo aus dem Jahr 1922. Oder beides zusammen, verbunden mit einem Infektionsrisiko für das restliche Westeuropa. Frankreich könnte sich durch den westdeutschen Vorstoß in seinem Eigensinn bestätigt sehen und eine unkontrollierbare Kettenreaktion in Gang setzen. Weil sich auch Amerikas Liberale auf Brandt berufen und Nixon an der Heimatfront in Schwierigkeiten bringen würden, sollte der Präsident die Bonner Ostpolitik auf keinen Fall durch öffentliche Erklärungen aufwerten.[302] Fallende Dominosteine nicht nur an der Peripherie, sondern im Zentrum des Imperiums: So wirklichkeitsfremd diese Vorstellungen waren, sie passten zu den Erwartungen an Verbündete der westlichen Führungsmacht. Fügsam sollten sie sein, kleinlaut und bescheiden, Mündel in einem Vormundschaftsverhältnis eben. Wäre es nach Kissinger gegangen, hätte man Bonns Vorhaben auf die lange Bank oder, besser noch, aufs Abstellgleis geschoben. «Wenn schon Entspannung mit der Sowjetunion, dann machen wir sie.»[303] So klang es, wenn der Präsidentenberater eine diplomatische Umschreibung für den Hinweis finden wollte, dass sich eine Regionalmacht aus den diffizilen Geschäften der Weltpolitik tunlichst herauszuhalten hatte. Dazu Willy Brandt: «In den Europäern sah er [Kissinger] die Bauern im großen Schachspiel der Supermächte. […] Wir hielten dagegen, dass wir auf weltpolitische Mitsprache nicht zu verzichten gedächten.»[304]

Im Oval Office, Mai und Juli 1971:

HENRY KISSINGER: «Die Gespräche über [das Viermächteabkommen für] Berlin laufen dermaßen gut, dass wir wahrscheinlich nicht in der Lage sein werden, sie noch einigermaßen hinauszuzögern.

Wenn nichts Unvorhergesehenes dazwischenkommt, werden wir wohl Mitte Juli das Berlin-Abkommen haben. […] Und genau genommen machen die Russen zwei Drittel der Zugeständnisse.» […] RICHARD NIXON: «Ich frag mich nur, ob wir dazwischenfunken können, um [das geplante Gipfeltreffen mit Nixon in Moskau] hinzubekommen.» […] KISSINGER: «Wir müssen Dreckskerle sein […].» NIXON: «In Ordnung. Wir werden Dreckskerle sein. Das ist in Ordnung. Sagen Sie [Dobrynin] einfach […] ‹Wir werden [solange es keine Zusage für ein Gipfeltreffen in Moskau gibt] dem Berlin-Abkommen nicht zustimmen. Es liegt an Ihnen›.[305] *[…] Wegen Berlin werden sie [die Sowjets] nichts riskieren, weil sie sich mit den Deutschen gutstellen wollen.» KISSINGER: «Ja, das stimmt. Unser größtes Problem in Berlin ist jetzt, dass wir vor einem wirklich erstklassigen Abkommen stehen, einer tatsächlichen Verbesserung. Ich weiß, dass wir dafür niemals Anerkennung bekommen werden.» NIXON: «Können wir es noch versenken?» KISSINGER: «Ja, aber wissen Sie, die Russen machen jetzt derart viele Zugeständnisse, dass es schwierig wird.» NIXON: «Ja. In Ordnung.*[306] *[…] Wir müssen das [ein Berlin-Abkommen] vermasseln. Das ist [Botschafter Kenneth] Rush doch hoffentlich hinreichend klar?» ALEXANDER HAIG: «Ja, und es ist ziemlich kompliziert […].»*[307]

Selbstverständlich wusste man im Weißen Haus, dass in diesen Unterhaltungen leeres Stroh gedroschen wurde. Das Viermächteabkommen über Berlin «versenken» zu wollen – also einen Vertrag, der bei allen westlichen Verbündeten wie auch in der Öffentlichkeit großen Zuspruch fand –, war eine absurde Vorstellung. Aufschlussreich sind die Tonbandprotokolle dennoch. Sie verdeutlichen, wie verständnislos Nixon und Kissinger den normativen Fundamenten von Brandts Ostpolitik gegenüberstanden: Vertrauen und «gemeinsame Sicherheit», Kooperation und gute Nachbarschaft, Frieden und Gleichberechtigung, Selbstbindung und Gewaltverzicht, Erleichterungen im innerdeutschen Alltag und zwischenmenschliche Begegnungen. Im Weißen Haus ging es stattdessen um Taktik, Zweckmäßigkeit und um Optionen, die man ziehen oder nach Bedarf stornieren konnte. Wer eine andere Meinung vertrat, war im Priesterseminar besser aufgehoben, wie Kissinger bei Cocktailpartys gerne zum Besten gab. Gegenüber Nixon beließ er es nicht bei Hochnäsigkeit, sondern bediente wieder einmal die Ressentiments des Präsidenten. In solchen Momenten wurde aus Egon Bahr eine hinterhältige «Echse» und aus Willy Brandt ein versoffener «Trottel» und Informant des Kremls.[308] Kleinkarierter Neid auf das gute Presseecho zur bundesdeutschen Außenpolitik war auch im Spiel, nach der Verleihung des Friedensnobelpreises an den Bundeskanzler kochte die gallige Missgunst schier über, kurz vor dem Misstrauensvotum gegen Willy Brandt dachten Nixon und Kissinger gar über eine klammheimliche Unterstützung seines Widersachers Rainer Barzel nach.[309] Dass sich Kissinger letzten Endes ins Unvermeidliche fügte und Bonns Politik teils tolerierte, teils unterstützte, sollte nicht als Einsicht zum Besseren verstanden werden. Und schon gar nicht als Gegenposition zu Nixon. Es war schlicht der Versuch, das aus seiner Sicht Schlimmste zu verhindern und selbst wieder die Kontrolle über eine Entwicklung zu bekommen, die andere in Gang gesetzt hatten.[310]

Im Oval Office, Juni 1971:

RICHARD NIXON: «Guter Gott, wenn [Brandt] Deutschlands Hoffnung ist, dann hat Deutschland nicht viel Hoffnung. […] Ich will nicht sagen, dass wir von der Ostpolitik begeistert sind.» HENRY KISSINGER: «Das Hauptproblem ist, dass er [Brandt] nicht sehr helle ist.» NIXON: «Dieser Kerl ist wirklich ein bisschen dumm.» KISSINGER: «Dumm und faul, […] und er trinkt.»[311] […] NIXON: «Ich weiß nicht, wie die Sitzordnung [anlässlich eines Empfangs für den Bundeskanzler] heute Abend ist. Ich denke, dass ich schon mehr als genug mit Brandt geredet habe. Vielleicht […] sollten wir einfach über seinen Kopf hinwegreden, ich weiß aber nicht, ob Sie rechts oder links von ihm sitzen.» WILLIAM ROGERS: «Nun, ich habe vielleicht auch nichts, worüber ich mit ihm reden könnte.» NIXON: «Das einzige Thema, das noch übrig ist, ist Vietnam. […] Reden Sie einfach ein wenig über Vietnam mit ihm.»[312]

«Reden Sie einfach ein wenig über Vietnam mit ihm». Ein hingeworfener und doch sehr aussagekräftiger Satz zu Nixons Prioritäten.

Dass der Weltfrieden am wenigsten in Vietnam und am meisten in Berlin bedroht wurde, stand für Nixon fest. «Die geringste Bedeutung hat Vietnam. Nie, nie, nie drohte dort ein Weltkrieg. [...] Verdammt noch mal, das wissen wir doch alle. [...] In Berlin geht es um alles. Scheiße, wenn dort etwas passiert, hängen wir alle drin.»[313] Trotzdem wollte er Willy Brandt und europäische Entspannung nur in den Kammerspielen sehen, die große Bühne war für Washington reserviert – und dort ging es wie gehabt hauptsächlich um Vietnam. Eine Sichtweise von zwingender Logik, solange man die USA für den Nabel der Welt hält und Amerikas Wohlergehen mit globaler Wohlfahrt in eins setzt. Henry Kissinger fügte eine unfreiwillig komische Note hinzu, als er das Jahr 1973 mit viel Aplomb zum «Jahr Europas» erklärte und die so Gelobten in einer Rede vor amerikanischen Zeitungsherausgebern umgehend wieder auf ihren Platz verwies – mit dem Hinweis, dass kleine Akteure von großen Visionen schlicht überfordert sind.[314]

Kein Waffenstillstand vor der Wahl

Auch gut zwei Jahre nach Amtsantritt war die Regierung Nixon vom Krieg in Südostasien in Beschlag genommen. Egal, wann und mit wem im Weißen Haus darüber diskutiert wurde, man bewegte sich im Kreis. Oder in der Endlosschleife des Anfang 1969 vom Präsidenten verfassten und seither von Henry Kissinger rezitierten «Ja-aber»-Monologs: Ja, der Krieg muss beendet werden, aber vorher sollte das amerikanische Militär noch einmal seine Instrumente zeigen. Ja, man hat nicht mehr viel Zeit, aber es darf am Ende nicht so aussehen, als hätten sowjetische und chinesische Waffen über die Vereinigten Staaten triumphiert. Ja, Südvietnam wird nach dem Abzug der GIs über kurz oder lang zusammenbrechen, aber eine Karenzzeit von zwei bis drei Jahren ist unverzichtbar, damit die Regierung in Saigon für das Debakel verantwortlich gemacht werden kann und die USA ihren Nimbus der Unbesiegbarkeit wahren. Ja, Hanoi soll wissen, dass man sich in Washington mit einer Vereinigung des Landes unter kommunistischen Vorzeichen abgefunden hatte, aber die Verhandlungen über einen Waffenstillstand können warten – weil der innenpolitische Druck angesichts der rückläufigen Zahl amerikanischer Kriegsopfer stetig nachlässt. «Henry, vor Jahresende den Krieg beendet zu haben, macht politisch nicht den geringsten Unterschied», instruierte der Präsident seinen Sicherheitsberater im April 1972. «Gespräche in diesem Sommer bringen uns nicht weiter.»[315] Kissinger sah es genauso, denn er hatte sich wie sein Chef längst die Logik der Guerilla-Kämpfer zu eigen gemacht: Solange man nicht als offenkundiger Verlierer dasteht, ist der Krieg gewonnen.

Ausgerechnet Nordvietnam brachte Washington im September 1972 in Zugzwang. Dass die amerikanische Luftoffensive wenige Monate zuvor verpufft war, spielte dabei ebenso eine Rolle wie das erkennbare Scheitern der «Vietnamisierung». Mehr und bessere Waffen konnten weder der südvietnamesischen Armee Kampfgeist einimpfen noch etwas gegen die im Offizierskorps grassierende Korruption ausrichten. So gesehen war es nur eine Frage der Zeit, bis Nixon die auf den Schlachtfeldern geschaffenen Tatsachen würde anerkennen müssen. Vermutlich setzte man auch auf das Interesse des Präsidenten an einer überzeugenden Wiederwahl im November. Was immer den Ausschlag gegeben haben mag, die Offerte sprach für sich. Hanoi war mit einer provisorischen Regierung der «Nationalen Eintracht» einverstanden, paritätisch besetzt mit Vertretern beider Bürgerkriegsfraktionen des Südens. General Thieu sollte dieser Regierung nicht angehören, durfte aber weiterhin seinen Armee- und Polizeiapparat und die Verwaltungshoheit über die von ihm kontrollierten Gebiete behalten. Selbstverständlich wollte Henry Kissinger noch mehr herausschlagen. Doch darauf oder auf die versteckten Fallstricke des Angebots kam es gar nicht so sehr an. Entscheidend war, dass die nordvietnamesische Delegation ihre jahrelange Obstruktionspolitik aufgegeben hatte und die USA mit diesem Angebot öffentlich unter Druck setzen konnte. Jetzt musste das Weiße Haus eine weitreichende Entscheidung fällen: War es opportun, die Verhandlungen in Paris zu beschleunigen und auf ein Abkommen im Oktober hinzuarbeiten? Oder versprach ein Spiel auf Zeit und über den Wahltag hinaus einen höheren Ertrag – psychologisch, propagandistisch und politisch?[316]

Im Oval Office, August und September 1972:

RICHARD NIXON: «Offen und ehrlich gesagt, würde ich sie [die Nordvietnamesen] gerne austricksen. Und zwar so, dass wir ein [Waffenstillstands-]Abkommen vereinbaren und sie anschließend bei der Umsetzung reinlegen. […] Wir könnten etwas versprechen und dann, direkt nach der Wahl, sagen, dass Thieu nichts davon wissen will. Einfach den Druck hochhalten.» […] HENRY KISSINGER: «Aber die Frage ist jetzt: Wie können wir es so hinkriegen, […] dass es am Wahltag wie eine Vereinbarung aussieht, selbst wenn noch nicht alles geklärt ist? Wenn wir das schaffen, können wir sie nach der Wahl aufs Kreuz legen, falls nötig.» NIXON: «Worum es hier geht, ist zu zeigen, dass wir uns nach vier Jahren nicht überhastet zurückgezogen haben.» […] KISSINGER: «Die Tauben sollten nicht in der Lage sein zu behaupten, dass ein von Ihnen [Herr Präsident] im Oktober geschlossenes Abkommen schon im Februar 1969 hätte geschlossen werden können und damit 20 000 Leben hätte retten können. Darauf sollten wir vorbereitet sein. Wir müssen beweisen, dass wir unsere Ehre bewahrt und zugleich ein Abkommen erreicht haben. […] Wenn wir dann ab Januar [1973] ordentlich genug auf [Nordvietnam] draufhauen, Herr Präsident, dann glaube ich nicht, dass sie gegen den Süden gewinnen können. […] Ich betrachte diese ganze Angelegenheit jetzt vollkommen zynisch. […] Was wir brauchen […], ist etwas für das heimische Publikum, etwas, das kontinuierliche Fortschritte zeigt […]. Und nach dem 7. November, nachdem Sie mit Sicherheit wiedergewählt wurden […]» NIXON: «Nach dem 7. November ist die Vorstellung vorbei. […] Wir werden diese Anlagen in Hanoi plattmachen, dieses gottverdammte Hafenviertel, egal, ob dort Schiffe liegen oder nicht. […] Und offen gesagt, Henry, wir müssen vielleicht auch die Deiche zerstören […] und die Bevölkerung vorher warnen, das Gebiet tunlichst zu räumen.» KISSINGER: «Es ist Trockenzeit. Ich würde auch die Deiche zerstören.» […] NIXON: «Je mehr Zeit wir kaufen, desto besser.» KISSINGER: «Ich sehe es jetzt teilweise als PR-Kampagne für die Öffentlichkeit. […] Ich werde bessere Bedingungen für ein Abkommen aushandeln. Schließlich haben wir nie sofort irgendetwas akzeptiert, was uns jemand vorgelegt hat.[317] […] Sie [die Nordviet-

namesen] sind panisch. Sie würden gerne ein Abkommen schließen. [...] Sie machen immerzu neue Vorschläge. Für ihre Verhältnisse haben sie riesige Zugeständnisse gemacht. [...] Innerhalb von drei Monaten haben sie die Forderung, dass alles in Südvietnam aus dem Weg geräumt werden muss, aufgegeben und akzeptiert, dass Saigon weiterhin die Gebiete verwalten darf, die es momentan kontrolliert. Das ist aus ihrer Perspektive ein unglaubliches Zugeständnis.[318] *[...] Unser Plan sieht vor, [...] dass sie auch noch einige ihrer Truppen aus [Süd-]Vietnam abziehen und dass sie sich vollständig aus Kambodscha und Laos zurückziehen.*[319] *[...] Wenn wir so weitermachen, [...] könnten wir vielleicht ein Abkommen vor der Wahl hinbekommen.» NIXON: «Nun, wir sollten alles daransetzen, es [ein Waffenstillstandsabkommen] nicht zu bekommen. Je länger wir die Sache über den Wahltag hinauszögern können, desto besser. [...] Wenn Thieu [wegen des Abkommens] an die Decke geht, dann will ich es vor der Wahl nicht haben. Das würde uns nämlich heftig schaden.»*[320]

Nachdem Richard Nixon wie üblich alle möglichen Einwände wiedergekäut und seine Meinung beinahe täglich geändert hatte, bläute er den Mitarbeitern dreierlei ein. Erstens: Man braucht kein Abkommen, um die Wahl zu gewinnen. Und man sollte sich nicht dem Vorwurf aussetzen, wegen ein paar zusätzlicher Stimmen einem Drehbuch der Kommunisten gefolgt zu sein. Zweitens: Die USA dürfen auf keinen Fall einen Bruch mit General Thieu riskieren, nur er kann die Turbulenzen nach einem Waffenstillstandsabkommen eine Zeit lang abfedern und die USA aus der Schusslinie nehmen. «Außer Thieu kann ich keine Führungsfigur erkennen, ich sehe keinen anderen Kandidaten, der den Laden zusammenhält.»[321] Drittens: Vor einer politischen Einigung muss der Luftkrieg noch einmal eskaliert werden – um Nordvietnam in seinen militärischen Planungen zurückzuwerfen und, wichtiger noch, um den Anschein zu erwecken, die Kommunisten hätten vor Amerikas militärischer Übermacht kapituliert. Kurz: kein Waffenstillstand vor der Wahl. «Soll es denn etwa so aussehen, als hätten wir [der Schauspielerin und Friedensaktivistin] Jane Fonda nachgegeben?»[322]

Doch Henry Kissinger gingen die Nerven durch. Er drückte trotz der Ansagen Nixons bei den Pariser Verhandlungen aufs Tempo, wollte unbedingt vor dem Wahltag am 7. November ein Abkommen mit Nordvietnam unter Dach und Fach bringen. Nichts deutet darauf hin, dass Kissinger über Nacht vom Saulus zum Paulus geworden wäre, kein Gespräch mit Nixon, kein Memorandum, kein vertraulicher Hinweis an Kollegen. Von der grundsätzlichen Ausrichtung der Kriegsdiplomatie war er so überzeugt wie eh und je, allein die Karriereaussichten hatten sich eingetrübt. Für jemanden, der ständig und überall das Gras wachsen hörte, mussten die zu dieser Zeit kursierenden Gerüchte über Nixons Pläne zu einem radikalen Umbau der Regierung bedrohlich klingen. Und tatsächlich – was Kissinger umtrieb, war schiere Torschlusspanik. Unverzichtbar konnte er sich nur machen, wenn er seiner Geheimdiplomatie die Krone aufsetzte und nach den Paukenschlägen in Peking und Moskau einen weiteren Coup landete, den «dritten von Dreien», wie er zu sagen pflegte. Dann wäre der «Überdiplomat» auch noch zum Königsmacher geworden, zum Drahtzieher hinter einem grandiosen Wahlerfolg des Präsidenten. Diese Absicht war wochenlang mit Händen zu greifen, so auch am 12. Oktober, als Kissinger aufgeregt das Oval Office betrat und dem ungläubigen Nixon von einer endgültigen Abmachung mit Hanoi berichtete. «Kein Witz. […] Ich glaube, wir haben uns geeinigt. […] Als nächstes fahre ich nach Saigon, um Thieu an Bord zu holen. Und danach muss ich nach Hanoi, wenn die dort damit einverstanden sind. […] Die Vereinbarung, die wir jetzt haben, Herr Präsident, geht weit über alles hinaus, was wir uns je erträumt haben.»[323]

Von unerwarteten Zugeständnissen Hanois und einer substantiellen Wende in den Pariser Gesprächen konnte indes keine Rede sein. Es gab einige kosmetische Korrekturen in der Terminologie, ansonsten blieb das Angebot vom September unverändert. Die in «Administration der Nationalen Eintracht» umbenannte provisorische Regierung war nur bei Einstimmigkeit beschlussfähig und konnte von allen Beteiligten nach Lust und Laune stillgelegt werden, der Vietcong behielt in den militärisch eroberten Landesteilen auch politisch das Sagen. Keines der von ihm selbst angemahnten

Zugeständnisse hatte Kissinger durchsetzen können: weder eine Reduzierung nordvietnamesischer Truppen im Süden des Landes noch eine Aufgabe nordvietnamesischer Brückenköpfe in Kambodscha und Laos. Vor allem aber gab es weit und breit keinen Anhaltspunkt, warum General Thieu seinen rabiaten Widerstand gegen ein Abkommen mit dem Norden hätte aufgeben sollen.

All das war Kissinger bewusst, er rechnete mit dem Querulantentum der Vietnamesen in Nord und Süd und sogar mit einem baldigen Scheitern des Abkommens. Dass er sich trotzdem dafür ins Zeug legte, sagt wenig zur Sache, aber allerhand über ihn. Die Details einer Vereinbarung waren Kissinger schlicht egal, es sollte nur so schnell und so medienwirksam wie möglich etwas Funkelndes vereinbart werden – mit ihm in der Hauptrolle, auf der großen Bühne in Hanoi und vor Nixons Personalentscheidungen für eine zweite Amtszeit. Deshalb drängte er die nordvietnamesische Delegation zu einer Einladung in ihre Hauptstadt und ließ sich auch vom offenkundigen Desinteresse seiner Gegenüber nicht entmutigen. Wie es scheint, gab es keine Karte, die er zwecks Eigenwerbung nicht ausgespielt hätte.[324]

So begann das bizarrste und zugleich aufschlussreichste Kapitel im psychologischen Kleinkrieg zwischen Richard Nixon und Henry Kissinger. Ein Gezerre voller Misstrauen, Eifersucht und Neid, Eitelkeit, üble Nachrede und Opportunismus nicht zu vergessen. In mancher Hinsicht wurde damit ein altes Spiel neu aufgelegt, trotzdem war es nicht die Wiederkehr des Immergleichen. Denn deutlicher als je zuvor zeigte sich, wie das Gemeinwohl im Malstrom individueller Interessen kleingehäckselt wurde. Und was passiert, wenn ungezählte Schicksale hinter Ruhmsucht und Ehrgeiz zurückstehen müssen oder wenn nationale Sicherheit zum Synonym für persönliche Absicherung wird.

Selbstverständlich saß Richard Nixon am längeren Hebel. Und er genoss es, davon Gebrauch zu machen. «Ich werde jetzt mal Al[exander Haig] fragen, weil Sie viel zu befangen sind, Henry. Sie stehen mir viel zu sehr im Lager der Friedensfreunde, als dass ich Ihnen trauen könnte. Sind Sie nicht auch dieser Meinung, Al?» Mit dieser Bemerkung leitete Nixon am 12. Oktober das Gespräch über die vermeintliche Wende in Paris ein. Ausgerechnet im Beisein von Kissingers Stellvertreter Alexander Haig, dessen Selbstbewusstsein und Machtwille zu Recht als Anspruch auf Höheres gedeutet wurden. Und Haig gefiel sich in der Rolle des Eingeweihten, der alle Einwände des Präsidenten beglaubigte. Der Problemfall Thieu? Ungelöst wie eh und je. Eine «Administration der Nationalen Eintracht»? Ein Hirngespinst. Ein «ehrenvoller Frieden»? Mehr Schein als Sein. Ständig fiel Nixon seinem Sicherheitsberater ins Wort, als hätte Kissinger vergessen, dass die Nordvietnamesen «Bastarde» und «kleine Arschlöcher» sind, denen niemand trauen kann. «Stimmt doch Al?» – «Sehen Sie das auch so, Al?» – «Erklären Sie mir das mal, Al.»[325] Wie alle anderen davon überzeugt, dass Kissinger eine Dankesschuld für den Wahlsieg anhäufen wollte, ließ Nixon in den folgenden Tagen seine Getreuen Charles Colson, «Bob» Haldeman und Alexander Haig eine Botschaft überbringen: «Ich bin unerbittlich dagegen, dass Henry nach Hanoi fährt, um dort [über ein Abkommen] zu reden, weil es wie eine komplette Kapitulation aussehen wird. […] Es darf nicht vor der Wahl abgeschlossen werden. Es darf nicht sein, […] weil verdammt viele Leute […] dann glauben werden, dass wir wegen der Wahl eine falsche Entscheidung getroffen haben.»[326]

Stricken an der eigenen Legende

Henry Kissinger stellte sich taub und trat die Flucht nach vorne an – nicht trotz, sondern wegen der Bloßstellung durch Nixon, nicht trotz, sondern wegen der Abfuhr erster Klasse, die er sich am 19. und 20. Oktober in Saigon bei dem Versuch eingehandelt hatte, Thieu in einem persönlichen Gespräch doch noch zur Umkehr zu bewegen. Jetzt stand für ihn das Wichtigste auf dem Spiel: das Renommee als Visionär und der Ruf als liberaler Wellenbrecher in einer reaktionären Administration. Also griff Kissinger zum Telefon und zog seine wichtigsten Verbündeten ins Vertrauen – Topjournalisten wie James Reston und Max Fraenkel. Keine 24 Stunden nach einem dieser Hintergrundgespräche erschien die «New York Times» am 25. Oktober mit einer aufsehenerregenden Überschrift: «Assistenten erwarten einen Waffenstillstand in wenigen Wochen – Vielleicht am Wahltag.» Die Lobpreisungen für Kissingers Brillanz und die Bewunderung für seinen einsamen Kampf gegen verbohrte Vorgesetzte ließen keinen Zweifel, wer hinter diesem journalistischen Coup stand. Und tags darauf sprach Kissinger in einer landesweit übertragenen Pressekonferenz zum Entsetzen des Weißen Hauses von einem Durchbruch. «Wir glauben, dass der Frieden zum Greifen nahe ist. Wir glauben, dass eine Übereinkunft in Sichtweite ist.»[327] Ob geplant oder spontan, es war ein becircender Auftritt und zugleich ein Vorgeschmack auf Kissingers Selbstvermarktung in späteren Jahren: hier der verklemmte, mit Vorurteilen und intellektueller Trägheit geschlagene Präsident, dort der scharfsinnige, für Nuancen empfängliche und deshalb jedem Verhandlungspartner gewachsene Sicherheitsberater.[328] Nixon tobte und wusste angesichts der eintrudelnden Meinungsumfragen doch, dass man Kissinger kaum beikommen konnte. Er war jetzt fast genauso populär wie sein Chef, teilte sich mit ihm kurz darauf gar den von «Time» verliehenen Ehrentitel eines «Man of the Year».

Tatsächlich lagen die Pariser Verhandlungen auf Eis. Und kaum hatten die Wähler Nixon Anfang November im Amt bestätigt, gab Kissinger intern schon wieder den Kriegsherrn. Nämlich in Gestalt eines flammenden Plädoyers für Nixons Fahrplan: Zuerst den Luftkrieg eskalieren und danach einen Waffenstillstand vereinbaren, zur Not auch auf der Grundlage der seit September von Hanoi vorgelegten Offerte. Auf diese Weise, so der Präsident, ließ sich der Sinn des gesamten Krieges abschließend unter Beweis stellen: Kommunisten sind allein mit militärischer Gewalt zur Räson zu bringen, einzig Amerikas militärischer Überlegenheit ist die Beendigung des Krieges zu verdanken, politischer Gewinn winkt nur jenen, die zu einer praktischen Demonstration ihrer Macht willens sind. Kurz: Weil Vietnam so gesehen richtig und notwendig war, werden auch künftige Kriege unvermeidlich und sinnvoll sein. Dass sich durch eine neuerliche Eskalation auf den Schlachtfeldern Vietnams kein Jota ändern würde, wusste Nixon; ebenso, dass Hanoi den Bomben trotzen und keine weiteren Zugeständnisse machen würde. Aber der symbolische Akt hatte unbedingten Vorrang – nicht zuletzt, um Thieu eine anhaltende

Waffenbrüderschaft und die Bereitschaft zu signalisieren, Nordvietnam für jede Verletzung eines Waffenstillstandes massiv zu bestrafen.[329] Henry Kissinger hätte begeisterter kaum sein können, gelobte seine volle Unterstützung und beglückwünschte den Präsidenten mit emotionalen Worten zu seinem Mut.[330] Warum Kissinger zu Kreuze kroch und seine Nähe suchte, konnte Nixon egal sein. Dass er ihn für die Eskalation des Bombenkrieges mitverantwortlich machen konnte, war entscheidend – hoffte Nixon jedenfalls.

Im Oval Office, Dezember 1972:
HENRY KISSINGER: «Es ist überaus wahrscheinlich, dass sie [die Nordvietnamesen] für eine Einigung nicht genug unter Druck stehen. [...] Was wir jetzt sehen, ist ihr normales Verhandlungsgehabe. Scheißkerle sind das einfach [...], ich meine, sie sind schäbige, elendige, verdreckte Typen. Sie lassen sogar die Russen gut aussehen. [...] Nie, nie machen sie irgendetwas, das nicht schäbig ist. [...] Hanoi und Saigon lassen uns völlig hilflos aussehen, Hanoi lässt uns zappeln, und Saigon ignoriert uns einfach. [...] Thieus Vorschlag, über Weihnachten eine Feuerpause einzulegen, ist ein Desaster, weil es uns die wenigen militärischen Druckmittel aus der Hand nimmt, die uns geblieben sind. Deshalb bin ich widerstrebend zu dem Schluss gekommen, dass wir es Hanoi geben müssen, so schmerzhaft das auch ist. [...] Wenn Sie [Herr Präsident] bereit sind, [die Bombardierung] sechs Monate lang durchzuhalten, werden sie zusammenbrechen.» RICHARD NIXON: «Aber Henry, [...] sechs Monate sind nicht drin. Ich wäre ja dazu bereit, aber ich kann den Kongress nicht überzeugen. [...] Wir können es bestimmt bis Weihnachten machen, ich meine, wir können es machen, bis der Kongress [im Januar aus den Ferien] zurückkommt. [...] Nordvietnam sechs Monate lang zu bombardieren, ist nicht drin.» [...] KISSINGER: «Wenn man ihnen jetzt einen fürchterlichen Schlag versetzt, werden sie [das Abkommen] vielleicht zum Jahreswechsel akzeptieren. [...] Es raubt ihnen fast den Verstand, dass Sie [Herr Präsident] die Bombardierung wieder aufnehmen werden. [...] Wir können es ihnen dann richtig geben. [...] Wenn wir alle ihre Kraftwerke an einem Tag zerstören würden, so dass die Bevölkerung ohne Strom

ist, wenn wir alle Hafenanlagen in Haiphong zerstören würden, so dass […] sie drei Monate lang nichts entladen können, dann würden sie Bescheid wissen. […] Ihr großer Vorteil, Herr Präsident, ist Ihre Unberechenbarkeit. […] Ich glaube nicht, dass [die Nordvietnamesen] das lange durchhalten werden.» […] NIXON: «Zum Teufel noch mal, ich werde Dinge tun, die verdammt tollkühn sind, weil es mir egal ist, was danach passiert. Es ist mir egal, es ist mir wirklich egal.» KISSINGER: «[Die Russen] werden das aufmerksam beobachten. Aber zuhause werden sie uns zusammenscheißen. Ich sehe schon die Karikaturen und die Leitartikel vor mir.» NIXON: «Bestimmt. Und lassen Sie es sich gesagt sein, über Weihnachten wird es nicht so sehr ins Gewicht fallen, weil es keine Bilder von amerikanischen Opfern geben wird. […] Man wird hören, dass ein paar Flugzeuge verschollen sind, aber, Henry, im Moment ist der Krieg kein Thema. […] Die einfachen Leute kümmern sich einen Dreck drum. […] Wir werden keinem Frieden zustimmen, der faktisch eine Kapitulation ist. […] Wir werden nicht tatenlos zusehen, wie sich [die Nordvietnamesen] in Stellung bringen. Die Begründung für eine Bombardierung müssen die militärischen Vorbereitungen im Norden sein. Das sollten wir einfach behaupten. Herrgott, alle werden glauben, dass es stimmt. […] Über Weihnachten werden wir den Kopf hinhalten, und am 3. Januar werden wir sagen: Wir ziehen ab, wenn unsere Gefangenen freigegeben werden.» […] KISSINGER: «Das werden sie [die Nordvietnamesen] rundweg ablehnen. Und dann werden wir gut dastehen.» NIXON: «In Ordnung. Dann werden wir sie einfach weiter bombardieren.» […] KISSINGER: «Wir müssen [die Nordvietnamesen] überzeugen, dass man uns nicht einfach herumschubsen kann. Wenn wir jetzt nachgeben, werden wir das Abkommen niemals durchsetzen können.» […] NIXON: «Denkt immer daran: Wenn es ganz hart kommt, sind wir am besten. Und denkt daran, wir werden unsere Feinde locker überleben. Und vergesst nie, die Presse ist der Feind.» KISSINGER: «Das ist überhaupt keine Frage.» NIXON: «Die Presse ist der Feind. Die Presse ist der Feind. Das Establishment ist der Feind. Die Professoren sind die Feinde. Professoren sind die Feinde. Schreibt das hundert Mal an die Tafel und vergesst es nie.» KIS-

SINGER: «Was Professoren betrifft, brauche ich keine Belehrungen. Und was die Presse betrifft, stimme ich vollkommen mit Ihnen überein.» NIXON: «[Die Presse] ist der Feind. [...] Wir werden sie weiterhin für unsere Zwecke nutzen und ihnen nicht den Eindruck vermitteln, dass wir sie für den Feind halten. Verstehen Sie mich? Aber die Presse ist der Feind. Die Presse ist der Feind. Punkt.» KISSINGER: «Herr Präsident, sollten Sie [über Weihnachten] nicht bombardieren lassen, [...] dann stehen Sie wirklich wie ein Ohnmächtiger da, und Sie werden zwischen den Liberalen und den Konservativen hängen. Die Liberalen werden Sie nicht für sich gewinnen. Und davon abgesehen, würden wir im Februar völlig erledigt sein. [Unsere Gegner] werden einfach nach der Salamitaktik vorgehen.[331] [...] Herr Präsident, da wir den Rubikon jetzt überschritten haben, bleibt uns nur noch äußerste Brutalität. [...] Es muss wuchtig sein, genug, um ihnen wirklich weh zu tun.» [...] NIXON: «Wir machen das aus politischen Gründen, die militärische Wirkung ist, wie Sie nur zu gut wissen, nicht allzu groß.»[332]

Am 18. Dezember 1972 gab Nixon den Befehl für «Linebacker II», den massivsten Luftangriff seit Ende des Zweiten Weltkrieges. Politisch schien er damit kein Risiko einzugehen. Seit Monaten hatte sich in Meinungsumfragen eine deutliche Mehrheit immer wieder für eine Eskalation des Luftkrieges ausgesprochen, sollte Hanoi nicht zu einem Waffenstillstand bereit sein. Und sein «Madman»-Image wollte der Präsident ohnehin pflegen. Je länger man ihn in der kommunistischen Welt für einen unberechenbaren Irren hielt, desto besser. «Ich will nichts mehr von dieser Scheiße hören, dass wir dieses oder jenes Ziel nicht treffen können», herrschte Nixon den Vorsitzenden der Vereinten Stabschefs, Admiral Moorer, an. «Tun sie es nicht, mache ich Sie persönlich verantwortlich.»[333] Von Heiligabend abgesehen, wurden bis zum 29. Dezember hauptsächlich mit überschweren B-52 ununterbrochen Einsätze geflogen, 3420 insgesamt, nur zwölf Prozent gegen militärische Ziele und die weitaus meisten in der Absicht, die Zivilbevölkerung im Großraum zwischen Hanoi und Haiphong zu terrorisieren. Dass im Zuge dieses «Weihnachtsbombardements» nicht mehr als 2200 Tote und knapp

1600 Verwundete zu beklagen waren, hatte man einzig den umfangreichen Evakuierungen nach der Luftoffensive im Frühjahr 1972 zu verdanken.

Während er im Weißen Haus zu «äußerster Brutalität» riet, einige seiner Freunde als liberale «Hurensöhne» beschimpfte und der «gottverdammten Presse» unterstellte, einen «Keil» zwischen ihn und den Präsidenten treiben zu wollen, während er Richard Nixon versprach, die Medien wie bisher mit «Geschwätz über technische Nebensächlichkeiten einzuwickeln», sich eine Zeit lang von den «Klatschspalten» fernzuhalten und den gemeinsamen Kurs auch weiterhin in «totaler Übereinstimmung» mitzutragen[334] – während er also das Zirkuspferdchen mimte, animierte Henry Kissinger befreundete Journalisten zur Mitarbeit an seiner Legendengeschichte. Als heimlichen Gegner der Eskalation sollten sie ihn porträtieren, als Mann, der aus ehrbaren Gründen einen Teufelspakt eingegangen war und unverdrossen am falschen Ort für die richtige Sache den Buckel krumm machte. So heizte er in Hintergrundgesprächen und Interviews die Spekulationen über ein Zerwürfnis mit Nixon an. Beispielsweise am 16. Dezember, als er in einer Pressekonferenz zum Abbruch der Gespräche mit Le Duc Tho Stellung nahm. Statt wie sonst üblich sein eigenes Bemühen zu betonen, verwies Kissinger innerhalb weniger Minuten sage und schreibe 14 Mal auf den Präsidenten und bot unter der Hand eine Interpretation kommender Ereignisse: Was fortan geschah, war einzig und allein Nixons Krieg. Tatsächlich zielte die Empörung über das Weihnachtsbombardement ausschließlich auf Nixon. Die «New York Times» geißelte den Präsidenten als «verrückt gewordenen Tyrannen» und warb um Verständnis für Kissingers Los, nämlich Loyalität über eigene Bedenken stellen zu müssen. Die «Washington Post», «Newsweek», «Time», «CBS» und andere Leitmedien schlossen sich an. Für Nixon war es schlicht ein Desaster, für Kissinger eine Art Heiligsprechung.[335]

Kissinger, der geduldige Diener, dessen Geduld man nicht übermäßig strapazieren sollte: Damit setzten James Reston und Joseph Kraft, Doyens ihrer Zunft, den Pressekommentaren die Krone auf. «Mr. Kissinger sieht überdeutlich das Tragische in Sachen Vietnam und möchte das Kapitel hinter uns bringen. [...] Mr. Kissinger ist ein Diener des Präsidenten und hat niemals vorgegeben, etwas anderes zu sein. Er hat die Anweisungen des Präsidenten in Paris buchstabengetreu befolgt. […] Er hat in der Öffentlichkeit nichts über die Bombardierungen in Nordvietnam gesagt, die er ohne jeden Zweifel missbilligt. […] Sollte das Bombardement weitergehen und es zu einem offenen Bruch zwischen dem Präsidenten und seinem wichtigsten außenpolitischen Berater und Unterhändler kommen, so wird es Mr. Kissinger freistehen, zurückzutreten und die gesamte Geschichte der Pariser Gespräche und der Gründe ihres Scheiterns aufzuschreiben, und das wäre wahrscheinlich äußerst peinlich für Mr. Nixon am Beginn seiner zweiten Amtszeit.»[336] Gute Beobachter erkannten Kissingers Handschrift auf den ersten Blick. Das «Tragische in der Geschichte» – ein Lieblingswort in seinen Reden und Schriften seit den 1950er Jahren. «Missbilligung der Bombardierung» – eine Behauptung, die auf Kissinger am wenigsten zutraf, die aber nur er aufzustellen wagte. «Freiheit zum Rücktritt» – seine rituelle Drohung bei allen passenden und unpassenden Gelegenheiten. Joseph Kraft forderte gar die Beförderung zum Außenminister, denn außer Kissinger gab es angeblich keinen Garanten einer erfolgreichen Weltpolitik[337] – ein Selbstbild des Belobigten, das im Laufe der Jahre zum gängigen Fremdbild unter Journalisten mutiert war.

«Ich werde den Hurensohn entlassen»

Von «Bob» Haldeman zur Rede gestellt, bestritt Kissinger jeden Kontakt zu Journalisten – obwohl dem Stabschef bekanntlich alle telefonischen Verbindungsdaten des Weißen Hauses zur Verfügung standen. Aus ihnen ging hervor, dass Kissinger wiederholt mit Medienvertretern gesprochen und Nixons Presseembargo im Umfeld des «Weihnachtsbombardements» ignoriert hatte. «Sie haben gesagt, dass Sie Reston kein Interview gegeben haben. Aber tatsächlich haben Sie mit ihm gesprochen.» – «Ja, aber das war nur am Telefon.»[338] Für Haldeman kam die Antwort nicht überraschend. Zwei Wochen zuvor hatte Kissinger schon einmal einen Reporter mit Interna zur Vietnampolitik versorgt und sich mit fast identischen Worten aus der Affäre ziehen wollen.[339] Chuzpe? Dreiste Lüge? Oder Lügen mit der Wahrheit? In jedem Fall eine erinnerungswürdige Reaktion, stellt sie doch Kissingers damaligen wie späteren Umgang mit der eigenen Geschichte in das rechte Licht.

Diesmal, so schien es, hatte Henry Kissinger sein Konto überzogen. Nixon schäumte vor Wut und schickte seinen Vertrauten Charles Colson mit einer entsprechenden Botschaft auf den Weg: «Ich werde keine Aufmüpfigkeit dulden. Sagen Sie Henry, dass er mit niemandem mehr spricht. Punkt! Und sagen Sie ihm, er solle mich nicht anrufen. Ich werde keine Anrufe von ihm annehmen.»[340] Im Laufe der Jahre hatte sich schlicht zu viel aufgestaut: Nixon zweifelte an Kissingers Fähigkeiten als Unterhändler, er hatte die Schwarzmalerei und Untergangsphantasien satt, von den Ungezogenheiten erst gar nicht zu reden – notorische Unpünktlichkeit selbst bei Staatsempfängen, unangemeldetes und überfallartiges Erscheinen im Oval Office, schlampige Diskussionsvorlagen, das ewige Gezeter bei Auslandsreisen um das Zimmer in unmittelbarer Nähe zur Präsidentensuite.[341] Und dann die ständigen Wutausbrüche wegen irgendwelcher Nichtigkeiten, letztmals Mitte November 1972, als Nixon einer Verlängerung der Amtszeit von Außenminister Rogers bis Mitte 1973 zugestimmt hatte. «Henry davon zu unterrichten», so «Bob» Haldeman, «war, als würde man ein brennendes Streichholz in einen Tank mit hochoktanigem Benzin werfen.»[342] Mehr denn je stand die Frage im Raum, ob es sich tatsächlich lohnte, Henry Kissinger mit nervtötendem Aufwand tagein, tagaus unter Kontrolle und bei Laune zu halten. In anderen Worten: zwei unvereinbare Aufgaben unter einen Hut zu bringen.

Zu allem Überfluss stand noch ein Interview mit der italienischen Journalistin Oriana Fallaci im Raum. Am 4. November 1972 aufgezeichnet, sorgte es nach der Veröffentlichung kurze Zeit später für Aufsehen. Dass Kissinger öffentlich die alleinige Autorschaft für alle außenpolitischen Erfolge in Anspruch nehmen würde, hätte man ihm bei allem Narzissmus doch nicht zugetraut. Jetzt konnte es jedermann nachlesen, zuerst in «L'Europeo» und kurz darauf in «The New Republic». «In der Hauptsache geht es darum, dass ich immer auf eigene Faust gehandelt habe. Amerikaner mögen so etwas ungemein. Amerikaner mögen den Cowboy, der den Zug der Planwagen anführt, allein auf seinem Pferd, den Cowboy, der ganz allein in die Stadt einreitet, nur mit seinem Pferd und sonst nichts. […] Im Grunde muss dieser Cowboy noch nicht einmal mutig sein. Er muss nur alleine sein und anderen zeigen, […] dass er alles auf eigene Faust macht. Dieser erstaunliche, romantische Typ passt deshalb perfekt zu mir, weil es schon immer zu meinem Stil oder, wenn Sie so wollen, zu meiner Methode gehörte, allein zu sein. Zusammen mit Unabhängigkeit. […] Ich kann mir erlauben, zu sagen, was ich denke.»[343] Der Hinweis, dass er in Nixons Schuld stand, klang wie eine beiläufige Pflichtübung.[344] Und die nachgereichte Entschuldigung, von einer gewieften Journalistin überrumpelt, wenn nicht gar hereingelegt worden zu sein, erinnerte allzu sehr an die üblichen Ausflüchte. Zumindest John Ehrlichman nahm es mit Humor: Er konnte sich Kissinger nicht als «Lone Ranger», sondern allenfalls als Tonto vorstellen – den Wasserträger des einsamen Streiters mit der Maske.[345]

Richard Nixon hingegen war alles andere als amüsiert. Nach dem Fallaci-Interview wies er «Bob» Haldeman an, Kissinger über das Abhörsystem im Weißen Haus zu informieren und davon in Kenntnis zu setzen, dass der Präsident mithilfe dieser Quelle eine unverfälschte Darstellung seiner Außenpolitik plante. Die Nachwelt würde Henry nicht als Zampano, sondern als Zauderer kennenlernen. Darüber hinaus sollte Haldeman in Kissingers Büro den gesamten Schriftverkehr mit dem Präsidenten sicherstellen und in dessen Handakten deponieren.[346] Ob der mit dem «K-Problem» seit Wochen strapazierte Haldeman dieser Aufforderung nachkam, ist fraglich. Von den Tonbandprotokollen jedenfalls scheint Kissinger erst Monate später, nämlich im Zuge der «Watergate»-Ermittlungen, erfahren zu haben. Wie dem auch sei, gegen Ende des Jahres 1972 mehrten sich die Anzeichen für einen baldigen Abschied. Dass er es ernst meinte, versicherte Nixon nicht nur engen Vertrauten, sondern auch Untergebenen, auf deren Verschwiegenheit er nicht setzen konnte. «Ich werde den Hurensohn entlassen.»[347] Offen schien nur der Zeitpunkt.

«Er muss Henry offensichtlich noch für eine Weile wegen laufender außenpolitischer Geschäfte halten», vertraute «Bob» Haldeman seinem Tagebuch an.[348] Was genau damit gemeint war, ließ Nixons Stabschef offen. Womöglich bereute Nixon jetzt seinen konspirativen Politikstil, mit dem er den Sicherheitsberater aufgewertet und sich selbst allzu abhängig gemacht hatte. Vermutlich ging es aber in erster Linie um die Waffenruhe in Vietnam. Kissinger vorher zu feuern, hätte Nixon als Futterneider dastehen lassen oder als rachsüchtigen Kleingeist, der einen Vertrauten wegen vermeintlich interner Kritik am «Weihnachtsbombardement» bestrafte. Umgekehrt wäre Kissinger endgültig zu einem aufrechten Charakter verklärt worden, der seinen Chef auch um den Preis der Selbstverleugnung hatte schützen wollen. Um derlei Märtyrertum erst gar nicht sprießen zu lassen, verkündete Nixon Anfang Dezember Kissingers Verbleib im Amt. Und nahm ihn damit in Mithaftung für ein Waffenstillstandsabkommen, das man bereits im Oktober 1972 ausgearbeitet, aber aus Imagegründen vertagt hatte und schließlich erst am 27. Januar 1973 unterzeichnete.

Nach der feierlichen Zeremonie in Paris waren Kissingers Talente als politischer Verkäufer gefragt, denn außer ihm konnte in dieser Regierung niemand Heu zu Gold spinnen. Ein Abkommen, das im Kern nur die militärisch geschaffenen Tatsachen anerkannte, musste als Lohn geschickter Diplomatie präsentiert werden; es durfte nicht durchsickern, dass General Thieu von seiner Obstruktion erst abließ, als Nixon für den Fall einer Verletzung der Waffenruhe massive Vergeltung gegen Nordvietnam gelobt hatte;[349] ebenso wenig sollte sich herumsprechen, dass man im Weißen Haus keinen Pfifferling auf die Haltbarkeit der Vereinbarung gab und tatsächlich eine Bestrafung der Kommunisten «jenseits aller Verhältnismäßigkeit» im Auge behielt.[350] Zu guter Letzt kam es darauf an, eklatante Webfehler zu kaschieren – wachsweiche Formulierungen über die Teilung politischer Macht oder Klauseln, in denen sowohl von der Einheit des gesamten Landes als auch von der Souveränität des Teilstaates Südvietnam die Rede war. Kissinger erledigte seine öffentlichen Auftritte mit der gewohnten Souveränität und im Vertrauen auf die allgemeine Erleichterung über den ersehnten Durchbruch.

Wie lange sich die Junta in Saigon noch würde halten können, vermochte niemand zu sagen. Nixon jedenfalls glaubte, noch einmal Zeit für eine letzte Eskalation gewonnen zu haben – in Kambodscha nämlich. Knapp einen Monat nach Unterzeichnung des Waffenstillstands von Paris gab er den Befehl zu den verheerendsten Flächenbombardierungen gegen dieses ohnehin geschundene Land. Von Februar bis Mitte August 1973 wurden, vornehmlich von B-52-Bombern, fast 2,6 Millionen Tonnen Bomben über Kambodscha abgeworfen. Zum Vergleich: Während des gesamten Zweiten Weltkriegs hatten die Alliierten der Anti-Hitler-Koalition in Europa und Asien zusammen knapp über zwei Millionen Tonnen Bomben eingesetzt. Im Frühjahr und Sommer 1973 blieb in Kambodscha keine Stadt und kaum ein Dorf verschont, manche wurden mehrfach umgepflügt. Ungezählte Menschen verloren Hab und Gut, wurden verwundet und mussten fliehen, Hunderttausende kostete es das Leben, wie viele genau, wird niemals zu ermitteln sein.[351]

Gemeinhin werden militärische Motive für diesen Exzess geltend gemacht – dass man Rückzugsräume der Vietcong und der nordvietnamesischen Armee verheeren oder die Regierung des befreundeten Generals Lon Nol vor weiteren Angriffen der aufständischen Roten Khmer schützen wollte. Ebenso wichtig war ein innenpolitisches Kalkül, wie Nixon seinem Sicherheitsberater am 29. März erläuterte: «Wir müssen das gottverdammte Land [Kambodscha] so lange bombardieren, bis uns der Kongress die Vollmacht streicht. Dann können wir sie [die Kongressmehrheit] dafür verantwortlich machen, dass die ganze Sache den Bach runtergegangen ist.» Wie üblich war Henry Kissinger auch von dieser Idee angetan.[352] Anfang August gab Nixon dem Druck des Parlaments nach und unterzeichnete das Gesetz zur Einstellung aller Kampfhandlungen in Südostasien; in einem Begleitbrief an die Fraktionsführer im Senat und Repräsentantenhaus nahm er die Abgeordneten für alle Konsequenzen, insbesondere für einen Sieg der Kommunisten in Kambodscha und Vietnam, in Haftung.[353] Als es gut 20 Monate später tatsächlich so weit war, hatte Richard Nixon das Weiße Haus längst verlassen, zermürbt von seinem letzten Spiel auf Zeit.

Krisenprofiteur

Dass sich Bedrohliches über dem Präsidenten zusammenbraute, war bereits im Herbst 1972 unübersehbar. «Laut FBI haben Mitarbeiter von Nixon Sabotage gegen die Demokratische Partei verübt», lautete die Überschrift auf der Titelseite der «Washington Post» vom 10. Oktober. Die Autoren, Bob Woodward und Carl Bernstein, präsentierten in dieser Reportage ihre monatelangen Recherchen zum «Watergate»-Einbruch. Der Vorwurf: «Watergate» war Teil einer langjährigen, vom Weißen Haus gesteuerten Rufmordkampagne gegen politische Konkurrenten, mindestens 50, aus Nixons Wahlkampffonds bezahlte Schnüffler und Zuträger hatte man landesweit eingesetzt, FBI und Justizministerium wussten davon und sprachen von einer in Ausmaß und Intensität beispiellosen Aktion.[354] Es ging, in anderen Worten, um den Verdacht, dass nicht «Watergate», sondern die Vorgeschichte des Einbruchs der eigentliche Skandal war. Dass die «White House Horrors» bei der Präsidentenwahl vier Wochen später offensichtlich keine Rolle spielten, war für Nixon allenfalls ein vorübergehender Trost. Entsprechend missmutig nahm er seinen Triumph zur Kenntnis. Erdrutschsieg und größter Vorsprung aller republikanischen Kandidaten in der Geschichte hin oder her, Zahlen und Rekorde interessierten ihn nicht. Was zählte, war seine politische Witterung – und die signalisierte einen aufziehenden Sturm. Junge, erfolgshungrige Journalisten verfolgten eine Fährte, die sie über kurz oder lang ins Innere von Nixons Schattenreich lenken musste.

Tatsächlich ging es in den kommenden Monaten Schlag auf Schlag. Am 17. April 1973 musste Nixon einräumen, dass entgegen bisheriger Behauptungen Mitarbeiter des Weißen Hauses doch in «Watergate» verstrickt waren. Knapp zwei Wochen später traten seine Paladine John Ehrlichman und «Bob» Haldeman zurück, Alexander Haig, Anfang des Jahres zum Vizestabschef der Armee ernannt und seither im Pentagon tätig, ersetzte Haldeman. Im Mai nahm Archibald Cox die Arbeit als «Watergate»-Sonderermittler auf und erfüllte die allseitigen Erwartungen, als er sein Team durchweg mit Bewunderern von Nixons Nemesis John F. Kennedy besetzte. Und am 16. Juli trat ausgerechnet ein langjähriger Vertrauter des Präsidenten, Alexander Butterfield, mit der Enthüllung ein politisches Beben los, dass seit zwei Jahren alle Gespräche im Weißen Haus auf Tonband protokolliert worden waren. Danach wurden die Aufzeichnungen eingestellt, zum Bedauern von Historikern und allen, die sich einen Sinn für unfreiwillige Komik bewahrt hatten. Auf einem der letzten Bänder ist nämlich davon die Rede, dass ausgerechnet der Schriftsteller Norman Mailer, ein notorischer Quälgeist, geschrieben und dem Präsidenten Schützenhilfe angeboten hatte – weil Mailer die CIA verdächtigte, «Watergate» aus Rache für die Entspannungspolitik gegenüber der Sowjetunion angezettelt zu haben.[355] Nixon, Haig und Kissinger quittierten die Nachricht mit einem herzhaften Lachen, obwohl ihnen nicht nach Scherzen zumute war. Denn das Unvorstellbare, eine Amtsenthebung des Präsidenten, schien auf einmal möglich, es drohte eine Kernschmelze der Administration.

Zu allem Überfluss pochten nun auch konservative Abgeordnete lautstark auf ihr Mitspracherecht in der Außenpolitik. Henry Jackson und Charles Vanik hatten bereits Mitte 1972 beiden Kammern des Kongresses ein Gesetz vorgelegt, dem zufolge die UdSSR nur dann in den Genuss von Zollsenkungen und anderen Handelserleichterungen kommen sollte, wenn Moskau sowjetischen Juden die Ausreise erleichterte. Im März 1973 erhöhten beide den Druck und fügten ihren Entwurf einer anderen Gesetzesvorlage, in diesem Fall des «Trade Reform Act», als Anhang bei – ein beliebter Kniff zur Sicherung parlamentarischer Mehrheiten im Schnellverfahren. Nicht dass sich Nixon an derartigen Finten gestoßen hätte, er nutzte sie selbst seit Jahrzehnten zur Genüge; und dass Jackson jedes Entgegenkommen der Sowjetunion mit immer neuen Forderungen konterte und den propagandistischen Kern seiner Initiative am Ende gar nicht mehr bestritt, verbuchte man im Weißen Haus als branchenübliches Geplänkel um Aufmerksamkeit. Was Nixon allerdings aus der Fassung brachte, war das machtbewusste Auftreten von Jackson und Vanik – und die Koalition aus überparteilichen Sponsoren, die sie um sich geschart hatten. Sollte dieses Beispiel Schule machen, ging die Zeit außenpolitischer Abschottung, klandestiner Diplomatie und präsidialer Selbstherrlichkeit ihrem Ende entgegen.

Hatten sich Nixon und Kissinger in den zurückliegenden Jahren mit diplomatischen Paukenschlägen immer wieder Luft verschafft, so war dieses Mittel inzwischen verbraucht. Auch Leonid Breschnew wollte offensichtlich keine Schützenhilfe leisten. Vielmehr nutzte er seinen Gegenbesuch im Juni 1973 zu einer lautstarken Klage über den Stand der amerikanisch-sowjetischen Beziehungen. Moskau verdächtigte die USA geheimer Militärabsprachen mit China. Kissingers Behauptung, in Peking niemals militärische Fragen erörtert zu haben, klang derart unglaubwürdig, dass er sich um ein Haar selbst überführt hätte. Das Misstrauen des Gastes kam nicht zuletzt in den Diskussionen über den Nahen Osten zum Tragen. Zwei Stunden dozierte Breschnew über diese Region. Er machte seiner Sorge über eine akute Kriegsgefahr Luft und drängte Nixon zu einer gemeinsamen Erklärung über Mittel und Wege der Konfliktmoderation. Im Kern ging es um eine Wiederbelebung des Konzepts von Außenminister Rogers: Land gegen Frieden, Israel zieht sich aus den seit 1967 besetzten Gebieten auf dem Sinai, der Westbank und den Golan-Höhen zurück, die arabischen Nachbarn garantieren im Gegenzug das Existenzrecht des jüdischen Staates. Nixon und Kissinger hätten gelangweilter kaum sein können. Und in den Gesprächen über ein Handelsabkommen oder einen erweiterten Rüstungskontrollvertrag trat man ebenfalls auf der Stelle. So blieb am Ende nur eine Erklärung über die Vermeidung von Atomkriegen, ein wohlklingendes, im Grunde aber nichtssagendes Dokument, wie die meisten Kommentatoren zu Recht feststellten.[356]

Henry Kissinger wusste, was die Stunde geschlagen hatte. Vor Mitarbeitern malte er sich eine neue Tektonik der Macht aus: Nicht er war auf den Präsidenten angewiesen, sondern Nixon auf ihn. «Al[exander] Haig hält das Land zusammen, und ich halte die Welt zusammen.»[357] Wohlgesonnene Journalisten hörten es gerne und verbreiteten Kissingers übliche Weltuntergangslitanei wie die brandneue Erkenntnis eines erlauchten Sehers: Während überall sonst revolutionäre Umbrüche im Gange sind, leisten sich die USA den Luxus übertriebener Selbstgeißelung. «Es ist ein nationaler Notstand», deklamierte er. «Die Geschichte wird nicht warten, bis wir im Inneren wieder zu uns selbst gefunden haben. [...] Die Erde dreht sich weiter, und wir können das nicht ignorieren.» Die selbst gestellte Frage, wer das «Chaos unter dem Firmament» bändigen kann, war eine rhetorische: Ich, Kissinger.[358] Anlässlich seines 50. Geburtstages im Mai 1973 standen die journalistischen Freunde mit Girlanden Spalier. «Es ist eine diplomatische Leistung», schrieb Joseph Kraft über Kissingers Wirken, «deren Größe nur mit den Meisterstücken von Castlereagh und Bismarck zu vergleichen ist.»[359] Besser hätte man die These, dass in der Presse ein Rohentwurf für allerlei Geschichtsbücher zu finden ist, kaum illustrieren können. In diesem Fall ging es um eine Enteignung des Hauptdarstellers. Richard Nixon spielte im Sommer 1973 nur noch wegen «Watergate» eine Rolle, alles Weitere wurde auf dem Konto des Sicherheitsberaters gutgeschrieben.

Außenminister dritter Wahl

Derweil lästerte der Gelobte bei Freunden und Bekannten über die geistige und psychische Labilität des Präsidenten und holte sich im Washingtoner Politikbetrieb Rückendeckung für ein unerhörtes Manöver: Entweder ich beerbe im Sommer William Rogers als Außenminister, oder ich trete zurück.[360] Kissinger ging ohne Risiko aufs Ganze, wissend, dass er eine politische Versicherungspolice in Händen hielt. Wie Elliott Richardson, den Nixon kurz zuvor nur aus einem Grund zum Justizminister ernannt hatte – weil er als Absolvent der Harvard Law School «untadelig ist und das Vertrauen des verdammten Establishments genießt. [...] So viel zu Ihrer Information, [Henry].»[361] Kissinger hatte verstanden. Nixon schluckte mittlerweile alle möglichen Kröten, wenn er der Meinung war, dass es ihm bei der Abwehr eines Amtsenthebungsverfahrens zugutekam. Hauptsache, die Demokraten im Kongress wurden nicht zur falschen Zeit an der falschen Front mit einem unnötigen Konflikt noch zusätzlich provoziert. «In Wirklichkeit wollte ich Henry nicht zum Außenminister machen. Henry wollte das Außenministerium, war der Meinung, er hätte es verdient, und machte mir deutlich, dass er zurücktreten würde, wenn er es nicht bekäme. Angesichts des Watergate-Problems hatte ich keine andere Wahl.»[362]

Obwohl Richard Nixons Selbstdarstellungen immer mit Vorsicht zu behandeln sind, in diesem Fall gibt es keinen Grund zur Skepsis. Noch im Dezember, unmittelbar nach dem triumphalen Wahlerfolg, hatte er sich einen ganz anderen Fahrplan zurechtgelegt. Finanzminister John Connally sollte 1976 seine Nachfolge antreten und im Geist des Mentors regieren, also zum Gesicht einer Nixon-Dynastie ohne Nixon werden. Bis dahin, so das Kalkül, könnte sich Connally als Außenminister jene Meriten erwerben, die zum Profil eines rundum qualifizierten und erfolgreichen Präsidentschaftskandidaten gehörten. Der Texaner war im Grunde nicht abgeneigt, allein der Zeitplan störte ihn. Vor dem nächsten Karriereschritt wollte er erst noch gutes Geld in der Wirtschaft verdienen, obendrein hatte er keine Lust auf die erwartbar nervtötenden Konflikte mit einem eifersüchtigen Henry Kissinger.[363] Nixon willigte missmutig ein und präsentierte kurz darauf einen Übergangskandidaten: Kenneth Rush, langjähriger Botschafter in Bonn, sollte ab Mitte 1973 das Außenministerium führen und Connally das Feld bestellen. «Rush wird loyal sein», ließ er Kissinger Mitte Dezember 1972 im Oval Office beiläufig wissen.[364] Stattdessen musste Nixon, der innenpolitischen Not gehorchend, auf seinen Sicherheitsberater zurückgreifen.

Wie zu erwarten, bestritt der Kandidat die gesetzlich vorgeschriebenen Anhörungen im Kongress mit Bravour. Obwohl seit geraumer Zeit Kissingers Rolle bei illegalen Abhörmaßnahmen oder während der geheimen Bombardierung Kambodschas bekannt war, fasste man ihn mit Samthandschuhen an. Niemand wagte sich aus der Deckung, alle akzeptierten klaglos seine Erklärungen und Ausflüchte, sei es zu Vietnam, zu «Watergate» oder zur Rolle der USA beim Militärputsch in Chile, der mitten in die Befragungen geplatzt war. Vor allem schien man über eine bevorstehende Arbeitsteilung

Mit den Eltern Louis und Paula Kissinger in Fürth, 1975.

erleichtert: Kissinger verantwortet die Außenpolitik, Senat und Repräsentantenhaus kümmern sich um die «White House Horrors».[365] Davon abgesehen, war kein Ankommen gegen das Bedürfnis, den Dunkelmann Nixon mit einer Lichtgestalt zu überblenden. Am 17. September billigte der Senat die Nominierung mit 78:7 Stimmen. Noch bevor er seine Ernennungsurkunde in Händen hielt, hatte der neue Außenminister in der öffentlichen Wahrnehmung bereits die nächste Stufe erklommen. Als Ersatzpräsident nämlich.

Knapp eine Woche später, am 22. September 1973, wurde Henry Kissinger vereidigt. Es war sein größter Tag. Und eine ganz besondere Genugtuung für die Eltern, die mit den Enkeln David und Elizabeth der schlichten Zeremonie beiwohnten und Zeugen wurden, wie ihr Ältester der Verfassung die Treue schwor. Den Nazis zu später Stunde entkommen, unter schwierigen Bedingungen in den USA heimisch geworden, hatten sie das Beste aus ihrem Leben gemacht. Dass beide Söhne – Walter als Unternehmer, Henry als Politiker – einmal derart erfolgreich sein würden, damit hatte niemand rechnen

Mit den Kindern Elizabeth (14) und David (12) in Bonn, 24. März 1974.

können. Dem Vater standen Tränen in den Augen, die Mutter schien vor Rührung wie gelähmt. «Ich hatte mir für diese Gelegenheit eine kurze Ansprache aufschreiben wollen», so Kissinger, «war aber so erregt, dass ich es aufgab und mich auf die Inspiration des Augenblicks verließ.»[366] Der Tag hätte, langjährige Intrigen im Weißen Haus hin oder her, einen harmonischen Ausklang verdient gehabt. Doch daran war den Nixons nicht gelegen. Die «First Lady» verweigerte ihren Gästen die Ehre, auch Richard Nixon, ohnehin seit Wochen übel gelaunt, gab seiner Boshaftigkeit nach. Statt am traditionellen Empfang teilzunehmen, beließ er es bei einem schrulligen Kommentar zu Kissingers scheitelloser Frisur und einem unmissverständlichen Seitenhieb: «Dr. Kissinger weiß genauso gut wie ich und wie alle anderen in dieser Runde, dass Erfolge auf irgendeinem

Gebiet, und besonders in der Außenpolitik, nicht einfach auf die Aktivitäten einer einzelnen Person zurückzuführen sind.»[367]

Dafür feierte das lädierte Amerika sich selbst umso mehr. Senator Jakob Javits sprach von einem «Wunder der amerikanischen Geschichte», Senator Charles Mathias davon, dass «er [Kissinger] nicht nur Amerika, sondern der ganzen Welt bewiesen [hat], dass dies noch immer eine offene Gesellschaft ist»[368] – Stichworte für eine nicht minder begeisterte Presse und möglicherweise auch ein Signal nach Oslo, wo Henry Kissinger knapp vier Wochen später, am 16. Oktober 1973, zusammen mit Le Duc Tho für Verdienste um den Frieden in Vietnam mit dem Nobelpreis ausgezeichnet wurde. Vielen verschlug es die Sprache, Spötter priesen den schwarzen Humor der norwegischen Juroren, zwei der fünf Mitglieder des Nobel-Komitees legten ihr Mandat nieder, für den Preisträger aber war ein weiterer Traum in Erfüllung gegangen – unverhofft wie immer und wieder einmal durch eine Verkettung unwahrscheinlicher Umstände. In Meinungsumfragen ragte Henry Kissinger als der mit Abstand am meisten bewunderte Mann der Nation heraus.

Ansonsten blieb alles beim Alten. Kissinger behielt sein Amt als Nationaler Sicherheitsberater, selbst dieses Zugeständnis hatte er Nixon abgerungen. Eigentlich waren beide Aufgaben miteinander unvereinbar. Dem «National Security Act» gemäß sollte der Sicherheitsberater ein neutraler Makler zwischen den Ministerien sein und deren Empfehlungen in Entscheidungsvorlagen für den Präsidenten umsetzen. In der neuen Doppelrolle war Kissinger alles auf einmal: Autor und Anwalt seiner Eingaben, er bewertete, was er selbst empfohlen hatte, und empfahl, was er bewertet hatte.[369] Nicht, dass sich am vorherigen Zustand dadurch etwas geändert hätte. Bekanntlich war es Kissinger in einem jahrelangen Kleinkrieg gelungen, das Außenministerium mal zu neutralisieren, mal zum willfährigen Dienstboten des Weißen Hauses zu machen. Bemerkenswert ist nur, dass auch jetzt niemand an dieser Ballung von Macht Anstoß nahm. Just in einer Zeit, als wegen «Watergate» erbittert über Transparenz, Kontrolle und Gewaltenteilung gestritten wurde, setzte Henry Kissinger einen Kontrapunkt. So, als könnte er Sondervollmachten wie jemand in Anspruch nehmen, der sich im

Zweifel über Recht und Gesetz erheben darf. Aber auch dies war nichts Neues.

Dennoch trieb Kissinger anfänglich die Sorge um, dass die Beförderung auf einen Machtverlust hinauslaufen könnte. Im Gespräch mit Kenneth Rush, der zum stellvertretenden Außenminister aufgerückt war, ließ er seinen Verschwörungsphantasien freien Lauf. «Das Außenministerium ist bei der Erledigung der interministeriellen Vorgänge ein natürlicher Feind. [...] Eine undichte Stelle und ich verlagere alle Vorgänge wieder ins Weiße Haus. [...] Ich möchte die Gewohnheit abstellen, dass sich Reporter frei im Ministerium bewegen. [...] Sie [die Mitarbeiter des Auswärtigen Dienstes] müssen begreifen, dass sie für mich arbeiten und nicht umgekehrt.» Kenneth Rush versuchte ihn zu beruhigen. Sobald die Versprechen eingelöst und Führungspositionen in der Behörde mit langgedienten Mitarbeitern des Hauses besetzt würden, hätten sich alle Probleme erübrigt. «Henry, innerhalb von drei bis sechs Monaten wird im Ministerium eine derart gute Stimmung herrschen, wie wir sie zu Lebzeiten noch nie gesehen haben. [...] Sie werden sich um Sie scharen. Sie genießen großes Ansehen. Die Sache ist unter Dach und Fach.»[370]

So geschah es auch. Ausgerechnet die Bürokraten, über die Kissinger seit eh und je lästerte, die er verachtet, bekämpft und der Ahnungslosigkeit geziehen hatte, statteten ihn auf dem weiteren Weg mit Hausmacht aus. Mit einem bürokratischen Rückhalt, den er in dieser Form noch nie gehabt hatte. Insofern lag Kissinger mit seiner ursprünglichen Einschätzung richtig: Ab sofort hatte er von Nixon wenig zu befürchten. Weil der Präsident angeschlagen war und gar nicht genug Helfer bekommen konnte, jene eingeschlossen, die er eigentlich hatte loswerden wollen.

Das andere «9/11» – Putsch in Chile

Insbesondere die Nachrichten aus Chile wertete Kissinger als gutes Omen zum Start seiner Amtszeit. Am frühen Morgen des 11. September 1973 hatte die chilenische Marine die Hafenstadt Valparaiso eingenommen und die Absetzung der Volksfrontregierung verkündet. Da auch die anderen Teilstreitkräfte mehrheitlich an dem Putsch beteiligt waren, stand Präsident Salvador Allende auf verlorenem Posten. Zwar konnte er vor der Übernahme der Radio- und Fernsehstationen noch Hilferufe an seine Unterstützer aussenden. Aber kurz darauf wurde der Amtssitz La Moneda von Panzern und Flugzeugen unter Beschuss genommen. Das Angebot, zusammen mit seiner Familie außer Landes geflogen zu werden, ignorierte Allende. Es war ohnehin eine Falle. «Dieses Flugzeug wird niemals landen», höhnte Augusto Pinochet, der Kopf der Verschwörer, und bellte ein Kommando hinterher: «Tötet den Hund und schafft den Abfall beiseite.»[371] Stunden später wurde Allendes Leichnam in seinem Arbeitszimmer entdeckt. Die inoffizielle Hymne der Regierung, Monate zuvor von der Gruppe «Quilapayun» als Mutmacher gegen den drohenden Sturz aufgenommen, klingt seither wie ein Trauermarsch: «El pueblo unido jamas sera vencido.»

Telefongespräch Nixon–Kissinger, 16. September 1973:
HENRY KISSINGER: «In Chile fügen sich die Dinge allmählich. Natürlich wird in den Zeitungen rumgejammert, weil eine prokommunistische Regierung gestürzt wurde.» RICHARD NIXON: «Man sollte es nicht für möglich halten. Man sollte es nicht für möglich halten.» KISSINGER: «Als gäbe es nichts zu feiern. In Eisenhowers Zeit wären wir Helden gewesen.» NIXON: «Ja schon, aber wie Sie wissen, ist in diesem Fall nicht erkennbar, dass wir die Finger drin hatten.» KISSINGER: «Ja, wir haben es nicht selber gemacht. Ich meine, wir haben ihnen geholfen, haben, so weit es ging, die Voraussetzungen geschaffen […].» NIXON: «Stimmt. Und so muss man dieses Ding spielen. Aber lassen Sie sich eines gesagt sein, die einfachen Leute, die kaufen den Liberalen in diesem Fall ihren Mist nicht ab.» KISSINGER: «Auf keinen Fall.» NIXON: «Die einfachen Leute wissen, dass es eine prokommunistische Regierung war, und so laufen die Dinge eben nun mal.» KISSINGER: «Genau. Und pro-Castro.» NIXON: «Lassen wir mal das pro-kommunistische beiseite. In der Hauptsache war es eine anti-amerikanische Regierung durch und durch.» KISSINGER: «Und noch dazu ungezügelt.»[372]

Am 12. September 1973 von Journalisten auf die Rolle der USA und ihrer Geheimdienste bei dem Putsch angesprochen, zog sich Henry Kissinger mit einem Dementi aus der Affäre – vorerst zumindest. «[Die CIA] hat sich [...] seit 1970 vollkommen aus allen Umsturzversuchen herausgehalten. In Chile bemühten wir uns um eine Stärkung der demokratischen politischen Parteien und darum, ihnen die Grundlage für einen Sieg bei den Wahlen im Jahr 1976 zu verschaffen.»[373] Eine Lesart, an der Kissinger mit geringfügigen Variationen seither festhält, in Interviews, Aufsätzen, in seinen Memoiren ohnehin. Er kam damit eine Zeit lang durch, weil Richard Nixon Recht hatte: Es war auf den ersten Blick tatsächlich nicht zu erkennen, «dass wir die Finger drin hatten». Wie bei «Watergate» hielt die erprobte Verteidigungslinie des Weißen Hauses alle Skeptiker zunächst auf Distanz: «Plausible Deniability» oder das scheinbar glaubhafte Dementi für Aktivitäten im In- und Ausland, die zum Programm der Regierung gehörten, aber aus rechtlichen, politischen und moralischen Gründen nicht ruchbar werden durften.

Die Geschichte des 11. September 1973 hatte fast auf den Tag genau drei Jahre früher begonnen. Als könnte er wegen Vietnam keinen weiteren Prestigeverlust verkraften, ließ Richard Nixon kurz nach der Wahl Salvador Allendes Anfang September 1970 die Kettenhunde von der Leine. Sein Ziel: vor der Bestätigung durch das chilenische Parlament und der für Ende Oktober anstehenden Amtseinführung ein «Putschklima» schaffen und die Vereidigung eines sozialistischen Regierungschefs in letzter Minute verhindern. Nach einem Treffen mit dem Präsidenten, Henry Kissinger und Justizminister John Mitchell fasste CIA-Chef Richard Helms am 15. September 1970 die Worte Nixons wie folgt zusammen: «Vielleicht nur eine zehnprozentige Chance, aber rettet Chile! Die Investition lohnt sich, die Risiken sind mir egal. Die Botschaft darf nicht involviert sein. Zehn Millionen Dollar stehen zur Verfügung, auch mehr, wenn nötig. Dies ist ein Fulltime-Job für unsere besten Männer. Die Strategie heißt: Stranguliert die Wirtschaft. Vorlage eines Aktionsplans innerhalb von 48 Stunden.»[374] Richard Helms verstand diese Botschaft, wie sie gemeint war – als Auftrag an den Geheimdienst, mit allen Mitteln ans Werk zu gehen, politischen Mord eingeschlossen.

«Der Präsident hat uns mächtig unter Druck gesetzt. […] Er wollte, dass etwas unternommen wird, egal wie. […] Wenn ich jemals das Weiße Haus mit einem Marshallstab im Rucksack verlassen habe, dann an diesem Tag.»[375]

Im Herbst 1970 gegen den erklärten Mehrheitswillen chilenischer Wähler ein Putschklima aufheizen zu wollen, war verwegen. Oder hatte, wie Nixon selbst einräumte, allenfalls eine zehnprozentige Erfolgschance. Man versuchte es trotzdem – wider den Rat vieler Diplomaten und Geheimdienstler und unter der tatkräftigen Anleitung von Henry Kissinger. «Der Vorsitzende [des «40 Committee», Kissinger] und [Justizminister John] Mitchell waren äußerst skeptisch, dass *nach* einer Amtsübernahme Allendes noch irgendjemand ein wirklich bedeutsames Gegengewicht aufbieten könnte.»[376] Unter dem Codenamen «Operation FUBELT» wurden Maßnahmen zur psychologischen Destabilisierung des Landes eingeleitet, um putschwilligen Militärs einen Vorwand zum Losschlagen zu geben. Weil wirtschaftliche Boykottmaßnahmen binnen weniger Wochen nicht greifen konnten, streute man Gerüchte über bevorstehende Lebensmittelrationierungen, die Kündigung von Krediten und massenhafte Kapitalflucht. «Nehmen Sie Kontakt zum Militär auf und teilen Sie ihnen mit, dass die U.S.-Regierung eine militärische Lösung will, und dass wir sie jetzt und in Zukunft unterstützen werden», hieß es in einem Telegramm von CIA-Chef Helms an seine Agenten in Santiago de Chile am 7. Oktober. «Jede Stunde zählt.»[377] Die Antwort des Postenchefs: «Sie haben uns beauftragt, in Chile Chaos heraufzubeschwören. […] Wir liefern Ihnen ein Rezept für ein Chaos, das vermutlich nicht ohne Blutvergießen abgehen wird.»[378] Eine Woche später warnte Henry Kissinger allerdings vor einer überstürzten Militäraktion – nicht wegen grundsätzlicher Bedenken, sondern weil er an der Kompetenz der zur Verfügung stehenden Kollaborateure zweifelte.

CIA und Henry Kissinger: Operative Richtlinien an den CIA-Posten in Santiago de Chile, 16. Oktober 1970:

«Es geht nach wie vor und entschieden darum, Allende durch einen Putsch zu stürzen. Es wäre sehr wünschenswert, wenn dies vor dem 24. Oktober [dem Tag von Allendes Vereidigung] geschehen würde,

aber diesbezügliche Anstrengungen werden auch nach diesem Datum energisch weiterverfolgt. Zu diesem Zweck müssen wir weiterhin maximalen Druck aufbauen und jedes verfügbare Mittel nutzen. Es ist zwingend geboten, dass diese Aktionen im Geheimen und abgesichert umgesetzt werden, so dass die Beteiligung der US-Regierung und anderer amerikanischer Stellen gut abgeschirmt bleibt. […] Nach sorgfältigster Abwägung sind wir zu dem Ergebnis gekommen, dass ein Putsch von [General Roberto] Viaux, nur unter seiner Führung und mit den ihm zu Verfügung stehenden Mitteln durchgeführt, scheitern würde. […] Es wurde entschieden, dass [die CIA] mit Viaux in Kontakt tritt und ihn vor einer überstürzten Aktion warnt. Unsere Nachricht soll im Wesentlichen wie folgt lauten: ‹Wir haben uns Ihre Pläne angesehen […] und sind zu dem Ergebnis gekommen, dass zum jetzigen Zeitpunkt Ihre Planungen für einen Putsch nicht erfolgreich sein können. Im Falle eines Scheiterns könnten sie sogar Ihre künftigen Mittel und Möglichkeiten beeinträchtigen. Halten Sie Ihre Mittel weiterhin bereit. Wir werden in Verbindung bleiben. Es wird die Zeit kommen, in der Sie zusammen mit allen Ihren Freunden etwas werden unternehmen können. Sie werden weiterhin unsere Unterstützung bekommen.› […] Folgendes sind unsere Ziele: (A) Ihn [General Viaux] über unsere Meinung informieren und von Alleingängen abhalten; (B) Ihn weiterhin ermutigen, seine Pläne auf eine breitere Grundlage zu stellen; (C) Ihn ermutigen, sich mit anderen Putschisten zusammenzutun, so dass sie entweder vor oder nach dem 24. Oktober [der Amtseinführung Allendes] an einem Strang ziehen. […] Wir haben nach wie vor großes Interesse an den Aktivitäten [der putschbereiten Generale] Tirado, Canales, Valenzuela et.al., und wir wünschen ihnen alles erdenklich Gute. Dies sind Ihre operativen Richtlinien.»[379]

Henry Kissinger und Richard Nixon über die Destabilisierung Chiles nach der Amtseinführung von Salvador Allende, November 1970:

HENRY KISSINGER: «Die Wahl Allendes zum Präsidenten von Chile ist für uns eine der schwerwiegendsten Herausforderungen, denen wir jemals in dieser Hemisphäre begegnet sind. Ihre Ent-

scheidung, wie wir damit umgehen sollen, ist wahrscheinlich Ihre historisch bedeutsamste und schwierigste außenpolitische Entscheidung in diesem Jahr, denn was in Chile passiert, […] wird Auswirkungen haben, die weit über die Beziehungen der USA zu Chile hinausreichen. Es wird sich auf den Rest von Lateinamerika und auf die Entwicklungsländer auswirken, […] ebenso auf die Weltpolitik als Ganzes, unsere Beziehungen zur UdSSR eingeschlossen. Es wird sich sogar darauf auswirken, welches Bild wir uns von unserer Rolle in der Welt machen. […] Das Beispiel einer marxistischen Regierung in Chile, die durch einen Wahlerfolg an die Macht gekommen ist, würde unweigerlich in anderen Weltgegenden Eindruck machen und sogar als Präzedenzfall gesehen, insbesondere in Italien; eine Nachahmung andernorts hätte nachhaltige Auswirkungen auf die weltweite Machtverteilung und unsere Rolle in der Welt. […] In dieser Situation nicht zu reagieren, birgt das Risiko, dass wir in Lateinamerika und in Europa als gleichgültig oder ohnmächtig wahrgenommen werden. […] Meines Erachtens sind die Risiken des Nichtstuns größer als die Risiken, die wir mit dem Versuch eingehen, etwas zu unternehmen. […] Ich schlage deshalb vor, dass Sie [Herr Präsident] entscheiden, Allende so massiv wie möglich zu bekämpfen und alles in unserer Macht Stehende zu tun, um ihn an einer Konsolidierung seiner Macht zu hindern.»[380] *RICHARD NIXON: «Ich werde niemals eine Politik unterstützen, die auf eine Missachtung des Militärs in Lateinamerika hinausläuft. Das sind Machtzentren, die unter unserem Einfluss stehen. […] Unsere hauptsächliche Sorge in Chile ist, dass er [Allende] seine Position festigen kann. […] Falls wir die künftigen Anführer in Südamerika im Glauben lassen, dass sie sich nach dem Vorbild von Chile verhalten können […], werden wir Schwierigkeiten bekommen. Ich will an diesem Problem dranbleiben und an den militärischen Beziehungen – investiert mehr Geld. Wirtschaftlich sollten wir ihn [Allende] auf kalten Entzug setzen. […] Es ist in der ganzen Welt viel zu sehr Mode geworden, uns herumzuschubsen. […] Ab und zu sollten und müssen wir reagieren, nicht, weil wir ihnen weh tun wollen, sondern um zu zeigen, dass man uns nicht herumstoßen kann.»*[381]

Seit dem Herbst 1970 trieb Henry Kissinger die Chaosstrategie nach Kräften voran: «Wir werden Chile nicht den Bach runtergehen lassen. [...] Ich kann mir nicht vorstellen, warum wir ein Land in den Marxismus entlassen, nur weil seine Bevölkerung verantwortungslos ist.»[382] Sätze wie aus dem Munde von Robert Kennedy, der zehn Jahre früher den Kampf gegen Fidel Castro zu einer persönlichen Vendetta gemacht hatte. Mit einem unwahrscheinlichen und trotzdem zutreffenden Unterschied: Kissinger agierte noch verbissener, zäher und skrupelloser. Er übernahm die Rolle des Einpeitschers, kümmerte sich Woche für Woche um operative Details und um die Überwachung der Vorgaben des Weißen Hauses – ein Mikromanagement auf allen Ebenen. «De facto war Kissinger der für Chile zuständige Referent», so ein Mitarbeiter des Außenministeriums. «Henry zeigte dem Präsidenten, dass er alles im Griff hatte.»[383] Zurückhaltende Diplomaten, die für einen «modus vivendi» mit Allende plädierten, hatten gegen diese geballte Macht keine Chance.[384] Davon abgesehen führte Kissinger selbst den Nationalen Sicherheitsrat, das für verdeckte Operationen zuständige «40 Committee» und den Botschafter in Santiago de Chile hinters Licht. Besonders brisante Entscheidungen diskutierte er nur mit handverlesenen Mitarbeitern. Wobei es sich weniger um Diskussionen als um Diktate eines Mantras handelte: Ein Scheitern in Chile steht für den größten anzunehmenden Schaden in der Außenpolitik dieser Administration – für «unser Kuba».[385]

«Unser Kuba», Allende als Wiedergänger Fidel Castros, Moskau im Vorgarten der USA. Was Henry Kissinger über Chile sagte und schrieb, war eine exakte Kopie ausgeleierter Gedanken aus den frühen 1960er Jahren. Genauer gesagt: jener Thesen, die zum Debakel in der Schweinebucht geführt und während der Kuba-Krise eine kriegsträchtige Eskalation mit heraufbeschworen hatten; und nicht zuletzt jener Argumente, mit denen der Krieg in Vietnam jahrein, jahraus gerechtfertigt wurde. Wie in Kuba und Vietnam galt auch mit Blick auf Chile, dass selbst ein strategisch völlig unbedeutendes Land über Nacht zu einer unmittelbaren, wenn nicht lebensbedrohlichen Gefahr werden kann – wenn es sich nämlich einen Virus namens Sozialismus einfängt. Noch Mitte 1969 hatte Kissinger

Lateinamerika als Kontinent abseits der «Achse der Geschichte» verspottet. «Was sich [in dieser Region] abspielt, hat keinerlei Bedeutung. Und es ist mir egal.»[386] Ein gutes Jahr später diagnostizierte er dort einen hochansteckenden Krankheitsherd und die drohende Ermattung amerikanischer Muskelkraft.

Mit Kissingers Neigung zum Auftritt als «Drama Queen» lässt sich diese Kehrtwende in den frühen 1970er Jahren allein nicht erklären. Das entscheidende Stichwort in seinem Krisenszenario hieß «Italien». Sprich: der Aufstieg des «Eurokommunismus» und damit einer Bewegung, die im Kräftespiel der Demokratie konkurrenzfähig war, die Spielregeln des Parlamentarismus achtete und gute Chancen auf eine Mehrheit in freien Wahlen hatte. Exakt dafür stand auch Salvador Allende, eben deshalb war sein Vorbild gefährlich. Was im Umkehrschluss für Kissinger bedeutete, einer demokratischen Partei samt ihrer Regierung den Garaus machen zu müssen, weil sie die Demokratie achtete. Das war die Pointe seiner Chile-Politik: den «Eurokommunisten» zu signalisieren, dass der Wille von Wählern Washington egal war.

Ob Allende auch ohne den Druck der USA gescheitert wäre, ist unmöglich zu beantworten. Allerdings sind Zweifel angebracht. Washington strich seine Wirtschaftshilfe von ehemals 110 Millionen Dollar auf drei Millionen Dollar zusammen; die U.S. Export-Import Bank, die unter Allendes Vorgänger 280 Millionen Dollar an chilenische Privatinvestoren verteilt hatte, vergab seit September 1970 weder Kredite noch Anleihen; die Weltbank, vorher mit 31 Millionen Dollar auf dem chilenischen Markt engagiert, folgte diesem Beispiel. Nicht zuletzt bekamen amerikanische Geschäftsleute den langen Arm ihrer Regierung zu spüren, im Zweifel durch den Entzug finanzieller Sicherheiten für Investitionen im Ausland. Für Chiles Volkswirtschaft bedeuteten diese Einschnitte ein langsames Strangulieren; oder einen «kalten Entzug», wie Nixon es gefordert hatte. Auf der anderen Seite päppelte die CIA Allendes Gegner – Parteien, Unternehmerverbände, konservative Medien, paramilitärische Organisationen – laut eigener Buchhaltung mit mindestens acht Millionen Dollar auf.[387] So gesehen traf Kissinger den Nagel auf den Kopf, als er im Gespräch mit Nixon Mitte September 1973 feststellte: «Wir haben ihnen geholfen, haben, soweit es ging, die Voraussetzungen [für den Putsch] geschaffen.»

Letztendlich gab die jahrelange Unterstützung der chilenischen Streitkräfte den Ausschlag für den Putsch. Die Verdreifachung der US-Militärhilfe seit Herbst 1970 kam nämlich nicht der gewählten Regierung, sondern einzig ihren Todfeinden zugute.[388] Noch mehr forcierte Henry Kissinger die Kontakte amerikanischer Geheimdienste zu den Radikalen im chilenischen Militär. Jedenfalls ist nicht dokumentiert, dass er ein im November 1970 vorgetragenes Plädoyer jemals korrigiert hätte: «Mr. Kissinger, in der Rolle eines Advocatus Diaboli, wies darauf hin, dass das vorgeschlagene Programm der CIA auf die Unterstützung moderater Kräfte [in Chile] abzielte. Frage: Wenn Allende sich selbst in der Rolle eines Moderaten gefällt, warum sollten wir dann nicht Extremisten unterstützen?»[389] In anderen Worten: Des Teufels Rat war für Kissinger Programm, ein Militärputsch blieb für ihn das erste Mittel der Wahl, solange die Erfolgsaussichten gut und die Spuren nach Washington unlesbar waren. «Shock the Chileans into action», treibt sie zum Handeln, wie er bei anderer Gelegenheit forderte.[390]

Dementsprechend stärkten Kissinger und seine Befehlsempfänger bei der CIA selbst notorischen Fanatikern wie General Roberto Viaux, General Camilo Valenzuela und Admiral Hugo Tirado den Rücken. Weil er die damit verbundenen Risiken ignorierte oder tolerierte, trägt Henry Kissinger Mitverantwortung für alle Aktionen, die diese Gruppe auf eigene Faust unternahm – angefangen mit der Ermordung des verfassungstreuen Stabschefs der Armee, René Schneider, am 22. Oktober 1970. Dass den Mördern im Nachhinein seitens der CIA Schweigegeld gezahlt wurde, war nicht allein ein Hinweis auf zurückliegende Komplizenschaft, sondern ein Fingerzeig für Künftiges. Auch wenn sie zur falschen Zeit oder mit unbedachten Mitteln losschlugen, Putschisten konnten sich auf die Rückendeckung aus Washington verlassen. In den Worten eines in Chile eingesetzten CIA-Agenten: «Für uns stand es außer Frage, dass wir jedem innerhalb des Militärs grünes Licht geben sollten, der einen solchen Umsturz durchziehen konnte. [...] Die Leute, die dafür in Frage kamen, [...] hätten Allende auch dann nicht am Leben gelassen, wenn wir sie darum gebeten hätten. Was wir nicht taten. Und der Nationale Sicherheitsrat wusste Bescheid.»[391]

Auf die Frage eines Staatssekretärs, wie man die Berichte – etwa im Nachrichtenmagazin «Newsweek» – über die Ermordung tausender Sozialisten und Kommunisten unmittelbar nach dem Putsch kommentieren sollte, antwortete Kissinger Anfang Oktober 1973 schnippisch: «Wie unerfreulich sie [die neuen Machthaber] auch immer vorgehen, ihre Regierung ist besser für uns, als Allende es war.»[392] Ansonsten konzentrierte er sich auf die Rolle des Choreographen beim Verwischen belastender Spuren und auf beruhigende Botschaften an den Junta-Chef Augusto Pinochet. Vom großen Interesse an freundschaftlichen und intensiven Beziehungen war in einer Geheimdepesche nach Santiago de Chile die Rede. Und fast unterwürfig bat Kissinger um Verständnis, dass die USA aus Imagegründen nicht als Erste zur Machtübernahme gratulieren konnten und nach außen für eine gewisse Zeit Zurückhaltung gegenüber ihren alten und künftigen Verbündeten wahren mussten.[393] Dessen ungeachtet wollte er sich für die Auszahlung der versprochenen Wirtschafts- und Militärhilfe stark machen. Jahre später, als sich die Aufregung gelegt hatte und diplomatische Normalität eingekehrt war, nahm Kissinger gegenüber dem Terrorpaten Pinochet kein Blatt mehr vor den Mund: «Es geht nicht darum, Sie zu schwächen, wir möchten Ihnen helfen. Mit dem Sturz Allendes haben Sie dem Westen einen großen Dienst erwiesen. Andernfalls wäre Chile den Weg Kubas gegangen.»[394]

Nacht der langen Messer

Konnten sich Nixon und Kissinger in der Außenpolitik mit allerlei Scharaden noch eine Zeit lang über Wasser halten, so brachen innenpolitisch im Oktober 1973 alle Dämme. Es begann mit der Nachricht, dass auf einer der Aufnahmen aus dem Oval Office 18½ Minuten fehlten – vorsätzlich gelöscht, wie eine spätere technische Untersuchung ergab. Wäre Nixon noch Nixon, wenn es anders gewesen wäre? Die vielfach gestellte Frage ließ eher Resignation als Empörung erkennen. Auch der Rücktritt von Vizepräsident Spiro Agnew am 10. Oktober kam nicht überraschend, dazu waren die Vorwürfe wegen Steuervergehen und Bestechlichkeit in seiner Zeit als Gouverneur von Maryland zu gut begründet. Und die am 12. Oktober verkündete Entscheidung des für Washington, D. C. zuständigen Appellationsgerichts, der zufolge das Weiße Haus einige der von «Watergate»-Sonderermittler Archibald Cox angeforderten Tonbänder freigeben musste, war ebenfalls erwartet worden. Die Kettenreaktion in der Woche darauf verschlug jedoch selbst einer skandalgewohnten Öffentlichkeit die Sprache und sucht in den USA bis heute ihresgleichen.

Der Reihe nach: Nixons Stabschef Alexander Haig forderte von Justizminister Elliott Richardson am 20. Oktober ultimativ die Entlassung von Archibald Cox – womit die Regierung sich unmissverständlich über das Berufungsgericht der Hauptstadt hinwegsetzte. Richardson erklärte mit Verweis auf die Unabhängigkeit des Sonderermittlers seinen Rücktritt. Haigs nächster Anruf galt dem stellvertretenden Justizminister. «Dies ist ein Befehl Ihres Oberkommandierenden.» William Ruckelshaus machte klar, dass er einen Eid auf die Verfassung, nicht auf den Präsidenten abgelegt hatte und Unrechtsbefehle, von wem auch immer, nicht befolgen würde. Also demissionierte auch er. Erst die Nummer drei des Ministeriums fügte sich. Robert H. Bork, Vertreter der Bundesregierung beim Obersten Gerichtshof, überreichte Cox in den späten Abendstunden das Entlassungsschreiben, derweil FBI-Agenten beim Versiegeln der Diensträume des Sonderermittlers gefilmt wurden.[395]

«Saturday Night Massacre» oder «Nacht der langen Messer» ist noch die freundlichste und bis heute gebräuchlichste Umschreibung des Geschehens. Zeitgenossen sprachen gerne von «Staatsstreich», zogen Vergleiche zum Reichstagsbrand und schimpften über «Gestapo»-Methoden. Selbstverständlich sind derlei Übertreibungen nicht ernst zu nehmen. Und doch berührten sie den Kern des Geschehens. Es ging nämlich um die Frage nach der Widerstandsfähigkeit von Eliten und Bürgergesellschaft, darum, ob man hinreichend Kräfte würde mobilisieren können, um exekutiver Übergriffigkeit Grenzen zu ziehen und die auf Teilung und Kontrolle von

Macht bedachte Verfassung wieder in ihr Recht zu setzen. Dieser Einsicht konnten sich selbst treue Anhänger der Republikaner nicht länger verschließen. Bis Ende Oktober lagen im Kongress über 20 Anträge auf Amtsenthebung oder Prüfung eines entsprechenden Verfahrens vor. Richard Nixon hatte sich offenkundig übernommen, die politische Kontrolle entglitt ihm zusehends.

Noch war nichts entschieden. Aber seither lagen alle Karten auf dem Tisch. Nixon machte geltend, dass jedem Präsidenten Sonderrechte zustehen – «inherent powers» oder ein «executive privilege». Demnach war er weder der Öffentlichkeit noch den Verfassungsorganen zur Rechenschaft verpflichtet, demnach musste er niemandem Einblick in Akten, Tonbandaufnahmen oder sonstige Dokumente des Weißen Hauses gewähren, demnach genoss er Immunität, um seiner Pflicht zum Schutz der Allgemeinheit oder der «nationalen Sicherheit» nachkommen zu können. In anderen Worten: Jetzt ging es nur noch vordergründig um «Watergate», um die Hintergründe des Einbruchs und die Details der Vertuschung. Aus einer Kriminalgeschichte war längst eine Verfassungsfrage geworden – weil Nixon die Exekutive keiner parlamentarischen oder juristischen Kontrolle unterwerfen wollte und für seine Art des abgeschotteten Regierens ein Gütesiegel verlangte.

Krieg im Nahen Osten

Ausgerechnet in dieser Zeit entluden sich die Spannungen im Nahen Osten. Am 6. Oktober 1973 griffen ägyptische und syrische Streitkräfte israelische Stellungen auf dem Sinai und den Golanhöhen an. Niemand hatte mit einem Überfall gerechnet – zumindest nicht an Jom Kippur, dem höchsten jüdischen Feiertag. Auch die Wucht des Angriffs überraschte, Israel verlor in den ersten Tagen mehr als 400 Panzer und fürchtete um seine Existenz. Auf Befehl von Ministerpräsidentin Golda Meir wurde ein gutes Dutzend «Jericho»-Raketen mit atomaren Sprengköpfen bestückt. Dass sich das Blatt militärisch alsbald wendete und israelische Truppen in die Offensive gingen, war das eine. Andererseits war man von einer politischen

Entkrampfung weiter entfernt denn je. Unter welchen Bedingungen konnte ein Waffenstillstand geschlossen werden? Wer positionierte sich wie für die Zeit danach? Welche Konsequenzen würden die anderen arabischen Staaten ziehen?

Fragen über Fragen, die von einem amerikanischen Präsidenten volle Aufmerksamkeit verlangt hätten. Richard Nixon indes war mit sich selbst und seinen hausgemachten Problemen beschäftigt. «Sie tun es, weil sie den Präsidenten umbringen wollen», raunte er über innenpolitische Kritiker. «Und vielleicht wird es ihnen gelingen. Vielleicht werde ich physisch sterben.»[396] Für Henry Kissinger bot sich eine einmalige Chance. Er übernahm das Kommando, behauptete aber zugleich, dass der Präsident die Zügel in der Hand halte. Nixon war erleichtert und gab sich den Grübeleien über seine Zukunft hin. Was folgte, war nicht nur eine Ein-Mann-Vorstellung des Sicherheitsberaters. In den nächsten Monaten zeigten sich sämtliche Koordinaten von Kissingers außenpolitischem Denken und Handeln wie unter einem Brennglas.

Für den Nahen Osten galt das gleiche Axiom wie für den Rest der Welt: Relevant wird ein Konflikt erst, wenn die UdSSR beteiligt ist oder sich möglicherweise einmischen könnte. Durch diese Brille hatte das Weiße Haus bereits die Jordanienkrise im Herbst 1970 gesehen. Als König Hussein in seinem Land eine Militäroffensive gegen Bastionen der palästinensischen Befreiungsorganisation «PLO» eröffnete, deutete Henry Kissinger die verworrenen Verhältnisse auf seine Art. Für ihn waren die Palästinenser Handlanger Syriens, dessen Machthaber Assad machte von ihnen angeblich nur auf Geheiß Moskaus Gebrauch, also konnte Jordanien erst zur Ruhe kommen, wenn man den sowjetischen Einfluss neutralisierte. Wer einen nuancierten und damit angemessenen Blick auf die Region hatte, wurde zurechtgewiesen – Diplomaten und Mitarbeiter des Außenministeriums vorweg.[397] Dass die Sowjetunion in dieser Zeit umfangreiche Waffengeschäfte mit Ägypten einfädelte und 15 000 Militärberater an den Nil schickte, bestätigte das ohnehin feststehende Urteil: Auch im Nahen Osten musste Außenpolitik in erster Linie nach den Maßstäben des Kalten Krieges betrieben werden. Vietnam setzte ein zusätzliches Ausrufezeichen hinter dieses Dogma, wie

Richard Nixon gewohnheitsmäßig betonte. «Wenn die Vereinigten Staaten in Vietnam scheitern sollten, wenn dort eine von den Russen unterstützte Invasion erfolgreich sein sollte, wird es unweigerlich im Nahen Osten eine Neuauflage geben, und die Vereinigten Staaten werden sich auch dort nicht behaupten. Darum geht es.»[398] Ob die Sowjets tatsächlich die gesamte Region unter ihren Einfluss bringen wollten oder bescheidenere Ziele verfolgten, spielte keine Rolle. Es durfte noch nicht einmal der Eindruck entstehen, als würden sie dort Fuß fassen. Oder als hätten sie es vor. «Unser primäres Interesse ist – was bereitet den Sowjets am meisten Kopfzerbrechen? Der arabisch-israelische Konflikt darf nicht dazu führen, dass wir dieses Interesse aus dem Blick verlieren.»[399]

Dieser Vorgabe hatte sich im Oktober 1973 alles unterzuordnen. Das Hauptaugenmerk lag nicht auf Ursache, Anlass und schnellstmöglicher Beendigung des Krieges, sondern auf der Rivalität mit der anderen Supermacht. «Jom Kippur» öffnete ein Fenster der Gelegenheit – man konnte der UdSSR eine Lektion erteilen, ihr Renommee in den Augen arabischer Verbündeter schädigen oder sie gar vollständig aus dem Nahen Osten verdrängen. Gegenüber dem chinesischen UNO-Botschafter Huang Chen nahm Kissinger kein Blatt vor den Mund. «Israel ist ein zweitrangiges, ein emotionales Problem, das viel mit amerikanischer Innenpolitik zu tun hat. Uns geht es immer um eines: Sobald die Sowjetunion auftaucht, müssen wir beweisen, dass alle, die von der Sowjetunion unterstützt werden, ihre Ziele nicht durchsetzen können, egal, um welche Ziele es sich handelt. […] Das ist ein Wettbewerb, den wir gewinnen können.»[400] Auch wenn man Kissinger zugesteht, dass er mit Blick auf Israel gedankenlos vor sich hingeredet hatte, so kann es am antisowjetischen Impetus keinen Zweifel geben. An dieser Stelle stärkte ihm Nixon ausdrücklich den Rücken. «Wir können nicht zulassen, dass eine von den Sowjets unterstützte Operation gegen eine von den USA unterstützte Operation die Oberhand behält. Sollte dies eintreten, wäre unsere Glaubwürdigkeit weltweit massiv beschädigt.»[401] Fast klang es so, als müsste im Nahen Osten nachgeholt werden, was man in Vietnam scheinbar versäumt hatte. Oder als sollten die Grenzen der Détente noch enger gezogen werden.

Amerikas Intervention geriet zu einem Drahtseilakt. Israel zu schützen, war eine moralische Selbstverpflichtung, aber zugleich ein politischer Imperativ, wollte man den einzig verlässlichen Brückenkopf in Nahost sichern. Andererseits sollte eine Demütigung der arabischen Kombattanten vermieden werden, um ihnen keinen wohlfeilen Anlass zu weiteren Hilfsersuchen an Moskau zu geben. Moderate Araber, so das Kalkül, würden die USA als künftige Ordnungsmacht allenfalls akzeptieren, wenn Israel nicht als klarer Sieger aus der Konfrontation hervorging. Umgekehrt durften auch Ägypten und Syrien nicht den Eindruck gewinnen, dass ihre Aggression nennenswerte Vorteile gebracht hätte. Wahrung eines prekären Gleichgewichts, Nachweis amerikanischer Führungskompetenz und Verdrängung der UdSSR – das waren die unverzichtbaren Voraussetzungen für eine spätere Neuordnung der Region. Und die Gradmesser in einem Wettbewerb, der für Henry Kissinger obendrein eine starke persönliche Note hatte. Behielt er die Oberhand, so war er im porösen Machtgefüge des Weißen Hauses endgültig unverzichtbar.

Entsprechend setzte sich der Sicherheitsberater in Szene. «Er [Kissinger] hatte keine Skrupel», so Admiral Elmo Zumwalt von den Vereinten Stabschefs, «seine Verbündeten zu hintergehen und das Ansehen seiner Kollegen in den Dreck zu ziehen.»[402] Gemeint war, dass Kissinger in den ersten Tagen des Krieges Israels Bitte um Waffennachschub sehr schleppend behandelt hatte, um auf arabischer Seite den Eindruck einer einseitigen Parteinahme zu vermeiden. Allerdings machte er gegenüber der israelischen Regierung die schwerfällige Bürokratie des Pentagon und Verteidigungsminister James Schlesinger für die Verzögerung verantwortlich. Schlesinger gab diese Lektion in späteren Jahren freimütig zum Besten. «Henry hat Gefallen an der Komplexität von Hinterhältigkeit und Verschlagenheit. Andere Leute schauen beschämt drein, wenn sie lügen. Henry macht es mit Stil, als wäre es eine Arabeske.»[403] Noch war die Zeit der Abrechnung nicht gekommen, vorerst blieb es in Washington bei ohnmächtiger Wut. Wie auch in Moskau, wo Kissinger ebenso doppelzüngig auftrat. Leonid Breschnew hatte ihn am 19. Oktober nach Moskau gebeten, um ein gemeinsames Vorgehen im UNO-Sicherheitsrat abzustimmen. Tatsächlich einigte man sich auf einen Entwurf, der als Resolution 338 vom Sicherheitsrat der Vereinten Nationen verabschiedet wurde und die Kriegsparteien zur Einstellung der Kampfhandlungen binnen 12 Stunden aufforderte. So weit, so unverbindlich für Kissinger. Hinter dem Rücken aller Beteiligten ermunterte er Israel, die vereinbarte Frist zu ignorieren und mit einer Schlussoffensive seine militärische Position auf dem Sinai zu verbessern. Hauptsache, Ägypten sah ein, dass ein Verbündeter der UdSSR gegen einen Verbündeten der USA nichts ausrichten konnte.[404]

Faktisch spielte Kissinger mit Umständen, über die er keine Kontrolle hatte. Ob aus Ignoranz, Unerfahrenheit oder Selbstüberschätzung, war in dieser Situation nicht von Belang. Der Krieg ging weiter, Ägypten musste die Einkesselung und Vernichtung seiner 25 000 Mann starken 3. Armee fürchten, der sichtlich verärgerte Leonid Breschnew forderte eine amerikanisch-sowjetische Militärmission zwecks Durchsetzung des Waffenstillstands. Kissinger war in eine selbst gestellte Falle gelaufen und musste wohl oder übel den Anspruch des ehrlichen Maklers fahren lassen, wie er Jahre später einräumte. «Breschnews Vorschlag einer gemeinsamen Eingreiftruppe der USA und der UdSSR war undenkbar. [...] Ägypten würde wieder in die sowjetische Einflusssphäre hineingezogen, die Sowjetunion würde zusammen mit ihren radikalen Verbündeten zum beherrschenden Faktor im Nahen Osten, China und Europa wären angesichts einer scheinbaren militärischen Zusammenarbeit zwischen den USA und der UdSSR in einer derart wichtigen Region entsetzt.»[405] Es kam, wie man es hätte erwarten können. Erbost über die Absage, dachte Breschnew in einem Brief an Nixon laut über einseitige Maßnahmen – nämlich die Entsendung eines Militärkontingents auf den Sinai – nach. Es war mit hoher Wahrscheinlichkeit ein Bluff, ein Versuch, den Druck zu erhöhen und in letzter Minute ein Desaster für die ägyptischen Streitkräfte abzuwenden.[406] Entgegen nachträglichen Beteuerungen vermutete auch Kissinger in diesem Moment, dass Breschnew bluffte. «Unsere Informationen besagen, dass nichts von alledem durch Maßnahmen vor Ort bestätigt wird», versicherte er dem britischen Botschaft Lord Cromer am Telefon.[407] Trotzdem suchte er die Eskalation – aus Statusgründen und nicht zuletzt wegen der Sorge um Amerikas Image in Peking.

In der Nacht vom 24. auf den 25. Oktober 1973 entschied Kissinger zusammen mit Verteidigungsminister James Schlesinger, dass für amerikanische Streitkräfte die höchste Stufe der Alarmbereitschaft in Friedenszeiten, «Defense Condition III», ausgerufen wurde. Im Nuklearzeitalter war «DefCon III» nur ein einziges Mal verhängt worden – während der Kuba-Krise im Herbst 1962. Zum Vergleich: «DefCon II» bedeutet Mobilmachung für einen unmittelbar bevorstehenden Krieg, «DefCon I» gilt für die Dauer eines Krieges. Einbezogen wurden alle Waffengattungen weltweit, für einige konventionelle Einheiten galt sogar «DefCon II». Besonders heikel war die Situation im Mittelmeer, wo die 6. Flotte der US-Navy und sowjetische Kriegsschiffe sich gegenseitig belauerten, stets auf taktische Vorteile und Positionen bedacht, die im Zweifel auch einen Erstschlag gegen feindliche Verbände erlaubt hätten. «Die Bühne für das bis zu diesem Zeitpunkt unwahrscheinliche Szenario eines Seekriegs war bereitet», meinte Daniel Murphy, Kommandant der 6. Flotte.[408] Befehlshaber in den USA zeigten sich weniger besorgt. Sie werteten den Befehl als politisches Manöver und rieten ihren Kommandostellen zu einem routinemäßigen Abarbeiten einschlägiger Prüflisten.[409] Beide Perspektiven hatten etwas für sich: «DefCon III» spiegelte nicht die Angst vor einem bevorstehenden Krieg, trieb aber das Risiko einer kriegerischen Zuspitzung gleichwohl nach oben.

In diesen Stunden lebte der gerade mit dem Friedensnobelpreis dekorierte Henry Kissinger Phantasien aus, die ihn seit den späten 1950er Jahren umgetrieben hatten: wie man mit Drohkulissen der Sowjetunion eine Lektion erteilt. Vom politischen Wert militärischer Überreaktionen fasziniert, ließ er sich selbst durch das mittlerweile erreichte Gleichgewicht der Supermächte nicht abschrecken. Worauf es ankam, war nicht die Zahl der Waffen, sondern der Wille, diese auf angsteinflößende Weise in Stellung zu bringen. Ob die UdSSR Truppen nach Ägypten verlegen wollte oder nicht, spielte im Grunde keine Rolle. Entscheidend war, dass sie es nicht tat und dass die USA anschließend ein Nicht-Ereignis als Erfolg der eigenen Schockstrategie ausgeben konnten. Deshalb wurde Breschnew parallel zu «DefCon III» auch brieflich vor den «unkalkulierbaren Konsequenzen» seiner Politik gewarnt.[410] «Watergate» tat ein Übriges. Gerade in Zeiten innenpolitischer Schwäche, davon war Kissinger überzeugt, mussten die USA Handlungsfähigkeit und Glaubwürdigkeit unter Beweis stellen. Wie auch immer: Kurz darauf schwärmte er anlässlich einer Audienz bei Mao vom Wert der Zwangsdiplomatie. «Hin und wieder müssen wir zu derart derben Maßnahmen wie vor zwei Wochen greifen.»[411]

Derbe war das Signal an Moskau in jedem Fall. Und dilettantisch inszeniert obendrein. Kissinger überblickte zu keinem Zeitpunkt die operativen Konsequenzen von «DefCon III», vom Vorsitzenden der Vereinten Stabschefs erwartete er gar die Zusicherung, dass nur sowjetische Geheimdienste, nicht aber die Öffentlichkeit von der erhöhten Alarmbereitschaft für gut zwei Millionen Männer und Frauen Wind bekommen sollten. «Sie werden das geheim halten. Kein Wort darf nach außen dringen.» Worauf Admiral Moorer nur eine lakonische Antwort einfiel: «Natürlich, Henry.»[412] Die ersten Presseberichte lagen binnen weniger Stunden vor. Wegen überhöhter Geschwindigkeit gestoppt, hatte ein Soldat der Luftwaffe sich mit dem Alarm herausgeredet und die Polizeistreife zum Anruf bei einem Lokalreporter animiert. Unfreiwillige Komik war das geringste Problem. Erstaunlich ist vielmehr, dass Anlass und Reaktion zum wiederholten Mal in einem grotesken Missverhältnis standen. Und dass niemand im «Situation Room» des Weißen Hauses einen Plan B hatte.

Angenommen, Moskau hätte spiegelbildlich geantwortet? Oder unbeeindruckt vom Mummenschanz der USA tatsächlich Soldaten in das Krisengebiet geschickt? Wären dann die Abdeckungen auf amerikanischen Raketensilos entfernt, die Streitkräfte in die nächsthöhere Alarmstufe versetzt und Luftlandetruppen an die Grenze des Warschauer Pakts verlegt worden? «Wir haben darüber nicht nachgedacht», so ein Mitarbeiter des Nationalen Sicherheitsrats.[413] Weil das Politbüro nichts tat, blieb Henry Kissinger die Rolle des Kaisers ohne Kleider erspart. Trotzdem gefiel er sich – wie bereits während der Jordanienkrise im Herbst 1970 – in der Rolle des Großstrategen, der auf dem Reißbrett Flotten, Panzerverbände und Truppen bewegte, schnell zur Hand mit hämischen Sprüchen für alle, die aufgrund jahrzehntelanger Erfahrungen unangenehme Fragen stellten oder sich sträubten, im Handumdrehen Scheinlösungen zu präsentieren. Derlei war aber nicht der Rede wert, solange Kissinger seinen ganz privaten Kuba-Krisen-Moment auskosten konnte.

Rechtlich bewegte sich das Manöver in einer Grauzone zum Verfassungsbruch. Kissinger diskutierte die «DefCon III»-Entscheidung mit sechs weiteren Hierarchen: James Schlesinger, Alexander Haig, Thomas Moorer, CIA-Direktor William Colby, dem stellvertretenden Sicherheitsberater Brent Scowcroft und Jonathan Howe, Militärattaché beim Nationalen Sicherheitsrat. Nach einem mit «Watergate»-Nachrichten randvollen Tag hatte sich Nixon abgemeldet. Genauer gesagt, wegen Trunkenheit wieder einmal abmelden müssen. Alle Beteiligten wussten um den Zustand des Präsidenten, Verteidigungsminister Schlesinger traf angeblich sogar Vorkehrungen, Anordnungen des Oberbefehlshabers an das Pentagon unter diesen Umständen zu ignorieren. Zwar segnete Nixon die erhöhte Alarmbereitschaft am nächsten Morgen ab; auch sein über die Jahre wiederholter Rat, im Zweifel die Sowjets mit irrationalem und unvorhersehbarem Verhalten zur Räson zu bringen, deutete auf ein grundsätzliches Einverständnis hin. Aber Anhaltspunkte sind keine Beweise. Tatsache hingegen ist, dass Kissinger sich über die Befehlskette hinwegsetzte und eine Entscheidung forcierte, die in Krisensituationen einzig und allein dem Präsidenten vorbehalten ist. Wegen «Watergate» wurde dieses Problem nicht thematisiert; wer Einblick hatte, schien über die Abwesenheit des zunehmend erratischen Nixon sogar erleichtert. Und die anderen «White House Horrors» galten ohnehin als viel gravierender.[414]

In Moskau war man alles andere als nachsichtig gestimmt. Leonid Breschnew konnte sich keinen Reim auf «DefCon III» machen, zumal die Waffenlieferungen an Ägypten zum Zeitpunkt des Alarms längst eingestellt worden waren. Dass Kissinger von einem Täuschungsmanöver der Sowjets ausging, kam vor lauter Wut und Enttäuschung niemandem in den Sinn. Vor allem Breschnew fühlte sich erneut von Kissinger hintergangen. Glücklicherweise zügelte er am

Ende seinen Zorn und verpackte die Lösung in einer einfachen Frage: «Genossen, wenn wir überhaupt nicht reagieren, wenn wir auf die amerikanische Mobilmachung nicht eingehen – was wird dann passieren?»[415] Tatsächlich geschah nichts weiter, außer dass Richard Nixon einen Sieg im Schattenboxen verkündete. Während einer Pressekonferenz am Abend des 26. Oktober auf «DefCon III» angesprochen, zog er Parallelen zur Kuba-Krise und führte das Einknicken der UdSSR auf die Demonstration amerikanischer Entschlossenheit zurück. Für diesen peinlichen Auftritt bat Alexander Haig umgehend bei Botschafter Dobrynin um Entschuldigung. Und musste sich daraufhin die Frage gefallen lassen, seit wann man Feuer mit Benzin löschen könnte. «In Moskau sind sie sehr verärgert, weil sie glauben, dass eine künstliche Krise vom Zaun gebrochen wurde aus Gründen, die wir nicht verstehen. Wenn Sie das alles auch noch mit der [kubanischen] Krise vergleichen, dann geht das wirklich, verzeihen Sie die Bemerkung, komplett an der Sache vorbei.»[416]

Im Grunde zweifelte Dobrynin an Sinn und Zweck des «geheimen Kanals» zwischen Washington und Moskau. Wozu war dieser eingerichtet worden, wenn nicht für die Kommunikation auch und gerade in Krisenzeiten? Was war dieser «Kanal» wert, wenn ein missverständlicher Brief zur Alarmierung von Streitkräften führte? Und warum hatte Kissinger just in diesem Moment keinen Kontakt aufgenommen? «Wenn Sie wirklich besorgt gewesen wären, dann hätten Sie doch als erstes das Gespräch mit Breschnew gesucht, um herauszufinden, was eigentlich los ist. Aber Sie waren in Wahrheit gar nicht besorgt. [...] Dann hat er [Kissinger] diese Krise losgetreten, um zu zeigen, dass Sie der Starke sind und wir nur der schwächere Partner im Schatten der viel mutigeren Vereinigten Staaten.»[417] In der Tat. Was Kissinger vom «back channel» hielt, machte er Jahre später in seinen Memoiren noch einmal deutlich. Es war ein Instrument unter vielen, phasenweise nützlich, aber entbehrlich, wenn ein hoher Gewinn in Aussicht stand. «Als wir ihnen die Zähne zeigten», so die Begründung für die erhöhte Alarmbereitschaft amerikanischer Streitkräfte, «gaben die Sowjets nach. Die Krise verschaffte uns die Gelegenheit, den Verlauf der Ereignisse entscheidend zu beeinflussen und [...] Ägypten zum Bündniswechsel zu bewegen.»[418] Im globalen Nullsummenspiel wog ein realer Verlust Moskaus allemal schwerer als das ideelle Vertrauen, das im «geheimen Kanal» oder bei Gipfeltreffen mühsam aufgebaut worden war.

Den Schlussakkord setzte Kissinger während seiner berühmten Pendeldiplomatie von November 1973 bis Mai 1974. Unablässig zwischen Kairo, Tel Aviv und Damaskus unterwegs, verhandelte er die räumliche Trennung der Armeen auf dem Sinai und den Golan-Höhen sowie einen geregelten Zugang zum Suez-Kanal. Eine beeindruckende Leistung, die auch durch günstige Begleitumstände nicht gemindert wurde. Im Vergleich zu anderen arabischen Staatschefs war der ägyptische Präsident Anwar el-Sadat wesentlich kompromissbereiter, darüber hinaus konnte Kissinger auf die Kompetenz von Experten seines Ministeriums zurückgreifen, die ihm geräuschlos zuarbeiteten und bei der Orientierung in einem gänzlich unbekannten Terrain halfen. Verhandlungsgeschick und körperliches Stehvermögen musste Kissinger aber alleine aufbringen. «Ich laufe hier wie ein Teppichhändler herum, um über 100 oder 200 Meter zu verhandeln. Wie ein fliegender Händler auf dem Markt!»[419] Am Ende zahlten sich Wendigkeit, rasche Auffassungsgabe und Zähigkeit aus – und mehr noch seine Meisterschaft im Nebeltanz. Kissinger verstand sich vorzüglich auf das Reden im Ungefähren und wechselte mühelos die Rollen. Den Einen machte er Versprechungen, die er andernorts flugs dementierte, in Kairo trat er als Dompteur Golda Meirs auf, in Tel Aviv als Rammbock gegen Ägypten. Und überall lästerte Kissinger über die Staats- und Regierungschefs, die er gerade besucht hatte. Der Erfolg stellte sich trotzdem oder gerade deswegen ein, zumindest kurzfristig. Syrien, Ägypten und Israel vereinbarten Mitte Januar und Ende Mai 1974 die Einrichtung von Pufferzonen und akzeptierten internationale Beobachter. Mit einer solchen Entkrampfung hatte kaum jemand gerechnet, schon gar nicht in diesem Tempo.

Sein eigentliches Meisterstück aber sah Kissinger in der Isolation der UdSSR. Der ehemalige Verbündete Ägyptens war zum Zuschauen verdammt und sollte auch auf absehbare Zeit in der Region keine Rolle mehr spielen. Dass im Dezember 1973 eine Nahost-Friedenskonferenz unter amerikanisch-sowjetischer Schirmherrschaft tagte, änderte daran kein Jota. Im Gegenteil. In Genf wurde auf großer Bühne Moskaus Abgang zelebriert. Kein einziger Vorschlag, der kurz darauf zur Neuregelung der israelisch-ägyptisch-syrischen Beziehungen führte, kam während der Konferenz zur Sprache, man diskutierte vieles, konnte sich jedoch auf nichts verständigen. Genau so hatte es Kissinger geplant. «Wir haben die Sowjets in den Ablauf der Konferenz eingebunden, ohne dass sie eine bedeutende Rolle hätten spielen können. [...] Nicht nur brauchen wir die Sowjetunion nicht. Ihr Auftreten, ihre Politik ist schlecht für den Nahen Osten.»[420] Wobei es einerlei war, ob Moskau einen Beitrag zur Entspannung hätte leisten wollen oder können. Solange die UdSSR nicht als Weltmacht auf Augenhöhe wahrgenommen wurde, hatte sich der Aufwand gelohnt.

Ein Naher Osten ohne die Sowjetunion war für Henry Kissinger keine Herausforderung, sein Interesse an einer Moderation des regionalen Dauerkonflikts erlahmte merklich. Fortan stand eine Stabilisierung der Ölpreise und die Abwehr eines neuerlichen Embargos seitens der Förderländer im Mittelpunkt. Dementsprechend schien die Pflege guter Beziehungen zu Saudi-Arabien und zum Iran, ungeachtet der dortigen Despotien, deutlich wichtiger als das Palästinaproblem oder eine Grenzregelung zwischen Israel und seinen Anrainern. Wobei man Kissinger nicht zum Vorwurf machen kann, eine Lösung versäumt zu haben; daran waren in der Vergangenheit viele andere gescheitert und noch mehr sollten sich in Zukunft vergeblich bemühen. Dass er keinen Anlauf zu einer belastbaren Sicherheitsarchitektur machte, darauf zielt die Kritik. Er gab sich mit einer kurzfristigen Abkühlung zufrieden, führte die Kriegsparteien zum Status Quo Ante zurück und sah im Übrigen zu, wie sich das Fenster der Gelegenheit wieder schloss. Damit aber verspielte Kissinger den Kredit, den er mit seiner «Shuttle»-Diplomatie erwirtschaftet hatte – aus freien Stücken und ohne Not.

Die Zeitgenossen gaben in diesen Tagen und Wochen dem Mythos Kissinger einen letzten Schliff. «Hexenmeister», «Henry von Arabien», «Superminister», «residierendes Genie im Weißen Haus», «Super K im fliegenden Außenministerium», «eine Taube namens Henry»: Selbst in den USA, wo die Nachfrage nach Helden groß und die Präsentation von Lichtgestalten alltäglich ist, fielen die Superlative aus dem Rahmen. «Wir sind Teil der Handlung, wir sind die Hofnarren», kommentierte ein resignierter Journalist. «Kissinger protzt mit seinem Pressekorps wie die Generäle mit ihren Elitentruppen.»[421] Derlei Kommentare waren die Ausnahme. Von den üblichen Nischenpublikationen abgesehen, beteiligten sich so gut wie alle Medien an der Heiligsprechung. Joseph Alsop schauderte gar bei dem Gedanken an die USA ohne Kissinger.[422] Einer Umfrage vom Mai 1974 zufolge waren 85 Prozent der Befragten der Meinung, dass der Außenminister seine Aufgaben «großartig» erledigte, 88 Prozent hielten ihn für einen «hoch qualifizierten Unterhändler» – Werte, die kein Mitglied einer Regierung vor oder nach ihm je erreichte.[423]

Ein fernes Echo kam auch in der Bundesrepublik an, wo das Nachrichtenmagazin «Der Spiegel» einen Korrespondenten von «Newsweek» und die mit Kissinger befreundeten Journalisten Bernard und Marvin Kalb zu Wort kommen ließ, letztere durch den Vorabdruck einer Biographie aus der Abteilung Hagiographie. Als «Friedensmacher», «Konfliktbezwinger» und «Intellektueller mit dem Gemüt eines Touristen» wurde er im «Spiegel» vorgestellt, von «unerwarteten und geheimnisvollen Zwischenlandungen» auf Auslandsreisen war zu lesen und von «Gästelisten seiner Abendessen, [die] mit der Feierlichkeit von Staatsdokumenten veröffentlicht [werden].» Mit und durch ihn schien der außenpolitische Weltgeist zu sich selbst gekommen, derart viele Attribute eines Staatenlenkers schrieb man ihm zu: systematisch, akribisch, detailversessen, kühl, undoktrinär, ideologiefrei, präzise, anspruchslos, den hochentwickelten Sinn für Nuancen nicht zu vergessen. «Selbst wenn er im Flugzeug mit uns plaudert, rollen ihm die Sätze so glatt von der Zunge, als sähe er sie gedruckt vor sich. […] Tatsächlich wird im State Department längst gescherzt, es gebe zwei Kissinger, einer allein könne die Arbeit gar nicht schaffen. […] Niemand begreift so recht, wie Kissinger es eigentlich macht.»[424] In anderen Worten: Nixon war für die Krisen verantwortlich, der Sicherheitsberater zog den Karren aus dem Dreck.

Einmal mehr kam die Grundregel der «celebrity culture» zum Zuge: Prominente sind erst als Marke mit einem marktgängigen Etikett richtig prominent. Mit «Super K» meldete sich Amerika wie Phönix aus der Asche zurück. Nach Jahren der Demütigung und des Selbstzweifels schien Kissinger den Beweis erbracht zu haben, dass die Kraft des Landes noch nicht erschöpft war und die USA weiterhin im Geist ihres tradierten Selbstbildes leben konnten: die Welt zu führen, weil man zur Führung bestimmt ist. Aus diesem Stoff sind haltbare Legenden gestrickt.

Zur politischen Fortune gesellte sich privates Glück. Am 30. März 1974 heirateten Henry Kissinger und Nancy Maginnes in Washington, D. C. Wäre es nach ihm gegangen, hätten sie die Ehe bereits kurz nach ihrem Kennenlernen auf dem Parteitag der Republikaner im Jahr 1964 geschlossen. Doch Maginnes, selbstbewusst wie eh und je, lehnte damals ab. «Ich dachte, er sei völlig verrückt geworden.»[425] Ein Hauch von Verrücktheit lag auch über der einfachen Zeremonie zehn Jahre später. Die Vorbereitungen waren derart geheim, dass Kissinger buchstäblich am Abend zuvor von der Zukünftigen daran erinnert werden musste, seine Eltern und die beiden Kinder einzuladen. David und Elizabeth schafften so eben noch den Flug von Boston in die Hauptstadt, doch die tiefgläubigen Eltern wollten an einem Sabbat nicht verreisen. Dafür kamen der jüngere Bruder Walter und seine Frau zur Feier im kleinsten Kreis. Kurz bevor das Brautpaar mit einem Privatjet Nelson Rockefellers in die Flitterwochen nach Acapulco aufbrach, übermittelte Richard Nixon seine Glückwünsche am Telefon und warnte Maginnes in ausschweifenden Sätzen vor Schlangen. Sein Rat: Wer nach einem Biss das Gift schnell genug aussaugt, hat nichts weiter zu befürchten.[426]

Vermutlich nahm Nancy Maginnes den vergifteten Rat mit hochgezogener Augenbraue zur Kenntnis, wie es sich für den Spross einer «social register family» gehörte. In einer wohlhabenden Familie war

Nancy Kissinger während einer Pressekonferenz ihres Mannes zum Vietnamkrieg, Washington, D. C., 25. März 1975.

sie aufgewachsen, privilegiert, elitär, mit den Brahmanen der Ostküste auf Du und Du. Für den auf Anerkennung erpichten Henry Kissinger brachte sie alles mit, wovon er geträumt hatte, meinte eine Bekannte: «Die richtigen Schulen, die richtigen Clubs, die richtige Sorte von Leuten.»[427] Und, was allzu leicht übersehen wird, die passende Intellektualität. Dass Maginnes nach Lehrjahren an der University of Michigan und in Berkeley ihre Dissertation an der Sorbonne zur Rolle der katholischen Kirche im Vichy-Frankreich nicht beendete, war nur konsequent. Ihre Leidenschaft galt nämlich der Politik, genauer gesagt dem geistigen Fundament politischer Arbeit – weshalb sie seit den frühen 1960er Jahren an verschiedenen, von der «Rockefeller-Stiftung» finanzierten Projekten über die Zukunft der westlichen Welt mitarbeitete. «Ihre Vorstellung eines wirklich schönen Abends war ein Treffen im kleinen Kreis mit gescheiten Leuten, die sich für Außenpolitik interessierten. Wenn Nancy dabei war, wurde über Ideen gesprochen. Kein Gespräch glitt in Tratsch ab.»[428] Eine strenge, auf Privatheit bedachte Zurückhaltung sagte man der

Das Ehepaar Kissinger während eines Shuttle-Fluges von Ägypten nach Israel, 6. September 1975.

Kettenraucherin nach. Dass sie äußerst konservativ und gegenüber Familie und Freunden nicht minder loyal war, verstand sich ohnehin von selbst. Unter «Falken» fühlte sie sich wohl, für «Tauben» hatte sie nur Verachtung übrig, erst recht, wenn sie ihrem Freund und späteren Ehemann allzu nahetraten.

Diesen Rückhalt forderte Henry Kissinger im Frühsommer 1974 mehr denn je ein. Denn ausgerechnet auf dem Höhepunkt seines Ruhmes wurde er von «Watergate» eingeholt. Es begann mit der Auswertung der Tonbandaufnahmen aus dem Oval Office und dem Erstaunen der damit beauftragten Ermittler: «Er war durch und durch wie die anderen Jungs, redete wie ein harter Bursche. Wenn einer sagte ‹Lasst uns die Messer holen› und ein anderer ‹Lasst uns Schlagstöcke holen›, dann setzte Henry noch eins drauf und meinte: ‹Lasst uns unsere Wummen holen›. Eigentlich hatte ich gedacht, er hätte mehr Stil.»[429] Noch peinlicher waren diverse Mitschnitte, auf denen Nixon seinen Sicherheitsberater für das Abhören von Kollegen in Mithaftung nahm. Kissinger versuchte sich mit einer für ihn typischen Antwort aus der Affäre zu ziehen: «Ich habe [für das Abhören] keine direkte Empfehlung ausgesprochen.»[430] Statt der Haarspalterei auf den Leim zu gehen, was wohl mit einer «indirekten Empfehlung» gemeint sein könnte, setzte ein Reporter Anfang Juni nach: «Haben Sie schon einen Anwalt für einen Prozess wegen Meineids?» Er spielte damit auf eine Bemerkung des Parlamentariers Joshua Eilberg an: «Ich kann kategorisch sagen», hatte der Abgeordnete aus Pennsylvania zu Protokoll gegeben, «dass ein direkter Widerspruch zwischen dem besteht, was wir haben, und Kissingers Äußerungen vor dem Senat.»[431]

Henry Kissingers Reaktion stellte alles bisher Dagewesene in den Schatten. An die ewigen Rücktrittsdrohungen hatte man sich im Weißen Haus gewöhnt. Neu war allerdings, dass er damit an die Öffentlichkeit ging und in einer 14-seitigen Erklärung über sein gekränktes Ego lamentierte. So geschehen am Vormittag des 11. Juni 1974 auf Schloss Kleßheim im Salzburger Land, wo Richard Nixon auf dem Weg nach Kairo einen Zwischenhalt eingelegt hatte. Obwohl Alexander Haig, Lawrence Eagleburger und Brent Scowcroft ihn abhalten wollten, berief Kissinger eine Pressekonferenz ein. In den Worten eines deutschen Reporters: «Nicht diszipliniert oder lächelnd wie gewohnt, sondern emotionsgeladen und übersprudelnd, dann wieder nach Atem ringend, sich auf die Lippen beißend, einem Zusammenbruch nahe, stieß der Außenminister des mächtigsten Staates der Erde aus, was er […] loswerden musste: ‹Ich habe versucht, mir in meinem öffentlichen Leben Maßstäbe zu setzen. Wenn ich sie nicht einhalten kann, will ich nicht im öffentlichen Leben bleiben. […] Ich glaube nicht, dass es möglich ist, die Außenpolitik der USA unter diesen Umständen weiterzuführen›.»[432] An dieser Stelle vergoss er Tränen der Wut und fügte hinzu: «Wenn einmal Bilanz gezogen wird, wird man sich vielleicht daran erinnern, dass einige Leben gerettet wurden und dass einige Mütter ein ruhigeres Leben führen können, aber das überlasse ich der Geschichte. Was ich nicht der Geschichte überlassen werde, ist eine Diskussion über mein öffentliches Ansehen.»[433] In anderen Worten: Ich, Kissinger, stehe über den Dingen und verbitte mir, mit Nebensächlichkeiten belästigt zu werden. Andernfalls kann sich die Außenpolitik zum Teufel scheren.

Richard Nixon in den letzten Zügen seiner Präsidentschaft, der Kongress in heller Aufregung und die Öffentlichkeit in Schockstarre – in einer derartigen Situation mit einem Erpressungsmanöver noch mehr Öl ins Feuer zu gießen, war schlicht verantwortungslos. Und zeigte ein weiteres Mal, dass es Henry Kissinger ausschließlich um sich selbst ging, um sein Renommee, seine Unantastbarkeit, seinen Ruhm. Dass er obendrein dem politisch erledigten Präsidenten einen letzten Triumph, nämlich den Empfang in Ägypten, neidete, kommt hinzu. Oder wollte er am Ende nur demonstrieren, wie abhängig Nixon und das Land inzwischen von ihm waren? Wie dem auch gewesen sein mag, alle machten ihren Kotau – Repräsentanten beider Parteien sprachen Kissinger das Vertrauen aus, fast alle Reporter zeigten Reue, die «Watergate»-Ermittler ließen von ihm ab. Niemand wollte sich dem Vorwurf aussetzen, die verwundete Nation mit der Demission ihres Superdiplomaten auch noch international zu schädigen.

Die Wagenburg um Henry Kissinger wurde umso undurchlässiger, je näher Richard Nixons Abgang rückte. Allerorts spekulierte man über den Geisteszustand des Präsidenten, manche verglichen ihn mit dem irrsinnigen Kapitän Queeg aus dem Roman «Die Meuterei auf der Bounty». Nachdem Nixon während eines Abendessens auf der Präsidentenyacht «Sequoia» vor Kongressabgeordneten über seine Vollmacht schwadroniert hatte, mit einem Knopfdruck binnen 20 Minuten 50 Millionen Russen töten zu können, war die Angst vor dem «Madman» akut. Admiral Elmo Zumwalt: «Man konnte durchaus zu der Schlussfolgerung kommen, dass der Oberbefehlshaber herausfinden wollte, wie die Chefs [der Teilstreitkräfte] wohl reagieren würden, wenn er etwas tat, was gegen die Verfassung verstieß.»[434] Setzte Nixon seine vermeintliche Unberechenbarkeit wieder einmal als politische Waffe ein? Drohte er gar, sich mit einem Militärputsch an der Macht halten zu wollen? «Wir sind fast vom Stuhl gefallen», so der Chef einer Teilstreitkraft. «Wenn irgendjemand an einen Coup dachte, dann war das niemand in Uniform.»[435]

Der Oberbefehlshaber der Marine, der «Watergate»-Sonderermittler und der Verteidigungsminister agierten, als hätten sie es im Weißen Haus mit einem Verrückten zu tun. Fest steht auch, dass

THE WHITE HOUSE
WASHINGTON

August 9, 1974

Dear Mr. Secretary:

I hereby resign the Office of President of the United States.

Sincerely,

Richard Nixon

11.35 AM

The Honorable Henry A. Kissinger
The Secretary of State
Washington, D.C. 20520

HK

Rücktrittsschreiben von Richard Nixon, 9. August 1974.

James Schlesinger erneut alle Militäreinheiten anwies, Befehle des Präsidenten nur nach einer ausdrücklichen Bestätigung seinerseits entgegenzunehmen, und dass Kissinger diese Befehle gegenzeichnete. Entscheidend war weniger die Wahrscheinlichkeit derartiger Szenarien, sondern was man mittlerweile für vorstellbar und möglich hielt. Gemessen daran, befand sich die amerikanische Hauptstadt im Sommer 1974 in einem Ausnahmezustand.[436]

Nach dem 24. Juli 1974 gab es kein Halten mehr. An diesem Tag entschied der Oberste Gerichtshof einstimmig, dass Nixon alle angeforderten Tonbänder des Weißen Hauses herausgeben musste. Zwar billigten ihm die neun Richter ein «executive privilege» grundsätzlich zu, aber nur in Fragen der «nationalen Sicherheit» – wozu «Watergate» ihrer Meinung nach nicht zählte. Es war das politische Todesurteil, weil die Mitschnitte belegten, dass der Präsident entgegen langjähriger Dementis doch explizite Anweisungen zur Vertuschung des «Watergate»-Einbruchs erteilt hatte. Am 9. August gab Richard Nixon sein Amt auf. Wie von der Verfassung vorgesehen, adressierte er das Rücktrittsschreiben an den ranghöchsten Minister – an Henry Kissinger.

Machtverlust

Der neue Präsident Gerald Ford musste das Land zur Ruhe kommen lassen und außenpolitisch berechenbar sein. Insofern stand Henry Kissingers Weiterbeschäftigung zu keinem Zeitpunkt in Frage, auch dann nicht, als Ford mit den üblichen Eigenheiten seines Außenministers konfrontiert wurde. Wie eh und je führte Kissinger einen kindischen Tanz um die Frage auf, wer am meisten Zeit mit dem Chef verbringen durfte. Andere als unbedarft oder illoyal herunterzuputzen, gehörte ebenso zu diesem Ritual wie das Buhlen um eine Extraportion Anerkennung. Ein Mitarbeiter Fords erfasste das nervöse Gewusel des einen und die souveräne Ruhe des anderen in wenigen Sätzen: «[Kissingers] Drang, sich zu brüsten, ist so natürlich wie der eines Gockels, sein Hang, sich herauszuputzen, so normal wie der eines Pfaus. Ford war diesbezüglich klüger als die meisten. Er wusste, dass es sinnlos war, Mutter Natur austricksen zu wollen. Henrys Aufgeblasenheit war nun einmal Teil seiner Fähigkeit, gute Leistungen zu erbringen. Wenn er mehr Bestätigung als jeder andere von uns brauchte, dann hat Ford sie ihm gerne gegeben.»[437] Also ließ der Präsident Woche für Woche ein Lamento über unfähige Kollegen, verschwörerische Bürokraten oder unfaire Journalisten über sich ergehen oder redete Kissinger die gleichermaßen inflationären Rücktrittsgedanken aus. Dass er niemals einem derart überempfindlichen Menschen begegnet war, behielt Ford auch deshalb für sich, weil Kissinger mit einem einfachen Kniff beruhigt werden konnte. Man musste ihm nur versichern, wie genial und einzigartig er war, segensreich für die USA und deshalb unverzichtbar für den Rest der Welt.

Trotzdem bekam Henry Kissinger zusehends Gegenwind. Ausgerechnet James Schlesinger, ehemaliger Leiter der CIA und Anfang Juli 1973 noch von Nixon zum Verteidigungsminister berufen, bot ihm in internen Debatten die Stirn und profilierte sich nach außen mit abfälligen Bemerkungen zur Détente im Allgemeinen und zur Rüstungskontrolle im Besonderen. Kissingers übliche Masche – denunzieren, verächtlich machen und zermürben – zog in diesem Fall nicht mehr. Denn Schlesinger war ein intellektuell ebenbürtiger

Kontrahent mit einem Doktortitel aus Harvard und Meriten als Wirtschaftswissenschaftler sowie als Autor viel beachteter Studien zur Außen- und Sicherheitspolitik. Und in puncto Arroganz und Überheblichkeit ließ sich Schlesinger ohnehin nicht überbieten; jedenfalls wäre es niemandem sonst in den Sinn gekommen, mit offenem Kragen im Oval Office zu erscheinen und während einer Unterhaltung mit dem Präsidenten die Füße auf den Tisch zu legen. In Donald Rumsfeld, zunächst Koordinator und alsbald Stabschef im Weißen Haus, hatte er überdies einen Mann fürs Grobe gefunden, der sich mit Lust und Energie in den Kleinkrieg gegen Kissinger warf, sei es durch ein Verzögern von Entscheidungen, durch gezielte Indiskretionen an die Presse oder durch das Einbeziehen neuer Berater. Die unvermeidlichen Spekulationen über Verschiebungen im Machtgefüge wies Gerald Ford nur halbherzig zurück. Womit er wohl oder übel zu verstehen gab, dass der Außenminister und Sicherheitsberater seinen Zenit tatsächlich überschritten hatte.[438]

Auch unter Nixon hatte es fortwährend Querelen im Kabinett gegeben. Neu war allerdings, dass Kissingers Widersacher bei den einflussreichsten Eliten mehr Gehör denn je fanden – in den Reihen der mit «nationaler Sicherheit» befassten Intellektuellen, Bürokraten und Militärs. Dort waren die Erfahrungen mit dem SALT-I–Vertrag ständiges Gesprächsthema. Dass Kissinger zwischen 1969 und 1972 zivile Experten übergangen, das Verteidigungsministerium hinters Licht geführt und obendrein mit den Sowjets schludrig verhandelt hatte, um Nixons Agenda möglichst schnell durchzudrücken, sorgte noch Jahre später für Empörung, selbst bei jenen, die mit einer Deckelung des Rüstungswettlaufs im Prinzip einverstanden waren. Umso leichter fiel es den hartleibigen Gegnern jedweder Rüstungskontrolle, eine ressentimentgeladene Abwehrfront gegen Kissinger auf die Beine zu stellen. Für die schrille Begleitmusik sorgten General Edward Rowny im Namen der Vereinten Stabschefs und Fred Iklé, der als Chef der Abrüstungsbehörde «ACDA» drauf und dran war, den Auftrag seines Amtes ins Gegenteil zu verkehren und zum Fürsprecher einer ungebremsten Aufrüstung zu werden. «Kissingers Taktik hat dazu geführt, dass wir viel genauer hingeschaut haben. […] [Er] hatte uns getäuscht und belogen», meinte Admiral Elmo Zumwalt.[439] Was künftig im

Auge zu behalten und wo der Hebel anzusetzen war, um gegen neuerliche Überraschungen gewappnet zu sein, wusste man aus erster Hand. Von James Schlesinger nämlich.

Misstrauensvotum aus dem Pentagon

Unfähig oder unwillig, die Zeichen zu lesen, wiederholte Henry Kissinger die alten Fehler bei der Vorbereitung des für 1975 ins Auge gefassten SALT-II–Vertrages. Eingeweiht waren nur seine engsten Vertrauten; Vertreter des Pentagon und die offiziell zuständige Verhandlungsdelegation durften noch nicht einmal an Vorgesprächen mit der sowjetischen Seite teilnehmen. Wütend über Kissingers neuerliche Trickserei, gab der Doyen der «Sicherheitselite» sein Mandat als Unterhändler zurück – Paul Nitze, Berater aller Nachkriegspräsidenten, Autor der legendären, unter dem Kürzel «NSC-68» bekannt gewordenen Denkschrift zur Eindämmung des internationalen Kommunismus, Strippenzieher in allen Korridoren der Macht und medial exzellent vernetzter Meinungsmacher. Nitzes Rückzug aus den SALT-Verhandlungen war der endgültige Beleg, dass Henry Kissinger das institutionelle Gedächtnis von Bürokratien unterschätzt und sich mit seiner Geheimniskrämerei ins Abseits manövriert hatte – ob aus Angst vor undichten Stellen oder wegen eines chronischen Dominanzanspruchs, sei dahingestellt. Mochte er in der Folge noch so sehr mit dem Finger auf andere zeigen und seine Isolation im Apparat beklagen, Kissinger war in eine selbst gestellte Falle gelaufen.[440]

Daraufhin nahm die Revolte gegen die Rüstungskontrollpolitik der neuen Administration erst richtig Fahrt auf. Unterstützt von Paul Nitze, Fred Iklé, James Schlesinger und anderen Größen des Pentagon trat Senator Henry Jackson mit zwei Forderungen als Wortführer hervor. Ein neuer Vertrag sollte die nummerische Gleichheit bei weitreichenden Raketen und Langstreckenbombern festschreiben und die UdSSR verpflichten, die Zahl ihrer schweren Raketen zu reduzieren. Auf den ersten Blick schien Jacksons Vorstoß gut begründet: Der sowjetischen Seite standen knapp 600 Interkontinentalraketen mehr zur Verfügung, darunter zahlreiche, die wegen ihrer enormen Tragfähigkeit größere Sprengköpfe ins Ziel bringen konnten als die leichteren Pendants der USA. Andererseits gab es in den Arsenalen der Supermächte seit jeher Asymmetrien, weil sich die Beschaffung von Waffensystemen immer auch an geographischen Begebenheiten und technologischen Möglichkeiten orientierte. Eine Landmacht wie die UdSSR, die in allen Himmelsrichtungen tausende Grenzkilometer zu verteidigen hatte, stellte ihre Streitkräfte anders auf als die von zwei Ozeanen umgebenen Vereinigten Staaten. Diese Differenzen waren für eine ernst gemeinte Rüstungskontrolle immer eine Herausforderung, aber nie ein unüberwindliches Hindernis gewesen. Jackson und seine Mitstreiter hingegen dramatisierten das Problem, weil sie gar keine Vereinbarung mit Moskau wünschten – teils wegen tiefsitzender Zweifel an der Vertragstreue der UdSSR, hauptsächlich aber aus symbolischen Gründen. Man wollte den kommunistischen Konkurrenten nicht zu einer gleichberechtigten Weltmacht aufwerten.

Just daran scheiterte der Abschluss eines zweiten SALT-Abkommens. Obwohl der sowjetische Parteichef Leonid Breschnew im November 1974 beim Gipfeltreffen mit Gerald Ford in Wladiwostok den USA sehr weit entgegengekommen war, kartete Henry Jackson nach. Eine gemeinsame Obergrenze von 2400 strategischen Raketen war ihm nicht mehr genug. Urplötzlich verlangte Jackson ein deutlich niedrigeres Niveau sowie einen Ausgleich für den sowjetischen Bomber vom Typ «Backfire». Seine Erbsenzählerei, nicht zuletzt die Angaben zur Reichweite und technischen Ausstattung des «Backfire», entbehrten jeder Grundlage. Trotzdem konnte er mit einer schlagkräftigen Hausmacht den Fortgang der Verhandlungen blockieren. Als Henry Kissinger im Januar 1976 während eines Moskaubesuchs versuchte, SALT-II wiederzubeleben, wurde er inmitten seiner Gespräche von hochrangigen Militärs und Sicherheitsexperten im fernen Washington ausgebremst. Entweder die Regierung schwenkt auf Jacksons Kurs ein, so das Erpressungsmanöver, oder sie muss mit öffentlichem Widerstand aus dem Pentagon rechnen. Vermutlich hätte sich kein Präsident in einem Wahljahr auf eine derartige Kontroverse eingelassen. Der auf jede Stimme angewiesene Gerald Ford zeigte Nerven und legte die SALT-Verhandlungen umgehend auf Eis.[441]

Für Henry Kissinger waren das Misstrauensvotum aus dem Verteidigungsministerium und das Einknicken des Präsidenten eine Demontage sondergleichen. Nicht genug damit, dass er ausgerechnet im Kreml wie ein König ohne Reich dastand. Man hatte ihm sein außenpolitisches Lieblingsinstrument aus der Hand genommen – nämlich den Schraubstock, den er immer für den Fall bereitgehalten hatte, dass die Gegenseite kein Wohlverhalten zeigte. Kissinger selbst sprach lieber von «Linkage» oder einer Verkoppelung verschiedener Politikfelder. Demnach konnte die sowjetische Regierung erst dann auf eine Bändigung des Rüstungswettlaufs und entsprechende Einsparungen setzen, wenn sie beispielsweise in der Dritten Welt Zurückhaltung zeigte; andernfalls musste sie mit Sanktionen oder mit Washingtons «China-Karte» rechnen. Doch nach der Stornierung der SALT-Gespräche war die Grundlage der verkoppelten Diplomatie weggebrochen, es standen keine Belohnungen mehr bereit. Und zu allem Überfluss war Kissinger den heimischen Kritikern ausgeliefert. Mit welchem Argument hätte er ihnen Paroli bieten sollen? Dass sie die Winkelzüge seiner Politik und die diplomatische Grammatik des Täuschens nicht verstanden hatten? Dass Détente und Erpressung immer zwei Seiten einer Medaille waren? Dass Nixon und er sich ebenfalls die Option auf eine neue Runde des Wettrüstens offengehalten hatten? Dass er im Grunde seines Herzens selbst ein «Falke» und die Selbststilisierung zur «Taube» nur Maskerade war? Obwohl zutreffend und ehrlich, wäre eine derartige Replik ins Leere gelaufen. Im rechten Lager hätte man sie als Anbiederung verstanden, unter Liberalen als endgültigen Verrat. «[Kissinger] reagierte auf eigenartige Weise gleichgültig», so ein Mitarbeiter, der ihn bei der letzten Moskaureise begleitete. «Ich glaube, er hatte verstanden, dass dies der Anfang vom Ende für ihn war.»[442]

Notbremse im Kongress

Nur an einer Front wehrte sich Kissinger weiterhin nach Kräften – in der Auseinandersetzung mit dem Kongress. Hier stand nämlich mehr auf dem Spiel als seine Agenda, es ging um die Frage, wer in der Außenpolitik das Sagen hat und wer mitreden darf. Darüber war in jeder Generation heftig gestritten worden, zuletzt am Vorabend des Zweiten Weltkrieges, als eine stattliche Anzahl von Parlamentariern ihr Land dauerhaft zur Neutralität verpflichten wollte. Nur während des Kalten Krieges hielt sich der Kongress auffällig zurück, ehe das Desaster in Vietnam Anlass zur Rückbesinnung gab. Spätestens nach der Verabschiedung des «War Powers Act» im November 1973 stand wieder das Grundsätzliche im Raum: Darf ein Präsident aus eigenem Ermessen über Krieg und Frieden entscheiden? Welches Mitspracherecht hat das Parlament?[443] Davon abgesehen, wurde nicht nur die Arroganz der Macht, sondern in Teilen der Öffentlichkeit auch Sinn und Zweck dieser Macht hinterfragt: Was sind eigentlich Amerikas außenpolitische Interessen? Sind die Zeiten eines Imperiums nicht längst abgelaufen? Wie könnten und sollten Alternativen aussehen?

Über diese Fragen zu diskutieren, hielt Henry Kissinger für eine Majestätsbeleidung. Aufzuhalten war die Debatte freilich nicht. Im Gegenteil, angetrieben von linksliberalen Aktivisten und Teilen der Presse griff sie weiter um sich. Seit Herbst 1974 ging es auch um die «undercover foreign policy», um Geheimoperationen in der Dritten Welt und um die Rolle von Geheimdiensten. Nachdem die investigativen Journalisten Tad Szulc und Seymour Hersh über Kissingers Rolle beim Putsch gegen den chilenischen Präsidenten Salvador Allende bzw. über Repressalien der CIA gegen zehntausende US-Bürger unter Nixon berichtet hatten, setzte der Kongress unter Leitung von Frank Church und Otis G. Pike zwei Untersuchungsausschüsse ein.[444] Ihr Auftrag: Vergangenes aufdecken und Vorschläge zur künftigen Bändigung der Exekutive vorlegen. Für Kissinger war der Rubikon damit überschritten. «Ich gebe dem Kongress in Grundsatzfragen nicht nach», polterte er während einer Besprechung mit Mitarbeitern. «Zumindest sollten wir die Chance zu einem Veto haben. Das alles verstößt flagrant gegen das nationale Interesse.»[445]

Der wichtigste Streitpunkt war Angola. Dort eskalierte 1974 ein Konflikt, der bei vielen Zeitgenossen die Angst vor einem afrikanischen Vietnam weckte. Nachdem die «Nelkenrevolution» in Portugal auch das letzte Kolonialreich zum Einsturz gebracht hatte, kämpften drei untereinander verfeindete Unabhängigkeitsbewegungen um die Macht, sage und schreibe 16 Länder mischten sich auf der Suche nach einem strategischen Brückenkopf ein: Großbritannien, Frankreich und die USA, Südafrika, Uganda, Zaire und Algerien, Israel und Indien, die UdSSR, China, Rumänien, die DDR, Nordvietnam, Nordkorea und Kuba. So wurde aus dem Kampf um nationale Selbstbestimmung unter der Hand ein internationaler, vom Kalten Krieg überwölbter Brandherd. Die rechtsgerichtete «FNLA» bezog Hilfe aus dem Westen und von China, die ideologisch pragmatische «UNITA» nahm es auch bei finanziellen Zuwendungen nicht so genau, während die marxistische «MPLA» von Geld, Waffen und Knowhow aus der UdSSR und Kuba profitierte. Deshalb änderte Henry Kissinger, der bis zu diesem Zeitpunkt für Afrika nur Hohn, Spott und Verachtung übrighatte und den Kontinent vorzugsweise als Betätigungsfeld für Missionare ansah, schlagartig seine Meinung. «In Angola bin ich für Taten. Falls die USA nichts unternehmen, wenn die prosowjetische Gruppe die Oberhand gewinnt, werden alle Bewegungen schlussfolgern, dass sie sich mit der Sowjetunion und China arrangieren müssen.»[446]

Was genau Washington unternehmen konnte, stand indes auf einem anderen Blatt. Eine offene Intervention kam nicht in Frage – zu frisch waren die Bilder von der Schmach in Saigon und Phnom Penh, wo im April 1975 nordvietnamesische Truppen bzw. die Terrorbanden der Roten Khmer die Macht übernommen und den Schlusspunkt hinter Amerikas längsten Krieg gesetzt hatten. Zu ablehnend waren viele Journalisten, zu unmissverständlich die Einwände seitens der Afrikaexperten im Außenministerium. Andererseits wiesen Ford und Kissinger den bloßen Gedanken an eine diplomatische Initiative als «totalen Nonsens», «inakzeptabel» und «amateurhaft» zurück.[447] Also blieb wieder einmal nur die Quadratur des Kreises: eine verdeckte Intervention, die so unauffällig war, um innenpolitisch keinen Sturm der Entrüstung zu provozieren, aber dennoch wahrnehmbar genug, um dem Rest der Welt amerikanische Willensstärke zu demonstrieren.

Ende Juni 1975 genehmigte der Präsident auf Drängen Kissingers eine Soforthilfe für die «FNLA» in Höhe von 32 Millionen Dollar, Waffenlieferungen im Wert von 16 Millionen Dollar sowie die Rekrutierung französischer, britischer, portugiesischer und südafrikanischer Söldner durch die CIA. Dass man es bei der «FNLA» mit einem in sich zerstrittenen, politisch wirren und militärisch undisziplinierten Haufen zu tun hatte, wusste Kissinger nicht. Er fragte auch nicht nach, sondern klammerte sich an die vage Hoffnung, Zeit gewinnen und den Preis des Krieges für die Gegenseite irgendwie in die Höhe treiben zu können – mit der Betonung auf irgendwie. Konkreter wurde er erst, nachdem Fidel Castro auf eigene Faust und ohne Rücksprache mit Moskau zwischen November 1975 und Frühjahr 1976 30 000 kubanische Kampftruppen der «MPLA» zur Seite gestellt hatte. «Wir dachten, Angola könnte das Vietnam Kubas werden. Das wäre der Fall gewesen, wenn Kuba pro Woche 20 Gefallene hätte hinnehmen müssen. Das hätte Kuba auf Dauer nicht ausgehalten. Wir hatten die Möglichkeiten dazu. Der Kongress hat sie uns genommen.»[448]

Zweifellos hatte der Kongress die Notbremse gezogen. Auf Antrag der Senatoren Dick Clark und John V. Tunney untersagten beide Kammern im Dezember 1975 und im Januar 1976 jedwede Unterstützung von Bürgerkriegsparteien in Angola. Aber die Behauptung, man hätte damit einer linksradikalen Machtübernahme den Weg geebnet, war schlicht bizarr. Der Gesetzgeber legte im Grunde nur die Ratlosigkeit der Regierung bloß, die Maxime nämlich, dass gehandelt werden muss, um nicht den Anschein von Untätigkeit zu erwecken.

Tatsächlich hatte Kissinger jenseits militärischer Antworten nichts anzubieten – keine Idee zur Zukunft eines unabhängigen Angolas, keine Kontakte zu politischen Ansprechpartnern, niemanden aus der Region, mit dem er je gesprochen und dem er je zugehört hätte. In anderen Worten: Er wusste nur, was er nicht wollte – eine Aufwertung selbstbewusster Akteure, die das Schicksal ihres Landes in die eigenen Hände nahmen. Dass er nur aus dem Negativen schöpfte, war Kissinger bewusst. Dennoch wollte er nichts unversucht lassen und kratzte kurz vor Inkrafttreten des gesetzlichen Verbots aus einem Notfallfonds der CIA noch einmal sieben Millionen Dollar für den Söldnereinsatz zusammen, wie ein Zocker, der alles riskiert, gerade weil er kein Blatt in der Hand hat.[449] So gesehen, hinderte ihn der Kongress lediglich an einer fortgesetzten Insolvenzverschleppung.

Angola und kein Ende

Henry Kissinger reagierte mit einem hitzigen Aktionismus. Wer ihm in diesen Wochen und Monaten zuhörte, musste sich in die frühen 1950er Jahre versetzt fühlen. Wie einst Senator Joseph McCarthy markierte er Länder, die der Kongress, die Demokraten oder eine von der Presse irregeführte Öffentlichkeit «verloren» hatten. Was für McCarthy der «Verlust Chinas» war, beklagte Kissinger als «Verlust Angolas». Und setzte wie dieser noch einen apokalyptischen Akkord. «Aufgrund unserer Selbstverliebtheit haben wir das Gefüge der Freiheit überall in der Welt beschädigt.»[450] Für den Triumph der «MPLA» im Januar 1976 gab es seiner Meinung nach nur einen Schuldigen: rachsüchtige, gemeine und ahnungslose Abgeordnete, die nach dem Abgang ihres Erzfeindes Nixon nun ihr Mütchen an ihm kühlen wollten. «Ich sage Ihnen eines, wir erleben gerade, wie sich amerikanische Verantwortung in nichts auflöst», klagte er in einem Telefonat mit dem alten Widersacher James Schlesinger. «Militärische Macht nutzt einem nichts, wenn man davon keinen Gebrauch macht. Was wir in Angola treiben, schreit zum Himmel. [...] Ich fass' es einfach nicht, dass ich mich nach einem guten Streit mit jemandem wie Ihnen sehne, der weiß, wovon er redet.»[451] Die fixe Idee, mit feindosierter Gewalt Konflikte in die gewünschte Richtung lenken zu können, der Vorsatz, fremde Akteure in unbekannten Ländern nach Belieben zu manipulieren, der anmaßende Anspruch, stets das entscheidende Wort haben zu müssen und über alle Zweifel erhaben zu sein – von den Torheiten, die den Weg nach Vietnam gepflastert hatten, fehlte keine einzige.

Henry Kissinger über den Stellenwert Angolas für Amerikas Außenpolitik, April, Dezember 1975 und Januar 1976:

«Das große Problem, das wir jetzt haben, besteht darin, die Welt zu verändern. Wir können nichts daran ändern, wie die Welt Vietnam wahrnimmt. Aber wir können eine Menge daran ändern, wie die Welt unsere Reaktion auf Vietnam wahrnimmt. Genau das ist jetzt unser großes Problem.[452] […] Angola geht uns […] wegen der UdSSR etwas an. Dass die Sowjets 8000 Meilen von zu Hause tätig werden, […] wird seine Wirkung auf Europa […] und China nicht verfehlen. […] Wegen seiner Ölvorkommen oder als Militärbasis ist mir Angola egal. Aber ganz und gar nicht egal ist mir die Reaktion in Afrika, wenn sich herausstellt, dass die Sowjets die Sache durchziehen und wir nichts dagegen tun. Und wenn sich die Europäer dann fragen, wie wir denn Europa verteidigen wollen, wenn wir noch nicht einmal Luanda halten können, werden die Chinesen sagen, dass wir ein Land sind, das sich wegen 50 000 Gefallener aus Indochina hat vertreiben lassen und sich jetzt wegen noch nicht einmal 50 Millionen Dollar aus Angola verjagen lässt.[453] […] Die Frage ist, ob Amerika weiterhin die Entschlossenheit aufbringt, als Großmacht verantwortlich aufzutreten. Wenn es so aussieht, als würden sich die Vereinigten Staaten angesichts einer massiven, beispiellosen Intervention der Sowjets und Kubaner selbst entmannen, wie werden dann die Verantwortlichen in aller Welt reagieren, wenn sie Entscheidungen über ihre künftige Sicherheit zu treffen haben?»[454]

In anderen Worten: Die Vereinigten Staaten müssen Entschlossenheit demonstrieren, um ihre Interessen zu schützen. Und ihr Interesse besteht darin, entschlossen aufzutreten. Kissingers «Lehren aus Vietnam», die er Präsident Ford vorlegte, machten einen Zirkelschluss zum Fixpunkt staatsmännischer Weisheit.[455] Er selbst sprach von Realpolitik und einer angemessenen Reaktion auf besondere Umstände – zu zeigen, dass man wegen Vietnam nicht traumatisiert war, sondern jetzt erst recht Herausforderungen ohne zu zögern und mit der gebotenen Kompromisslosigkeit annahm. Bis die Welt wieder an die USA glaubte, gab es demnach keinen Unterschied zwischen vitalen und peripheren Aufgaben, es zählte nur entschiedenes

Handeln, egal, wann, wo und gegen wen, auch und gerade dann, wenn es auf den ersten Blick nichts zu gewinnen gab. Hauptsache, es wurde kraftvoll agiert. Sein Ratschlag erinnerte an lautstarkes Pfeifen im dunklen Wald, an Kraftmeierei in Zeiten fortschreitenden Bedeutungsverlusts. Aber Kissinger beließ es nicht beim Phrasendreschen über die Wiedererweckung amerikanischer Willensstärke. Er drängte ein um das andere Mal zur Tat.

April 1975: Wäre es nach Henry Kissinger gegangen, hätte man in letzter Stunde noch einmal B-52-Angriffe in Vietnam geflogen und dem todgeweihten Regime in Saigon ein Sterbegeld von 300 Millionen Dollar gezahlt. Nicht, um den Sturz der Junta hinauszuzögern, sondern als Beweis, dass Washington Wort hielt und Freunde nicht im Stich ließ. Skeptikern begegnete Kissinger mit gewohntem Dogmatismus: «Diese Glaubwürdigkeit ist für unsere Sicherheit unentbehrlich.»[456] Im Bewilligungsausschuss des Kongresses quittierte man den Vorschlag mit eisigem Schweigen. Und ehe die Regierung über einen neuerlichen Anlauf nachdachte, wehte die Flagge Nordvietnams über der amerikanischen Botschaft in Saigon.

Mai 1975: Nachdem kambodschanische Patrouillenboote ein US-Containerschiff, die «Mayaguez», im Golf von Siam aufgebracht und 39 Mann Besatzung wegen angeblicher Verletzung der Hoheitszone festgesetzt hatten, gefiel sich Kissinger als härtester aller Krisenmanager und empfahl zum Erstaunen des Verteidigungsministeriums erneut eine Vergeltung mit B-52. Wer es auf eine politische Blamage Amerikas anlegt, so die Begründung, muss die geballte Kraft des Militärs zu spüren bekommen. Die Frage, ob der Zwischenfall möglicherweise auf das Konto eines selbstherrlichen Kapitäns ging, wies er als Zeichen knieweichen Zauderns zurück.[457] Bevor irgendwelche Schritte eingeleitet wurden, kamen die Seeleute frei, die vermeintliche Glaubwürdigkeitskrise hatte sich von selbst erledigt.

Februar und März 1976: Wegen des Einsatzes kubanischer Kampftruppen in Angola war Kissinger wochenlang rasend vor Wut. «Bestrafen», «knacken», «demütigen», «zerschmettern» wollte er Castro, entweder mit einer Luft- und Seeblockade oder mit der Verminung kubanischer Häfen, nötigenfalls auch mit einer Invasion.[458] «Wenn im Ausland der Eindruck entsteht, dass wir durch unsere innenpolitische Debatte [über Vietnam] dermaßen gelähmt sind, dass wir anscheinend nichts gegen ein Land [wie Kuba] von acht Millionen Menschen unternehmen können, dann werden wir in drei oder vier Jahren eine echte Krise haben.»[459] Enge Mitarbeiter erinnerten ihn daran, dass man militärisch nicht gegen Kuba vorgehen könnte, ohne vorher über die Reaktion der UdSSR nachgedacht zu haben. Damit war auch dieser Vorschlag vom Tisch.

Unverständnis, Kritik, Gegenwind, teilweise offene Revolte im eigenen Lager und zunehmende Ratlosigkeit bei der Frage nach angemessenen Antworten: In den letzten beiden Amtsjahren verfluchte Henry Kissinger vermutlich mehrfach die Entscheidung, auf dem Höhepunkt seines Ansehens nicht zurückgetreten zu sein. Seit 1975 gab es für ihn nichts mehr zu gestalten, allenfalls zu verwalten. Und als konkurrenzloser Wächter des Imperiums hatte er ausgedient, weil konservative Nebenbuhler ihm diese Rolle streitig machten, derweil linksliberale Außenseiter die imperiale Idee als solche in Frage stellten.

Zu allem Überfluss drohte auch noch ein sicherheitspolitischer Stützpfeiler zu erodieren, der Aufbau starker Stellvertreter. Eigentlich war diese Idee so alt wie der Kalte Krieg. Weil die USA nicht überall zur selben Zeit Flagge zeigen konnten, setzte man auf eine Lastenverteilung in Bündnissen oder die Unterstützung zuverlässiger Regionalmächte. Jenseits der NATO übernahmen der Iran und Israel diese Rolle im Nahen und Mittleren Osten, Chile in Lateinamerika und – nach dem «Verlust Vietnams» – Indonesien in Südostasien. Opulente Militärhilfe stand allerorts im Mittelpunkt, ermöglichte sie doch die Stabilisierung von Macht im Inneren und nachhaltige Interventionen gegen bewaffnete Rebellen in unmittelbarer Nachbarschaft. Von dieser «Nixon-Doktrin» war Gerald Ford angetan, wie er dem indonesischen Präsidenten Suharto während einer Stippvisite Anfang Dezember 1975 versicherte. Demnach konnte Suharto nicht nur auf amerikanische Waffenhilfe bei der Unterdrückung aufständischer Gruppen in Thailand und Malaysia rechnen. Ford und Kissinger gaben ihm zugleich grünes Licht für eine Militärintervention in der Provinz Ost-Timor, wo eine linke Bewegung namens «FRETILIN» die Unabhängigkeit von Portugal und Jakarta erklärt hatte. Allerdings verstieß diese Zusage gegen eine Auflage des Kongresses, der zufolge Indonesien amerikanische Waffen nur zur Selbstverteidigung einsetzen durfte. Kissinger versuchte Suharto mit dem Hinweis zu beruhigen, dass man Angriffe jederzeit zu einem Akt der Selbstverteidigung umdefinieren könnte. «Was immer Sie tun, es ist wichtig, dass es schnell zum Erfolg führt. [...] Wir werden versuchen, das Beste daraus zu machen.»[460] Dies war jedoch leichter gesagt als getan. Kaum waren indonesische Truppen in Ost-Timor einmarschiert, informierten Mitarbeiter des US-Außenministeriums ihren Chef auf dem Dienstweg über Suhartos Verstoß gegen amerikanisches Recht. Danach gab Kissinger eine Kostprobe seiner grandiosen Wutanfälle.

Henry Kissinger im Gespräch mit seinem Mitarbeiterstab über Waffenlieferungen an Indonesien, 18. Dezember 1975:

HENRY KISSINGER: «Ich möchte etwas Krach schlagen wegen des Verhaltens des Außenministeriums während meiner Abwesenheit. Bis letzte Woche dachte ich, wir hätten eine disziplinierte Gruppe. Jetzt geht alles völlig aus dem Leim. Dieses Telegramm zu Ost-Timor [wegen der Illegalität von Waffenlieferungen], zum Beispiel. Sie alle kennen meine Haltung, und Sie müssen wissen, dass ich es nicht genehmigt hätte. Es geht doch nur darum, sich selbst ins Gespräch zu bringen. Den Außenminister so zu behandeln, ist eine Schande.» [...] Staatssekretär PHILIP HABIB: «Das Telegramm wird nicht durchsickern.» KISSINGER: «Es wird durchsickern, der Kongress wird es in die Finger bekommen, und dann wird es Anhörungen in dieser Sache geben. [...] Es wird einen verheerenden Eindruck in Indonesien hinterlassen. Ein solcher Masochismus ist nicht zu überbieten. Niemand hat sich beklagt, dass [die indonesische Invasion in Ost-Timor] eine Aggression gewesen sei.» Rechtsberater MONROE LEIGH: «Indonesien hat gegen ein Abkommen mit uns verstoßen.» KISSINGER: «Wenn die Israelis im Libanon einrücken – wann haben wir das letzte Mal dagegen protestiert?» LEIGH: «Das ist ein ganz anderer Fall.» Staatssekretär CARLYLE MAW: «Das ist Selbstverteidigung.» KISSINGER: «Und wir können es nicht so hindrehen, dass eine Aktion gegen eine kommunis-

tische Regierung mitten in Indonesien Selbstverteidigung ist? […] Die Sache wird innerhalb von drei Monaten rauskommen, und es wird herauskommen, dass Kissinger seine tadellosen Bürokraten überstimmt und das Gesetz gebrochen hat. […] Sie müssen endlich einsehen, dass wir in einer revolutionären Zeit leben. Alles Schriftliche wird gegen mich verwendet werden. […] Diese Angelegenheit zum Gegenstand eines Telegramms zu machen […], auch noch im Wissen darum, wie in diesem Haus mit Telegrammen umgegangen wird, beschwört ein nationales Desaster geradezu herauf. […] Das Außenministerium ist in Auflösung und befolgt mittlerweile noch nicht einmal mehr glasklare Anweisungen. […] Sie hätten einfach wissen müssen, wie ich dazu stehe. […] Liege ich etwa falsch mit der Einschätzung, dass die Indonesier an die Decke gehen werden, wenn sie davon erfahren? […] Ich weiß, wie die Gesetzeslage ist, aber wieso soll es im nationalen Interesse der Vereinigten Staaten liegen, erst Angola aufzugeben und dann auch noch den Indonesiern eine in die Fresse zu geben? […] Sie sind dem nationalen Interesse verpflichtet. […] Der Auswärtige Dienst ist nicht dazu da, sich selbst zu bedienen. Er hat den Vereinigten Staaten zu dienen und nicht seinen eigenen Interessen.»[461]

Konnte man parlamentarische Nachfragen noch mit Mühe und Not glätten und die Waffenhilfe an Indonesien binnen weniger Monate wieder in vollem Umfang aufnehmen, so geriet der Streit um die Unterstützung der Militärdiktatur in Chile zu einem politischen Stellungskrieg. Zwischen 1974 und 1976 thematisierten Senat und Repräsentantenhaus mehrfach die Unterdrückung, Internierung und Folter von Oppositionellen in Chile, auf Initiative von Edward Kennedy forderte der Senat im Juli 1976 in einer Gesetzesnovelle sogar die sofortige Einstellung der Waffenlieferungen. Kissinger ignorierte sämtliche Initiativen und Auflagen. «Wenn wir keine Waffen mehr liefern, wird die Militärregierung stürzen. […] Ich werde alle Möglichkeiten ausschöpfen, um Waffen nach Chile liefern zu können.[462] […] Ich dulde nicht, dass das Außenministerium Zugeständnisse macht.»[463] Das Tauziehen währte bis zum Ende seiner Amtszeit. Eine Mehrheit der Abgeordneten bestand auf der Umsetzung ihrer Beschlüsse, Kissinger zapfte Depots des Pentagon an und ließ Ausfuhren nach Chile als normale Handelsgeschäfte tarnen.

Im eigenen Haus stieß der Außenminister ebenfalls auf Widerstand. Juristen und politische Referenten machten ihn nicht allein auf die Stichhaltigkeit der Vorwürfe gegen Pinochets Junta aufmerksam, sie verwiesen auch auf den Preis fortgesetzter Unbeweglichkeit: Entweder das Weiße Haus drängte in Chile auf die Einhaltung von Menschenrechten oder man handelte sich noch größeren Widerstand aus dem Kongress ein. «Ob es Ihnen passt oder nicht, wir werden für die Machtübernahme des Regimes und damit auch in gewisser Weise für dessen Handeln verantwortlich gemacht.»[464] Kissinger reagierte wie üblich. Mal drohte er mit Versetzung und anderen Disziplinarmaßnahmen, mal erteilte er geopolitischen Nachhilfeunterricht mit der Behauptung, dass treudoofe Parlamentarier andere Anbieter, etwa Araber und Chinesen, zu Waffenexporten nach Lateinamerika einladen, unverzichtbare Verbündete wie Südkorea und die Philippinen verprellen und am Ende die gesamte Außenpolitik der USA zum Einsturz bringen würden.[465] Wie das anhaltende Gepolter zeigte, blieben die Appelle ohne Resonanz. Der Überdiplomat schrumpfte zusehends zu einem Scheinriesen.

Zu guter Letzt buhlte Kissinger bei seinen chilenischen Verbündeten um Schützenhilfe gegen innenpolitische Widersacher. «Nun, ich habe die Unterlagen zur Vorbereitung unseres Treffens gelesen, und darin dreht sich alles nur um Menschenrechte», eröffnete er ein Gespräch mit Außenminister Patricio Carvajal. «Das Außenministerium besteht aus lauter Leuten, die eigentlich für das Pfarramt berufen sind. Aber weil es nicht genug Kirchen für sie gab, gingen sie halt ins Außenministerium.» Ein typischer Witz, der auf einmal nur noch schal klang. «Womit kann man Eindruck machen, um die Haltung des Kongresses zu ändern? […] Ich weiß nicht, was wir dagegen tun können. […] Wenn Sie [beim Thema Menschenrechte] etwas unternehmen, sagen Sie uns Bescheid, damit wir im Kongress damit arbeiten können. […] Sie werden schon wissen, was zu tun ist.»[466] Im Austausch für kosmetische Korrekturen bot sich Kissinger als Komplize an – mal sarkastisch, mal unterwürfig, aber im Grunde flehentlich und trotz des Risikos, Schwächen zu offenbaren, die er beim Werben um Statthalter nicht hätte zeigen dürfen. Knapp sechs Monate später wiederholte er diesen Auftritt beim Junta-Chef Augusto Pinochet.

Henry Kissinger im Gespräch mit dem chilenischen Diktator Augusto Pinochet, 8. Juni 1976:

AUGUSTO PINOCHET: «[Der Kampf gegen den Kommunismus] ist ein Epochenkampf, an dem wir beteiligt sind. Es ist eine weitere Etappe jenes Konflikts, der einst zum spanischen Bürgerkrieg geführt hat. Und wir müssen feststellen, dass die Spanier zwar vor 40 Jahren versucht haben, den Kommunismus zu stoppen, dass er jetzt aber wieder aus dem Boden schießt.» HENRY KISSINGER: «Wir hatten kürzlich den spanischen König zu Besuch, und ich habe genau darüber mit ihm gesprochen. […] Wir wünschen Ihrer Regierung viel Erfolg. Im Moment haben wir es wegen des Menschenrechtsthemas mit massiven innenpolitischen Problemen zu tun, […] insbesondere im Kongress. Wie Sie wissen, diskutiert der Kongress gerade über eine weitere Kürzung der Auslandshilfe für Chile. Wir stellen uns dagegen. […] Ich werde heute Nachmittag [in der Vollversammlung der Organisation Amerikanischer Staaten] eine Ansprache zum Thema Menschenrechte halten. Ich habe meine Rede so lange aufgeschoben, bis ich mit Ihnen [Herr Pinochet] reden konnte. […] Die Rede richtet sich nicht gegen Chile. Das wollte ich Ihnen versichern. Meiner Meinung nach sind Sie ein Opfer aller linken Gruppen weltweit, und Ihre größte Sünde war es, dass Sie eine Regierung gestürzt haben, die fast schon kommunistisch war. […] Ich möchte, dass Sie Erfolg haben, und ich möchte dazu beitragen, dass wir auch künftig Unterstützung leisten können. […] Wenn wir den Gesetzentwurf von [Senator Edward] Kennedy zu Fall bringen, […] und ich habe Washington gerade angewiesen, dass wir alle unsere Kräfte dafür einsetzen, dann werden wir die [zweistrahligen Jagdflugzeuge vom Typ] F-5E wie besprochen ausliefern. Wir haben es bisher etwas aufgeschoben, um unseren Feinden nicht noch mehr Argumente an die Hand zu geben. […] Wie das Beispiel Angola gezeigt hat, gibt sich der Kongress seiner Zerstörungswut hin. […] Wir

Mit Augusto Pinochet in dessen Amtssitz, Santiago de Chile, 8. Juni 1976.

haben Vietnam und Watergate hinter uns. Wir müssen bis zu den nächsten Wahlen warten. […] Ich möchte, dass sich unsere Beziehungen und unsere Freundschaft vertiefen. Ich habe die OAS ermutigt, ihre Vollversammlung hier [in Santiago de Chile] abzuhalten. Ich wusste, dass dies ein Prestigeerfolg für Chile sein würde. Deshalb bin ich hierhergekommen.»[467]

«Wir müssen bis zu den nächsten Wahlen warten.» Ob Henry Kissinger den eigenen Worten tatsächlich glaubte und optimistisch in die Zukunft blickte, ist zweifelhaft. Bereits der Auftakt des Wahlkampfes war zu seinen Lasten gegangen, Anfang November 1975, als Gerald Ford mit einem «Halloween Massacre» das Kabinett durchschüttelte. Der wegen schwer erträglicher Arroganz unbeliebte James Schlesinger musste dem nicht weniger eitlen, aber beflissenen Donald Rumsfeld als Verteidigungsminister Platz machen, Richard Cheney folgte Rumsfeld als Stabschef des Weißen Hauses nach,

George H. W. Bush löste den erratischen William Colby an der Spitze der CIA ab – und Kissinger wurde als Nationaler Sicherheitsberater durch Brent Scowcroft ersetzt. Letzteres kam überraschend, konnte aber vordergründig mit dem Hinweis auf Doppelbelastung und die ohnehin vielfältigen Aufgaben des Außenministers kaschiert werden. Was der Präsident auch versuchte, aber im gleichen Moment mit dem Hinweis konterkarierte, dass er Kissingers alten Mentor Nelson Rockefeller, Vizepräsident seit November 1974, nicht noch einmal für dieses Amt vorschlagen würde. In anderen Worten: Ford wollte sich von möglichst vielen Altlasten befreien und endlich den klebrigen Ruf loswerden, unter der Fuchtel eines Unantastbaren zu stehen.

Kissinger jammerte und zeterte, sprach von Degradierung und einer Beschädigung seines Ansehens im Ausland. Tatsächlich aber ging es um ein anderes Problem. Was immer er tat, den Makel des Getriebenen wurde er nicht los. Gerade eine Demission wäre als Eingeständnis des Scheiterns gewertet worden, schlimmer noch: als Beweis, dass er in erster Linie von der Protektion Nixons gelebt hatte und von dessen Nachfolger entzaubert worden war. Also spielte er über Bande, schickte den Entwurf eines langatmigen Rücktrittsschreibens an Freunde, Mitarbeiter und politische Schwergewichte wie den ehemaligen Außenminister Dean Rusk – vordergründig mit der Bitte um Kommentare, aber insgeheim in der Hoffnung, dass der eine oder andere bei Ford ein gutes Wort für ihn einlegen und dem Präsidenten eine Loyalitätserklärung abtrotzen würde. Ob derartige Gespräche geführt wurden, ist nicht bekannt; und ob Ford dafür empfänglich gewesen wäre, eher zweifelhaft. In jedem Fall holte sich Kissinger eine Abfuhr, als er mit Ford über die Möglichkeit eines Rücktritts sprach. Alles Weitere blieb offen.[468]

Zumindest die Schmach Angola hätte Kissinger gerne noch getilgt. Wenn die USA im südlichen Afrika überhaupt noch eine Rolle spielen wollten, dann gab es nach Lage der Dinge nur eine Option, nämlich den Versuch, einer linken Mehrheit in Ländern wie Namibia und Rhodesien mit politischen Reformen entgegenzuwirken. Hauptsächlich auf Gewehrläufe zu setzen, schien angesichts der noch frischen Erfahrungen mit Indonesien und Chile wenig ratsam, zumal weiße Minderheitsregierungen als Partner noch übler beleumundet waren als Diktatoren. Dieser Not und dem Druck des Präsidenten gehorchend, plädierte Kissinger dafür, den Weg für «black rule» – einen Machtwechsel zugunsten der schwarzen Mehrheit – freizumachen. Zunächst in Rhodesien, in Zukunft womöglich auch in dessen Anrainerstaaten. An seinen rassistischen Vorbehalten gegen Schwarze und den gleichermaßen ausgeprägten Sympathien für weiße Rhodesier hatte sich nichts geändert; am Desinteresse für demokratische Lösungen ohnehin nicht. Den Ausschlag gab wie immer die Geopolitik. «Schwarzafrika ist in dieser Frage vollkommen einig, und wenn wir nicht die Initiative ergreifen, werden wir es bald mit den Sowjets und kubanischen Truppen zu tun bekommen. [...] Wir müssen klarmachen, dass aus Angola kein Präzedenzfall wird.»[469] Davon abgesehen, öffnete «black rule» auch eine Hintertür für künftige Waffenlieferungen, jedenfalls war unter dieser Voraussetzung mit geringerem Widerstand des Kongresses zu rechnen.

Also griff Kissinger kurzfristig in den Übergangsprozess ein – mit der Losung «Afrika den Afrikanern» und einer weithin beachteten Rede in Lusaka am 27. April 1976. Mit einer Neuauflage seiner «Shuttle»-Diplomatie allerdings war ihm wenig Erfolg beschieden. In Rhodesien und Südafrika hatten mit Ian Smith und John Forster Premierminister das Sagen, die den Wechsel mit Sturheit und Raffinesse in die Länge zogen. An ihrer Hinhaltetaktik scheiterte auch eine Ende 1976 in Genf tagende Konferenz, die eigentlich die Modalitäten für Rhodesiens Weg in die Zukunft hatte aushandeln sollen. Erst gut drei Jahre später wurde das Apartheid-Regime zu Grabe getragen und ein neuer Staat Simbabwe ausgerufen – unter dem Druck eines ausufernden Bürgerkriegs und wirtschaftlicher Auflösungserscheinungen. Die Rolle eines Vermittlers hatten die USA längst an die ehemalige Kolonialmacht Großbritannien abgetreten. Und Kissingers Horrorvisionen eines sowjetisch oder kubanisch eingefärbten Afrikas waren zu diesem Zeitpunkt ebenso verblasst wie die Erinnerung an seine kurzlebigen Reformversuche.

Als Henry Kissinger 1976 Gehversuche in Afrika unternahm, war er bereits eine «lame duck». Der Wahlkampf um das Präsidentenamt überschattete alles, politische Eiferer gaben den Takt vor. Angeführt von Ronald Reagan trimmten prominente Republikaner ihre Partei auf einen strammen Rechtskurs, um den wegen Vietnam Resignierten, Enttäuschten und Wütenden eine neue politische Heimat zu geben. Wortführer der Demokraten taten es ihnen gleich, allen voran Henry Jackson, der sich Hoffnungen auf eine Nominierung zum Präsidentschaftskandidaten machte und dafür ein überparteiliches «Committee for a Democratic Majority» auf die Beine stellte. Für ähnliches Aufsehen sorgte eine Gruppe ehemaliger Trotzkisten um Irving Kristol, Norman Podhoretz, Phyllis Schlafly und Midge Decter, die fortan als «Neokonservative» auftraten und dem angeblich ermatteten Antikommunismus wieder zu einem schneidigen Profil verhelfen wollten. In diesem Gemenge kam jede Abstrusität zum Zuge, vorab die Behauptung, dass Kissinger die UdSSR als gleichberechtigt akzeptiert, die Macht des Pentagon geschwächt oder sich defätistisch mit Amerikas Bedeutungsverlust abgefunden hätte. Aber auf die Tragfähigkeit von Argumenten kam es ohnehin nicht mehr an. Entscheidend war das Aufputschen von Emotionen und die Mobilisierung flaggenschwenkender Patrioten.

Henry Kissinger geriet ins Zentrum dieser überhitzten Kampagne, weil sich aus seinem Arbeitsstil ein toxischer Vorwurf zimmern ließ – die Klage über «Unamerikanisches» nämlich. Reagan, Jackson und nicht zuletzt Jimmy Carter, der sich nach zähem Ringen als Spitzenkandidat der Demokraten durchgesetzt hatte, klangen diesbezüglich zum Verwechseln ähnlich: Wer Geheimpolitik nach Kissingers Art betreibt, verrät die amerikanische Grundtugend der Offenheit und neigt zur arglistigen Täuschung. «Détente war schon immer eine Einbahnstraße. Wir machen die Zugeständnisse, wir geben ihnen [den Sowjets], was sie wollen, wir fordern nichts als Gegenleistung. In Wirklichkeit geben wir ihnen Dinge, bevor wir überhaupt eine Gegenleistung verlangen.»[470] Letztendlich bezichtigte man ihn gar des Verrats am Freiheitskampf. Oder hätte eine amerikanische Regierung ohne seine

Machenschaften ein Gütesiegel unter die Eroberungen der Roten Armee in Osteuropa gesetzt und den «versklavten Völkern» jede Hoffnung auf Befreiung genommen? Für Ronald Reagan war es eine rhetorische Frage. «Und jetzt sollen Sklaven auch noch ihr Schicksal akzeptieren», polterte er mit Blick auf die Entspannungspolitik.[471]

Unausgesprochen, aber vernehmlich ging es dabei um Kissingers europäische Herkunft und um eine zählebige Fiktion. Demnach war geheime Kabinettsdiplomatie ein Erbe der «alten Welt», dem sich keiner ihrer politischen Sprösslinge entziehen konnte. Grober Unfug, gewiss. Aber mit dem Stigma ewiger Fremdheit lässt sich in der «neuen Welt» seit jeher politisch gut wirtschaften. Wie viel Eindruck es in diesem Fall machte, ist schwer zu beurteilen; Kissingers Umfragewerte jedenfalls zeigten nach unten. Hatten sich im Frühjahr 1974 noch 85 Prozent der Befragten anerkennend über seine Amtsführung ausgesprochen, so waren es zwei Jahre später knapp 30 Prozent weniger. Die frühere Lichtgestalt verlor landauf, landab und unter den Anhängern beider Parteien ihren Rückhalt.[472]

Ford und Kissinger versuchten den Abwärtstrend durch eine Umarmung ihrer Gegner zu stoppen. Mitte November 1975 bezeichnete der Außenminister das französische Lehnwort «Détente» als einen Begriff, den er am liebsten vergessen würde, vier Monate später verbannte der Präsident das Wort aus seinen Reden und sprach fortan nur noch von «Frieden durch Stärke». Egal, welches Thema angesprochen oder welcher Konflikt losgetreten wurde, immer bot sich ein und dasselbe Bild. Ob die CIA nicht seit geraumer Zeit die sowjetische Rüstung falsch einschätzte? Ford tappte in die Falle, indem er ausgerechnet hartgesottene Kritiker von Rüstungskontrolle mit einer Prüfung der Geheimdienstquellen beauftragte und zugleich weitere Kürzungen des Rüstungshaushalts ablehnte. Warum man wegen der Ausreise von Minderheiten den wirtschaftlichen Druck auf die UdSSR nicht erhöhte? Der Präsident versprach Besserung und eine intensivere Zusammenarbeit mit Senator Jackson, derweil Kissinger in die Polemik gegen die «Konferenz für Sicherheit und Zusammenarbeit in Europa» einstimmte und seine Furcht vor einer Aufwertung der UdSSR bekräftigte.[473] Und so weiter und so fort, aber es half bekanntlich alles nichts.

Henry Kissinger war am Ende seines politischen Weges angekommen. Statt im Inland um Stimmen zu werben, ging er auf Abschiedstournee in aller Herren Länder. Oder er mokierte sich divenhaft über Wahlkampfmanager, die ihn partout auf Distanz hielten. Beim Parteitag der Republikaner im August 1976 setzte Ronald Reagan außenpolitisch die Akzente und wäre um ein Haar zum Präsidentschaftskandidaten gekürt worden. Gerald Ford bemühte sich noch einmal nach Kräften, doch die Wahl zum höchsten Staatsamt entschied der krasse Außenseiter Jimmy Carter im November 1976 für sich. Bei Lichte besehen war es auch ein Misstrauensvotum gegen Kissinger, wie aus Untersuchungen seines eigenen Ministeriums hervorging. Seit November 1975 hatten Referenten des State Department landesweit Nachforschungen zum Stimmungsbild der Wähler angestellt. Ihr Befund klang schockierend. Dass eine Mehrheit sich entweder nicht für Außenpolitik interessierte oder Kissingers Anliegen schlicht nicht verstand, konnte man zur Not noch mit einer tief verwurzelten Tradition erklären; in der Vergangenheit hatten Präsidenten ebenfalls mit innenpolitischen Themen das Rennen gemacht. Unerhört war indes ein galoppierender Vertrauensverlust, der buchstäblich vor keiner politischen Institution und schon gar nicht vor der Regierung haltmachte. Zu demselben Ergebnis kamen Meinungsforscher von Gallup mit groß angelegten und empirisch in jeder Hinsicht belastbaren Studien. Bei aller Sprunghaftigkeit öffentlicher Meinungen war nicht zu leugnen, dass der Umgang mit den «Pentagon Papieren», Nixons Rücktritt wegen «Watergate» und die Enthüllungen über die CIA tiefe Spuren hinterlassen hatten. Und dass Henry Kissinger wegen seiner teils bekannten, teils vermuteten Verstrickung in diese Skandalgeschichte als Teil des Problems wahrgenommen wurde.[474]

«Neulich abends habe ich Dir einen Brief über Deine Zukunft angedroht», schrieb der Journalist Joseph Alsop seinem Freund Kissinger kurz vor der Wahlniederlage. «Hier ist er. […] Was ich Dir als Erstes sagen will, […] betrifft Deine Gesundheit. Um es ganz unverblümt zu sagen, Du hast Übergewicht, […] und Du bist übermüdet, beides auf ganz gefährliche Weise. Ich kenne alle diese Symptome und weiß auch, wie man damit fertig wird. […] Erschöpfung ist ein schleichendes Gift, das sich langsam anhäuft, ohne dass man es merkt. […] Ich bin mir sicher, dass Du genau unter dieser Form der Erschöpfung leidest. Deshalb isst Du seit geraumer Zeit auch zwanghaft. […] Sobald Du die Last Deiner gegenwärtigen Verpflichtungen abwerfen kannst, solltest Du mit Nancy [zu den heißen Quellen] in Hot Springs [Arkansas] fahren und dort so lange bleiben wie nötig, um das Übergewicht endlich loszuwerden und um ganz allgemein wieder gut in Form zu kommen. […] Ich habe mit Nancy darüber gesprochen, aber sie meint, dass Du vier oder sechs Wochen Nichtstun nicht aushältst. […] Lass uns über dies alles reden.»[475] Den Urlaub trat Kissinger an, aber Lebensstil und Arbeitsrhythmus änderte er nicht. Der Kalender blieb vollgestopft wie eh und je, mit Terminen im Viertelstundentakt und unaufhörlichen Reisen um den Globus. Wobei ihm vor allem eines am Herzen lag: die Pflege seines Nimbus. Fortan wurde er zum Geschichtsschreiber in eigener Sache.

PENSIONÄR

Bei der Premiere des Films «Superman II» im National Theater, New York City, 1. Juni 1981.

«Ich glaube, dass er [Kissinger] zutiefst davon überzeugt ist, der einzige Mensch zu sein, der irgendetwas von Außenpolitik versteht.» (Richard Nixon)[1]

«Von einem Thema keine Ahnung zu haben, hat einen Harvard-Professor noch nie davon abgehalten, Theorien feilzubieten. [...] Eine Berühmtheit zu sein, ist deshalb schön, weil die Leute glauben, es sei ihre Schuld, wenn man sie langweilt.» (Henry Kissinger)[2]

«Henry, sind Sie noch so fies wie immer?» – «Ja, aber ich habe nicht mehr so viele Gelegenheiten wie früher.» (Richard Nixon und Henry Kissinger, 15. 1. 1978)[3]

Seit fast 45 Jahren kämpft Henry Kissinger um sein Bild für die Ewigkeit. Anfang 1977 und Mitte 2011 vermachte er der «Library of Congress» bzw. der «Yale University Library» einen Vorlass mit der Auflage, dass die Schenkung frühestens fünf Jahre, in bestimmten Fällen erst 25 Jahre nach seinem Tod zugänglich gemacht werden darf. Vorausgesetzt, die von ihm bestellten Nachlassverwalter stimmen zu. Der Bestand umfasst Kissingers Lehr- und Wanderjahre und ist überdies die einzig komplette Quellensammlung zur Tätigkeit als Sicherheitsberater und Außenminister. Hätten Historiker nach Ablauf der üblichen Sperrfristen, also seit der Jahrtausendwende, ungehinderten Zugang gehabt, ihre Arbeit wäre ungemein erleichtert worden. Zwar kann man Originale oder Duplikate der Regierungsakten auch andernorts einsehen, aber nur teilweise und quer über das Land verteilt – in den Präsidentenbibliotheken von Richard Nixon in Kalifornien und Gerald Ford in Michigan, den «National Archives» in Maryland, dem Archiv des Außenministeriums in der Hauptstadt Washington oder den Nachlässen von Weggefährten in diversen Universitätsbibliotheken. Verzögerungen bei der Bestandsaufnahme, chronischer Personalmangel oder erratische Zugangsbestimmungen machen die Ochsentour nicht gerade leichter. Eine aufreibende, obendrein vorsätzlich ersonnene Schnitzeljagd? Unter der Hand bestätigen Archivare den Verdacht. Und Kissinger selbst nährt ihn stets aufs Neue, wenn er kritischen Arbeiten zu seiner Person mit einer einstudierten Antwort begegnet: verzerrt oder gar wertlos, weil dem Autor nicht alle Akten zur Verfügung standen.[4]

Der bizarrste Streit beschäftigte zeitweise sogar den Obersten Gerichtshof. Dabei ging es um die Mitschriften von Kissingers Telefonaten. Kaum im Weißen Haus angekommen, hatte er die meisten Gespräche aufzeichnen und von dienstbaren Geistern – häufig in Nachtarbeit – transkribieren lassen. Als er aus dem Amt schied, waren über 30 000 Seiten zusammengekommen, alles Privatbesitz, wie Kissinger meinte. Die Originale blieben als Teil seines Vorlasses in der Kongressbibliothek außer Reichweite, selbst Historiker des Außenministeriums konnten damit nichts anfangen. Sie durften die Mitschriften zwar einsehen, für Exzerpte oder Kopien benötigten sie indes Kissingers schriftliche Genehmigung, die ihnen zu niemandes Überraschung nicht erteilt wurde.[5] Dagegen regte sich bereits Anfang 1977 Widerstand. Journalisten, vertreten durch das «Reporters Committee for Freedom of the Press», und Wissenschaftler, repräsentiert durch die «American Historical Association» und die «American Political Science Association», bestritten private Ansprüche und wollten auf dem Klageweg durchsetzen, dass die «Telephone Conversations», kurz «TelCons», wie andere Akten der Regierung Interessierten zur Verfügung gestellt werden müssen – unter Umständen auch vorfristig und unter Berufung auf den «Freedom of Information Act».[6] «Den nächsten, der gegen Henry Klage einreicht, erschieß' ich eigenhändig», meinte seine erboste Frau.[7]

Nach einem dreijährigen Hickhack vor unteren Instanzen landete der Fall beim Supreme Court. Zwei Fragen klammerten die Richter in ihrem letztinstanzlichen Urteil explizit aus: Ob Kissinger einen privaten Anspruch auf die «TelCons» hatte oder nicht; und ob er die Unterlagen unrechtmäßig an sich genommen hatte oder nicht. Bewertet wurde nur, ob das Außenministerium verpflichtet war, von Kissinger die Herausgabe dieser Akten zu verlangen und nach eingehender Prüfung der Öffentlichkeit zugänglich zu machen. Fünf von sieben Richtern waren der Meinung, dass keine Behörde für Dokumente haftbar gemacht werden darf, die sich nie in ihrem Besitz befanden. Einzig und allein deshalb wiesen sie die Beschwerde zurück. Den Klägern blieb ein abweichendes Votum von Richter John Paul Stevens als Trostpflaster: «Die Entscheidung des heutigen Tages», gab er am 3. März 1980 zu Protokoll, «schafft einen Anreiz für alle Bediensteten, bei ihrem Weggang potenziell verfängliche Dokumente aus ihren Ablagen zu entfernen, um künftige Forderungen nach Akteneinsicht zu vereiteln. […] Meines Erachtens gibt es keinen Zweifel, dass die Zusammenfassungen der Telefongespräche unrechtmäßig […] weggeschafft wurden.»[8]

Henry Kissinger indes gerierte sich als Sieger auf ganzer Linie und behauptete jahrein, jahraus, das Oberste Gericht hätte sein Recht auf eine rein private Nutzung der «TelCons» bestätigt. Den Lesern der «New York Times» und der «New York Review of Books» tischte er diese abstruse Behauptung noch im Frühjahr 1999 auf.[9]

Um die Jahrtausendwende ging es in die nächste Runde, weil sich ein neuer Kläger der Sache angenommen hatte. Das «National Security Archive», ein auf das Freiklagen von Regierungsakten spezialisiertes Forschungsinstitut, warf sein ganzes Renommee in die Waagschale und stellte Henry Kissinger vor eine Alternative: entweder publikumsträchtige Prozesse oder gütliche Einigung. Im Sommer 2001 gab er endlich nach, vermutlich wegen des zu erwartenden Aufwandes und wahrscheinlich, weil er angesichts der zeitgleichen Debatte über seine Rolle beim Putsch gegen Salvador Allende im September 1973 nicht noch mehr schlechte Presse gebrauchen konnte. Außenministerium und Bundesarchiv machten daraufhin Teile der «TelCons» zugänglich,[10] das «National Security Archive» arbeitet seit 2008 an einer Edition des Gesamtbestands.[11] Mittlerweile sind gut 30 000 Seiten abrufbar. Es fehlen 700 Abschriften aus der Zeit unter Präsident Ford zwischen August 1974 und Ende 1976, eine diesbezügliche Klage ist anhängig.[12] Was nach nunmehr 45 Jahren noch immer gegen deren Freigabe spricht, weiß bisher nur Henry Kissinger. Kein amerikanischer Politiker hat je einen derartigen Hindernisparcours aufgestellt, kaum eine Person der Zeitgeschichte verwaltet ihr Erbe dermaßen zäh und verbissen.

Denkmalpfleger

Auf drei Bände und 3986 Seiten summieren sich Henry Kissingers Erinnerungen an acht Jahre in Washington.[13] In der amerikanischen Memoirenliteratur hält er damit wohl für alle Zeit einen einsamen Rekord, weltweit belegt er hinter Winston Churchill unangefochten den zweiten Platz – wobei zu bedenken ist, dass der ehemalige britische Premierminister in zwölf Bänden immerhin zwei Weltkriege und deren Folgen abhandelte. Hartnäckigen Gerüchten zufolge liegt

Kissinger aber bei der Verwendung des Personalpronomens «Ich» deutlich in Front. Wie auch immer: Es ist ein Monument, von dem er auf alle herabschauen kann, die zu ihm aufblicken.

Jahrelang wühlte sich Kissinger mit unfasslicher Energie und einem kleinen Team von Vertrauten durch die in seiner Amtszeit aufgeschütteten Aktenberge. Zehnstundentage waren keine Seltenheit, an denen er Rohentwürfe zu Papier brachte oder letzte Hand an einzelne Kapitel legte. «Er ist besessen davon», meinte seine Frau, und es war nicht klar, ob sie ihn dafür bewunderte oder kritisierte.[14] Ghostwriter spielten, wenn überhaupt, eine untergeordnete Rolle. Der träge Sprachfluss, hier und da von quirligen Schnellen unterbrochen, lässt keinen Zweifel an Kissingers Autorschaft. Und die Art der Darstellung erst recht nicht. Monat für Monat, Woche für Woche, bisweilen Tag für Tag wird nacherzählt, knapp 400 Seiten allein für das Jahr 1969. Man erfährt, wie lange ein Gespräch mit wem dauerte, welche Limousinen zum Einsatz kamen und wann es mit dem Helikopter von einem Ort zum anderen ging, wie groß die Unterkünfte waren und welche Uniformen die Ehrengarden trugen. Langeweile kommt trotzdem selten auf. Denn Kissinger verliert im Wust der Details nie den Blick auf das Große und Ganze, er verwebt geschickt Analytisches und Anekdotisches. Auch spart er nicht mit selbstironischen Kommentaren, etwa bei der Schilderung eines Besuchs in Pakistan, wo ihn Präsident Bhutto wie ein Staatsoberhaupt mit einer Reiterparade verabschiedete. «Im Fernsehen hatte Bhutto erklärt, da so viele ‹Hohlköpfe›, die Pakistan besucht hätten, dieses hohe Amt bekleideten, wäre es nur fair gegenüber den Pferden, dass sie auch einmal ein intelligentes menschliches Wesen zu Gesicht bekämen.»[15]

Wie ein Reiseführer bietet Kissinger Exkurse zur Literatur, Kunst oder Architektur der Gastländer, die Zubereitung opulenter Mahlzeiten nicht zu vergessen. Nebenbei wagt er sich auch an eine kulturalistische Deutung des Endspiels um die Fußballweltmeisterschaft am 6. Juli 1974: «[Es] bestätigte meine Theorie über die Zusammenhänge zwischen dem Nationalcharakter und dem Stil der Nationalmannschaften beim Fußball. Die Deutschen folgten der Taktik des Schlieffen-Plans mit komplizierten Manövern und fein ausgeklügelten Spielzügen. Wenn alles nach Plan verlief [...], dann waren sie nicht zu besiegen. Aber man konnte nicht wissen, wie die deutsche Mannschaft reagieren würde, wenn der Gegner den sorgfältig vorbereiteten Plan durchkreuzte und sie improvisieren musste. Die holländische Mannschaft wurde geschlagen, [...] weil sie nicht den notwendigen Siegeswillen aufbrachte.»[16] Gerd Müller als Vollstrecker im Geiste des Grafen von Schlieffen. Darauf muss man erst einmal kommen. Aber in Kissingers Händen verwandeln sich selbst Abstrusitäten zur höheren Einsicht, wie sollte es auch anders sein bei einem Mann, der vor den Augen seiner Leser auf allen Bühnen Solos tanzt und sich bei schwierigen Verhandlungen die Kunstfertigkeit des Matadors in Erinnerung ruft: erst den Stier ablenken und dann mit einem Stoß zur Strecke bringen. Mit Kleingeld wird in diesen Erinnerungen an keiner Stelle gehandelt.

Fünf Millionen Dollar Vorschuss trieb sein Agent Marvin Josephson weltweit allein für den ersten Memoirenband ein, in der Bundesrepublik zahlte die Bertelsmann-Gruppe 530 000 Dollar für die Rechte an der gebundenen Ausgabe und der «Spiegel» fast genauso viel für den Vorabdruck. In 14 Sprachen übersetzt, galt das Buch als einträglichster Renner auf dem Kulturmarkt, noch attraktiver als die Produkte von Woody Allen, Shirley MacLaine, Sean Connery, Barbra Streisand, Fleetwood Mac oder Tennessee Williams, deren Autoren-, Film- und Plattenrechte Josephson mit seiner Firma «International Creative Management» ebenfalls vertrat. Die Erlöse machten Kissinger zum mehrfachen Millionär. Noch ein Grund, warum William Safire, Redenschreiber Nixons und langjähriger Kollege im Weißen Haus, vom «Moby Dick» in der Memoirenliteratur sprach.[17]

«Moby Dick»: Es war eines jener vergifteten Komplimente, die Safire gerne und großzügig verteilte. Denn wie Kapitän Ahab ist Henry Kissinger auf der Jagd nach Unerreichbarem, nämlich der Gloriole als Amerikas bester Außenminister aller Zeiten. Wenn er den Präsidenten als Chef bezeichnet, bleibt es bei dürren Worten; sobald er Nixon zur Seite tritt, wechselt die Tonlage ins Vollmundige. Dann ist von Weichenstellungen die Rede, «deren Notwendigkeit ich in der Regel eher erkannte als er. [...] Ich kannte mich in der

Geschichte und den Konzeptionen der Geopolitik besser aus. Nixon operierte mit Geistesblitzen, an denen er mit bemerkenswerter Hartnäckigkeit festhielt. Meine Stärke lag darin, aus allgemeinen Zielen langfristige Strategien zu entwickeln – eine Aufgabe, für die Nixon die notwendige Geduld fehlte.»[18]

Gullivers Reisen

Ich, der Klarsichtige im Kartenraum, er, der ewige Grübler hinter vorgezogenen Gardinen im Oval Office, in diesem Schema spielt die Erzählung. Dass die Zusammenarbeit mit Richard Nixon eine Herausforderung war, hat noch nie jemand bestritten. Kissinger indes pathologisiert ihn, karikiert einen einsamen, auf Beistand angewiesenen Mann, dessen Alltagstauglichkeit vom Zuspruch der engsten Mitarbeiter und ihrer Bereitschaft abhing, «die Leere seines Lebens zu füllen. [...] Ich [versuchte] – wie ein guter Höfling –, sein Verhalten dadurch zu beeinflussen, dass ich ihm ein Wunschbild von sich selbst aufmalte.»[19] In anderen Worten: Regiert wurde nur, wenn Henry zur Stelle war. Über allen Bänden schwebt ein ebenso diffuses wie vielsagendes «wir», das Nixon verkleinert und Kissinger überhöht, vorzugsweise, wenn Richtungsweisendes zur Sprache kommt. Es fehlte nicht viel und Kissinger hätte aus dem Präsidenten, wie Safire bemerkte, einen seiner Studenten aus dem 1956er Jahrgang von Harvard gemacht.[20]

Das mühsam ins «wir» gedrehte «ich» geht mit einer bombastischen Behauptung einher. Kissinger, mit Nixon im Schlepptau, war demnach der Pionier, der Amerika das Tor zu einer unbekannten Welt aufgestoßen hat – zum außenpolitischen Realismus. «In Amerika gibt es eine idealistische Tradition, die in der Außenpolitik einen Wettstreit zwischen Gut und Böse sieht. Es gibt aber auch eine pragmatische Tradition, nach der man sich darum bemüht, die jeweils anstehenden ‹Probleme› zu lösen. Es gibt eine legalistische Tradition, die internationale Fragen nach juristischen Gesichtspunkten beurteilt. Eine weltpolitische Tradition gibt es nicht.»[21] Er meint tatsächlich, was er sagt, Wort für Wort, es ist der rote Faden nicht nur der

Memoiren, sondern aller Publikationen Kissingers seit den späten 1970er Jahren: Amerikas Außenpolitik lag ein knappes Jahrhundert lang in den Händen von Moralisten, Ideologen oder Weltfremden. Von Unbedarften also, die sich von «fluktuierenden Emotionen» oder «hochmoralischen Themen wie Menschenrechte oder Rüstungskontrolle» leiten ließen und deshalb das eigentliche Interesse der Nation aus dem Auge verloren.[22]

Dieses Verdikt gilt allen Präsidenten, Außenministern und Sicherheitsberatern vor 1969, Theodore Roosevelt vor dem Ersten Weltkrieg ausgenommen.[23] Man glaubt es kaum und wird doch bei jedem beliebigen Thema, seien es die Beziehungen zu Indien, der Krieg in Vietnam oder das Verhältnis zu Verbündeten, mit der Nase darauf gestoßen – erst mit der Präsidentschaft Nixons kam nüchternes Denken und ein wahrhaftiger Schutz nationaler Sicherheit zum Zuge. Womit auch der Kern dessen, was Kissinger unter Realpolitik verstand, freigeschält war: Die Wahrheit liegt allein in der «hard power», alles Weitere ist Ideologie oder wird mit dem Eifer des Ernüchterten als solche gebrandmarkt – Ethik, Moral, Recht. Wenn über Letzteres überhaupt gesprochen wird, dann im «Ja-aber»-Duktus. Ja, man kann nicht vollends davon absehen, aber im Zweifel hat die Macht das letzte Wort.

Das ultimative Machtwort wurde in dieser Version der Weltgeschichte von Kissinger souffliert. Die wirtschaftlich vor sich hinsiechende Sowjetunion war gegen die von Amerika geschmiedete Koalition westlicher Industriestaaten mit China chancenlos – seine Vision. Mit der Modernisierung und dem Ausbau ihres Waffenarsenals machten die USA dem ewigen Konkurrenten auch militärisch den Garaus, das mit den SALT-Verträgen in Gang gesetzte Ablenkungsmanöver brachte letztlich die erhoffte Dividende – seine Idee. In anderen Worten: Zunächst bewahrten die «Realisten» im Weißen Haus die freie Welt vor einer Niederlage im Kalten Krieg, sodann entwarfen sie den Fahrplan zum Triumph an dessen Ende. Ein Sonderlob fällt für Ronald Reagan ab, der das Gewand des Moralisten überstreifte, aber wie ein abgebrühter Realist handelte.[24] Reagan, ein Schüler Kissingers? Auch diese Volte war nur konsequent, diente sie doch zur Beglaubigung des obersten Lehrsatzes: Henry Kissinger schrieb nicht nur Geschichte, er war und ist ein Gladiator historischen Ausmaßes.

Damit war die Maßeinheit zur Bewertung der restlichen Welt vorgegeben. Wer Kissingers Perspektive teilte – ein Großer. Wer mit ihm nicht einer Meinung war oder gar in die Quere kam – ein Zwerg, wahlweise ein Giftzwerg. Der Kreis der Ersteren war überschaubar und umfasste Anwar el-Sadat in Ägypten, Hafiz al-Assad in Syrien, Mohammad Reza Pahlavi, Schah des Iran, Golda Meir in Israel, Zulfikar Ali Bhutto in Pakistan, zur Not Augusto Pinochet in Chile, in jedem Fall aber den «weltgewandten, unendlich geduldigen, außergewöhnlich intelligenten und feinsinnigen» Tschu En-lai,[25] übertroffen nur von der «titanenhaften Persönlichkeit» Maos, der die «Götter herausforderte», seine Gespräche stets «in der Form sokratischer Dialoge» führte und strategische Überlegungen zur Geopolitik völlig «unsentimental» vortrug.[26] Die Frage, ob und wann Massenmörder vom Schlage Maos überhaupt sentimental werden, bleibt den Lesern aus naheliegenden Gründen erspart.

Unnachsichtig ging Kissinger mit allen ins Gericht, die seine Kreise störten. Leonid Breschnew? Ein alter, unbeholfener, plumper, dann wieder lauter und großspuriger Mann ohne langfristigen Plan und insofern der ideale Repräsentant eines moribunden Systems. Merkwürdig nur, dass sich ausgerechnet dieser tumbe Tor über Kissinger lustig machen konnte. «Das Gespräch [über ein SALT-II-Abkommen im Oktober 1974] nahm eine merkwürdige Wendung, als Breschnew seinen vertraulichen, feierlichen Monolog mehrfach unterbrach, um – erfolglos – zu versuchen, mit einer Spielzeugkanone eine kleine Ladung abzufeuern. […] ‹Ich muss von Sadat Ersatzteile anfordern.› Als es Breschnew endlich gelang, einen lauten Knall zu erzeugen, unterbrach er das Gespräch und stolzierte durch den Raum wie ein Preisboxer, der gerade seinen Gegner k.o. geschlagen hat.»[27] Der sardonische Hintersinn erschließt sich erst bei nochmaligem Lesen. «Ich muss von Sadat Ersatzteile anfordern» sollte heißen, dass sich Kissinger mit seinem Machtgehabe während des Jom-Kippur-Krieges in den Augen des Politbüros schlicht lächerlich gemacht hatte. Wie es scheint, entging Kissinger diese Pointe, so sehr war er damit beschäftigt, sein Gegenüber als tumben Toren auftreten zu lassen.

Hohn, Verachtung, Zorn und Wut trafen auch Verbündete. Allen voran den bundesdeutschen Kanzler Willy Brandt, der gleich mehrfach die Regeln der Realpolitik nach Kissingers Fasson gebrochen hatte. Erstens waren die USA wegen der Bonner Ostpolitik nicht um Rat gefragt worden; zweitens setzte Brandt die unerhörte, gar «revolutionäre Schlussfolgerung» in die Welt, dass Sicherheit nicht von militärischer Übermacht, sondern von Kooperation mit Konkurrenten und gegenseitigem Vertrauen abhängt; drittens lähmte diese Entwertung des Militärischen angeblich den Willen zur Konfrontation mit der UdSSR außerhalb Europas. Dass Brandt zu allem Überfluss im Westen wie im Osten Zuspruch erntete, störte ebenso wie sein Appell an ein vereintes, politisch aufgewertetes Europa. Folglich traf ihn der Bannstrahl aus dem Weißen Haus. «Brandt besaß [...] weder die innere Kraft noch die intellektuellen Fähigkeiten, die Kräfte zu zügeln, die er freigesetzt hatte. Er wurde vielmehr ihr Gefangener und schwelgte in dem Beifall, den sie ihm zollten, anstatt sie mit dem richtigen Sinn für die Proportionen oder eine in die weitere Zukunft gerichtete Kritik zu disziplinieren.»[28] Apropos Gefangener. Verständnislos nach den Gründen für Brandts Ostpolitik suchend, dichtete Kissinger ihm das sogenannte «Stockholm-Syndrom» an: Menschen in Geiselhaft, wie Brandt während der Zeit als Regierender Bürgermeister in West-Berlin, lindern ihr Leid, indem sie die Nähe zu ihren Peinigern suchen – und in diesem Fall die Moskauer Führung als vertrauenswürdigen Partner verklären.[29] Der französische Außenminister Michel Jobert bekam ebenfalls sein Fett weg, hatte er doch Washingtons Richtlinienkompetenz auf seine Weise verschiedentlich in Frage gestellt. «Frankreich und Deutschland war viel daran gelegen, unsere Handlungsfreiheit einzuschränken.»[30]

Auf dem Schlachtfeld der Erinnerung

Spätestens an dieser Stelle leuchtet der Bauplan von Henry Kissingers Memoiren ein. Von der Pflege seines eigenen Denkmals abgesehen, legte er ein politisches Manifest vor, eine Kampfschrift mit dem Ausrufezeichen hinter einer ehernen Maxime: Zur Ordnung der Welt sind einzig die USA berufen und fähig. Und weil nur Realisten wie er die richtigen Rezepte anzubieten hatten, folgte eine Abrechnung mit Zweiflern jedweder Couleur – alles andere als feingeistig oder diplomatisch, sondern mit harten, allzu oft auch ohne Bandagen. In den Worten des Historikers John Lewis Gaddis: «Mit seinen Memoiren hat Kissinger das Pendant zu einem Schlachtschiff aufgefahren, einschüchternd beim bloßen Ansehen, rundum gepanzert und mit Waffen vollgestopft, gut gerüstet, um ehemalige Kritiker mit Salven einzudecken und gleichzeitig vorbeugende Schläge gegen Bücher auszuteilen, die noch gar nicht geschrieben sind.»[31]

Über allem schwebt eine Verklärung des weitblickenden Staatsmannes. Als tragische Figur will Kissinger ihn verstanden wissen: Zu Entscheidungen verdammt, ohne die Voraussetzungen seines Handelns in Gänze überschauen zu können, muss der Staatenlenker unkalkulierbare Risiken auf sich nehmen. Damit wiederholt Kissinger ein Grundmotiv früherer Reden und Schriften. Genauer gesagt die Unterscheidung zweier Grundtypen des Politikers – risikoscheue Verwalter des Status Quo auf der einen, kreative Zukunftsgestalter auf der anderen Seite.[32] In den Memoiren tritt ein weiteres hinzu. Wer sich im Interesse der Allgemeinheit auf unsicheres Terrain begibt, so Kissingers beinahe flehentlich vorgetragene Mahnung, hat ein Anrecht auf nachsichtige Beurteilung, auch und gerade dann, wenn die Konsequenzen seines Tuns und Handelns gegen gemeinhin gültige Prinzipien verstoßen. In einem Wort: unmoralisch, vielleicht auch ungesetzlich sind. Die Frage, ob damit strafrechtliche Immunität eingefordert wird, lässt er unbeantwortet. Was an der normativen Grundausrichtung freilich nichts ändert. Nämlich der Unterstellung, dass jede Politik an ihrem Ziel und nicht an der Vielzahl der kleinen, oft schwer erträglichen Zwischenschritte gemessen werden sollte.

Keine Nachsicht kennt Kissinger mit Diplomaten, Parlamentariern, Intellektuellen und alten Machteliten. Sie, die wie Schlafwandler durch seine Erinnerungen torkeln, müssen eine kollektive Publikumsbeschimpfung über sich ergehen lassen. Kurzsichtig, einfältig, eigennützig, die ihnen angehefteten Attribute sind austauschbar und treffen mal die einen, mal die anderen. «Weil Englisch meine zweite Sprache ist, wusste ich nicht, dass ‹Wahnsinniger› und ‹Trottel› keine Kosenamen sind.»[33] Mit Witzen einen Vorwurf zusätzlich zu untermauern, auch darauf verstand er sich. Wen Kissinger mehr verabscheute, ist im Grunde einerlei. Denn er macht sie allesamt für die Steine im Getriebe verantwortlich, die ihn und Nixon angeblich ausbremsten und letzten Endes um den ganz großen Wurf brachten.

Dabei versteigt er sich zu der Behauptung, dass der eigentliche Machtmissbrauch nicht auf Seiten des Weißen Hauses zu finden ist, sondern beim Kongress, der mit zügellosen Interventionen die Autorität des Präsidenten angeblich beschädigte. In diesem Sinne muss das Verbot verdeckter Operationen in Angola für das Scheitern eines zweiten SALT-Abkommens herhalten. «Sie [die Abgeordneten] erzeugten einen Augenblick geopolitischer Schwäche der Vereinigten Staaten und zerstörten damit das psychologische Klima für die Verhandlungen mit dem Kreml.»[34] Dass Senat und Repräsentantenhaus wegen verweigerter Hilfsleistungen den Zusammenbruch Südvietnams zu verantworten haben, versteht sich für Kissinger ohnehin von selbst. «Unser Rückzug aus Indochina [war] nicht gerechtfertigt.»[35] Ohne die Einmischung der Ahnungslosen hätten er und Nixon den militärischen Druck auf Hanoi bis zur Selbststabilisierung des Südens aufrechterhalten und damit den Triumph der Kommunisten vereitelt. Mehr als nur ein Hauch von Dolchstoß weht durch die Seiten, wenn sich Kissinger seinen Zorn von der Seele schreibt und neben dem Kongress sämtliche andere Eliten in Mithaftung nimmt. «Das Establishment [war] in Wirklichkeit nur feige. […] Als praktisches Ergebnis ihrer emotionalen Kapitulation unterstützten sie keine amerikanische Verhandlungsposition, die Hanoi ablehnte, wodurch sie den Unterhändlern den Boden unter den Füßen wegzogen.»[36] Henry Kissinger, der verkannte Prophet, schiffbrüchig wegen der Meuterei einer inkompetenten Mannschaft.

Die auf Tonband protokollierten Gespräche mit Nixon lassen erhebliche Zweifel an dieser Sicht der Dinge aufkommen. Nachdem Alexander Butterfield, einer der wenigen Vertrauten des Präsidenten, Mitte Juli 1973 die Existenz von Abhöranlagen bestätigt hatte, schäumte Kissinger vor Wut.[37] Weil eine Publikation nicht zu verhindern war, holte er in den Memoiren zum Gegenschlag aus und erklärte die «White House Tapes» zu einer rundum nutzlosen Quelle. Für ihn gehören sie zu einem «Kult der grenzenlosen Indiskretion», ein Vergnügen für Voyeure und ein Graus für alle, die auf politisches Urteilsvermögen Wert legen.[38]

Kissingers Einwände klingen wuchtig. Wer will ausschließen, dass Nixon die Unterhaltungen choreographierte und Gesprächspartner bewusst in eine Falle lockte? Weil nur er von den Aufzeichnungen wusste, hätte der Präsident jederzeit versucht sein können, sich selbst in ein strahlendes, andere in ein möglichst trübes Licht zu rücken. Wie wollen Außenstehende Ernst und Sarkasmus auseinanderhalten oder Gedankensplitter von fertigen Ideen trennen, wie können sie Flüchtiges gegen Grundsätzliches abwägen? Tatsächlich gehörte es zu Nixons Angewohnheiten, auch Ungares auszuplaudern und irgendwann wieder aufzugreifen – oder wie Treibgut sich selbst zu überlassen. Wer ihn einigermaßen kannte, wusste, dass er einem «Meister der Andeutung und des indirekten Sprechens» gegenübersaß. «Der Ausweg war», so Kissinger, «Weisungen zu umgehen, die man für unvereinbar mit den eigenen Grundsätzen hielt, aber dem wirklich monologisierenden Nixon nicht zu widersprechen.»[39] Andere Mitarbeiter des Weißen Hauses äußerten sich ähnlich. Doch allein Kissinger behauptet, dass über die wirklich wichtigen Fragen fast ausschließlich in schriftlicher Form kommuniziert wurde. «Künftige Historiker, die sich über die Leidenschaften des Augenblicks erheben, werden das Studium der umfangreichen Denkschriften [...] viel nützlicher finden als das der Zwiegespräche auf den Tonbändern.»[40]

Diese Hoffnung erwies sich als trügerisch. Unter Historikern gelten die «Nixon Tapes» ebenso wie Mitschnitte aus der Amtszeit von John F. Kennedy und Lyndon B. Johnson als unverhoffte, aber wertvolle Orientierungshilfe. Und zwar aus guten Gründen. Nichts deutet darauf hin, dass Nixon auf die Abhörgeräte Rücksicht nahm oder gar sein Verhalten änderte. Es scheint sogar fraglich, ob er sie auf Dauer überhaupt noch im Blick hatte.[41] Selbstverständlich stößt man bei der Interpretation von Gesprächen auf Untiefen ganz eigener Art, allein, weil Spontaneität allzu oft an der Grenze zur

Trivialität irrlichtert und manches dramatischer klingt, als es gemeint ist. Belohnt wird indes, wer Auffälliges aus dem Wust der Transkripte filtert und eingehend betrachtet – Gedankenmuster, Prioritäten, wiederkehrende Argumente, alles, was mit intellektuellem Nachdruck oder emotionaler Verve vorgetragen wurde, zählebige Zweifel eingeschlossen. Davon abgesehen füllen die Bänder, wie auch die Abschriften von Kissingers Telefonaten, eine Lücke. Sie geben Auskunft über Vorgänge und Einschätzungen, die in der schriftlichen Überlieferung schwerlich, wenn überhaupt zu finden sind.

Doch derlei Feinheiten spielen für Henry Kissinger keine Rolle. Auf Historiker schaut er grundsätzlich herab, egal, womit oder wie sie arbeiten. Im Eifer dieses Gefechts stellt er sich gar selbst ein Bein. Heißt es an einer Stelle, dass allein seine Denkschriften zuverlässig Auskunft geben können, so lässt das Dementi nicht lange auf sich warten. «Strategie [...] existiert fast nur noch in den Köpfen einiger hoher Politiker, die sie aus Furcht vor Indiskretion selten artikulieren oder anderen mitteilen. Geschichtsschreibung wird so zum Bericht über Augenblicksereignisse und Sensationen bar jeder historischen Perspektive oder langfristigen Vision.»[42] Will heißen: Auch Aktenberge sind tückisches Terrain, sie erhellen und verdunkeln gleichzeitig, kein Außenstehender kann den Wert von Schriftstücken mit der notwendigen Sorgfalt ermessen. Wurden sie geschrieben, um ihren Verfassern ein Alibi zu geben? Sollten im politischen Machtkampf falsche Spuren gelegt und Nebenschauplätze bespielt werden? Wer will sich anmaßen, in den Kopf von Unbekannten blicken zu können? Es sind rhetorische Fragen, denn Kissinger kennt die Antwort. Das erste und letzte Wort gehört den unmittelbar Beteiligten, also ihm selbst, so ertönt es in den Memoiren und immer dann, wenn Ungewolltes oder Unangenehmes zur Sprache kommt.

Viele Verfasser von Erinnerungen neigen zu einem großzügigen Umgang mit Fakten, insbesondere, wenn diese einen langen Schatten werfen. Dabei muss noch nicht einmal Vorsatz im Spiel sein. Das Bedürfnis zur Verklärung speist sich aus vielen Quellen und findet auch im Unterbewussten seinen Weg. Wie sich Henry Kissinger ein um das andere Kapitel seiner Geschichte zurechtbiegt, sucht indes seinesgleichen.

Überall fasst man in ein Gewebe aus Halb- und Dreiviertelwahrheiten, durchsetzt mit mehrdeutigen, schillernden und schwer greifbaren Anspielungen. Wo Doppelbödiges aufhört und ab wann mit der Wahrheit gelogen wird, verschwimmt vor den Augen des Betrachters.[43] Der sowjetische Botschafter Anatoly Dobrynin kam aus dem Staunen nicht heraus. «Es gibt mehrere Sätze, oder Beschreibungen, die – um es vorsichtig auszudrücken – eher der Phantasie entsprungen sind, als dass sie die Realität wiedergeben. Das betrifft insbesondere seine Gespräche mit Breschnew. Henry stellte es immer so dar, dass er den Ton angegeben und Breschnew gekuscht hätte. Manchmal habe ich während dieser Diskussionen gedolmetscht. Deshalb habe ich Henry gesagt: ‹Jetzt hör auf damit, ich war dabei. So war es nicht.› Und er antwortete: ‹Anatoly, wer weiß das schon? Breschnew ist tot, russische Botschafter schreiben keine Memoiren. Aber ich schreibe welche.› Nun, das war witzig gemeint; aber es war ein typischer Henry-Witz.»[44] Dobrynin hätte auch sagen können: ein Witz ohne Verfallsdatum.

Erstes Beispiel: Die Pekinger Gespräche im Sommer 1971. Glaubt man den Memoiren, so sprach Kissinger mit Tschu En-lai wie ein politischer Philosoph über beiderseitige Interessen, stets auf Augenhöhe und geschickt darauf bedacht, sein Gegenüber zu umgarnen. Er tritt als Souverän in Erscheinung, der durch subtile Manöver Strittiges im Hintergrund hält und am Ende sein Ziel durch eine Kombination aus Charme und Härte erreicht. «Ich […] wies darauf hin, dass Peking den Besuch des Präsidenten angeregt habe, wir jedoch auf keine Vorbedingungen eingehen könnten. […] Die chinesischen Führer müssten entscheiden, ob sie eine Einladung aussprechen wollten.»[45] Chef im Ring? Keine Vorbedingungen? Aus den schriftlichen Quellen ergibt sich ein gänzlich anderes Bild. Tschu En-lai setzte den Ton, er dominierte das Gespräch und machte ein um das andere Mal deutlich, dass die USA für Pekings Entgegenkommen einen Preis zu zahlen hatten – nicht irgendwann, sondern sofort: «Die USA müssen die Volksrepublik China als die einzig legitime Vertretung Chinas anerkennen und zwar ohne jede Ausnahmebedingung. [...] Den Vertrag, den die USA 1954 mit Chiang Kai-shek geschlossen haben [...], erkennen wir nicht an.»[46] Und Kissinger gab klein bei, Punkt für Punkt, selbst die Bitte um ein gutes Wort Pekings an Hanoi zwecks eines baldigen Waffenstillstands in Vietnam kam verdruckst daher – als Bitte eben, hinter der kein Druckmittel stand. Allen Beteiligten war klar, dass den USA an einem China-Besuch ihres Präsidenten mehr gelegen war als den Gastgebern.[47] Jahrzehnte später auf seine umgefärbte Erinnerung angesprochen, gab Kissinger eine einmalige, in anderen Zusammenhängen nie wieder gehörte Antwort: «Meine Darstellung war sehr unglücklich, und ich bedauere es.»[48]

Zweites Beispiel: Der Putsch gegen Salvador Allende. Angesichts der vom Kongress befeuerten Debatte über verdeckte Operationen der CIA in der Dritten Welt und vor dem Hintergrund massiver Proteste in Lateinamerika bestritt Kissinger in seinen Memoiren jedwede amerikanische Einmischung in Chile. Wer von gezielter Destabilisierung oder Hilfestellung für die Putschisten spricht, verbreitet in seinen Augen Mythen und Legenden. Davon abgesehen, will er in späteren Jahren General Pinochet bei fortgesetzten Menschenrechtsverletzungen mit der Kürzung von Finanzmitteln gedroht haben.[49] All dies kann zweifelsfrei widerlegt werden – anhand von mitgeschnittenen Telefonaten und Diskussionen in kleiner Runde, mit Hilfe schriftlicher Quellen, auf Grundlage von Zeugenaussagen. Geradezu grotesk mutet Kissingers Version seines Gesprächs mit Pinochet im Sommer 1976 an. Dass Unterdrückung und Folter dabei eine Rolle spielten, stimmt; und dass von einer Belastung der beiderseitigen Beziehungen die Rede war, ebenfalls. Allerdings machte Kissinger einzig den amerikanischen Kongress für diese Irritationen verantwortlich und schürte die Hoffnung auf eine

Niederlage der Kritiker bei der nächsten Wahl. Er selbst, dessen sollte Pinochet weiterhin gewiss sein, hatte keinerlei Interesse an Menschenrechtsfragen. Im Gegenteil. Das Thema störte bei der Umsetzung einer realistischen Machtpolitik.[50] Daran will Kissinger nicht erinnert werden. Wie es scheint, versetzen ihn Hintergrundrecherchen zu Chile noch heute in die Panik seiner späten Amtsjahre. «Das könnte für das Land noch schlimmere Konsequenzen haben als Watergate», hatte er damals Präsident Ford gewarnt.[51]

Drittes Beispiel: Die KSZE-Schlussakte von Helsinki. Bekanntlich zeigte Kissinger jahrelang kein Interesse an einer «Konferenz für Sicherheit und Zusammenarbeit in Europa». Aus Sorge um eine Aufwertung der UdSSR hintertrieb er die Vorbereitung nach Kräften, begleitet von Spott für die Kärrnerarbeit europäischer Diplomaten. Als der dritte Band seiner Memoiren anstand, war der Kalte Krieg Geschichte und die Versuchung groß, sich in die erste Reihe der Totengräber des Sowjetreichs hineinzuschreiben. Also schlüpfte er in die Rolle des Visionärs, der mit klarem Blick für die Zukunft Feuer unter die Lunte am Ostblock legte – nämlich durch die in Helsinki getroffene Einigung über Europas Grenzen. «Neu an der Europäischen Sicherheitskonferenz war, dass sie der Bunderepublik die Möglichkeit gab, von einer friedlichen Veränderung der Grenzen zu sprechen, was später zur rechtlichen und politischen Voraussetzung für die deutsche Einheit wurde. In dem bilateralen Vertrag, den Brandt und Breschnew 1970 bis 1971 [sic] aushandelten, hatte die Bundesrepublik die bestehenden Grenzen in Europa bedingungslos als ‹unverletzlich› anerkannt. Aber auf der Europäischen Sicherheitskonferenz, wo sie die Unterstützung […] besonders der Vereinigten Staaten hatte, konnte sie die Festlegung erreichen, dass ‹Grenzen, in Übereinstimmung mit dem Völkerrecht, durch friedliche Mittel und durch Vereinbarung verändert werden können›.»[52]

Zwei Fehlinformationen und eine zutreffende Beobachtung in einem Atemzug. Von wegen Durchbruch in Helsinki auf Druck der USA. Wenn im Moskauer Vertrag, von Willy Brandt und Ministerpräsident Alexei Kossygin im August 1970 unterschrieben, von der «Unverletzlichkeit» europäischer Grenzen – siehe Artikel Drei und den begleitenden «Brief zur deutschen Einheit» – die Rede war, dann niemals im Sinne von «unveränderbar» oder «bedingungslos». Grenzrevisionen im gegenseitigen Einvernehmen galten ausdrücklich als legitim. In anderen Worten: In Helsinki wurde lediglich bestätigt, was längst unstrittig war. Und dieses Unstrittige ist dem Geschick der Unterhändler Egon Bahr und Valentin Falin geschuldet, die im Sommer 1970 ohne irgendwelche Unterstützung aus Washington die Zauberformel fanden.[53] Das wusste natürlich auch Kissinger, er selbst hatte in einer Kabinettssitzung den Grenzpassus der KSZE-Schlussakte mit Verweis auf die Übereinkunft zwischen Bonn und Moskau zum überflüssigen Beiwerk erklärt.[54]

Und so weiter und so fort, Erinnerungen in Gestalt eines Irrgartens. Streng genommen müsste jedes Kapitel, jede Seite und jeder Absatz umfänglich geprüft und kommentiert werden. Kissingers Monumentalgeschichte setzt auf vorzeitige Ermattung und Resignation. Ein Schelm, wer Absicht unterstellt. Weil außer ihm niemand auf seine Quellen mit höchster Geheimhaltungsstufe zugreifen konnte, hatte der Autor einen zusätzlichen Startvorteil.[55] Im Zuge der turnusmäßigen Aktenfreigabe wendete sich das Blatt allmählich. Noch einmal John Lewis Gaddis: «Historiker werden [Kissingers Memoiren] vermutlich als raffiniert konstruierte Nebelwand betrachten, darauf bedacht, das tatsächliche Geschehen zu verbergen.»[56] In der Tat gibt es kaum noch Studien, in denen nicht auf Ungereimtheiten aufmerksam gemacht wird. Dennoch ist kein Ende des Verwirrspiels in Sicht.

Wenn die Memoiren das Schlachtschiff waren, so ließ Henry Kissinger seit den 1990er Jahren noch ein paar Beiboote zu Wasser. Ein halbes Dutzend Bücher und tausende von Seiten, mal zur Geschichte westlicher Diplomatie seit dem 17. Jahrhundert, mal zum Ende des Vietnamkrieges, mal über das moderne China, den Nahen Osten oder die Welt seit der Jahrtausendwende. Er schreitet ein weites Feld ab, manchmal auf bekannten Pfaden, oft auf Umwegen mit überraschenden Sichtachsen. Am Ende aber variiert er das bekannte Thema: Seine Form der Realpolitik ist die Krönung der Diplomatie; Parlamentarier und andere Dilettanten sollten keinen Zugang zum außenpolitischen Parkett bekommen; sich 1969 aus Vietnam zurückzuziehen, war möglich, aber nicht sinnvoll; ihm und Nixon unterliefen allenfalls Fehler auf taktischem Gebiet, niemals in strategischen Fragen. In einem Satz: Amerika hat nur eine Zukunft, wenn es nach den Maximen Henry Kissingers handelt und endlich das Erbe gefühlsduseliger Idealisten entsorgt.

Egal, worum es geht, Kissinger spricht wie gehabt in eigener Sache. Allerdings kommt man bei genauerem Hinsehen nicht um die Frage herum, wem er eigentlich mehr vormacht – seinem Publikum oder sich selbst. «Es ist», so ein Rezensent der «New York Times», «als wollte er sich noch immer um die Aufnahme in einen Club bemühen, den es nicht mehr gibt.»[57] Gemeint war der Club «großer Männer», die glauben, das Schicksal der Welt unter sich ausmachen zu können.

Kleinkrieg hinter den Kulissen

So viel zur gesitteten Form der Denkmalpflege. Kissinger konnte auch anders, wie seine Reaktion auf wortmächtige Kritiker zeigt. Wegen William Shawcross, der in einer umfangreichen Studie die Verwüstung Kambodschas durch die USA mit dem Aufstieg der Roten Khmer und deren Terrorherrschaft über das geschundene Land in Verbindung gebracht hatte, fügte er dem ersten Band seiner Memoiren kurz vor Drucklegung nicht nur eine ausführliche Gegenrede ein. Er beschimpfte den Autor überdies auf das Unflätigste. «Es ist ein minderwertiges, haarsträubendes Machwerk voller Ungenauigkeiten.»[58] Das war freilich nur ein Vorgeschmack auf die Wut über Seymour Hersh.

Der mit allen Preisen seiner Gilde ausgezeichnete Journalist – berühmt für Reportagen über Kriegsverbrechen in Vietnam, über Amerikas chemische und biologische Kampfstoffe und über den «Watergate»-Skandal – hatte 1983 Kissingers Informationsmonopol frontal angegriffen. Schriftliche Quellen standen Hersh für das Buch «The Price of Power» nicht zur Verfügung; aber er führte hunderte Interviews mit Autoren dieser Quellen und anderen Insidern der Jahre von 1969 bis 1972. Wie nicht anders zu erwarten, zeichnete Hersh kein schmeichelhaftes Porträt. Präziser als je zuvor konnte man sich ein Bild über politische Entscheidungsprozesse und persönliche Kleinkriege im Weißen Haus machen. Das gilt mit Abstrichen auch für das umstrittene Kapitel zur Präsidentschaftswahl 1968. Zwar wusste Kissinger, anders als Hersh vermutete, nicht im Detail, worüber die damalige US-Regierung mit Vertretern Nordvietnams in Paris verhandelte. Die Informationen, die er in der Endphase des Wahlkampfs feilbot, waren dem Nixon-Team aus anderen Quellen ohnehin bekannt. Unbestreitbar ist indes, dass er sich beiden Spitzenkandidaten andiente und den unter Politikberatern üblichen Opportunismus auf die Spitze trieb.

Als «schleimige Lüge» bezeichnete Kissinger das Buch und streute mit Hilfe von Anwälten den Hinweis auf eine bevorstehende Klage. Denn Hersh, so sein Argument während einer Fernsehdebatte auf «ABC-Nightline», könne man ausweislich früherer Publikationen schlicht keinen Glauben schenken. «Ich denke, es ist eine Schande.» Der langjährige Vertraute Winston Lord sprang ihm wie gewohnt zur Seite. «Das wird das Urteil der Geschichte sein, nachdem die Rufmörder sich längst wieder in ihre Löcher davongeschlichen haben.»[59] Dass Kissinger maßlos auf Kritik reagierte, war bekannt. Schon 1957 wollte er Paul Nitze, Präsidentenberater und graue Eminenz im Außenministerium, wegen einer Rezension zu «Kernwaffen und Auswärtige Politik» verklagen. Als Staatssekretär George Ball Jahre später in die positive Besprechung eines weiteren Kissinger-Buches ein paar eigene Gedanken einfließen ließ, flatterte ihm eine neunseitige Replik ins Haus.[60] Nicht besser erging es Richard Nixon wegen eines Interviews mit «Time Magazine» und angeblich unkorrekter Aussagen zu den Waffenstillstandsverhandlungen mit Hanoi.[61] Im Falle Seymour Hersh wandte sich Kissinger auf direktem Weg an den Multiplikator der Majestätsbeleidigung – an Abraham Rosenthal, Chefredakteur und einer der Herausgeber der «New York Times».

Wieso das Blatt es wagen konnte, gleich sechs lobende Besprechungen von Hershs Buch abzudrucken, wollte er in einem Lamento auf 21 eng beschriebenen Seiten wissen. Ob man bei der «Times» jedes Gespür für den Gegner verloren hätte, für Marxisten, die sämtliche Organe nationaler Sicherheit und deren Spitzenpersonal ins Visier nähmen? Und wieso die Redaktion ihren Auftrag, Eliten gegen Denunzianten in Schutz zu nehmen, schleifen ließ? «Hersh ist das Produkt einer Periode in der amerikanischen Geschichte, in der eine winzige Minderheit der radikalen Linken sich zu einem blutigen Amoklauf hinreißen ließ. [...] Intellektuell minderwertig, faktisch unpräzise, handelt es sich nicht um ein Geschichtsbuch, sondern um theatralisches Getue, um eine Ansammlung von Anekdoten in Schnappatmung.» Nach der üblichen Lektion über die Regierungsbürokratie (ein zur Produktion widersprüchlicher Dokumente verdammter Apparat) und über Verlierer im politischen Konkurrenzkampf (von Neid getriebene Nestbeschmutzer) nahm er die «Times» für einen kulturellen Bankrott in Mithaftung. «Das von Hersh angerührte Gift frisst sich seinen Weg durch die Times und kommt durch die Times an die allgemeine Öffentlichkeit. [...] Sich gegen diesen modernen McCarthyismus zur Wehr setzen zu wollen, ist so gut wie unmöglich. [...] Indem sie ihre eigenen Verfehlungen unter den Teppich kehren oder sich weigern, ihre Kollegen auf den Prüfstand zu stellen, laufen [die Medien] Gefahr, sich ihr eigenes Watergate zu schaffen.»[62]

Statt der angedrohten Klage blieb es bei gelegentlichen Wutausbrüchen und einem wunderbaren Missgeschick. Der Brief an die «New York Times» überschnitt sich mit einer Türkeireise des Ehepaars Kissinger im Sommer 1983. Ihr Begleiter Ahmet Ertegün, Freund und Gründer des Jazzlabels «Atlantic Records», sollte ein paar Dutzend von Kissingers Memoiren als Gastgeschenke mitbringen. Die Kiste traf rechtzeitig ein, allerdings hatte Ertegüns Büro den Auftrag falsch verstanden – und statt Kissingers Erinnerungen das Buch von Seymour Hersh eingepackt. «Ich war entsetzt», so Ertegün. «Ich habe es Henry erzählt, aber der fand es saukomisch.»[63]

Nichts zu lachen hatte Kenneth Maxwell, langjähriger Lateinamerika-Experte beim «Council on Foreign Relations» und in der Redaktion der hauseigenen Zeitschrift «Foreign Affairs» für Rezensionen aus seinem Fachgebiet zuständig. Ende 2003 wagte er sich auf dünnes Eis und kommentierte eine Quellensammlung zum Sturz des chilenischen Präsidenten Salvador Allende. «The Other 9/11», eine Anspielung auf den 11. September 1973 in Santiago, war ein ernüchternder Text. Wie hätte es auch anders sein sollen? Angesichts der Instruktionen des Weißen Hauses an die CIA? Im Spiegel der Dokumente über Kissingers Kumpanei mit dem an die Macht geputschten Terroristen Augusto Pinochet? Neutrale Beobachter sprachen von einer ausgewogenen Rezension, Kissinger freilich verlor die Contenance und setzte den Chefredakteur massiv unter Druck. Mit dem Ergebnis, dass Maxwell die wütenden Kommentare eines früheren Staatssekretärs aus dem Außenministerium in «Foreign Affairs» nicht mehr beantworten durfte. Er kündigte und heuerte beim «David Rockefeller Center for Latin American Studies» der Universität Harvard an. «Ich habe offensichtlich einer sehr fiesen Schlange auf den Schwanz getreten.»[64] Maxwells ausführliche Schilderung der Vorgänge wurde alsbald von der Website seines neuen Arbeitgebers gelöscht und kann nur noch an einem entlegenen Ort aufgerufen werden.[65]

Henry Kissingers Kontrollbedürfnis mutet wie ein ausgewachsener Kontrollzwang an. Stets verlangt er nach dem letzten Wort, setzt bei Bedarf auf jede Replik noch eine Duplik und spekuliert darauf, dass Kritiker mit geringerer Ausdauer irgendwann entnervt aufgeben. Er giert nach Anerkennung, als ginge es um das knappste aller Güter – und als hätte ausgerechnet er, der über die Maßen Gepriesene, nie genug davon bekommen. Oder als könnte niemals genug für ihn abfallen. So hält er sich selbst einen Spiegel vor, wenn er über seinen ehemaligen Chef schreibt: «Nixons ewiger Alptraum war es, dass sich alle seine Anstrengungen am Ende [...] in nichts auflösen könnten, zerschellt an der Bosheit der Zeitgenossen und dem Desinteresse von Historikern.»[66] Auch überragende Intelligenz ist offenbar kein Garant für die banale Einsicht, dass Geschichte kein letztes Wort kennt.

Keine Sitzungen, keine Interviews, keine Fahrer, keine Mitarbeiter, keine Regierungsflugzeuge, Stille von einem Tag auf den anderen. Bei vielen, die aus einem hyperaktiven Leben ausscheiden, konstatieren Psychologen ein «Dekompressions-Problem». Wenn sich Henry Kissinger überhaupt damit herumschlagen musste, dann nur für kurze Zeit. Und gemerkt hat es allenfalls seine Frau. Nach der Vereidigung des neuen Präsidenten Jimmy Carter im Januar 1977 verbrachte er einen mehrwöchigen Urlaub in Acapulco, verschlang wie üblich alles Lesbare, aber weniger Essbares und kehrte um 15 Kilo erleichtert nach Washington zurück. «Von ehemaligen Außenministern wird erwartet, dass sie ein Buch schreiben oder zumindest eins herausgeben und sich dann in die gepolsterte Abgeschiedenheit irgendeiner Firma oder einer Anwaltskanzlei zurückziehen», schrieb sein journalistischer Freund James Reston über diese Zeit der Umorientierung. «Nicht Henry.»[67] Fürwahr. Kissinger führte sein altes Leben mit neuen Mitteln weiter. Und zwar so, wie es wohlmeinende Weggefährten bereits in frühen Studienjahren kommentiert hatten – mit der Entschiedenheit einer Bulldogge.

Dass er das Angebot aus Harvard, am dortigen «Government Department» auf seinen alten Lehrstuhl zurückzukehren, ausschlug, war zu erwarten. Die Begründung ebenfalls. «Ich bin eine weltweite Berühmtheit. Ich kann einfach nicht das Leben eines normalen Professors führen. [...] Ich kann noch zehn Jahre von meinem Ansehen profitieren. Ich werde bald in Vergessenheit geraten sein, wenn ich nicht weiter daran arbeite. Ich brauche ein Forum.»[68] An der Columbia-University in New York das Fach «Internationale Beziehungen» zu unterrichten, erschien wegen deutlich geringerer Lehrverpflichtungen verlockend, scheiterte aber an den Einwänden von 140 Angehörigen des Lehrkörpers. Ohnehin hätte ihm dieser Campus kein Forum, sondern ausweislich der Stimmung unter den Studenten eher einen Pranger geboten. «Kissinger einzustellen wäre in etwa so, als würde man [den wegen Mordes verurteilten Sektenführer] Charles Manson Religion unterrichten lassen.»[69]

Gerne kokettierte Kissinger damit, keinem konkreten Plan, sondern lieber den Lockrufen von draußen zu folgen. Wer ihn aus der Nähe beobachtete, wusste es schon im Sommer 1977 besser. Beim Staatsbesuch des israelischen Ministerpräsidenten Menachem Begin in Washington gab Kissinger nämlich einen Vorgeschmack auf Kommendes, als er für sich eine Privataudienz einfädelte und mit Begin konferierte, ehe der Präsident seinen Gast zu Gesicht bekam. Gewiss, das Manöver war mit Carter und Außenminister Cyrus Vance abgesprochen. Aber hatten die Novizen ernsthaft eine Wahl, wenn sie in der Presse nicht als kleinmütig dastehen wollten? Der Rest war absehbar: Lights Out, Spot On, Kissinger hatte die Schlagzeilen für sich, weil er durchblicken ließ, mit der Regierung nicht einer Meinung zu sein, ohne auf die Differenzen näher eingehen zu wollen. Womit sichergestellt war, dass die Spekulationen erst recht ins Kraut schießen und weitere Interviewanfragen eingehen würden.[70]

Ein Tag im Leben des Pensionärs, Ende Oktober 1982: 6 Uhr 30: erste Zeitungslektüre; 7 Uhr 30: Kurzvortrag zur aktuellen Weltlage im Washingtoner «Four Seasons»-Hotel bei einer Tagung des amerikanischen Börsenvereins; 9 Uhr: Treffen mit seinem Amtsnachfolger im Außenministerium; 10 Uhr 30: Gespräch mit dem jugoslawischen Botschafter und dem Leiter des «Georgetown University Center for Strategic and International Studies»; 11 Uhr 30: Interview in den Studios des Fernsehsenders «ABC» zum zwanzigsten Jahrestag der Kuba-Krise; 12 Uhr 45: Lunch mit dem französischen Botschafter in dessen Amtssitz; 13 Uhr 45: Fahrt zum «Ronald Reagan National Airport», Inlandsflug nach New York; ab 16 Uhr 30 diverse Gesprächstermine im Halbstundentakt; am Abend Gastgeber einer privaten Party zu Ehren der Witwe des ägyptischen Staatspräsidenten Anwar el-Sadat, Small Talk mit Kongressabgeordneten, Bankern, Unternehmern, mit Botschaftern, Schauspielern, Modedesignern, mit Farah Diba Pahlavi, letzte Kaiserin Persiens, und Reportern der Klatschpresse, die gehalten waren, nur die Gästeliste bekannt zu machen, aber keinen der Anwesenden zu zitieren.[71]

Bis ins Greisenalter sollte ein derartiger Tagesablauf üblich bleiben, ein immerwährender Tanz auf allen Hochzeiten. Die Vorträge hat niemand gezählt, aber zwischen 40 und 60 dürften es jährlich gewesen sein, die Hälfte mit durchschnittlich 20 000 Dollar honoriert, der Rest ohne Entgelt oder zugunsten wohltätiger Einrichtungen. Auch bei den diversen Funktionen in Aufsichtsräten, Stiftungen, «Denkfabriken» und öffentlichen Einrichtungen verliert man leicht den Überblick. In jedem Fall zu nennen sind die Investmentbank «Goldman Sachs» und die «Chase Manhattan Bank», die «General Electric Company» in Großbritannien, der «Council on Foreign Relations» und die «Foreign Policy Association», das «Hubert H. Humphrey Institute of Public Affairs» und die «Trilateral Commission», der «Rockefeller Brothers Fund» und das «Metropolitan Museum of Art». Und fast im Vorbeigehen unterrichtete er «Internationale Politik» an der Georgetown University in Washington, D.C. und am «Aspen-Institute». Es waren allesamt einträgliche Verpflichtungen, notwendig zur Finanzierung eines aufwändigen Lebensstils – allein für fünf Leibwächter, zusammengestellt vom Leiter seines alten Secret Service-Teams, schlugen jedes Jahr über 150 000 Dollar zu Buche.

Trotzdem ging es nicht ums Geld allein. Kissinger setzte fort, was er in den 1950er Jahren begonnen hatte, nämlich den Aufbau und die Pflege von Netzwerken. Sie verschafften ihm Zutritt zur Welt der Einflussreichen und Mächtigen, dort konnte er politisches und kulturelles Kapital akquirieren, das in keiner Währung aufzuwiegen war. In diesem Sinne beantwortete er die Frage eines Freundes nach dem Zweck der ewigen Terminhatz: «Weil man dann an mich denken wird, wenn Stellen wie der eines Vorstandsvorsitzenden oder so etwas zu besetzen sind.» Freie Abende, ohnehin eine Seltenheit, waren für das Schreiben oder Redigieren irgendwelcher Texte reserviert, es sei denn, im Fernsehen liefen Monsterfilme wie «Dracula und der Werwolf». Nancy Kissinger, ebenfalls umtriebig, aber weniger überdreht, nahm es stoisch. «Normalität heißt für uns, dass es keine Normalität gibt.»[72]

Regelmäßige Weltreisen und Besuche in den Hauptstädten aller Herren Länder standen für den «Netzwerker» Kissinger ganz oben. Dabei machte er nicht allein Regierungschefs, Politikern, Militärs und Unternehmern seine Aufwartung; er schaute auch, wann immer es sich einrichten ließ, in Zeitungsredaktionen vorbei und traf sich mit ehemaligen Stipendiaten des Sommerseminars in Harvard. Oder er suchte, oft unangemeldet, den Kontakt zu Intellektuellen und Künstlern, die im Laufe späterer Jahre sein Interesse geweckt hatten. Dass er viele dieser Unternehmungen nicht selbst bezahlen musste und betuchte Gastgeber gerne seiner Bedingung nachkamen, in Privatjets zu Vorträgen oder Tagungen geflogen zu werden, war zweifellos eine Erleichterung. Ein Kräfteraubbau blieb es trotzdem. Aber Kissinger ließ sich noch nicht einmal von einer Bypass-Operation im Jahr 1982 bremsen, sondern machte wie gewohnt weiter – ein imperiales Ego auf überdosiertem Adrenalin. Woher ihr Mann die Energie nimmt, bleibt selbst seiner Frau ein Rätsel. «Begriffen habe ich es nie, aber er hat einfach keinen Jet-Lag. […] Er steigt in Australien oder Japan oder wo auch immer aus dem Flieger, und es geht ihm blendend.»[73] Wobei er gerne auf sein beliebtes Doping – Bratwurst, Eier, Hackbraten mit viel Soße und Frittiertes in jedweder Form – zurückgreift, zumindest, wenn Nancy nicht in der Nähe ist.

Eine Wohnung in der Hauptstadt unterhielt Kissinger noch für ein paar Jahre, standesgemäß im Stadtteil Georgetown und in enger Nachbarschaft zur tonangebenden Elite Washingtons. Doch die termin- und reisefreie Zeit verbringt er meistens in einem exklusiven Duplex-Apartment an Manhattans East Side, Höhe 52. Straße, und in den Berkshires am nordwestlichen Zipfel von Connecticut. Dort, auf einem parkähnlichen Grundstück zwischen Kent und Watertown, hat er ein Landhaus aus der Kolonialzeit gekauft, umgeben von zwei kleinen Seen, verwunschenen Hecken und altem Baumbestand – mitten in einem Idyll kleiner Farmhäuser, das vom Geldadel wie von Neureichen seit den 1970er Jahren wegen seiner Abgeschiedenheit als Ferienalternative zu den Hamptons geschätzt wird. Die Kinder Elizabeth und David, mittlerweile erwachsen, Ärztin die eine, Jurist, Journalist und Fernsehproduzent der andere, sind oft zu Gast, zusammen mit den fünf Enkeln von Opa Henry. Die Kleinen nach Strich und Faden zu verwöhnen, macht ihm Freude, sehr zur Eifersucht der Hunde, die sich daran gewöhnt haben, ihn nach Belieben um jede Pfote wickeln zu können.[74]

«Wer ist der größte Star in Washington?», fragte das «Washing-

Mit Mutter Paula, Sohn David und Nancy Kissinger, 3. Juli 1986.

tonian Magazine» im März 1978 anlässlich einer Gala des «American Film Institute» im Kennedy-Center. Jimmy Carter, der neue Präsident? Edward Kennedy? Jemand aus dem Rockefeller-Clan? Oder vielleicht Zbigniew Brzezinski, der Starintellektuelle im Amt des Nationalen Sicherheitsberaters? Wer immer sonst noch im Angebot war, gegen einen kam niemand an: Henry Kissinger. «Er könnte bei einer Dinner-Party direkt am Notausgang sitzen», so eine Journalistin, «und stünde dennoch im Mittelpunkt.»[75] Dazu passt das Erlebnis eines seiner Bekannten: «Mit ihm durch Manhattan zu gehen fühlte sich an, als wäre man in Gesellschaft von Muhammed Ali. Autofahrer kurbelten die Scheiben herunter, um Hallo zu rufen. In Bürogebäuden lehnten sich Leute aus den Fenstern und zeigten mit dem Finger auf ihn.»[76] Und wieder einmal fragt man sich, wie er das wohl hinbekam, ohne Amt und ohne Insignien der Macht.

Auf allen Kanälen ununterbrochen zu senden, ist Teil der Antwort. Bis zum Beweis des Gegenteils sei behauptet, dass kein pensionierter Politiker medial je dermaßen präsent war und ist wie Kissinger. Und das über einen Zeitraum von mittlerweile fast 45 Jahren. Der «Los Angeles Times» lieferte er bis weit über die Jahrtausendwende hinaus monatlich mindestens eine Kolumne, die landesweit von Dutzenden Zeitungen, darunter die «Washington Post» und die «New York Post», nachgedruckt wurde, «Newsweek» bediente er vierteljährlich mit Kommentaren zum Zeitgeschehen – alles in Überlänge und gelegentlich mit gewohnt bescheidenen Titeln wie «Memorandum für den nächsten Präsidenten». Das meiste brachte er eigenhändig zu Papier, zumindest im Rohentwurf, nur für den Feinschliff waren Mitarbeiter gefragt. Ob Wochen- oder Tageszeitung, Fach- oder Publikumszeitschrift, wo immer man hinblickte, Kissinger war längst da. Nicht zu vergessen die Interviews im Radio und im Leitmedium Fernsehen, wo sich Ende der 1970er Jahre mit neuen Formaten politischer Berichterstattung ein weiterer Markt geöffnet hatte. Kissinger wusste auch diesen zu bewirtschaften, zunächst für fünf Jahre bei «NBC», sodann bis 1989 bei «ABC» und dessen beliebter Sendung «Nightline». Anlässlich politischer Großereignisse kann es noch heute vorkommen, dass er abwechselnd alle zusammen, einschließlich «CBS», «PBS» und «CNN», bespielt, mitunter mehrere Tage hintereinander. «Man weiß immer, wann irgendetwas Scheußliches passiert ist, weil dann Mr. Kissinger auf dem Bildschirm erscheint und mit seinem liebenswerten Brummen erläutert, wie es hätte vermieden werden können.»[77] Wenn die Außenpolitik wenig Neues hergibt, dann schreibt er eben über künstliche Intelligenz, im Alter von 95 und auf durchaus anregende Weise.[78]

Das gescheiterte Comeback

In den ersten Jahren wollte Kissinger mit seiner Allgegenwart ein politisches Comeback in die Wege leiten. Vieles deutete darauf hin, dass der Demokrat Jimmy Carter nach der ersten Amtszeit abgewählt würde. Gegen die Wirtschafts- und Energiekrise hatte er scheinbar kein Konzept, in der Außenpolitik hakte es hinten und vorne, selbst zuverlässige Verbündete wie der bundesdeutsche Kanzler Helmut Schmidt attestierten dem Weißen Haus Unstetigkeit, wenn nicht Unfähigkeit. Das forsche Auftreten Kubas in Afrika verfestigte den Eindruck einer im Schatten von Vietnam zur Selbstaufgabe bereiten Großmacht. So jedenfalls stellte es die Opposition dar. Und sie fand damit Gehör, noch ehe radikale Studenten Anfang November 1979 die amerikanische Botschaft in Teheran stürmten und 52 Diplomaten gut 14 Monate lang als Geiseln hielten, um von Washington die Auslieferung des verhassten Schah Reza Pahlavi zu erpressen. Mit jedem Tag fühlte sich die «Neue Rechte» – ein Sammelbecken politisierter Christen, frustrierter Laien und zum Konservatismus konvertierter Intellektueller – in ihrem Kreuzzug für ein politisch und moralisch wiedererwecktes Amerika bestärkt. Wenn eine Partei aus alledem Kapital zu schlagen wusste, dann die geistesverwandten Republikaner mit ihrem Frontmann Ronald Reagan.

Auf den ersten Blick wirkte Henry Kissinger in diesem Umfeld wie ein Fremdkörper. Reagan hatte ihm seit Jahr und Tag das Etikett eines Salonlöwen oder konfliktscheuen Schönwetterdiplomaten umgehängt. Was auch immer schiefgelaufen war, er kehrte es vor Kissingers Tür, wissend, dass man selbst mit billigster Münze an der konservativen Basis gute Erträge einheimsen konnte. Dort nämlich bediente der ehemalige Außenminister so gut wie jedes populistische Klischee: Emporkömmling, Intellektueller, Zögling der Ostküstenelite, Liebling aller Versnobten Hollywoods und, gar nicht einmal hinter vorgehaltener Hand, Jude. Davon abgesehen, verstanden sich die Graswurzelaktivisten der «Neuen Rechten» als Kreuzritter im Namen des Herren. Allein ihre Selbstbeschreibung als «Moral Majority» sprach Kissingers Verständnis von «Realpolitik» Hohn. Jedenfalls im Licht seiner Publikationen, in denen er einen Gegenentwurf zu moralischer Überhöhung präsentiert und die Befreiung Amerikas aus den Fängen neunmalkluger Weltverbesserer angemahnt hatte. Man schien in inniger Abneigung verbunden.

Gleichwohl gab es Berührungspunkte zuhauf. Überlegene Streitkräfte – Machtdemonstrationen in der Dritten Welt zur Überwindung des «Vietnam-Traumas» – Abschied von der Détente als Strafe für unangemessenes Verhalten der UdSSR – Konzentration auf Differenzen mit Moskau statt Suche nach gemeinsamen Interessen – Wiederherstellung amerikanischer Glaubwürdigkeit: Die Prioritätenliste der Neurechten passte durchaus zu Kissingers Portfolio. Mit deren Tonlage hatte er ohnehin kein Problem, er selbst schlug seit Jahrzehnten dermaßen oft Alarm, dass man sich fragen musste, warum sein ewig am Abgrund schlafwandelndes Amerika nicht längst von der Klippe gestürzt war. «Wenn meine Analyse der 1980er Jahre auch nur annährend richtig ist, werden wir eine Zeit ernster Gefahren vor uns haben.»[79] Neu daran war nur die Jahreszahl, den Rest hatte Kissinger aus dem Stehsatz gekramt. Gleiches galt für sein Lamento über die angebliche Machtvergessenheit der Vereinigten Staaten: «Selten hat eine Nation einen derart radikalen Wandel des militärischen Gleichgewichts so teilnahmslos hingenommen. […] Wenn der gegenwärtige Trend anhält, sehen wir uns der schaurigen Situation gegenüber, dass die Welt allmählich außer Kontrolle gerät, dass wir militärisch ins Hintertreffen geraten, dass unsere wirtschaftlichen Lebensadern von Erpressern gekappt werden können, dass feindliche Kräfte schneller wachsen als unsere Mittel, mit ihnen fertig zu werden und dass immer weniger Nationen überleben, die uns freundlich gesonnen sind.»[80] Sätze, die man von Ronald Reagan und Wortführern der «Moral Majority» kannte, in sprachlich leicht frisierter Form auch aus dem intellektuellen Milieu ehemaliger Liberaler, die sich neuerdings «neokonservativ» nannten.

Kissinger sah das Ganze als Imageproblem und brachte sich mit gewohnter Wendigkeit auf die Höhe des Zeitgeistes. Darauf erpicht, in ihre Reihen aufgenommen zu werden, hängte er sich den Mantel der «Neuen Rechten» um und trat auf allen möglichen Bühnen wie deren Botschafter auf: vor dem Außenpolitischen Ausschuss des Senats, in der Presse, im Radio und Fernsehen, bei Vorträgen im kleinen Kreis.[81] Überall betonte er das Gemeinsame und entschuldigte sich für etwaige Missverständnisse seiner Absichten. Der kühle Sachwalter von Interessen in der Rolle eines Moralpredigers – Flagellanten hätten ihre helle Freude gehabt. Und Spötter genossen es ohnehin, darunter ein Mitarbeiter des «Committee on the Present Danger», der sich zur Begrüßung des prominenten Mitstreiters im Kampf für neue Superwaffen und gegen Querköpfe im In- und Ausland eine Boshaftigkeit der besonderen Sorte einfallen ließ: «Als jemand, der Henry Kissinger erstmals in den frühen 1950er Jahren in Harvard begegnet ist, als er noch keinen deutschen Akzent hatte, habe ich seine Karriere mit leidenschaftsloser Ironie verfolgt. Zu seinen [Auftritten in letzter Zeit] habe ich mir einen Einzeiler notiert: ‹Kissinger geht bei allen potentiellen Präsidenten der Republikaner auf Nummer sicher.› [...] Nun, wie sagte doch der Prohibitionist, als er eine große Spende von einem Alkoholschmuggler erhielt: ‹So ist das Leben, man nimmt, was man kriegt›. In diesem ökumenischen Sinn heißen wir Henry in unserem Klub willkommen.»[82]

Anfang September 1979 bekamen Militärexperten und Politiker bei einer NATO-Tagung in Brüssel einen Eindruck von Henry Kissinger ohne Diplomatenpass. Er verhöhnte die «Inbrunst» der transatlantischen «Rüstungskontrollgemeinde» und verlangte in Reaganscher Manier nicht nur einen massiven Ausbau aller Truppenteile, sondern darüber hinaus eine rasche Umstellung der Einsatzdoktrin. Statt sowjetischer Städte sollte die NATO im Fall der Fälle Raketensilos und Flugplätze ins Visier nehmen und Moskau mit Entwaffnung drohen – also mit einem Krieg, den nur der Westen zu Ende führen und überleben könnte. Ein derart rabiates Gepolter gegen die These von der Nichtgewinnbarkeit eines Atomkrieges hatte man lange nicht mehr gehört.[83] Einmal in Fahrt, las Kissinger anschließend den Westeuropäern wegen ihres Verständnisses von Entspannungspolitik die Leviten. Demnach war auf dem Holzweg, wer die Beziehungen zur UdSSR aus politischer Warte betrachtete und der Vorstellung gemeinsamer Sicherheit nachhing. Stattdessen mahnte er den Primat militärischen Denkens an. Konkret: Zur Disziplinierung Moskaus muss immer das Risiko eines Krieges im Raum stehen, für den notwendigen innenpolitischen Rückhalt bedarf es einer Demonstration guten Willens, Détente ist dabei lediglich ein Mittel zum Zweck. «Détente ist wichtig, weil wir im Falle einer unausweichlichen Konfrontation dann Gründe präsentieren können, um diese Konfrontation auch durchzustehen.»[84] Es war rückblickend eine Watsche für die «theatralische und psychotherapeutische» Ostpolitik der sozialliberalen Koalition in Bonn und ein in die Zukunft greifender Hinweis auf die Richtlinienkompetenz der USA innerhalb des westlichen Bündnisses. Einigen Teilnehmern verschlug es die Sprache.[85]

Schützenhilfe erhielt Kissinger von unerwarteter Seite. Auch Richard Nixon beherrschte die Dialekte aller konservativen Stämme und machte im Bemühen um seine Rehabilitierung reichlich davon Gebrauch. Er trat wiederholt bei Veranstaltungen der Republikaner auf, gab seinen «Feinden» von der Presse fleißig Interviews, publizierte unentwegt Aufsätze und Kolumnen und im Frühjahr 1980 ein Buch, dessen Titel hielt, was er versprach: «Real War». Wie in Hochzeiten des Kalten Krieges bezeichnete Nixon die Auseinandersetzung mit der Sowjetunion als totalen Krieg, der mit und ohne Waffen geführt wird, in entlegenen Regionen der Dritten Welt ebenso wie in Fabriken, Klassenzimmern, Redaktionsstuben, Filmstudios und in den Wandelgängen des Kongresses. Und wie in alten Zeiten beklagte er vermeintliche Raketenlücken und Amerikas Abstieg zur Nummer zwei in der Welt. Mitten im Wahlkampf folgte noch eine Kurzfassung für zitierfähige Auftritte von Parteifreunden: «Wir könnten verlieren, ohne dass ein Schuss fällt, und gezwungen sein, uns zwischen Kapitulation und Selbstmord entscheiden zu müssen. Rot oder Tot. […] Zu sagen, dass die Vereinigten Staaten und Russland Gut und Böse, Licht und Schatten, Gott und den Teufel repräsentieren, klingt vielleicht melodramatisch. Aber wenn wir die Sache so sehen, hilft uns das, das weltweite Ringen klarer zu sehen. […] Wir sind, auf Gedeih und Verderb, die Hoffnung der Welt, und wir müssen alles in unserer Macht Stehende tun, diese Hoffnungen nicht zu enttäuschen.»[86] Nach seinem Triumph an den Wahlurnen intonierte Ronald Reagan diese Fanfare in einer Rede über das «Reich des Bösen»; als Ratgeber und «elder statesman» war ihm Nixon aber schon vor dem Einzug ins Weiße Haus willkommen.[87]

Berater zu sein war Henry Kissinger zu wenig. Er wollte einen Platz in Reagans Regierungsmannschaft. Entsprechende Referenzen hatte er sich bereits selbst ausgestellt – etwa mit dem Vorschlag, den vorliegenden SALT-II–Vertrag zu ratifizieren, künftige Verhandlungen über Rüstungskontrolle aber frühestens nach der Entwicklung neuer Interkontinentalraketen vom Typ «MX» und «Trident» sowie nach der Stationierung von Mittelstreckenraketen in Westeuropa aufzunehmen, vorausgesetzt, die Sowjets mäßigten samt diverser Stellvertreter wie Kuba ihr weltweites Auftreten.[88] Wobei offen blieb, was er unter Mäßigung verstand. Den größten Auftritt legte Kissinger im Sommer 1980 beim Nominierungsparteitag der Republikaner hin, «mit allen acht Zylindern seines Charmes», wie ein Journalist notierte.[89] Zunächst machte er sich für Gerald Ford als Kandidat für die Vizepräsidentschaft stark, ein durchsichtiger Schachzug zur Platzierung eines Fürsprechers an zentraler Stelle. Der Versuch misslang, aber Kissinger wurde seinem Ruf als «König der Unverfrorenheit»[90] weiterhin gerecht. Unablässig umgarnte er die Delegierten, warb um Vertrauen und verwies auf sein glaubhaftes Register als Kalter Krieger, wie üblich unterlegt mit dem Hinweis, dass in existenzieller Not weitblickende Seher gebraucht wurden.

Es half alles nichts. Fundamentalisten nahmen ihm noch immer übel, dass er sich überhaupt auf Verhandlungen mit Moskau eingelassen hatte, Richard Allen, Reagans außenpolitischer Experte, trug schwer daran, dass ihn Kissinger vor Jahren aus Nixons engstem Kreis weggebissen hatte, Alexander Haig strebte selbst das Amt des Außenministers an und wollte seinen früheren Chef erst recht nicht in der Nähe haben. Und dann gab es noch George H.W. Bush, Reagans Wunschkandidat für die Vizepräsidentschaft. Er ließ seinem Groll auf Kissinger freie Bahn, so frisch war die Erinnerung an die Zeit als amerikanischer UNO-Botschafter, als er von Amts wegen den Kontakt zu Diplomaten der VR China pflegen sollte und ein um das andere Mal rüde ausgebremst wurde – von Henry Kissinger nämlich, der in Sachen China seinen Alleinvertretungsanspruch noch rigoroser als sonst geltend machte. «Unerträglich», «gemein», «anmaßend» und «herrisch» empfand Bush dieses Auftreten, wie seinem Tagebuch zu entnehmen ist.[91] Gegen die geballte Macht der von ihm Beschädigten kam Kissinger nicht an.

Einen letzten bizarren Versuch startete er trotzdem. Mitte Oktober 1980 bat Kissinger seinen alten Bekannten Anatoly Dobrynin, noch immer sowjetischer Botschafter in Washington, um ein Gespräch. Der scheinbare Höflichkeitsbesuch hatte es in sich, wenn man Dobrynin glauben darf. Alles sei mit Reagan abgestimmt, so Kissinger, vor allem die Bitte an den Kreml, das aggressive Wahlkampfgetöse aus dem republikanischen Lager nicht für bare Münze zu nehmen. Im Falle eines Wahlsieges würde Reagan einen Vertrauten nach Moskau schicken, um Eckpunkte einer künftigen Kooperation – vorweg Gespräche über ein weiteres SALT-Abkommen und über die Reaktivierung des «geheimen Kanals» auf höchster Ebene – festzulegen. «[Kissinger] bemerkte beiläufig, dass er diese Aufgabe wahrscheinlich übernehmen würde, sollte Reagan ihn dafür auswählen. Er sagte mir, dass ich Moskau über all dies mit ausdrücklicher Zustimmung Reagans informieren könnte.»[92] Dobrynin, der Kissinger bei anderer Gelegenheit wegen seiner abfälligen Kommentare zur Détente Vorhaltungen gemacht hatte, wusste mit der plötzlichen Wende nichts anzufangen. Zwar informierte er seine Vorgesetzten, riet dem Politbüro aber, den Vorgang zu ignorieren. Damit hatte es tatsächlich sein Bewenden.

Glaubhaft erscheint das Manöver im Spiegel diverser Winkelzüge Kissingers aus früherer Zeit. 1969 hatte er gegenüber Nixon behauptet, dass die Sowjets den Kontakt zum Präsidenten nur über ihn und nicht auf dem Umweg über das Außenministerium pflegen wollten. Davon konnte keine Rede sein, Nixon fiel aber auf die Finte herein und gab grünes Licht – womit Kissinger seinem Ziel, Außenminister Rogers so weit wie möglich auszuschalten, einen großen Schritt nähergekommen war. Hatte er 1980 Ähnliches im Sinn? Wollte er den sowjetischen Botschafter erneut vor den Karren spannen, diesmal in der Hoffnung, dass Moskau bei Reagan um Kissingers Dienste als Vermittler nachfragen würde? Sah er darin eine Chance, in letzter Minute doch noch eine Tür in Washington aufzustoßen, möglicherweise sogar Haig vom Chefsessel im Außenministerium zu verdrängen? Belegen kann man es nicht, vermuten darf man es wohl.

Ähnlich undurchsichtig waren die damaligen Spekulationen über Kissingers Ambitionen auf einen Sitz im Senat oder, Jahre später, auf das Amt des Gouverneurs von New York. Mehrdeutige Bemerkungen seinerseits versorgten die Gerüchteküche mit stetem Nachschub. Einen ernsthaften Anlauf machte er nie, vermutlich auch wegen des entschiedenen Widerstands seiner Frau. Nancy Kissinger konnte sich beim besten Willen ihren Henry nicht in den Niederungen amerikanischer Innenpolitik vorstellen. «In meinen Augen ist das einfach nur absurd.»[93]

Eine zweite Karriere

Stattdessen baute Henry Kissinger eine neue Karriere als Berater von Großbanken und Wirtschaftsunternehmen auf. Der Ölpreisschock in den frühen 1970er Jahren und die Islamische Revolution im Iran am Ende des Jahrzehnts hatten die Nachfrage nach politischer Risikobewertung sprunghaft in die Höhe getrieben. Nicht nur waren die Umbrüche in einer Schlüsselregion des Welthandels für viele völlig überraschend gekommen. Dass führende Industriestaaten dem Ungewissen hilf- und orientierungslos ausgeliefert schienen, stellte Investitionsplanungen und den Zugriff auf systemrelevante Rohstoffquellen vor zusätzliche Herausforderungen. «Kissinger Associates», so der Name des neuen Anbieters auf einem expandierenden Markt, kam im Sommer 1982 also zur rechten Zeit. Dem Chef gingen in wechselnder Besetzung Brent Scowcroft, Sicherheitsberater von Präsident Ford, und Lawrence Eagleburger, ein langjähriger Mitarbeiter des Außenministeriums, zur Hand, sodann L. Paul Bremer und William D. Rogers, beides erfahrene Diplomaten, in späteren Jahren auch Thomas F. McLarty, Stabschef des Weißen Hauses unter Bill Clinton. Diesen Schwergewichten und ihrer geballten Expertise konnten andere Beratungsfirmen nichts entgegensetzen. Mit je einem Büro in Washington D. C. und in Manhattan, Arbeitsplatz für knapp zwei Dutzend Angestellte, setzte sich Kissinger schnell an die Spitze im Wettbewerb um Reputation und Einkommen. Bereits im Gründungsjahr wurde der Jahresumsatz auf vier Millionen Dollar geschätzt.[94]

Bis heute ist die Kundenliste streng geheim. Andererseits war nicht zu erwarten, dass investigative Journalisten ausgerechnet bei diesem Thema Ruhe geben würden. Zu den am häufigsten in der Presse erwähnten Auftraggebern gehören «American Express»,

Mit Gianni Agnelli, Chef der FIAT-Gruppe, im Olympiastadion von Rom, 1988.

«Coca Cola», «H.J.Heinz», «ITT», «Fiat», «Anheuser-Busch», «Shearson Lehman», «Volvo», «Goldman Sachs», «Union Carbide», «Chase Manhattan Bank», «General Electric Company (Großbritannien)», «British Midland Bank» und «Daewoo».[95] Alles ohne Gewähr, denn strikte Vertragsregeln besagen, dass kein Beteiligter die Geschäftsbeziehung bestätigen, geschweige denn inhaltliche Auskünfte geben darf. Verlässlich sind Angaben zur Zahl der Kunden, etwa 30 Ende der 1980er Jahre, sowie zum jährlichen Beratungshonorar – normalerweise zwischen 150 000 und 200 000 Dollar pro Firma, gelegentlich das Doppelte. Schriftliches wird nie hinterlegt. Um Haftungsfragen auszuschließen, belässt es «Kissinger Associates» bei mündlicher Beratung.

«Wir arbeiten wie ein Außenministerium im Kleinformat», so

Lawrence Eagleburger Ende 1985. «Es gibt Kunden, die über die Zukunft der amerikanisch-sowjetischen Beziehungen reden wollen. Wir liefern die globale strategisch-wirtschaftliche Analyse.»[96] Konsultation per Telefon und ein Treffen mit einem Vorstandsvorsitzenden oder Generaldirektor gehören zu den regelmäßigen Dienstleistungen. Die wichtigsten Kunden betreut Kissinger persönlich, sei es als Referent bei Geschäftsessen, sei es als Reisebegleiter in Übersee. Dort übernimmt er die Rolle des Türöffners, der Kontakte zu Parteipolitikern oder Regierungsvertretern einfädelt und bei der Beseitigung von Investitionshürden hilft. «H. J. Heinz» wusste es bei der Erschließung des chinesischen Marktes für Babynahrung, «American Express» bei der Suche neuer Niederlassungen in der VR China, in Hong Kong und Japan zu schätzen. Noch einträglicher ist offenbar ein Schneeballeffekt, den Henry Kissinger in ungewöhnlicher Offenheit beschreibt: «Wenn von unseren Kunden jemand eine Investmentbank braucht und wenn diese zur Lösung eines Problems beitragen kann, dann empfehlen wir wohlwollend Shearson [Lehman]. Und umgekehrt, wenn sie eine Chance für uns erkennen, dann empfehlen sie uns weiter. [...] Es ist eine große Versuchung. In derartigen Abmachungen steckt verdammt viel Geld.»[97] Einzig die Lobbyarbeit in der Hauptstadt Washington blieb «Kissinger Associates» verwehrt, der Chef hatte sich im Kongress über die Jahre schlicht zu viele Gegner und Feinde gemacht.[98]

«Business Week» traf den Nagel auf den Kopf: «Als Strippenzieher gesehen zu werden, ist für Kissinger genauso wichtig wie einer zu sein. [...] Es ist eine großartige Gelegenheit zum Aufpolieren von Image.»[99] Dafür bieten öffentliche Vorträge und Zeitungskolumnen ein ideales Forum. In ihnen kommentiert Kissinger weit mehr als das Zeitgeschehen; er lässt scheinbar beiläufig einfließen, welche Regierung auf ihn zugekommen war, mit wem er wie lange über ein Thema konferiert hatte und dass sein Rat, ob zum Nahostkonflikt oder zur Sicherung wirtschaftlicher Hauptschlagadern, befolgt wurde.[100] Das kann glauben, wer will. Entscheidend ist der Eindruck, dass ihm weltweit noch immer Türen offenstehen, weil sich dadurch noch mehr Türen öffnen und zusätzliche Kundschaft angezogen wird. Mochten andere Agenturen ebenso gut und obendrein billiger arbeiten, Kissingers Fähigkeit, auch ohne Macht weiterhin die Aura der Macht zu versprühen, ist unerreicht. Wirtschaftsbosse wissen um den Wert dieser «soft power». «Wenn mit unseren Investitionen in irgendeinem Land etwas schiefläuft», so der Vorstandsvorsitzende eines Konzerns, «kann man uns keine Fahrlässigkeit vorwerfen, wenn wir uns vorher mit Henry beraten hatten.»[101] Selbst wenn sich niemand mehr an die Details seiner Vorträge erinnert, von Kissingers Auftreten bleibt ein nachhaltiger Eindruck. «Er ist grandios, geradeheraus, engagiert, verfügt über ungewöhnliches Wissen und Einfühlungsvermögen und ist bei Treffen sehr aktiv und konstruktiv», so ein CEO von «American Express». «Wer ihn als Redner bei einer Mittagsrunde oder beim Dinner präsentiert, kann auf sehr wirksame Weise Kunden einwerben.»[102] Womit der Kreis zu beiderseitigem Vorteil geschlossen ist.

Der Vorwurf unlauterer Geschäftspraktiken kam immer wieder auf. Als Mitglied im «Foreign Intelligence Advisory Board» – einer Gruppe von Wissenschaftlern, Unternehmern und ehemaligen Regierungsmitarbeitern, die im Auftrag des Präsidenten geheimdienstliche Erkenntnisse mit frischen Augen bewerten sollte – hatte Kissinger in den 1980er Jahren Zugriff auf sensible, nicht zuletzt für Investitionsplanungen relevante Daten. Brent Scowcroft und Lawrence Eagleburger waren seit ihrer Zeit bei «Kissinger Associates» mit Großkonzernen wie «ITT» oder den Herstellern von Interkontinentalraketen verbandelt, ehe sie 1989 in der Regierung von George H.W. Bush wieder politische Ämter übernahmen. Wie ihr Wissen zwischen diesen Welten zirkulierte und ob sie überhaupt das eine mit dem anderen verknupften, war nicht zu beweisen. Kissinger zog sich mit dem, wiederum geschäftsfördernden, Hinweis aus der Affäre, dass er nicht in irgendwelchen Kommissionen sitzen müsse, um an Insiderwissen heranzukommen; ihm genüge ein Anruf beim Nationalen Sicherheitsberater oder anderen Bekannten.[103] Damit kam er 20 Jahre gut über die Runden, ehe sich die Gerüchte nach «9/11» zu einem Skandal verdichteten. Von dieser Wendung wird noch zu berichten sein.

Als Berater konnte sich Kissinger ein jährliches Millioneneinkommen auf Dauer sichern. Möglicherweise war an ihm auch ein tüchtiger Geschäftsmann verloren gegangen, jedenfalls zeigte er ähnliche Talente wie sein Bruder Walter, der es mit diversen Unternehmen schon längst in die oberen Etagen des amerikanischen Wirtschaftslebens geschafft hatte.

Nur einer konnte Henrys Karriere, die er jahrelang voller Stolz in Alben mit Zeitungsausschnitten dokumentiert hatte, nicht weiter verfolgen. Louis Kissinger verstarb am 20. März 1982 im Alter von 95 Jahren. Bis zuletzt hatte er im New Yorker Stadtteil Washington Heights in der bescheidenen Wohnung gelebt, wo die Familie nach der Flucht aus Nazi-Deutschland im Jahr 1938 untergekommen war.

Gegenwind

Sollte Henry Kissinger insgeheim noch auf eine Rückkehr in die Politik gehofft haben, so erhielt er im Herbst 1983 einen weiteren Dämpfer. Ausgerechnet ein verlockendes Angebot des Präsidenten erwies sich als Sackgasse. Ronald Reagan wollte unbedingt einen antikommunistischen Schutzwall in Zentralamerika errichten und suchte dafür die Unterstützung der oppositionellen Demokraten. Er selbst hatte mit ominösen Andeutungen über einen US-Militäreinsatz – möglicherweise gegen Guerillas in El Salvador, vielleicht auch zum Sturz der linken Regierung in Nicaragua – viel zu viel Porzellan zerschlagen. Wenn überhaupt, konnte nur eine überparteiliche Kommission die Stimmung drehen. Deren Vorsitzender musste ein gewiefter Verkäufer und vor allem im politischen Nahkampf erfahren sein. Jemand wie Henry Kissinger also, der im Oktober 1983 die Invasion in Grenada zum geopolitischen Lackmustest ausgerufen hatte. «Falls wir Zentralamerika nicht in den Griff bekommen, werden wir nicht in der Lage sein, bedrohte Nationen am Persischen Golf und andernorts davon zu überzeugen, dass wir das weltweite Gleichgewicht bewahren können.»[104] Der Wunschkandidat sagte nach einem einzigen Telefonat zu. Die Erwartungen wurden indes enttäuscht, der Widerstand in Kongress und Öffentlichkeit hielt unvermindert an. Und Kissinger musste sich angesichts einer geharnischten Kritik am Abschlussbericht der Kommission fragen, ob sein Ruf als diplomatischer Meisterdenker nicht vor der Zeit verbraucht war.

Über den im Januar 1984 vorgelegten «Report of the National Bipartisan Commission on Central America» wurde ein Scherbengericht gehalten. Gut ein Dutzend vom «Carnegie Endowment for International Peace» befragte Wissenschaftler und ehemals für Lateinamerika zuständige Regierungsmitarbeiter, der Historiker Arthur Schlesinger Jr., MacGeorge Bundy, Sicherheitsberater von Präsident Kennedy, ein Rezensent von «Foreign Affairs», Hauszeitschrift des außenpolitischen Establishments, Senator Daniel Patrick Moynihan – sie und zahlreiche andere hieben in dieselbe Kerbe, wütend die einen, entsetzt bis fassungslos die anderen. Mit Verrissen aus dem linksliberalen und linken Spektrum hatte man rechnen können, die Heftigkeit des Widerspruchs aus der politischen Klasse hingegen kam überraschend. Gewiss nutzten einige Kommentatoren die Gelegenheit zum Begleichen offener Rechnungen. Das änderte freilich nichts an der Substanz ihrer Einwände.[105]

Unbewiesenes muss zur Begründung des Untauglichen herhalten – dieser Vorwurf traf ins Schwarze. Er richtete sich gegen den sicherheitspolitischen Teil des Berichts, der Kissingers Handschrift trug.[106] Dass die politischen Unruhen aus Moskau und Havanna gesteuert würden und alsbald wie ein Flächenbrand auf benachbarte Staaten übergreifen könnten, war schlicht aus der Luft gegriffen. Nicht nur konnte die Kommission keinen einzigen belastbaren Beweis für die vermeintliche Fernsteuerung erbringen. Ein genauer Blick auf die sattelfesten Machthaber in Mexiko, Panama, Venezuela und Kolumbien hätte gezeigt, wie wirklichkeitsfremd das Bild fallender Dominosteine war. Was Kissinger freilich nicht davon abhielt, eine Bedrohung der US-amerikanischen Landesgrenzen sowie der Schifffahrtsrouten in der Region an die Wand zu malen. «Man kann die Meinung vertreten, dass die Gefahr […] für die Stabilität der Region bedrohlicher ist als die Mittelstreckenraketen der 1960er Jahre.»[107]

Übergriffe auf lebenswichtige Handelslinien? Als Folge politischer Umbrüche in Zentralamerika? Unterhalb der Schwelle eines totalen Krieges? So stand es tatsächlich im Kommissionsbericht. Nur so ließ sich eine Stabilisierung mit militärischen Mitteln und die rigorose Ablehnung von Verhandlungen mit der Opposition begründen. «Eine erfolgreiche Aufstandsbekämpfung [...] ist eine notwendige Voraussetzung für eine politische Lösung.»[108] Womit Kissinger die dringend benötigte Wirtschaftshilfe auf ein Nebengleis schob – samt aller weiteren Anregungen zu Land-, Bildungs- und Sozialreformen. Es war, um mit Arthur Schlesinger Jr. zu sprechen, ein Freifahrtschein für Diktatoren. Für jene also, die wegen ihrer berüchtigten Hartleibigkeit soziale Probleme auf die Spitze getrieben hatten und jeder Lösung erst recht im Weg standen, sobald sie mit importierten Gewehren auf die eigene Bevölkerung zielen konnten. Auch deshalb attestierte man Kissinger ein Denken mit eingebautem Waffenarsenal.

Vermutlich fielen die Reaktionen wegen der Erinnerung an die jüngste Vergangenheit derart heftig aus. Nicht genug damit, dass Kissinger alle Irrtümer aus der Zeit des Vietnamkrieges wiederkäute. Er sprach, als wäre nichts geschehen, von richtigen Ideen, die falsch umgesetzt worden waren. Insofern diente ihm die Kommission als Plattform zur Austreibung des Vietnam-Traumas – mit dem Voodoo der Realpolitik, den er im Windschatten Reagans seit Jahren besonders blumig verkündete. «Viel zu viele [...] scheinen davon auszugehen, dass wir für eine Schuld büßen müssen anstatt Werte zu verteidigen. [...] An irgendeinem Ort und auf irgendeine Art müssen die USA beweisen, dass sie in der Lage sind, Freunde zu belohnen oder Gegner zu bestrafen. Es muss deutlich gemacht werden, und dafür ist schon viel zu viel Zeit verstrichen, dass unsere Verbündeten an unserer Seite profitieren und dass unsere Feinde leiden. Das klingt vielleicht wie ein einfältiger Vorschlag, aber eine Großmacht muss so handeln, für sie ist das der Kern einer erfolgreichen Außenpolitik.»[109] An irgendeinem Ort auf irgendeine Weise demonstrieren, dass die Großmacht lebt. So konnte oder musste argumentieren, wer die gesamte Welt noch immer als Schauplatz des Kalten Krieges sah und davon überzeugt war, die Bedürfnisse fremder Länder besser zu verstehen als irgendjemand sonst, die Betroffenen selbstverständlich eingeschlossen. Kissinger, das wandelnde Deja-Vu: «Ich sehe nicht ein, wieso wir ein Land den Marxisten überlassen sollen, nur weil seine Bevölkerung sich unverantwortlich verhält.»[110] Sein Diktum aus dem Jahr 1970, gemünzt auf Chile, imprägnierte die Expertise zu Zentralamerika auf jeder Seite. Er war und blieb ein Mann ohne politische Häutungen.

Obwohl Kissinger sich nach Kräften bemühte, versagte ihm die Kommission in einer wichtigen Frage die Gefolgschaft. Sollte die Militärhilfe an El Salvador davon abhängig gemacht werden, dass die dortigen Machthaber den Todesschwadronen das Handwerk legten? Jenen Killerkommandos also, die wahllos Jagd auf Regierungskritiker machten und im März 1980 den Erzbischof von San Salvador, Oscar Romero, hingerichtet hatten. Vier Mitglieder der Demokratischen Partei forderten eine derartige Auflage, Kissinger konterte mit dem Hinweis auf «vitale Interessen» der USA.[111] Weil er sich nicht durchsetzen konnte, gab Kissinger mit zwei weiteren Mitgliedern der Kommission ein Sondervotum zu Protokoll und forderte den Gesetzgeber zu realpolitischem Augenmaß auf. In anderen Worten: Militärhilfe gebührt der Vorrang vor Menschenrechten.[112] Dessen ungeachtet verlangte er in einem Interview mit «ABC», erst bei nachweisbaren Erfolgen gegen die Killerkommandos weiterhin Waffen zu liefern. Eine Scheinheiligkeit, der bestenfalls auf den Leim gehen konnte, wer keine Zeitungen oder sonstige Drucksachen las.[113]

Am Ende war es Ronald Reagan ohnehin egal. Gestützt auf seine republikanische Gefolgschaft im Kongress ignorierte er die Forderungen der Demokraten nach wirtschaftlicher und humanitärer Soforthilfe für Zentralamerika. Für Waffenlieferungen hingegen nutzte er jede Gesetzeslücke und im Zweifel auch alle Wege am Gesetz vorbei. Auf diese Weise wurden die Contra-Rebellen in Nicaragua mit Erlösen aus Waffengeschäften mit dem Iran finanziert, ehe die illegale Aktion 1987 aufflog und Reagan knapp an einem Amtsenthebungsverfahren vorbeischrammte. Der «große Kommunikator» konnte sich mit Hilfe verlässlicher Freunde wieder einmal aus der Affäre ziehen. Ob er Kissingers Rat an den Gesetzgeber, die Ermittlungen gegen den Präsidenten so schnell wie möglich einzustellen, überhaupt zur Kenntnis nahm, ist nicht überliefert. Es spielt auch keine Rolle, das Watergate-Gespenst war längst verschwunden.

Verbannung auf die Tribüne

Seit dieser Zeit stand Henry Kissinger nicht einmal mehr an der Seitenlinie. Er brummte nur noch auf der Tribüne missmutig vor sich hin, selbstredend so, dass alle etwas davon hatten. «We Need Star Wars», «The Dangers Ahead»; «Arms Control Fever»; «START: A Dangerous Rush Ahead»; «The ‹Reykjavik Revolution›: Putting Deterrence in Question»; «A New Era for NATO»; «Forget the ‹Zero Option›»; «Germany, Neutrality and the ‹Security System› Trap»; «The End of NATO»; «The Challenge of a ‹European Home›»; «No Illusions About the U.S.S.R»; «Soviet Good Will – Don't Count On It» oder «Charter of Confusion».[114] In freier Übersetzung: Rüstungskontrolle ist sinnlose Symbolpolitik, Ideen von gemeinsamer Sicherheit mit der UdSSR spiegeln eine psychotische Verirrung, die NATO irrlichtert im Dickicht ihrer Ignoranz, das westliche Spitzenpersonal erliegt dem Sirenengesang Michail Gorbatschows, der Absturz ins Bodenlose steht unmittelbar bevor. Schlagworte und Titelzeilen aus seiner überhitzten Publikationsmaschine, mit denen Kissinger in den späten 1980er Jahren den Markt im Wochentakt flutete.

Wäre, könnte, würde – die Zukunft der Welt im beschleunigten Katastrophenkonjunktiv und alles unterlegt mit der Wehklage über die kollektive Unfähigkeit des Westens zu geopolitischem Denken. «Sollte die Perestroika erfolgreich sein, könnte die wiedererweckte Vitalität der Sowjetunion für ihre Nachbarn so unangenehm werden wie zur Zeit der Zaren und der kommunistischen Kommissare.[115] [...] Mindestens seit Peter dem Großen ist russische Außenpolitik eine Geschichte der Expansion. Nicht nur in Europa, sondern auch in Richtung Indien und nördliches China.[116] [...] Schritt für Schritt und in aller Ruhe sind die Sowjets dabei, sich faktisch ein Veto über die Verteidigungspolitik der NATO zu sichern. [...] Es ist gleichermaßen möglich, dass einige westliche Staatschefs politisch und psychologisch von Moskau derart abhängig werden, dass sie alles unterlassen, was das Missfallen des Kremls erwecken könnte. [...] Dies könnte zu einer Wiederbelebung der Rivalität zwischen Teutonen und Slawen führen, die zwei Weltkriege hervorgebracht hat. [...] Es ist jetzt an der Zeit für die erste umfassende Diskussion über die politische Zukunft Europas seit dem Ersten Weltkrieg.[117] [...] Michail Gorbatschows bemerkenswert inhaltsleere Publicity-kampagne könnte, zusammen mit Rüstungskontrolle, paradoxerweise eine massive politische Krise über die Zukunft Europas auslösen, eine Krise von jener Art, die den Ersten Weltkrieg verursacht hat. [...] Der bösartigste Slogan von allen ist das sogenannte ‹Gemeinsame Haus Europa›. [...] Er gehört mittlerweile zum rhetorischen Inventar einiger Spitzenpolitiker in der NATO, ganz besonders in Westdeutschland. [...] In der Praxis würde das auf eine sowjetische Vormachtstellung in Europa hinauslaufen.»[118] Beliebig austauschbar, füllten derlei Merksätze unzählige Seiten oder wurden in Reden und Interviews wie auswendig Gelerntes zum Besten gegeben.

Eine Pointe von unfreiwilliger Komik hält die schwer verdauliche Lektüre immerhin bereit. «Ich war also [im Dezember 1987] in der sowjetischen Botschaft bei einem Empfang [Gorbatschows] für ‹Personen des öffentlichen Lebens› – womit scheinbar alle gemeint waren, vom Rockstar und Evangelikalen bis hin zu Professoren und ehemaligen Kabinettsmitgliedern.»[119] Ein eingefleischter Kommunist spielt mit den Glamour-Utensilien des Westens, und Henry Kissinger, Stargast aller schillernden Events, zeigt sich wegen der Anwesenheit von Rockstars oder irgendeiner B-Prominenz pikiert. Das hatte auch Kabarettisten einfallen können.

Zum Lachen war freilich niemandem zumute. Kissinger schrieb stattdessen seine Leser ins Koma. Oder an den Rand der Verzweiflung angesichts einer endlosen Auflistung dessen, was aus seiner Sicht zur Wahrung militärischer Kampf- und Durchsetzungsfähigkeit getan werden musste, aber nicht getan wurde. Der Westen muss dieses und jenes müssen, am besten jetzt und gleich, tut es aber nicht, weil naive Idealisten lieber ihren Seifenblasen nachschauen und das Kerngeschäft derweil an verknöcherte Bürokraten delegieren. Und nur einer weiß, was getan werden müsste: Henry Kissinger.[120] Jedes Argument ein Wiedergänger, seit Jahrzehnten mehrfach hin und her gewälzt. Aber ein derart wütendes Stakkato war ungewöhnlich, wenn nicht einzigartig.

Wie es scheint, verlor Henry Kissinger die Contenance, weil ihm mit dem Abzug aller Mittelstreckenraketen aus Europa, von Reagan und Gorbatschow Ende 1987 im INF-Vertrag vereinbart, sein Lieblingsspielzeug abhandengekommen war. Die «sinnvolle nukleare Option» nämlich oder Waffen, mittels derer man diplomatischen Druck ausüben, mit der Angst der Gegenseite spielen und im Fall der Fälle angeblich einen begrenzten Atomkrieg führen konnte.[121] Dass er dennoch eine Ratifizierung des Abkommens empfahl, ist kein Widerspruch; Kissinger wollte lediglich den Kollateralschaden einer Ablehnung vermeiden, genauer gesagt einen Propagandasieg Gorbatschows.[122] Umso mehr machte er sich für eine baldige Behebung des eigentlichen Schadens oder für eine Wiederherstellung von Kriegsfähigkeit mittels Weltraumwaffen oder sonstiger High-Tech stark.[123]

Ob Kissinger am 29. April 1987 die «New York Times» las, weiß man nicht. Falls ja, dürfte es ihm den Tag verhagelt haben. Dass nämlich gleich zwei geschätzte Freunde – der Journalist James Reston und der bundesdeutsche Kanzler Helmut Schmidt – ihn am Portepee fassten und in ein und derselben Ausgabe einer weltweit vertriebenen Zeitung kräftig durchschüttelten, muss sich wie ein politischer Totalschaden angefühlt haben. Kissinger hatte ihnen mit zwei kurz zuvor in der «Washington Post» publizierten Polemiken zu den INF-Verhandlungen die Vorlage geliefert.[124] Ohne jemanden beim Namen zu nennen, trug Schmidt sein Statement im Ton einer Regierungserklärung vor. «Als jemand, der die doppelte Null-Lösung[125] mit auf den Weg gebracht hat […], bitte ich meine nervösen Freunde in Europa und Amerika dringend, sie zu akzeptieren. Ihre Ängste, dass Europa durch den Abzug dieser Waffen für einen Angriff aus der Sowjetunion verwundbar gemacht wird, sind fehl am Platz.»[126] Zur Erinnerung: Kissinger hatte mit apokalyptischem Anstrich von einer historisch beispiellosen Schutzlosigkeit Europas und unvorstellbaren Gefahren für die Welt gesprochen. Schmidts eigentlicher Rüffel aber war die Überschrift: «If the Missiles Go, Peace May

Stay» – Zieht die Raketen ab, dann hat der Frieden vielleicht eine Chance. So etwas verbuchte Kissinger gemeinhin auf dem Konto von Blumenkindern.

James Reston ging ihn sogar persönlich an: «Ihre Kolumne bricht mit der ersten Regel einer guten Kolumne: Halte Dich kurz. Und sie bricht mit der zweiten Regel: Sei bescheiden. Und auch mit der dritten Regel: Sei großzügig.» Den Vorwurf an die Adresse von Ronald Reagan, wegen des absehbaren Verzichts auf die «Euro-Missiles» die NATO in die schwerste Krise ihrer Geschichte gestürzt zu haben, hielt Reston für unentschuldbar und würdelos. «Es wäre schlimm genug, so etwas von einem gelegentlichen Schreiberling zu lesen. Dass es von einem [...] ehemaligen Außenminister gesagt wird, jagt ein Schaudern durch jede Hauptstadt unserer Alliierten. [...] Sie, Henry, sagen uns ständig, dass Politiker die Konsequenzen ihrer Vorschläge bedenken müssen, aber in Ihrer Kolumne wenden Sie dieses Prinzip [...] nicht auf sich selbst an. [...] Davon abgesehen, geht es nicht allein um Einschätzungen, sondern auch um Manieren.» Nämlich um die Flegelhaftigkeit, einem amtierenden Präsidenten öffentlich die Verletzung seines Amtseides anzuhängen. Oder ihm Amtsunfähigkeit zu unterstellen, weil er den hinterhältigen Phantasien des Kremls hinterhergelaufen sei. «Man fragt sich, was Sie [...] wohl gedacht hätten, [...] wenn Lyndon Johnson eine derartige öffentliche Attacke gegen Ihre Politik geritten und unterstellt hätte, dass sie den Russen Hilfestellung leisten und Ihrem eigenen Land schaden.»[127]

Allerdings drückten sich die meisten Kritiker um die historischen Abstrusitäten und politischen Schludrigkeiten Kissingers herum. Dass Russland mindestens seit Peter dem Großen auf Expansionskurs liegt, dass beide Weltkriege einer Rivalität zwischen Teutonen und Slawen geschuldet waren, dass die letzte umfassende Debatte über Europas politische Zukunft 1919 geführt wurde – man musste kein Historiker sein, um sich darüber verwundert die Augen zu reiben. Nicht viel anders war es um Behauptungen bestellt, die Kissinger zur aktuellen Lage in die Welt setzte. In seiner Philippika gegen den INF-Vertrag sprach er davon, dass die UdSSR einen Großteil der ursprünglich für SS-20-Mittelstreckenraketen vorgesehenen

Sprengköpfe behalten dürfte und künftig auf anderen Trägersystemen montieren könnte[128] – beide Seiten hatten ausdrücklich die Vernichtung dieser Sprengköpfe vereinbart. Für den Fall einer drastischen Reduzierung interkontinentaler Raketen, auch darum ging es in den Gesprächen zwischen Reagan und Gorbatschow, prognostizierte er eine dramatische Verwundbarkeit des verbleibenden amerikanischen Arsenals – eine Verkehrung der Realität ins Gegenteil, denn die ohnehin unverwundbaren Raketen auf Unterseebooten sollten fortan durch mobile, schwer ortbare Systeme zu Land ergänzt werden. Und wie belastbar war seine Alternative für Europa? Die Idee, dass die Staaten der europäischen Gemeinschaft an den Diskussionen der NATO beteiligt und umgekehrt die USA seitens der EG bei allen wichtigen Beschlüssen konsultiert werden? Was sollte Beteiligung im einen, Konsultation im anderen Fall bedeuten?[129] Klärende Vorschläge machte Kissinger keine; umso schneller war er seit den frühen 1980er Jahren mit Vorwürfen gegen ein politisch infantiles Westeuropa zur Hand.[130] Mangels kritischer Nachfragen blieb ihm zumindest an dieser Stelle eine weitere Beschädigung seines Renommees erspart. Die schiere Masse der Wortmeldungen lenkte offenbar von der fehlenden Klasse ab.

Auftritt Richard Nixon: Aus dem Nichts lancierte «Tricky Dick» im März 1992 ein Memorandum an die Presse, dessen Titel provokativer kaum hätte sein können: «Who Lost Russia?» Mit einer ähnlichen Frage, nämlich nach den Verantwortlichen für den «Verlust Chinas», hatte er in den frühen 1950er Jahren seine Karriere forciert und die Laufbahn anderer ruiniert. Sie 40 Jahre später in leicht abgewandelter Form einem amerikanischen Präsidenten vor die Füße zu werfen, entbehrte nicht einer gewissen Perfidie. Aber Nixon war eben immer noch der Alte, wenn er eine Chance zur Rehabilitierung witterte. Diese Gelegenheit schien gekommen, als niemand in Washington bereit war, Gorbatschows Nachfolger mit seinem Versprechen freier Wahlen und freier Marktwirtschaft beim Wort zu nehmen. «Jelzin darf nicht scheitern», echauffierte sich Nixon. «Sollte er scheitern, so bedeutet das nicht, dass die Kommunisten zurückkommen. Eine autoritäre alte Garde wird zurückkommen. […] Ich bin ein Antikommunist, aber ein pro-russischer Antikommunist.»[131]

Dass er auf einen Schlag alle, die mit Kolumnen zum ewig expansiven und nicht reformierbaren Russland die Zeitungen füllten, in die Ecke drängte, dürfte Nixon zumindest klammheimliche Freude bereit haben. Vielleicht würde er am Ende sogar wegen eines doppelten Kunststücks in die Geschichte eingehen – als der Mann, der zuerst die Tür nach China und am Ende seines Lebens zum neuen Russland aufstieß.

Wie auch immer: Der Vorstoß gelang. Nixon griff mit seiner Forderung nach einem milliardenschweren Hilfspaket für Russland in den Präsidentschaftswahlkampf ein, «warf eine scharfe Handgranate in Richtung Weißes Haus» und trieb den Amtsinhaber regelrecht vor sich her.[132] Ob er wollte oder nicht, George H. W. Bush machte sich die Idee zu eigen. Aus seiner Ankündigung, zusammen mit anderen westlichen Partnern die Wirtschaftshilfe für Russland auf 24 Milliarden Dollar aufzustocken, wurde bekanntlich nichts. Aber auch der neue Präsident Bill Clinton machte mit dem Versprechen noch eine Zeit lang Politik. Überdies hofierte er Nixon wie einen diplomatischen Großwesir. «In seinem letzten Lebensjahr», notierte ein langjähriger Beobachter noch immer ungläubig, «war Nixon eine Art Schattenminister für russische Angelegenheiten in Clintons Regierung.»[133]

Und Henry Kissinger? Wollte jede Russland-Hilfe vom außenpolitischen Wohlverhalten Moskaus abhängig machen, ohne zu sagen, wie wohlgefällig der Empfänger sich verhalten sollte, um dem Geber einen Gefallen zu tun. So viel zum Üblichen. Die im Sommer 1992 von Jelzin und Bush sen. unterzeichnete Charta zur «Amerikanisch-Russischen Partnerschaft und Freundschaft» kitzelte wieder den verbalen Rüpel in Kissinger. Moskau, ein «strategischer Partner»? «Sollte Russland wirklich ermutigt werden, eine globale Rolle zu spielen, was das gleiche wäre, wie einem Alkoholiker auf Entzug Schnaps vorzusetzen? Wo bleiben dann Amerikas Verbündete?»[134] Es war ein Vorgeschmack auf lange Jahre des Clinton-Bashing, in dem sich der Ärger gegen außenpolitisch Andersdenkende mit gekränkter Eitelkeit vermengte – das Grundschema in neuer Variation und deshalb nicht einer weiteren Rede wert.[135]

Angeklagt

Seit dem Herbst 1998 wurde Henry Kissinger auf ganz andere Weise von der Vergangenheit eingeholt. Richter in Spanien, Frankreich, Belgien und der Schweiz forderten einen Strafprozess gegen den ehemaligen chilenischen Diktator Augusto Pinochet, weil unter seiner Knute auch Staatsbürger dieser Länder gefoltert oder ermordet worden waren. Mitte Oktober wurde Pinochet, der sich in London von einer Rückenoperation erholte, verhaftet und fast anderthalb Jahre unter Hausarrest gestellt, eine vom Obersten Gerichtshof Großbritanniens mit dem Hinweis versehene Maßnahme, dass auch Staatschefs bei Verbrechen gegen die Menschlichkeit keine Immunität genießen. Fast zeitgleich votierten 120 Nationen dafür, diesem Grundsatz mit der Einrichtung eines Internationalen Strafgerichtshofs («ICC») zusätzlichen institutionellen Rückhalt zu geben. Folter, Massenmord und Genozid sollten überall und künftig auch vor dem neuen Gericht in Den Haag geahndet werden können. Im Mai 2001 zogen zwei Staatsanwälte in Argentinien und Frankreich eine aus ihrer Sicht naheliegende Konsequenz und kündigten eine Anhörung Henry Kissingers in der Causa Pinochet an. Der schriftlichen Vorladung in Paris entzog sich Kissinger durch eine überstürzte Abreise aus seinem dortigen Hotel. «Meines Erachtens ist dadurch klar geworden», meinte der Leiter des in New York ansässigen «Lawyers Committee for Human Rights», «dass er jetzt einer von sehr vielen Amtsträgern ist, die zweimal überlegen müssen, bevor sie eine Reise antreten.»[136] Tatsächlich stornierte Kissinger deswegen im Februar 2002 einen lange geplanten Aufenthalt in Brasilien.

Seine Brandrede gegen den Internationalen Strafgerichtshof, im Sommer 2001 in der Zeitschrift «Foreign Affairs» veröffentlicht, geriet erst recht zur Blamage. Von «Tyrannei der Richter», «Diktatur der Tugendhaften», «Inquisition und Hexenjagd» und «einschüchternden Leidenschaften» sprach Kissinger in diesem Text.[137] Zwei der Angesprochenen antworteten umgehend und in der kühlen Diktion von Völkerrechtlern: Benjamin Ferencz, einer der Ankläger im Nürnberger Prozess, und Kenneth Roth, Vorstandsmitglied von «Human Rights Watch». Hätten sie vor Gericht plä-

Protestkundgebung anlässlich einer Rede von Henry Kissinger beim Jahrestreffen des Direktoriums der «Royal Albert Hall», London, 24. April 2002.

diert, Kissingers Verteidigung wäre wie ein Kartenhaus in sich zusammengefallen.

Der Reihe nach. Spätestens seit 1945 gibt es universell anerkannte Rechtsgrundsätze zur Bestrafung von Makroverbrechen, darauf basierten die Kriegsverbrecherprozesse von Nürnberg und Tokio, die «Konvention über die Verhütung und Bestrafung von Völkermord» von 1948 und die «Folterkonvention» aus dem Jahr 1984 – dass Kissinger diese verbindlichen Prinzipien zu unverbindlichen Absichtserklärungen macht, ist folglich «in jeder Hinsicht unbegründet». Bei der Definition von Kriegsverbrechen übernahm der «ICC» nicht nur Bestimmungen der «Genfer Konvention» von 1949, sondern auch einschlägige Klauseln aus dem «Uniform Code of Military Justice» der amerikanischen Streitkräfte – dass Kissinger dem «ICC» einen unklaren Verbrechensbegriff vorwirft, ist demnach «gegenstandslos». Der «ICC» wird als Ankläger erst aktiv, wenn nationale Gerichte

Protest gegen den «Kriegsverbrecher Kissinger» während einer Anhörung des Senate Armed Services Committee, 29. Januar 2015.

zur Durchführung eines fairen Prozesses nicht imstande oder nicht willens sind – dass Kissinger von einer Aufkündigung rechtsstaatlicher Verfahren spricht, ist allein deshalb «fehl am Platz». Von Fall zu Fall internationale Tribunale seitens der UNO einzurichten, ist auf Dauer unbefriedigend, weil jedes ständige Mitglied des Sicherheitsrats von seinem Veto-Recht Gebrauch machen kann – dass Kissinger diese Behelfsgerichte à la carte dennoch bevorzugt, «fällt hinter die notwendige Einheitlichkeit eines internationalen Rechtssystems zurück» und «läuft faktisch darauf hinaus, wie in der Vergangenheit Straffreiheit zu gewähren».[138] Soweit Benjamin Ferencz und Kenneth Roth.

Aus diesen Gründen hatten sich auch die amerikanische Rechtsanwaltskammer, Rechtsprofessoren führender Universitäten, die «American Academy of Arts and Sciences» und zehn ehemalige Präsidenten der «American Society of International Law» für den Internationalen Strafgerichtshof ausgesprochen. Präsident George W. Bush, bedrängt von Nationalisten und «America Firsters» jeder

Couleur, blockierte seit 2002 dennoch den Beitritt seines Landes zum «ICC».[139] Eine Korrektur ist knapp 20 Jahre später noch immer nicht in Sicht.

Trotz des politischen Zuspruchs von höchster Stelle musste Henry Kissinger seine Anwälte jahrelang weiterbeschäftigen. Angehörige von René Schneider, des im Oktober 1970 ermordeten Stabschefs der chilenischen Armee, strengten im September 2001 eine Zivilklage gegen ihn an, Menschenrechtsorganisationen stellten Strafanzeige, weil er als Außenminister Kenntnis von «Operation Condor» hatte, einem Mordkomplott mehrerer lateinamerikanischer Geheimdienste, dem hunderte Oppositionelle zum Opfer fielen. Und im November 2002 verklagten elf unter der Pinochet-Diktatur Gefolterte Kissinger und die US-Regierung auf Schadensersatz.[140] Öffentlich verteidigte sich der Beschuldigte mit der Behauptung, dass der Putsch gegen Salvador Allende zur Abwehr einer Diktatur nach kubanischem Vorbild notwendig war, oder er sprach von einem vergleichsweise geringen Stellenwert der Menschenrechte während des Kalten Krieges. Mitunter geißelte Kissinger die Kriegsverbrecherdebatte gar als Anschlag auf die nationale Sicherheit der USA. «Wenn [dieser Vorwurf] zum festen Bestandteil der Diskussion wird, verliert die Diplomatie ihre Flexibilität und die Strategie ihre Durchschlagskraft.»[141] Ob die mit den Klagen befassten Richter ähnlich dachten, sei dahingestellt. Zu einem Prozess kam es nie.

Keinen Bock zum Gärtner machen

«He's Ba-a-a-ack!» überschrieb eine konsternierte Journalistin der «New York Times» während dieser Zeit eine Kolumne zu Henry Kissinger.[142] Anlass war allerdings nicht Pinochets Putsch in Chile vom 11. September 1973, sondern das andere «9/11» von New York und Washington, D.C. im Jahr 2001. Präsident Bush jun. hatte Kissinger zum Leiter einer hochkarätig besetzten Kommission benannt, die sich mit den Hintergründen des Anschlags und der Terrorabwehr amerikanischer Geheimdienste beschäftigen sollte. Dass Kissinger für diese Aufgabe ausgewählt wurde, kam nicht überraschend. Nach anfänglichem Zögern hatte er dem Präsidenten beim Feldzug gegen Saddam Hussein den Rücken gestärkt und eine «Sieg-Strategie» für den Irak vorgelegt, genauer gesagt seinen sattsam bekannten Rat für den Umgang mit Aufständischen: Massiv eskalieren, um den bloßen Anschein einer widerstandsfähigen Opposition zu zerstreuen und um Amerikas Ruf als unbezwingbare Militärmacht aufzufrischen.[143] Süßliches Lob für den Präsidenten, bei allen möglichen Anlässen gestreut, erleichterten Bushs Entscheidung für den Kommissionsvorsitz.

Es folgte ein guter zweiwöchiger Aufschrei, mit dem wohl niemand im Weißen Haus gerechnet hatte. Leitartikler fragten, was eigentlich das größere Übel sei: Es mit einer Regierung zu tun zu haben, die eine überfällige, lange abgewehrte Untersuchung auf diese Weise in Grenzen halten wollte. Oder mit Verantwortlichen, die nicht wussten, was sie taten. «Von Mr. Kissinger einen vorbehaltlosen Bericht über das Verhalten der Regierung [...] zu erwarten, scheint unrealistisch. Er müsste die etablierte Ordnung herausfordern und riskieren, dass alte Freundschaften und Geschäftsbeziehungen in die Brüche gehen. [...] Es darf keinen Platz geben für jene Sorte politischer Berechnung und Bauchpinselei, die Mr. Kissinger während seiner Zeit als Richard Nixons Sicherheitsberater und Außenminister so beflissen an den Tag gelegt hat.[144] [...] Dies ist nicht die Nixon-Regierung. [...] Die Wunden der terroristischen Anschläge vom 11. September sind zu frisch [...], als dass man sich ethische Rabulistik leisten könnte.[145] [...] Wenn man einer Sache auf den Grund gehen will, dann holt man sich nicht Henry Kissinger. Wer aber andere davon abhalten will, einer Sache auf den Grund zu gehen, der bestellt sich Henry Kissinger.»[146] Stimmen aus der «New York Times», die in dieser oder ähnlicher Form landesweit zu hören waren, von der «Chicago Tribune», der «Los Angeles Times», der «New Republic» und «Washington Post» – um nur die wichtigsten mit ihrem gemeinsamen Nenner vorzustellen: Ein ehemaliger Diplomat, der von jeher Informationen über die Arbeit seiner Behörden unterdrückt hat und die Öffentlichkeit noch immer hinters Licht führt, ist die denkbar ungeeignetste Wahl für das Ausleuchten dunkler Ecken.[147]

Anfänglich glaubte Kissinger wohl, den Sturm aussitzen zu können. «Ich meine, dass sich die New York Times entschuldigen wird, sobald unser Bericht vorliegt.» Auch die Forderung aus dem Ethik-Ausschuss des Senats, die Partner von «Kissinger Associates» offenzulegen und damit den Verdacht möglicher Interessenkonflikte auszuräumen, fegte er vom Tisch. «Keine Anwaltskanzlei nennt die Namen ihrer Klienten. Und ich vertrete niemanden aus der Regierung Saudi-Arabiens.»[148] Ein typisches Kissinger-Dementi: Erstens war seine Firma keine Kanzlei, zweitens müssen selbst Anwälte dem Gesetzgeber auf Verlangen die Namen ihrer Kunden nennen, drittens hatte niemand nach Partnern im saudi-arabischen Königshaus gefragt – es ging um Firmen mit Geschäftsinteressen im Nahen Osten und deren Beziehungen zu «Kissinger Associates». Dann aber sprachen ihm Vertreter der Opferfamilien von «9/11» aus all diesen Gründen ihr Misstrauen aus, zuerst in Interviews, schließlich von Angesicht zu Angesicht bei einem gemeinsamen Frühstück.[149] Am 13. Dezember 2002, sechzehn Tage nach seiner Berufung, gab er den Auftrag zurück.

Spin-Doktor

Henry Kissinger landete weich. In der Stunde seiner größten Schmach ergriffen einflussreiche Kommentatoren nicht nur für ihn Partei, sie adelten ihn geradezu. «Er ist der vielleicht bedeutendste Außenpolitiker, den Amerika je gesehen hat», deklamierten die Herausgeber der «New York Post».[150] Vor diesem Ritterschlag verblasste jede Kritik zur Mäkelei intellektueller Liliputaner. Zentralamerika-Kommission, Chile-Prozesse, Internationaler Strafgerichtshof, alles nicht der Rede wert. Kissinger, so die «New York Post» weiter, verkörpert, was dem Land gerade in schwierigen Zeiten wert und teuer sein muss: Nationale Sicherheit, starke Geheimdienste, furchteinflößende Streitkräfte, eine Schatztruhe voller Erfahrung und Erfolg nicht zu vergessen. Ein kleiner Schritt noch, und sie hätten ihn zum Jahrhundertstrategen gekürt. Das Echo hallt bis heute nach.

An dieser robusten Verklärung hat Kissinger selbst einen erheblichen Anteil. Er weiß, dass Image sein wertvollstes Gut ist, dementsprechend schreibt er sich selbst das Drehbuch für ein immerwährendes Comeback.[151] Als Spin-Doktor in eigener Sache fährt er die größten Gewinne ein. Genauer gesagt, als Netzwerker und Verpackungskünstler, der überall zuhause ist, weil er unterschiedliche Interessen mit großer Flexibilität bedienen kann.

Anfang der 1980er Jahre musste man sich die Sitzordnung bei einer gehobenen Dinner-Party in New York ungefähr wie folgt vorstellen: Ein berühmter Politiker, vorzugsweise ein Senator, war Tischherr einer Dame, die pro Jahr für den Blumenschmuck ihrer Wohnung 60 000 Dollar ausgab und deswegen als prominent galt, links von ihm wurde ein Talk-Master platziert, der ebenfalls anwesende Vorstandsvorsitzende eines großen Unternehmens konnte wahlweise mit einem des Plagiats beschuldigten Schriftsteller, einem Nobelpreisträger oder mit einem wegen Unterschlagung rechtmäßig Verurteilten parlieren. Weltberühmte Designer und Schauspieler aus einer Soap mit miesen Quoten komplettierten die Runde. Ob der Stargast des Abends tatsächlich auftauchen würde, wussten auch die Gastgeber nicht, weshalb sie den Namen vorsorglich für sich behielten. Je schriller das Ensemble, desto größer die Chance, am nächsten Tag in der Klatschpresse oder, wenn es besonders gut lief, in der Rubrik Vermischtes einer renommierten Zeitung erwähnt zu werden. Im vorliegenden Fall hielt die «New York Times» ihre Leser auf dem Laufenden, weil die eigens zu diesem Zweck geladene Journalistin eine plastische Beschreibung ablieferte. Ihr Resümee dürfte sie allerdings künftige Einladungen dieser Art gekostet haben. «Uns geht es nicht mehr um die Realität, sondern nur noch um das, was als real erscheint», fasste Barbara Goldsmith ihre Eindrücke zusammen und mokierte sich über die «synthetischen Berühmtheiten» jenes Abends, die zu Dauergästen aller Abende geworden waren.[152]

Von politischen Ämtern und Würden abgeschnitten, suchte Henry Kissinger mehr denn je die Nähe der Glitzergesellschaft. Alte Freunde aus Washingtoner Tagen kommentierten missmutig, wer neuerdings bei ihm ein und aus ging: der Modeschöpfer Oscar de la Renta, der Musikproduzent Ahmet Ertegün, der TV-Moderator Ted

Mit Kirk Douglas, Gregory Peck und Barbara Sinatra im Hotel Waldorf Astoria in New York City, 3. Mai 1980. An diesem Abend erhielt Kissinger vom «Friars Club» die Auszeichnung «Man of the Year».

Koppel, der Musiker Isaac Stern, um nur die Namhaften neben den Möchtegern-Prominenten des internationalen Jet-Set zu nennen. Mit Leuten wie ihnen verbrachten die Kissingers manches Weihnachtsfest in Santo Domingo und ihren jährlichen Februarurlaub in Acapulco. Zu New Yorker Intellektuellen oder ehemaligen Kollegen aus Harvard hielt er auf eine Weise Distanz, dass gereizte Kommentare nicht ausbleiben konnten. «Er wollte eine Gruppe, die ihn auf ein Podest stellt.»[153]

«Stephen, it is time to rock»: Ein Satz nur, und Kissinger brachte hunderte von Studiogästen und ein Millionenpublikum vor den Fernsehern zum Lachen. In diesem Fall die Zuschauer von Stephen Colberts «Late-Night-Show», im Dezember 2006 wie üblich von «CBS» aus dem Ed Sullivan-Theater am New Yorker Broadway übertragen. Colbert hatte ihn hin und wieder parodiert, um nicht zu sagen verspottet. Aber gerade deshalb nahm Kissinger die Einladung an. An diesem Abend gab er den Startschuss für einen Gitarrenwett-

Mit Lionel Richie und Linda Evans beim «Carousel Ball» in Denver, Co., 10. Oktober 1984.

bewerb zwischen dem Gastgeber Colbert und Chris Funk von der Indie-Folk-Band «The Decemberists». Statt wie vorgesehen den Gewinner zu küren, zog er sich charmant aus der Affäre: «Ich denke, dass alle Amerikaner die Gewinner des heutigen Abends sind.»[154] So begann eine langjährige Medienfreundschaft, in der Kissinger weniger durch Interviews als durch komödiantische Einlagen in Erinnerung blieb. In der letzten Ausgabe der Show vom Dezember 2014 war er wie selbstverständlich gesetzt. Mit ihm von der Partie: die Basketball-Legende Kareem Abdul-Jabbar, der Schauspieler und Sänger Mandy Patinkin, die Feministin Gloria Steinem, der Schauspieler Patrick Stewart, Raymond T. Odierno, ehemaliger Stabschef der U. S. Army, Neil deGrasse Tyson, Astrophysiker, Kosmologe und Fernsehmoderator, sowie «Big Bird», der mannshohe Kanarienvogel aus der Kinderserie «Sesamstraße».[155]

Bei publicityträchtigen Auftritten wird nichts dem Zufall überlassen, selbst Kleinigkeiten bereitet Kissinger penibel vor. Für jede Frage, sei es zur aktuellen Politik oder zu einer Neuerscheinung aus seiner Feder, hält er einen markigen Spruch oder launige Überleitungen ins Unterhaltsame bereit. Auch macht er keinen Unterschied zwischen offiziellen Anlässen und betont legeren Zusammenkünften. Zu letzteren zählen die Treffen im «Bohemian Grove», einem Freizeitcamp für die Crème de la Crème konservativer Meinungsmacher und Wirtschaftsbosse. Zu dieser größten Männerparty der Welt treffen sich Ende Juli jeden Jahres an die 2000 «Bohemians» in einer weitläufigen Anlage am Russian River, 65 Meilen nördlich von San Francisco, Gemarkung Monte Rio. Unter majestätischen Mammutbäumen gibt es Erbauliches in Form von Vorträgen und Konzerten, Erlesenes am Büffet und Seltenes an der Bar, vor allem aber Albernes nach burschenschaftlicher Art – das rituelle Verbrennen eines Holzskeletts, Symbol für alle Sorgen dieser Welt, vor einer gut 13 Meter hohen Eule aus Beton, überwacht von Hohepriestern in roten Kapuzen und langen Roben, Travestieshows mit prominenten Mitgliedern in den Hauptrollen, gerüchteweise auch Wettbewerbe im Weitpinkeln, diese aber nicht als Teil des angekündigten Programms, sondern eher unter dem Eindruck erhöhter Alkoholspiegel.[156] Und dazu läuft der Klassiker «There'll Be a Hot Time in the Old Town Tonight» aus dem Jahr 1896. Wenn Henry Kissinger teilnimmt, was in den vergangenen Jahrzehnten meistens der Fall war, bespielt er alle Bühnen. Er gibt den Deuter des Weltgeschehens und, wenn gewünscht, die Rampensau, etwa als Leadsänger an der Seite von Clint Eastwood und Colin Powell. Das ständige «Yeah», den Ausfallschritt und das rhythmische Kreisen des Mikrofons, alles hatte er sorgsam geübt, zu keiner Probe war er, entgegen sonstiger Gewohnheit, zu spät gekommen. Ein als Gast geladener deutscher Journalist zeigte sich nachhaltig beeindruckt: «Die Stimme. Die Körpersprache. Der Einsatz. Keiner bekommt so viel Applaus. Bei niemandem johlt das Publikum so laut.»[157]

Termine bei Henry Kissinger sind von bleibendem Erinnerungs-

Bei einer Dinner-Party des «Aspen Institute», Plaza Hotel, New York City, 6. November 2008.

wert. Er versteht es, die ihm genehme Distanz mit lässiger Vertrautheit zu wahren. Konservative, Liberale, Linke, er nimmt die Gesprächspartner, wie sie kommen, und die meisten gehen mit der Illusion, einen Blick in das Wesen der Macht erhascht zu haben. Dazu muss Kissinger nicht mit Errungenschaften prahlen, es reicht das Beiläufige, Hinweise auf Morddrohungen etwa, auf den Terminkalender – ständig diese Verabredungen mit dem Außenminister, dann auch noch mit einem griechischen Reeder und zwischendurch mit dem französischen Staatspräsidenten – oder auf den nächsten Fernsehauftritt. Sottisen über Prominente, die nur er aus der Nähe kennt und die despektierlich zu behandeln nur ihm zusteht, sind bei solchen Gelegenheiten besonders beliebt. Über wen und wie gelästert wird, ob er jemanden als beschränkt, unmoralisch oder betrügerisch herunterputzt, den er bei öffentlichen Anlässen kurz zuvor noch hatte hochleben lassen, spielt keine Rolle. Jeder Satz ist «eyes only», also streng privat. Und Kissinger kann auf die Verschwiegenheit der Anwesenden setzen, denn keiner will es sich mit ihm verderben. Sollte jemand plappern, gibt es immer noch das Dementi. Hauptsache, möglichst viele kolportieren möglichst oft, wie einflussreich und mächtig Henry nach wie vor ist.[158]

Mit ebenso leichter Hand lenkt Kissinger ein Gespräch auf sein Lieblingsthema – die Tragik des Staatsmanns, der Verantwortung übernimmt, die andere nicht schultern wollen, der Risiken eingehen muss, ohne die Umstände genau zu kennen, der das Beste will und weiß, dass er mitunter Böses schafft. Der Schriftsteller Max Frisch hat den suggestiven Sog einer solchen Unterhaltung in seinem Tagebuch beschrieben. «Wer Entscheidungen fällt oder zu Entscheidungen rät, die Millionen von Menschen betreffen, kann sich nachträgliche Zweifel, ob die Entscheidung richtig ist, nicht leisten; die Entscheidung ist gefallen, das weitere abzuwarten. [...] Ich habe noch keinen Mann getroffen, dessen möglicher Irrtum ein entsprechendes Ausmaß annehmen könnte.» Dagegen erscheint die Verantwortung eines Chirurgen, Lokomotivführers oder Piloten überschaubar, wenn überhaupt der Rede wert. «Aber Berater eines Weißen Hauses? [...] Seine Verantwortung steht in keinem Verhältnis mehr zur Person, die einen Anzug trägt wie wir. Je mörderischer der Irrtum sein kann, umso weniger kann einer dafür.»[159] Frisch notierte diesen Eintrag im Mai 1970. Kissingers Dramaturgie ist dieselbe geblieben: Ehrfurcht als Ressource zur Distanzierung und Abstandshalter gegen unerwünschtes Nachfragen.

Selbst hartnäckige Kritiker umgarnt er mit seinem legendären Charme. Sofern sie in der Öffentlichkeit etwas zu sagen haben, fühlt er sich zu ihnen hingezogen wie eine Motte vom Licht. So hatten es protestierende Studenten im Sommer 1969 erlebt, als Kissinger immer mal wieder in Wohngemeinschaften auftauchte. Umstimmen wollte er die Gegner des Krieges, sie von sich überzeugen und einnehmen.[160] Und so erlebte es der Schriftsteller Hans Magnus Enzensberger Ende der 1980er Jahre bei einer Abendgesellschaft mit Künstlerstipendiaten des Deutschen Akademischen Austauschdienstes. «Bei glänzender Laune erkundigte [Kissinger] sich, ob ich ihn nach wie vor für einen Kriegsverbrecher hielte.» Der bejahenden Antwort folgte die Einladung zu einem Gespräch unter vier Augen. «‹Darüber sollten wir in aller Ruhe sprechen! [...] Hier haben Sie meine

Mit Elizabeth Taylor und Malcolm Forbes bei einem Empfang von «Forbes Magazine», 28. Mai 1987.

private Telefonnummer, unter der ich zu erreichen bin. Auf keinen Fall weitergeben!› ermahnte er mich, schlug mir auf die Schulter und ging.»[161] Ob irgendwer auf das kumpelhafte Angebot hereinfiel, war egal. Dass es die Runde machte, darum ging es. Wie Ende 2016, als der Journalist Jeffrey Goldberg in Begleitung seiner Tochter zu einem langen Interview bei Kissinger erschien. «Selbst im Alter von 93 hat er noch immer das brennende Bedürfnis, andere davon zu überzeugen, dass er in den wesentlichen Dingen immer richtig liegt. [...] Ich habe noch nie jemanden in seinem Alter erlebt, der dermaßen darauf erpicht ist, selbst Zufallsbekanntschaften zu beeindrucken, in diesem Fall eine 19jährige Fremde. [...] Es gibt buchstäblich nichts, wofür er sich nicht wieder und wieder rechtfertigen würde – die Bombardierung von Kambodscha, seine Rolle in Chile oder Argentinien, oder während des Bürgerkriegs in Pakistan [...], einfach nichts. [...] Das kann einen auf die Palme bringen und zugleich kann man davon fasziniert sein.»[162]

Tatsächlich erliegen viele Journalisten Kissingers Faszination immer wieder aufs Neue. Er beherrscht die Regeln ihres Metiers, er weiß, wer in welchen Positionen was zu sagen hat und wem er für gefällige Artikel wie viel Honig um den Bart schmieren muss. Zu seiner aktiven Zeit zogen Spitzenreporter wie Hugh Sidey vom «Time Magazine» ihn ab und an sogar zur Endabnahme ihrer Texte hinzu und kamen Änderungswünschen bereitwillig nach.[163] So weit kann er als Pensionär nicht mehr gehen. Aber Interviews selbst einzufädeln oder sich Länge und Aufmachung eines Textes auszubedingen, das versucht er wie in besten Tagen. Warum auch nicht, denn eine Zurückweisung ist keine Meldung wert und folglich ohne Risiko.[164]

Druckreife Zitate zu liefern, komplexe Zusammenhänge auf eine eingängige Überschrift zu verdichten oder andere wie aus dem Nichts mit einem Geistesblitz zu überraschen, darin ist Henry Kissinger unerreicht. An seinem Beispiel lässt sich studieren, welche Erwartungen ein Sender bedienen musss, um von Empfängern gerne gehört zu werden. In den Worten einer Reporterin der «Washington Post»: «Henry ist immer für einen Spruch gut, er gibt einem immer was.»[165] Stichwort Sarkasmus: Davon können Journalisten gar nicht genug bekommen, Kissingers Witze sind ihr erzählerisches Colorit und entschädigen für fehlende Home-Stories. Umgekehrt profitiert auch Kissinger von seinen selbstironischen Bemerkungen, sie zirkulieren wie zeitlose Accessoires in Berichten über den Menschen hinter dem Genie. Unvergessen die Ankündigung seiner Memoiren: «Ich weiß wirklich noch nicht, wie umfangreich sie sein werden. Nur der Titel steht schon fest. ‹Kissinger – Eine Fallstudie zur Unfehlbarkeit›. Es wird eine Fußnote über alle Fehler während meiner achtjährigen Amtszeit geben. Vielleicht wird sie sehr kurz sein. Ich habe nämlich noch keine Fehler entdeckt.»[166] Als er im Oktober 1979 während der Frankfurter Buchmesse den ersten Band vorstellte und vor 900 Reportern wieder einmal in diese Trickkiste griff, warfen sie vor lauter Entzücken in der verbleibenden Fragestunde nur noch mit Wattebäuschen nach ihm.[167]

Wie aus der Hüfte geschossen wirken Kissingers Pointen. Manchmal sind sie es auch, in der Regel jedoch ist das Spontane geplant. Andernfalls wäre ein wiederkehrendes Muster schwer zu erklären, die Art und Weise nämlich, wie er sich selbst auf einen Sockel stellt und anschließend jenen eine Nase dreht, die an seinem Denkmal kratzen. Ein Beispiel aus dem Jahr 1982, Pressekonferenz in einem Bostoner Krankenhaus: «Mein Arzt sagt, ich brauche drei Bypässe. Aber ich bestehe auf vier – ich will einen mehr als Al Haig. [...] Wenigstens ist damit bewiesen, dass ich tatsächlich ein Herz habe.»[168] Ein weiteres Beispiel aus dem Jahr 2016, Vieraugengespräch mit einem Journalisten der Zeitschrift «The Atlantic»: «Schreiben Sie bitte Folgendes auf und drucken Sie es ab, als wäre es Ihre eigene Beobachtung: ‹Obwohl Kissinger seit Jahrzehnten nicht mehr in der Regierung ist, hatte ich den Eindruck, dass seine Egomanie all die Jahre unverändert überdauert hat.› Ich muss Ihnen doch ein paar Gründe geben, um über meine Paranoia zu schreiben.»[169] Der Clou bestand offensichtlich in der Erwartung, dass die Regieanweisung als solche kenntlich gemacht wird. Was in diesem Fall auch geschah. Man könnte es Futter für die Meute nennen. Oder die Kunst, die Meute glauben zu machen, das Futter sei eigentlich ihre Beute.

Anders als in den USA zeigt dieser Kniff in Deutschland kaum Abnutzungserscheinungen. Am wenigsten beim Axel-Springer-Verlag, in dessen Berliner Zentrale Henry Kissinger einmal jährlich mit jungen Künstlern, Politikern, Wissenschaftlern und Unternehmern über deutsche Probleme und Befindlichkeiten diskutiert. Dass er dem Chef des Konzerns einst ohne viel Federlesen zu einer Audienz bei George W. Bush verhalf, dürfte ebenfalls auf die Würdigung seines 90. Geburtstags in der Springer-Zeitung «Die Welt» abgefärbt haben. «Seit einem halben Jahrhundert bestimmt Henry Kissinger die Außenpolitik der Welt. [...] Zu seinem Einflusskreis gehört der republikanische Gouverneur Nelson A. Rockefeller ebenso wie die demokratischen Präsidenten John F. Kennedy und Lyndon B. Johnson.»[170] Um den Fixstern Kissinger kreisen alle politischen Planeten dieser Welt – ein Satz wie geschaffen zur Illustration eines lästerlichen Bonmots angelsächsischer Kollegen: «Selbst wenn Kissinger nur den Wetterbericht laut vorlesen würde, ehrfurchtsvolle Journalisten würden über eine Verkündigung von kosmischen Ausmaßen berichten.»[171]

Präsenz, Präsenz und noch einmal Präsenz: Auf diesen Nenner lässt sich Henry Kissingers Bewirtschaftung der Medienlandschaft bringen. Egal, wann und wo etwas halbwegs Bedeutendes geschieht, Kissinger ist zur Stelle, er kommentiert selbst dann, wenn er noch nicht weiß, worauf sein Kommentar am Ende hinauslaufen soll – so geschehen bei seinen frühen Wortmeldungen zum Irak-Krieg 2003. Diese waren derart schillernd, dass die «New York Times» ihn anfänglich zu den prominenten Gegnern einer militärischen Intervention rechnete. Was insofern gelegen kam, als mit der Richtigstellung neue Schlagzeilen garantiert waren.[172] Ein uraltes Spiel ohne Alterserscheinungen: Der Inhalt einer Analyse tritt hinter die Person des Analysten zurück, das Interesse des Anbieters verschmilzt mit den Interessen des Vermarkters. Dass Kissinger im April 2020 auch der Covid-19-Pandemie eine Kolumne widmete, war nur konsequent. Gerade weil er nichts zu sagen hatte, was von anderen Autoren nicht bereits vielfach gesagt worden war, meldete er sich zu Wort. Es ging um das Echo. Und mit ihm dürfte er wieder einmal zufrieden gewesen sein.[173] Ein derartiges Stehvermögen, stabil über Jahrzehnte und immun gegen allerlei Rückschläge, sucht seinesgleichen.

Den wohl ungewöhnlichsten Coup landete Kissinger als Ko-Autor von fünf Artikeln zur nuklearen Abrüstung. Gezeichnet von ihm, von William J. Perry (Verteidigungsminister unter Bill Clinton), Sam Nunn (langjähriger Senator) und George P. Shultz (Außenminister in der Regierung Reagan), erschienen diese Texte zwischen 2007 und 2013 im «Wall Street Journal».[174] Es ging um die Weiterverbreitung von Atomwaffen, insbesondere um das sich abzeichnende Szenario, dass Staaten wie Nordkorea und der Iran oder Terrorgruppen in den Besitz von Massenvernichtungswaffen kommen. Die meisten der vorgeschlagenen Gegenmaßnahmen klangen vertraut: Teststopp, Kontrolle über die Produktion und Anreicherung waffenfähigen Urans, Verbot von Nuklearwaffen kurzer Reichweite. Das langfristige Ziel aber hatte es in sich: Eine atomwaffenfreie Welt, Abschaffung und Verbot der apokalyptischen Werkzeuge, überall und ohne Hintertüren. Nachdem Reagan und Gorbatschow 1987 in Reykjavik dieser alten Vision wieder auf die Sprünge geholfen hatten, spie Kissinger monatelang Gift und Galle. Auch in der

Folge deutete nichts auf einen Sinneswandel hin. Und dann dieser Paukenschlag, große Aufmachung, weltweite Zustimmung vom russischen Ministerpräsidenten über den Wahlkämpfer Barack Obama bis zu unbekannten Friedensinitiativen.

Was war geschehen? Psychologen verwiesen auf das so genannte «Pensionärs-Syndrom», also die Beobachtung, dass ehemalige Politiker die Öde des Ruhestands durch einen Widerruf früherer Überzeugungen oder Entscheidungen bekämpfen.[175] Rechercheure wie Philip Taubman von der «New York Times» hatten eine bodenständigere Erklärung. Ihr zufolge war Henry Kissinger der «odd man out», der Außenseiter in der Gruppe. Während die anderen, George P. Shultz vorweg, die Initiative aus Sorge um eine unkontrollierbare Verbreitung von Atomwaffen energisch weitertrieben, betätigte sich Kissinger im Hintergrund als Bremser.[176] Jahre später erhärtete der Mit-Initiator William J. Perry diese These. «Henry mag es, bei großen tagespolitischen Fragen in der ersten Reihe zu stehen, deshalb ist er dabei, obwohl er nicht alle Schlussfolgerungen teilt.»[177]

Kissinger beglaubigte den Verdacht auf seine Weise – in einem Aufsatz für die «New York Times», mit dem er im Alleingang die Forderung nach einer atomwaffenfreien Welt verhöhnte. Es war ein klassischer Kissinger-Text im «Ja-aber»-Modus, mit der Betonung auf dem «aber». Ja, allen möglichen Aspiranten den Zugang zum Atom-Klub zu öffnen, birgt unkalkulierbare Risiken. Ja, die latente Drohung der Großen mit beiderseitiger Vernichtung ist unglaubwürdig und deshalb sinnlos. Aber vollständig auf Atomwaffen zu verzichten, egal welcher Sprengkraft und Reichweite, ist keine Lösung des Problems. Wer es dennoch riskiert, macht sich selbst erpressbar und verzichtet auf die Möglichkeit, andere erpressen zu können. «Die Wirksamkeit unseres Waffenarsenals muss gewahrt bleiben.»[178]

Damit fiel er nicht nur seinen Kollegen in den Rücken. Er grenzte sich zugleich deutlich von Helmut Schmidt, Richard von Weizsäcker, Egon Bahr und Hans-Dietrich Genscher ab, die kurz zuvor gefordert hatten, nebst den Waffen auch alte Denkgewohnheiten zu entsorgen und stattdessen das Konzept der «Gemeinsamen Sicherheit» wiederzubeleben.[179] Ihr Appell verhallte ebenso wie der ursprüngliche Aufruf für eine atomwaffenfreie Welt.

Henry Kissinger griff schnell wieder zu den gewohnten Mitteln der Imagepflege. In drei Büchern – «Die Herausforderung Amerikas: Weltpolitik im 21. Jahrhundert», «China» und «Weltordnung» – hinterlegte er ein Vermächtnis. In Machart und Ton erinnern sie an seine Memoiren und einen Kommentar des Politikwissenschaftlers Stanley Hoffmann. «Dem Leser muss es vorkommen, als betrete er eine mächtige Festung, voller glitzernder Räume, aber mit einigen finsteren Korridoren und Verliesen, unzähligen Geheimkabinetten und engen Durchbrüchen voller Waffen zur Abwehr von Angreifern – Gewehre oder kochendes Öl.»[180]

Man kann beklagen, dass in diesem Labyrinth fast nur alte Bekannte zu Hause sind, beladen mit ihrem üblichen Ideengepäck. Man kann sich langweilen über Weitschweifiges und Banales. Man kann sich aufregen über die übliche Selbstgerechtigkeit und die Verachtung anderer Zukunftsvorstellungen.[181] Oder man kann mit Stanley Hoffmann über Kissingers Hang zum Verrätseln lachen. «Geopolitik ist Kissingers Religion. Und alle Religionen tun sich mit der Beschreibung des Paradieses schwer.»[182] Nur eines sollte man nicht übersehen: dass er eine riesige Echokammer bespielt.

Es geht um eine Variante der nationalen Meisterzählung in drei Akten. Erster Akt: Die Vereinigten Staaten definieren, was unter einem Gleichgewicht der Macht zu verstehen ist. Zweiter Akt: Sie nutzen ihre Macht, um andere vom allgemeinen Nutzen ihrer Sonderinteressen zu überzeugen. Dritter Akt: Sie sind die Macht, die Widerständige zähmt, militärische Zwangsmittel gegen jene eingeschlossen, die eigentlich keine militärische Bedrohung sind, aber mit ihrem abweichenden Verhalten Schule machen könnten. O-Ton Kissinger: «Es geht, vereinfacht gesagt, darum, dass die gegnerische Seite am Verhandlungstisch wissen muss, dass es eine Belastungsgrenze gibt und dass man jenseits davon versuchen wird, seinen Willen zwangsweise durchzusetzen. […] Wo es keine gemeinsamen Ziele und Interessen gibt, steht die Macht im Mittelpunkt. […] Wer Diplomatie als Alternative zum Krieg versteht, hat nur Grenzen des nationalen Interesses im Blick.»[183]

Und immer so fort, bis der Kern in seiner rabiaten Ursprungsform zum Vorschein kommt: Der Starke herrscht, der Schwache dul-

Mit Donald und Melania Trump bei einem Empfang im Hotel «Four Seasons», New York City, 10. April 2007.

det, die Starken tun, was sie tun müssen, die Schwachen erleiden, was sie zu erleiden haben.[184] Theodore Roosevelt, Kissingers heimlicher Held und Hebamme des Imperiums zu Beginn des 20. Jahrhunderts, hätte es nicht besser formulieren können. Auch und gerade davon handelt die unverwüstliche Rede von der «unverzichtbaren Nation Amerika».

Damit schließt sich der Kreis. Henry Kissinger, der Theoretiker und Praktiker der «hard power», lebt von «soft power». Projektionsfläche und Ego-Stylist in einer Person, erzählt er Amerika seine eigene Geschichte. Nämlich die Geschichte des «Selfmade Man», der mit Selbstbewusstsein, Entschiedenheit und Dreistigkeit sich in allen Welten durchzusetzen weiß – in der Politik, als Unternehmer, in Hollywood, in Hörsälen und Fernsehstudios, einfach überall. «Er strahlt Erfolg aus», so der Journalist William Pfaff. «Er wird als leibhaftiger Erfolg gesehen. [...] Es ist ein eindrucksvolles Beispiel, dass Stil wichtiger als Substanz ist. Es ist eine amerikanische Erfolgsgeschichte.»[185]

Die Pointe hat Kissinger verinnerlicht: Die Vorstellung von der Wahrheit ist wichtiger als die Wahrheit selbst, eine Marke lebt von der Allgegenwärtigkeit ihres Namens, nicht vom Wissen um ihren Inhalt. Was aber folgt aus der Beobachtung, dass wahr ist, was am Ende erzählt wird? Man kann Bedeutsamkeit durch Behauptung herstellen.

NACHWORT

«Wie soll man denn Diplomatie ohne die Androhung von Eskalation betreiben? Ohne diese Drohung gibt es keine Grundlage für Verhandlungen.» (Henry Kissinger)[1]

«Es [ist] höchste Zeit, das Prinzip der gemeinsamen Sicherheit anzuerkennen. Sicherheit gibt es in den großen Zusammenhängen nicht mehr voreinander, sondern in Wirklichkeit nur noch miteinander.» (Willy Brandt)[2]

Was macht eine Ordnungsmacht, wenn ihr die Ordnung entgleitet? Vor dieser Frage standen die USA erstmals in den späten 1960er Jahren. Schönredner, die in Vietnam Licht am Ende des Tunnels zu erkennen glaubten, sahen nur die Grubenlampe des Vietcong; der Dollar taumelte wegen der Belastungen dieses Krieges als internationale Leitwährung von einer Krise zur nächsten; die Sowjetunion hatte wegen der Invasion in der CSSR zwar politisch einen Rückschlag zu verdauen, befand sich militärisch aber auf dem besten Weg, mit dem Atomwaffenarsenal der USA gleichzuziehen; für Unabhängigkeitsbewegungen in der Dritten Welt war der «American Way» mittlerweile ein Entwicklungsangebot unter vielen und beileibe nicht das attraktivste; und obendrein demonstrierte die Bundesregierung in Bonn unter Willy Brandt mit ihrer Ostpolitik, dass Westbindung und eigenständiges Denken kein Widerspruch sein mussten.

Zu Hause ging es ebenfalls drunter und drüber. Sich über die Protestierer aufzuregen, die anlässlich der Nominierung eines Präsidentschaftskandidaten der Demokratischen Partei unter tätiger Mithilfe der Polizei Chicago in den Ausnahmezustand randalierten, war wohlfeil. Tatsächlich ging es um viel mehr – um politische Erosionsprozesse auf allen Ebenen, die Elite des Landes eingeschlossen. Vom legendären Nachkriegskonsens blieb angesichts der Wortmeldungen von Parteigranden, Senatoren und «elder statesmen» nicht mehr viel übrig. Zeitdiagnose im Panikmodus, wohin man auch blickte. Eine Arroganz der Macht attestierten die einen, Torheit und Selbstüberdehnung die anderen. Und allen war Ratlosigkeit gemein. Oder blankes Entsetzen, nachdem Hoffnungsträger wie Robert Kennedy und Martin Luther King von Attentätern niedergestreckt worden waren.

Die Aufgeregtheiten von damals sind Geschichte, nicht aber das Thema. Seither wird vor unterschiedlichen Kulissen und mit wechselnder Besetzung über die Rolle der USA als Welt- und Ordnungsmacht gestritten. Was will und kann man erreichen? Mit welchen Mitteln, an wessen Seite und zu welchem Ende? Dass daraus ein immerwährendes Selbstgespräch wurde, liegt an der politischen Beschleunigung des Weltgeschehens, die mit hoher Schlagzahl gewohnte Koordinaten durcheinanderwirbelt und neue Akteure hervorbringt. Multipolarität verträgt sich auf Dauer nicht mit Hegemonie, stabile Bündnisse werden in volatiler Umgebung schnell zum Anachronismus, Dominanz zieht in der Konkurrenz mit kluger Führung den Kürzeren. Was freilich nicht ausschließt, dass Wege in die Zukunft trotz alledem auf den Landkarten der Vergangenheit gesucht werden.

Beim Nachdenken über tragfähige Antworten greifen amerikanische Politiker und Militärs gerne auf ein Modell zurück, das nach der Weltwirtschaftskrise und am Vorabend des Zweiten Weltkrieges seine Bewährungsprobe bestanden hatte – die Liaison von Macht und Geist. Generationen von Intellektuellen verbringen ihr Leben noch immer als Pendler zwischen Universitäten, «Denkfabriken» und den Vorzimmern der Macht, einige schaffen es als Sekundanten auch in den innersten Kreis. Und manche leiten ihre Wichtigkeit aus der bloßen Behauptung ab, bedeutend zu sein, ehe sie von der Realität eingeholt werden und sich wieder in die lange Beraterschlange einfädeln müssen.

1969 betrat Henry Kissinger die große Bühne, als Gehilfe von

Richard Nixon, der vor seiner Wahl dem Land einen großen Plan versprochen hatte, ohne Genaueres geplant zu haben. Kissinger galt als Diener aller Herren, aber auch als Egomane, dessen Zuarbeit Fluch und Segen zugleich sein konnte. Nixon ging das Risiko ein, zumal sein Assistent wichtige Qualitäten für eine Orientierung im Ungewissen mitbrachte. Kissinger hatte sich in Harvard, Washington und New York fast zwanzig Jahre lang in der Grauzone zwischen Wissenschaft und Politik bewegt und das Ideenreservoir zur Pflege amerikanischer Ansprüche aus der Nähe kennengelernt. Mit originellen Einfällen war er nicht hervorgetreten. Wohl aber als Zeitgenosse mit einem ausgeprägten Gespür für wechselnde Stimmungen und der Begabung, Gedanken anderer bündeln und die Synthese als Eigenprodukt ausgeben zu können.

Im Verkauf war er schier unerreicht. Kissinger konnte aus beiden Mundwinkeln zugleich reden und beherrschte die Kunst des raunenden Schreibens sowie der vernebelten Rede. Bei Bedarf schielte er in die eine Richtung und rannte in die andere davon. Diese Flexibilität war in Nixons Augen sogar von Vorteil, jedenfalls im Umgang mit der vermeintlich übelwollenden Presse. Wie auch immer: Kissinger half dem Präsidenten beim Sortieren seiner Vorstellungen. Darunter finden sich drei, die seither wie Untote immer wieder durch das Weiße Haus geistern.

Erstens: Amerikas Vorherrschaft ist unverzichtbar. Im moralisch überhöhten Bild der auserwählten Nation ist dieser Anspruch konserviert, eine selbstverordnete Wahrheit im Rang eines Naturrechts. Kissinger verkündete die Begründung. Europäer, so betonte er ausgerechnet 1973 in seiner Rede zum «Jahr Europas», haben nur regionale Interessen im Blick und können folglich keine globale Verantwortung übernehmen.[3] Eliten der Dritten Welt bestritt er die Fähigkeit zum Denken in weltpolitischen Zusammenhängen ohnehin, in Kissingers Orbit kamen sie bestenfalls als Statthalter des Westens mit klar begrenzten Aufgaben und beschränkter Haftung in Frage – und auch das nur nach Abschluss eines politischen Erziehungsprogramms.[4] Über die Rivalen aus dem sozialistischen Block verlor Kissinger in diesem Zusammenhang nicht viele Worte, stellten sie doch aus seiner Sicht die Legitimität der existierenden Ordnung wie eh und je in Frage. Will sagen: Stabilität ist gleichbedeutend mit amerikanischem Übergewicht, Gleichgewicht der Macht heißt, dass die Vereinigten Staaten ebenso viel oder mehr auf die Waage bringen wie alle anderen Mächte zusammen – jedem einzelnen überlegen, gegen jedes Bündnis gewappnet. Wer aber die Welt für jene ordnet, die im Gebrauch der Macht nicht geübt sind, und vor jenen schützt, die mit Macht Missbrauch betreiben, hat selbstverständlich das Recht zu Alleingängen. Auch so kann und sollte «America First» gelesen werden.[5]

Zweitens: Eine Führungsmacht braucht den Willen zur Gewalt. Hinter diesen Merksatz setzte Kissinger gleich mehrere Ausrufezeichen, er hatte ihn in seinen Lehr- und Wanderjahren wie kaum etwas anderes verinnerlicht und bei ungezählten Anlässen selbst vorgetragen. Im Kern handelte es sich um eine Polemik gegen die traditionelle Lesart der Abschreckung oder gegen die Annahme vom stummen Wirken der Weltuntergangswaffen. Dergleichen nur zu besitzen, so sein Einwand, ist allenfalls ein Ausweis materieller Stärke. Politische Macht schlägt daraus erst, wer eine Entschlossenheit zum Einsatz dieses Arsenals demonstriert. Demnach waren gerade im Frieden entwaffnende Auftritte gefragt, um den Krieg zu verhindern – wie zur Zeit der Kuba-Krise, die Kissinger zum Vorbild von Willensstärke und Durchsetzungskraft überhöhte. Dass im Oktober 1962 zum Tanz auf dem Vulkan geladen worden war, ließ er als Einwand nicht gelten. Im Gegenteil. Er münzte die damalige Erfahrung in ein Dogma um. Politische Sicherheit und militärisches Risiko sind zwei Seiten einer Medaille, eine Ordnungsmacht, deren Gewaltbereitschaft in Frage steht, verspielt ihre Glaubwürdigkeit. Auch so wollte Kissinger Realpolitik verstanden wissen. Nämlich als Rückbesinnung auf eine Lektion, die seines Erachtens ohne Not in Vergessenheit geraten war: Diplomaten sichern Frieden nur dann, wenn sie das Handwerk der Nötigung beherrschen. Außenpolitik muss vom Militärischen ausgehend gedacht werden, ansonsten verfehlt sie ihren Zweck.

Drittens: Macht beruht auf Angst. Henry Kissingers publizistischer Durchbruch stand im Zeichen dieser Formel. Sie war der Dreh- und Angelpunkt seines 1957 erschienenen Bestsellers über die Rolle von Nuklearwaffen in der Außenpolitik und markierte den psychologischen Mehrwert erfolgreicher Abschreckung. Niemand soll dem Irrglauben aufsitzen, auf der militärischen Eskalationsleiter mit den USA mithalten zu können, Risiken werden reduziert, sobald die andere Seite mehr Angst vor dem Krieg hat als man selbst. Sicherheit ist demnach kein Gut, das allen gemein ist und von allen gleichermaßen in Anspruch genommen werden kann. Es geht vielmehr um asymmetrische Verteilung. Sicherheit auf der einen Seite steht und fällt mit Unsicherheit auf der anderen Seite. Mittels Spieltheorie und Verhaltenspsychologie polierte Kissinger damit einen gedanklichen Rohling in der Vorstellungswelt des Präsidenten. Unberechenbarkeit vortäuschen und darauf wetten, dass die Adressaten rational genug sind, sich im entscheidenden Moment zurückzuhalten – das war Teil des «großen Spiels», das Nixon zur Revitalisierung amerikanischer Vormacht ins Auge gefasst hatte. Unbedachtes Handeln war damit selbstredend nicht gemeint, nahm man doch für sich in Anspruch, als Dramaturg des Geschehens im Zweifel selbst die Notbremse ziehen zu können.

Diese Dogmen hingen seit 1969 wie Bleigewichte an der praktischen Politik. Gegenüber der Dritten Welt, wo jede noch so geringfügige Unruhe durch die Brille der Systemkonkurrenz gesehen und einzig danach beurteilt wurde, ob sie der UdSSR nutzte oder irgendwann nutzen könnte. Gegenüber der Sowjetunion und der VR China, die man zum einseitigen Vorteil der USA gegeneinander ausspielen wollte. Gegenüber Verbündeten, die zur Ordnung gerufen wurden, sobald sie Zweifel an militärisch grundierten Ordnungsmodellen vortrugen, über eine neue Sicherheitsarchitektur nachdachten oder «eurokommunistische» Parteien als legitime Wettbewerber im politischen Meinungsstreit tolerierten. So gesehen steht Henry Kissingers vielzitierte Realpolitik für den Versuch, die Realität zurechtzubiegen, bis sie wieder ins Korsett eherner Vorgaben passte. Und dieses Korsett war nach dem Maß des Kalten Krieges geschneidert, aus ihm konnte und wollte er sich nicht lösen.

Unter Nixon ging es um die Quadratur des Kreises. Anders lässt sich die viel zitierte Dreiecksdiplomatie mit Moskau und Peking kaum beschreiben. Den Hauptrivalen Sowjetunion durch eine Annäherung an China unter Druck setzen und langfristig mit Hilfe schwergewichtiger Verbündeter strangulieren, aber dennoch bei Laune halten, weil Moskau zur Eindämmung Pekings nützlich sein konnte? Die UdSSR für wohlwollende Zurückhaltung in der Dritten Welt mit Rüstungskontrolle oder prestigeträchtiger Gipfeldiplomatie belohnen, aber jedes Entgegenkommen in der Schwebe halten und im Falle enttäuschter Erwartungen stornieren? Wie das funktionieren sollte, blieb selbst Nixon und Kissinger ein Rätsel.

Die VR China politisch aufwerten, aber zugleich wissen lassen, wer den Taktstock führt? Und keinen Hehl daraus machen, dass man noch andere Optionen in petto hat? Obwohl Mao es gewesen war, der nach schüchternem Anklopfen aus Washington das «Tor nach China» aufgestoßen und den USA eine Gelegenheit offeriert hatte, die man nicht ausschlagen konnte? Schon beim ersten Ansehen ein Ritt auf dünnem Eis.

Die Fragen beantworteten sich im Handumdrehen von selbst. Die sowjetische Führung hatte, wie nicht zuletzt die Depeschen ihres Botschafters in Washington illustrieren, das Spiel durchschaut und ging unbeirrt ihren Weg, in der Rüstung wie bei der Suche nach Verbündeten unter den Blockfreien – alles um den Preis, dass die anfänglich mit der Entspannung verbundenen Hoffnungen enttäuscht wurden. Mao und Tschu En-lai machten auf subtile, aber unmissverständliche Weise klar, dass die USA im Zweifel auf China mehr angewiesen waren als umgekehrt.[6] Ihre Nachfolger gingen noch einen Schritt weiter und ließen es bis in die 1990er Jahre wiederholt auf eine Abkühlung der Beziehungen ankommen – nicht, um das Erreichte aufs Spiel zu setzen, sondern zwecks Demonstration eines neuen Selbstbewusstseins.

Man mochte es drehen, solange man wollte: Das Dreieck war ein Luftschloss, gebaut von Männern, die ihre Fähigkeiten überschätzten und Grenzen verschieben wollten, die nicht mehr zu verschieben waren. Dadurch wurde der Kalte Krieg am Leben erhalten, zu einer Zeit, als Alternativen in Gestalt der bundesdeutschen Ostpolitik oder des KSZE-Prozesses längst vorhanden waren.

Nixon klammerte sich an die Idee einer geopolitischen Schubumkehr, derweil Kissinger den Einpeitscher gab oder seine Weltuntergangsphantasien hegte. Abgrund, Überlebenskampf, Apokalypse, bei der Letztbegründung amerikanischer Hegemonie kannte der Sicherheitsberater nur ein Vokabular in Übergröße. Seine Warnungen vor einer Wiederholung der Geschichte, für ihn gleichbedeutend mit der Besetzung des Rheinlandes unter Hitler,[7] muten bizarr an. Ganz Lateinamerika unter der Knute Kubas oder Chiles, große Teile Westeuropas binnen zehn Jahren im Würgegriff des Eurokommunismus, ein von Vietnam beherrschtes Südostasien – Kissinger meinte tatsächlich, was er sich in dunklen Stunden ausmalte. Darauf gab es nur eine Antwort: Die Vereinigten Staaten mussten Entschlossenheit demonstrieren, um ihre Interessen zu schützen; und ihr Interesse bestand darin, entschlossen aufzutreten.[8]

Ein Zirkelschluss, gewiss. Und zugleich eine Erklärung, warum der Krieg in Vietnam künstlich in die Länge gezogen wurde. Gerade weil man nicht gewinnen konnte, kämpfte man weiter, nämlich gegen den Eindruck, dass die USA vor einer viertklassigen Macht in die Knie gegangen waren. Konsequenterweise stand im Sprachschatz des Weißen Hauses ein Wort unangefochten an der Spitze: Glaubwürdigkeit. Man könnte es auch durch den Begriff Erfahrungsresistenz ersetzen. Gemeint ist beide Mal dasselbe: der verbissene Kampf gegen Amerikas Bedeutungsverlust, egal wie, egal wo, sei es allein, sei es mit Stellvertretern.

Der Preis war in der Dritten Welt fällig. Auf Hunderttausende, möglicherweise gar Millionen summieren sich die Opferzahlen aus Vietnam, Kambodscha, Ostpakistan, Chile und Ost-Timor, wie viele tatsächlich starben, wird wohl nie zu ermitteln sein. Selbstverständlich wäre es fahrlässig, dafür in der Hauptsache Henry Kissinger verantwortlich zu machen. Er war Gehilfe mit Vorschlagsrecht, die letztendliche Entscheidung lag bei Nixon. Davon abgesehen dürfen die lokalen Akteure nicht in den Hintergrund treten, Diktatoren vom Schlage eines Pol Pot, Haji Mohamed Suharto oder Augusto Pinochet, die für ihr blutiges Handwerk keine Ermunterung aus Washington brauchten.

Gleichwohl stehen Kissingers Skrupellosigkeit und Zynismus selbst in den skrupellosen Tagen des Kalten Krieges für sich. «Da draußen leben nur 90 000 Menschen», sagte er Mitte der 1950er

Jahre über die Atomwaffentests auf dem Bikini-Atoll. «Wen schert das schon?»[9] Ein elender Satz, den man am liebsten vergessen würde, aber nicht übersehen kann. Denn für Kissinger waren Leben im Kampf um Amerikas Macht grundsätzlich entbehrlich, er ignorierte die Toten und machte jene lächerlich, die sich für sie interessierten. Und bisweilen zog er gegen die als naiv oder töricht Abgestempelten zu Felde, wenn sie seine politischen Kreise störten. Es war eine Vorwärtsverteidigung gegen das Notwendige, aber bis heute Vertagte: Ihn wegen Mitverantwortung auch juristisch zur Rechenschaft zu ziehen. Die Tonbandprotokolle seiner Gespräche mit dem Präsidenten stehen als Beweismittel zur Verfügung.

Gewalt. Macht. Übergewicht. Dass der politische Horizont von Hegemonialmächten durch diese Trias definiert ist, gehört zum Kernbestand einer jahrhundertelangen Erfahrung. Erstaunlich ist indes immer wieder, wie radikal sich Realpolitik gegenüber der Realität abzuschotten vermag. Oder wie schnell vorhandene Erfahrungen ausgeblendet werden, wenn sie nicht zum Anforderungsprofil der Tagespolitik passen. Kurz vor seiner Berufung zum Sicherheitsberater hatte Henry Kissinger Vietnam bereist und sich profunde Kenntnisse zur Geschichte des Landes angeeignet, genug, um die schier unerschöpflichen Quellen des Widerstands gegen Invasoren oder andere Vormünder zu verstehen. Davon war in den Washingtoner Tagen nichts mehr zu spüren, es schien, als hätte er sein Wissen rückstandslos entsorgt. Er ignorierte die Ursachen sozialer Verwerfungen und politischer Konflikte und predigte stattdessen Kalendersprüche von bemerkenswerter Schlichtheit: Wer Hauptstädte kontrolliert, beherrscht ein Land, wer sich mit der regionalen Hauptmacht arrangiert, stabilisiert die ganze Region, Investitionen in ein starkes Militär sind ertragreicher als mühselige Reformprojekte an Haupt und Gliedern.

In diesem Rahmen bewegten sich die Debatten über Vietnam, Kambodscha, Chile, Indonesien oder Angola. Dass Kissinger im Fall Rhodesien davon abwich und die Apartheid als Politikum sui generis betrachtete, war die Ausnahme, die eine ansonsten gültige Regel bestätigte. Und deshalb stand der Erfolg der Pendeldiplomatie im Nahen Osten auf tönernen Füßen – weil die Neutralisierung sowjetischen Einflusses, gute Beziehungen zu moderaten Arabern und Schützenhilfe für den Partner Iran ein Nachdenken über religiöse, kulturelle und ethnische Konfliktursachen blockierte. Unerwünschte Nebenwirkungen oder langfristige Effekte in Erwägung zu ziehen, behielt sich Kissinger für seine Bücher vor; als Berater folgte er den kurzsichtigen Profiterwartungen des Weißen Hauses.

Ironischerweise hinterließ das Unbeabsichtigte den tiefsten Fußabdruck. Das Rüstungskontrollabkommen SALT – gedacht als Bauer in einem geopolitischen Schachspiel und als Narkotikum für heimische Kritiker des Vietnamkrieges – setzte einen sowjetisch-amerikanischen Expertendialog in Gang, der in seiner Bedeutung gar nicht hoch genug veranschlagt werden kann. Der dauerhafte Austausch auf zweiter und dritter Ebene trug zum Abbau von Vorurteilen und verzerrten Wahrnehmungen bei, wirkte also wie eine politische Entgiftungsanlage. Ebenso fühlten sich Aktivisten durch SALT ermuntert. Während Kissinger die öffentliche Debatte über Rüstungskontrolle am liebsten von heute auf morgen gekappt hätte, feilten Wissenschaftler, Politiker und Graswurzelaktivisten an Vorschlägen zu konventioneller Abrüstung und atomwaffenfreien Zonen. Mit dem Ergebnis, dass Gegenentwürfe zum Washingtoner Verständnis von Sicherheitspolitik in Umlauf kamen, Ideen über Selbstbindung und Gewaltverzicht, über strukturelle Nichtangriffsfähigkeit und geteilte, sprich gemeinsame Sicherheit.[10]

Ähnliches lässt sich im Fall der bundesdeutschen Ostpolitik feststellen. Washingtons Unterstützung – widerwillig vollzogen, um auf der Lok eines fahrenden Zuges noch einen Sitzplatz zu ergattern – erweiterte nicht nur den Spielraum Willy Brandts; sie bestätigte auch dessen Anliegen, die transatlantischen Beziehungen als Partnerschaft statt als Vormundschaft zu sehen. Für Brandts Konzept einer vertrauensbasierten Ost-West-Diplomatie hatte Kissinger dieselbe Verachtung übrig, die er dem Staatsmann Brandt entgegenbrachte. Dass Westeuropa vor seinen Augen zu einem Laboratorium außenpolitischer Innovationen wurde, konnte er indes nicht verhindern.[11] Um des Zusammenhalts der NATO wegen musste er gar der «Konferenz für Sicherheit und Zusammenarbeit in Europa» seinen Segen geben, dem ungeliebten Projekt, das seit Mitte der 1970er

Jahre die Entspannungspolitik trotz wiederholter amerikanischer Störfeuer am Leben hielt.[12]

Zur historischen Verortung Henry Kissingers gehört nicht zuletzt seine Gleichgültigkeit gegenüber der parlamentarischen Demokratie. Deren tragende Säule, Gewaltenteilung und Rechenschaftspflicht der Regierenden gegenüber den Regierten, war ihm im besten Fall egal. Und wenn es seines Erachtens Not tat, kämpfte er mit Haken und Ösen dagegen an. «Das nationale Interesse ist bisweilen wichtiger als das Gesetz.»[13] Derlei Sätze waren keine Ausnahme, sie gehörten zum Standardrepertoire und kamen regelmäßig zum Zuge, wenn er sich vom Kongress, von Medien oder zivilgesellschaftlichen Aktivisten in der Wahrnehmung von Dienstgeschäften gestört sah. In anderen Worten: Handverlesene Eliten machen Außenpolitik, demokratisch gewählte Politiker sind für den nachgeordneten Rest und das Bändigen von Emotionen zuständig. In diesem Sinne blieb der Bewunderer europäischer Kabinettsdiplomaten wie diese ein Mann des 19. Jahrhunderts.[14]

Der Papierform nach hätte Henry Kissinger bei fast allen Präsidenten nach Nixon, den republikanischen zumal, unterkommen können. Seine Vorstellungen von Amerikas Weltmachtrolle blieben gefragt wie ein Angebot ohne Verfallsdatum, seine Bilanz schien verzeihlich. Ein ausgeprägter Nationalismus gehörte zur Grundausstattung von Ronald Reagan, von anderen Amtsinhabern erst gar nicht zu reden; Bush sen. arbeitete mit dem Blitzkrieg gegen den Irak an der Wiederbelebung amerikanischer Glaubwürdigkeit, sein Sohn setzte auf Stärke durch Unberechenbarkeit. Auch das autokratisch eingefärbte Amtsverständnis stand trotz zwischenzeitlicher Kritik wieder hoch im Kurs, nachdem Rechtsgutachter und Richter seit den 1980er Jahren die Machtprivilegien der Exekutive auf dem Gebiet der Außenpolitik bestätigt hatten.[15] Somit blieb Kissinger in vielfacher Hinsicht über die Jahre aktuell, wie das Relikt einer Zeit, die zwar vorüber ist, aber nicht vergehen will.

Dennoch wurde Henry Kissinger nie wieder in eine Regierung berufen. Er drängte sich allen Präsidenten unermüdlich auf, scheute wie gehabt vor keiner Anbiederung und keiner zeitgeistigen Volte zurück. Doch jedes Mal wurde er brüskiert oder mit Brosamen abgespeist – die üblichen Fototermine, ein Kommissionsvorsitz hier, eine Sondermission dort, damit hatte es ein Bewenden.

Des Rätsels Lösung heißt Kissinger, er scheiterte an seiner Selbstüberschätzung. Sein Extremismus der Eitelkeit, gepaart mit Misstrauen und Intriganz, wäre durchaus verkraftbar gewesen. Etwas ganz Anderes ist es, wenn sich Marotten zu einem Politikum auswachsen. Die Kündigungswelle im Nationalen Sicherheitsrat, ein bis vor Kurzem einmaliger Vorgang in Washington, ging zu Lasten effizienter Regierungsarbeit und bestätigte Kissingers Leumund. Nämlich buchstäblich jeden seiner Arbeitsplätze massiv beschädigt zu haben. Erschwerend kam hinzu, dass kein Präsident sich mit Mitarbeitern oder Ministern umgeben will, die ihm nach Belieben öffentlich oder privat in den Rücken fallen. Dass Nixon ihn trotzdem hatte gewähren lassen, verdankte er ausschließlich «Watergate»; ohne diesen Skandal wäre seine Karriere vorzeitig zu Ende gewesen.

Das lange Gedächtnis der Bürokratie tat vermutlich ein Übriges, die Erinnerung an Kissingers Gewohnheit, Dokumente zu unterschlagen oder mit doppelter und dreifacher Buchführung falsche Spuren zu legen. Mit Machtfülle oder Geheimhaltung hatte dergleichen nichts zu tun; Kissinger traf den Apparat ins Mark, weil er die Spielregeln eingeübter Verfahren änderte. Deswegen zogen beispielsweise die Vereinten Stabschefs die Reißleine und setzten einen Unteroffizier als Spion an seine Seite. Und so erklärt sich auch, weshalb der Journalist Seymour Hersh bereits im Jahr 1983 Kissingers Praktiken in einem voluminösen Buch detailgenau ausbreiten konnte – zahlreiche frustrierte Mitarbeiter hatten sich ihm anvertraut, die meisten aus Sorge um die Integrität von Staat und Verwaltung. Es war ihre Art zu sagen, dass Intelligenz und Klugheit nicht immer zueinander finden.

Witze auf eigene Kosten schmücken Henry Kissingers Nimbus. Ein weiterer könnte von ihm selbst stammen: Henry hat feinstes Tuch gekauft, möchte sich einen Maßanzug fertigen lassen. Doch wo immer er anklopft, in Washington, New York, London, Paris, Rom oder Berlin, die besten Schneider geben ein und dieselbe Antwort: «Tut mir leid. Für eine Hose reicht der Stoff. Aber für einen Anzug ist es einfach zu wenig.» Letzter Versuch in Jerusalem. Und siehe da, alles wendet sich zum Guten. «Geht in Ordnung, mein Herr. Kommen Sie in zehn Tagen wieder.» Gesagt, getan. Kissinger bekommt seinen Anzug und obendrein eine Weste, ein zweites Jackett und zwei Ersatzhosen, alles aus dem mitgebrachten Stoff gefertigt. «Besten Dank. Aber etwas muss ich Sie dann doch fragen. In aller Herren Länder haben mich Ihre Kollegen fortgeschickt und behauptet, dass ich mehr Stoff brauche. Und bei Ihnen reicht er auf einmal, sie machen sogar noch mehr daraus. Wie in Dreiteufelsnamen haben Sie das bloß angestellt?» – «Nun, lieber Herr Kissinger, Sie sollten bedenken, dass Sie in Israel sind. Hier hält man Sie nicht für einen allzu großen Mann.»[16]

Henry Kissinger, ein Scheinriese, der immer kleiner wird, je näher man ihm kommt. Der Blick reichte nur bis zum Horizont des Kalten Krieges, jenseits dessen gab es für ihn keine realitätstaugliche Welt. In diesem Sinne machte er sich mit Heerscharen durchschnittlicher Zeitgenossen gemein, rangelte mit unzähligen anderen um die Gunst des Zeitgeistes und um die Prominenz des Augenblicks. Weil Richard Nixon im Schatten selbst verschuldeter Skandale verschwand, konnte Kissinger am Ende als Lichtgestalt hervortreten.

Zugleich verstand er es, sich zur Marke in Übergröße zu machen. Als Werbetexter und Impresario seiner selbst ist Kissinger seit jeher eine Klasse für sich, egal, ob in jungen Jahren, auf dem Höhepunkt der Karriere oder als Pensionär. «Man wird sich an ihn [...] mehr wegen seiner grellen Auftritte als wegen seiner Vorstellungen zur Ordnung der Welt erinnern», rief ihm die «New York Times» zum Abschied aus dem Amt hinterher.[17] Eine treffende Prognose, weil der Autor das Geheimnis von Kissingers Selbstvermarktung entschlüsselt hatte: Man muss in der Lage sein, aus jeder Trivialität etwas Extravagantes herauszuholen und jede Banalität als höhere Einsicht zu verkaufen. Wobei Henry Kissinger immer ein feines Gespür für sein Publikum mitbrachte. Obwohl er seit der Jahrtausendwende kräftig Gegenwind bekam, stilisierte sich der Kalte Krieger Kissinger weiterhin mit Erfolg zum Prototyp des Konfliktlösers. Das sagt einiges über den Sender der Botschaft und noch mehr über das Bedürfnis der Empfänger nach Orientierungshilfe. In unübersichtlichen Zeiten werden selbst eindimensionale Denker wie brillante Seher gehandelt.

Unter der Show durfte aber die Substanz nicht leiden, nämlich Kissingers Huldigung des Imperiums. Auch darauf verstand er sich wie kein Zweiter, so der Historiker Ronald Steel. «Niemand außer ihm kann Brutalität und prinzipienlose Macht mit einem derart geschönten Gewand umhüllen.» Demnach bestand sein spezielles Talent darin, selbst für das Unsägliche und Unnötige noch triftige Gründe zu finden. Für die einen war er deshalb unwiderstehlich, für andere unausstehlich und für alle unvermeidlich. Am Ende mehren ausgerechnet die schärfsten Kritiker noch seinen Ruhm, indem sie ihn schlicht für alle Übel dieser Welt verantwortlich machen und damit im Negativen überhöhen. Noch einmal Ronald Steel: «Wenn Kissinger Attila der Hunnenkönig wäre, würde er immer noch ein großes Publikum anziehen, weil alle scharf darauf sind, ein Monster zu sehen.»[18] Wer jedem als Projektionsfläche dient, hat sich die Gesetze des Marktes am konsequentesten zu eigen gemacht. Deshalb wird Henry Kissinger weit über seine Zeit hinaus ein Abonnement in der ersten Reihe besitzen.

Der Privatmann Kissinger indes freilich bleibt rätselhaft, fast konturlos. Hobbys, Freunde, Familienleben? Alles verschwimmt im Ungefähren. Vielleicht kann es bei einem Leben, das dem Streben nach Macht gewidmet ist, gar nicht anders sein. Kissinger ist öffentlich stets präsent und doch nicht greifbar, er beherrscht den großen Auftritt und die Kunst des Versteckspiels gleichermaßen – im Wissen darum, dass seine bloße Anwesenheit die Raumtemperatur ändert. Oder dass Privates hinter bengalischem Feuer am besten geschützt ist. Wer außer ihm wäre auf die Idee gekommen, zum Empfang des sowjetischen Parteichefs Leonid Breschnew an der Seite von Jill St. John zu erscheinen, einer Filmgespielin von James Bond, Held aller cineastischen Helden des Kalten Krieges?

Ungezählte Anekdoten dieser Art ummanteln Kissingers Leben und Wirken mit der Aura des Geheimnisvollen. Auch sie halten die Suche nach dem «wahren Henry» in Betrieb. Genau so hat er es gewollt, genau so wird es bleiben. Darin liegt sein nachhaltigster Erfolg.

DANK

Autoren, Biographen erst recht, stehen in der Schuld jener, die vor ihnen geschrieben, Quellen recherchiert, Archive aufgebaut, Bibliotheken gepflegt und Wege durch das Dickicht der Überlieferung gewiesen haben. Meine Helfer namentlich aufzuführen, wäre angemessen, aber nur mit einem schier endlosen Anhang machbar. Ich bitte für die Unterlassung um Verständnis und danke Euch und Ihnen umso mehr – nicht zuletzt allen, die mir über Jahre mit Zuspruch und Anregungen zur Seite gestanden haben. Dennoch hielte ich es für unentschuldbar, einige nicht zu erwähnen: Lena Greiner, Stan Kröger, Christian Roth, Eric Domège, Julika Rosenstock und Bernd Rother.

Sebastian Ullrich hat mich mit viel Geduld und am Ende mit Verve von diesem Vorhaben überzeugt. Ich bin froh, nicht meiner Skepsis nachgegeben zu haben und bedanke mich herzlich – ebenso bei Carola Samlowsky und den anderen Beteiligten des Verlags C.H.Beck, die unsere Zusammenarbeit wieder einmal zu einem Vergnügen gemacht haben.

«Manchmal schließe ich die Augen / Stell' mir vor, ich sitz' am Meer». Man muss nicht auf Sylt gewesen sein, um über Henry Kissinger schreiben zu können. Aber es hilft. Noch ein Grund, weshalb dieses Buch Dir, Betsy, gewidmet ist – auch in Erinnerung an die einmaligen Vier-Pfoten-Jahre mit Bolle.

Lübeck, den 13. Juni 2020.

ANHANG

ANMERKUNGEN

Vorwort

1 Walter Isaacson, Biograph Henry Kissingers, zit. n. Hagan, «The Once and Future Henry Kissinger», S. 14. Für die Übersetzung aller englischen Zitate ins Deutsche übernimmt der Autor die Verantwortung.
2 Hersh, Reporter, S. 191; vgl. ebd., S. 198, 252 ff. Zum Verwechseln ähnlich äußerte sich Kissingers langjähriger Weggefährte Helmut Sonnenfeldt: «Henry lügt nicht, weil es seinen Interessen entgegenkommt. Er lügt, weil es in seiner Natur liegt.» Zit. n. Isaacson, Biography, S. 666.
3 Peter Jennings, zit. n. Hagan, «The Once and Future Henry Kissinger», S. 13.
4 Langworth, Churchill, S. 64.

Lehrling

1 Kissinger, Memoiren, Bd. 1, S. 12.
2 Henry Kissinger, «American Strategic Thinking», Rede im Hauptquartier der pakistanischen Luftwaffe, 2. 2. 1962, zit. n. Ferguson, Idealist, S. 525.
3 Kissinger, Kernwaffen, S. 368/369.
4 Kissinger, Kernwaffen, S. 111, 173, 115.
5 Henry Kissinger, Memorandum für Arthur Schlesinger Jr., 8. 12. 1954, zit. n. Jeremi Suri, «Logiken der atomaren Abschreckung oder Politik mit der Bombe», in: Greiner, et al., Hg., Studien zum Kalten Krieg, Bd. 2, S. 39.
6 Isaacson, Biography, S. 89.
7 Craig, «The Illogic of Kissinger's Nuclear Strategy», S. 548, 550–558.
8 Robert Oppenheimer, Brief an Gordon Dean, 16. 5. 1957, in: LC-MD, RO-P, Box 43, Folder 20: Kissinger, Henry: 1955–1962. In diesem Sinne unterstützte Oppenheimer auch die Verlagswerbung für Kissingers Buch.
9 Craig, «The Illogic of Kissinger's Nuclear Strategy», S. 557.
10 Ferguson, Idealist, S. 48 ff.; Kurz, Kissinger-Saga, S. 50–80.
11 Henry Kissinger, zit. n. Isaacson, Biography, S. 26.

12 Kurz, Kissinger-Saga, S. 80, 96 ff.

13 Ferguson, Idealist, S. 62–68, 80, 94; Isaacson, Biography, S. 20, 27, 34; Kurz, Kissinger-Saga, S. 100–104.

14 Kurz, Kissinger-Saga, S. 104–116.

15 Henry Kissinger, zit. n. Isaacson, Biography, S. 43.

16 Henry Kissinger, zit. n. Ferguson, Idealist, S. 131. Vgl. Kissinger, Memoiren, Bd. 3, S. 678.

17 Fritz Krämer, zit. n. Dallek, Partners in Power, S. 37.

18 Fritz Krämer, zit. n. Isaacson, Biography, S. 45.

19 Weiss, «Entflechtung der Kartelle», S. 21–24; ders., «Erinnerungen an die Arbeit der amerikanischen Militärregierung in Deutschland», S. 78–92; Greiner, Morgenthau-Legende, S. 211–374.

20 Ferguson, Idealist, S. 163–168, 173–177; Isaacson, Biography, S. 49.

21 Ferguson, Idealist, S. 199. Vgl. ebd., S. 179–190 und Isaacson, Biography, S. 53–56.

22 Verstreute und analytisch wenig ergiebige Hinweise zu Kissingers Geheimdienstkarriere finden sich bei Ferguson, Idealist, S. 183–191, 197, 223, 266, 269, 277 ff., 355.

23 Kalb/Kalb, Kissinger, S. 42.

24 Ferguson, Idealist, S. 432, 516.

25 Über Ausstattung, Curricula und Funktionswandel der «Cold War Universities» gibt es mittlerweile eine reichhaltige Literatur. Vgl. Diamond, Compromised Campus; Lowen, Creating the Cold War University; Simpson, Hg., Universities and Empire; Rohde, Armed with Expertise; Greiner, et al., Hg., Studien zum Kalten Krieg, Bd. 5.

26 Merkwürdigerweise liegt bis dato nur ein tiefenscharfes Porträt der «Nuklearpriester» vor: Kaplan, Wizards of Armageddon.

27 Suri, American Century, S. 87, 92 ff., 97, 110; Hershberg, Conant, S. 511.

28 James B. Conant, «The Defense of Europe in the Atomic Age», Address before the Joint Meeting of the Chicago Association of Commerce and Council on Foreign Relations, 17. 5. 1951, S. 6 ff., in: LC-MD, RO-P, Box 27, Folder 9: Conant, James B., Publications, 1947–1953.

29 James B. Conant, zit. n. Sanders, Peddlers of Crisis, S. 90.

30 James B. Conant, Rede vor der Harvard Alumni Association, 21. 6. 1951, S. 1, in: LC-MD, RO-P, Box 27, Folder 9: Conant, James B., Publications, 1947–1953. Ähnlich äußerte sich Vannevar Bush im Oktober 1952: Rede zur Einhundertjahrfeier des Tufts College, 11. 10. 1952, S. 2, in: LC-MD, RO-P, Box 23, Folder 18: Bush, Vannevar, Publications – Speeches 1945–1952. Vgl. Hershberg, Conant, S. 496, 501, 508 ff., 520.

31 James B. Conant, «The Threat to Our National Security», Rede vor den Kuratoren des Committee for Economic Development, 20. 11. 1952, S. 5,

in: LC-MD, RO-P, Box 27, Folder 9: Conant, James B., Publications, 1947–1953.

32 Hershberg, Conant, S. 497 ff.; Sanders, Peddlers of Crisis, S. 61.

33 Conant, «Threat to Our National Security», S. 11.

34 Zit. n. Kalb/Kalb, Kissinger, S. 43.

35 Isaacson, Biography, S. 79; siehe auch S. 61.

36 Henry Kissinger, «Philosophy and Practice in National Security Affairs», S. 1, in: HA, WE-P, Box 1, Folder: Untitled.

37 Elliott schien Krämer geradezu zu verehren: William Elliott, «Objectives and Vital Interests of the United States», Rede vor dem National War College, 12. 7. 1960, S. 31, in: HA, WE-P, Box 62, Folder: Untitled.

38 Isaacson, Biography, S. 62 ff.

39 William Elliott, «Objectives and Vital Interests of the United States», Rede vor dem National War College, 12. 7. 1960, S. 23, in: HA, WE-P, Box 62, Folder: Untitled. Die in den 1980er Jahren in Deutschland von Ernst Nolte popularisierte These, dass der Faschismus eine politische Reaktion auf den Bolschewismus war, entwickelte Elliott bereits 1923 in seiner in Oxford vorgelegten Dissertation «The Pragmatic Revolt in Politics: Syndicalism, Fascism, and the Constitutional State» am Beispiel Italiens; später bezog er den Nationalsozialismus in dieses Argument ein: William Elliott, «The Soviet Cultural Offensive Against Freedom», 1961, S. 14, in: HA, WE-P, Box 29, Folder: Speeches by WYE.

40 «Nixon is Own Counsel on Foreign Affairs», in: Washington Post, 23. 8. 1960. Vgl. LC-MD, PHN-P, Part I: Name File, 1932–1989, Box 23, Folder 11: Elliott, William Y., 1945, 1960.

41 HA, WE-P, Box 87, Folder: Communism – Inst. For Amer. Strategy 1961; Box 3, Folder: Russia – American Committee for Liberation of Russia, H. Sargeant.

42 William Y. Elliott, «The Moral Ingredient of Power. Summary of Papers Done for the Rockefeller Brothers' Special Project», 14. 3. 1957, S. 12, in: HA, WE-P, Box 22, Folder: Rockefeller Foundation, Misc. Ref. Materials.

43 William Elliott, «A Balanced Policy Toward ‹Uncommitted› Areas: Political Warfare», Harvard Summer School Conference, 14. 7. 1958, S. 17/18, in: HA, WE-P, Box 39, Folder: National Security Policy 1958, Harvard Summer School Conference.

44 William Elliott, Brief an Richard Nixon, 28. 7. 1952, in: HA, WE-P, Box 166, Folder: Untitled.

45 William Elliott, Brief an Bernard Crick, 10. 5. 1960, in: HA, WE-P, Box 166, Folder: Untitled; William Elliott, Letter to Earl Mazo, 13. 8. 1958, in: HA, WE-P, Box 166, Folder: Untitled.

46 William Elliott an Richard Nixon: «Notes on the Television Debate:

Impressions and Conclusions», 27.9.1960, S. 5, in: HA, WE-P, Box 166, Folder: Untitled.

47 William Elliott, Brief an Richard Nixon, 24.4.1961, in: HA, WE-P, Box 166, Folder: Untitled.

48 William Elliott, zit. n. Ferguson, Idealist, S. 236.

49 HA, WE-P, Box 55, Folder: W. Y. Elliott and H. Kissinger, 9 March 1953 und Folder: Henry Kissinger, 21 March 1955; Box 68, Folder: Henry Kissinger – March 8, 1954, Govt. Seminar.

50 Ferguson, Idealist, S. 237. In den «Buddenbrooks» verspottet der Kapellmeister der Lübecker Marienkirche die Musik Richard Wagners als «parfümierten Qualm». Zu einer detaillierten Diskussion von Kissingers Bachelorarbeit vgl. Dickson, Kissinger and the Meaning of History.

51 Kissinger, «Strains on the Alliance», S. 87.

52 Henry Kissinger, «Philosophy and Practice in National Security Affairs», Vortrag anlässlich der «William Yandell Elliott Conference on The Marriage of Political Philosophy and Practice in Public Affairs», Harvard Summer School, 23.7.1963, S. 7, in: HA, WE-P, Box 1, Folder: Untitled. Vgl. Suri, American Century, S. 51, 77, 116.

53 Henry Kissinger, zit. n. Suri, American Century, S. 169. Auch diese Formulierung floss als Textbaustein in zahlreiche Vorträge ein: Henry Kissinger, «Harvard Summer School Conference on National Security Policy», 15.7.1958, in: HA, WE-P, Box 39, Folder: 1958 National Security Harvard Summer School Conference.

54 Dass sich Kissinger überaus großzügig bei Elliott bedient hatte, zeigt sich durchgängig in der Arbeit. An dieser Stelle seien nur drei einschlägige Referenzen genannt: William Y. Elliott, «The Moral Ingredient of Power. Summary of Papers Done for the Rockefeller Brothers' Special Project», 14.3.1957, S. 13 ff., in: HA, WE-P, Box 22, Folder: Rockefeller Foundation, Misc. Ref. Materials; ders., «Summary of Paper. An Extension of National Security Council Machinery», o. D., S. 8, in: HA, WE-P, Box 5, Folder: National Security, 1950; ders., «The Soviet Cultural Offensive Against Freedom», 1961, S. 9, in: HA, WE-P, Box 29, Folder: Speeches by WYE.

55 Isaacson, Biography, S. 67.

56 Die Arbeit erschien 1957 unter dem Titel «A World Restored: Metternich, Castlereagh and the Problems of Peace, 1812–1822».

57 Kissinger, World Restored, S. 119–148.

58 William Y. Elliott, «The Reconquest of America», June 1950, S. 5, 8, 9–12, in: HA, WE-P, Box 27, Folder: Reconquest of America. Vgl. ders., «A Time for Peace?», January 1946, S. 13, in: HA, WE-P, Box 27, Folder: Virginia Quarterly Review; ders., Memorandum to Dudley Harmon, June 1946, in:

HA, WE-P, Box 27, Folder: W. Y. E. in Russia; ders., «What is Our Stake in Arming Europe?», Address to Pennsylvania Bankers Assoc., 18.5.1949, S. 3/4, in: HA, WE-P, Box 27, Folder: Our Stake in Arming Europe.

59 William Y. Elliott, «National Security and Its Relation to Problems of Industrial Mobilization», Vortrag, 28.9.1950, S. 11, in: HA, WE-P, Box 5, Folder: National Security, 1950; ders., «The Moral Ingredient of Power. Summary of Papers Done for the Rockefeller Brothers' Special Project», 14.3.1957, S. 1, in: HA, WE-P, Box 22, Folder: Rockefeller Foundation, Misc. Ref. Materials.

60 William Elliott, «A Balanced Policy Toward ‹Uncommitted› Areas: Political Warfare», 14.7.1958, S. 15, 16, in: HA, WE-P, Box 39, Folder: National Security Policy 1958, Harvard Summer School Conference.

61 Inszenierter Wahnsinn und «begrenzte Atomkriege» gehörten für Elliott zur «Propaganda der Tat»: William Elliott, «Objectives and Vital Interests of the United States», Rede vor dem National War College, 12.7.1960, S. 33, in: HA, WE-P, Box 62, Folder: Untitled.

62 National Security Council, Memorandum No. 68, 7.4.1950: The Report by the Secretaries of State and Defense on United States Objectives and Programs for National Security, in: FRUS, 1950, Vol. 1, S. 235–292.

63 William Elliott, Brief an Paul Nitze, 11.12.1950, S. 8, in: HA, WE-P, Box 30, Folder: Korean War, Letter to Nitze, 1950 (Hervorhebung im Text).

64 Ebd., S. 3, 5, 6, 8.

65 Ebd., S. 9; Elliott verteidigte diese Überlegungen noch Jahre später, beispielsweise in einer Rede vor dem National War College: «Objectives and Vital Interests of the United States», Rede vor dem National War College, 12.7.1960, S. 34, in: HA, WE-P, Box 62, Folder: Untitled.

66 Zu Paul Nitzes Gedankenspielen über einen Präventivkrieg gegen die UdSSR vgl. Trachtenberg, Cold War and After, S. 252; Leffler, «American Grand Strategy», S. 87. Zu entsprechenden Wortmeldungen von Kongressabgeordneten vgl. Casey, «Selling NSC-68», S. 687.

67 William Elliott, Manuskript für eine Diskussion mit John K. Fairbank am 18.5.1951, in: LC-MD, RO-P, Box 27, Folder 9: Conant, James B., Publications, 1947–1953.

68 Henry A. Kissinger to Dr. W. Y. Elliott, 12.12.1950, Subject: Letter to Mr. Paul Nitze of December 11th, 1950, in: HA, WE-P, Box 27, Folder: Memos – US Strategy – Kissinger, Henry, 1951 (Hervorhebungen im Text).

69 Ebd. (Hervorhebungen im Text). Schon Anfang 1946 hatte Elliott für eine Politik der «roten Linie» gegenüber Moskau plädiert: William Y. Elliott, «The Russian Enigma», Rede, January 1946, S. 3, in: HA, WE-P, Box 27, Folder: W. Y. E. in Russia; ders., «A Time for Peace?», January 1946, S. 17, in: HA, WE-P, Box 27, Folder: Virginia Quarterly Review.

70 Henry Kissinger, Brief an Col. Kintner, 20.11.1951, in: HA, WK-P, Box 66, Folder: Kissinger.

71 William Y. Elliott, «Proposal for the Creation of a Roundtable of Freedom», 28.12.1950, in: HA, WE-P, Box 27, Folder: Roundtable for Freedom, 1950.

72 William Y. Elliott, «The Treason to Freedom», 28.4.1949, S. 3–7, 16, 18, in: HA, WE-P, Box 27, Folder: «Treason to Freedom»; ders., «The Reconquest of America», June 1950, S. 5, 8, 9–12, in: HA, WE-P, Box 27, Folder: Reconquest of America; ders., «The False Dilemma of Bertrand Russell», S. 8, 11, in: LC-MD, PHN-P, Part I: Name File, 1932–1989, Box 23, Folder 11: Elliott, William Y., 1945–1960.

73 William Y. Elliott, «The Russian Enigma», Rede, January 1946, in: HA, WE-P, Box 27, Folder: W. Y. E. in Russia.

74 HA, WE-P, Box 2, Folder: Harvard University, International Seminar, 1951–59; Suri, American Century, S. 122; Ferguson, Idealist, S. 278 ff.

75 In der Kopfzeile des Arbeitsgruppenberichts anonymisierte Kissinger die anderen Mitarbeiter; auch unterzeichnete er als einziger: «Members: Henry A. Kissinger and outside Advisors», in: HA, WE-P, Box 2, Folder: Harvard University, International Seminar, 1951–59.

76 Henry Kissinger, Informal Memorandum for Professor Elliott, S. 4, in: HA, WE-P, Box 2, Folder: Harvard University, International Seminar, 1951–59. In diesem Folder finden sich auch aufschlussreiche Informationen über die Auswahlkriterien für das «International Seminar». Zu Kissingers FBI-Kontakten vgl. Isaacson, Biography, S. 71.

77 Henry Kissinger, Informal Memorandum for Professor Elliott, S. 1, in: HA, WE-P, Box 2, Folder: Harvard University, International Seminar, 1951–59.

78 Ferguson, Idealist, S. 271, 275, 321.

79 William Elliott, «A Balanced Policy Toward ‹Uncommitted› Areas: Political Warfare», 14.7.1958, S. 8, 11, in: HA, WE-P, Box 39, Folder: National Security Policy 1958, Harvard Summer School Conference. Zum Unterrichtsangebot vgl. Summary, Harvard Summer School Conference, 14.–16.7.1958, S. 2, 5, 7, 13, in: HA, WE-P, Box 40, Folder: National Security Policy, 1958, Harvard Summer School.

80 Ein namentlich nicht identifizierter Stipendiat, zit. in einem Brief von Carl Kaysen an William Elliott, 6.10.1952, in: HA, WE-P, Box 2, Folder: Harvard University, International Seminar, 1951–59.

81 Hans Egon Holthusen, Brief an Henry Kissinger, o. D., in: HA, WE-P, Box 2, Folder: Harvard University, International Seminar, 1951–59.

82 Henry Kissinger, Informal Memorandum for Professor Elliott, S. 2/3, in:

HA, WE-P, Box 2, Folder: Harvard University, International Seminar, 1951–59.

83 Bruno Dechamps und Walter Boehlich, zit. n. Keys, «Spinne im Netz», S. 22, 24; Marianne Feuersenger, zit. n. Ferguson, Idealist, S. 277. Erhard Eppler, Links Leben, S. 129. Vgl. ebd., S. 52 ff. Martin Walser, zit. n. Jordan Mejias, «Der Meister des Selbstgesprächs», in: Frankfurter Allgemeine Zeitung, 11. 11. 2011.

84 Aus Deutschland kam eine Vielzahl weiterer Teilnehmer: Günter Gaus, Journalist und ab 1969 Chefredakteur des «Spiegel»; Hans Egon Holthusen, Lyriker und langjähriger Präsident der Bayerischen Akademie der Schönen Künste; Dirk Oncken, Bundestagsabgeordneter, Diplomat und Geschäftsführer des Deutschen Bundes der Bürgerrechte; Rudolf Wildemann, Herausgeber der «Deutschen Zeitung», Stuttgart; Jürgen Eick, Mitherausgeber der «Frankfurter Allgemeinen Zeitung»; Georg Michael Kahn-Ackermann, Bundestagsabgeordneter und Journalist; Walter Friedrich Höllerer, Germanistikprofessor, Schriftsteller und Lektor bei Suhrkamp; Emil Kroher, Abteilungsleiter in der Bundeszentrale für Heimatdienst; Gerhard Paul Weck, Wirtschaftsjournalist; Karl Döring, Diplomat; Ernst Paulsen, Diplomat, Mitarbeiter in der Dienststelle Blank; Urs Widmer, Schriftsteller und Suhrkamp-Lektor; Klaus Reichert, Literaturwissenschaftler, Übersetzer und Schriftsteller; Helmut Jaesrich, Herausgeber des «Monat»; Wolfgang Werth, Journalist bei der «Süddeutschen Zeitung». Zu Siegfried Unselds «Selbstamerikanisierung» vgl. Bürger, «Kissinger Boys».

85 Henry Kissinger, zit. n. Ina Hartwig, «Eine Liebe von Henry Kissinger», in: Frankfurter Allgemeine Zeitung, 20. 11. 2017. Vgl. dies., Wer war Ingeborg Bachmann? Eine Biographie in Bruchstücken, Frankfurt/M. 2017. Auch Max Frisch war von Kissinger teils fasziniert, teils irritiert: Tagebuch, 1966–1971, S. 292–308.

86 HA, WE-P, Box 2, Folder: Harvard University, International Seminar, 1951–59; Ferguson, Idealist, 278 ff.

87 Isaacson, Biography, S. 73.

88 William Elliott, Letter to Raymond Moley, 30. 3. 1960, in: HA, WE-P, Box 166, Folder: Untitled.

89 William Kintner machte sich bei Rockefeller für Kissinger stark, vermutlich auch der alte Mentor Fritz Krämer: Ferguson, Idealist, S. 355 ff.

90 Special Studies Project, zit. n. Ferguson, Idealist, S. 393. Vgl. Isaacson, Biography, S. 92; Kalb/Kalb, Kissinger, S. 56.

91 Ferguson, Idealist, S. 397 ff.; Dallek, Partners in Power, S. 50; Isaacson, Biography, S. 92, 97–101, 125 ff.

92 Nelson Rockefeller, zit. n. Suri, American Century, S. 164.

93 Ferguson, Idealist, S. 397.
94 W. Barton Leach, Memorandum to the Deans of the Faculty of Arts and Sciences, Law School, Business School, Graduate School of Public Administration, Subject: National Defense Studies, 14. 2. 1955, S. 1–3, 10, 13, 16, in: HA, WE-P, Box 2, Folder: Harvard Defense Studies Program.
95 University Committee on Defense Studies Program, Summary Record of Meeting, 27. 3. 1957, in: HA, WE-P, Box 2, Folder: Harvard Defense Studies Program.
96 Ferguson, Idealist, S. 325 ff.
97 Dallek, Partners in Power, S. 52; Kalb/Kalb, Kissinger, S. 59.
98 Kurz, Kissinger-Saga, S. 11.
99 Isaacson, Biography, S. 102 ff.; Dallek, Partners in Power, S. 43; Ferguson, Idealist, S. 225 ff., 618.
100 Robert R. Bowie, zit. n. Kalb/Kalb, Kissinger, S. 57.
101 Kissinger, «Defense of the ‹Grey Areas›»; Ferguson, Idealist, S. 333, 341.
102 So erinnert George Franklin, Direktor des «Council on Foreign Relations», das Gespräch mit dem Bewerber Kissinger. Zit. n. Kalb/Kalb, Kissinger, S. 51.
103 James B. Conant, «The Defense of Europe in the Atomic Age», Address before the joint meeting of the Chicago Association of Commerce and Council on Foreign Relations, 17. 5. 1951, S. 5, in: LC-MD, RO-P, Box 27, Folder 9: Conant, James B., Publications, 1947–1953. Nitze, «Atoms, Strategy and Policy»; Sanders, Peddlers of Crisis, S. 125 ff.; Hershberg, Conant, S. 509; Isaacson, Biography, S. 85.
104 Paul Nitze, zit. n. Isaacson, Biography, S. 85.
105 Craig, «Illogic of Kissinger's Nuclear Strategy», S. 566, Anm. 15. Siehe ebd., S. 547/548, 564.
106 Kissinger, Kernwaffen, S. 194/195. Vgl. ebd., S. 72, 144, 152, 158 ff., 171, 174–176, 197.
107 Kissinger, Kernwaffen, S. 195. Vgl. ebd., S. 265.
108 Ferguson, Idealist, S. 371.
109 Kissinger, Kernwaffen, S. 123, 126. Vgl. ebd., S. 107, 113, 119, 127, 133, 164.
110 Kissinger, Kernwaffen, S. 225–227. Für eine so verstandene «Propaganda der Tat» plädierte Kissinger auch vor den Stipendiaten des «International Seminar»: Summary, Harvard Summer School Conference, 14.–16. 7. 1958, S. 6, 9, in: HA, WE-P, Box 40, Folder: National Security Policy, 1958, Harvard Summer School.
111 Kissinger, Kernwaffen, S. 144, 145. Vgl. ebd., S. 112 ff., 148.
112 Kissinger, Kernwaffen, S. 162, 286. Vgl. ebd., S. 81, 110 ff., 150 ff., 359–365.
113 Kissinger, Kernwaffen, S. 427.
114 Henry Kissinger, «Philosophy and Practice in National Security Affairs»,

Harvard Summer School, 23.7.1963, S.7, in: HA, WE-P, Box 1, Folder: Untitled. Vgl. Ferguson, Idealist, S.380ff, 472 ff.

115 Kissinger, Kernwaffen, S.272. Vgl. ebd., S.72, 79, 109, 177 ff., 181, 190, 218 ff., 225 ff., 284–290, 305, 365. Diese Ideen unterstrich Kissinger auch in zahlreichen Aufsätzen.

116 Kissinger, Kernwaffen, S.376.

117 William Y. Elliott, «The Moral Ingredient of Power. Summary of Papers Done for the Rockefeller Brothers' Special Project», 14.3.1957, S.6/7, in: HA, WE-P, Box 22, Folder: Rockefeller Foundation, Misc. Ref. Materials.

118 William Y. Elliott, «Memorandum for the Special Studies Group, Rockefeller Brothers Fund, Subject: Integration of Presidential Control of Foreign Policy in the Federal Government», o.D. (ca. 1957), S.5, 8, in: HA, WE-P, Box 22, Folder: Rockefeller Foundation, Misc. Ref. Materials.

119 Reinhold Niebuhr, zit. n. Suri, American Century, S.155.

120 Hans Morgenthau, zit. n. Suri, American Century, S.310/311.

121 Ein namentlich nicht identifizierter Mitarbeiter von Harvard, zit. n. Kalb/Kalb, Kissinger, S.50.

122 Nikita Chruschtschow, zit. n. Holloway, «Nuclear Weapons», S.392.

123 Zur öffentlichen Diskussion über den Nutzen von Atomwaffen vgl. Burr/Rosenberg, «Nuclear Competition»; Hershberg, Conant, S.505, 532 ff.; Holloway, «Nuclear Weapons»; Herken, Winning Weapon, S.302 ff., 318 ff., 396; Casey, «Selling NSC-68», S.663 ff., 675 ff., 687–690; Greiner, Politik am Rande des Abgrunds?, S.61–69, 85 ff., 119–127.

124 Kissinger, Kernwaffen, S.363. Vgl. ebd., S.200, 320.

125 Kissinger, «Force and Diplomacy», S.366.

126 Fritz Krämer, Brief an Henry Kissinger, 17.5.1958, zit. n. Ferguson, Idealist, S.390.

127 Henry Kissinger, zit. n. Ferguson, Idealist, S.383, 427. Diese Wortmeldungen variierten den Grundtenor seines Bestsellers: vgl. Kissinger, Kernwaffen, S.329, 388 ff.

128 Gemeint ist der nach seinem Berichterstatter H. Rowan Gaither benannte und Ende 1957 vorgelegte «Gaither Report» des «Office of Defense Mobilization» über «Deterrence and Survival in the Nuclear Age» (auch bekannt als «NSC 5724»). Zur Berichterstattung der «Washington Post» über den «Gaither Report» vgl. Der Spiegel, 8.1.1958, S.27.

129 George F. Kennan, zit. n. Paterson, Communist Threat, S.138/139.

130 Henry Kissinger, zit. n. Ferguson, Idealist, S.382/283.

131 «Kissinger sprach vor Generalen», in: Die Welt, 24.1.1959. «Alles riskieren?», in: Münchner Merkur, 24./25.1.1959.

132 «Bonn lauscht dem ‹Propheten des Atomzeitalters›», in: Der Tag, 25.1.1959.

133 «Henry A. Kissinger in Deutschland», in: Frankfurter Rundschau, 19.1.1959. Demgegenüber verbreiteten «Die Welt» und die «Deutsche Presseagentur» das Bild vom «amerikanischen Clausewitz»: «Rezept gegen atomaren Selbstmord» in: dpa-Brief/Inland, 22.1.1959; «So wenig wie möglich vernichten», in: Die Welt, 12.1.1959.

134 Franz Josef Strauß, zit. n. «Kissinger sprach vor Generalen», in: Die Welt, 24.1.1959.

135 «Acht Uhr Abmarsch bei Helmstedt». Ein Gespräch mit Henry Kissinger, in: Der Spiegel, 11.2.1959, S. 22–33, hier S. 33. Vgl. ebd., S. 26, 30.

136 Dieter Cycon, «Wer trägt das größere Risiko?», in: Stuttgarter Zeitung, 10.2.1959.

137 Deutsche Presseagentur/Inland, Meldung 198, 19.1.1959; «Erler: These vom begrenzten Krieg gefährlich», in: Die Welt, 26.2.1959.

138 Willy Brandt, zit. n. «Brandt: Westberlin kann sich lange selbst versorgen», in: Die Welt, 10.2.1959.

139 «Brandt für Neuorientierung der Europapolitik. Der Berliner Bürgermeister vor dem amerikanischen Fernsehen», in: Stuttgarter Zeitung, 10.2.1959.

140 Willy Brandt, Manuskript der Rundfunksendung «Wo uns der Schuh drückt», 8.3.1959, S. 3. Ich danke Bernd Rother für die Überlassung dieser Quelle.

141 Kissinger, «Policy Maker and Intellectual», S. 34. Vgl. ebd., S. 30–32. Andernorts klang die Polemik fast noch schärfer: «Wir [haben] auf unserer Seite bedauernswerte Führer, die mit Verpflichtungen innerhalb ihrer Ministerien überlastet und in dem Gedanken groß geworden sind, dass die schwerste Sünde darin besteht, in die spezielle Kompetenz eines anderen überzugreifen. [...] Das Fehlen eines Rahmens erschwert es ihnen sogar, unsere Probleme überhaupt zu erkennen.» Kissinger, Kernwaffen, S. 360. Vgl. ebd., S. 273, 344–359, 366–369.

142 Kissinger, «Policy Maker and Intellectual», S. 35.

143 Kissinger, «Policy Maker and Intellectual», S. 34.

144 Jahrelang mokierte sich William Elliott in Aufsätzen und Vorträgen über die angebliche Inkompetenz politischer Eliten: William Y. Elliott, Proposal for the Creation of a Roundtable of Freedom, 28 December 1950, in: HA, WE-P, Box 27, Folder: Roundtable for Freedom, 1950; ders., A Time for Peace?, January 1946, S. 4, in: HA, WE-P, Box 27, Folder: Virginia Quarterly Review. Auch Fritz Krämer hatte bei der Kritik an bürokratischen Denkstilen Pate gestanden: Ferguson, The Idealist, S. 458.

145 Dieses Vokabular gehörte zum Standardrepertoire Kissingers, wenn er gegen etablierte Eliten vom Leder zog: ders., Kernwaffen, S. 273, 344–359, 360, 366–369; Kalb/Kalb, Kissinger, S. 57.

146 William Elliott, Letter to Richard Nixon, 11.9.1958, in: HA, WE-P, Box 166, Folder: Untitled.

147 William Elliott, Letter to Richard Nixon, 13.8.1958, in: HA, WE-P, Box 166, Folder: Untitled; ders., Memorandum to Richard Nixon, «Notes on the Television Debate: Impressions and Conclusions», 27. September 1960, S. 9, in: HA, WE-P, Box 166, Folder: Untitled; ders., Letter to Richard Nixon, 29.3.1960, in: HA, WE-P, Box 166, Folder: Untitled; ders., Letter to Charles S. Ragland, 6. August 1960; Letter to Thruston B. Morton, 4. August 1960, in: HA, WE-P, Box 166, Folder: Untitled.

148 Henry Kissinger, Leserbrief an die New York Times, [1959], zit. n. Ferguson, Idealist, S. 442.

149 Henry Kissinger zu Arthur Schlesinger Jr., Sommer 1960, zit. n. Ferguson, Idealist, S. 458 und Schlesinger, Robert Kennedy, S. 219.

150 Henry Kissinger, Necessity for Choice, S. 1–6, 23, 32, 98, 122, 257, 300–311, 318, 328.

151 Walter Millis, zit. n. Ferguson, Idealist, S. 449.

152 Isaacson, Biography, S. 109 ff., 113 ff.; Dallek, Partners in Power, S. 56; Kalb/Kalb, Kissinger, S. 63.

153 Henry Kissinger, zit. n. Isaacson, Biography, S. 112.

154 Henry Kissinger, zit. n. Dallek, Partners in Power, S. 56. Vgl. Ferguson, Idealist, S. 474, 482, 485–488, 492 ff., 498 ff., 505 ff.

155 Henry Kissinger, Brief an Nelson Rockefeller, 19.10.1961, zit. n. Ferguson, Idealist, S. 510; vgl. S. 499 ff., 535.

156 Henry Kissinger, zit. n. Ferguson, Idealist, S. 498. Vgl. Dallek, Partners in Power, S. 56; Kalb/Kalb, Kissinger, S. 63.

157 «Kissinger Maps Firm Path», in: The Washington Evening Star, 22.1.1969.

158 Ebd.

159 Louis Kissinger, zit. n. Ferguson, Idealist, S. 620.

160 Ebd. Dass Walter und Henry Kissinger ihre religiösen Bindungen zusehends lockerten, bereitete den Eltern viel Verdruss und Kummer: Kurz, Kissinger-Saga, S. 141.

161 Zit. n. Kalb/Kalb, Kissinger, S. 64.

162 Die Debatte über eine vermeintliche «Raketenlücke» wurde von einer Studie des «Office of Defense Mobilization» über «Deterrence and Survival in the Nuclear Age» befeuert. Die Ergebnisse des so genannten «Gaither Reports» (intern «NSC 5724») basierten auf ungeprüftem Rohmaterial diverser Geheimdienste; Henry Kissinger und viele andere behandelten das spekulative Material wie gesicherte Daten und schürten düstere Prognosen. Vgl. Snead, The Gaither Committee.

163 Die internen Debatten im Frühsommer 1961 hat Fred Kaplan rekonstru-

iert: Wizards of Armageddon, S. 302; ders., «Why We Decided Not to Nuke the Soviets», in: The Washington Post, 29. 5. 1983, S. C1.

164 Henry Kissinger, zit. n. Suri, American Century, S. 178 / 179 und Ferguson, Idealist, S. 547. Vgl. Henry Kissinger, «Reflections on Cuba», in: The Reporter, 22. 11. 1962.

165 Kissinger, Kernwaffen, S. 170. In den 1960er Jahren kam er wiederholt auf diesen Vorschlag zurück: «The Unsolved Problems of European Defense»; «Aus Schild wurde Schwert. Die NATO und das Polaris-Abkommen», in: Der Spiegel, 4, 1963, S. 42 ff. Vgl. Suri, American Century, S. 172ff, 176; Ferguson, Idealist, S. 534ff, 538 ff.; Kissinger, The Troubled Partnership.

166 Henry Kissinger, «American Strategic Thinking», Rede im Hauptquartier der pakistanischen Luftwaffe, 2. 2. 1962, zit. n. Ferguson, Idealist, S. 525.

167 Henry Kissinger, «Philosophy and Practice in National Security Affairs», S. 7–11, 17/18, in: HA, WE-P, Box 1, Folder: Untitled. Vgl. ebd., Discussion Period – Tuesday, July 23, 1963, S. 5.

168 Kissinger, «The Price of German Unity». Vgl. Ferguson, Idealist, S. 709 ff.

169 Kissinger, «The Search for Stability». Dieser Aufsatz schloss an Memoranden an, die Kissinger in den frühen 1950er Jahren für den «Psychological Strategy Board» der Administrationen Truman und Eisenhower verfasst hatte: Ferguson, Idealist, S. 271.

170 Kissinger, «The Price of German Unity».

171 John F. Kennedy, zit. n. Tuchman, Die Torheit der Regierenden, S. 353.

172 Henry Kissinger, zit. n. Dallek, Partners in Power, S. 58. Vgl. Suri, American Century, S. 188. William Elliotts Fußabdruck ist auch hier deutlich zu erkennen: William Elliott, Memorandum: The Quemoy-Matsu Issue, 13. 10. 1960, S. 8 /9, in: HA, WE-P, Box 166, Folder: Untitled.

173 Ferguson, Idealist, S. 592, 623.

174 Ferguson, Idealist, S. 624.

175 Wenner, «Interview with Daniel Ellsberg».

176 Henry Cabot Lodge, zit. n. Hershberg, «Half-Hearted Overture», S. 295.

177 Der stellvertretende Leiter des «Foreign Policy Research Institute», William R. Kintner, protokollierte Kissingers Vortrag: «Ich verbürge mich dafür, dass dieser Bericht buchstäblich alles Wesentliche von dem enthält, was Kissinger gesagt hat.» William R. Kintner, Report on Henry Kissinger, 18. 12. 1965, S. 1, in: HA, WK-P, Box 35, Folder: Kissinger, Henry A., Dec. 1955/6–69.

178 Ebd.

179 Ebd.

180 Dallek, Partners in Power, S. 57 ff. Vgl. Kalb/Kalb, Kissinger, S. 69; Ferguson, Idealist, S. 670–674.

181 Hershberg, «A Half-Hearted Overture».

182 Ferguson, Idealist, S. xvii.
183 Richard Nixon, zit. n. Dallek, Partners in Power, S. 64.
184 Walter Cronkite, zit. n. Oberdorfer, Tet!, S. 158.
185 Lyndon B. Johnson, zit. n. Halberstam, The Powers That Be, S. 514.
186 Ferguson, Idealist, S. 811 ff.; Greiner, Krieg ohne Fronten, S. 11 ff.
187 Ronald Reagan, zit. n. Dallek, Partners in Power, S. 61.
188 Richard Nixon, zit. n. Dallek, Partners in Power, S. 65.
189 Lyndon B. Johnson, zit. n. Hughes, Chasing Shadows, S. 47.
190 Die beste Zusammenfassung dieser verwinkelten Geschichte bietet Hughes, Chasing Shadows, S. 4–52, 168–171. Vgl. John A. Farrell, «Nixon's Vietnam Treachery», in: The New York Times, 13. 12. 2016.
191 Hersh, Price of Power, S. 11–25.
192 Dallek, Partners in Power, S. 73; Isaacson, Biography, S. 132; Hoffmann, «Antimemoirs»; Ferguson, Idealist, S. 829.
193 Richard V. Allen, zit. n. The New York Times, «Kissinger Role in '68 Race Stirs», 13. 6. 1983. Vgl. Isaacson, Biography, S. 132.
194 Nixon, Memoirs, S. 323.
195 Nixon, Memoirs, S. 324.
196 «Kissinger Role in ‹68 Race Stirs», in: The New York Times, 13. 6. 1983.
197 Henry Kissinger, zit. n. The Baltimore Sun, 3. 6. 1983.
198 Zbigniew Brzezinski, zit. n. Isaacson, Biography, S. 133.
199 Ted Van Dyk, Wahlkampfhelfer Hubert Humphreys, zit. n. The New York Times, «Kissinger Role in ‹68 Race Stirs», 13. 6. 1983.
200 Ferguson, Idealist, S. 457.
201 Hoffmann, «Antimemoirs»; Isaacson, Biography, S. 127.
202 Zbigniew Brzezinski, Letter to William Elliott, 19. 4. 1960, in: HA, WE-P, Box 166, Folder: Untitled.
203 Nixon, Memoirs, S. 323.
204 Henry Kissinger über Richard Nixon, August 1968, zit. n. Isaacson, Biography, S. 127/128.
205 Dallek, Partners in Power, S. 79; Isaacson, Biography, S. 135.
206 Auf diese Art vernebelte Kissinger im Nachhinein auch seine Rolle während des Wahlkampfs 1968: Die Behauptung, dass Nixons Berater als Erste den Kontakt zu ihm aufgenommen hätten, steht im Widerspruch zu allen verfügbaren Informationen. Kissinger, Memoiren, Bd. 1, S. 16; The New York Times, «Kissinger Role in '68 Race Stirs», 13. 6. 1983.
207 Henry Kissinger, zit. n. Hersh, Price of Power, S. 23 und Ambrose, Triumph, S. 231.
208 Richard Nixon an Henry Kissinger, zit. n. Ferguson, Idealist, S. 439.
209 Kalb/Kalb, Kissinger, S. 14 ff.
210 Nixon, Memoirs, S. 340 ff.

211 John F. Lehman, Jr., «Henry A. Kissinger: A Policy Profile», S. 7–12, in: HA, RA-P, Box 12, Folder: Kissinger, Henry, 1968–1969.
212 Hier folgte Nixon wortwörtlich einem Skript seines Beraters Richard Allen. Richard Allen, Paper for Richard Nixon, Subject: U.S. – Soviet Relations and Policy Options, 30.1.1967, in: HA, RA-P, Box 24, Folder: Memoranda, 1968, Mar–May.
213 Nixon, «Asia After Viet Nam», S. 111, 121, 123.
214 Nixon-Agnew Campaign Committee, News Bureau, Presseerklärung vom 24.10.1968, S. 5, 6, 9, in: HA, RA-P, Box 24, Folder: Memoranda, 1968 Oct.
215 Nixon, Memoirs, S. 340/341.
216 Davon handelt Kissingers Loblied auf Bismarck: «The White Revolutionary», S. 888, 912 ff.
217 So lautet die Essenz zweier Aufsätze Kissingers aus dem Jahr 1968: «Central Issues of American Foreign Policy» und «The Viet Nam Negotiations».
218 Ferguson, Idealist, S. 804–808, 845–847; Kissinger, Kernwaffen, S. 281, 307, 344–367; ders., «Policy Maker and Intellectual»; Nixon, Memoirs, S. 341.
219 Richard Allen, Memorandum for Mr. Nixon: Preparing for the Post-Election Transition, 15.8.1968, S. 28, in: HA, RA-P, Box 12, Folder: Kissinger, Henry, 1968–1969. (Hervorhebung im Text)
220 Hoffmann, «Antimemoirs»; Safire, «Puppet as Prince», S. 17.
221 William Safire, zit. n. Kalb/Kalb, Kissinger, S. 29.
222 Nixon, Memoirs, S. 324 ff., 340. In diesem Sinne äußerte sich auch Richard Allen: Hersh, Price of Power, S. 11 ff., 16, 18 ff., 24; Isaacson, Biography, S. 130.
223 William Safire, zit. n. Kalb/Kalb, Kissinger, S. 29.
224 Richard Nixon, zit. n. Isaacson, Biography, S. 142.
225 Isaacson, Biography, S. 137.
226 Von der «Hure Kissinger» war im Stab Nelson Rockefellers die Rede: Isaacson, Biography, S. 137.
227 Adam Yarmolinsky und Francis Bator, zit. n. The New York Times, «Praise for Nixon Choices», 4.12.1968.

Angestellter

1 Richard Nixon, zit. n. Safire, Before the Fall, S. 437.
2 Henry Kissinger, zit. n. Brands, Grand Strategy?, S. 78.
3 Hans Morgenthau, zit. n. Isaacson, Biography, S. 555.
4 Conversation between President Nixon and the President's Assistant for

National Security Affairs (Kissinger), 3.2.1973, in: FRUS, 1969–1976, Volume E-15, Part 2: Documents on Western Europe, 1973–1976, S. 24–33, hier S. 25/26.

5 Ebd, S. 26–32.

6 Richard Nixon, zit. n. WH-T, 7.4.1971 und 17.4.1972, in: Brinkley/Nichter, Tapes, S. 54, 478. Vgl. ebd., 13.4.1971, S. 61; 15.4.1971, S. 70/71; 30.9.1971, S. 297; 1.2.1972, S. 360/361; 4.2.1972, S. 448, 451; 19.4.1972, S. 494/495; 5.5.1972, S. 548/549; 14.12.1972, S. 699; Greenberg, Nixon's Shadow, S. 272; Ambrose, Ruin, S. 55; Haldeman, Diaries, Eintrag 2.1.1971 und 2.3.1972, S. 230, 424.

7 Richard Nixon, zit. n. Small, Presidency, S. 52, 54; Brands, Grand Strategy?, S. 77. Vgl. Summers, Arrogance of Power, S. 313, 329; Sargent, Superpower Transformed, S. 56.

8 Rodman, Presidential Command, S. 36.

9 Henry Kissinger, zit. n. Suri, American Century, S. 38, 77.

10 Summary, Harvard Summer School Conference, July 14–16, 1958, S. 5, 7, 13, in: HA, WE-P, Box 40, Folder: National Security Policy, 1958, Harvard Summer School; Henry Kissinger, «Force and Diplomacy», S. 349–366; ders., «The Policy Maker and the Intellectual», S. 30–35. Vgl. Landau, The Uses of Power, S. 26 ff.

11 Richard Nixon, zit. n. Haldeman, Diaries, Eintrag 21.7.1969, S. 73. Vgl. ebd., Eintrag 10.8.1971, S. 338/339.

12 Hamilton, et al., Federalist Papers, Artikel 47, 48, 69, S. 301–307, 312, 408–415.

13 Ebd., Artikel 51, S. 320.

14 Richard Nixon, zit. n. Brands, Grand Strategy?, S. 77.

15 Richard Nixon, zit. n. Summers, Arrogance of Power, S. 373. Vgl. ebd., S. 330.

16 Richard Nixon, zit. n. Sargent, Superpower Transformed, S. 45.

17 Henry Kissinger, zit. n. Brands, Grand Strategy?, S. 85. Vgl. ebd., S. 63/64, 93; ders., «Central Issues of American Foreign Policy»; Suri, American Century, S. 20, 116.

18 So die Umschreibung der militärischen Befugnisse des Präsidenten während der Verfassungsdebatte. Vgl. Hamilton, et al., Federalist Papers, Artikel 69, S. 410.

19 Richard Nixon in einem 1977 mit David Frost geführten Interview, zit. n. Huq/Schwarz, Unchecked and Unbalanced, S. 156. Zu John F. Kennedys verblüffend ähnlicher Haltung vgl. Wills, Bomb Power, S. 47–49, 157.

20 Rudalevige, New Imperial Presidency, S. 54 ff.

21 William Y. Elliott, Memorandum for the Special Studies Group, Rockefeller Brothers Fund, Subject: Integration of Presidential Control of Foreign

Policy in the Federal Government, o. D. (ca. 1957), S. 9, 11, 13, 18, 30, 41, in: HA, WE-P, Box 22, Folder: Rockefeller Foundation, Misc. Ref. Materials.

22 William Y. Elliott, Memorandum for Charles B. Stauffacher, 19.11.1952, S. 7/8, in: HA, WE-P, Box 40, Folder: President's Role in Administrative Management; ders., Proposal for the Creation of a Roundtable of Freedom, 28 December 1950, in: HA, WE-P, Box 27, Folder: Roundtable for Freedom, 1950; ders., A Time for Peace?, January 1946, S. 4, in: HA, WE-P, Box 27, Folder: Virginia Quarterly Review; ders., Summary of Paper. An Extension of National Security Council Machinery, o. D., S. 8, in: HA, WE-P, Box 5, Folder: National Security, 1950.

23 Dean Acheson, zit. n. Kalb/Kalb, Kissinger, S. 79.

24 Rodman, Presidential Command, S. 38.

25 Henry Kissinger, Hintergrundgespräch mit Journalisten am 26.6.1970, zit. n. Landau, Uses of Power, S. 135/136. Vgl. ebd., S. 37/38, 127, 129/130.

26 Hersh, Price of Power, S. 29ff; Sargent, Superpower Transformed, S. 59–64.

27 Sargent, Superpower Transformed, S. 48 ff., 69; Kalb/Kalb, Kissinger, S. 89; Isaacson, Biography, S. 203.

28 Anatoly Dobrynin, Memorandum of Conversation (USSR), 17.2.1969, in: SAR-DY, S. 14–18, hier S. 15. Vgl. FRUS, 1969–1976, Vol. II, Organization and Management of U. S. Foreign Policy, 1969–1972, #29: Editorial Note.

29 Anatoly Dobrynin, Memorandum of Conversation (USSR), 4.2.1972, in: SAR-DY, S. 580–581, hier S. 581. Zu den regelmäßigen Treffen mit Kissinger vgl. Dobrynin, In Confidence, S. 200.

30 Winston Lord, zit. n. Isaacson, Biography, S. 208. Vgl. Rodman, Presidential Command, S. 58.

31 Henry Kissinger, Memorandum of Conversation: Kissinger to Nixon, 15.2.1969, in: SAR-DY, S. 4.

32 Anatoly Dobrynin, Memorandum of Conversation: Dobrynin to Moscow, 14.2.1969, in: SAR-DY, S. 5.

33 Ein anonymer Mitarbeiter des Nationalen Sicherheitsrats, zit. n. Sargent, Superpower Transformed, S. 64. Vgl. Landau, Uses of Power, S. 140/141.

34 Isaacson, Biography, S. 170, 185; Dallek, Partners in Power, S. 100 ff., 252; Hersh, Price of Power, S. 98, 207; Kalb/Kalb, Kissinger, S. 96–99; Ambrose, Triumph, S. 454, 512; Haldeman, Diaries, Eintrag 17.2.1970, S. 128, 30.8.1971, S. 350, 21.10.1971, S. 367, 13.12.1971, S. 383/384; 3.1.1972, S. 392, 20./21.2.1972, S. 413, 24.5.1972, S. 463, 26.5.1972, S. 465, 17.3.1973, S. 589.

35 Haldeman, Diaries, Eintrag 22.4.1972, S. 444; John Mitchell, Interview mit dem «Women's Wear Daily», 18.9.1970, zit. n. Isaacson, Biography, S. 297. Zu Richard Nixons Sorgen vgl. Haldeman, Diaries, Eintrag 17.8.1970, S. 189.

36 Daniel Davidson, zit. n. Hersh, Price of Power, S. 97; Winston Lord, zit n. Kalb/Kalb, Kissinger, S. 81; Roger Morris, zit. n. Hersh, Price of Power, S. 172; Frank Shakespeare, zit. n. Isaacson, Biography, S. 191.

37 Hersh, Price of Power, S. 37; Isaacson, Biography, S. 190 ff.

38 Henry Kissinger, zit. n. Isaacson, Biography, S. 192. Vgl. ebd., S. 184–188; Haldeman, Diaries, Eintrag 15. 1., 20. 1., 4. 2. und 2. 3. 1971, S. 234, 236/237, 253; Woodward/Bernstein, Final Days, S. 193–195.

39 Robert Kaiser, «Hersh's Flawed but Powerful Indictment of Kissinger», in: The Washington Post, 2. 10. 1983, S. C1.

40 Anatoly Dobrynin, Memorandum of Conversation, 12. 5. 1971, in: SARDY, S. 354; Isaacson, Biography, S. 571.

41 Ein anonymer Mitarbeiter des Nationalen Sicherheitsrats, zit. n. Isaacson, Biography, S. 192. Vgl. ebd., S. 187, 389 ff.; Hersh, Price of Power, S. 103; Prados, Keepers of the Keys, S. 297 ff.; Haldeman, Diaries, Eintrag vom 13. 10. 1971, S. 364.

42 Haldeman, Diaries, Eintrag 24. 7. 1971, S. 329. Vgl. ebd., Eintrag 9., 11. und 15. 10. 1969 und 24. 6. 1970, S. 97–100, 177 sowie Woodward/Bernstein, Final Days, S. 194, 196.

43 Ein anonymer Mitarbeiter des Nationalen Sicherheitsrats, zit. n. Kalb/Kalb, Kissinger, S. 96. Vgl. Isaacson, Biography, S. 125, 190, 557; Hersh, Price of Power, S. 114 ff.; Haldeman, Diaries, Eintrag 11. 3. 1970, S. 136/137; Woodward/Bernstein, Final Days, S. 194.

44 J. Edgar Hoover über Henry Kissinger, zit. n. Hersh, Price of Power, S. 87. Vgl. ebd., S. 89, 92–96, 322, 400 ff.; Ambrose, Triumph, S. 272/273; Greenberg, Nixon's Shadow, S. 81; Isaacson, Biography, S. 213–219, 225; Haldeman, Diaries, Eintrag 12. und 26. 5. 1970, S. 165, 169.

45 Lawrence Lynn, zit. n. Hersh, Price of Power, S. 117. Die präziseste Zusammenfassung der Abhöraffäre stammt von Seymour Hersh, «Kissinger and Nixon in the White House», in: The Atlantic, May 1982.

46 Ein anonymer Mitarbeiter des Nationalen Sicherheitsrats, zit. n. Kalb/Kalb, Kissinger, S. 99. Vgl. Hersh, Price of Power, S. 113.

47 Dallek, Partners in Power, S. 102; Prados, Keepers of the Keys, S. 283; Isaacson, Biography, S. 188.

48 Kuklick, Blind Oracles, S. 183; Prados, Keepers of the Keys, S. 376/377; Kalb/Kalb, Kissinger, S. 97.

49 Henry Kissinger und ein anonymer Mitarbeiter des Nationalen Sicherheitsrates, zit. n. Hersh, Price of Power, S. 316. Vgl. ebd., S. 35 sowie Prados, Keepers of the Keys, S. 267; Haldeman, Diaries, Eintrag 27. 4., 13. 7., 15. 7., 6. 8. 1970 und 20. 1., 6. 10. 1971, S. 155, 181/182, 186, 237, 362.

50 Haldeman, Diaries, Eintrag 28. 12. 1970, 3. 1., 11. 1. und 15. 1. 1972, S. 226, 392, 395, 396. Vgl. Small, Presidency, S. 54.

51 Henry Kissinger über Außenminister William Rogers, zit. n. Safire, «Puppet as Prince», S. 21.
52 Hersh, Price of Power, S. 108, 113.
53 Haldeman, Diaries, Eintrag 24. 2. und 11. 11. 1971, S. 250, 372. Vgl. Eintrag 15. 2., 10. 3. und 26. 10. 1969, 23. 1., 17. 3., 20. 3., 1. 4., 27. 4., 24. 6., 13. 7., 15. 7., 16. 8., 20. 9., 23. 9. und 9. 12. 1970, 4. 2. 1971, 3. 1. 1972, S. 30, 37/38, 103, 122/123, 139, 140, 145, 156, 177, 181/182, 189, 195, 197, 218, 243, 392.
54 Richard Nixon, zit. n. WH-T, 23. 2. 1971, in: Brinkley/Nichter, Tapes, S. 18. Gleichlautend äußerte sich 1971 der amerikanische UNO-Botschafter George H. W. Bush: Brands, Grand Strategy?, S. 98.
55 WH-T, 9. 3. 1971, in: Brinkley/Nichter, Tapes, S. 38.
56 Haldeman, Diaries, Eintrag 17. 8. 1970, S. 189.
57 Haldeman, Diaries, Eintrag 18. 3. und 17. 9. 1970, 26. 2. und 20. 4. 1971, S. 139, 194, 195, 251, 275.
58 WH-T, 23. 2. 1971, zit. n. Brinkley/Nichter, Tapes, S. 17–19.
59 William Rogers, zit. n. Hersh, Price of Power, S. 32.
60 Henry Kissinger, zit. n. Small, Presidency, S. 64. Zur Kooperationsbereitschaft von Rogers vgl. Haldeman, Diaries, Eintrag 19. 5. 1971, 11. 1. und 14. 1. 1972, S. 289, 395/396.
61 Richard Nixon, zit. n. WH-T, 11. 8. 1971, in: Brinkley/Nichter, Tapes, S. 229.
62 Brands, Grand Strategy?, S. 96. Zu Nixons Rückendeckung für Kissinger vgl. WH-T, 12. 6., 2. 9., 21. 9. und 30. 9. 1971, in: Brinkley/Nichter, Tapes, S. 169 ff., 272, 284 ff., 299; Ambrose, Triumph, S. 531; Hersh, Price of Power, S. 41 ff.; Isaacson, Biography, S. 182; Dallek, Partners in Power, S. 248; Wicker, One of Us, S. 435.
63 Haldeman, Diaries, Eintrag 23. 2. 1970, S. 131.
64 Farrell, The Life, S. 353. Vgl. ebd., S. 161.
65 Richard Nixon, zit. n. WH-T, 14. 12. 1972, in: Brinkley/Nichter, Tapes, S. 677. Vgl. ebd., S. 696.
66 Francis Wilkinson, «Nixon's Real Enforcer», in: The New York Times, 25. 12. 2005. Vgl. Ambrose, Triumph, S. 255.
67 William Safire, zit. n. Dallek, Partners in Power, S. 90.
68 Haldeman, Diaries, Eintrag 19. 5. 1970, S. 168. Vgl. ebd., Eintrag 31. 12. 1969, 30. 4., 1. 5. und 3. 12. 1970, 15. 4. und 21. 10. 1971, 17. 1. 1972, 27. 1. 1973, S. 116, 157/158, 214, 273, 367, 397, 574; Nixon, Six Crises; Ambrose, Triumph, S. 284, 454.
69 Summers, Arrogance of Power, S. 364–369; Haldeman, Diaries, Eintrag 29. 4., 7. 5., 16. 5. und 3. 6. 1970, 28. 4. 1971, S. 157, 161/162, 166, 171, 282; Wicker, One of Us, S. 401; Farrell, The Life, S. 412; Hersh, Price of Power, S. 195; Ambrose, Triumph, S. 411.

70 Haldeman, Diaries, Eintrag 9.5., 14.5. und 18.5.1970, S.163, 164, 166, 167.
71 John Ehrlichman, zit. n. Farrell, The Life, S.354.
72 Farrell, The Life, S.354; Wicker, One of Us, S.432.
73 Richard Nixon, zit. n. Farrell, The Life, S.358. Vgl. Ambrose, Triumph, S.341 ff., 409 ff.; Wicker, One of Us, S.402.
74 Summers, Arrogance of Power, S.362, 370 ff.
75 Harry R. Haldeman, zit. n. Farrell, The Life, S.359.
76 Morton Halperin, zit. n. www.ellsberg.net: Pentagon Papers, Additional Endnotes for «Secrets: A Memoir of Vietnam and the Pentagon Papers», Chapter 15, S.231 (Letzter Zugriff am 29.3.2019). Fast identisch äußerte sich Peter Jenkins, «What Makes Kissinger Tick?», in: The Guardian, 19.10.1972.
77 Henry Kissinger nach der Invasion Kambodschas im Mai 1970, zit. n. Woodward/Bernstein, Final Days, S.192.
78 Dergleichen Formulierungen finden sich in den Tonbandmitschnitten von Gesprächen im Weißen Haus in inflationierter Menge.
79 Isaacson, Biography, S.147; Rodman, Presidential Command, S.71; Hersh, Price of Power, S.45 ff., 108.
80 Henry Kissinger, zit. n. WH-T, 19.7.1971, in: Brinkley/Nichter, Tapes, S.206. Vgl. WH-T, 18.2., 29.6. und 17.9.1971, 14.2., 17.4. und 4.5.1972, in: ebd., S.13, 70, 185/186, 266, 398/399, 486, 535; Haldeman, Diaries, Eintrag 8.5.1970, S.162/163.
81 Henry Kissinger, zit. n. WH-T, 17.4. und 27.5.1971, 19.4., 14.12. und 20.12.1972, in: Brinkley/Nichter, Tapes, S.74, 144, 496, 682, 712.
82 Hersh, Price of Power, S.77; Haldeman, Diaries, Eintrag 19.4.1969, S.52.
83 Henry Kissinger, zit. n. Dallek, Partners in Power, S.91. Vgl. Summers, Arrogance of Power, S.362, 372; Hersh, Price of Power, S.108 ff.; Isaacson, Biography, S.145, 263; Woodward/Bernstein, Final Days, S.186–189.
84 SAR-DY, S.426.
85 John Ehrlichman über Nixon und Kissinger, zit. n. Isaacson, Biography, S.148. Vgl. Hersh, Price of Power, S.84–86; Dallek, Partners in Power, S.93, 250, 351; Summers, Arrogance of Power, S.353.
86 »Bebe» Rebozo, zit. n. Summers, Arrogance of Power, S.362. Vgl. Isaacson, Biography, S.262.
87 Richard Nixon und Henry Kissinger, zit. n. WH-T, 26.4.1971, in: Brinkley/Nichter, Tapes, S.101. Vgl. WH-T, 21.4.1971 und 14.12.1972, in: ebd., S.87 ff., 697–699.
88 Haldeman, Diaries, Eintrag 22.4.1970, S.153; Dallek, Partners in Power, S.370.
89 Richard Nixon, zit. n. Small, Presidency, S.35. Vgl. Summers, Arrogance of Power, S.315.

90 Erst nachdem ihn ein Jurist auf die Illegalität dieser Aktion aufmerksam gemacht hatte, gab Kissinger die Akten zurück: Woodward/Bernstein, Final Days, S. 191.

91 Ambrose, Triumph, S. 423; Summers, Arrogance of Power, S. 347 ff.

92 Richard Nixon, zit. n. Dallek, Partners in Power, S. 455. Vgl. Summers, Arrogance of Power, S. 347/348; WH-T, 16. 2. 1971, in: Brinkley/Nichter, Tapes, S. 5.

93 Henry Kissinger, zit. n. Wicker, One of Us, S. 432. Vgl. Ambrose, Triumph, S. 424; ders., Ruin, S. 77.

94 Diese Rücktrittsdrohungen sind allesamt protokolliert in: Haldeman, Diaries.

95 Richard Nixon, zit. n. WH-T, 24. 12. 1971, in: Keys, «Emotional Statesman», S. 587 sowie http://www.nixontapes.org/chron2.html (letzter Zugriff 15. 1. 2019). Vgl. Ambrose, Triumph, S. 490; Hersh, Price of Power, S. 474; Haldeman, Diaries, Eintrag 18. 8. 1970 und 2. 3. 1971, S. 190, 253.

96 Haldeman, Diaries, Eintrag 7. 12. 1971, S. 380.

97 Richard Nixon, zit. n. Dallek, Partners in Power, S. 356. Vgl. Isaacson, Biography, S. 386 ff., 395; Haldeman, Diaries, Eintrag 23. 12., 24. 12., 27. 12. und 30. 12. 1971, S. 387, 388.

98 Harry R. Haldeman, zit. n. Dallek, Partners in Power, S. 352 und Haldeman, Diaries, Eintrag 7. 12., 9. 12., 30. 12. 1971 und 10. 1. 1972, S. 380, 381, 394. Vgl. Isaacson, Biography, S. 209–211.

99 WH-T, 23. und 24. 12. 1971, zit. n. Brinkley/Nichter, Tapes, S. 340/341, 343.

100 Richard Nixon, zit. n. WH-T, 5. 5. 1972, in: Brinkley/Nichter, Tapes, S. 548.

101 Richard Nixon, zit. n. Memorandum of Conversation (Participants: President Nixon, Elliot Richardson, The Joint Chiefs of Staff, Brent Scowcroft), 15. 2. 1973, S. 2, in: NARA, NPMP, NSC – Presidential/HAK MemCons, Box 1026, Folder: MemCons, Jan.-March 1973 und WH-T, 1. 2. 1972, in: Brinkley/Nichter, Tapes, S. 361. Vgl. WH-T, 7. 4. 1971, in: Brinkley/Nichter, Tapes, S. 54; Berman, No Peace, S. 56; Kimball, War Files, S. 90, 124, 140, 149, 159, 162–169, 226 ff.

102 Richard Nixon, zit. n. WH-T, 23. 4. 1971, in: Brinkley/Nichter, Tapes, S. 96. Vgl. ebd., 26. 4. 1971, S. 102–105.

103 Vgl. Kimball, War Files, S. 27 ff., 133 ff., 148 ff., 168, 174, 187, 197, 221 ff.; Berman, No Honor, S. 80.

104 Landau, Kissinger, S. 178 ff., 182 ff., 202.

105 Kissinger, Kernwaffen, S. 227.

106 Henry Kissinger, zit. n. Landau, Kissinger, S. 120. Vgl. ebd., S. 23, 187. Kissingers Mentoren Fritz Krämer und William Elliott hatten auch an dieser Stelle Pate gestanden: Vgl. Fritz Krämer, Letter to William Kintner, 29. 7. 1968 und 13. 6. 1969, in: HA, WK-P, Box 66, Folder: Kraemer.

107 Tuchman, Torheit, S. 312; Landau, Kissinger, S. 249; McMahon, «Credibility and World Power», S. 456.

108 WH-T, 2.2., 4.4., 17.4., 19.4. und 4.5.1972, zit. n. Brinkley/Nichter, Tapes, S. 383, 453, 479, 494/495, 537. Vgl. ebd., 18.2. und 21.4.1971, S. 11, 87; Kimball, War Files, S. 45.

109 Richard Nixon, Fernsehansprache an die Nation, 3.11.1969, zit. n. Farrell, The Life, S. 369. Vgl. Ambrose, Triumph, S. 304, 359; Summers, Arrogance of Power, S. 308; Berman, No Peace, S. 98.

110 Ambrose, Triumph, S. 346; Berman, No Peace, S. 236–238; WH-T, 5.5.1972, in: Brinkley/Nichter, Tapes, S. 549.

111 Kimball, War Files, S. 27 ff., 113, 133 ff., 148 ff., 168, 174, 187, 197, 214–223; Berman, No Peace, S. 56, 80, 129–132.

112 Richard Nixon, zit. n. Kimball, War Files, S. 146, 159, 167. Vgl. ebd., S. 90, 124, 140, 149, 162–165, 169, 226 ff.; Haldeman, The Ends of Power, S. 82.

113 Henry Kissinger, WH-T, 23.6.1971, zit. n. Berman, No Peace, S. 58.

114 WH-T, 6.4., 17.4. und 20.11.1971, 2.2., 4.4., 19.4., 20.4., 2.5. und 19.5.1972, zit. n. Brinkley/Nichter, Tapes, S. 53, 74, 325, 327, 374, 376, 456, 458, 494, 505, 568, 570; Ellsberg, Secrets, S. 418.

115 Richard Nixon, zit. n. Haldeman, Ends of Power, S. 96. Vgl. Ellsberg, Secrets, S. 344; Kimball, War Files, S. 15–19, 54–64, 175, 206.

116 Sagan/Suri, «The Madman Nuclear Alert»; Burr/Kimball, «Nixon's Nuclear Ploy».

117 Kissinger, Kernwaffen, S. 72, 144, 152, 158 ff., 162, 197.

118 Ellsberg, «Theory and Practice of Blackmail»; «The Political Uses of Madness»; «‹Coercive Diplomacy› in the Light of Vietnam»; Secrets, S. 345.

119 Henry Kissinger, zit. n. Brands, Grand Strategy?, S. 76 und Isaacson, Biography, S. 302. Vgl. «Acht Uhr Abmarsch bei Helmstedt.» Ein Gespräch mit Henry Kissinger, in: Der Spiegel, 11.2.1959, S. 24, 26.

120 WH-T, 23.4.1971, zit. n. Brinkley/Nichter, Tapes, S. 96/97.

121 Henry Kissinger, zit. n. WH-T, 15.4.1972, in: Brinkley/Nichter, Tapes, S. 473/474. Vgl. Isaacson, Biography, S. 296, 300; Ambrose, Triumph, S. 270; Hersh, Price of Power, S. 69–77; Haldeman, Diaries, Eintrag 17.3., 14., 17. und 19.4.1969, S. 40/41, 50–52; WH-T, 18.3.1971, in: Brinkley/Nichter, Tapes, S. 49.

122 WH-T, 20.1. und 19.4.1972, in: Brinkley/Nichter, Tapes, S. 352–354, 499.

123 Hastings, Epic History, S. 485.

124 Henry Kissinger, zit. n. Berman, No Peace, S. 55.

125 Richard Nixon, zit. n. Ellsberg, Secrets, S. 259/260.

126 Richard Nixon und Henry Kissinger, zit. n. WH-T, 3. und 4.4.1972, in: Brinkley/Nichter, Tapes, S. 438, 454. Vgl. ebd., 17.4., 4.5. und 5.5.1972, S. 481, 538, 542.

127 Hastings, Epic History, S. 533.

128 Richard Nixon, Memorandum for Henry Kissinger, 9. 5. 1972, Top Secret – Eyes Only, S. 4 (Hervorhebung im Text). Bob Woodward hat dieses andernorts nicht lokalisierbare Dokument in den Papieren von Nixons langjährigem Berater Alexander Butterfield entdeckt: Woodward, Last of the President's Men, S. 121–123, 263–266.

129 Henry Kissinger, zit. n. WH-T, 17. 4. 1972, in: Brinkley/Nichter, Tapes, S. 484.

130 WH-T, 3. und 4. 4. 1972, in: Brinkley/Nichter, Tapes, S. 437, 440, 441, 451, 457.

131 Henry Kissinger, zit. n. WH-T, 4. 4. 1972, in: Brinkley/Nichter, Tapes, S. 455. Vgl. Hastings, Epic History, S. 499.

132 Richard Nixon, zit. n. WH-T, 4. 4. 1972, in: Brinkley/Nichter, Tapes, S. 448. Vgl. Haldeman, Diaries, Eintrag 7. 7. und 3. 10. 1969, 23. 4. 1970 und 24. 8. 1971, S. 69/70, 95, 153/154, 349; Kimball, War Files, S. 151, 163, 165, 169; Berman, No Peace, S. 58; WH-T, 14. 4., 26. 4., 13. 5. und 17. 9. 1971, 20. 1., 2. 2., 4. 4., 17. 4., 18. 4., 1. 5., 3. 5., 4. 5., 5. 5., 8. 5. und 2. 8. 1972, in: Brinkley/Nichter, Tapes, S. 69, 101, 129, 266, 356, 379, 442–457, 481–485, 488 ff., 521, 532 ff., 538 ff., 542–548, 555–557, 610.

133 Hastings, Epic History, S. 545, 550 ff.; WH-T, 18. 3. 1971, 20. 4., 8. 5., 19. 5. und 2. 8. 1972, in: Brinkley/Nichter, Tapes, S. 48, 509 ff., 557, 571, 610.

134 Richard Nixon, zit. n. WH-T, 19. 4. 1972, in: Brinkley/Nichter, Tapes, S. 494. Vgl. ebd., 2. 2., 4. 4. und 13. 4. 1972, S. 382, 449, 463.

135 Henry Kissinger, zit. n. WH-T, 17. 4. 1972, in: Brinkley/Nichter, Tapes, S. 485. Einen fast identischen Rat hatte Kissinger bereits im November 1971 gegeben: WH-T, 20. 11. 1971, in: Brinkley/Nichter, Tapes, S. 327/328.

136 Richard Nixon, zit. n. Summers, Arrogance of Power, S. 330.

137 Hugh Sidey, zit. n. Summers, Arrogance of Power, S. 331.

138 Greenberg, Nixon's Shadow, S. 126–179.

139 Henry Kissinger, zit. n. Dallek, Partners in Power, S. 93. Vgl. ebd., S. 352.

140 Roger Morris, zit. n. Hersh, Price of Power, S. 93. Vgl. ebd., S. 196, 204, 475; Ambrose, Triumph, S. 489; Prados, Keepers of the Keys, S. 283.

141 Destler, «National Security Management», S. 582.

142 Bernstein/Woodward, All the President's Men, S. 315.

143 William Safire, zit. n. Isaacson, Biography, S. 586.

144 Peter Jenkins, «What Makes Kissinger Tick?», in: The Guardian, 19. 10. 1972; Stanley Hoffmann, «The Kissinger Antimemoirs», in: The New York Times Book Review, 3. 7. 1983; Landau, Kissinger, S. 85.

145 Henry Kissinger, zit. n. Woodward/Bernstein, Final Days, S. 192, 194.

146 David Keene, Stabschef von Vizepräsident Spiro Agnew, zit. n. Isaacson, Biography, S. 191. Ähnlich äußerte sich Kissingers langjähriger Freund

Arthur Schlesinger Jr.: ebd., S. 191, 279. Vgl. Landau, Kissinger, S. 98 ff.; Hersh, Price of Power, S. 204, 330.

147 Vgl. Burr, «Horror Strategy», S. 40 ff.

148 Vgl. Richard Allen, Memorandum for the President, Subject: The Senate's Challenge, October 1969, S. 47/48, 54, in: HA, RA-P, Box 12, Folder: President Nixon, 1969; WH-T, 6. 5. 1971, in: Brinkley/Nichter, Tapes, S. 116.

149 WH-T, 18. 2. und 23. 2. 1971, 15. 4., 19. 4. und 5. 5. 1972, in: Brinkley/Nichter, S. 15, 17, 472, 494–495, 547.

150 Richard Nixon, zit. n. Summers, Arrogance of Power, S. 373. Vgl. ebd., S. 330.

151 Richard Nixon im Prozess gegen Mitglieder der Terrororganisation «Weathermen», Oktober 1980, zit. n. Woodward, Informant, S. 135. Vgl. Ambrose, Triumph, S. 262; Summers, Arrogance of Power, S. 339; Haldeman, Diaries, Eintrag 5. 6. 1970, S. 172.

152 Richard Nixon, zit. n. Isaacson, Biography, S. 328.

153 WH-T, 1. 6. 1973, zit. n. Kutler, Abuse of Power, S. 561/562.

154 Richard Nixon, zit. n. Summers, Arrogance of Power, S. 343. Zur Einschüchterung Kissingers siehe Ellsberg, Secrets, S. 436 ff.

155 WH-T, 29. 5. 1971, zit. n. Brinkley/Nichter, Tapes, S. 155. Vgl. ebd., 18. 2. 1971, S. 9; Dallek, Partners in Power, S. 351.

156 Henry Kissinger, zit. n. Dallek, Partners in Power, S. 208 und WH-T, 23. 4. 1971, zit. n. Brinkley/Nichter, Tapes, S. 94.

157 Melvin Laird, zit. n. Hersh, Price of Power, S. 73.

158 S. o., S. 155, 168.

159 Ellsberg, Secrets, S. 226–246, 286–310. Henry Kissinger war eine treibende Kraft bei der versuchten Vertuschung des «Green Berets»-Falls: Haldeman, Diaries, Eintrag 25. 9. und 29. 9. 1969, S. 90/91.

160 Haldeman, Diaries, Eintrag 13. 6. 1971, S. 300.

161 WH-T, 15. 6. 1971, zit. n. Ellsberg, Secrets, S. 426 und Hughes, Chasing Shadows, S. 104. Vgl. ebd., S. 118 ff.

162 WH-T, 17. 6. 1971, zit. n. Kutler, Abuse of Power, S. 3 und Hughes, Chasing Shadows, S. 2/3.

163 WH-T, 30. 6. 1971, zit. n. Ellsberg, Secrets, S. 432–435 und Kutler, Abuse of Power, S. 6.

164 WH-T, 1. 7. 1971, zit. n. Hughes, Chasing Shadows, S. 132 und Kutler, Abuse of Power, S. 7–11, 14. Vgl. Wicker, One of Us, S. 644.

165 WH-T, 27. 7. 1971, zit. n. Ellsberg, Secrets, S. 440.

166 WH-T, 17. 6., 30. 6., 1. 7., 2. 7. und 10. 9. 1971, in: Kutler, Abuse of Power, S. 3, 6, 13, 17, 30.

167 Hughes, Chasing Shadows, S. 66–71, 82, 94–97, 120 ff., 166 ff.

168 Ellsberg, Secrets, S. 428.

169 WH-T, 5.7.1971 und 1.7.1971, zit. n. Kutler, Abuse of Power, S. 24, 13.
170 WH-T, 2.7.1971, zit. n. Kutler, Abuse of Power, S. 20.
171 WH-T, 22.6., 1.7., 2.7., 3.7. und 5.7.1971, 1.2.1972, in: Hughes, Chasing Shadows, S. 108 ff., 122 ff., 139 ff.; Kutler, Abuse of Power, S. 16 und Brinkley/Nichter, Tapes, S. 359. Vgl. Dallek, Partners in Power, S. 170; Haldeman, Diaries, Eintrag 26.5.1971, S. 292; Woodward/Bernstein, Final Days, S. 169 ff.
172 WH-T, 1.7.1971, in: Kutler, Abuse of Power, S. 8–11.
173 WH-T, 28.6.1971, zit. n. Hughes, Chasing Shows, S. 115. Vgl. ebd., 29.6.1971, S. 117.
174 Charles Colson, zit. n. WH-T, 1.7.1971, in: Kutler, Abuse of Power, S. 13. Ähnlich äußerte sich «Bob» Haldeman über Hunt: ebd., 2.7.1971, S. 19.
175 Charles Colson, zit. n. Wicker, One of Us, S. 644. Vgl. Small, Presidency, S. 44.
176 Hughes, Chasing Shadows, S. 146, 158 ff. Im Zuge ihrer «Watergate»-Recherchen berichteten Bob Woodward und Carl Bernstein am 9. Juni 1973 in der «Washington Post» über dieses abgeblasene Komplott: Bernstein/Woodward, All the President's Men, S. 324 ff.
177 WH-T, 8.9.1971, zit. n. Kutler, Abuse of Power, S. 28. Vgl. Ellsberg, Secrets, S. 416; Hughes, Chasing Shadows, S. 117.
178 WH-T, 23.6.1971, zit. n. Hughes, Chasing Shadows, S. 114. Vgl. WH-T, 8.9.1971, in: Brinkley/Nichter, Tapes, S. 262; Haldeman, Diaries, Eintrag 28.5. und 9.6.1971, S. 293, 297.
179 WH-T, 24.6.1971, zit. n. Kutler, Abuse of Power, S. 5. Vgl. ebd., 1.7., 2.7., 27.7., 8.9. und 18.9.1971, S. 11, 13, 20, 26, 28, 34–37.
180 Hughes, Chasing Shadows, S. 150 ff.; WH-T, 6.7., 8.9., 13.9., 14.9., 17.9. und 22.9.1971, in: Kutler, Abuse of Power, S. 25, 28–34, 37 und Brinkley/Nichter, Tapes, S. 262.
181 Tatsächlich zeigte Nixon sich gegenüber John Ehrlichman, «Bob» Haldeman und Charles Colson erbost über Kissingers Freunde und Mitarbeiter: WH-T, 1.7., 8.9. und 18.9.1971, in: Kutler, Abuse of Power, S. 13, 28, 35.
182 Henry Kissinger in einem Gespräch mit Nixon am 17.6.1971, zit. n. Ambrose, Triumph, S. 447.
183 Henry Kissinger, zit. n. Hersh, Price of Power, S. 385. Vgl. Isaacson, Biography, S. 329; Ellsberg, Secrets, S. 433 ff.; WH-T, 22.6.1971, in: Hughes, Chasing Shadows, S. 112.
184 Henry Kissinger, zit. n. Isaacson, Biography, S. 329 und Wicker, One of Us, S. 641. Vgl. Dallek, Partners in Power, S. 310; Summers, Arrogance of Power, S. 384.
185 Hersh, Price of Power, S. 385; Ambrose, Triumph, S. 447; Wicker, One of Us, S. 643.

186 Harry R. Haldeman, zit. n. Isaacson, Biography, S. 330.
187 Dallek, Partners in Power, S. 585; Isaacson, Biography, S. 666. Dass John Ehrlichman und Charles Colson in erster Linie Kissinger für die «Klempner» verantwortlich machen (Isaacson, Biography, S. 328–330), ist ein durchsichtiger Versuch der Selbstentlastung.
188 Henry Kissinger, zit. n. Dallek, Partners in Power, S. 121.
189 Melvin Laird, zit. n. Isaacson, Biography, S. 201. Vgl. ebd., S. 198, 200; Rodman, Presidential Command, S. 66; Hersh, Price of Power, S. 112, 208, 470; Haldeman, Diaries, Eintrag 20.4. und 27.4.1970, S. 152, 155 ff.
190 Henry Kissinger, zit. n. Woodward/Bernstein, Final Days, S. 194.
191 Elmo Zumwalt, zit. n. Isaacson, Biography, S. 202, 385. Vgl. Rosen, «Nixon and the Chiefs», S. 25 ff.; Hersh, Price of Power, S. 466 ff.; Rodman, Presidential Command, S. 67 ff.
192 WH-T, 8.12.1971, zit. n. Brinkley/Nichter, Tapes, S. 332.
193 WH-T, 24.12.1971, zit. n. Brinkley/Nichter, Tapes, S. 343/344.
194 Mark Felt, zit. n. Woodward, Informant, S. 38. Vgl. ebd., S. 41–43.
195 Woodward, Informant, S. 37 ff., 49, 62, 74, 102 ff., 175 ff., 197 ff.; Bernstein/Woodward, All the President's Men, S. 269 ff., 306 ff.
196 Woodward, Informant, S. 20–31.
197 Woodward, Informant, S. 101, 108, 134.
198 WH-T, 19.10.1972, zit. n. Kutler, Abuse of Power, S. 170/171.
199 Bernstein/Woodward, All the President's Men, S. 13, 48, 78, 103 ff., 127–135, 170–175, 195 ff., 244 ff., 265, 270 ff., 318, 333; Woodward, Informant, S. 79, 179.
200 Ambrose, Ruin, S. 59 ff., 138; Greenberg, Nixon's Shadow, S. 36–125.
201 Hersh, Price of Power, S. 87–89, 92–96, 322, 400 ff.; Ambrose, Triumph, S. 272 ff.; Isaacson, Biography, S. 213–225; Woodward/Bernstein, Final Days, S. 209 ff.; Haldeman, Diaries, Eintrag 12. und 26.5.1970, S. 165, 169.
202 Henry Kissinger, zit. n. Bernstein/Woodward, All the President's Men, S. 314–316.
203 Rose Mary Woods, zit. n. Woodward/Bernstein, Final Days, S. 32.
204 Ambrose, Ruin, S. 141.
205 Isaacson, Biography, S. 594 ff.
206 WH-T, 16.3.1973, zit. n. Kutler, Abuse of Power, S. 230.
207 WH-T, 27.3.1973, zit. n. Kutler, Abuse of Power, S. 261.
208 WH-T, 14.4.1973, zit. n. Kutler, Abuse of Power, S. 314.
209 WH-T, 17.4.1973, zit. n. Kutler, Abuse of Power, S. 321–324. Auch in den folgenden Wochen und Monaten blieb Kissinger bei dieser Linie: WH-T, 11.5., 16.5., 11.6. und 12.7.1973, in: Kutler, Abuse of Power, S. 460, 503, 598, 636.

210 Richard Nixon zu Harry R. Haldeman, 13.1.1972, zit. n. Dallek, Partners in Power, S. 356.

211 Richard Nixon zu Henry Kissinger, zit. n. WH-T, 29.4. und 11.5.1973, zit. n. Kutler, Abuse of Power, S. 374, 459.

212 Richard Nixon im Gespräch mit seinem Pressesprecher Ron Ziegler, zit. n. WH-T, 14.5.1973, in: Kutler, Abuse of Power, S. 491.

213 Richard Nixon im Gespräch mit seinem Stabschef Harry R. Haldeman, zit. n. WH-T, 20.5.1973, in: Kutler, Abuse of Power, S. 538/539.

214 WH-T, 25.5.1973, zit. n. Kutler, Abuse of Power, S. 554.

215 Hoffmann, «Varieties of Containment», S. 281.

216 Auch in seinen Memoiren beglaubigte Henry Kissinger diesen Katechismus: Isaacson, Biography, S. 285, 304; Hanhimäki, Flawed Architect, S. 30, 39, 49, 53–57, 64, 140–146; Leffler, «Grand Strategy», S. 64, 69.

217 Anatoly Dobrynin, Memorandum of Conversation (USSR), 20.10.1969 sowie Telegram From Ambassador Dobrynin to the Soviet Foreign Ministry, 23.10.1969, in: SAR-DY, S. 90–100.

218 Henry Kissinger, Meeting Between Presidential Assistant Kissinger and Ambassador Dobrynin, 27.9.1969, in: SAR-DY, S. 77/78; WH-T, 30.9. 1971, 20.1., 15.4. und 19.4.1972, in: Brinkley/Nichter, Tapes, S. 298, 354, 468, 500; Farrell, The Life, S. 359, 362; Hanhimäki, Flawed Architect, S. 49, 190; Ambrose, Triumph, S. 233, 307; Summers, Arrogance of Power, S. 295/ 296; Kimball, War Files, S. 59.

219 WH-T, 15.4.1972, zit. n. Brinkley/Nichter, Tapes, S. 473/474.

220 WH-T, 18.4.1972, zit. n. Brinkley/Nichter, Tapes, S. 489–491.

221 WH-T, 19.4.1972, zit. n. Brinkley/Nichter, Tapes, S. 496. Vgl. ebd., 20.1., 30.3. und 13.4.1972, S. 354, 431, 463.

222 Hanhimäki, Flawed Architect, S. 40 ff., 53, 58, 60–65, 282 ff.

223 WH-T, 24.1.1972, zit. n. Brinkley/Nichter, Tapes, S. 357/358. Vgl. ebd., 13.6.1972, S. 584.

224 WH-T, 14.2.1972, zit. n. Brinkley/Nichter, Tapes, S. 400, 402. Vgl. ebd., 30.6.1971, S. 189.

225 Vgl. WH-T, 1.7., 19.7. und 14.10.1971, in: Brinkley/Nichter, Tapes, S. 193/194, 205, 305; Farrell, The Life, S. 279.

226 Ambrose, Triumph, S. 232, 287, 400; Isaacson, Biography, S. 169; Greenberg, Nixon's Shadow, S. 275; Farrell, The Life, S. 456 ff.; Summers, Arrogance of Power, S. 163.

227 William Elliott, Objectives and Vital Interests of the United States, Rede vor dem National War College, 12.7.1960, S. 17 ff., 32 ff., in: HA, WE-P, Box 62, Folder: Untitled; ders., The False Dilemma of Bertrand Russell, 2.6.1960, S. 9–11, in: HA, WE-P, Box 29, Folder: Speeches by WYE.

228 Henry Kissinger, zit. n. Ambrose, Triumph, S. 287 und Farrell, The Life, S. 254.

229 WH-T, 27. und 28.4.1971, zit. n. Brinkley/Nichter, Tapes, S. 106/107, 114. Vgl. Haldeman, Diaries, Eintrag 28.4.1971, S. 282.

230 Henry Kissinger, zit. n. Hanhimäki, Flawed Architect, S. 271, 337, 339. Vgl. ebd., S. 173, 180 ff.; Ambrose, Triumph, S. 452/453; WH-T, 14.2.1972, in: Brinkley/Nichter, Tapes, S. 399.

231 Hanhimäki, Flawed Architect, S. 60, 272, 284, 337/338, 346, 375–377. Vgl. Burr, Kissinger Transcripts, S. 1–83; NSAr, EBB 66, 70; HAK-LoC-467–5-1–7 und HAK-LoC-15–4-7–3.

232 Mao Tse-tung, zit. n. Hanhimäki, Flawed Architect, S. 107/108. Vgl. ebd., S. 80 ff., 194 ff., 231 ff.

233 Anatoly Dobrynin, Memorandum of Conversation (USSR), 20.10.1969, in: SAR-DY, S. 95, 96. Vgl. Hanhimäki, Flawed Architect, S. 63, 84.

234 Anatoly Dobrynin, Memorandum of Conversation (USSR), 20.10.1969, in: SAR-DY, S. 97.

235 Anatoly Dobrynin, Memorandum of Telephone Conversation (USSR), 11.5.1971 und Meeting Between Presidential Assistant Kissinger and Ambassador Dobrynin, 12.5.1971, in: SAR-DY, S. 351, 354, 355.

236 Vgl. u.v.a. WH-T, 12.4.1971, in: Brinkley/Nichter, Tapes, S. 62.

237 Henry Kissinger, zit. n. Ambrose, Triumph, S. 485 und WH-T, 14.2.1972, in: Brinkley/Nichter, Tapes, S. 400. Vgl. Westad, World History, S. 444.

238 Henry Kissinger, zit. n. Bass, Blood Telegram, S. 299. Vgl. ebd., S. 289–325; Sargent, Superpower Transformed, S. 148–185; Bundy, Tangled Web, S. 269–293; Dallek, Partners in Power, S. 335–350; Hersh, Price of Power, S. 444–465; Hanhimäki, Flawed Architect, S. 154–185; Gurman, «Dissent in the Kissinger Era», S. 23; NSAr, EBB 79; WH-T, 9.9., 5.11., 22.11. und 21.12.1971, 20.1., 1.2. und 10.4.1972, in: Brinkley/Nichter, Tapes, S. 210–213, 312–313, 328–331, 350–351, 361, 458–460.

239 Anatoly Dobrynin, Memorandum of Conversation (USSR), 21.1.1972, in: SAR-DY, S. 566.

240 WH-T, 29.6. und 9.8.1971, zit. n. Brinkley/Nichter, Tapes, S. 185, 215; WH-T, 27.5.1971, zit. n. FRUS, Vol. XXXII, SALT I, S. 506.

241 Ambrose, Triumph, S. 536–538.

242 WH-T, 15.4.1972, zit. n. Brinkley/Nichter, Tapes, S. 468.

243 WH-T, 1.5.1972, zit. n. Brinkley/Nichter, Tapes, S. 520.

244 WH-T, 3.5.1972, zit. n. Brinkley/Nichter, Tapes, S. 529, 530, 532–535. Vgl. WH-T, 17.4., 19.4. und 2.5.1972, in: ebd., S. 490–493, 497–500, 523, 525, 526; Haldeman, Diaries, Eintrag vom 22.4., 23.4., 1.5., 2.5. und 4.5.1972, S. 444, 445, 450–452, 454.

245 WH-T, 4.5.1972, zit. n. Brinkley/Nichter, Tapes, S. 535, 537.

246 WH-T, 5.5.1972, zit. n. Brinkley/Nichter, Tapes, S. 548/549.
247 WH-T, 16.3., 13.4., 14.4. und 29.5.1971, zit. n. Brinkley/Nichter, Tapes, S. 44/45, 62–64, 69, 155/156. Vgl. Dallek, Partners in Power, S. 245.
248 WH-T, 29.6.1971 und 30.3.1972, zit. n. Brinkley/Nichter, Tapes, S. 185, 435.
249 WH-T, 4.5.1972, zit. n. Brinkley/Nichter, Tapes, S. 536.
250 Conversation Among President Nixon, the Joint Chiefs of Staff, Secretary of Defense Laird, and Others, in: FRUS, Vol. XXXII, SALT I, S. 590–595. Vgl. Kissinger, Kernwaffen, S. 272, 376; Schors, Doppelter Boden, S. 209; Dallek, Partners in Power, S. 137; WH-T, 10.8.1971, in: Brinkley/Nichter, Tapes, S. 223.
251 Burr, «The Search for Limited Nuclear Options», S. 62, 67 ff., 75–78; Gavin, Nuclear Statecraft, S. 113; NSAr, EBB 173. Auch Paul Nitze verwies darauf, dass Kissinger intern auf einer «true war-fighting capacity» bestand: Memorandum of Conversation, 20.1.1977, in: PN-P, LC-MD, Part I: Name File, 1932–1989, Box 30, Folder 2: Kissinger, Henry A. 1976–87, n. c.
252 WH-T, 18.2., 26.2. und 18.5.1971, 3.1. und 18.5.1972, in: Brinkley/Nichter, Tapes, S. 8–9, 23, 132, 347–349, 567; Schors, Doppelter Boden, S. 184 ff., 204–207, 210, 219, 221, 241; Hersh, Price of Power, S. 161–164; Dallek, Partners in Power, S. 137; Wicker, One of Us, S. 474–477.
253 Smith, Doubletalk, S. 108.
254 Memorandum of Conversation (U. S.), 23.5.1972, in: SAR-DY, S. 856. Vgl. WH-T, 26.2.1971, in: Brinkley/Nichter, Tapes, S. 24, 27; Greenberg, Nixon's Shadow, S. 277; Hanhimäki, Flawed Architect, S. 129–131.
255 WH-T, 10.8.1971, in: Brinkley/Nichter, Tapes, S. 220–223; Schors, Doppelter Boden, S. 274–282; Hersh, Price of Power, S. 535; Ambrose, Triumph, S. 532, 546–547; Hanhimäki, Flawed Architect, S. 50 ff.; NSAr, EBB 60.
256 Anatoly Dobrynin, Memorandum of Conversation (USSR), 21.1.1972, in: SAR-DY, S. 564. Vgl. Tal, Strategic Arms Policy, S. 50–69, 282; Ambrose, Control Agenda, S. 216–221.
257 WH-T, 12.3.1971, zit. n. Brinkley/Nichter, Tapes, S. 41.
258 WH-T, 16.3.1971, zit. n. Brinkley/Nichter, Tapes, S. 43, 44.
259 WH-T, 17.4.1971, zit. n. Brinkley/Nichter, Tapes, S. 75, 76. Vgl. WH-T, 20.4.1971, in: ebd., S. 82.
260 WH-T, 17.4.1971, zit. n. FRUS, Vol. XXXII, SALT I, S. 446/447.
261 WH-T, 21.4.1971, zit. n. Brinkley/Nichter, Tapes, S. 87, 88.
262 WH-T, 23.4.1971, zit. n. Brinkley/Nichter, Tapes, S. 99.
263 WH-T, 6.5.1971, zit. n. Brinkley/Nichter, Tapes, S. 119/120. Vgl. ebd., S. 116 ff.
264 WH-T, 18.5.1971, zit. n. Brinkley/Nichter, Tapes, S. 133.

265 Schors, Doppelter Boden, S. 230–237.

266 Sargent, Superpower Transformed, S. 54; Hanhimäki, Flawed Architect, S. 116–119, 140.

267 Mao Tse-tung, zit. n. Ambrose, Triumph, S. 513/514. Vgl. Hanhimäki, Flawed Architect, S. 139, 185–195; Farrell, The Life, S. 217 ff.; NSAr, EBB 106, 145; HAK-LoC-115–10–1-1.

268 Henry Kissinger, zit. n. Safire, «Puppet as Prince», S. 18.

269 WH-T, 19. 4. 1972, zit. n. Brinkley/Nichter, Tapes, S. 497–499.

270 WH-T, 18. 5. 1972, zit. n. Brinkley/Nichter, Tapes, S. 565/566. Vgl. Ambrose, Triumph, S. 545; Hastings, Vietnam, S. 546; Hanhimäki, Flawed Architect, S. 222.

271 Haldeman, Diaries, Eintrag 22. 5. und 26. 5. 1972, S. 462, 465. Vgl. ebd., Eintrag 24. 5. 1972, S. 463.

272 Isaacson, Biography, S. 434/435.

273 Isaacson, Biography, S. 414; Hanhimäki, Flawed Architect, S. 190; Suri, American Century, S. 194.

274 WH-T, 11. 8. 1971, zit. n. Brinkley/Nichter, Tapes, S. 229.

275 Wie Kissinger seine Pressekontakte pflegte, ist u. a. in den Abschriften seiner Telefongespräche dokumentiert: DoS-HAK-TelCon. Vgl. JA-P, LC-MD, Part III: General Correspondence, 1941–1975, Box 134, Folder 3: 1970, I-K; Box 137, Folder 6: 1972, K-L; Box 139, Folder 2: 1973, K; Part IV: General Correspondence, 1916–1989, Box 233, Folder 1: 1977, K. Vgl. Herken, Georgetown Set; Woodward, Last of the President's Men, S. 41. An Kissingers regelmäßige Besuche erinnert sich auch die Hausdame von Katharine Graham: Ingrid Bülow, «Beinahe ins Gefängnis», in: Der Spiegel, 13, 24. 3. 2018, S. 143.

276 Kalb/Kalb, Kissinger, S. 9, 13; Brands, Grand Strategy?, S. 93.

277 Hersh, Price of Power, S. 203.

278 Henry Kissinger, zit. n. Fallaci, Interview with History, S. 42/43.

279 So die französische Filmregisseurin Danielle Hunebelle, zit. n. Isaacson, Biography, S. 368. Hunebelle veröffentlichte 1972 ein Buch über ihre unerwiderte Liebe: «Dear Henry»: Der Spiegel, 18, 24. 4. 1972, S. 121.

280 Jill St. John, zit. n. Isaacson, Biography, S. 360.

281 Ellsberg, Secrets, S. 345; Sargent, Superpower Transformed, S. 54; Isaacson, Biography, S. 128 ff., 361 ff., 369; Kalb/Kalb, Kissinger, S. 10; The Bulletin (Sydney), 7. 7. 1972.

282 Henry Kissinger, zit. n. Fallaci, Interview with History, S. 44.

283 Haldeman, Diaries, Eintrag 11. und 14. 10. 1971, S. 363/364.

284 Anatoly Dobrynin, Memorandum of Conversation (USSR), 18. 11. 1971, in: SAR-DY, S. 527; ders., Meeting Between Presidential Assistant Kissinger and Ambassador Dobrynin, 17. 3. 1972, in: ebd., S. 615–622; ders.,

Memorandum of Conversation (USSR), 12.4.1972, in: ebd., S. 657–658; Keys, «Emotional Statesman», S. 601 ff.

285 H. Robbins Haldeman, zit n. Haldeman, Diaries, Eintrag 23.4.1972, S. 445. Vgl. ebd., Eintrag 22.4.1972, S. 444; WH-T, 20.4.1972, in: Brinkley/Nichter, Tapes, S. 502/503; Isaacson, Biography, S. 409; Ambrose, Triumph, S. 530–538.

286 Haldeman, Diaries, Eintrag 23.4.1972, S. 446. Vgl. ebd., Eintrag 14.1., 29.6. und 17.8.1970, 13.7., 21.7., 8.9., 10.9., 14.9., 18.10. und 21.10.1971, 24.4. und 20.11.1972, 6.2.1973, S. 121, 178, 189, 319, 325, 351–354, 365–367, 446/447, 539, 574.

287 H. Robbins Haldeman, Memorandum for Alex Butterfield, 9.2.1971, in: Woodward, Last of President's Men, S. 225.

288 WH-T, 2.5. und 13.6.1972, zit. n. Brinkley/Nichter, Tapes, S. 526, 584.

289 Hersh, Price of Power, S. 479.

290 WH-T, 21.3.1972, in: Brinkley/Nichter, Tapes, S. 427/428; Ambrose, Triumph, S. 546; Hanhimäki, S. 220 ff.

291 Henry Kissinger, zit. n. Schors, Doppelter Boden, S. 304.

292 Richard Nixon, zit. n. Schors, Doppelter Boden, S. 308.

293 Hersh, Price of Power, S. 559; Schors, Doppelter Boden, S. 312.

294 Richard Nixon, zit. n. Minutes of a Meeting of the National Security Council, 8.3.1973, in: FRUS, Vol. XXXIII, SALT II, S. 51, 59. Vgl. Brands, Grand Strategy?, S. 84.

295 Isaacson, Biography, S. 622.

296 SAR-DY, S. 125, 143, 154, 258, 323, 558, 634, 651; Dobrynin, In Confidence, S. 200, 244 ff.; Brands, Grand Strategy?, S. 96; Schors, Doppelter Boden, S. 166, 181, 192, 204, 243 ff., 253–260, 269–273, 314 ff., 469, 484.

297 Henry Kissinger, zit. n. Brands, Grand Strategy?, S. 84. Vgl. ebd., S. 65–69, 81–83; Westad, World History, S. 336/337; Hanhimäki, S. 39, 47; Zubok, «Soviet Union and Détente».

298 Mao Tse-tung, zit. n. Brands, Grand Strategy?, S. 80.

299 Westad, World History, S. 410.

300 Yang/Xia, «Vacillating between Revolution and Détente»; Hanhimäki, Flawed Architect, S. 136–139, 172 ff., 193 ff., 339 ff., 344–347; Bundy, Tangled Web, S. 400–404.

301 Bahr, Erinnerungen an Willy Brandt, S. 75; Henry Kissinger, Memorandum for the President, Visit by Willy Brandt's Emissary, Egon Bahr, 20. October 1969, in: FRUS, Vol. XL, Germany and Berlin, S. 105.

302 Hanhimäki, Flawed Architect, S. 88 ff., 270 ff.; Bundy, Tangled Web, S. 116 ff.; Dallek, Partners in Power, S. 214 ff.; Henry Kissinger, Memorandum for the President, Bonn Negotiations with the East, 7. April 1970, in: FRUS, Vol. XL, Germany and Berlin, S. 201.

303 Henry Kissinger, zit. n. Brandt, Erinnerungen, S. 189. Vgl. Niedhart, Durch den Eisernen Vorhang, S. 173; Hanhimäki, Flawed Architect, S. 276, 348 ff.; Bundy, Tangled Web, S. 120 ff.; Graebner, America and the Cold War, S. 383; Henry Kissinger, Memorandum for the President, Brandt's Eastern Policy, 16. 2. 1970, in: FRUS, Vol. XL, Germany and Berlin, S. 150–153.

304 Brandt, Erinnerungen, S. 190, 459. Vgl. ebd., S. 181 ff., 224–233; Merseburger, Willy Brandt, S. 680.

305 WH-T, 29. 5. 1971, zit. n. Brinkley/Nichter, Tapes, S. 153. Vgl. ebd., 23. 4., 10. 5. und 28. 5. 1971, S. 97–99, 122, 150–152.

306 WH-T, 1. 7. 1971, zit. n. Brinkley/Nichter, Tapes, S. 195.

307 WH-T, 6. 7. 1971, zit. n. Brinkley/Nichter, Tapes, S. 199.

308 Hanhimäki, Flawed Architect, S. 88; Dallek, Partners in Power, S. 214; WH-T, 1. 5. 1972, in: Brinkley/Nichter, Tapes, S. 513; FRUS, Vol. XL, Germany and Berlin, Exhibit 28 und 36.

309 Dallek, Partners in Power, S. 215 ff.; WH-T, 18. 2., 28. 4., 29. 5. 1971 und 15. 4. 1972, in: Brinkley/Nichter, Tapes, S. 21, 114, 157, 466–468.

310 Sarotte, «Comparison of Detente and Ostpolitik», S. 156 ff.; Niedhart, «Ostpolitik and the United States», S. 289 ff.; Niedhart, Durch den Eisernen Vorhang, S. 96, 153 ff., 173, 176, 182–187; Klitzing, Nemesis of Stability, S. 244–372; FRUS, Vol. XL, Germany and Berlin, Exhibit 85 und 100.

311 WH-T, Juni 1971, zit. n. Merseburger, Willy Brandt, S. 626.

312 WH-T, 15. 6. 1971, zit. n. NSAr, EBB 48, Telephone Conversation with William Rogers.

313 WH-T, 28. 5. 1971, zit. n. Brinkley/Nichter, Tapes, S. 151.

314 Hanhimäki, Flawed Architect, S. 275 ff.

315 WH-T, 4. 4. und 17. 4. 1972, zit. n. Brinkley/Nichter, Tapes, S. 449, 484. Kissinger brachte die «decent interval»-Lösung sowohl in Moskau als auch in Peking zur Sprache: Hanhimäki, Flawed Architect, S. 224 ff.

316 WH-T, 2. 9., 15. 9. und 29. 9. 1972, in: Brinkley/Nichter, Tapes, S. 597–611, 615–619, 622–627.

317 WH-T, 2. 8. 1972, zit. n. Brinkley/Nichter, Tapes, S. 602, 604–610.

318 WH-T, 15. 9. 1972, zit. n. Brinkley/Nichter, Tapes, S. 618/619.

319 WH-T, 29. 9. 1972, zit. n. Brinkley/Nichter, Tapes, S. 623.

320 WH-T, 6. 10. 1972, zit. n. Brinkley/Nichter, Tapes, S. 628.

321 WH-T, 22. 10. 1972, zit. n. Brinkley/Nichter, Tapes, S. 640. Vgl. ebd., 29. 9., 12. 10. und 14. 12. 1972, S. 626, 634, 671 ff., 678 ff.

322 Richard Nixon, zit. n. Ambrose, Triumph, S. 629. Vgl. Haldeman, Diaries, Eintrag 30. 8. 1972, S. 500.

323 WH-T, 12. 10. 1972, zit. n. Brinkley/Nichter, Tapes, S. 629/630. Vgl. ebd., 24. 10. 1972, S. 641; Haldeman, Diaries, Eintrag 15., 17. 10., 3. 12. und 7. 12. 1972, S. 520/521, 547, 551; Ambrose, Triumph, S. 641.

324 Berman, No Peace, S. 174 ff., 187, 196; Hanhimäki, Flawed Architect, S. 244; Ambrose, Triumph, S. 527 ff.; Hersh, Price of Power, S. 572–588; WH-T, 29. 9. 1972, in: Brinkley/Nichter, Tapes, S. 622 ff.; Haldeman, Diaries, Eintrag 15. 10. 1972, S. 519 ff.

325 WH-T, 12. 10. 1972, zit. n. Brinkley/Nichter, Tapes, S. 629–632.

326 WH-T, 22. 10. 1972, zit. n. Brinkley/Nichter, Tapes, S. 639/640. Vgl. ebd., 30. 11. 1972, S. 652; Haldeman, Diaries, Eintrag 17. 10. 1972, S. 521; Hersh, Price of Power, S. 582.

327 Henry Kissinger, zit. n. Ambrose, Triumph, S. 642.

328 Ambrose, Triumph, S. 641–644. Vgl. Haldeman, Diaries, Eintrag 6. 2. 1973, S. 574.

329 WH-T, 12. und 20. 12. 1972, in: Brinkley/Nichter, Tapes, S. 665, 706. Vgl. ebd., 22. 10. 1972, S. 639 ff.; Haldeman, Diaries, Eintrag 6. 12. 1972, S. 549/550; Ambrose, Ruin, S. 17.

330 WH-T, 14. 12. und 28. 12. 1972, in: Brinkley/Nichter, Tapes, S. 666–672, 725/726; Haldeman, Diaries, Eintrag 7. und 18. 12. 1972, S. 551, 557; Isaacson, Biography, S. 468.

331 WH-T, 14. 12. 1972, zit. n. Brinkley/Nichter, Tapes, S. 676–679, 683, 684, 686, 690, 691, 694, 699–703.

332 WH-T, 20. 12. 1972, zit. n. Brinkley/Nichter, Tapes, S. 707, 717.

333 Richard Nixon, zit. n. Kimball, War Files, S. 274. Vgl. ebd., S. 272/273, 279; Berman, No Peace, S. 215; Hersh, Price of Power, S. 568; Ambrose, Triumph, S. 344; Ambrose, Ruin, S. 42; Woodward, Last of the President's Men, S. 124; Summers, Arrogance of Power, S. 440.

334 WH-T, 14. 12., 20. 12. und 27. 12. 1972, zit. n. Brinkley/Nichter, Tapes, S. 677, 687, 714, 722.

335 Bernard Gwertzman, «Nixon and Kissinger and the Collapse of the Paris Peace Talks», in: The New York Times, 20. 12. 1972; Ambrose, Triumph, S. 641; Ambrose, Ruin, S. 40–43; Hersh, Price of Power, S. 630; Isaacson, Biography, S. 472; Summers, Arrogance of Power, S. 440.

336 James Reston, «Nixon and Kissinger», in: The New York Times, 31. 12. 1972. Vgl. Hersh, Price of Power, S. 630/631.

337 Joseph Kraft, «Twelve Days of Bombing», in: The Washington Post, 4. 1. 1973.

338 Harry R. Haldeman, Gespräch mit Henry Kissinger, zit. n. Hersh, Price of Power, S. 631. Vgl. Haldeman, Diaries, Eintrag vom 8., 10. und 27. 11. 1972, S. 532/533, 544/545 und WH-T, 12. 12. 1972, in: Brinkley/Nichter, Tapes, S. 665.

339 Haldeman, Diaries, Eintrag vom 14. 12. 1972, S. 555.

340 Richard Nixon, zit. n. Isaacson, Biography, S. 472/473.

341 Haldeman, Diaries, Eintrag 13. 4. 1970, 18. 11., 4. 12. und 6. 12. 1972, S. 149,

538, 547–550; WH-T, 23.2. und 6.7.1971, 2.5.1972, in: Brinkley/Nichter, Tapes, S. 17, 198/199, 523; Woodward, Last of the President's Men, S. 75/76; Woodward/Bernstein, Final Days, S. 224/225; Ambrose, Ruin, S. 141.

342 Harry R. Haldeman, zit. n. Isaacson, Biography, S. 475. Vgl. Haldeman, Diaries, Eintrag vom 17.11., 19.11. und 20.11.1972, S. 537–539.

343 Fallaci, Interview with History, S. 41.

344 Fallaci, Interview with History, S. 39.

345 Isaacson, Biography, S. 478.

346 Haldeman, Diaries, Eintrag vom 17., 19. und 20.11.1972, S. 537–539. Den Auftrag zur Sicherstellung von Akten wiederholte Nixon Anfang Januar 1973: ebd., Eintrag vom 7.1.1973, S. 562.

347 Richard Nixon gegenüber Admiral Elmo Zumwalt, zit. n. Isaacson, Biography, S. 475. Vgl. Haldeman, Diaries, Eintrag 21.11.1972, S. 541; Dallek, Partners in Power, S. 444; Ambrose, Ruin, S. 31.

348 Haldeman, Diaries, Eintrag 7.11.1972, S. 530.

349 WH-T, 30.11. und 20.12.1972, 21.1.1973, in: Brinkley/Nichter, Tapes, S. 650, 708, 732/733; Ambrose, Ruin, S. 47, 54.

350 Henry Kissinger, 16.4.1973, zit. n. Kimball, War Files, S. 56. Vgl. ebd., S. 262; Berman, No Peace, S. 198–206, 212, 218 ff.

351 Owen/Kiernan, «Bombs Over Cambodia», S. 2. Vgl. Kiernan, Pol Pot Regime.

352 Richard Nixon, zit. n. Hughes, Fatal Politics, S. 167. Zu Kissingers Einverständnis siehe ebd.

353 Hastings, Epic History, S. 583.

354 Bernstein/Woodward, All the President's Men, S. 142–145.

355 WH-T, 12.7.1973, in: Kutler, Abuse of Power, S. 628/629.

356 Bundy, Tangled Web, S. 408–413.

357 Henry Kissinger, zit. n. Summers, Arrogance of Power, S. 457. Vgl. Woodward/Bernstein, Final Days, S. 198 ff.

358 Henry Kissinger, zit. n. Hugh Sidey, «Beyond the Watergate Crisis Is the World», in: Time Magazine, 30.7.1973, S. 6.

359 Joseph Kraft, zit. n. Isaacson, Biography, S. 501.

360 Schoenbaum, Waging Peace and War, S. 495; Isaacson, Biography, S. 494.

361 WH-T, 29.4.1973, zit. n. Kutler, Abuse of Power, S. 373/374.

362 Richard Nixon, zit n. Isaacson, Biography, S. 502/503.

363 Haldeman, Diaries, Eintrag 16.11.1972, S. 536.

364 WH-T, 14.12.1972, zit. n. Brinkley/Nichter, Tapes, S. 704.

365 Ambrose, Ruin, S. 214.

366 Kissinger, Memoiren, Bd. 2, S. 510.

367 Richard Nixon, zit. n. Hanhimäki, Flawed Architect, S. 291. Zu Nixons

Nadelstichen gegen Kissinger im Vorfeld der Vereidigung vgl. Kissinger, Memoiren, Bd. 2, S. 499/500, 510/511.

368 Jakob Javits und Charles Mathias, zit. n. Isaacson, Biography, S. 505. Vgl. Bundy, Tangled Web, S. 420; Hanhimäki, Flawed Architect, S. 292.

369 Sargent, Superpower Transformed, S. 187/188.

370 Henry Kissinger, Kenneth Rush: Memorandum of Conversation, Notetaker: Lawrence Eagleburger, 27. 8. 1973, S. 1, 2, 10, 12, in: LC-HAK-534–17–1-9.

371 Augusto Pinochet, zit. n. Kornbluh, Hg., Pinochet File, S. 113.

372 TelCon, Kissinger – Nixon, 16. 9. 1973, S. 1, 2, zit. n. NSAr, EBB 437, Document 7.

373 Henry Kissinger, zit. n. Kornbluh, Hg., Pinochet File, S. 114.

374 CIA, Richard Helms, Handwritten Notes, Meeting with the President, 15. 9. 1970, S. 1, zit. n. Kornbluh, Hg., Pinochet File, S. 36, Document 1; elektronisch zugänglich in: NSAr, EBB 437, Document 3.

375 Richard Helms, zit. n. Hersh, Price of Power, S. 274.

376 National Security Council, Minutes of the Meeting of the 40 Committee, 8. 9. 1970, 9. 9. 1970, S. 2, zit. n. Kornbluh, Hg., Pinochet File, S. 46, Document 4 (Hervorhebung B. G.). Zu den abweichenden Meinungen vgl. ebd., S. 8–11, 20.

377 CIA, Cable, Urgent Directive from Director Helms to Stimulate a Military Solution, 7. 10. 1970, S. 1, 2, zit, n. Kornbluh, Hg., Pinochet File, S. 58, 59, Document 9. Vgl. CIA, Memorandum, Genesis of Project FUBELT, 16. 9. 1970, in: Kornbluh, Hg., Pinochet File, S. 37, Document 2; Henry Kissinger, Memorandum for the President, 25. 11. 1970, Subject: Covert Action Program – Chile, in: ebd., S. 133, Document 5; CIA, Cable from Headquarters: Blueprint for Fomenting a Coup Climate, 27. 9. 1970 und CIA, Status Report, Track II, 10. 10. 1970, in: ebd., S. 50–57, Document 7, 8; CIA, Report of CIA Chilean Task Force Activities, 15 September to 3 November 1970, November 18, 1970 und CIA, Cable Transmissions on Coup Plotting, October 18, 1970, in: NSAr, EBB 8.

378 Henry Hecksher, zit. n. Kornbluh, Hg., Pinochet File, S. 22.

379 CIA, Cable from Headquarters, Firm and Continuing Policy that Allende be Overthrown by a Coup, 16. 10. 1970, S. 1–3, in: Kornbluh, Hg., Pinochet File, S. 64–67, Document 12; elektronisch zugänglich in: NSAr, EBB 8, Document 17. Dieses Telegramm fasste am Vortag von Henry Kissinger und Alexander Haig mit dem stellvertretenden CIA-Direktor Thomas Karamessines ausgearbeitete Weisungen zusammen: CIA, Memorandum of Conversation: Dr. Kissinger, Mr. Karamessines, General Haig at the White House, 15. October 1970, in: Kornbluh, Hg., Pinochet File, S. 62–63, Document 11; elektronisch zugänglich in: NSAr, EBB 8, Document 18.

380 Henry Kissinger, Memorandum for the President, 5.11.1970, Subject: NSC Meeting, November 6: Chile, S.1, 2, 7, in: Kornbluh, Hg., Pinochet File, S.121–128, Document 2; elektronisch zugänglich in: NSAr, EBB 437, Document 4. Zu Kissingers Chile-Politik siehe auch: FRUS, Vol. XXI, Chile.

381 The White House, Memorandum of Conversation, NSC Meeting – Chile (NSSM 97), 6.11.1970, S.4, 5, in: Kornbluh, Hg., Pinochet File, S.116–120, Document 1.

382 Henry Kissinger, zit. n. TelCon, Kissinger – Helms, 12.9.1970, S.1, in: NSAr, EBB 437, Document 1 und Hersh, Price of Power, S.290.

383 Ein anonymer Mitarbeiter des Außenministeriums, zit. n. Hersh, Price of Power, S.294.

384 Zu «Modus Vivendi»-Konzepten vgl. Viron Vaky, Memorandum for Henry Kissinger, 14.9.1970, Subject: Chile – 40 Committee Meeting, Monday, September 14, in: NSAr, EBB 437, Document 2.

385 Henry Kissinger, zit. n. Kornbluh, Hg., Pinochet File, S.80. Vgl. ebd., S.14, 20, 88; Hersh, Price of Power, S.281, 290.

386 Henry Kissinger, Juni 1969, im Gespräch mit dem damaligen chilenischen Außenminister Gabriel Valdes, zit. n. Hersh, Price of Power, S.263.

387 National Security Council, National Security Decision Memorandum 93, Policy Towards Chile, 9.11.1970, in: Kornbluh, Hg., Pinochet File, S.129–131, Document 3; CIA, Memorandum to Henry Kissinger, CIA's Covert Action Program in Chile since 1970, 13.9.1973, S.1, in: ebd., S.158–160, Document 19. Vgl. ebd., S.85–91; Sanford, «Multilateral Development Banks»; Dallek, Partners in Power, S.235–241; Hersh, Price of Power, S.295.

388 Prados, Keepers of the Keys, S.320.

389 National Security Council, Minutes of the Meeting of the 40 Committee, 19.11.1970/Chile-Covert Action Program, 10.12.1970, S.4, in: Kornbluh, Hg., Pinochet File, S.137, Document 6.

390 Henry Kissinger, zit. n. Kornbluh, Hg., Pinochet File, S.20.

391 David Phillips, zit. n. Summers, Arrogance of Power, S.337. Vgl. Kornbluh, Hg., Pinochet File, S.14, 22–35, 88, 95, 105, 109, 149.

392 Henry Kissinger, zit. n. Secretary's Staff Meeting, 1.10.1973, S.26/27, in: NSAr, EBB 110, Document 3.

393 National Security Council, Memorandum, Jeanne W. Davis to Henry Kissinger, Minutes of the Washington Special Actions Group Meeting of September 13, 1973, in: NSAr, EBB 437, Document 6, S.1, 2, 4, 5, 6.

394 U.S. Department of State, Memorandum of Conversation between Henry Kissinger and Augusto Pinochet, U.S.-Chilean Relations, 8.6.1976, S.3, 8, 10, in: Kornbluh, Hg., Pinochet File, S.264–273; elektronisch zugänglich in: NSAr, EBB 437, Document 10.

395 Bernd Greiner, «Sündenfall mit Spätfolgen», in: SPIEGEL-Online, 20.10.2008.
396 Richard Nixon, zit. n. Kissinger, Memoiren, Bd. 2, S. 681.
397 Hersh, Price of Power, S. 238–241, 249, 406; Sargent, Superpower Transformed, S. 191–194.
398 WH-T, 17.4.1972, zit. n. Brinkley/Nichter, Tapes, S. 479. Vgl. ebd., 30.9.1971, S. 296–304.
399 Richard Nixon, zit. n. Ambrose, Ruin, S. 335.
400 Henry Kissinger, zit. n. Hanhimäki, Flawed Architect, S. 308.
401 Richard Nixon, zit. n. Brands, Grand Strategy?, S. 76.
402 Elmo Zumwalt, zit. n. Ambrose, Ruin, S. 234.
403 James Schlesinger, zit. n. Isaacson, Biography, S. 763. Vgl. Sargent, Superpower Transformed, S. 197–202.
404 Sargent, Superpower Transformed, S. 206 ff.; Hanhimäki, Flawed Architect, S. 310–315; Dallek, Partners in Power, S. 525 ff.
405 Kissinger, Crisis, S. 348.
406 Lebow/Stein, We All Lost the Cold War, S. 237 ff., 243–245, 265 ff., 268.
407 TelCon, Lord Cromer/Secretary Kissinger, 1:03 a.m., 25.10.1973, zit. n. NSAr, The Kissinger Telephone Conversation Transcripts, EBB 263, Document 8, S. 1.
408 Vize-Admiral Daniel Murphy, zit. n. Lebow/Stein, We All Lost the Cold War, S. 264. Vgl. ebd., S. 247.
409 Lebow/Stein, We All Lost the Cold War, S. 252.
410 Lebow/Stein, We All Lost the Cold War, S. 250.
411 Henry Kissinger, zit. n. Hanhimäki, Flawed Architect, S. 317. Vgl. Kissinger, Crisis, S. 345, 348; ders., Memoiren, Bd. 2, S. 685–694; Gavin, Nuclear Statecraft, S. 106, 110–115, 126 ff.; Sargent, Superpower Transformed, S. 186, 211; Dallek, Partners in Power, S. 532; Ambrose, Ruin, S. 254 ff.
412 Henry Kissinger und Thomas Moorer, zit. n. Lebow/Stein, We All Lost the Cold War, S. 255.
413 Peter Rodman, zit. n. Lebow/Stein, We All Lost the Cold War, S. 257. Vgl. ebd., S. 251–258; Hersh, Price of Power, S. 239.
414 Kissinger, Crisis, S. 348; Sargent, Superpower Transformed, S. 212; Dallek, Partners in Power, S. 530; Kimball, War Files, S. 59; Lebow/Stein, We All Lost the Cold War, S. 247, 256.
415 Leonid Breschnew, zit. n. Lebow/Stein, We All Lost the Cold War, S. 268. Vgl. ebd., S. 266–269.
416 TelCon, General Haig/Ambassador Dobrynin, 26.10.1973, zit. n. NSAr, EBB 313 (Update 19.11.2019), Document 7, S. 2.
417 Ebd.
418 Kissinger, Memoiren, Bd. 2, S. 1142.

419 Henry Kissinger, zit. n. Dallek, Partners in Power, S. 587. Vgl. ebd., S. 558, 552; Bundy, Tangled Web, S. 446 ff.

420 Henry Kissinger, zit. n. Dallek, Partners in Power, S. 543 und Hanhimäki, Flawed Architect, S. 327.

421 Zit. n. «Wie macht Henry Kissinger das nur?», in: Der Spiegel, 4. 3. 1974, S. 88.

422 Joseph Alsop, Letter to Henry Kissinger, 1. 3. 1974, in: LoC-MD, JA-P, Part III: General Correspondence, 1941–1975, Box 141, Folder 7: 1974, K.

423 Hanhimäki, Flawed Architect, S. 356; Dallek, Partners in Power, S. 564; Ambrose, Ruin, S. 256, 348.

424 «Wie macht Henry Kissinger das nur?», in: Der Spiegel, 4. 3. 1974, S. 89, 90. Die Kissinger-Biographie von Bernard und Marvin Kalb wurde dort ab Mitte Juni 1974 auszugsweise abgedruckt, siehe: Der Spiegel, Nr. 25–27, 1974.

425 Nancy Maginnes, zit. n. Isaacson, Biography, S. 589.

426 Isaacson, Biography, S. 591.

427 Isaacson, Biography, S. 589.

428 «A Private Person in the Public Eye. Nancy Maginnes Kissinger», in: The New York Times, 2. 4. 1974.

429 Ein anonymer «Watergate»-Ermittler, zit. n. Hersh, Price of Power, S. 384.

430 Henry Kissinger, zit. n. Woodward/Bernstein, Final Days, S. 206.

431 Ein anonymer Reporter und Joshua Eilberg, zit. n. Der Spiegel, 17. 6. 1974, S. 61. Vgl. Dallek, Partners in Power, S. 584.

432 Bericht über und Zitat von Henry Kissinger in: Der Spiegel, 17. 6. 1974, S. 60. Vgl. Prados, Keepers of the Keys, S. 351.

433 Henry Kissinger, zit. n. Woodward/Bernstein, Final Days, S. 211.

434 Elmo Zumwalt, zit. n. Summers, Arrogance of Power, S. 463.

435 Ein Mitglied der Vereinten Stabschefs, zit. n. Summers, Arrogance of Power, S. 479.

436 Summers, Arrogance of Power, S. 456–463, 477–480; Schoenbaum, Waging Peace and War, S. 495; Barry A. Toll, Letter to the Editor [of New York Times Book Review], in: Hitchens, Trial of Henry Kissinger, S. 140; Ambrose, Ruin, S. 284–286; Greenberg, Nixon's Shadows, S. 121 ff.; Kissinger, Memoiren, Bd. 2, S. 1399 ff.

437 Robert Hartmann, zit. n. Isaacson, Biography, S. 603. Vgl. ebd., S. 601–606.

438 Rodman, Presidential Command, S. 86–89; Brands, Grand Strategy?, S. 97; Hanhimäki, Flawed Architect, S. 363–365, 377; Prados, Keepers of the Keys, S. 375.

439 Elmo Zumwalt, zit. n. Isaacson, Biography, S. 623, 624. Vgl. Ambrose, Ruin, S. 364 ff.; Garthoff, Détente and Confrontation, S. 82; Ambrose, Tri-

umph, S. 546; TelCon Fred Ikle/Henry Kissinger, 6. 2. 1976, S. 1, in: NSAr, EBB 263, Document 26.

440 Schors, Doppelter Boden, S. 363; Bundy, Tangled Web, S. 406; Gavin, Nuclear Statecraft, S. 124 ff.

441 Schors, Doppelter Boden, S. 349–356, 369 ff., 382–385; Hanhimäki, Flawed Architect, S. 378 ff., 438–442; Rodman, Presidential Command, S. 86 ff.

442 William Hyland, zit. n. Schors, Doppelter Boden, S. 385.

443 House Joint Resolution 542, Concerning the War Powers of Congress and the President, Public Law 93–148, Washington, D. C., 7. 11. 1973.

444 Tad Szulc, «How Kissinger Runs Our ‹Other Government›», in: New York Magazine, 30. 9. 1974, S. 59–67; Seymour M. Hersh, «Huge C. I. A. Operation Reported in U. S. against Antiwar Forces, other Dissidents in Nixon Years», in: The New York Times, 22. 12. 1974. Vgl. Hadley, Rising Clamor; Kornbluh, Hg., Pinochet File, S. 226–231.

445 The Secretary's Principals and Regionals Staff Meeting, 20. 12. 1974, S. 27, in: NSAr, EBB 110, Document 6. Vgl. Kissinger, Memoiren, Bd. 3, S. 253.

446 Henry Kissinger im Gespräch mit Gerald Ford, 17. 6. 1975, zit. n. Voß, Washingtons Söldner, S. 217. Vgl. ebd., S. 204–209, 218; Hanhimäki, Flawed Architect, S. 399–404, 412.

447 Gerald Ford und Henry Kissinger, zit. n. Voß, Washingtons Söldner, S. 220/221.

448 U. S. Department of State, Memorandum of Conversation between Henry Kissinger and Augusto Pinochet, U. S.-Chilean Relations, 8. 6. 1976, S. 6, in: Kornbluh, Hg., Pinochet File, S. 264–273; elektronisch zugänglich in: NSAr, EBB 437, Document 10. Vgl. NSAr, EBB 64; Voß, Washingtons Söldner, S. 223–226, 250 ff.; Hanhimäki, Flawed Architect, S. 421.

449 Voß, Washingtons Söldner, S. 211, 218, 247–277, 294 ff., 380.

450 Henry Kissinger, zit. n. Isaacson, Biography, S. 647.

451 TelCon Schlesinger/Kissinger, 7. 1. 1976, S. 1, 2, in: Kissinger TelCons, NSAr, EBB 503. Vgl. Ambrose, Ruin, S. 178.

452 TelCon, Henry Kissinger/James «Scotty» Reston, 16. 4. 1975, S. 3, in: The Kissinger Telephone Conversation Transcripts, NSAr, EBB 263, Document 19. Zur fortlaufenden Variation dieses Gedankens vgl. WH-T, 17. 4. 1972, in: Brinkley/Nichter, Tapes, S. 479.

453 Department of State, Memorandum of Conversation, 18. 12. 1975, Subject: Department Policy, zit. n. Hertsgaard, «Secret Life of Henry Kissinger», S. 494.

454 Henry Kissinger, Januar 1976, zit. n. Isaacson, Biography, S. 684.

455 Berman, No Peace, S. 279; Grandin, Langer Schatten, S. 156.

456 Henry Kissinger, zit. n. Isaacson, Biography, S. 642. Vgl. ebd., S. 602; Hanhimäki, Flawed Architect, S. 384–390.

457 Prados, Keepers of the Keys, S. 368–371; Isaacson, Biography, S. 651.

458 President Ford, Henry Kissinger, Brent Scowcroft, Memorandum of Conversation, 25. 2. und 15. 3. 1976, jeweils S. 2, in: NSAr, EBB 487, Document 1 und 2.

459 Henry Kissinger, zit. n. Washington Special Actions Group Meeting, 24. 3. 1976, S. 3, in: NSAr, EBB 487, Document 3. Vgl. ebd., S. 1, 2.

460 Henry Kissinger, zit. n. American Embassy Jakarta, Telegram 1579 to Secretary of State, 6. 12. 1975, Part III, S. 2, in: NSAr, EBB 62, Document 4. Zu Ost-Timor vgl. NSAr, EBB 174 und 176.

461 Memorandum of Conversation, 18. 12. 1975, Subject: Department Policy, zit. n. Hertsgaard, «Secret Life of Henry Kissinger», S. 493–496.

462 Henry Kissinger, zit. n. Kornbluh, Hg., Pinochet File, S. 233. Vgl. ebd., S. 230–238.

463 Henry Kissinger, zit. n. The Secretary's Principals and Regionals Staff Meeting, 20. 12. 1974, S. 27, in: NSAr, EBB 110, Document 6. Vgl. The Secretary's Regional Staff Meeting, 3. 12. 1974, in: ebd., Document 5.

464 Staatssekretär William D. Rogers, zit. n. Kornbluh, Hg., Pinochet File, S. 240.

465 The Secretary's Regionals' and Principals' Staff Meeting, 23. 12. 1974, S. 26, 30–33, 35–36, in: NSAr, EBB 110, Document 7. Zur Drohung mit Disziplinarmaßnahmen vgl. TelCon, William D. Rogers/Henry Kissinger, 16. 6. 1976, in: NSAr, The Kissinger State Department Telcons, EBB 135, Document 3 und TelCon, Scowcroft/Kissinger, 18. 12. 1975, in: NSAr, The Kissinger Telephone Conversations Transcripts, EBB 454, Document 7; Gurman, «Dissent», S. 24 ff., 28 ff.

466 Memorandum of Conversation, 29. 9. 1975, Subject: Secretary's Meeting with Foreign Minister Carvajal, S. 1, 2, 4, 5, in: NSAr, EBB 437, Document 9.

467 U. S. Department of State, Memorandum of Conversation between Henry Kissinger and Augusto Pinochet, U. S.-Chilean Relations, 8. 6. 1976, S. 1–4, 6, 8, 10, in: Kornbluh, Hg., Pinochet File, S. 264–273, elektronisch zugänglich in: NSAr, EBB 437, Document 10.

468 Rodman, Presidential Command, S. 101 ff.; Isaacson, Biography, S. 671 ff.

469 Henry Kissinger, zit. n. Grandin, Langer Schatten, S. 136 und Hanhimäki, Flawed Architect, S. 425. Vgl. Voß, Washingtons Söldner, S. 239–245; Hanhimäki, Flawed Architect, S. 446 ff.

470 Ronald Reagan, Pressekonferenz am 7. 3. 1976, zit. n. Zelizer, «Détente and Domestic Politics», S. 665. Vgl. Small, Democracy and Diplomacy, S. 134 ff.; Hanhimäki, Flawed Architect, S. 436, 450 ff.

471 Ronald Reagan, zit. n. Brands, Grand Strategy?, S. 85 und Isaacson, Biography, S. 664. Vgl. Morgan, «Making of the Helsinki Final Act», S. 176 ff.

472 Allen, «Realism and Malarkey», S. 186, 202.

473 Allen, «Realism and Malarkey», S. 201; Zelizer, «Détente and Domestic Politics», S. 666–669; TelCon, William F. Buckley, Jr./Henry Kissinger, 21. 7. 1975, S. 2, in: NSAr, The Kissinger State Department TelCons, EBB 135, Document 12; Morgan, «Making of the Helsinki Final Act», S. 167–179.

474 Allen, «Realism and Malarkey», S. 186, 190, 191, 204, 207–213; Hanhimäki, Flawed Architect, S. 428–431.

475 Joseph Alsop, Letter to Henry Kissinger, 13. 9. 1976, S. 1–3, 6, in: LC-MD, JA-P, Part IV: General Correspondence, 1916–1989, Box 231, Folder 2: 1976, K.

Pensionär

1 Richard Nixon, zit. n. Dallek, Partners in Power, S. 251.

2 Henry Kissinger, zit. n. Isaacson, Biography, S. 497 und Ferguson, Idealist, S. 12.

3 Richard Nixon und Henry Kissinger bei einem Treffen anlässlich der Beerdigung von Hubert Humphrey, 15. 1. 1978, zit. n. Ambrose, Ruin, S. 515.

4 Vgl. Kissinger, Memoiren, Bd. 1, S. 6; Bd. 2, S. 133–138; Bd. 3, S. 43 ff., 50–54, 113, 877–879; Herbert Mitgang, «Marketing Kissinger's Book is a Fine Orchestration», in: The New York Times, 23. 10. 1979, Section C, S. 11.

5 William Burr, «The Kissinger Papers», in: The New York Review of Books, 20. 5. 1999.

6 Editorial, «Secrets, Cash and Mr. Kissinger», in: The New York Times, 20. 2. 1977, S. 16.

7 Nancy Kissinger, zit. n. Kalb, «What Will Henry Do for an Encore?», S. 15.

8 United States Supreme Court, Kissinger v. Reporters Committee, 445 U. S. 136 (1980), No. 78–1088, Abschnitt II, Absatz B, C; abweichendes Votum von Richter John Paul Stevens, Abschnitt I und II, zit. n. https://caselaw.findlaw.com/us-supreme-court/445/136.html. (Letzter Zugriff 30. 1. 2020)

9 Henry Kissinger, «Talking with Mao: An Exchange», Leserbrief an die New York Review of Books, 18. 3. 1999; ders., Leserbrief an die New York Times, 18. 4. 1999, Section 7, S. 4.

10 Department of State, Freedom of Information Act, Virtual Reading Room: Henry Kissinger Telephone Transcripts.

11 NSAr, Kissinger Telephone Conversations: A Verbatim Record of U. S. Diplomacy, 1969–1977, Digital National Security Archive. Für Abonnenten ist der Bestand auf der Plattform ProQuest zugänglich. Vgl. NSAr, EBB 263. Der Bestand ist ebenfalls in der Richard Nixon Library zugänglich: RMN-PL, HAK-TCT.

12 NSAr, Archive Sues State Department Over Kissinger TelCons, EBB 503.

13 Die Seitenzählung orientiert sich an den englischen Originalausgaben «White House Years» (New York, 1979), «Years of Upheaval» (New York, 1982) und «Years of Renewal» (New York, 1999).

14 Nancy Kissinger, zit. n. Kalb, «What Will Henry Do for an Encore?», S. 13.

15 Kissinger, Memoiren, Bd. 2, S. 801.

16 Kissinger, Memoiren, Bd. 2, S. 1377.

17 William Safire, «Tightening Henry's Belt», in: The New York Times, 29. 11. 1979, Section A, S. 27. Zur Vermarktung der Memoiren siehe Eden Ross Lipson, «Super-Agent Strikes Again», in: The New York Times, 26. 6. 1977, S. 85; Judith Miller, «Kissinger Co.», in: The New York Times, 27. 5. 1979, Section F, S. 1; Edwin McDowell, «Behind the Best Sellers», in: The New York Times, 25. 11. 1979, Section BR, S. 27.

18 Kissinger, Memoiren, Bd. 3, S. 36. Vgl. ebd., S. 57/58.

19 Kissinger, Memoiren, Bd. 3, S. 56 und Bd. 1, S. 328. Vgl. Bd. 3, S. 70; Bd. 2, S. 136/137; Dallek, Partners in Power, S. 616; Ambrose, Ruin, S. 488.

20 William Safire, «Tightening Henry's Belt», in: The New York Times, 29. 11. 1979, Section A, S. 27. Vgl. Safire, «Puppet as Prince», S. 21.

21 Kissinger, Memoiren, Bd. 1, S. 971.

22 Kissinger, Memoiren, Bd. 1, S. 970; Bd. 3, S. 84. Vgl. Bd. 3, S. 25, 79–83.

23 Kissinger, Diplomacy, S. 39–41.

24 Kissinger, Memoiren, Bd. 3, S. 7, 28, 31, 35, 74 ff., 90–92, 98–106, 203, 217.

25 Kissinger, Memoiren, Bd. 1, S. 792.

26 Kissinger, Memoiren, Bd. 2, S. 78; Bd. 3, S. 119, 121.

27 Kissinger, Memoiren, Bd. 3, S. 227. Zur Charakterisierung Leonid Breschnews vgl. ebd., S. 212–214.

28 Kissinger, Memoiren, Bd. 2, S. 172/173. Zur Kritik an Brandts außenpolitischem Konkurrenzmodell siehe Bd. 1, S. 441–444, 565 ff.; Bd. 2, S. 71, 83 ff., 162, 174–176, 185–188, 843; Bd. 3, S. 482.

29 Kissinger, Memoiren, Bd. 2, S. 172.

30 Kissinger, Memoiren, Bd. 2, S. 858. Vgl. ebd., S. 192–232, 820 ff., 832 ff., 842 ff., 857 ff.

31 John Lewis Gaddis, «The Old World Order», in: The New York Times, 21. 3. 1999, Section 7, S. 6.

32 Vgl. Kissinger, Kernwaffen, S. 366–370, 385–390; ders., «Philosophy and Practice in National Security Affairs», 23. 7. 1963, S. 2–4, 7, in: HA, WE-P, Box 1, Folder: Untitled.

33 Henry Kissinger, zit. n. Isaacson, Biography, S. 193.

34 Kissinger, Memoiren, Bd. 3, S. 684/685. Vgl. Bd. 1, S. 917 ff., 941–943, 952, 959; Bd. 3, S. 23, 27, 60–64, 68–70, 253, 278.

35 Kissinger, Memoiren, Bd. 3, S. 523.
36 Kissinger, Memoiren, Bd. 3, S. 41, 77. Vgl. ebd., S. 25–27, 39, 70, 75, 89.
37 Henry Kissinger, zit. n. Wicker, One of Us, S. 432. Vgl. Ambrose, Triumph, S. 424; ders., Ruin, S. 77.
38 Kissinger, Memoiren, Bd. 3, S. 59. Vgl. Bd. 2, S. 133–138; Bd. 3, S. 43 ff., 47, 50–54.
39 Kissinger, Memoiren, Bd. 3, S. 5. Vgl. Bd. 2, S. 136/137.
40 Kissinger, Memoiren, Bd. 3, S. 43/44. Vgl. ebd., S. 53 ff.
41 Brinkley/Nichter, Tapes, S. xiii–xiv.
42 Kissinger, Memoiren, Bd. 3, S. 113. Vgl. Bd. 1, S. 6; Brechtken, «Geschichte und Erinnerungspolitik», S. 181 ff.
43 Die SALT-Verhandlungen sind dafür ein Beispiel unter vielen: Garthoff, Detente and Confrontation, S. 148 ff.; Schors, Doppelter Boden, S. 234 ff., 272, 356 ff.
44 C-B-P, Bd. 4, Global Competition and the Deterioration of U. S.-Soviet Relations, 1977–1980, Fort Lauderdale, Fl., 23.-26. 3. 1995, S. 332–333. Vgl. Dobrynin, In Confidence, S. 207 ff.
45 Kissinger, Memoiren, Bd. 1, S. 797/798. Vgl. ebd., S. 795/796.
46 Winston Lord, Memorandum for Henry A. Kissinger (Top Secret/Sensitive/Exclusively Eyes Only), MemCon of Your Conversation with Chou En-Lai, 9. 7. 1971, S. 10, in: NSAr, EBB 66, The Beijing-Washington Back Channel and Henry Kissingers's Secret Trip to China, Document 34 A-D. Vgl. ebd., S. 11–14.
47 Winston Lord, Memorandum for Henry A. Kissinger (Top Secret/Sensitive/Exclusively Eyes Only), MemCon of Your Conversation with Chou En-Lai, 10. 7. 1971, in: NSAr, EBB 66, The Beijing-Washington Back Channel and Henry Kissingers's Secret Trip to China, Document 35 A-C.
48 Henry Kissinger, zit. n. «Records Dispute Kissinger on his 1971 Visit to China», in: The New York Times, 28. 2. 2002, Section A, S. 11.
49 Kissinger, Memoiren, Bd. 2, S. 443–490; Bd. 3, S. 253–258, 602–612.
50 Kornbluh, Hg., Pinochet File, S. 6, 24 ff., 30 ff., 227, 240 ff., 495.
51 Henry Kissinger, zit. n. Hanhimäki, Flawed Architect, S. 432.
52 Kissinger, Memoiren, Bd. 3, S. 512. Vgl. ebd., S. 31, 514–516.
53 Bahr, Erinnerungen an Willy Brandt, S. 89/90.
54 Hanhimäki, Flawed Architect, S. 437. Gemeint ist eine Kabinettssitzung am 8. August 1975.
55 Theodore Draper, «Kissinger's Apologia», in: Dissent, Spring 1980, S. 233–254.
56 John Lewis Gaddis, «The Old World Order», in: The New York Times, 21. 3. 1999, Section 7, S. 6.

57 Evan Thomas, «Why were We in Vietnam? He'll Tell You», in: The New York Times, Books, 23.3.2003.

58 Henry Kissinger, zit. n. Herbert Mitgang, «Marketing Kissinger's Book is a Fine Orchestration», in: The New York Times, 23.10.1979, Section C, S.11. Vgl. Isaacson, Biography, S.710. Auch im zweiten Band (S.1419–1439) und im dritten Band (S.496–519) der Memoiren setzt sich Kissinger ausführlich mit Shawcross auseinander.

59 Henry Kissinger und Winston Lord, zit. n. ABC-Nightline, Show # 539, 2.6.1983, Transcript, S.8, 5. Ich danke Seymour Hersh für die Überlassung dieses Dokuments.

60 Woods, «The Beat Goes On», S.430.

61 Die Replik auf Nixon ist abgedruckt in: Kissinger, Memoiren, Bd.3, S.877–879.

62 Henry Kissinger, Brief an Abraham Rosenthal, 12.7.1983, S.4, 5, 7, 8, 20, in: AMR-P, 1955–1994, Series I: People, Folder: b.23 f.22, Kissinger, Henry A. 1969–1983, in: NYPL: Archives and Manuscripts, New York Times Company Records. Ich danke Anthony Audi für diesen Hinweis und die Überlassung des Dokuments.

63 Ahmet Ertegün, zit. n. Charlotte Curtis, «The Kissinger Aura», in: The New York Times, 30.8.1983, Section C, S.11.

64 Kenneth Maxwell, zit. n. Sherman, «Kissinger's Shadow», S.20. Maxwell hatte das von Peter Kornbluh herausgegebene Buch «Pinochet File» rezensiert.

65 Maxwell, «The Case of the Missing Letter», S.11–14, 16, 18–24, zit. n. http://www.agriculturedefensecoalition.org. (Letzter Zugriff 1.10.2015)

66 Henry Kissinger, zit. n. John Lewis Gaddis, «The Old World Order», in: The New York Times, 21.3.1999, Section 7, S.6.

67 James Reston, «Kissinger at 60», in: The New York Times, 15.5.1983, Section 4, S.21.

68 Henry Kissinger, zit. n. Isaacson, Biography, S.708, 717.

69 Ein anonymer Student, zit. n. Kalb, «What Will Henry Do for an Encore?», S.12.

70 Kalb, «What will Henry Do for an Encore?», S.5.

71 Lynn Rosellini, «Kissinger and the Art of Staying in the Public Eye», in: The New York Times, 27.10.1982, Section B, S.6.

72 Henry und Nancy Kissinger, zit. n. Kalb, «What Will Henry Do for an Encore?», S.11, 13. Vgl. Judith Miller, «Kissinger Co.», in: The New York Times, 27.5.1979, Section F, S.1; Bernard Gwertzman, «Washington Ties Led Kissinger to Pick Georgetown», in: The New York Times, 4.6.1977, S.8.

73 Nancy Kissinger, zit. n. Murrey Marder, «Kissinger Corners the Market as an International Affairs Adviser», in: The Washington Post, 3.1.1983, S.A2.

74 Isaacson, Biography, S. 705 ff., 743, 752–756; Maddox, «New World Disorder», S. 14.
75 Kalb, «What Will Henry Do for an Encore?», S. 13.
76 Ein anonymer Bekannter Kissingers, zit. n. Isaacson, Biography, S. 716.
77 James Reston, «Kissinger at 60», in: The New York Times, 15. 5. 1983, Section 4, S. 21. Vgl. Kalb, «What Will Henry Do for an Encore?», S. 10; Isaacson, Biography, S. 711.
78 Kissinger, «How the Enlightenment Ends».
79 Henry Kissinger, zit. n. James Reston, «Henry Kissinger's Revenge», in: The New York Times, 2. 2. 1979, Section A, S. 25.
80 Henry Kissinger, zit. n. Robert G. Kaiser, «Kissinger Links Approval of SALT II to Arms Increase», in: The Washington Post, 1. 8. 1979 und Editorial, «A Gloomy Vote for SALT», in: The New York Times, 1. 8. 1979, Section A, S. 22.
81 Henry Kissinger, «We Must Not Submit to Blackmail», in: U. S. News & World Report, 19. 11. 1979, S. 13; ders., «Closing the Road to Soviet Adventurism», in: The Washington Star, 13. 4. 1980, S. 17.
82 John P. Roche, «Kissinger Adept at Bagging Press», in: The Topeka Capital-Journal, 9. 9. 1979.
83 Kissinger, «Future of NATO», S. 4–8.
84 Kissinger, «The Future of NATO», S. 9.
85 Don Cook, «Kissinger Thinks the Unthinkable», in: The Los Angeles Times, 9. 9. 1979, Part V, S. 1.
86 Richard Nixon, «America Has Slipped to Number Two», Interview, in: The Washington Post, 5. 10. 1980. Vgl. ders., The Real War.
87 Kalb, Nixon Memo, S. 24, 30.
88 Robert G. Kaiser, «Kissinger Links Approval of SALT II to Arms Increase», in: The Washington Post, 1. 8. 1979.
89 Isaacson, Biography, S. 721.
90 Morton Kondracke, «Henry's Revised History», in: The New Republic, 18. 8. 1979, S. 9.
91 Engel, The China Diary of George H. W. Bush, S. 1–48, 145–192. Vgl. Garry Wills, «The Unsinkable Kissinger Bobs Back», in: The New York Times, 17. 1. 1989, Section A, S. 25; Carlos Lozada, «The Memoir I Wish George H. W. Bush had Written», in: The Washington Post, 1. 12. 2018.
92 Dobrynin, In Confidence, S. 464.
93 Nancy Kissinger, zit. n. Kalb, «What Will Henry Do for an Encore?», S. 16. Vgl. Isaacson, Biography, S. 716 ff.
94 Murrey Marder, «Kissinger Corners the Market as an International Affairs Adviser», in: The Washington Post, 3. 1. 1983, S. A2.
95 Isaacson, Biography, S. 733; Hersh, Price of Power, S. 642.

96 Lawrence Eagleburger, zit. n. Nussbaum, «The Big Business of Being Henry Kissinger», S. 76.

97 Henry Kissinger, zit. n. Nussbaum, «The Big Business of Being Henry Kissinger», S. 77.

98 Leslie H. Gelb, «Kissinger Means Business», in: The New York Times, 20. 4. 1986, Section 6, S. 28.

99 Nussbaum, «The Big Business of Being Henry Kissinger», S. 80.

100 Vgl. u.v.a. Henry Kissinger, «The Dangers Ahead», in: Newsweek, 21. 12. 1987, S. 34–41; Phil Gailey, «Ins and Outs of Kissinger and Power», in: The New York Times, 19. 11. 1981, Section B, S. 6; Alexander Cockburn, «A Preemptive Eruption by Mount Henry Kissinger», in: The Wall Street Journal, 2. 12. 1982, S. 29.

101 Ein anonymer CEO, zit. n. Isaacson, Biography, S. 736.

102 James D. Robinson, CEO von American Express, zit. n. Leslie H. Gelb, «Kissinger Means Business», in: The New York Times, 20. 4. 1986, Section 6, S. 28.

103 Leslie H. Gelb, «Kissinger Means Business», in: The New York Times, 20. 4. 1986, Section 6, S. 28; Jeff Gerth, «Kissinger and Friends and Revolving Doors», in: The New York Times, 30. 4. 1989, Section 1, S. 1; ders., «Disclosure Sought from Policy Group», in: The New York Times, 20. 5. 1989, Section 1, S. 10.

104 Henry Kissinger, zit. n. Ronald Steel, «Our Dark Ambitions for Henry Kissinger», in: The Washington Post, 24. 7. 1983, S. C1. Die Invasion in Grenada hatte Kissinger als «starke, kluge und wichtige Entscheidung» begrüßt: Henry Kissinger, zit. n. The New York Times, 28. 10. 1983, S. A12.

105 Leiken, Hg., Central America; Arthur Schlesinger Jr., «Failings of the Kissinger Report», in: The New York Times, 17. 1. 1984, Section A, S. 25; McGeorge Bundy, «To Kissinger Commission: History Warns Against Threats to Invade Nicaragua», in: The New York Times, 6. 1. 1984, Section A, S. 23; Christopher Dickey, «The Report of the President's National Bipartisan Commission on Central America», in: Foreign Affairs, 4, 1984, S. 185.

106 Report of the Bipartisan Commission, S. 84–105.

107 Report of the Bipartisan Commission, S. 121. Vgl. ebd., S. 92, 96/97, 102.

108 Report of the Bipartisan Commission, S. 97. Vgl. ebd., S. 84–88, 110.

109 Henry Kissinger, «Closing the Road to Soviet Adventurism», in: The Washington Star, 13. 4. 1980, S. 17.

110 Henry Kissinger, zit. n. Hersh, Price of Power, S. 265.

111 Hedrick Smith, «Split is Reported in Kissinger Panel over Salvador Aid», in: The New York Times, 13. 12. 1983, S. A1; Joanne Omang, «Kissinger Panel Builds No Hill Consensus», in: The Washington Post, 15. 1. 1984, S. A17.

112 Report of the Bipartisan Commission, S. 130.

113 Hedrick Smith, «Reagan Planning Arms Aid Increase for El Salvador», in: The New York Times, 13. 1. 1984, Section A, S. 1; William Safire, «The Second Comeback», in: The New York Times, 16. 4. 1984, Section A, S. 21.

114 Henry Kissinger, «We Need Star Wars», in: The Washington Post, 8. 9. 1985, S. C8; ders., «The ‹Reykjavik Revolution›: Putting Deterrence in Question», in: The Washington Post, 18. 11. 1986, S. A19; ders., «Forget the ‹Zero Option›», in: The Washington Post, 5. 4. 1987, S. C2; ders., «A New Era for NATO», in: Newsweek, 12. 10. 1987, S. 57–60; ders., «The Dangers Ahead», in: Newsweek, 21. 12. 1987, S. 34–41; ders., «Arms Control Fever», in: The Washington Post, 19. 1. 1988, S. A15; ders., «START: A Dangerous Rush for Agreement», in: The Washington Post, 12. 6. 1988, S. A6; ders., «The Challenge of a ‹European Home›», in: The Washington Post, 4. 12. 1988, S. A12; ders., «Germany, Neutrality and the ‹Security System› Trap», in: The Washington Post, 15. 4. 1990, S. D7; ders., «The End of NATO?», in: The Washington Post, 24. 7. 1990, S. A23; ders., «No Illusions About the U. S. S. R», in: The Washington Post, 22. 1. 1991, S. A13; ders., «Soviet Good Will – Don't Count On It», in: The Washington Post, 13. 8. 1991, S. A17; ders., «Charter of Confusion», in: The Washington Post, 5. 7. 1992, S. C7.

115 Henry Kissinger, «Germany, Neutrality and the ‹Security System› Trap», in: The Washington Post, 15. 4. 1990, S. D7

116 Henry Kissinger, «A Plan for Europe», in: Newsweek, 18. 6. 1990, S. 32–37, hier S. 33.

117 Henry Kissinger, «A Memo to the Next President», in: Newsweek, 19. 9. 1988, S. 34–41, hier S. 36, 37.

118 Henry Kissinger, «The Challenge of a ‹European Home›», in: The Washington Post, 4. 12. 1988, S. A12.

119 Henry Kissinger, «The Dangers Ahead», in: Newsweek, 21. 12. 1987, S. 34–41, hier S. 34.

120 Henry Kissinger, «A Memo to the Next President», in: Newsweek, 19. 9. 1988, S. 34–41.

121 Henry Kissinger, «The Dangers Ahead», in: Newsweek, 21. 12. 1987, S. 34–41, hier S. 34; Richard Nixon/Henry Kissinger, «An Arms Agreement – on Two Conditions», in: The Washington Post, 26. 4. 1987, S. D7.

122 Henry Kissinger, «Observations on U. S.-Soviet Relations», The Heritage Lectures, 174, January 1988, S. 5. Vgl. Michael R. Gordon, «Kissinger Balks at Treaty on Strategic Arms», in: The New York Times, 24. 2. 1988, S. A14; Helen Dewar, «Kissinger Backs Pact, With Misgivings», in: The Washington Post, 24. 2. 1988, S. A4.

123 Henry Kissinger, «We Need Star Wars», in: The Washington Post, 8. 9. 1985, S. C8.

124 Richard Nixon/Henry Kissinger, «An Arms Agreement – on Two Conditions», in: The Washington Post, 26.4.1987, S. D7. Der andere Text war drei Wochen früher erschienen: Henry Kissinger, «Forget the ‹Zero Option›», in: The Washington Post, 5.4.1987, S. C2.

125 Gemeint war der vorgeschlagene Abzug von Raketen mit größerer (1000–5500 Kilometer) und mittlerer (500–1000 Kilometer) Reichweite.

126 Helmut Schmidt, «If the Missiles Go, Peace May Stay», in: The New York Times, 29.4.1987, Section A, S. 35.

127 James Reston, «Nixon and Kissinger», in: The New York Times, 29.4.1987, Section A, S. 35.

128 Henry Kissinger, «Observations on U. S.-Soviet Relations», The Heritage Lectures, 174, January 1988.

129 Henry Kissinger, «A Plan for Europe», in: Newsweek, 18.6.1990, S. 32–37.

130 Judith Miller, «Kissinger Says NATO will Break Up if Rifts are not Mended», in: The New York Times, 25.1.1982, Section A, S. 10; James Reston, «Kissinger vs. Reagan», in: The New York Times, 20.1.1982, Section A, S. 27.

131 Richard Nixon, zit. n. Kalb, Nixon Memo, S. 58, 142. Zum vollständigen Text des Memorandums siehe ebd., S. 217–223. Vgl. Richard Nixon, «Yeltsin Needs Us. We Need Yeltsin», in: The New York Times, 12.6.1992, Section A, S. 25.

132 Kalb, Nixon Memo, S. 67. Vgl. ebd., S. 64–78, 95 ff., 122–137; Thomas Friedman, «Nixon Scoffs at Level of Support for Russian Democracy by Bush», in: The New York Times, 10.3.1992, Section A, S. 1.

133 Kalb, Nixon Memo, S. 160. Vgl. ebd., S. 146–155, 162 ff.

134 Henry Kissinger, «Charter of Confusion», in: The Washington Post, 5.7.1992, S. C7. Vgl. Kalb, Nixon Memo, S. 81 ff.

135 Die Abrechnung mit der «Generation Clinton» fasste Kissinger 2002 in seinem Buch «Die Herausforderung Amerikas. Weltpolitik im 21. Jahrhundert» zusammen.

136 Bruce Broomhall, zit. n. Larry Rohter, «As Door Opens for Legal Actions in Chilean Coup, Kissinger is Numbered among the Hunted», in: The New York Times, 28.3.2002, Section A, S. 13.

137 Kissinger, «Pitfalls of Jurisdiction», S. 86.

138 Ferencz, «Response to Henry Kissinger», S. 179–181; Roth, «Universal Jurisdiction», S. 150–154.

139 Bruce Broomhall, «Criminal Justice on a Global Scale», in: The New York Times, 13.6.2001; Elizabeth Becker, «U. S. Presses for Total Exemption from War Crimes Court», in: The New York Times, 9.10.2002, Section A, S. 6.

140 Larry Rohter, «As Door Opens for Legal Actions in Chilean Coup, Kissin-

ger is Numbered among the Hunted», in: The New York Times, 28.3.2002, Section A, S.13; Diane Jean Schemo, «Kissinger Assailed in Debate on Chile», in: The New York Times, 5.6.2004; Kornbluh, Hg., Pinochet File, S.493–496; Beattie, «Impunity Agreements».

141 Henry Kissinger, zit. n. Graciela Mochkofsky, «Henry Kissinger Will Not Apologize», in: The Atlantic, 15.11.2016, S.34. Vgl. Kissinger, «Pitfalls of Jurisdiction», S.88 ff.; Kornbluh, Hg., Pinochet File, S.495.

142 Maureen Dowd, «He's Ba-a-a-ack!», in: The New York Times, 1.12.2002, Section 4, S.9.

143 Woodward, State of Denial, S.406–410; Henry Kissinger, «Destroy the Network», in: The Washington Post, 12.9.2001, S.A31; ders., «Where Do We Go from Here?», in: The Washington Post, 6.11.2001, S.A23; ders., «Lessons for an Exit Strategy», in: The Washington Post, 12.8.2005, S.A19; ders., «How to Exit Iraq», in: The Washington Post, 18.12.2005, S.A19. Dieselbe Eskalationsstrategie hatte er 1988 zur Niederschlagung der ersten «Intifada» vorgeschlagen: Berman, «Henry Kissinger's Prescription», S.99, 100.

144 «The Kissinger Commission», in: The New York Times, 29.11.2002, Section A, S.38.

145 «Henry Kissinger's Entangling Ties», in: The New York Times, 3.12.2002, Section A, S.30.

146 Maureen Dowd, «He's Ba-a-a-ack!», in: The New York Times, 1.12.2002, Section 4, S.9.

147 Siehe u.v.a. Tim Rutten, «Kissinger Kiss-Up: Media not Doing Their Job», in: The Los Angeles Times, 4.12.2002; Mary McGrory, «Kissinger for Christmas», in: The Washington Post, 5.12.2002, S.A35; Wight, «Contested Historical Icon», S.130–133.

148 Henry Kissinger, zit. n. Howard Kurtz, «The Kissinger Conundrum», in: The Washington Post, 4.12.2002.

149 David Firestone, «Kissinger Quits as Chairman of 9/11 Panel», in: The New York Times, 13.12.2002.

150 Editorial Board, «The Right 9/11 Probe», in: The New York Post, 29.11.2002, S.28, zit. n. Wight, «Contested Historical Icon», S.132. Vgl. Deborah Orin, «Kissinger on the Case – Picked to Probe 9/11 Intelligence Failures», in: The New York Post, 28.11.2002.

151 Isaacson, Biography, S.707.

152 Barbara Goldsmith, «The Meaning of Celebrity», in: The New York Times, 4.12.1983, Section 6, S.75.

153 Eine langjährige Bekannte Henry Kissingers, zit. n. Isaacson, Biography, S.714.

154 Henry Kissinger, zit. n. Wight, «Contested Historical Icon», S.141.

155 Paul Krugman, «Secret Cabals of the Elite», in: The New York Times, 19. 12. 2014.

156 Larry Kramer, «Bohemian Grove – Where Big Shots Go to Camp», in: The New York Times, 14. 8. 1977, S. 99; Marjorie Garber, «The Suits, Minus Their Suits», in: The New York Times, 22. 7. 1995, Section 1, S. 19; Dan Barry, «Redwoods Hideaway for the Elite Goes On, but Protest Days Fade», in: The New York Times, 28. 7. 2010. Der Soziologe G. William Domhoff hat diesem Treiben eine eigene Studie gewidmet: The Bohemian Grove and Other Retreats. A Study in Ruling-Class Cohesiveness, New York 1973.

157 Mathias Döpfner, «Ein großer Geist und das Happy End der Geschichte», in: Die Welt, 26. 5. 2013.

158 Lynn Rosellini, «Kissinger and the Art of Staying in the Public Eye», in: The New York Times, 27. 10. 1982, Section B, S. 6; Kalb, «What Will Henry Do for an Encore?», S. 14.

159 Frisch, Tagebuch, 1966–1971, S. 305/306. Vgl. ebd., S. 292–308.

160 Isaacson, Biography, S. 279.

161 Enzensberger, Fallobst, S. 141.

162 Goldberg, «The Lessons of Henry Kissinger», S. 11, 13.

163 Scott Shane, «In Calls to Kissinger, Reporters Show That Even They Fell under Super-K's Spell», in: The New York Times, 22. 10. 2004, Section A, S. 14.

164 Goldberg, «The Lessons of Henry Kissinger», S. 13; Tim Rutten, «Kissinger Kiss-Up: Media not Doing Their Job», in: The Los Angeles Times, 4. 12. 2002.

165 Sally Quinn, zit. n. Kalb, «What Will Henry Do for an Encore?», S. 13.

166 Henry Kissinger, zit. n. Kalb, «What Will Henry Do for an Encore?», S. 13.

167 Herbert Mitgang, «Marketing Kissinger's Book is a Fine Orchestration», in: The New York Times, 23. 10. 1979, Section C, S. 11.

168 Henry Kissinger, zit. n. Isaacson, Biography, S. 712.

169 Goldberg, «The Lessons of Henry Kissinger», S. 13.

170 Mathias Döpfner, «Henry Kissinger: Ein großer Geist und das Happy End der Geschichte», in: Die Welt, 26. 5. 2013.

171 John P. Roche, «Kissinger Adept at Bagging Press», in: The Topeka Capital-Journal, 9. 9. 1979. Vgl. Peter Jenkins, «What Makes Kissinger Tick?», in: The Guardian, 19. 10. 1972.

172 Hagan, «The Once and Future Henry Kissinger», S. 13.

173 Henry Kissinger, «The Coronavirus Pandemic Will Forever Alter the World Order», in: The Wall Street Journal, 3. 4. 2020.

174 George P. Shultz, William J. Perry, Henry A. Kissinger, Sam Nunn, «A World Free of Nuclear Weapons», in: The Wall Street Journal, 4. 1. 2007, S. A15; dies., «Toward a Nuclear-Free World», in: The Wall Street Journal,

15.1.2008, S.A13; dies., «How to Protect Our Nuclear Deterrent», in: The Wall Street Journal, 20.1.2010, S.10; dies., «Deterrence in the Age of Nuclear Proliferation», in: The Wall Street Journal, 7.3.2011, S.13; dies., «Next Steps in Reducing Nuclear Risks», in: The Wall Street Journal, 5.3.2013, S.10.

175 Robert J.Lifton brachte das «Pensionärs-Syndrom» in die Diskussion: James Carroll, «Disregard What I Said When I Was in Power», in: The New York Times, 5.2.2007, S.12.

176 Taubman, The Partnership, S.120ff. Vgl. Michael Crowley, «The Stuff Sam Nunn's Nightmares Are Made of», in: The New York Times» 25.2.2007, Magazine.

177 William J.Perry, zit. n. Amanda Erickson, «These Cold War Hawks are now Championing an End to Nuclear Weapons», in: The Wall Street Journal, 6.10.2017.

178 Henry Kissinger, «Containing the Fire of the Gods», in: The New York Times, 6.2.2009, S.13. Vgl. Gary J.Bass, «How They Learned to Hate the Bomb», in: The New York Times, 1.1.2012, Book Review, S.13.

179 Helmut Schmidt, Richard von Weizsäcker, Egon Bahr und Hans-Dietrich Genscher, «Für eine atomwaffenfreie Welt», in: Frankfurter Allgemeine Zeitung, 9.1.2009, S.8.

180 Hoffmann, «The Case of Dr. Kissinger», S.15.

181 Slaughter, «How to Fix America's Foreign Policy», S.20–26; Maddox, «New World Disorder», S.15ff.

182 Hoffmann, «The Case of Dr. Kissinger», S.16.

183 Henry Kissinger, zit. n. Goldberg, «Lessons of Henry Kissinger», S.22.

184 Slaughter, «How to Fix America's Foreign Policy», S.23ff.; Goldberg, «The Lessons of Henry Kissinger», S.15, 18ff.

185 William Pfaff, «Kissinger's Failures», in: The New York Times, 9.12.1979, Section E, S.21.

Nachwort

1 Henry Kissinger, zit. n. Ellsberg, Secrets, S.233. Vgl. Landau, Kissinger, S.190.

2 Willy Brandt, Rede auf der Festveranstaltung anlässlich des 100-jährigen Bestehens des Verlags J.H.W.Dietz Nachf. in Bonn, 3.11.1981, in: Willy Brandt, Berliner Ausgabe, Bd.5, Die Partei der Freiheit. Willy Brandt und die SPD, 1972–1992, Bonn 2002, S.370. (Hervorhebung im Text)

3 Henry Kissinger, Rede in New York zum «Jahr Europas», 23.4.1973, in: The New York Times, 24.4.1973.

4 Die Vorlage für dieses durchgängig variierte Argument lieferte Kissinger bereits in den 1950er Jahren: vgl. ders., Kernwaffen, S. 225 ff.

5 Henry Kissinger, «The Moral Foundations of Foreign Policy», Rede vor dem Upper Midwest Council, Bloomington, Minnesota, 15.7.1975, in: FRUS, Vol. XXXVIII, Part 1, S. 314, 316, 317.

6 Burr, Kissinger Transcripts, S. 83–217.

7 Vgl. u.v.a. Graebner, America and the Cold War, S. 375 ff.; Bass, Blood Telegram, S. 299; JA-P, Korrespondenz 21.4.1975, in: LC-MD, Part IV: General Correspondence, 1916–1989, Box 229, Folder 2: 1975, K.

8 Vgl. Grandin, Langer Schatten, S. 134, 156.

9 Henry Kissinger, zit. n. Immerwahr, Imperium, S. 496.

10 Garthoff, «Evaluation», S. 17–20; Hansen, Abschied vom Kalten Krieg?, S. 53–125.

11 Vgl. Nannichi, «In the Shadow of Back-Channels».

12 Morgan, «Making of the Helsinki Final Act», S. 167–179; Bressensdorf, Frieden durch Kommunikation, S. 226–266; Peter, Die Bundesrepublik im KSZE-Prozess, S. 319–530.

13 Henry Kissinger im Herbst 1974 während einer Debatte über Washingtons Haltung im Zypern-Konflikt, zit. n. Leslie H. Gelb, «What, exactly, is the Kissinger legacy?», in: The New York Times Magazine, 31.10.1976, Section SM, S. 79.

14 Henry Kissinger, «The Moral Foundations of Foreign Policy», Rede vor dem Upper Midwest Council, Bloomington, Minnesota, 15.7.1975, in: FRUS, Vol. XXXVIII, Part 1, S. 324; The Secretary's Regionals' and Principals' Staff Meeting, 23.12.1974, S. 32–36, in: NSAr, EBB 110, Document 7; Allen, «Realism and Malarkey», S. 198, 218.

15 Greiner, 9/11, S. 131–159; Rudalevige, New Imperial Presidency, S. 1–35.

16 Nach Joseph Heller, Good as Gold, London 2011 [1976], S. 234–235.

17 Leslie H. Gelb, «What, exactly, is the Kissinger legacy?», in: The New York Times Magazine, 31.10.1976, Section SM, S. 79. Vgl. William Pfaff, «Kissinger's Failures», in: The New York Times, 9.12.1979, Section E, S. 21.

18 Ronald Steel, «Our Dark Ambitions for Henry Kissinger», in: The Washington Post, 24.7.1983, S. C1.

LITERATUR

Allen, David, «Realism and Malarkey. Henry Kissinger's State Department, Détente, and Domestic Consensus», in: Journal of Cold War Studies, 3, 2015, S. 184–219.

Allison, Graham, Destined for War. Can America and China Escape Thucydides's Trap?, New York 2017.

Alterman, Eric, «Don't Know Much About History», in: The Nation, 16. 7. 2014.

Ambrose, Matthew J., The Control Agenda. A History of the Strategic Arms Limitation Talks, Cornell University Press 2018.

Ambrose, Stephen E., Nixon. The Triumph of a Politician, 1962–1972, New York 1989.

Ambrose, Stephen E., Nixon. Ruin and Recovery, 1973–1990, New York 1991.

Bahr, Egon, «Das musst du erzählen» – Erinnerungen an Willy Brandt, Berlin 2013.

Bass, Gary J., The Blood Telegram. Nixon, Kissinger, and a Forgotten Genocide, New York 2013.

Beattie, Peter, «The US, Impunity Agreements, and the ICC: Towards the Trial of a Future Henry Kissinger», in: Guild Practitioner, 4, 2005, S. 193–229.

Berman, Julius, «Special Document: Henry Kissinger's Prescription for Suppressing the First Intifada, 31. January 1988», in: Journal of Palestine Studies, 4, 2002, S. 99–101.

Berman, Larry, No Peace, No Honor. Nixon, Kissinger, and Betrayal in Vietnam, New York 2001.

Bernstein, Carl/Woodward, Bob, All the President's Men, New York 1974.

Brands, Hal, What Good is Grand Strategy? Power and Purpose in American Statecraft from Harry S. Truman to George W. Bush, Cornell University Press 2014.

Brandt, Willy, Links und frei. Mein Weg 1930–1950, Hamburg 2012 [1982].

Brandt, Willy, Erinnerungen, Frankfurt/M. 1989.

Brechtken, Magnus, «Geschichte und Erinnerungspolitik bei Helmut Schmidt und Henry Kissinger», in: Bosbach, Franz/Brechtken, Magnus, Hg., Politische Memoiren in deutscher und britischer Perspektive – Political Memoirs in Anglo-German Context, München 2005, S. 159–193.

Bresselau von Bressensdorff, Agnes, Frieden durch Kommunikation. Das System Genscher und die Entspannungspolitik im Zweiten Kalten Krieg, 1979–1982/83, Berlin/Boston 2015.

Brigham, Robert K., Reckless: Henry Kissinger and the Tragedy of Vietnam, New York 2018.

Brinkley, Douglas/Nichter, Luke A., Hg., The Nixon Tapes, 1971–1972, Boston 2014.

Bundy, William, A Tangled Web. The Making of Foreign Policy in the Nixon Presidency, New York 1998.

Bürger, Jan, «Die Kissinger Boys. Von der Harvard Summer School zur Suhrkamp Culture», in: Zeitschrift für Ideengeschichte, Winter 2017, S. 5–18.

Burr, William, Hg., The Kissinger Transcripts: The Top Secret Talks with Beijing and Moscow, New York 1999.

Burr, William/Kimball, Jeffrey, «Nixon's Nuclear Ploy», in: The Bulletin of the Atomic Scientists, January/February 2003, S. 28–37, 72–73.

Burr, William, «The Nixon Administration, the ‹Horror Strategy›, and the Search for Limited Nuclear Options, 1969–1972», in: Journal of Cold War Studies, 3, 2005, S. 34–78.

Burr, William, «‹Is This the Best They Can Do?› Henry Kissinger and the U. S. Quest for Limited Nuclear Options, 1969–1975», in: Mastny, Vojtech et al., Hg., War Plans and Alliances in the Cold War. Threat Perceptions in the East and West, London 2006, S. 118–140.

Burr, William/Rosenberg, David Alan, «Nuclear competition in an era of stalemate, 1963–1975», in: The Cambridge History of the Cold War, Vol. 2, Crises and Detente, Cambridge 2010, S. 88–111.

Casey, Steven, «Selling NSC-68: The Truman Administration, Public Opinion, and the Politics of Mobilization, 1950–51», in: Diplomatic History, 4, 2005, S. 655–690.

Conant, James B., «A Stern Program for Survival», in: Look Magazine, December 1950.

Council on Foreign Relations, «25th Anniversary of the Fall of the Berlin Wall: Henry A. Kissinger Looks Back on the Cold War», 4. 11. 2014.

Craig, Campbell, «The Illogic of Henry Kissinger's Nuclear Strategy», in: Armed Forces & Society, 4, 2003, S. 547–568.

Craig, Campbell/Logevall, Frederik, America's Cold War. The Politics of Insecurity, Cambridge, Mass. 2009.

Dallek, Robert, Nixon and Kissinger. Partners in Power, New York 2007.

Del Pero, Mario, The Eccentric Realist. Henry Kissinger and the Shaping of American Foreign Policy, Ithaca, NY 2006.

Destler, I. M., «National Security Management: What Presidents Have Wrought», in: Political Science Quarterly, 4, 1980, S. 575–600.

Diamond, Sigmund, Compromised Campus: The Collaboration of Universities with the Intelligence Community, 1945–1955, New York 1992.
Dickson, Peter, Kissinger and the Meaning of History, New York 1979.
Dobrynin, Anatoly, In Confidence. Moscow's Ambassador to Six Cold War Presidents, University of Washington Press 1995.
Ellsberg, Daniel, «‹Theory and Practice of Blackmail› and ‹The Political Uses of Madness›», Public Lectures in the Lowell Institute, Boston Public Library, 10. und 26.3.1959.
Ellsberg, Daniel, «‹Coercive Diplomacy› in the Light of Vietnam: Some Preliminary Notes», Background Paper No. 1 for Meeting of the Council on Foreign Relations, New York, 17.11.1970.
Ellsberg, Daniel, Secrets. A Memoir of Vietnam and the Pentagon Papers, New York 2002.
Engel, Jeffrey A., Hg., The China Diary of George H. W. Bush: The Making of a Global President, Princeton University Press 2008.
Enzensberger, Hans Magnus, Fallobst. Nur ein Notizbuch, Berlin 2019.
Eppler, Erhard, Links Leben. Erinnerungen eines Wertkonservativen, Berlin 2015.
Fallaci, Oriana, Interview with History, New York 1976.
Farrell, John A., Richard Nixon. The Life, New York 2017.
Federation of American Scientists, Natural Resources Defense Council, Union of Concerned Scientists, Toward True Security. Ten Steps the Next President Should Take to Transform U.S. Nuclear Weapons Policy, Washington D.C., February 2008.
Ferencz, Benjamin B., «A Nuremberg Prosecutor's Response to Henry Kissinger», in: The Brown Journal of World Affairs, 1, 2001, S. 177–182.
Ferguson, Niall, Kissinger. Vol. 1: 1923–1968: The Idealist, New York 2015.
Freedman, Lawrence, «The First Two Generations of Nuclear Strategists», in: Peter Paret, Hg., Makers of Modern Strategy from Machiavelli to the Nuclear Age, Princeton University Press 1986.
Freedman, Lawrence, The Evolution of Nuclear Strategy, London 1989.
Frisch, Max, Tagebuch, 1966–1971, Frankfurt/M. 1979 [1972].
Gaddis, John Lewis/Nitze, Paul, «NSC 68 and the Soviet Threat Reconsidered», in: International Security, 4, 1980, S. 167–176.
Garthoff, Raymond L., «SALT-I: An Evaluation», in: World Politics, 1, 1978, S. 1–26.
Garthoff, Raymond L., Détente and Confrontation: American-Soviet Relations from Nixon to Reagan, Washington, D.C. 1994.
Gavin, Francis J., Nuclear Statecraft. History and Strategy in America's Atomic Age, Cornell University Press 2012.

Goldberg, Jeffrey, «The Lessons of Henry Kissinger», in: The Atlantic, December 2016, S. 10–25.
Graebner, Norman A., et al., Hg., America and the Cold War, 1941–1991. A Realist Interpretation, Santa Barbara 2010.
Grandin, Greg, Kissingers langer Schatten. Amerikas umstrittenster Staatsmann und sein Erbe, München 2016.
Greenberg, David, Nixon's Shadow. The History of An Image, New York 2003.
Greiner, Bernd, Politik am Rande des Abgrunds? Die Außen- und Militärpolitik der USA im Kalten Krieg, Heilbronn 1986.
Greiner, Bernd, Die Morgenthau-Legende. Zur Geschichte eines umstrittenen Plans, Hamburg 1995.
Greiner, Bernd, Krieg ohne Fronten. Die USA in Vietnam, Hamburg 2007.
Greiner, Bernd, Die Kuba-Krise. Die Welt an der Schwelle zum Atomkrieg, München 2010.
Greiner, Bernd, 9/11. Der Tag, die Angst, die Folgen, München 2011.
Greiner, Bernd, et al., Hg., Studien zum Kalten Krieg, Bd. 1–6, Hamburg 2006–2013.
Gurman, Hannah, «Dissent in the Kissinger Era», in: Foreign Service Journal, 7–8, 2011, S. 21–29.
Hadley, David P., The Rising Clamor. The American Press, the Central Intelligence Agency, and the Cold War, University Press of Kentucky 2019.
Hagan, Joe, «The Once and Future Henry Kissinger», in: New York Magazine, 24. 10. 2007, S. 11–15.
Halberstam, David, The Powers That Be, London 1979.
Haldeman, Harry R., The Haldeman Diaries. Inside the Nixon White House, New York 1994.
Hamilton, Alexander, et al., Die Federalist Papers (herausgegeben und übersetzt von Barbara Zehnpfennig), München 2007.
Hanhimäki, Jussi, «‹Dr. Kissinger› or ‹Mr. Henry›? Kissingerology, Thirty Years and Counting», in: Diplomatic History, 5, 2003, S. 637–676.
Hanhimäki, Jussi, The Flawed Architect. Henry Kissinger and American Foreign Policy, Oxford University Press 2004.
Hanhimäki, Jussi, The Rise and Fall of Détente. American Foreign Policy and the Transformation of the Cold War, Washington, D. C. 2013.
Hansen, Jan, Abschied vom Kalten Krieg? Die Sozialdemokraten und der Nachrüstungsstreit (1977–1987), Berlin/Boston 2016.
Hastings, Max, Vietnam. An Epic History of a Tragic War, London 2018.
Herken, Gregg, The Winning Weapon. The Atomic Bomb in the Cold War, 1945–1950, New York 1980.
Herken, Gregg, The Georgetown Set. Friends and Rivals in Cold War Washington, New York 2014.

Hersh, Seymour M., The Price of Power. Kissinger in the Nixon White House, New York 1983.

Hersh, Seymour M., Reporter. A Memoir, London 2018.

Hershberg, James G., James B. Conant. Harvard to Hiroshima and the Making of the Nuclear Age, New York 1993.

Hershberg, James G., «‹A Half-Hearted Overture›: Czechoslovakia, Kissinger, and Vietnam, Autumn, 1966», in: Lloyd C. Gardner/Ted Gittinger, Hg., The Search for Peace in Vietnam, 1964–1968, Texas A&M University Press 2004, S. 292–321.

Hertsgaard, Mark, «The Secret Life of Henry Kissinger: Minutes of a 1975 Meeting with Lawrence Eagleburger», in: The Nation, 29. 10. 1990, S. 492–496.

Hitchens, Christopher, The Trial of Henry Kissinger, London 2001.

Hoffmann, Stanley, «The Case of Dr. Kissinger», in: The New York Review of Books, 6. 12. 1979, S. 15–16.

Hoffmann, Stanley, «Varieties of Containment», in: Reviews in American History, 2, 1983, S. 279–281.

Hoffmann, Stanley, «The Kissinger Antimemoirs», in: The New York Times Book Review, 3. 7. 1983.

Hogan, Michael, Hg., America and the World. The Historiography of American Foreign Relations since 1941, New York 1995.

Holloway, David, «Nuclear Weapons and the Escalation of the Cold War, 1945–1962», in: The Cambridge History of the Cold War, Vol. 1, Origins, Cambridge 2010, S. 376–397.

Hughes, Ken, Chasing Shadows. The Nixon Tapes, the Chennault Affair, and the Origins of Watergate, University of Virginia Press 2014.

Hughes, Ken, Fatal Politics: The Nixon Tapes, the Vietnam War and the Casualties of Reelection, University of Virginia Press 2015.

Huq, Aziz Z./Schwarz, Frederick A. O., Unchecked and Unbalanced. Presidential Power in a Time of Terror, New York 2007.

Immerwahr, Daniel, Das heimliche Imperium. Die USA als moderne Kolonialmacht, Frankfurt/M. 2019.

Isaacson, Walter, Kissinger. A Biography, New York 1992.

Kalb, Marvin/Kalb, Bernard, Kissinger, Boston 1974.

Kalb, Marvin, «What Will Henry Do for an Encore?», in: The New York Times Magazine, 16. 4. 1978, S. 5–16.

Kalb, Marvin, The Nixon Memo. Political Respectability, Russia, and the Press, University of Chicago Press, 1994.

Kaplan, Fred, The Wizards of Armageddon, New York 1983.

Kaplan, Fred, The Bomb. Presidents, Generals, and the Secret History of Nuclear War, New York 2020.

Keys, Barbara, «Henry Kissinger: The Emotional Statesman», in: Diplomatic History, 4, 2011, S. 587–609.
Keys, Barbara, «Die Spinne im Netz. Ideenpolitik im Kalten Krieg», in: Zeitschrift für Ideengeschichte, Winter 2017, S. 19–29.
Kiernan, Ben, The Pol Pot Regime: Race, Power, and Genocide in Cambodia under the Khmer Rouge, 1975–1979, Yale University Press 2008.
Kimball, Jeffrey, Nixon's Vietnam War, University Press of Kansas 1998.
Kimball, Jeffrey, The Vietnam War Files. Uncovering the Secret History of Nixon-Era Strategy, University Press of Kansas 2004.
Kissinger, Henry, The Meaning of History: Reflections on Spengler, Toynbee and Kant, Undergraduate Thesis, Department of Government, Harvard University, Unpubliziertes Manuskript, Widener Library, Harvard, 1951 (Mikrofilm).
Kissinger, Henry, «Military Policy and Defense of the ‹Grey Areas›», in: Foreign Affairs, 3, 1955, S. 416–428.
Kissinger, Henry, «Force and Diplomacy in the Nuclear Age», in: Foreign Affairs, 3, 1956, S. 349–366.
Kissinger, Henry, Großmacht Diplomatie. Von der Staatskunst Castlereaghs und Metternichs, Düsseldorf 1962 [1954].
Kissinger, Henry, Nuclear Weapons and Foreign Policy, New York 1957. (Deutsche Ausgabe: Kernwaffen und Auswärtige Politik, München/Wien 1959, 1974)
Kissinger, Henry, «The Policy Maker and the Intellectual», in: The Reporter, 5.3.1959, S. 30–35.
Kissinger, Henry, «The Search for Stability», in: Foreign Affairs, 4, 1959, S. 537–560.
Kissinger, Henry, The Necessity for Choice: Prospects of American Foreign Policy, New York 1961.
Kissinger, Henry, «The Unsolved Problems of European Defense», in: Foreign Affairs, 4, 1962, S. 515–541.
Kissinger, Henry, «Strains on the Alliance», in: Foreign Affairs, 2, 1963, S. 80–105.
Kissinger, Henry, The Troubled Partnership: A Re-Appraisal of the Atlantic Alliance, New York 1965.
Kissinger, Henry, «The Price of German Unity», in: The Reporter, 22.4.1965.
Kissinger, Henry, «Central Issues of American Foreign Policy», in: Agenda for a Nation, Brookings Institution, Washington, D.C. 1968. Nachdruck in: Foreign Relations of the United States, 1969–1976, Vol. I: Foundations of Foreign Policy, 1969–1972, Washington, D.C. 2003, S. 21–48.
Kissinger, Henry, «The White Revolutionary: Reflections on Bismarck», in: Daedalus, 3, 1968, S. 888–924.

Kissinger, Henry, «The Viet Nam Negotiations», in: Foreign Affairs, 2, 1969, S. 211–234.
Kissinger, Henry, Memoiren, Band 1, 1968–1973, München 1979.
Kissinger, Henry, Memoiren, Band 2, 1973–1974, München 1982.
Kissinger, Henry, Memoiren, Band 3, 1974–1976, München 1999.
Kissinger Henry, «The Future of NATO», in: The Washington Quarterly, 4, 1979, S. 3–12.
Kissinger, Henry, Die Vernunft der Nationen. Über das Wesen der Außenpolitik, Berlin 1994.
Kissinger, Henry, «The Pitfalls of Universal Jurisdiction», in: Foreign Affairs, 4, 2001, S. 86–96.
Kissinger, Henry, Die Herausforderung Amerikas. Weltpolitik im 21. Jahrhundert, Berlin 2002.
Kissinger, Henry, Ending the Vietnam War. A History of America's Involvement and Extrication from the Vietnam War, New York 2003.
Kissinger, Henry, Crisis: The Anatomy of Two Major Foreign Policy Crises, New York 2003.
Kissinger, Henry, «The Prophet and the Policy Maker», in: Hoffmann, Hubertus, Hg., True Keeper of the Flame. The Legacy of Pentagon Strategist and Mentor Dr. Fritz Kraemer, London 2012, S. 14–19.
Kissinger, Henry, China. Zwischen Tradition und Herausforderung, München 2012.
Kissinger, Henry, Weltordnung, München 2014.
Kissinger, Henry, «How the Enlightenment Ends», in: The Atlantic Monthly, June 2016, S. 34–48.
Klitzing, Holger, The Nemesis of Stability: Henry A. Kissinger's Ambivalent Relationship with Germany, Trier 2007.
Kornbluh, Peter, Hg., The Pinochet File. A Declassified Dossier on Atrocity and Accountability, New York 2003 [2013].
Kuklick, Bruce, Blind Oracles. Intellectuals and War from Kennan to Kissinger, Princeton University Press 2006.
Kurz, Evi, Die Kissinger-Saga. Walter und Henry Kissinger. Zwei Brüder aus Fürth, Fürth 2007.
Kutler, Stanley, Hg., Abuse of Power: The New Nixon Tapes, New York 1997.
Landau, David, Kissinger. The Uses of Power, Boston 1972.
Langworth, Richard, Churchill in His Own Words, London 2012.
Lebow, Richard Ned/Stein, Janice Gross, We All Lost the Cold War, Princeton University Press 1994.
Leffler, Melvyn P., For the Soul of Mankind. The United States, the Soviet Union, and the Cold War, New York 2007.
Leffler, Melvyn P., «The emergence of an American grand strategy, 1945–1952»,

in: The Cambridge History of the Cold War, Vol. 1, Origins, Cambridge 2010, S. 67–89.
Leiken, Robert S., Hg., Central America. Anatomy of Conflict, Carnegie Endowment for International Peace 1984.
LeoGrande, William M./Kornbluh, Peter, Back Channel to Cuba: The Hidden History of Negotiations between Washington and Havana, University of North Carolina Press 2014.
Logevall, Fredrik/Preston, Andrew, Hg., Nixon in the World. American Foreign Relations, 1969–1977, Oxford University Press 2008.
Loth, Wilfried/Soutou, Georges-Henri, Hg., The Making of Détente. Eastern and Western Europe in the Cold War, 1965–1975, London 2008.
Lord, Winston, Kissinger über Kissinger. Kluge Sätze zur Weltpolitik, Salzburg/München 2019.
Lowen, Rebecca, Creating the Cold War University: The Transformation of Stanford, Berkeley 1997.
Lucas, Scott, «A Document from the Harvard International Summer School», in: Gienow-Hecht, Jessica C. E./Schumacher, Frank, Hg., Culture and International History, New York 2003, S. 258–263.
Lukas, J. Anthony, Nightmare. The Underside of the Nixon Years, Ohio University Press 1999.
Macmillan, Margaret, Nixon and Mao: The Week that Changed the World, New York 2007.
Maddox, Bronwen, «New World Disorder: An Interview with Henry Kissinger», in: Prospect, October 2014, S. 14–19.
Maxwell, Kenneth, «The Other 9/11. The United States and Chile, 1973», in: Foreign Affairs, 6, 2003, S. 147–151.
Maxwell, Kenneth, «The Case of the Missing Letter in ‹Foreign Affairs›: Kissinger, Pinochet and Operation Condor», Harvard University, The David Rockefeller Center for Latin American Studies: Working Papers on Latin America, No. 2004/2005–3.
McMahon, Robert, «Credibility and World Power: Exploring the Psychological Dimension in Postwar American Diplomacy», in: Diplomatic History, 4, 1991, S. 456–476.
Merseburger, Peter, Willy Brandt. 1913–1992. Visionär und Realist, München 2004 [2002].
Mohan, Shannon E., «‹Memorandum for Mr. Bundy›. Henry Kissinger as Consultant to the Kennedy National Security Council», in: The Historian, 2, 2009, S. 234–257.
Morgan, Michael Cotey, «The United States and the Making of the Helsinki Final Act», in: Logeval/Preston, Nixon in the World, S. 164–182.

Morris, Roger, Uncertain Greatness. Henry Kissinger and American Foreign Policy, New York 1977.

Moss, Richard A., Nixon's Back Channel to Moscow. Confidential Diplomacy and Détente, University Press of Kentucky 2017.

Nannichi, Ken, «In the Shadow of Back-Channels: Britain and the Berlin Four Power Talks, 1968–1971», in: Diplomatic History, 1, 2019, S. 186–214.

Niedhart, Gottfried, «The Federal Republic's Ostpolitik and the United States. Initiatives and Constraints», in: Burk, Kathleen/Stokes, Melvyn, Hg., The United States and the European Alliance since 1945, Oxford, New York 1999.

Niedhart, Gottfried, Durch den Eisernen Vorhang. Die Ära Brandt und das Ende des Kalten Kriegs, Darmstadt 2019.

Nitze, Paul, «Atoms, Strategy and Policy», in: Foreign Affairs, 2, 1956, S. 110–132.

Nitze, Paul, From Hiroshima to Glasnost. At the Center of Decision – A Memoir, New York 1989.

Nixon, Richard, Six Crises, New York 1962.

Nixon, Richard, «Asia After Viet Nam», in: Foreign Affairs, October 1967, S. 111–125.

Nixon, Richard, The Memoirs of Richard Nixon, New York 1978.

Nixon, Richard, The Real War, New York 1980.

Nixon, Richard, Real Peace, New York 1983.

Nixon, Richard, No More Vietnams, New York 1985.

Nussbaum, Bruce, «The Big Business of Being Henry Kissinger», in: Business Week, 2.12.1985, S. 76–80.

Oberdorfer, Don, Tet! The Turning Point of the Vietnam War, New York 1971.

Owen, Taylor/Kiernan, Ben, «Bombs Over Cambodia: New Light on U.S. Air War», in: The Asia-Pacific Journal, 5, 2007, S. 1–5.

Paterson, Thomas G., Meeting the Communist Threat. Truman to Reagan, New York 1988.

Peter, Matthias, Die Bundesrepublik im KSZE-Prozess, 1975–1983. Die Umkehrung der Diplomatie, Berlin/Boston 2015

Prados, John, Keepers of the Keys. A History of the National Security Council from Truman to Bush, New York 1991.

Quandt, William B., Decade of Decision: American Policy Toward the Arab-Israeli Conflict, 1967–1976, University of California Press 1978.

Report of the National Bipartisan Commission on Central America, New York 1984.

Rodman, Peter W., Presidential Command. Power, Leadership, and the Making of Foreign Policy from Richard Nixon to George W. Bush, New York 2009.

Rogers, William D., «Fleeing the Chilean Coup. The Debate over U.S. Complicity», in: Foreign Affairs, 1, 2004, S. 160–163.

Rohde, Joy, Armed with Expertise. The Militarization of American Social Research during the Cold War, Ithaca 2013.

Rosen, James, «Nixon and the Chiefs», in: The Atlantic Monthly, April 2002, S. 23–29.

Rosenberg, David Alan, «Reality and Responsibility. Power and Process in the Making of United States Nuclear Strategy, 1945–1968», in: The Journal of Strategic Studies, 1, 1986, S. 35–52.

Roth, Kenneth, «The Case for Universal Jurisdiction. Response to Henry Kissinger», in: Foreign Affairs, 5, 2001, S. 150–154.

Rudalevige, Andrew, The New Imperial Presidency. Renewing Presidential Power after Watergate, University of Michigan Press 2005.

Rudenstine, David, The Day the Presses Stopped. A History of the Pentagon Papers Case, University of California Press 1996.

Safire, William, Before the Fall: An Inside View of the Pre-Watergate White House, New York 1975.

Safire, William, «Puppet as Prince. An inquiry into the ambitions of Henry Kissinger», in: Harper's, March 1975, S. 17–22.

Sagan, Scott D./Suri, Jeremi, «The Madman Nuclear Alert: Secrecy, Signaling, and Safety in October 1969», in: International Security, 4, 2003, S. 150–183.

Sanders, Jerry W., Peddlers of Crisis: The Committee on the Present Danger and the Politics of Containment, New York 1983.

Sanford, Jonathan E., «The Multilateral Development Banks and the Suspension of Lending to Allende's Chile», Congressional Research Service, Washington, D. C. August 1974.

Sargent, Daniel J., A Superpower Transformed. The Remaking of American Foreign Relations in the 1970s, Oxford University Press 2015.

Sarotte, Mary Elise, «The Frailties of Grand Strategies: A Comparison of Détente and Ostpolitik», in: Logevall/Preston, Nixon in the World, S. 146–163.

Schlesinger, Arthur Jr., Robert Kennedy and his Times, New York 1978.

Schoenbaum, Thomas J., Waging Peace and War. Dean Rusk in the Truman, Kennedy, and Johnson Years, New York 1988.

Schors, Arvid, Doppelter Boden. Die SALT-Verhandlungen 1963–1979, Göttingen 2016.

Schrecker, Ellen, No Ivory Tower. McCarthyism and the Universities, New York 1986.

Schulzinger, Robert D., Henry Kissinger. Doctor of Diplomacy, New York 1989.

Scoblic, J. Peter, U. S. vs. Them. How a Half Century of Conservatism has Undermined America's Security, New York 2008.

Shawcross, William, Sideshow. Kissinger, Nixon and the Destruction of Cambodia, New York 1979.

Shermann, Scott, «Kissinger's Shadow over the Council on Foreign Relations», in: The Nation, 27.12.2004, S.20–24.
Shultz, George P./Goodby, James E., The War That Must Never be Fought. Dilemmas of Nuclear Deterrence, Hoover Institution Press 2015.
Simpson, Brad, «‹Illegally and Beautifully›: The United States, the Indonesian Invasion of East Timor and the International Community, 1974–1976», in: Cold War History, 5, 2005, S.281–315.
Simpson, Christopher, Hg., Universities and Empire. Money and Politics in the Social Sciences during the Cold War, New York 1998.
Slaughter, Anne-Marie, «How to Fix America's Foreign Policy», in: The New Republic, 19.11.2014, S.20–26.
Small, Melvin, Democracy and Diplomacy. The Impact of Domestic Politics on U.S. Foreign Policy, 1789–1994, The Johns Hopkins University Press 1996.
Small, Melvin, The Presidency of Richard Nixon, University Press of Kansas 1999.
Smith, Gerard, Doubletalk. The Story of SALT I, New York 1980.
Snead, David L., The Gaither Committee, Eisenhower, and the Cold War, Columbus, Ohio 1999.
Summers, Anthony, The Arrogance of Power. The Secret World of Richard Nixon, New York 2000.
Suri, Jeremi, Henry Kissinger and the American Century, Cambridge, Mass. 2007.
Tal, David, US Strategic Arms Policy in the Cold War. Negotiation and Confrontation over SALT, 1969–1979, London 2019.
Tannenwald, Nina, «Nuclear Weapons and the Vietnam War», in: Journal of Strategic Studies, 4, 2006, S.675–722.
Taubman, Philip, The Partnership: Five Cold Warriors and their Quest to Ban the Bomb, New York 2012.
Trachtenberg, Marc, The Cold War and After. History, Theory, and the Logic of International Politics, Princeton 2012.
Tuchman, Barbara, Die Torheit der Regierenden. Von Troja bis Vietnam, Frankfurt am Main 1989 [1984].
Vaisse, Justin, Neoconservatism: The Biography of a Movement, Harvard University Press 2010.
Vaisse, Justin, Zbigniew Brzezinski. America's Grand Strategist, Cambridge, Mass. 2018.
Voß, Klaas, Washingtons Söldner. Verdeckte US-Interventionen im Kalten Krieg und ihre Folgen, Hamburg 2014.
Weiss, Peter, «Entflechtung der Kartelle», in: Nordwestdeutsche Hefte, 7, 1947, S.21–24.
Weiss, Peter, «Entflechtung der Kartelle. Erinnerungen an die Arbeit der ameri-

kanischen Militärregierung in Deutschland, 1946–1947». Peter Weiss im Interview mit Bernd Greiner, in: 1999, Zeitschrift für Sozialgeschichte des 20. und 21. Jahrhunderts, 3, 1989, S. 78–92.
Wells, Samuel F. Jr., «Sounding the Tocsin: NSC 68 and the Soviet Threat», in: International Security, 2, 1979, S. 116–158.
Wenner, Jann S., «Inside Pentagon Papers, Nixon, Watergate. Interview with Daniel Ellsberg», in: The Rolling Stone, 8. 11. 1973.
Westad, Odd Arne, The Cold War. A World History, New York 2017.
Wicker, Tom, One of Us. Richard Nixon and the American Dream, New York 1991.
Wight, David M., «Henry Kissinger as Contested Historical Icon in Post-9/11 Debates on U. S. Foreign Policy», in: History & Memory, 2,2017, S. 125–160.
Wills, Garry, Nixon Agonistes. The Crisis of the Self-Made Man, Boston 1969.
Wills, Garry, Bomb Power. The Modern Presidency and the National Security State, New York 2010.
Woods, Randall B., «Super K or War Criminal: The Beat Goes On», in: Diplomatic History, 2, 2017, S. 430–435.
Woodward, Bob/Bernstein, Carl, The Final Days, New York 1976.
Woodward, Bob, Der Informant. Deep Throat, die geheime Quelle der Watergate-Enthüller, München 2005.
Woodward, Bob, State of Denial, New York 2006.
Woodward, Bob, The Last of the President's Men, New York 2015.
Wyatt, David, When America Turned. Reckoning with 1968, University of Massachusetts Press 2014.
Yang, Kuisong/Xia, Yafeng, «Vacillating between Revolution and Détente: Mao's Changing Psyche and Policy toward the United States, 1969–1976», in: Diplomatic History, 2, 2010, S. 395–423.
Zelikow, Philip/Rice, Condoleezza, To Build a Better World. Choices to End the Cold War and Create a Global Commonwealth, New York/Boston 2019.
Zelizer, Julian, «Détente and Domestic Politics», in: Diplomatic History, 4, 2009, S. 653–670.
Zubok, Vladislav, «The Soviet Union and Détente of the 1970s», in: Cold War History, 4, 2008, S. 427–447.
Zumwalt, Elmo R., On Watch. A Memoir, New York, 1976.

QUELLENVERZEICHNIS UND ABKÜRZUNGEN

AMR-P: New York Times Company Records, A. M. Rosenthal Papers, NYPL

C-B-P: The Carter-Brezhnev-Project. A Conference of U. S. and Russian Policymakers and Scholars, 5 Bände, 1994–1995, in: NSAr, The Carter-Brezhnev-Project

DoS-HAK-TelCon: Department of State, Freedom of Information Act, Virtual Reading Room: Henry Kissinger Telephone Transcripts

EBB: Electronic Briefing Book

FRUS: Foreign Relations of the United States:

- FRUS, 1969–1976, Vol. I, Foundations of Foreign Policy, 1969–1972, Washington, D. C. 2003
- FRUS, 1969–1976, Vol. XIII, Soviet Union, October 1970–October 1971, Washington, D. C. 2011
- FRUS, 1969–1976, Vol. XIV, Soviet Union, October 1971–May 1972, Washington, D. C. 2006
- FRUS, 1969–1976, Vol. XV, Soviet Union, June 1972–August 1974, Washington, D. C. 2011
- FRUS, 1969–1976, Vol. XVI, Soviet Union, August 1974–December 1976, Washington, D. C. 2012
- FRUS, 1969–1976, Vol. XVII, China, 1969–1972, Washington, D. C. 2006
- FRUS, 1969–1976, Vol. XL, Germany and Berlin, 1969–1972, Washington, D. C. 2008
- FRUS, 1969–1976, Vol. XXI, Chile, 1969–1973, Washington, D. C. 2014
- FRUS, 1969–1976, Vol. XXXII, SALT I, 1969–1972, Washington, D. C. 2010
- FRUS, 1969–1976, Vol. XXXIII, SALT II, 1972–1980, Washington, D. C. 2013
- FRUS, 1969–1976, Vol. XXXIV, National Security Policy, 1969–1972, Washington, D. C. 2011
- FRUS, 1969–1976, Vol. XXXV, National Security Policy, 1973–1976, Washington, D. C. 2014
- FRUS, 1969–1976, Vol. XXXVIII, Part 1, Foundations of Foreign Policy, 1973–1976, Washington, D. C. 2012

GRF-PL: Gerald R. Ford Presidential Library

HA: Hoover Institution Archives, Stanford, California
HAK-LoC: Library of Congress, deklassifizierte und digitalisierte Akten aus dem Nachlass Henry Kissingers mit fortlaufenden Seriennummern
HAK-MemCon: Henry A. Kissinger, The Kissinger Memoranda of Conversations: A Verbatim Record of U. S. Diplomacy, 1969–1977: NSAr, http://www.gwu.edu/nsarchive/
HAK-Off-F: Henry A. Kissinger, Office Files, in: RMN-PL
HAK-TelCon: Henry A. Kissinger, The Kissinger Telephone Conversations: A Verbatim Record of U. S. Diplomacy, 1969–1977: NSAr, http://www.gwu.edu/nsarchive/
HAK-TCT: Henry A. Kissinger, Telephone Conversation Transcripts, RMN-PL
I-DE: Daniel Ellsberg, Interview mit Bernd Greiner, April 2004
I-SH: Seymour Hersh, Interview mit Bernd Greiner, April 2004
JA-P: Joseph Alsop Papers, LC-MD
LBJ-OHC: Lyndon B. Johnson Library, Oral History Collection, Austin, Texas
LC-MD: Library of Congress, Manuscript Division, Washington, D. C.
NARA: National Archives and Records Administration, College Park, Maryland
NPMP: Nixon Presidential Materials Project, NARA
NSAr: National Security Archive, George Washington University, Washington, D. C.
NSA-F: National Security Advisor's Files, in: GRF-PL
NSC: National Security Council
NSC-F: National Security Council Files, in: RMN-PL
NSC-Inst-F: National Security Council, Institutional Files, in: RMN-PL
NS-SM: National Security Study Memoranda
NYPL: New York Public Library, Archives and Manuscripts
PN-P: Paul H. Nitze Papers, LC-MD
RA-P: Richard V. Allen Papers, HA
RMN-PL: Richard M. Nixon Presidential Library
RO-P: J. Robert Oppenheimer Papers, LC-MD
SAR-DY: David C. Geyer, Douglas E. Selvage, Hg., Soviet-American Relations: The Détente Years, 1969–1972, Washington, D. C. 2007
TelCon: Telephone Conversation
WE-P: William Y. Elliott Papers, HA
WH-T:
- White House Tapes, http://www.nixontapes.org
- Brinkley, Douglas/Nichter, Luke A., Hg., The Nixon Tapes, 1971–1972, Boston 2014
- Kutler, Stanley, Hg., Abuse of Power: The New Nixon Tapes, New York 1997

WK-P: William R. Kintner Papers, HA

BILDNACHWEIS

akg-images	S. 211, 252, 253
Getty-Images	S. 13, 18, 35, 57, 111, 123, 146, 158, 210, 216, 217, 279, 280, 300, 307, 334, 343, 357, 358, 366, 368, 374
picture-alliance	S. 218, 219, 363, 364
National Archives	S. 283

PERSONEN-, ORTS- UND SACHEGISTER

Die Einträge zu *Kissinger, Henry* sind unterteilt in ein Personen- und ein Sachregister.

C

D

E

S

T

U

V

W

Y

Z